Directeur de collection
Philippe GLOAGUEN
Cofondateurs
Philippe GLOAGUEN et Michel DUVAL
Rédacteur en chef
Pierre JOSSE
assisté de
**Benoît LUCCHINI, Yves COUPRIE,
Florence BOUFFET, Solange VIVIER,
Olivier PAGE et Véronique de CHARDON**

LE GUIDE
DU
ROUTARD

1992/93

TURQUIE

D1342441

Hachette

Hors-d'œuvre

Le G.D.R., ce n'est pas comme le bon vin, il vieillit mal. On ne veut pas pousser à la consommation, mais évitez de partir avec une édition ancienne. D'une année sur l'autre, les modifications atteignent et dépassent souvent les 40 %.

Chaque année, en juin ou juillet, de nombreux lecteurs se plaignent de voir certains de nos titres épuisés. A cette époque, en effet, nous n'effectuons aucune réimpression. Ces ouvrages risqueraient d'être encore en vente au moment de la publication de la nouvelle édition. Donc, si vous voulez nos guides, achetez-les dès leur parution. Voilà.

Nos ouvrages sont les guides touristiques de langue française le plus souvent révisés. Malgré notre souci de présenter des livres très réactualisés, nous ne pouvons être tenus responsables des adresses qui disparaissent accidentellement ou qui changent tout à coup de nature (nouveaux propriétaires, rénovations immobilières brutales, faillites, incendies...). Lorsque ce type d'incidents intervient en cours d'année, nous sollicitons bien sûr votre indulgence. En outre un certain nombre de nos adresses se révèlent plus « fragiles » parce que justement plus sympa ! Elles réservent plus de surprises qu'un patron traditionnel dans une affaire sans saveur qui ronronne sans histoires.

Spécial copinage

– *Restaurant Perraudin :* 157, rue Saint-Jacques, 75005 Paris. ☎ 46-33-15-75. Fermé le dimanche. A deux pas du Panthéon et du jardin du Luxembourg, il existe un petit restaurant de cuisine traditionnelle. Lieu de rencontre des éditeurs et des étudiants de la Sorbonne, où les recettes d'autrefois sont remises à l'honneur : gigot au gratin dauphinois, pintade aux lardons, pruneaux à l'armagnac. Sans prétention ni coup de bâton. D'ailleurs, c'est notre cantine, à midi.

– *Union location :* ☎ 47-76-12-83. Quatre agences en région parisienne. Téléphoner à Sophie pour connaître l'agence la plus proche de chez vous.
La société de location de voitures UNION LOCATION propose 10 % de réduction pour nos lecteurs sur ses tarifs « week-end », « journée », « semaine » et « mois ».

IMPORTANT : les routards ont enfin leur banque de données sur Minitel : 36-15 (code ROUTARD). Vols superdiscounts, réductions, nouveautés, fêtes dans le monde entier, dates de parution des G.D.R., rencards insolites et... petites annonces. Et une nouveauté, le QUIZ DU ROUTARD ! 30 questions rigolotes pour – éventuellement – tester vos connaissances et, surtout, gagner des billets d'avion. Alors, faites mousser vos petites cellules grises !

Hôtels, pensions, restos... mode d'emploi

En raison de l'inflation galopante dans une majorité de pays, il n'est plus possible d'indiquer les prix des hôtels et des restos. Souvent, en moins d'un an, la différence entre les prix relevés et ceux en vigueur au moment de la première diffusion du guide peut être très importante. Aussi avons-nous adopté le système des fourchettes de prix en instituant des catégories : bon marché, prix moyens et plus chic. Ces catégories varient selon les pays. Si les hôtels pas chers d'un pays se situent autour de 15 F, ceux qui s'affichent à 50 F appartiendront bien sûr à la rubrique « Prix moyens », et ceux qui coûtent 100 F et au-delà à celle « Plus chic ». Il est évident que pour un pays débutant à 100 F pour ses hôtels les moins chers, les autres rubriques se décaleront d'autant.

Avantage : l'inflation étant la même pour tout le monde, s'il y a élévation globale du coût de la vie, les prix augmentent simultanément. La seule chose imprévisible, c'est qu'un hôtel ou un restaurant change de standing (en bien ou en mal) et passe donc dans une autre catégorie. Dans ce cas de figure, assez rare il faut le dire, nous sollicitons bien sûr l'indulgence légendaire de nos lecteurs.

TABLE DES MATIÈRES

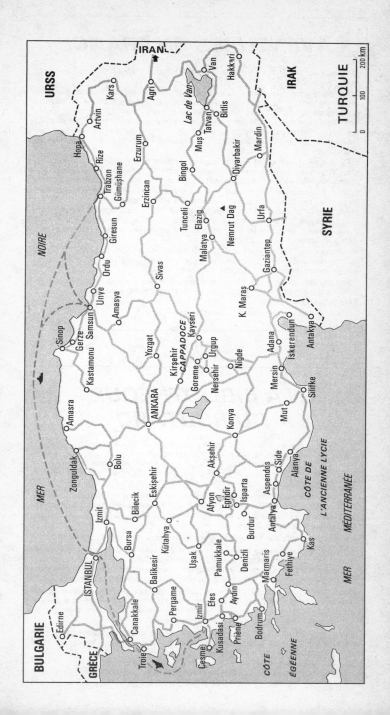

AVENTURES EN FRANCE

Ce guide est d'abord un voyage à travers les merveilles naturelles de notre pays.

Dans ce relief mouvementé, les terrains et les roches, les températures et les précipitations, la végétation, les cours d'eau, les phénomènes d'érosion par la pluie, le vent, la mer, sont autant de raisons pour que la France recèle des trésors naturels : montagnes neigeuses presque arrondies, murailles verticales, plateaux désertiques, verts pâturages, rivières capricieuses formant des gorges splendides et des cascades tumultueuses, panoramas grandioses...

Pour avoir accès à cette nature sauvage, mieux la comprendre, la sentir et s'en souvenir, à notre avis, il faut l'aborder soi-même : c'est donc une approche active de ces sites, sportive même, qui est présentée ici.

France inconnue ou mal connue, voici une nouvelle façon de découvrir notre pays : des randonnées à pied, à cheval ou à vélo, vous savez faire ; progresser en ski nordique ou alpin, vous avez déjà fait. L'escalade ou la spéléologie, cela vous tente ; descendre des rivières à la nage, en canoë ou en luge d'eau, vous n'avez jamais osé, et pourtant vous êtes prêt, à condition que cela soit facile.

Voici près de 200 balades sportives accessibles à tous. Pas besoin d'être féru de spéléologie, d'être cavalier troisième fer, grimpeur octogradiste ou marathonien des cimes : il suffit d'en avoir envie.

C'est un livre qui est fait pour vous procurer des souvenirs impérissables d'une nature grandiose et intense, sans danger mais avec parfois un petit frisson bien agréable !

Tout cela existe en France. A votre portée !

LA BIBLIOTHÈQUE DU ROUTARD

Des livres pour le routard ?... Nous y pensions depuis longtemps. D'abord parce que les vacances sont une période propice à la lecture. Tous, nous avons tendance (c'est normal) à plus lire quand nous en avons le temps et le loisir. Ensuite, parce qu'on voyage aussi dans sa tête, même quand on arpente les routes...

Ah qu'elles furent longues, ces 12 heures de retour en bateau Santorin-Athènes ! Ou le train Vancouver-Winnipeg ! Si vous aviez pensé à emporter un bon bouquin sur le pays que vous visitez... Mais au fait, quels sont les meilleurs livres sur la Grèce ? Ou le Canada ?

Voici notre choix sur un certain nombre de pays. Les must, selon nous.

Nous avons favorisé les collections de poche, bien sûr : c'est moins cher, et puis c'est tellement plus maniable en voyage. Tous ces titres sont disponibles en librairie. Quant à nos critiques, elles sont totalement subjectives (on ne se refait pas !) ; on espère qu'elles vous guideront utilement.

Nous avons naïvement (?) tenté de plaire à tout le monde : les lecteurs exigeants comme les autres, les amoureux de littérature classique et les bédéphiles, les amateurs de polars et les fanas d'ethnologie ou d'histoire. Il y en a donc pour tous les goûts et c'est bien comme ça.

Avant le voyage, on lit pour se préparer, on se donne un avant-goût. Pendant le voyage, on confronte ce qu'on lit avec ce qu'on voit. Après le voyage, on lit pour se souvenir.

Bonnes lectures à tous.

ROUTARD ASSISTANCE

MON ASSURANCE TOUS RISQUES *

NOM | | | | | | | | | | | | | | | | | |

M. Mme Mlle
PRENOM | | | | | | | | | | | AGE | |

ADRESSE PERSONNELLE | | | | | | | | | |

| | | | | | | | | | | | | | | | | |

| | | | | | | | | | | | | | | | | |

CODE POSTAL | | | | | TEL. | | | | | | | | |

VILLE | | | | | | | | | | | | | | | |

VOYAGE DU | | | | | | AU | | | | | | = _____ jours

et
=
ou _____ mois

DESTINATION PRINCIPALE : ....

Calculez vous-même le tarif selon la durée de votre voyage
MINITEL 36,15 code ROUTARD

JOURS

Prix spécial : 10 F / JOUR :   10 F   x | | =

MOIS

Prix spécial : 270 F / MOIS :   270 F   x | | =

TARIF JUSQU'A 35 ANS .... TOTAL =

De 36 à 60 ans : Majoration 50 % .... =

PRIX A PAYER .... TOTAL =

Faites de préférence, un seul chèque pour tous les assurés.
(Minimum 200 F par chèque) à l'ordre de

" ROUTARD ASSISTANCE A.V.I " 92, rue de la Victoire - 75009 PARIS

Je veux recevoir très vite ma Carte Personnelle
" ROUTARD ASSISTANCE "

Si je n'étais pas entièrement satisfait,
je la retournerais pour être remboursé, aussitôt.

JE DECLARE ETRE EN BONNE SANTE, ET SAVOIR QUE LES MALADIES OU
ACCIDENTS ANTERIEURS A MON INSCRIPTION, NE SONT PAS ASSURES.

SIGNATURE :

Faites des photos de cette page pour assurer vos compagnons de voyage.

* Contrats de S.F.A. et ALLIANZ gérés par A.V.I. International.

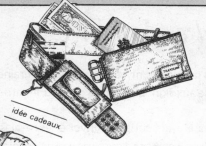

le **Guide** du **Routard**
Val de Loire

Du Berry et de ses sorciers à la Sologne mystérieuse, de la Touraine berceau de la langue française aux vignobles sucrés d'Anjou, le Val de Loire sent bon la France.

Villages croquignolets, châteaux ayant abrité les grivoiseries royales, plaisantes cités aux façades de tuff coiffées d'ardoises ; voici des coins privilégiés bénis par la même douceur de vivre.

Jalonnée de noms familiers, Orléans, Blois, Amboise, la Loire vous conduit jusqu'aux vignobles délicats de Vouvray, Bourgueil, Saumur et Chinon, à travers le centre sentimental de la France.

Tout cela à quelques kilomètres de Paris.

Savez-vous...

Qu'un certain Gérard Depardieu, propose en son château de Tigné un gouleyant cabernet d'Anjou ?

Que Hergé s'inspira du château de Cheverny pour dessiner Moulinsart ?

Dans quels manoirs passer une nuit pour 100F par personne ?

Que la vicieuse Catherine de Medicis cachait une armoire à poisons dans son château de Blois ?

Que Mick Jagger a choisi les bords de la Cisse, près d'Amboise pour se la couler douce ?

Pourquoi Chenonceau ne fut pas bombardé pendant la guerre ?

Que "baiser la fillette" en Anjou ne mène pas nécessairement aux assises ?

Que la Pucelle d'Orléans rencontrait secrètement Charles VII dans l'abbaye de Saint-Benoit-sur-Loire ?

TOUTE LA TURQUIE EST LA !

Pour découvrir les mille et une richesses de la Turquie, pour avoir la certitude d'être bien renseigné ou guidé sur votre futur voyage, poussez la porte de la Maison de la Turquie.

Documentations, guides, cartes, films, renseignements pratiques, conférences sur l'art, l'histoire, la littérature, initiation ou approfondissement de la langue Turque : toute la Turquie est là !

A la Maison de la Turquie, lieu d'échanges et de dialogues, nos spécialistes sauront, autour d'un thé, vous faire partager la passion pour leur pays et répondre à toutes vos exigences.

A la Maison de la Turquie, vous découvrirez que la convivialité et l'hospitalité turques ne sont pas des légendes !

MEDICIS

le **Guide** du **Routard**
Malaisie-Singapour

Pas de malaise en Malaisie ! Vous êtes en terre musulmane mais les sourires pullulent. Carrefour ethnique d'Asie où les couleurs virevoltent, en proie à l'ébullition du sud-est, le pays des légendes offre d'éblouissants contrastes. Surgie dans la plus vieille jungle du monde, une capitale faite de buildings en verre. Dans les villes coloniales, des temples chinois et des échoppes indiennes. Au bord des routes, des multitudes de kampongs en bois, sur pilotis. Et tout au long des côtes, des plages désertes et des îles merveilleuses...

Longtemps insaisissable, enfin redécouverte, la Malaisie des écrivains et des sultans, des pirates et des aventuriers, est désormais une destination à part entière du Routard.

Savez-vous...

Où trouver le dernier fabricant de chaussures miniatures pour Chinoises aux pieds bandés ?

Que les plus grosses tortues du monde se donnent rendez-vous chaque été sur la côte est de Malaisie ?

Dans quelle grotte assister au repas d'un serpent mangeur de chauves-souris ?

Que les Orang Asli chassent encore le singe à la sarbacane ?

Où trouver un bungalow au bord d'une plage de rêve pour moins cher qu'un hôtel ripoux en ville ?

Que les Malais régnèrent à une époque sur toutes les mers du globe ?

Qu'à Singapour, on vous colle une amende si vous oubliez de tirer la chasse d'eau dans les W.C. publics ?

Et que le dernier tigre de Singapour fut abattu sous le billard du prestigieux hôtel Raffles !

Si vous êtes le nez dans ce guide,
c'est que vous avez envie d'aller en Turquie.

★

Si nous y sommes,
c'est pour vous y emmener.

pacha tours

N° 1 SUR LA TURQUIE

les **Guides** *du* **Routard**

Editions 1992-93

(dates de parution sur le 3615, code Routard)

France

Afrique

Asie

Europe

Amériques

et bien sûr

LA LETTRE DU ROUTARD

5, rue de l'Arrivée   92190 Meudon

Abonnez-vous à "La Lettre du Routard" le complément indispensable des "Guides du Routard"

Philippe Gloaguen

Bon nombre de renseignements sont trop fragiles ou éphémères pour être mentionnés dans nos guides, dont la périodicité est annuelle.

Quels sont les meilleures techniques, nos propres tuyaux, ceux que nous utilisons pour rédiger les GUIDES DU ROUTARD ? Comment découvrir des tarifs imbattables ? Quels sont les pays où il faut voyager cette année ? Quels sont les renseignements que seuls connaissent les professionnels du voyage ?

De plus, de nombreuses agences offrent à nos abonnés des réductions spéciales sur des vols, des séjours ou des locations. Quelques exemples tirés du 1er numéro :
– Un tour du monde sur lignes régulières pour 7 400 F.
– Une semaine de ski tout compris pour 1 900 F.
– Les rapides du Colorado pour 220 dollars.
– Une semaine de location de moto en Crète pour 1 160 F.
– Des réductions sur les matériels de camping, compagnies d'assurances, de 5 à 25 %...

Enfin, quels sont nos projets et nos nouvelles parutions ?

Tout ceci compose « LA LETTRE DU ROUTARD », qui paraît désormais tous les 2 mois. Cotisation : 90 F par an, payable par chèque à l'ordre de CLAD CONSEIL, 5, rue de l'Arrivée, 92190 MEUDON.

- -

BULLETIN D'INSCRIPTION A RETOURNER

à CLAD CONSEIL : 5, rue de l'Arrivée
92190 Meudon.

Nom de l'abonné : _____

Adresse : _____

_____

_____

LA LETTRE DU ROUTARD
5, rue de l'Arrivée   92190 Meudon

Nom : R. de la Porterie
Membre n° 1.234.56 A
Carte valable jusqu'au 5.3.85

carte gratuite et à votre nom

(Joindre à ce bulletin un chèque bancaire ou postal de 90 F à l'ordre de CLAD CONSEIL.)

Et pour cette chouette collection, plein d'amis nous ont aidés :

Laurence Agostini et Anne Gérard
Albert Aidan
Catherine Allier
Bertrand Aucher
René Baudoin
Jean-Louis de Beauchamp
Lotfi Belhassine
Nicole Bénard
Cécile Bigeon
Hervé Bouffet
Francine Boura
Sylvie Brod
Pierre Brouwers
Jacques Brunel
Justo Eduardo Caballero
Daniel Célerier
Jean-Paul Chantraine
Bénédicte Charmetant
Pascal Chatelain
Marjatta Crouzet
Roger Darmon
Éric David
Marie-Clothilde Debieuvre
Olivier Debray
Jean-Pierre Delgado
Éric Desneux
Stéphane Diederich
Luigi Durso
Sophie Duval
François Eldin
Éric et Pierre-Jean Eustache
Alain Fisch
Claude Fouéré
Leonor Fry
Bruno Gallois
Carl Gardner
Carole Gaudet
Cécile Gauneau
Michèle Georget
Philippe Georget
Gilles Gersant
Michel Gesquière
Michel Girault
Florence Gisserot
Hubert Gloaguen
Jean-Pierre Godeaut
Vincenzo Gruosso
Jean-Marc Guermont
Florence Guibert
Patrick Hayat et Stéphane Cordier

Solenn d'Hautefeuille et Séverine Dussaix
François Jouffa
Jacques Lanzmann
Alexandre Lazareff
Denis et Sophie Lebègue
Ingrid Lecander
Patrick Lefèbvre
Raymond et Carine Lehideux
Martine Levens
Kim et Lili Loureiro
F.X. Magny et Pascale
Jenny Major
Fernand Maréchal
William Massolin
Corine Merle
Lorraine Miltgen
Helena Nahon
Jean-Paul Nail
Jean-Pascal Naudet
José Emanuel Naugueira-Ramos
Jorge Partida
Odile Paugam et Didier Jehanno
Bernard Personnaz
Jean-Pierre Picon
Jean-Alexis Pougatch
Michel Puyssegur
Antoine Quitard
Jacques Rivalin
Jean-François Rolland
Catherine Ronchi
Marc Rousseau
Bénédicte Saint-Supéry
Frédérique Scheibling-Seve
Roberto Schiavo
Patricia Scott-Dunwoodie
Patrick Ségal
Julie Shepard
Jean-Luc et Antigone Schilling
Charles Silberman
Régis Tettamanzi
Claire Thollot
Bruno Tilloy
Alexandre Tilmant
Jean-Claude Vaché
Yvonne Vassart
Sandrine Verspieren
Marc et Shirine Verwhilgen
François Weill

Nous tenons à remercier tout particulièrement **Patrick de Panthou** pour sa collaboration régulière.

Direction : Adélaïde Barbey
Secrétariat général : Michel Marmor
Édition : Isabelle Jendron et François Monmarché
Secrétariat d'édition : Yankel Mandel et Christian Duponchelle
Préparation lecture : Sandrine Verspieren
Cartographie : René Pineau et Alain Mirande
Fabrication : Gérard Piassale et Françoise Jolivot
Direction des ventes : Marianne Richard, Lucie Satiat et Christian Berger
Direction commerciale : Jérôme Denoix et Anne-Sophie Buron
Informatique éditoriale : Catherine Julhe et Marie-Françoise Poullet
Relation presse : Catherine Broders, Caroline Lévy et Martine Leroy
Service publicitaire : Claude Danis et Marguerite Musso

Régie publicitaire : Top Régie, 58, rue Saint-Georges, 75009 Paris

COMMENT ALLER EN TURQUIE ?

PAR LA ROUTE

Itinéraire Paris-Istanbul par le sud de l'Italie et la Grèce

Pour les automobilistes et auto-stoppeurs :
Départ de Paris : métro jusqu'à la station « Alfort-École vétérinaire ». Revenir jusqu'au grand carrefour et stopper sur la nationale 5 (avenue du Général-de-Gaulle). Attention, ne pas se tromper de général. L'avenue du Général-Leclerc vous conduirait dans le Jura.

Autoroute jusqu'à Mâcon - Bourg-en-Bresse, puis Genève . . . .   480 km
Genève - Brig - Domodossola . . . .   275 km
Domodossola - Milan . . . .   140 km

— Puis Milan - Florence - Rome - Brindisi. Ferry-boat de Brindisi jusqu'à Corfou ou Igouménitsa. Horaires pas toujours respectés par la compagnie *Nausimar*. Continuer en stop ou en bus jusqu'à Athènes. Là, plusieurs solutions :
Des îles grecques, possibilité de gagner la Turquie : Rhodes-Marmaris ; Kos-Bodrum, le moins cher ; Samos-Kuşadasi (le plus cher) ; Chios-Çeşme.
— **Train :** bon marché. Départ d'Athènes ou de Thessalonique pour Istanbul. Réduction pour les étudiants.
— **Avion :** très avantageux par la *Turkish Airlines*. Réductions pour étudiants. Adresse de la *Turkish Airlines* à Athènes : 19 Phillelinon Street.

Itinéraire Paris-Istanbul par les pays de l'Est

Paris - Prague . . . . 1 063 km
Prague - Budapest . . . .   564 km
Budapest - Bucarest . . . .   813 km
Bucarest - V. Tarnovo . . . .   162 km
V. Tarnovo - Istanbul . . . .   536 km

                                                      TOTAL   3 138 km

Possibilité de raccourcir cet itinéraire en rejoignant la Hongrie directement sans passer par Prague et la Tchécoslovaquie, mais Prague vaut vraiment le coup.
On peut obtenir des renseignements généraux sur ces pays aux offices du tourisme et à l'*agence Transtours :* 49, avenue de l'Opéra, 75002 Paris. ☎ 47-42-47-39.
La circulation est totalement libre à condition de s'être acquitté du prix du visa obtenu à l'avance.

PAR MER

Pour vous rendre sur votre lieu de vacances, pourquoi ne pas prendre le bateau ?

— *Départ de Venise* pour Izmir et Antalya. Deux liaisons par semaine de fin mars à fin octobre. On part le samedi soir pour arriver le mardi. La classe « siège » est la moins chère. Sinon, cabines de 2, 3 ou 4 lits. Possibilité de transporter sa voiture.
● *Turkish Maritime Lines :* représentées à Paris par la Sotramat, 12, rue Godot-de-Mauroy, 75009. ☎ 49-24-24-70. M. : Madeleine. Ou à Marseille par la *Worms,* 30, avenue Robert-Schumann, 13002 Marseille. ☎ 91-56-40-40 pour les renseignements. Ou à Venise : ☎ (19-39) 41-520-86-33.

— *Départ d'Ancône* (Italie) pour Kuşadasi avec voiture, camping-car ou caravane, et ferry entre Ancône et Marmaris. Ces deux possibilités sont assurées par des compagnies grecques à des tarifs intéressants.

● *Minoan Lines Head Office :* 2, leoforos Vassileos Konstantinou (Stadion), 11635 Athènes. ☎ 75-12-356/7.

PAR CHEMIN DE FER

Ceux qui pleurent sur la disparition de l'Orient-Express peuvent sécher leurs larmes. En effet, seul celui de la gare de Lyon est supprimé. Celui qui part de Paris-Est s'en va tous les matins. C'est le plus rapide et le plus direct. Compter 50 h de voyage. Changement à Munich. Renseignements S.N.C.F. : ☎ 45-82-50-50.

Sachez, si vous venez de Grèce seulement, que le billet pris en Turquie pour le trajet frontière-Istanbul est beaucoup moins cher que s'il est acheté en Grèce. Seule contrainte : il faut quitter le wagon international et aller dans les wagons turcs.

EN AUTOCAR

▲ **CLUB ALLIANCE :**
99, boulevard Raspail, 75006 Paris. ☎ 45-48-89-53. M. : Saint-Placide. Spécialiste des week-ends (Londres, Amsterdam, Bruxelles) et des ponts de 4 jours (Jersey, Berlin, Copenhague, Venise, Vienne, Prague, Florence, châteaux de la Loire, Le Mont-Saint-Michel...). Circuits en Europe.

▲ **EUROLINES**
— *Paris :* gare routière internationale, 3-5, avenue de la Porte-de-la-Villette, 75019. ☎ 40-38-93-93. M. : Porte-de-la-Villette.
— *Paris :* gare routière, avenue de la Porte-de-Charenton, 75012. ☎ 43-44-54-44. M. : Charenton.
— *Avignon :* 58, boulevard Saint-Roch, 84000. ☎ 90-85-27-60.
— *Bordeaux :* 32, rue Charles-Domercq, 33000. ☎ 56-92-50-42.
— *Lille :* 23, parvis Saint-Maurice, 59000. ☎ 20-78-18-88.
— *Lyon :* Aire internationale, rue Gustave-Nadaud, 69007. ☎ 78-58-04-38.
— *Lyon :* 30, quai Victor-Augagneur, 69003. ☎ 72-61-82-77.
— *Marseille :* gare routière, guichet F, place Victor-Hugo, 13000. ☎ 91-50-57-55.
— *Montpellier :* gare routière, 34000. ☎ 67-58-57-59.
— *Nîmes :* boulevard Natoire, 30000. ☎ 66-29-49-02.
— *Perpignan :* cour de la Gare, 66000. ☎ 68-34-11-46.
— *Strasbourg :* 5, rue des Frères, 67000. ☎ 88-22-57-90.
— *Toulouse :* 68, boulevard Pierre-Sémard, 31000. ☎ 61-26-40-04.
— *Tours :* gare routière, place de la Gare, 37000. ☎ 47-66-45-56.
Savez-vous que, dès 1933, cette compagnie traversait le Sahara ? C'est le « grand » qui, associé à d'autres compagnies sous le sigle *Eurolines,* exploite le réseau le plus étendu. L'organisation dessert plus de 200 villes dans toute l'Europe et possède 95 lignes internationales dont la Turquie. 50 points d'embarquement en France.

En Belgique

▲ **EUROLINES :** boulevard Adolphe-Max, 25, Bruxelles. ☎ 218-38-41.

▲ **EUROPABUS :** place de Brouckère, 50, Bruxelles 1000. ☎ (02) 217-00-25. Filiale de la SNCB, cette société assure des liaisons dans toute l'Europe.

PAR AVION

AIR FRANCE propose des « vols-vacances » à prix intéressants (durée maximale : 1 mois) sur Istanbul, Izmir et Ankara. Possibilité d'« open-jaw » sur ces

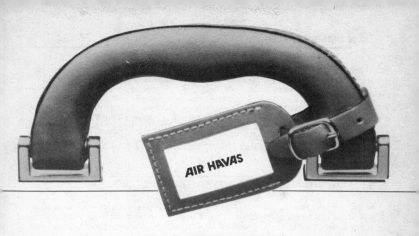

AIR HAVAS

PRENEZ L'AIR, MAIS PAS A N'IMPORTE QUEL PRIX

HAVAS VOYAGES ⋊
Le numéro 1

Air Havas. 410 destinations à des prix charter.

En vente à l'agence
HAVAS VOYAGES - 26, avenue de l'Opéra - 75001 PARIS
Tél. : (1) 42 61 80 56
et dans les 500 agences du réseau HAVAS VOYAGES.

vols-vacances : vous pouvez, par exemple, arriver à Istanbul et repartir par Izmir. *AIR FRANCE* et *TURKISH AIRLINES* : vols tous les jours. 3 h 15 de vol.
SABENA, la compagnie nationale belge, assure plusieurs liaisons hebdomadaires sur Istanbul et Ankara au départ de Bruxelles et Paris (via Bruxelles).
— *AIR FRANCE* : 119, avenue des Champs-Élysées, 75008 Paris. ☎ 45-35-61-61. M. : Charles-de-Gaulle-Étoile. Et toutes les agences Air France.
— *TURKISH AIRLINES* : 2, rue de l'Échelle, 75001 Paris. ☎ 42-60-56-75. M. : Pyramides.
— *SABENA* : 19, rue de la Paix, 75002 Paris. ☎ 47-42-47-47. M. : Opéra.

LES ORGANISMES DE VOYAGES

— Encore une fois, un billet « charter » ne signifie pas toujours que vous allez voler sur une compagnie charter. Bien souvent, même sur des destinations extra-européennes, vous prendrez le vol régulier d'une grande compagnie. Vous aurez simplement payé moins cher que ceux qui ne connaissent pas l'astuce (pour le même service), en vous adressant à des organismes spécialisés.
— Nous ne faisons plus de distinction, comme les années précédentes, entre les organisateurs de « charters », les vols réguliers à prix réduits ou les associations pour étudiants. En effet, les agences qui suivent proposent un peu de tout, pour tous les voyageurs. Ce n'est pas un mal : ça va dans le sens de la démocratisation du voyage.
— Ne pas croire que les vols à tarif réduit sont tous au même prix pour une même destination à une même époque : loin de là. On a déjà vu, dans un même avion partagé par deux organismes, des passagers qui avaient payé 40 % plus cher que les autres... Authentique ! Donc, contactez tous les organismes et jugez vous-même.
— Les organisateurs cités sont désormais classés par ordre alphabétique, pour éviter les jalousies et les grincements de dents.

▲ **AIR HAVAS :** 26, avenue de l'Opéra, 75001 Paris. ☎ 42-61-80-56. Fax : 42-96-50-43. M. : Opéra. Et dans toutes les agences Havas Voyages. Le premier réseau français de produits vacances propose dans ses 500 agences sa propre production de vols charters et de prix discount sur vols réguliers. 410 destinations (soit pratiquement le monde entier) à des prix très compétitifs actualisés régulièrement grâce à un accès en temps réel sur la base de données informatiques regroupant les offres mises à jour en permanence.
La brochure, disponible dans toutes les agences, est gratuite et permet une approche précise du prix que vous aurez à payer. Le prix que vous annoncera le vendeur, confirmé par l'informatique, sera le prix réel (ce qui est rarement le cas pour les brochures traditionnelles).
Contrat d'assurance annulation et d'assistance facultatif.

▲ **ANY WAY :** 46, rue des Lombards, 75001 Paris. ☎ 40-28-00-74 et 02-60. Fax : 42-36-11-41. M. : Châtelet. Ouvert du lundi au samedi, de 10 h à 19 h. De jeunes Québécois ont monté en France la première agence de courtage en siège d'avion. Rompus à la déréglementation et à l'explosion des monopoles sur l'Amérique du Nord, leurs ordinateurs dénichent les meilleurs tarifs. Les tours-opérateurs leur proposent leurs invendus à des prix défiant toute concurrence. Any Way permet de réserver à l'avance vols, séjours, hôtels et voitures. Assurance rapatriement incluse. Possibilité d'achat à crédit (Cetelem). Recherche et commande par téléphone, éventuellement avec paiement par carte de crédit.
Intéressant : « J-7 » est une nouvelle formule qui propose des vols secs à des prix super discount, 7 jours avant le départ. Tarifs par téléphone ou par Minitel (36-15 code ROUTARD).

▲ **CLUB AVENTURE :** 122, rue d'Assas, 75006 Paris. ☎ 46-34-22-60. M. : Saint-Placide. Seule agence à proposer des trekkings avec chameaux et chevaux en haute Mésopotamie, entre le Tigre et l'Euphrate, et notamment à destination du Nemrut Dag.

▲ **EXPLORATOR :** 16, place de la Madeleine, 75008 Paris. ☎ 42-66-66-24. Fax : 42-66-53-89. M. : Madeleine. Le spécialiste le plus ancien et le plus

ATTENTION EAU CONTAMINÉE

L'eau véhicule de nombreuses maladies (Choléra, Typhoïde, Dysenterie...) et peut provoquer une infection par un simple brossage des dents. Avec de la chance, on peut ne contracter qu'une simple diarrhée, mais parfois cela se termine par un rapatriement sanitaire. Pour garder un bon souvenir de vos vacances, prenez vos précautions avant le départ.

célèbre des voyages à caractère d'expédition : à pied, en voiture tout-terrain, bateau, radeau, etc. Plus qu'une agence, une solide équipe de spécialistes qui vous emmèneront par petits groupes, dans la plus pure tradition du voyage, découvrir l'authenticité des hommes et des sites demeurés à l'écart du tourisme : trekking en Cappadoce et dans les monts du Taurus, croisière en caïque au long des côtes sud, ascension du mont Ararat. Pas de vol charter ni de vol sec.

▲ FORUM-VOYAGES
– *Paris* : 67, avenue Raymond-Poincaré, 75016. ☎ 47-27-89-89. Fax : 47-55-94-44. M. : Victor-Hugo.
– *Paris* : 140, rue du Faubourg-Saint-Honoré, 75008. ☎ 42-89-07-07. Fax. : 42-89-26-04. M. : Saint-Philippe-du-Roule.
– *Paris* : 1, rue Cassette (angle avec le 71, rue de Rennes), 75006. ☎ 45-44-38-61. Fax : 45-44-57-32. M. : Saint-Sulpice.
– *Paris* : 75, avenue des Ternes, 75017. ☎ 45-74-39-38. Fax : 40-68-03-31. M. : Ternes.
– *Paris* : 11, avenue de l'Opéra, 75001. ☎ 42-61-20-20. Fax : 42-61-39-12. M. : Palais-Royal.
– *Paris* : 39, rue de la Harpe, 75005. ☎ 46-33-97-97. Fax : 46-33-10-27. M. : Saint-Michel.
– *Paris* : 81, bd Saint-Michel, 75005. ☎ 43-25-80-58. M. : Luxembourg.
– *Amiens* : 40, rue des Jacobins, 80000. ☎ 22-92-00-70.
– *Caen* : 90-92, rue Saint-Jean, 14000. ☎ 31-85-10-08.
– *Lyon* : 10, rue du Président-Carnot, 69002. ☎ 78-92-86-00.
– *Melun* : 17, rue Saint-Étienne, 77000. ☎ 64-39-31-07.
– *Metz* : 10, rue du Grand-Cerf, 57000. ☎ 87-36-30-31.
– *Montpellier* : 41, bd du Jeu-de-Paume, 34000. ☎ 67-52-73-30.
– *Nancy* : 99, rue Saint-Didier, 54000. ☎ 83-36-50-12.
– *Nantes* : 20, rue de la Contrescarpe, 44000. ☎ 40-35-25-25.
– *Reims* : 14, cours J.-B.-Langlet, 51072. ☎ 26-47-54-22.
– *Rouen* : 72, rue Jeanne-d'Arc, 76000. ☎ 35-98-32-59. Fax : 35-70-24-43.
– *Strasbourg* : 49, rue du 22-Novembre, 67000. ☎ 88-32-42-00.
– *Toulouse* : 23, place Saint-Georges, 31000. ☎ 61-21-58-18.
Conformément à son slogan « la Terre moins chère », Forum-Voyages est le spécialiste du vol discount sur ligne régulière (pas de charter). Une fois sur place, c'est « le luxe moins cher » : une vaste gamme de séjours, circuits... des campings aux plus grands palaces.
Ses destinations privilégiées : États-Unis (New York, l'Art Deco District de South Miami Beach, l'Ouest), Canada, Inde, Thaïlande, Birmanie, Viêt-nam, Hong Kong, Mexique, Guatemala, Brésil. Et la Méditerranée avec la Turquie, l'Espagne, le Maroc et la Tunisie.
Plusieurs services clientèle : possibilité de payer en 4 fois sans intérêts, liste de mariage (avec un cadeau offert par Forum-Voyages), vente par téléphone (règlement par carte bleue, sans vous déplacer) et réservation et règlement par Minitel (36-16 code FV).
Enfin le *Club Forum-Voyages* offre des assistances dans le monde entier et des centaines de réductions. De plus les membres reçoivent à domicile le journal bimestriel du club.

▲ FRAM
– *Paris* : 120, rue de Rivoli, 75001. ☎ 40-26-30-31. Fax : 40-26-30-31. M. : Châtelet.
– *Toulouse* : 1, rue Lapeyrouse, 31000. ☎ 62-15-16-17.
Et dans le réseau des agences de voyages.
En tête des tours-opérateurs français pour le voyage organisé, *FRAM* programme désormais plusieurs formules qui représentent « une autre façon de voyager ». Ce sont :
– *les auto-tours* (en Andalousie, au Maroc, en Sicile, en Grèce, aux États-Unis, en Italie) ;
– *les locations d'appartements* (aux Baléares, en Tunisie, au Maroc, en Guadeloupe, aux Canaries et à Madère) ;
– *des « avions en liberté »* ou vols secs ;
– *des circuits aventures* (comme la saharienne en 4 × 4 en Tunisie) ;
– *les FRAMISSIMA* : c'est la formule-club en liberté. Marrakech, Agadir, Djerba, Monastir, Baléares, Turquie, Grèce, Sénégal, Canaries... Des sports

ESPACES **D**ECOUVERTES

VOYAGES

■ **TOUS LES VOLS A PRIX REDUITS**

ISTANBUL :   1 500 F

IZMIR :   1 500 F

ANTALYA :   1 900 F

■ **VOYAGES A LA CARTE**
■ **NUITS D'HOTEL**
■ **LOCATIONS DE VOITURES**

(prix a/r départ Paris, à partir de, au 1er mars 1992)

nautiques au tennis, des jeux, des soirées qu'on choisit librement, et tout compris.

Enfin, promotions de dernière minute (10 à 20 jours avant le départ) en consultant le Minitel (36-16 code FRAM).

▲ GO VOYAGES

— *Paris* : 22, rue de l'Arcade, 75008. ☎ 42.66.18.18. M. : Madeleine.
— *Paris* : 98 *bis*, boulevard Latour-Maubourg, 75007. ☎ 47-53-06-06. M. : Latour-Maubourg.
— *Lyon* : forum C, 33, rue Maurice-Flandin, 69003. ☎ 78-53-39-37.
Et dans les 3 200 agences de voyages du réseau ainsi que dans les agences du club Aquarius.

Avec sa célèbre grenouille verte, GO Voyages repose sur un principe simple : le voyage en kit. Chacun construit son voyage selon son désir et ses moyens. Idéal pour les individualistes. Plusieurs formules : GO Charter (vols secs), GO Détente (vols + hôtels agréables pour la farniente), GO Pied-à-terre (vols + bungalows ou villas ou appartements), GO and Drive (vols + autos), GO Autotour (vols + autos + hôtels), GO Découverte (vols + minicircuits). Au total, 300 destinations à prix discount. Deux nouveautés : Ceylan et Lanzarote. Les prix sont garantis pour paiement intégral à la commande. Pour les promotions, consulter le Minitel 36-15 code Go Voyages.

▲ HELIADES — TURKIADES

— *Paris* : 50, avenue Ledru-Rollin, 75012. ☎ 43-44-52-77. Fax : 42-81-27-08. M. : Quai-de-La-Rapée.
— *Paris* : 48, rue de Dunkerque, 75009. ☎ 48-78-70-93. M. : Anvers.
— *Lyon* : 4, rue Saint-Jérôme, 69007. ☎ 78-72-55-65.
Spécialiste de la Grèce. Vols charters au départ de Paris, Lyon, Marseille, Mulhouse, Nantes et Bruxelles. Représente les ferries des compagnies *Fragline* et *Strintzis Lines* au départ de Brindisi et d'Ancône. Billets pour aller d'île en île.

▲ JEUNES SANS FRONTIÈRE (J.S.F.) - WASTEELS

— *Paris* : 5, rue de la Banque, 75002. ☎ 42-61-53-21. M. : Bourse.
— *Paris* : 8, bd de l'Hôpital, 75005. ☎ 43-36-90-36. M. : Gare-d'Austerlitz.
— *Paris* : 113, boulevard Saint-Michel, 75005. ☎ 43-26-25-25. M. : Luxembourg.
— *Paris* : 6, rue Monsieur-le-Prince, 75006. ☎ 43-25-58-35. M. : Odéon.
— *Paris* : 12, rue Lafayette, 75009. ☎ 42-47-02-77. M. : Le Peletier.
— *Paris* : 91, bd Voltaire, 75011. ☎ 47-00-27-00. M. : Voltaire.
— *Paris* : 58, rue de la Pompe, 75016. ☎ 45-04-71-54. M. : Pompe.
— *Paris* : 150, avenue de Wagram, 75017. ☎ 42-27-29-91. M. : Wagram.
— *Paris* : 3, rue Poulet, 75018. ☎ 42-57-69-56. M. : Château-Rouge.
— *Paris* : 146, bd de Ménilmontant, 75020. ☎ 43-58-57-87. M. : Ménilmontant.
— *Nanterre* : 200, avenue de la République, 92000. ☎ 47-24-24-06.
— *Aix-en-Provence* : 5 *bis*, cours Sextius, 13100. ☎ 42-26-26-28.
— *Angoulême* : 49, rue de Genève, 16000. ☎ 45-92-56-89.
— *Béziers* : 66, allée Paul-Riquet, 34500. ☎ 67-28-31-78.
— *Bordeaux* : 65, cours d'Alsace-Lorraine, 33000. ☎ 56-48-29-39.
— *Chambéry* : 17, faubourg Reclus, 73000. ☎ 79-33-04-63.
— *Clermont-Ferrand* : 69, boulevard Trudaine, 63000. ☎ 73-91-07-00.
— *Dijon* : 16, avenue du Maréchal-Foch, 21000. ☎ 80-43-65-34.
— *Grenoble* : 50, avenue Alsace-Lorraine 38000. ☎ 76-47-34-54.
— *Lille* : 25, place des Reignaux, 59000. ☎ 20-06-24-24.
— *Lyon* : 6, place Ampère, 69002. ☎ 78-42-65-37.
— *Lyon* : centre d'Échange Lyon-Perrache, 69002. ☎ 78-37-80-17.
— *Marseille* : 87, la Canebière, 13001. ☎ 91-85-90-12.
— *Metz* : 3, rue de l'Australie, 57000. ☎ 87-66-65-33.
— *Montpellier* : 6, rue de la Saunerie, 34000. ☎ 67-58-74-26.
— *Mulhouse* : 14, avenue Auguste-Wicky, 68100. ☎ 89-46-18-43.
— *Nancy* : 1 *bis*, place Thiers, 54000. ☎ 83-35-42-29.
— *Nantes* : 6, rue Guépin, 44000. ☎ 40-89-70-13.
— *Nice* : 32, rue de l'Hôtel-des-Postes, 06000. ☎ 93-92-08-10.
— *Reims* : 24, rue des Capucins, 51100. ☎ 26-40-22-08.
— *Roubaix* : 11, rue de l'Alouette, 59100. ☎ 20-70-33-62.
— *Rouen* : 111 *bis*, rue Jeanne-d'Arc, 76000. ☎ 35-71-92-56.
— *Saint-Étienne* : 28, rue Gambetta, 42000. ☎ 77-32-71-77.

- *Strasbourg :* 13, place de la Gare, 67000. ☎ 88-32-40-82.
- *Thionville :* 21, place du Marché, 57100. ☎ 82-53-35-00.
- *Toulon :* 3, rue Vincent-Courdouan, 83000. ☎ 94-92-93-93.
- *Toulouse :* 1, bd Bonrepos, 31400. ☎ 61-62-67-14.
- *Tours :* 11, rue des Cerisiers, 37000. ☎ 47-64-00-26.
- *Versailles :* 4 *bis,* rue de la Paroisse, 78000. ☎ 39-50-29-30.

Repris par le puissant réseau *Wasteels* (170 agences en Europe dont 70 en France). Vols secs sur le monde entier, vacances organisées, billets BIJ. Assistance assurée dans certaines gares et aéroports.

Wasteels est aussi implanté à Orlando (Floride), ce qui permet la programmation des États-Unis à la carte.

▲ **JUMBO**
- *Paris :* 62, rue Monsieur-le-Prince, 75006. ☎ 46-34-19-79. M. : Odéon.
- *Paris :* 19, avenue de Tourville, 75007. ☎ 47-05-01-95. M. : École-Militaire.
- *Paris :* 38, avenue de l'Opéra, 75002. ☎ 47-42-06-92. M. : Opéra.
- *Paris :* 112, avenue du Général-Leclerc, 75014. ☎ 45-42-03-87. M. : Alésia.
- *Aix-en-Provence :* 7, rue de la Masse, 13100. ☎ 42-26-04-11.
- *Besançon :* 15, rue Proudhon, 25000. ☎ 81-81-30-31.
- *Bordeaux :* 131, avenue Louis-Barthou, 33200. ☎ 56-42-08-08.
- *Caen :* 80, rue Saint-Jean, 14000. ☎ 31-86-04-01.
- *Clermont-Ferrand :* 11 *bis,* avenue des États-Unis, 65000. ☎ 73-31-19-24.
- *Dijon :* 5, place Darcy, 21052. ☎ 80-30-27-88.
- *Évreux :* 2, rue de la Harpe, 27000. ☎ 32-87-40-49.
- *Grenoble :* 2, rue Molière, 38000. ☎ 76-87-40-49.
- *Le Havre :* 119, rue Louis-Brindeau, 76600. ☎ 35-21-31-33.
- *Lille :* 40, rue de Paris, 59000. ☎ 20-57-58-62.
- *Lyon :* 16, rue de la République, 69002. ☎ 78-37-15-89.
- *Martigues :* 4, quai Lucien-Toulemond, 13500. ☎ 42-80-08-19.
- *Montpellier :* 34, rue Saint-Guilhem, 34000. ☎ 67-60-60-22.
- *Nancy :* 3, rue de Chanzy, 54000. ☎ 83-32-97-79.
- *Nantes :* 7, place Royale, 44000. ☎ 40-48-64-18.
- *Nice :* 3, rue François-Ier, 06000. ☎ 93-82-11-75.
- *Nîmes :* 5, boulevard Victor-Hugo, 30000. ☎ 66-21-02-01.
- *Orléans :* 50, rue Jeanne-d'Arc, 45000. ☎ 38-54-09-62.
- *Pau :* 30, palais des Pyrénées, 64000. ☎ 59-27-11-12.
- *Perpignan :* 51 *bis,* avenue du Général-de-Gaulle, 66000. ☎ 68-34-82-16.
- *Rennes :* 30, rue du Pré-Botté, 35000. ☎ 99-79-58-68.
- *Rodez :* 2, rue Camille-Douls, 12000. ☎ 65-42-63-47.
- *Rouen :* 130, rue Martainville, 76000. ☎ 35-98-59-00.
- *Saint-Étienne :* 26, rue de la Résistance, 42000. ☎ 77-32-39-81.
- *Toulon :* 552, avenue de la République, 83000. ☎ 94-41-40-14.
- *Tours :* 13, rue des Déportés, 37000. ☎ 47-66-52-58.
- *Troyes :* passage Dernuet, 10000. ☎ 25-73-65-94.

Et aussi dans les agences Air France et agences agréées.

Filiale tourisme d'Air France, spécialisée dans le voyage individuel sous toutes ses formes, à des prix très compétitifs. Grand choix d'hôtels toutes catégories, location de voitures, séjours-plage ou dans des hôtels « de charme », location d'appartements et de villas, circuits en voiture avec étapes dans des châteaux-hôtels... La liberté du voyage individuel sans les soucis d'organisation. Une trentaine de destinations au sommaire avec, en points forts, la Grèce, les Antilles, le Maroc, l'océan Indien, le Sénégal. Autre point fort : les *relais Jumbo* qui accueillent les voyageurs sur place et leur procurent des réservations complémentaires (hôtels, voitures, excursions).

Désormais, Jumbo propose des charters très compétitifs, sans aucune prestation sur place. Destinations de « Jumbo-Charters » : Palma, Canaries, Madère, Sicile, Athènes, Heraklion, Agadir, Marrakech, Tunis...

Autre produit : Jumbo-Charter « Spécial Dernière ». 15 jours avant le départ, des tarifs exceptionnels sont désormais disponibles sur diverses destinations charter. Enfin, les « Jumbo-Soleil », clubs de vacances très abordables, sur plusieurs destinations de la Méditerranée.

▲ **MARMARA**
- *Paris :* 81, rue Saint-Lazare, 75009. ☎ 42-80-55-56. Fax : 42-80-52-97. M. : Trinité.
- *Lyon :* 2, place Meissonnier, 69001. ☎ 78-39-51-44.

– *Marseille :* 15, boulevard Robert-Schuman, 13002. ☎ 91-56-61-56.
– *Toulouse :* 44, rue Bayard, 31000. ☎ 61-63-03-38.
– *Strasbourg :* 14, rue Geiler, 67000. ☎ 88-36-04-81.

Le spécialiste leader de la Turquie propose un large éventail de séjours et de circuits afin de découvrir ou retrouver les splendeurs de ce pays. Une histoire foisonnante et des paysages inoubliables. Nombreux charters dès fin mars vers Ankara, Istanbul, Izmir et Antalya, au départ de Paris, Genève, et de la plupart des grandes villes françaises.

▲ **NATURES :** 6-8, rue Quincampoix, 75004 Paris. ☎ 48-04-88-40. Fax : 48-04-33-57. M. : Rambuteau. Une nouvelle agence spécialisée dans l'approche en raid, randonnée et tout type d'expédition en direction de tous les lieux rares où l'idée de « nature » conserve véritablement son sens. Randonnées, cheval et 4 × 4 dans de nombreuses régions françaises. VTT, randonnées, 4 × 4, cheval, etc., dans de nombreux pays. Une équipe de spécialistes pratiquant le terrain depuis 20 ans vous offrent leur passion des grands espaces.

▲ **NOUVELLES FRONTIÈRES**
— *Paris :* 87, boulevard de Grenelle, 75015. ☎ 42-73-10-64. M. : La Motte-Picquet.
– *Aix-en-Provence :* 13, rue Aumône-Vieille, 13100. ☎ 42-26-47-22.
– *Bastia :* 33 *bis*, rue César-Campinchi, 20200. ☎ 95-32-01-62.
– *Bordeaux :* 31, allée de Tourny, 33000. ☎ 56-44-60-38.
– *Brest :* 8, rue Jean-Baptiste-Boussingault, 29200. ☎ 98-44-30-51.
– *Clermont-Ferrand :* 8, rue Saint-Genès, 63000. ☎ 73-90-29-29.
– *Dijon :* 7, place des Cordeliers, 21000. ☎ 80-30-89-30.
– *Grenoble :* 5, rue Billerey, 38000. ☎ 76-87-16-53 et 54.
– *Le Havre :* 137, rue de Paris. ☎ 35-43-36-66.
– *Lille :* 1, rue des Sept-Agaches, 59000. ☎ 20-74-00-12.
– *Limoges :* 16, rue Élie-Berthet, 87000. ☎ 55-32-28-48.
– *Lyon :* 34, rue Franklin, 69002. ☎ 78-37-16-47.
– *Marseille :* 83, rue Sainte, 13007. ☎ 91-54-18-48.
– *Metz :* 33, En-Fournirue, 57000. ☎ 87-36-16-90.
– *Montpellier :* 4, rue Jeanne-d'Arc, 34000. ☎ 67-64-64-15.
– *Mulhouse :* rue des Halles, 68100. ☎ 89-46-25-00.
– *Nancy :* 4, rue des Ponts, 54000. ☎ 83-36-76-27.
– *Nantes :* 2, rue Auguste-Brizeux, 44000. ☎ 40-20-24-61.
– *Nice :* 24, avenue Georges-Clemenceau, 06000. ☎ 93-88-32-84.
– *Reims :* 51, rue Cérès, 51100. ☎ 26-88-69-81.
– *Rennes :* 10, quai Émile-Zola, 35000. ☎ 99-79-61-13.
– *Rodez :* 26, rue Béteille, 12000. ☎ 65-68-01-99.
– *Rouen :* 15, rue du Grand-Pont, 76000. ☎ 35-71-14-44.
– *Saint-Étienne :* 9, rue de la Résistance, 42000. ☎ 77-33-88-35.
– *Strasbourg :* 4, rue du Faisan, 67000. ☎ 88-25-68-50.
– *Toulon :* 503, avenue de la République, 83000. ☎ 94-46-37-02.
– *Toulouse :* 2, place Saint-Sernin, 31000. ☎ 61-21-03-53.

▲ **NOUVELLE LIBERTÉ**
— *Paris :* 24, avenue de l'Opéra, 75001. ☎ 42-96-14-12. Fax : 49-27-05-81. M. : Pyramides.
– *Paris :* 13, rue des Pyramides, 75001. ☎ 42-60-35-98. M. : Pyramides.
– *Paris :* 118, rue Montmartre, 75002. ☎ 42-21-03-65. M. : Bourse ou Sentier.
– *Paris :* 25, rue Vivienne, 75002. ☎ 42-96-10-00. M. : Bourse.
– *Paris :* 26, rue Soufflot, 75005. ☎ 43-25-43-99. M. : Luxembourg.
– *Paris :* 106, rue de Rennes, 75006. ☎ 45-48-73-99. M. : Rennes.
– *Paris :* 90, Champs-Élysées, 75008. ☎ 45-62-09-99. M. : George-V.
– *Paris :* 14, rue Lafayette, 75009. ☎ 47-70-58-58. M. : Chaussée-d'Antin.
– *Paris :* 68, boulevard Voltaire, 75011. ☎ 48-06-79-65. M. : Saint-Ambroise.
– *Paris :* 49, avenue d'Italie, 75013. ☎ 44-24-38-38. M. : Tolbiac.
– *Paris :* 17, avenue Stephen-Pichon, 75013. ☎ 45-83-19-80. M. : Place-d'Italie.
– *Paris :* 29, avenue du Général-Leclerc, 75014. ☎ 43-35-37-38. M. : Mouton-Duvernet.
– *Paris :* 109, rue Lecourbe, 75015. ☎ 48-28-32-28. M. : Sèvres-Lecourbe.
– *Saint-Germain-en-Laye :* 60, rue du Pain, 78100. ☎ 34-51-08-08.

SEULS LES OISEAUX PAIENT MOINS CHER.

Lic. 583

AGENCES ENSEIGNE JUMBO

Aix en Pce	42 26 04 11	Lyon	78 37 47 87	Poitiers	49 88 89 63
Angoulême	45 95 14 95	Le Mans	43 23 39 40	Rambouillet	34 83 06 18
Besançon	81 81 30 31	Martigues	42 80 08 19	Reims	26 40 22 08
Bordeaux	56 42 08 08	Montpellier	67 60 60 22	Rennes	99 79 58 68
Bourges	48 70 27 36	Nancy	83 32 97 79	Rodez	65 42 63 47
Caen	31 86 04 01	Nantes	40 48 64 18	Rouen	35 98 59 00
Clermont Frd	73 31 19 24	Nice	93 82 11 75	St. Etienne	77 32 39 81
Creil	44 55 40 99	Nîmes	66 21 02 01	St. Jean de Luz	59 51 03 10
Dijon	80 30 27 88	Orléans	38 54 09 62	Toulon	94 41 40 14
Dunkerque	28 66 67 68	Paris 2e	47 42 06 92	Tours	47 66 52 58
Evreux	32 31 05 55	Paris 6e	43 29 35 50	Troyes	25 73 65 94
Ferney	50 40 73 30	Paris 6e	46 34 19 79		
Grenoble	76 87 40 49	Paris 7e	47 05 01 95	**36 15 CHARTER et**	
Le Havre	35 21 31 33	Paris 14e	45 42 03 87	**toutes agences agréées.**	
Lille	20 57 58 62	Paris Défense	47 76 43 40		
Limoges	55 32 79 29	Pau	59 27 11 12		
Lyon A.F.T	78 37 15 89	Perpignan	68 34 82 16		

jumbo *Charter*

– *Aix-en-Provence :* 2, avenue des Belges, 13100. ☎ 42-38-37-67.
– *Angers :* 15, boulevard Foch, 49100. ☎ 41-87-98-17.
– *Avignon :* 8, place Pie, 84000. ☎ 90-86-82-00.
– *Bordeaux :* 53, cours Clemenceau, 33000. ☎ 56-81-28-30.
– *Brest :* 7, rue Boussingault, 29200. ☎ 98-43-44-88.
– *Caen :* 117, rue Saint-Jean, 14000. ☎ 31-79-05-50.
– *Cannes :* 15, rue des Belges, 06400. ☎ 93-99-49-00.
– *Dijon :* 20, rue des Forges, 21000. ☎ 80-30-77-32.
– *Grenoble :* 12, place Victor-Hugo, 38000. ☎ 76-46-01-37.
– *Lille :* 7-9, place du Théâtre, 59000. ☎ 20-55-35-45.
– *Lyon :* 2, place Bellecour, 69002. ☎ 78-92-90-22. Fax : 78-37-54-55.
– *Marseille :* 10, rue du Jeune-Anac, 13001. ☎ 91-54-11-10. Fax : 91-54-11-26.
– *Montpellier :* 33, cours Gambetta, 34000. ☎ 67-58-84-84.
– *Mulhouse :* 42, rue des Boulangers, 68100. ☎ 89-66-14-15. Fax : 89-42-86-38.
– *Nantes :* 1, place Delorme, 44000. ☎ 40-35-56-56.
– *Nice :* 85, boulevard Gambetta, 06000. ☎ 93-86-33-13.
– *Orléans :* 1, rue d'Illiers, 45000. ☎ 38-81-11-55. Fax : 38-62-89-32.
– *Reims :* 61, place Drouet-d'Erlon, 51100. ☎ 26-40-56-10.
– *Rennes :* 3, rue Nationale, 35000. ☎ 99-79-12-12.
– *Rouen :* 130, rue Jeanne-d'Arc, 76000. ☎ 35-71-81-05. Fax : 35-15-15-65.
– *Toulouse :* 1 *bis,* rue des Lois, 31000. ☎ 61-21-10-00.
– *Tours :* 1, rue Colbert, 37000. ☎ 47-20-49-50.

Il ne faut pas confondre charter et bétaillère : en effet toutes les compagnies ne sont pas fréquentables. D'où une sélection sévère ! Les prix du monde ont changé ! Grâce à sa compagnie Air Liberté-Minerve, première compagnie aérienne privée française, Nouvelle Liberté vous permet de bénéficier de tarifs avantageux. Au total, près de 400 destinations sont proposées aux meilleurs rapports qualité-prix.
Les voyages sont « en kit », donc modulables en fonction de vos moyens : pour les fauchés, des vols secs ; pour les autres, des voitures, hôtels (plusieurs catégories de prix), appartements ou villas, du trekking, des excursions en bateaux... Le bonheur.
Et en exclusivité, le « contrat confiance » avec l'UAP :
– Si l'avion a plus de 2 h de retard, on vous rembourse 200 F par heure de retard (avec un maximum de 70 % du prix du billet).
– S'il y a surbooking, on vous rembourse votre billet et vous voyagez gratuitement sur un autre vol.

▲ **ORIENTS :** 29, rue des Boulangers, 75005. ☎ 46-34-29-00/54-20. M. : Cardinal-Lemoine. Ouvert du lundi au samedi de 10 h à 13 h et de 14 h à 19 h.
Agence spécialisée dans les voyages sur les « Routes de la Soie » au sens le plus large, de Venise à... Pékin ; et une équipe très expérimentée (en particulier sur la Chine) et qui a juré de vous faire renouer avec la tradition des grands voyageurs dont le célébrissime Marco Polo, entre autres.
Des programmes qui commencent avec des week-ends en « Orients » (Venise, Istanbul, Saint-Pétersbourg ou Berlin) et qui continuent avec de grands voyages axés sur les routes d'histoire et d'échange : Chine, Asie centrale ex-soviétique, Pakistan, Iran, Inde, Népal, Tibet, Birmanie, Jordanie, Turquie, Laos, Viêt-nam et Cambodge. Tous ces voyages guidés par un spécialiste. Enfin Orients propose des vols secs vers les principales escales des Routes de la Soie à des prix très étudiés. Également des voyages à la carte pour toutes ces destinations.

▲ **OTU (Organisation de tourisme universitaire) :** 39, avenue Georges-Bernanos, 75005. ☎ 43-29-12-88 ou 90-78. M. : Port-Royal. Ouvert de 10 h à 18 h 45.
Le spécialiste des vols charters (réduction pour les étudiants) et des vols de dernière minute. Pas de frais d'annulation.
L'OTU est représentée en province par les CROUS et les CLOUS :
– *Aix-en-Provence :* cité universitaire les Gazelles, avenue Jules-Ferry, 13600. ☎ 42-27-76-85.
– *Amiens :* CROUS, 25, rue Saint-Leu, 80000. ☎ 22-91-84-33.
– *Angers :* CLOUS, jardin des Beaux-Arts, 35, boulevard du Roi-René, 49100. ☎ 41-87-11-35.
– *Annecy :* foyer d'Evines, 3, rue des Martyrs, 74940. ☎ 50-27-64-11.

Turquie & Marmara,

Spécialistes en Vacances Vacances.

De la Corne d'Or à l'Anatolie orientale, de la côte turquoise aux cheminées de fées de la Cappadoce... MARMARA, c'est toute la Turquie !

Des circuits aux séjours balnéaires, des expéditions aux voyages sur mesure, des croisières aux simples vols charter, MARMARA vous propose toutes les formules et tous les prix pour passer du rêve à la réalité !

Vols directs sur ISTANBUL

de PARIS, LYON, MARSEILLE, NANTES
Aller-Retour à partir de .... **1.235 F**

Vols directs sur IZMIR

de PARIS, LYON, MARSEILLE, STRASBOURG, LILLE,
TOULOUSE, BORDEAUX, NANTES
Aller-Retour à partir de .... **1.255 F**

Vols directs sur ANTALYA et sur DALAMAN

de PARIS et LYON
Aller-Retour à partir de .... **1.530 F**

Séjour au Club MARMARA,

1 semaine en demi-pension, animation, vin, transport compris .... **2.730 F**

(Prix extraits de la brochure 1991)

MEDICIS - Lic. 1349

LE SPECIALISTE LEADER DE LA TURQUIE

– *Besançon :* CROUS, 38, avenue de l'Observatoire, bât. A, 25030. ☎ 81-88-33-22.
– *Bordeaux :* domaine universitaire, restaurant n° 2, 33405 Talence Cedex. ☎ 56-80-71-87.
– *Bourges :* résidence universitaire, chemin de Turly, 18020. ☎ 48-24-40-37.
– *Brest :* CLOUS, avenue Le Gorgeu, 29200. ☎ 98-03-38-78.
– *Caen :* CROUS, 23, avenue de Bruxelles, 14000. ☎ 31-93-70-17.
– *Clermont-Ferrand :* CROUS, 25, rue Étienne-Dolet, bât. A, 63000. ☎ 73-93-26-46, poste 513.
– *Compiègne :* 27, rue du Port-aux-Bateaux, 60200. ☎ 44-86-67-44.
– *Dijon :* campus Montmuzard, 6B, rue du Recteur-Bouchard, 21000. ☎ 80-39-69-33.
– *Grenoble :* CROUS, 5, rue d'Arsonval, B.P. 187, 38000. ☎ 76-87-07-62.
– *Le Havre :* cité universitaire de Caucriauville, place Robert-Schuman, 76000. ☎ 35-47-25-86.
– *Lille :* CROUS, 74, rue de Cambrai. 59000. ☎ 20-52-84-00.
– *Limoges :* CROUS, ensemble universitaire de Vanteaux, 21, avenue Alexis-Carrel, 87000. ☎ 55-01-46-12.
– *Lyon :* CROUS, 59, rue de la Madeleine, 69000. ☎ 78-72-55-47, poste 60.
– *Le Mans :* CROUS, route de Laval 41 X, 72000. ☎ 43-23-60-70.
– *Marseille :* CROUS, 38, rue du 141e-R.I.A., 13000. ☎ 91-50-41-52.
– *Metz :* cité universitaire, île du Saulcy. 57000. ☎ 87-31-34-99.
– *Montpellier :* CROUS 2, rue Monteil, 34000. ☎ 67-41-10-29.
– *Mulhouse :* cité universitaire, 20, boulevard Stoessel, 68000. ☎ 89-42-70-11.
– *Nancy :* CROUS, 75, rue de Laxou, 54000. ☎ 83-91-88-20.
– *Nantes :* 2, bd Guy-Mollet, 44000. ☎ 40-74-70-77.
– *Nice :* CROUS, 18, avenue des Fleurs, 06000. ☎ 93-96-73-73.
– *Orléans :* CROUS, bureau d'accueil, rue de Blois, 45000. ☎ 38-63-28-09.
– *Pau :* centre des œuvres universitaires, avenue Poplawski, 64000. ☎ 59-02-73-35.
– *Poitiers :* CROUS, 15, rue Guillaume-VII-le-Troubadour, B.P. 629, 86000. ☎ 49-01-83-69.
– *Reims :* CROUS, 34, boulevard Henry-Vasnier, 51000. ☎ 26-85-50-16.
– *Rennes :* CROUS, 7, place Hoche, B.P. 115, 35000. ☎ 99-36-46-11.
– *La Rochelle :* résidence universitaire Antinéa, rue de Roux, 17000. ☎ 46-44-30-16.
– *Rouen :* cité universitaire du Panorama, B.P. 218, 76130 Mont-Saint-Aignan. ☎ 35-70-21-66.
– *Saint-Étienne :* résidence universitaire de la Métare, 25, rue du Docteur-Michelon, 42000. ☎ 77-25-14-62.
– *Strasbourg :* CROUS, 1, quai du Maire-Diétrich, 67000. ☎ 88-36-16-91 ou 25-53-99.
– *Toulon :* Campus International, B.P. 133, 83957 La Garde Cedex. ☎ 94-21-11-86.
– *Toulouse :* CROUS, 7, rue des Salenques, 31000. ☎ 61-21-13-61.
– *Tours :* boulevard De-Lattre-de-Tassigny, 37000. ☎ 47-05-17-55.
– *Valence :* 6, rue Derodon, 26000. ☎ 75-42-17-96.
– *Valenciennes :* résidence universitaire Jules-Mousseron, 59300 Aulnoy-lès-Valenciennes. ☎ 27-42-56-56.
– *Villeneuve-d'Ascq :* domaine littéraire et juridique, rue du Barreau, hall de la fac de droit, 59600. ☎ 20-91-83-18. Ou résidence universitaire Bachelard, Pavillon 0, 59650. ☎ 20-43-48-47.

▲ **TERRES D'AVENTURE**
– *Paris :* 16, rue Saint-Victor, 75005. ☎ 43-29-94-50. Fax : 43-29-96-31. M. : Maubert-Mutualité.
– *Lyon :* 9, rue des Remparts-d'Ainay, 69002. ☎ 78-42-99-94.
Pionnier et leader du voyage à pied en France et à l'étranger, cette agence propose 140 randonnées de 7 à 118 jours pour tous niveaux, même débutant, et à tous les prix. En Turquie, superbes treks en Cappadoce.

▲ **TURBAN FRANCE TOURS :** 15, rue La Quintinie, 75015 Paris. ☎ 45-31-58-58. Propose, à condition de réserver suffisamment longtemps à l'avance (voir catalogue des promotions paraissant en hiver), des vols à des tarifs très intéressants.

▲ **UCPA**
— *Paris* : 62, rue de la Glacière, 75640 Paris Cedex 13. ☎ (1) 43-36-05-20.
M. : Gobelins.
— *Paris* : 28, bd de Sébastopol, 75180 Paris Cedex 04. ☎ 48-04-76-76. M. :
Réaumur-Sébastopol.
— *Bordeaux* : 121, cours Alsace-Lorraine, B.P. 67, 33036 Bordeaux Cedex.
☎ 56-48-27-21.
— *Lille* : 203, rue de Paris, 59021 Lille Cedex. ☎ 20-85-03-34.
— *Lyon* : 5, place Carnot, 69286 Lyon Cedex 02. ☎ 78-92-98-98.
— *Marseille* : 27, cours Gouffé, B.P. 76, 13441 Marseille Cantini Cedex. ☎ 91-
79-33-12.
— *Nantes* : 12, place du Commerce, 44000. ☎ 40-48-04-67.
— *Strabourg* : 3, rue du Fbg-National, B.P. 08, 67068 Strasbourg Cedex. ☎ 88-
75-68-56.
— *Toulouse* : 44, rue de Metz, 31000. ☎ 61-55-26-26.
L'UCPA, dont la vocation est la promotion des sports dits de plein air, n'a pas
hésité à intégrer dans la carte de ses itinérances lointaines la Turquie. Normal
quand on les connaît.
Au total, selon les saisons, 4 programmes des plus insolites : La « Cappadoce
en roue libre », bref pédaler à travers la Cappadoce ; « Caïque sur la côte
lycienne », vous savez caïque comme voilier en bois... ; la « Chevauchée Cappadoce » ou comment découvrir à cheval la Cappadoce ; le « Taurus Cappadoce »
pour une communion à pied avec le surréalisme du coin. Bref, la Turquie à pied,
à cheval, à VTT, en voilier. Autres points forts : un encadrement et du matériel
de qualité, pour du tout compris à des prix carrément pas chers.

▲ **UNICLAM**
— *Paris* : 63, rue Monsieur-le-Prince, 75006. ☎ 43-29-12-36. M. : Odéon.
— *Paris* : 11, rue du 4-Septembre, 75002. ☎ 40-15-07-07. M. : Opéra.
— *Bordeaux* : 52, rue du Palais-Gallien, 33000. ☎ 56-44-44-91.
— *Grenoble* : 16, rue du Docteur-Mazet, 38000. ☎ 76-46-00-08.
— *Lille* : 157, route Nationale, 59000. ☎ 20-30-98-20.
— *Lyon* : 19, quai Romain-Rolland, 69005. ☎ 78-42-75-85.
— *Marseille* : 103, la Canebière, 13001. ☎ 91-50-53-03.
— *Mulhouse* : 13, rue des Fleurs, 68100. ☎ 89-56-10-21.
— *Strasbourg* : 6, rue Pucelles, 67000. ☎ 88-35-30-67.
— *Toulouse* : 21, rue Antonin-Mercié, 31000. ☎ 61-22-88-80.
UNICLAM s'est d'abord fait connaître pour ses charters sur l'Amérique latine et
tout particulièrement le Pérou. Aujourd'hui, UNICLAM propose des destinations
nouvelles, notamment la Turquie. Nombreuses formules proposées à des prix
qui ont fait le succès de la maison.

▲ **VOYAGES ET DÉCOUVERTES**
— *Paris* : 21, rue Cambon, 75001. ☎ 42-61-00-01. M. : Concorde.
— *Paris* : 58, rue Richer, 75009. ☎ 47-70-28-28. M. : Cadet.
Nouveau voyagiste proposant d'excellents tarifs sur lignes régulières à condi-
tion d'être étudiant ou jeune de moins de 26 ans.

EN BELGIQUE

▲ **ACOTRA WORLD :** rue de la Madeleine, 51, Bruxelles 1000. ☎ (02) 512-
86-07 et 512-55-40. Fax : (02) 512-39-74. Ouvert en semaine de 10 h à 18 h
(18 h 30 le jeudi) et le samedi de 10 h à 13 h. Acotra World, filiale de la Sabena,
offre aux jeunes, étudiants, enseignants et stagiaires des prix spéciaux dans le
domaine du transport aérien. Prix de train (B.I.J. — Inter-Rail) et de bus intéressants. Le central logement-transit d'ACOTRA permet d'être hébergé aux meilleurs prix, en Belgique et à l'étranger.
Un bureau d'accueil et d'information, « Acotra Welcome Desk » est à la disposition de tous à l'aéroport de Bruxelles-National (hall d'arrivée). Ouvert tous les
jours, y compris le dimanche, de 7 h à 14 h.

▲ **CJB** (Caravanes de Jeunesse Belge ASBL) : chaussée d'Ixelles, 216,
Bruxelles 1050. ☎ (02) 640-98-97. Fax : (02) 646-35-95. Randonnées
pédestres et sportives (Corse, Irlande, Thaïlande...). 5 % de réduction sur les
billets B.I.J. Transports à prix réduits. Vend la carte *ISIC* (International Student
Identity Card). Ouvert de 9 h 30 à 18 h tous les jours de la semaine.

▲ CONNECTIONS
– *Bruxelles* : rue Marché-au-Charbon, 13, 1000. ☎ (02) 512-50-60. Fax : (02) 512-68-01.
– *Anvers* : 13, Korte Kœpoortstraat, 2000. ☎ (03) 225-31-61. Fax : (03) 226-24-66.
– *Gand* : 120, Nederkouter, 9000. ☎ (091) 23-90-20. Fax : (091) 33-29-13.
– *Liège* (nouvelles destinations) : rue Sœurs-de-Hasque, 1b, 4000. ☎ (041) 22-04-44. Fax : (041) 23-08-82.
Également : rue Sœurs-de-Hasque, 7, 4000. ☎ (041) 23-05-75. Fax : (041) 23-08-82.
– *Louvain* : 89, Tiensestraat, 3000. ☎ (016) 29-01-50. Fax : (016) 29-06-50.
– *Louvain-la-Neuve* : place des Brabançons, 6a, 1348. ☎ (010) 45-15-57. Fax : (010) 45-14-53.
Émanation de la toute-puissante *Union des Étudiants irlandais* (USIT), Connections est leur tête de pont continentale pour développer l'organisation de voyage pour jeunes. Émetteur de la carte *ISIC* (International Student Identity Card), *Connections* offre des réductions aux étudiants sur une série impressionnante de vols réguliers.
On peut s'y procurer également la carte de la *FIYTO* (Federation of International Youth Tour Operator), très intéressante pour les jeunes de moins de 26 ans, et la carte *BYSS* (Belgian Youth and Student Services). Connections est membre du réseau *Eurotrain* (billet style *B.I.J.* moins cher pour les jeunes jusqu'à 26 ans).

▲ JOKER : boulevard Lemonnier, 37, 1000. ☎ (02) 502-19-37. « Le » spécialiste des voyages aventureux travaille en principe avec le nord du pays mais il peut être intéressant d'y faire un tour. Voyages pas chers et intéressants.

▲ NOUVELLES FRONTIÈRES
– *Bruxelles* : boulevard Lemonnier, 2, 1000. ☎ (02) 513-76-36. Fax : (02) 513-16-45.
– *Bruxelles* : chaussée d'Ixelles, 147, 1050. ☎ (02) 513-68-15.
– *Bruxelles* : chaussée de Waterloo, 690, 1180. ☎ (02) 646-22-70.
– *Anvers* : 14, Nationalestraat, 2000. ☎ (03) 232-98-75. Fax : (03) 226-29-50.
– *Gand* : 77, Nederkouter, 9000. ☎ (091) 24-01-06.
– *Liège* : boulevard de la Sauvenière, 32, 4000. ☎ (041) 23-67-67.

▲ PAMPA EXPLOR : chaussée de Waterloo, 735, Bruxelles 1180. ☎ (02) 343-75-90. Fax : (02) 346-27-66. Cette équipe de chevronnés, inconditionnels de l'insolite, a plus d'un tour dans sa besace et 20 ans d'expérience à mettre au service des vacances originales, pleines d'air pur et d'espaces, d'humour, de culture et d'action.
Circuits à la carte et en petits groupes sur toutes destinations.

▲ SERVICES VOYAGES ULB : Campus ULB, avenue Paul-Héger, 22, Bruxelles, et Hôpital universitaire Erasme. Le voyage à l'université, accueil évidemment très sympa. Ticket d'avion de compagnie régulière à des prix hyper compétitifs. Ouvert de 9 h à 17 h sans interruption du lundi au vendredi (de 13 h à 17 h à Erasme).

▲ TAXISTOP : la carte de membre Taxistop donne droit à des vols charters à prix réduits.
– *Airstop* : rue du Marché-aux-Herbes, 27, Bruxelles 1000. ☎ (02) 512-10-15 et 511-69-30. Fax : (02) 514-41-11.
– *Magellan Tours* : place Rogier, 11, Bruxelles 1000. ☎ (02) 217-40-86.
– *Taxistop Gand* : 51, Onderbergen, Gand 9000. ☎ (091) 23-23-10.

EN SUISSE

C'est toujours cher de voyager au départ de la Suisse, mais cela s'améliore. Les charters au départ de Genève, Bâle ou Zurich sont de plus en plus fréquents ! Pour obtenir les meilleurs prix, il vous faudra être persévérant et vous munir d'un téléphone. Les billets au départ de Paris ou Lyon ont toujours la cote au hit-parade des meilleurs prix. Les annonces dans les journaux peuvent vous réserver d'agréables surprises, spécialement dans *24 Heures* et dans *Voyages Magazine*.

Tous les tours-opérateurs sont représentés dans les bonnes agences : *Kuoni, Hotelplan, Jet Tours,* le *TCS* et les autres peuvent parfois proposer le meilleur prix, ne pas les oublier !

▲ ARTOU
— *Genève :* 8, rue de Rive. ☎ (022) 21-02-80.
— *Lausanne :* 18, rue Madeleine. ☎ (021) 23-65-56.
— *Sion :* 11, rue du Grand-Pont. ☎ (027) 22-08-15.
— *Neuchâtel :* 1, chaussée de la Boine. ☎ (038) 24-64-06.
Demandez leur documentation (très bien faite) et leurs tarifs spéciaux sur les billets d'avion. Une librairie du voyageur complète les prestations de chaque agence.

▲ S.S.R.
— *Genève :* 3, rue Vignier, 1205. ☎ (022) 29-97-35.
— *Lausanne :* 22, boulevard de Grancy, 1005. ☎ (021) 617-58-11.
— *Neuchâtel :* 1, rue Fosses-Brayes. ☎ (038) 24-48-08.
— *Fribourg :* 35, rue de Lausanne. ☎ (037) 22-61-62.
Le S.S.R. est une société coopérative sans but lucratif dont font partie les employés S.S.R. et les associations d'étudiants. De ce fait, il vous offre des voyages, des vacances et des transferts très avantageux et tout particulièrement des vols secs. Délivre les cartes d'étudiants et les cartes Jeunes.
Ses meilleures destinations sont : l'Extrême-Orient, les États-Unis, l'Amérique du Sud, l'Angleterre, la Yougoslavie, la Grèce, la Turquie, le Maroc, la Sardaigne et le Canada. Et aussi le transsibérien de Moscou à la mer du Japon, la descente de la rivière Kwai... Billets *Euro-Train* (jusqu'à 26 ans non compris). Le S.S.R. vend aussi la carte internationale d'étudiant.

▲ NOUVELLES FRONTIÈRES
— *Genève :* 19, rue de Berne, 1201. ☎ (22) 732-04-03.
— *Lausanne :* 3, avenue du Rond-Point, 1006. ☎ (021) 26-88-91.

AU QUÉBEC

▲ TOURBEC
— *Montréal :* 535 Est, rue Ontario, H2L-1N8. ☎ (514) 288-4455.
— *Montréal :* 3506, avenue Lacombe, H3T-1M1. ☎ (514) 342-2961.
— *Montréal :* 595 Ouest, bd de Maisonneuve, H3A-1L8. ☎ (514) 842-1400.
— *Montréal :* 1454, rue Drummond, H3G-1V9. ☎ (514) 499-9930.
— *Montréal :* 1187 Est, rue Beaubien, H2G-1L8. ☎ (514) 593-1010.
— *Laval :* 155, boulevard des Laurentides, J48-1H1. ☎ (514) 662-7555.
— *Québec :* 1178, avenue Cartier, G1R-297. ☎ (418) 522-2791.
— *Saint-Lambert :* 2001, rue Victoria, J4S-1H1. ☎ (514) 466-4777.
— *Sherbrooke :* 1578 Ouest, rue King, J1J-2C3. ☎ (819) 563-4474.
Cette association, bien connue au Québec, organise des charters en Europe mais aussi des trekkings au Népal, des cours de langues en Angleterre, Italie, Espagne ou Allemagne. Vols long-courriers sur l'Asie, l'Afrique ou l'Amérique. Sa spécialité : la formule avion + auto.

LA TURQUIE

Le pays des tulipes et des cigognes !

Quand on rêve de la Turquie, on se la représente avec des images bien précises. C'est un narghilé fumé nonchalamment en regardant la mer vraiment bleue, les bazars pleins de tapis et d'odeurs, étincelants de cuivres et de bijoux... Sur place, le routard apprendra que la tulipe est originaire d'Anatolie ; que l'on y trouve bien plus de cigognes qu'en Alsace...

Voilà pourquoi il faut aller en Turquie. Pour se rendre compte d'abord que les clichés qu'on s'en fait sont conformes à la réalité, puis pour découvrir d'autres choses tout aussi étonnantes. Byzance à Istanbul, la Grèce en Égée. Mais aussi Abraham à Harran, Noé sur l'Ararat, le Tigre et l'Euphrate. La Cappadoce et les colosses du Nemrut. Mardin la blanche et Diyarbakır la noire. L'Arménie engloutie près de Kars et les églises géorgiennes du Caucase. Les derviches tourneurs et les chrétiens nestoriens. La steppe calcinée d'Anatolie et le moiteur de la mer Noire. Le pays de Soliman et celui de Yaşar Kemal. Plus on s'écarte des sentiers battus, plus on l'aime : la Turquie est inépuisable.

Et puis, sachez que si vous voulez rencontrer des gens merveilleux, c'est en Turquie qu'il faut aller... La gentillesse, les attentions, l'hospitalité se moquent des barrières linguistiques. Persuadés d'être des Occidentaux, les Turcs vous accueillent en cousin. Derrière les moustaches, la brusquerie farouche, les poses héroïques, il n'y a pas à gratter beaucoup pour retrouver les trésors de la gentillesse ottomane. Nous avons beaucoup à apprendre des Turcs, ne l'oubliez pas.

GÉNÉRALITÉS

Adresses utiles, formalités, vaccinations

– Adresses utiles en France

• *Office du tourisme :* 102, Champs-Élysées, 75008 Paris. ☎ 45-62-78-68 et 26-10. Fax : 45-63-81-05. M. : George-V. Ouvert du lundi au vendredi de 9 h 30 à 12 h 30 et de 13 h 30 à 18 h 30. Très efficace et sympa. Documentation sur place.
• *La Maison de la Turquie :* 8, rue Boudreau, 75009 Paris. ☎ 42-68-08-88. M. : Auber (RER). Ouvert du mardi au samedi de 10 h 30 à 18 h 30. Centre d'informations culturelles et touristiques de la Turquie, animé par une équipe de Turcs et de Français prêts à vous conseiller et à répondre à vos questions concernant la préparation de votre voyage en Turquie. Compétent et efficace.
• *Ambassade de Turquie :* 16, avenue de Lamballe, 75016 Paris. ☎ 45-24-52-24. M. : Passy.
• *Consulat de Turquie :* 184, boulevard Malesherbes, 75017 Paris. ☎ 42-27-32-72. M. : Wagram. Le matin seulement, de 9 h 30 à 12 h 30, du mardi au vendredi.
• *A Marseille :* 363, avenue du Prado, 13008. ☎ 91-76-44-40.
• *A Lyon :* 87, rue de Sèze, 69006. ☎ 78-52-69-98.
• *A Strasbourg :* 10, rue Auguste-Lamay, 67000. ☎ 88-36-68-14.

– En Belgique

• *Office du tourisme :* contacter actuellement l'*ambassade,* rue Montoyer, 43, Bruxelles 1040. ☎ (02) 502-26-21. Ouvert du lundi au vendredi de 9 h 30 à 13 h et de 14 h 30 à 17 h.

— *En Suisse*

• *Office du tourisme :* Talstrasse 74, 8001 Zurich. ☎ 221-08-10.

— *Formalités*

• *Carte nationale d'identité* de moins de 10 ans mais le passeport en cours de validité est préférable. Si vous entrez avec une carte d'identité, la douane vous remet un justificatif que vous devez conserver avec vous en permanence pour le représenter à la sortie du pays.
— Pour les Français, Belges, Suisses ou Canadiens, pas de visa pour les séjours inférieurs à 3 mois.
— *Visa de transit* (simple ou double) pour traverser la Bulgarie ou la Hongrie.
— *Papiers de voiture :* permis de conduire rose à trois volets ou permis international, carte verte d'assurance si la compagnie couvre la Turquie, sinon demander une extension. Assurance du type « Europ-Assistance » conseillée.
Remarque : si vous entrez en voiture en Turquie, vous devrez obligatoirement en sortir de la même façon. Donc si vous « cassez » dans le pays, il vous faudra payer le remorquage jusqu'à la frontière.
Attention, ne conduisez pas la voiture de quelqu'un d'autre pour traverser la frontière. La douane en conclura que c'est votre voiture, si bien qu'ils l'inscriront sur votre passeport. Ainsi, vous ne serez pas autorisé à sortir de Turquie sans cette voiture. Si vous êtes venu en Turquie avec la voiture d'un ami ou de papa, faites-vous faire une carte verte à votre nom, sinon vous pourrez avoir des problèmes à la frontière.

— *Vaccination*

Aucune n'est obligatoire mais il est recommandé d'avoir son rappel anti-tétanique à jour.

— *Assurances*

Ne partez pas sans vous être assuré que vous l'êtes bien !

— *Douane*

Les formalités sont parfois longues et minutieuses. Rester patient. Les alcoolos peuvent apporter 3 bouteilles de leur vin préféré ou une bouteille de 75 cl d'alcool. Les accros du tabac ont droit à une cartouche. Matériel photo amateur et films sont acceptés en quantité raisonnable.

Argent, banque, change, cartes de crédit

— *Monnaie*

La monnaie est la *livre,* mais, dans l'usage, c'est le mot *lira* (Türk Lirasi, TL) qui est employé. Son importation comme son exportation sont interdites au-delà de 600 FF.
Munissez-vous, de préférence, de chèques de voyage par mesure de sécurité. Ils se changent très facilement. Les francs français sont acceptés partout, inutile donc de convertir en dollars. Il n'existe pas de marché noir, ni de limitation pour l'entrée en Turquie de devises étrangères.

— *Banque*

Les banques sont ouvertes de 8 h 30 à 12 h et de 13 h 30 à 17 h y compris le vendredi. Elles sont fermées le week-end. Presque tous les bureaux de P.T.T. pratiquent le change à un taux équivalent à celui des banques. Les kiosques de change se font de plus en plus nombreux. On en trouve désormais à proximité de tous les sites touristiques.

— *Change*

Compte tenu de l'inflation galopante, changez au fur et à mesure de vos besoins, le taux pouvant baisser sensiblement d'un jour à l'autre. Évitez de changer dans les hôtels, qui prennent parfois des commissions importantes. Même dans les banques, toujours se renseigner pour savoir s'il y a une commission prélevée sur les chèques de voyage. A part dans certaines villes de l'Est, vous ne rencontrerez pas de difficultés pour changer. N'attendez pas toutefois d'être totalement démuni de devises locales. On apprend parfois trop tard l'existence d'un jour férié devant des guichets fermés. Dans ce cas, des dollars, des marks ou des francs, en billets, peuvent dépanner.

Il est recommandé de conserver les justificatifs de change si, à la fin du voyage, on désire reconvertir en devises étrangères les devises turques.

Si l'on va de Turquie en Grèce, attention, car les billets usagés turcs ne sont pas repris.

En janvier 1992, 1 FF valait environ 1000 livres mais, rappelons-le, le cours varie tous les jours.

Les postchèques sont vraiment très pratiques. Certains commerçants acceptent le paiement en chèques de voyage (encore rare mais ça se développe), et dans certaines grandes boutiques, il est même possible d'utiliser des chèques bancaires.

Les commerçants et les agences de voyages acceptent les dollars et les marks.

— Cartes de crédit

Les principales cartes de crédit, notamment la Carte Bleue VISA et les Eurochèques, sont généralement acceptées dans les grandes villes et dans les villages des régions touristiques. Des agences de la banque *Yapi Kredi* sont pourvues de distributeurs de billets repérables par leurs couleurs bleu et orange. Taxe de 15 F par retrait. Certaines officines bancaires permettent de retirer des livres turques avec une carte de crédit, sans commission. Le taux est calculé d'abord en dollars, puis en francs.

Artisanat

— Le pays du petit commerce

On ne sait pas si les influences phénicienne et arménienne furent très importantes, mais si vous demandez à un Turc son métier, il y a de grandes chances pour qu'il vous réponde : « commerçant ». Bien sûr, rares sont les gros commerçants avec flotte de cargos et villa sur le Bosphore. Mais, effectivement, les Turcs adorent le commerce. Partout dans les rues, vous rencontrerez mille vendeurs qui font le charme et l'animation des villes. Vous verrez aussi bien des vendeurs de stylos, briquets, ceintures, canifs, gâteaux, que des gens qui rechargent les briquets ou ceux qui, avec une bascule, attendent l'obèse anxieux... Et puis, bien sûr, les cireurs de chaussures qui vous assaillent même si vous êtes chaussé de baskets... Il serait intéressant d'étudier la sociologie des peuples en fonction de leurs occupations favorites et de leurs gadgets : c'est aussi révélateur que les petites annonces de leurs journaux.

— Les tapis

Un tapis comprend trois parties distinctes : les chaînes, les trames et les nœuds. Les *chaînes,* ou squelette du tapis, ce sont les fils verticaux. Les *trames,* qui solidifient le tout, ce sont les fils horizontaux. Chaînes et trames forment le dossier. Les nœuds sont composés de fils noués sur les fils de chaîne et ensuite arasés aux ciseaux.

DIVERSES SORTES

Sous l'appellation tapis, il faut distinguer quatre dénominations distinctes, donc quatre articles différents, tous faits à la main :

• *Le kilim :* travail à plat, tissé la plupart du temps avec des motifs ancestraux sans utilisation de carton. Des trous facilement visibles à contre-jour, dus aux changements de couleurs, permettent d'identifier le kilim. Les anciens sont réversibles tandis que les récents le sont moins.

• *Le cicim* (djidjim) : généralement utilisé pour les sacs ou coussins. Il donne l'impression d'un tissage uni et rebrodé. En fait, le relief qui est caractéristique du cicim est obtenu par des fils horizontaux enroulés autour de 2 ou 3 chaînes.

• *Le sumak* (soumak) : c'est aussi un tissage qui enroule autour des fils verticaux rang par rang par des fils horizontaux de couleurs différentes. A la différence du kilim, le sumak et le cicim n'ont pas de trous.

• *Le hali* (tapis au point noué) : facilement reconnaissable grâce à son velours qui est formé de rangées de nœuds serrés entre deux fils horizontaux (la trame) à l'aide d'un peigne à tisser *(kirkit).* Ensuite ces nœuds sont arasés aux ciseaux. Les nœuds peuvent être turcs (nœuds doubles ou Gördes) ou perses (nœuds simples).

ATTENTION AUX ARNAQUES !

Les Turcs sont très hospitaliers, c'est vrai, mais néanmoins évitez de vous faire piéger par le grand coup de l'amitié avec repas dans le magasin, etc. Sans être méfiant, parano ou agressif, soyez éveillé et vigilant.

Voici quelques arguments de vente, totalement bidons, et autres filouteries que vous entendrez très très souvent dans les magasins de tapis.

« Nous sommes une coopérative, donc pas requins et petits prix garantis, etc. » Le système économique turc est ultra-libéral, alors les coopératives de tapis, cela n'existe pas.

« Nous sommes producteurs fabricants de tapis. C'est ma mère, mes sœurs, ma famille qui font les tapis... » Archi-faux, bien sûr, la fabrication et la vente des tapis sont deux activités totalement séparées, donc les *Carpet Factory*, les fabriques de tapis et autres, c'est du baratin totalement bidon. Dans beaucoup de magasins, il y a un ou plusieurs métiers à tapisser qui sont uniquement là pour la démonstration. Dès que le touriste a tourné les talons, le travail s'arrête. Ne soyez pas dupe.

« Nous sommes grossistes. » Faux, bien sûr. Les vrais grossistes vendent rarement au détail, ne parlent pas les langues étrangères, et ont uniquement des entrepôts, à l'étage, et dans les arrières-faubourgs des grandes villes. Le tapis, ce n'est pas un investissement. Acheter un tapis en Turquie pour le revendre en France, c'est ce que l'on vous proposera souvent. Aucun intérêt, vous perdrez beaucoup d'argent et quelques illusions.

Ne jamais accepter qu'un marchand de tapis sorte de son magasin pour aller chercher d'autres tapis dans son soi-disant dépôt. En fait, il ira au magasin à côté, pour se procurer d'autres tapis et, dans ce cas, l'addition de tous les intermédiaires, c'est vous qui la paierez.

FABRICATION ET UTILISATION

Toutes les étapes de la création d'un tapis sont réalisées par les femmes. Ce sont elles qui lavent la laine, qui la cardent, la filent et la teignent. Bien que, depuis peu, la laine utilisée puisse être parfois filée à la machine.

La dot d'une jeune fille est en grande partie constituée de tapis, qui ne sont jamais vendus, contrairement à ce que vous diront certains marchands, et demande une longue préparation.

A noter que lorsqu'une fille commence un tapis, c'est un événement dans le village. Elle mettra 2 mois ou plus pour le terminer. En Turquie, faire un tapis est un fait sociologique. Ses amies, ses parentes viennent pour l'aider. Elles discutent tout en travaillant à l'ouvrage. Le tapis est l'œuvre de tout le village.

En Anatolie, les tapis ne sont pas seulement considérés comme objets de décoration. Mais ils servent en même temps de tapis de prière, de rideaux, de portes pour séparer deux pièces, de coussins *(yastik)*, de sac à blé *(çuval)*, de tenture murale, de sacoches *(heybe)*, de porte-couverts, porte-rouleaux, etc.

TEINTURES ET MOTIFS

Autrefois, les tisserandes n'utilisaient que des teintures végétales. Actuellement, elles ont de plus en plus recours aux teintures chimiques.

Toutefois, on observe dans certaines régions un renouveau quant à l'utilisation des teintures végétales. Les racines de garance permettent d'obtenir des variantes de rouge ; le brou de noix donne du marron, le tamaris du jaune, l'indigo du bleu, la menthe sauvage du gris, le henné de l'orange, les lichens du vert, etc.

Les connaisseurs arrivent à localiser la provenance du tapis par le choix des couleurs et des motifs. Un tapis est un reflet sûr du village ou de la tribu.

Les motifs qu'on trouve sur les tapis turcs sont géométriques et stylisés. Ils ont souvent une signification et existent depuis la nuit des temps. Comme la tradition orale, les motifs de tapis, surtout ceux du kilim, sont un moyen de transmission de la mémoire collective d'une génération à l'autre. Ils portent les traces des civilisations anciennes de l'Anatolie et de l'Asie centrale, grâce aux nomades émigrés de cette dernière. « La Femme aux mains sur les hanches » illustre la fécondité féminine ; « Têtes d'oiseaux tête-bêche », le yin et le yang ; « l'Arbre de vie » est un symbole ancien ; « le Mihrab », la niche de la prière. L'œil, le scorpion et le serpent servent à exorciser le mal ; la tête de taureau représente la fécondité masculine et l'épi de blé la fertilité de la nature. Les roses, les tulipes (fleur originaire d'Anatolie) sont fréquentes sur les tapis turcs.

Malgré tout, de très nombreux motifs ont une signification complètement inconnue. Acceptez ce fait et cette part de mystère bien sympathique.

MATÉRIAUX EMPLOYÉS

— Soit tout en laine ; c'est le tapis classique.
— Soit chaînes et trames en coton, velours en laine. Ce sont des mauvaises copies (tapis de Kayseri, de Konya-Ladik, de Hereke, etc.) de tapis iraniens. Chers et pas terribles, ressemblent au tapis faits à la machine.
— Soit chaînes et trames en coton, velours en coton mercerisé, imitant la soie ; on l'appelle « Kayseri Floch » *(Flos)* en Turquie ; le mot a été francisé pour devenir « césaré », mais il s'agit de la même chose ; ça plaît souvent car le brillant imite la soie ; en fait, de la mauvaise qualité pour touristes et le tapis s'abîme vite. Très souvent, l'on essaiera de vous refiler cette saloperie pour de la soie végétale (qui n'existe pas) ou de la soie mélangée. Le tout au prix de la véritable soie, cela va s'en dire : méfiance donc.
Pour reconnaître le coton de la laine, il suffit d'en prendre un bout et de le faire brûler. La laine dégage une odeur animale et se consume lentement.
— Soit en soie naturelle. Petits budgets, s'abstenir. Il s'agit du tapis à motifs iraniens. C'est le plus cher. Kayseri ou Hereke au choix. Comptez environ 8 000 F le m² minimum et voir alinéa précédent sur le « Floch ».

CONSEILS D'ACHAT

Bien sûr, le prix dépend du matériau utilisé mais aussi du nombre de nœuds au centimètre carré (on en compte 30 environ pour un bon tapis) en le retournant. Ne soyez pas obnubilé par ce problème ou votre porte-monnaie en souffrira, les 40, 50, 60 nœuds par centimètre carré (voire plus !), cela n'apporte rien de plus mais coûte terriblement plus cher.
On reconnaît, en outre, l'âge à la souplesse en laissant tomber le tapis verticalement. On peut néanmoins se tromper avec cette méthode car certains commerçants astucieux ont tendance à vieillir le tapis en les plaçant dans un endroit fréquenté par les piétons. Ainsi, un bon nombre de boutiques de tapis étalent leurs plus beaux sur le sol. C'est donc les touristes qui, grâce à leurs pas, les font « vieillir ». Ensuite un des touristes, en l'achetant, sera persuadé d'avoir fait une bonne affaire.
Donc au sujet des kilims anciens, voire antiques (plus de 100 ans d'âge), soyez bien éveillé car, là, les arnaques feront mal à votre budget. Si vous n'êtes pas un très bon expert en kilims, laissez tomber impérativement.
Certains commerçants se sont mis à étaler les tapis au soleil pour faire passer les couleurs. Ensuite, il leur suffit de les laver pour obtenir une antiquité.
— Au sujet des *sumak,* il y a les vrais sumak, tout en laine, et les imitations désastreuses, laine et coton, qui sont assez chères et pas jolies du tout.
— Les tapis de prières : sous cette dénomination, on vend vraiment n'importe quoi. Un tapis de prière, c'est d'abord des dimensions minimales (1,40 m × 1 m environ) et des motifs bien précis, un seul mirhab qui sera dirigé vers La Mecque.
Il n'y a plus de région clé pour l'achat des tapis. On déconseille les achats à Istanbul (en particulier au Grand Bazar) car, même si le commerçant est honnête, il doit payer une patente bien plus importante, qu'il répercute évidemment sur le prix de vente.

POUR TERMINER

Sachez que pour un tapis de taille moyenne, la douane française ne fait généralement pas trop de difficultés. A partir de 300 F, la T.V.A. vous sera réclamée, si vous en avez fait la déclaration à la douane.
Attention : les Turcs se déchaussent à l'intérieur des maisons. Ce n'est pas pour rien : les kilims, bien plus fragiles que les tapis, tiennent pourtant le coup. En revanche, les Européens seront étonnés de constater que leurs kilims résistent mal. Les chaussures en sont la cause. Un tuyau de connaisseur : achetez à votre retour du « foxy », qui est un tapis-mousse autocollant. Il a l'énorme avantage de parfaitement tenir les fibres du kilim.

— Le narghilé *(nargile)*

Si vous voulez ramener un narghilé pour décorer, prenez n'importe lequel. Si vous en voulez un pour fumer, refusez les tuyaux en plastique et prenez-en un dont le vase d'eau soit transparent : on sait mieux où se trouve la fumée et c'est plus facile au début. De plus, cela permet de contrôler la propreté de l'eau. Lorsqu'elle est chargée de toxines, il faut la changer. Une autre astuce : choisir un narghilé avec un support métallique, pas en bois. Parfois l'eau monte jusqu'au support et abîme le bois.

N'oubliez pas d'acheter également les gros rouleaux de tabac qu'on met dedans, ils sont introuvables en Europe. En voici le nom : *Tömbeki Nargile tütünü*. Encore une chose : pour fumer le narghilé, il faut des braises... ça pose un petit problème pratique au retour...

— Les pipes en écume de mer

Rien à voir avec la mer. Il s'agit d'une déformation de *Kumer*, son inventeur. Donc, comme son nom ne l'indique pas, cette écume de mer se trouve dans le sous-sol d'Asie Mineure. Les pipes sont faites à Eskişehir, à 240 km d'Ankara. On peut voir les artisans au travail en cherchant bien... mais la ville, en elle-même, n'est pas très intéressante.

Ce n'est pas de l'argile comme on le croit souvent, mais du silicate de magnésie (précision destinée aux polards). L'écume de mer est une matière poreuse et c'est là son intérêt car elle absorbe la nicotine et filtre la fumée. Voilà pourquoi il n'y a pas de filtre dans ces pipes.

Plus la matière est légère, plus elle est poreuse et plus son effet filtrant est puissant. Mais alors elle est plus fragile. Nous préférons à l'écume de mer blanche celle de couleur beige (*krem* en turc) qui est peut-être moins filtrante mais plus résistante et un peu moins chère.

Quand vous fumez votre pipe les premières fois, attention à ne pas la salir avec vos mains sales. Elle perdra beaucoup de sa valeur.

Le prix d'une pipe varie du simple au quintuple suivant la qualité de la pierre. Attention aux pipes qui représentent un visage car la sculpture cache bien souvent des défauts. D'ailleurs les pipes toutes simples, sans aucune décoration, sont aussi chères que les sculptées car, dans ce cas, la pierre ne peut avoir de défaut.

On déconseille les *shilums* en écume de mer car ils sont souvent en trois parties qui s'assemblent avec un filetage qui fond à la chaleur.

— L'onyx

Les vraies fabriques d'objets en onyx (qui, d'ailleurs, ne vendent pas au détail) sont à Ankara, Kirşehir et Hacibektaş. Ces deux dernières villes sont en Cappadoce. Mais pour acheter de l'onyx, ça ne vaut pas la peine d'y aller, pas plus que d'aller à Clermont-Ferrand chez Michelin pour acheter un pneu.

Les « pseudo » achètent aux vraies fabriques et, devant les touristes, un ouvrier fait semblant de tourner une pièce qui se finit rarement sur un tour qui date des dernières décades. Il est bien entendu que sitôt le touriste parti, le tour s'arrête.

La qualité de l'onyx dépend d'abord des couleurs :
— Le vert bien veiné de marron très sombre est le plus précieux. Plus le vert est sombre, meilleur c'est. Comme il est en voie d'épuisement, c'est évidemment le plus cher, mais tellement plus chic.
— Ensuite le marron clair veiné de marron sombre. Les carrières d'onyx marron et blanc sont tout près d'Avanos.
— Ensuite le blanc veiné puis le blanc uni.

Le degré de polissage entre en ligne de compte ainsi que la patine. Pour les objets verts, pas de problème, c'est toujours de l'onyx. En ce qui concerne les marron et les blancs, les regarder à contre-jour. Si les stries internes sont dans le même sens, c'est de l'onyx. En revanche, si on a l'impression que les stries forment des pavages, comme des craquellements intérieurs, c'est de l'albâtre : moins cher et moins intéressant. Autre moyen, plus risqué : faites tomber l'objet par terre, l'onyx est solide et ne casse pas, tandis que l'albâtre est fragile. Il vous restera à payer la casse, mais en sachant pourquoi. Outre ces considérations de qualité, il est évident que le choix doit s'arrêter sur une pièce qui plaît à un prix qui convient.

— Les épices

Les acheter au bazar égyptien à Istanbul :
— *Aci biber* (adje biber) : piment rouge très fort, en poudre.
— *Tatli biber* : piment rouge doux en poudre.
— *Yaprak biber* : piment rouge concassé.

— *Sumak* (soumak) : piment concassé violent que l'on met sur les crudités et les oignons pour donner un goût acidulé.

— *Kimyon* : c'est le cumin bien connu.

— Le *safran* est constitué par le seul stigmate prélevé sur la fleur d'une variété de crocus. Or celui vendu sur les marchés comprend les pétales, les étamines et autres pièces florales : son prix est très bon marché mais n'est proportionnel qu'à sa qualité. Déception garantie lors d'un usage culinaire.

— Le thé turc

C'est un thé brun qui n'est pas exporté. Il est âpre mais bien plus rafraîchissant que les thés indiens et ceylanais. Trois fois moins cher qu'en France. Dommage qu'on ne trouve pratiquement plus de thé *Kamelya* en boîte, fermée hermétiquement, et que les sachets en plastique aient remplacé ces dernières. En revanche, le *Filiz çayi* est excellent, parfumé *(kokulu),* moins cher et souvent en boîte de fer.

— L'huile d'olive *(zeytin yaği)*

Vierge et bien moins chère qu'en France. Se vend en bidon métallique de 0,5 l, 1 l ou 2 l. La goûter auparavant, elle n'est pas toujours meilleure que chez nous.

— Les cuivres

Les acheter à Malatya, dans l'est de la Turquie, à Urfa, ou bien dans les vieux quartiers de la haute ville d'Ankara, au-dessus du musée, dans le saman pazari. C'est le vieil Ankara (où les touristes ne vont pas, mais pour combien de temps encore ?). Le quartier est d'ailleurs plus joli et plus typique que le vieil Istanbul. On peut aussi trouver des cuivres en Cappadoce, chez les antiquaires. Et aussi au marché de Denizli.

— Les antiquités

Le commerce et l'exportation sont rigoureusement interdits en Turquie (peine de prison pour l'acheteur, mais aussi pour le vendeur). Donc, n'ayez aucune crainte : les antiquités seront presque toujours fausses et vous n'aurez jamais de problème avec les autorités...

Toutefois, les pièces de monnaie sont parfois authentiques, mais comme elles sont en très mauvais état (donc valeur nulle), le gouvernement ferme les yeux. Les statuettes de bronze (hauteur 10 cm environ) que l'on trouve chez tous les antiquaires sont faites à Antakya (ancienne Antioche). Les pistolets sont fabriqués à Gaziantep. Un jour, un camion qui en transportait 15 t (!) avait loupé son virage. C'était drôle à voir, tout cet arsenal qui devait être revendu 10 fois le prix de revient au Grand Bazar d'Istanbul.

Attention aux antiquités romaines qui vous sont proposées à Pamukkale : soit elles sont fausses (si on y applique la langue, ça colle), soit elles sont vraies et là, comme la police veille de très près, vous risquez de vous retrouver en prison manu militari.

— Les poteries et les céramiques

Avanos (Cappadoce) est la ville de la poterie. La plupart des potiers se trouvent en face de la poste. Ils font des démonstrations et vendent au détail. Le métier de potier se transmet de père en fils. Les artisans de Kütahya produisent des céramiques intéressantes utilisant des motifs anciens.

— Le henné (kina)

Dans les bazars, on trouve du henné en vrac : le meilleur est celui qui est le plus clair.

— Les pistaches

Les meilleures du monde, surtout lorsqu'elles viennent de Gaziantep. A déguster vertes ou grillées.

— Les instruments de musique

Petits prix pour l'*ud* (luth arabe), le *saz* (luth long), le *darbuka* (tam-tam) et le *ney* (flûte oblique en roseau, des derviches). Plus proche de l'Afghanistan que de l'Égypte, la musique turque est simple, belle, souvent triste et très accessible aux oreilles occidentales.

— Les bijoux

L'or est moins cher qu'en France. On trouve du 14 carats (pas terrible !) mais aussi du 18 et parfois même du 22. Les bijoux traditionnels en argent sont généralement assez chers car seuls les antiquaires les proposent. Il existe toutefois de bonnes copies en vente dans le Bazar d'Istanbul ou dans le quartier de Taksim. On trouve en Turquie un très grand choix de pierres semi-précieuses.

— Vêtements

Choix considérable de vêtements de toutes sortes à des prix défiant toute concurrence ; principalement en ce qui concerne les vêtements d'été. Leur finition laisse souvent à désirer mais leur coupe et le choix des tissus suivent notre mode. Possibilité d'acquérir dans les centres touristiques une garde-robe complète pour ses vacances en ne dépensant presque rien.
Les vêtements en cuir, eux non plus, ne sont pas chers. Là aussi, bien vérifier les coutures. Possibilité de les faire exécuter sur mesure. On trouve aussi des vêtements doublés de mouton pour l'hiver.

Bakchich

A l'origine, qui se perd un peu dans la nuit des temps, le bakchich (bahşis) était le cadeau de bienvenue, en signe d'hospitalité et d'amitié ; c'était la façon la plus simple et la plus commode de prouver à son invité qu'on n'était pas insensible à sa venue ; alors on lui offrait un petit présent pour marquer cette affection. Aujourd'hui, le bakchich s'est vulgarisé, entendez par là qu'il est devenu vulgaire, car employé à tort et à travers, quel que soit l'interlocuteur, du plus petit au plus grand.
Aussi curieux que cela puisse paraître, le pourboire n'est pas réclamé ici comme dans bien d'autres pays mais il est cependant coutume de laisser quelque chose au serveur du restaurant ainsi qu'aux chauffeurs de taxi.
Il n'est nullement nécessaire de faire des largesses inconsidérées qui, de toute manière, ne donneront pas une idée exacte de votre personnalité ni du pays que vous « représentez ». Le bakchich doit retrouver sa vocation première ; et puisque c'est au touriste qu'il doit d'être ce qu'il est devenu aujourd'hui, c'est également à ce même touriste qu'incombe la modification de cet état de fait.

Boissons

— Le café

Un bon café turc est cuit avec le marc et doit avoir bouilli au moins trois fois. Il est servi accompagné d'un verre d'eau. Pour faire tomber le marc : versez un goutte d'eau dans le fond de la tasse. N'oubliez pas qu'un vrai café turc ne peut se boire sans *keyif*. Le keyif, c'est se reposer, se délecter, tout en regardant les gens passer nonchalamment dans la rue. Ça c'est vraiment quelque chose en Turquie ! Quand il y a une bulle d'air dans le café, il faut toujours la souffler car c'est le mauvais œil *(göz)*. On trouve aussi maintenant presque partout du café soluble (préciser : Neskafé) et, exceptionnellement, du café filtre.
Ce sont les Ottomans qui ont donné à l'Europe le goût du café. Chassés de Vienne par Charles de Lorraine et le roi de Pologne, ils abandonnent un stock de café que récupère un certain Kulyeziski, qui s'était comporté en héros pendant la bataille. En 1683, Kulyeziski fait alors trois choses extraordinaires : il ouvre le premier « café » de l'histoire, édulcore le diabolique nectar avec un peu de lait pour ne pas surprendre les palais délicats de ses concitoyens, et l'accompagne de petites brioches en forme de croissant... en souvenir de la défaite turque.
Petit lexique à l'usage des amateurs. On peut demander son café : *sade* (sans sucre) - *az şekerli* (avec peu de sucre) - *orta şekerli* (sucré normalement) - *şekerli* (très sucré). Dans la région d'Erzurum, vous pourrez même préciser : *yandan çarkli* (le sucre à côté). Cela dit, on ne boit guère de café, car cher. Tout le monde boit du thé.

— Le thé

Boisson nationale, le thé est une production locale de la région de Rize, au bord de la mer Noire. C'est le *çay*, le verre de l'amitié, souvent apporté, tout chaud, par les gamins d'une maison de thé voisine. Découvrez-la. Comme le bar-tabac à Paris, la *çay evi*, en effet, est une institution de la vie turque. Les hommes s'y retrouvent pour commenter la télé, jouer aux dominos, fumer le narghilé. Dans les *aile çay salonu* (salon de thé des familles), en revanche, les femmes sont les bienvenues.

Il est parfois utile de savoir mettre fin à l'empressement de l'hôte turc qui consiste à remplir indéfiniment le verre à thé que l'on tient dans sa main ; pour cela, il suffit de poser sa cuiller horizontalement sur le verre au lieu de la laisser dedans ou de dire *yeter*, ce qui signifie « c'est suffisant ». Sinon, il n'est pas rare de boire quatre à cinq verres, ce qui peut devenir une marque d'impolitesse.

Le thé à la pomme *(elma çay)* n'est pas fait avec du thé mais avec une préparation chimique au goût de pomme et est destiné aux touristes. D'ailleurs il est proposé surtout à Izmir, Istanbul et en Cappadoce. L'accepter serait encourager sa fabrication et contribuerait à déprécier peu à peu la valeur de l'offre initiale, c'est-à-dire celle faite avec le thé normal.

— Les jus de fruits

Excellents, ils ont aussi l'avantage d'être variés : à la pêche *(şeftali)*, à l'orange *(portakal)*, à la cerise *(vişne)*, au raisin *(üzüm)*, à la fraise *(çilek*, un des meilleurs, à notre avis, difficile à trouver), à l'abricot *(kayisi)*, à la poire *(armut)*, à la pomme *(elma)*, au citron *(limon)*. Une très bonne marque de sirops de fruit en bouteille : *Carmak*.

— L'eau

Dans les grandes villes, l'eau du robinet est généralement potable mais forte en chlore. Évitez cependant d'en boire et préférez les bouteilles d'eau capsulées *(şişe suyu)*. Quelques sources potables dans la steppe intérieure (dûment signalées et fréquentées par les touristes). Vous pouvez demander aussi de l'eau gazeuse *(maden suyu)*. Attention, *mineral water* signifie pour les Turcs eau gazeuse... et sucrée.

— Le vin

La Turquie produit d'excellents blancs *(beyaz)*, rouge *(kirmizi)* et quelques rosés *(roze ou pembe)*. Goûter en particulier au *Doluca*, au *Kavaklidere Yakut*, au *Dikmen* ou au *Buzbağ*. Les vins d'Avanos, en Cappadoce, sont réputés.

— La bière

De production locale, elle est excellente et bon marché. La plupart du temps servie à la pression *(fiçi bira)* et accompagnée de graines *(çekirdek)* dans les *birahane* où vous ne rencontrerez que des hommes ; on la trouve également en bouteilles (ou en boîtes métalliques) dans la plupart des restaurants, les supermarchés, les épiceries.

— Le raki

Il est surnommé *lait de lion*. Sans ses *raki sofrasi* (gargotes où l'on vient moins pour manger que pour boire) la Turquie ne serait pas tout à fait la Turquie.

Le raki est un alcool anisé à 50°. Plusieurs sultans ont bien tenté de le faire interdire mais sans succès. Jusqu'en 1912, sa fabrication était dévolue aux Grecs, les musulmans n'allant pas jusqu'à le faire eux-mêmes. Depuis la fondation de la République, c'est un monopole d'État. Au contraire de l'*ouzo* grec ou du pastis, on ne le boit pas en apéritif mais au cours du repas. Il faut deux verres : l'un pour le liquide anisé, l'autre pour l'eau.

Chaque soir, des milliers de Turcs s'adonnent au rite gastronomique du raki et des *meze*, hors-d'œuvre de toutes sortes qui accompagnent la boisson : aubergines à l'huile d'olive, moules farcies, beignets de crevettes, concombre au yaourt, *börek* (friands à la viande ou au fromage)... On trinque, non pas à la santé des convives mais à leur honneur *(Şerefinize)*. Pour les Turcs, boire du raki c'est tout un art.

Budget

La vie en Turquie est beaucoup moins onéreuse qu'en France. On peut, si on voyage à l'économie, prévoir un budget de 200 FF par jour pour deux personnes se décomposant ainsi : 50 FF pour la chambre, 4 repas à 20 FF, le reste étant consacré aux boissons, aux transports et à la visite des monuments. Mais cela implique des hébergements parfois douteux, une nourriture locale et des transports en commun.

En prévoyant le double, on pourra descendre dans des hôtels confortables, s'asseoir à de bonnes tables et passer des vacances dans d'excellentes conditions. La vie de Pacha !

— Nous avons classé les **restaurants** en 3 catégories :
• *Bon marché :* moins de 25 FF par personne sans la boisson.
• *Prix moyens :* de 25 FF à 50 FF par personne sans la boisson.
• *Chic :* au-delà de 50 FF par personne sans la boisson.

— Pour les **hébergements :**
• *Bon marché :* moins de 60 FF pour une chambre à deux.
• *Prix moyens :* de 60 à 150 FF pour une chambre à deux.
• *Chic :* de 150 à 300 FF pour une chambre à deux.
• *Très chic :* au-delà de 300 FF pour une chambre à deux.

Caravansérails

Jusqu'au VIIe siècle de notre ère, seule la Chine possédait le secret de la fabrication de la soie. L'importation vers l'Occident se fit donc par l'intermédiaire de ces fameuses routes de la soie traversant la Turquie, la Perse, l'Himalaya puis la Chine jusqu'à Xi'an. On transportait les trésors à dos de chameau.

Bivouaquer était trop dangereux. Les commerçants dormaient donc dans des hôtels assez vastes pour héberger toute la caravane, y compris les animaux : les caravansérails. Échelonnés sur la piste, à une journée de marche de distance, ces *khan* constituaient de véritables villes avec hammam, écuries, boutiques, entrepôts et mosquées. Des murailles épaisses les protégeaient des pillards. Le soir, on fermait les portes par précaution.

L'Anatolie compte quelques caravansérails de l'époque seldjoukide, bien conservés, à l'est d'Ankara, de Tokat à Erzurum.

Cinéma

L'industrie cinématographique produit plus de 150 longs-métrages chaque année, ce qui lui permet de figurer dans les vingt premiers producteurs du monde. La qualité n'est pas toujours au rendez-vous et nombre de films sont bâclés autour d'un scénario banal, agrémenté de chansons et destiné à mettre en valeur des auteurs fétiches dont le succès reste local.

Cependant, quelques films remarquables sont sortis du lot. Citons : *Le Troupeau* de Zeki Okten et Yilmaz Güney (1978), *Yol* de Şerif Gören et Yilmaz Güney (1982) qui a obtenu la Palme d'or au festival de Cannes. Depuis, d'autres metteurs en scène ont remplacé Yilmaz Güney, décédé en 1984, et obtenu des succès internationaux. Il s'agit d'Atif Yilmaz dont les œuvres sont un hommage à Istanbul, d'Ömer Kavur avec *Voyage de nuit* (1988), et d'Ali Özgentürt avec *Hazal* et *At*. Leurs œuvres font oublier les médiocres productions tournées avec des budgets de misère dans des décors de carton-pâte.

Climat, températures

— *Climat*

La Turquie, c'est l'Asie, donc chaud en été. En revanche le climat d'Istanbul, à la même latitude, n'a rien à voir avec celui de Naples, le relief jouant son rôle.

Sur l'Égée et la Méditerranée, même climat qu'en Grèce, voire plus chaud sur la côte sud alors que la côte nord, vers les détroits, est bien plus arrosée (d'où les cultures).

Sur les plaines proches de la Syrie (Antakya, Gaziantep, Harran, Mardin...), c'est carrément la fournaise en été.

L'Anatolie a son propre climat, continental et semi-désertique, ce qui en fait une terre d'élevage extensif. A 800 m d'altitude, cet immense plateau bénéficie d'un été chaud, mais sain, avec des nuits fraîches. A l'est, la steppe fait place à de hauts pâturages, entourés de montagnes. Autres havres de fraîcheur, les monts du Taurus, les contreforts du Caucase et la chaîne pontique, au nord. Climat presque tropical et végétation luxuriante sur les rivages de la mer Noire. L'hiver, le climat de la côte est doux. A l'intérieur, il fait froid. En Anatolie orientale, les hivers sont longs et rigoureux, les températures pouvant descendre jusqu'à − 30°. La fine couche de neige qui couvre les régions désertiques rend le paysage merveilleux. Attention à n'être pas bloqué par les congères : jusqu'en mai et à partir d'octobre.

— Quand y aller ?

Sans vouloir être sectaire, pour ceux d'entre vous qui ont eu la gentillesse d'augmenter le nombre de nos lecteurs et qui partent en vacances avec leurs enfants, sachez tout de même que les mois de mai, juin, septembre et octobre sont incroyablement moins bondés que juillet et août. Les prix sont bien plus bas et les gens moins prostitués au tourisme. L'été, la côte sud est investie par les Allemands. On vous aborde même dans la rue en allemand ! La Turquie devenant hyper touristique, pensez-y. Et puis, quel plaisir de visiter Éphèse seul ou presque !

— Températures moyennes (degré centigrade)

	Avril	Mai	Juin	Juil.	Août	Sept.	Oct.	Nov.
Marmara (Istanbul)	12	16	21	23	24	20	16	12
Égée (Izmir)	16	20	25	28	27	23	18	14
Méditerranée (Antalya)	18	21	24	27	28	27	25	22
Mer Noire (Trabzon)	12	16	20	23	23	20	16	13
Anatolie centrale (Ankara)	11	16	20	23	23	18	13	8
Anatolie orientale (Erzurum)	5	10	15	19	20	15	9	2

— Températures moyennes de l'eau de mer

	Avril	Mai	Juin	Juil.	Août	Sept.	Oct.	Nov.
Mer de Marmara (Istanbul)	9	14	19	22	23	21	17	14
Mer Égée (Izmir)	15	19	23	25	26	22	20	17
Mer Méditerranée (Antalya)	18	21	24	27	28	27	25	22
Mer Noire (Trabzon)	10	14	20	24	25	24	20	16

— Qu'emporter ?

Cela dépend, bien entendu, de la saison de votre voyage et des régions visitées. Le tableau des températures devrait vous aider à concevoir votre sac. Des vêtements de coton légers pour l'été sont indispensables sans oublier cependant d'y adjoindre un bon pull-over et un blouson. Il peut faire très froid, même en saison, dans certaines régions de l'intérieur. On trouve sur place des vêtements bon marché qui peuvent dépanner en cas de besoin. En revanche, il est indispensable de partir avec de bonnes chaussures de marche, les sites archéologiques et les sentiers étant pavés d'embûches.

Courant électrique

Presque partout, il s'agit de 220 volts mais il arrive encore parfois, dans certaines régions, que subsiste du 110. Les pannes étant fréquentes à certains endroits et les rues mal éclairées, une lampe de poche s'avère souvent indispensable.

Cuisine

Pour une fois, la religion a fait quelque chose de bien. L'islam obligeant les femmes à rester à la maison, celles-ci s'ennuyèrent rapidement ; elles eurent donc tout le temps de mettre au point une cuisine inventive. La cuisine turque est avant tout basée sur la fraîcheur des produits. Contrairement à la cuisine française qui modifie le goût des aliments à l'aide de moult ingrédients, l'art culinaire turc respecte la saveur naturelle des produits : les viandes sont grillées plus que mijotées, les sauces sont assez rares.

Pas franchement sophistiquée (qui se souvient encore de la cuisine de la cour ottomane ?), la cuisine turque est saine, savoureuse et surtout très variée, avec des spécialités que l'on retrouve en Grèce, au Liban et en Iran. Bonne lorsqu'elle n'est pas chère, elle n'est pas forcément meilleure lorsqu'elle le devient.

— En entrée, les soupes turques (*çorba*) réveilleraient un bataillon de janissaires.

— Préférez-leur les hors-d'œuvre, groupés sous le nom de *meze*. Certains grands hôtels les proposent en buffet, à volonté, pour pas trop cher, et en grand nombre. Un repas de *meze*, c'est frais, ça distrait, ça s'accompagne de *raki* et ça n'empâte pas l'estomac pendant les chaleurs. A côté des crevettes, du fromage, des haricots, goûtez les versions locales de la tapenade et du *cacik*. Ou le *börek*, un feuilleté au fromage (*peynir*) ou à la viande que les Turcs prennent en petit déjeuner : parfois, ça ressemble à des lasagnes constipées, mais quand c'est bon, c'est divin. Fleurons du *meze*, les *dolma* vous rappelleront la Grèce, en mieux. Ces bouchées farcies au riz, accommodé aux épices, graines de pins et raisins secs, sont enrobées dans des feuilles de vigne (*yaprak*), poivrons (*biber*), choux (*lâhana*), etc.

— D'autres légumes sont marinés ou cuits à l'huile d'olive : très recommandés, sauf à ceux qui ont le sommeil léger. A côté des *zeytin yağlilar* aux fonds d'artichauts, haricots, fèves, goûtez l'*imam bayildi*, un plat excellent, fait d'une demi-aubergine farcie de viande hachée, de légumes et d'herbes, servi froid. Son nom signifie « l'imam s'est évanoui », car il trouva ce plat tellement bon qu'il en perdit connaissance.

— Plutôt qu'en ragoût, consommez la viande en kebap, servis avec du pain matelassé (*pide*) et du piment (*biber*). La liste des kebap suffirait à remplir la page. Le *döner* (lamelles à la broche) et les *köfte* (boulettes hachées) sont les plus connus, l'*adana* (viande hachée au piment) et l'*iskender* ou kebab d'Alexandre le Grand (sur du pain mariné au yaourt) les meilleurs.

— Dans les ports, vous hésiterez entre rouget (*barbunya*), mulet (*kefal*), bar (*levrek*), thon (*palamut*), homard (*istakoz*), crevettes royales (*karides*), mérou (*trança* ; très populaire en brochettes, à Izmir), espadon et daurade. La plupart servis grillés.

— La *cacik* est une sorte de sauce à base de yaourt, de concombres râpés, d'huile d'olive et d'ail. Un délice.

— Les *pide* sont des sortes de pitas géantes, dodues. Certaines (*lahmacun*) sont garnies de viande, ou de fromage, avec des oignons ou des légumes. Très répandu et pas cher.

— Le *pain turc* est un véritable délice. Il est servi en épaisses tranches superposées. On en redemande à volonté. Bien meilleur que le pain français moyen (qui se dégrade incroyablement, messieurs les boulangers), il rappelle la bonne miche d'antan de chez nous.

— Le fromage (*peynir*) hésite entre la féta, le brebis basque et le parmesan.

— Voici de très beaux fruits qui n'ont pas le même goût qu'en France : pêches, cerises, abricots, poires, melons et pastèques (demandez celles de Diyarbakir), raisin, oranges, noisettes, amandes, pistaches (celles d'Antep sont les meilleures du monde), figues fraîches ou sèches... Toujours laver ces fruits avant de les déguster, bien sûr.

— Les pâtisseries, elles, se dégustent à toute heure. *Aşure* : pudding de semoule aux raisins et figues sèches, noix, noisettes et pignons. *Baklava* : feuilletés aux pistaches marinées dans du miel. Sans oublier les *doigts de Vizir*, le *kaymak* (une crème sucrée) et ces deux gloires de la Turquie que sont la *confiture de roses* et les *loukoums*.

— N'oubliez pas que le vrai *yoghurt* est turc. Il est venu des steppes asiatiques avec les conquérants alors que chez nous on s'entête à l'appeler bulgare. Si vous ne voulez pas trop faire touriste, prenez-le sans sucre.

L'*ayran* est un yaourt fouetté et liquide. Il accompagne le repas de beaucoup de Turcs. Ça se marie très bien avec leur cuisine.

Il faut goûter aussi au petit déjeuner traditionnel composé d'olives noires, de *Beyaz peynir* (fromage), d'œufs qui accompagnent pain, beurre, confiture, et le thé bien sûr.

— Nos intestins européens ne supportant pas toujours très bien la cuisine turque, pensez à emporter quelques médicaments antidiarrhéiques. Sinon, en cas de colites (coliques très douloureuses), acheter à l'*eczane* (pharmacie) du Lorimid ou de l'Ercefuryl.

— En Turquie, bon appétit se dit *afiyet olsun*.

Dangers et enquiquinements

Ne comptez pas étonner vos relations en leur narrant à votre retour attaques de bandits ou coupe-gorge des bas-fonds d'Istanbul, etc. La Turquie n'est pas plus dangereuse que l'Italie du Sud ou la Grèce et sûrement moins que bien des pays d'Afrique, d'Amérique latine ou d'Asie du Sud-Est. Il y a eu, c'est vrai, quelques faits divers montés en épingle par la presse à sensation. Notre courrier en témoigne, la seule surprise que réservent en général les Turcs est leur bienveillance et leur hospitalité.

La petite arnaque quotidienne est moins répandue qu'ailleurs, le vol rare et le braquage rarissime. En fait, la police ne fait pas de cadeau. Donc, évitez de vous retrouver dans l'illégalité : drogue, accident de la route, photos de camps militaires, provocations, etc. On a vu un Belge emprisonné pendant plusieurs mois pour avoir piétiné le drapeau turc...

Et si vous allez dans l'est, pas de parano. Le routard se rendra vite compte que les Kurdes, tout rudes qu'ils soient, sont des gens chevaleresques et charmants. Encore faut-il ne pas faire trop touriste et connaître quelques mots de turc. De temps en temps, on voit des gosses lancer des pierres sur les camping-cars et les motos. Mais avec une grosse moustache et une voiture immatriculée en Turquie, on peut vraiment aller partout.

En réalité, il existe bel et bien un danger en Turquie, celui de... la circulation ! Avant de traverser une rue, regarder de tous les côtés : à gauche, à droite, derrière, devant. Car ça vient de partout ! Et le piéton a toujours tort !

Problème féminin : l'hommage parfois pesant de certains hôteliers aux routardes seules et l'intérêt parfois appuyé des mâles célibataires dans les villes, quand les tenues sont trop printanières. A la piscine, aux bains de mer et dans la foule, il faut se frayer un passage parmi les mains baladeuses. Des vêtements amples et bien « couvrants » limitent les dégâts.

Deux formules magiques pour éloigner les importuns : *Defol, Defol* (va-t'en, va-t'en) et *Beni rahat birak* (laissez-moi tranquille).

— Stop

Les routardes seules éviteront de faire du stop. Il ne leur est pas conseillé de sortir la nuit, surtout à Istanbul, dans certains quartiers chauds.

— En cas de pépin

Vous pouvez désormais contacter « Turquie Assistance », pour tous problèmes techniques, médicaux, etc., dans toute la Turquie. Deux médecins parlent le français, l'anglais et l'italien. Mustafa Akin. Teşvikiye Meydani, Saray Apt. 134/5 80210 Teşvikiye, à Istanbul. A gauche en descendant de la mosquée de Teşvikiye ; au-dessus du consulat du Liban. ☎ 161-15-78, 161-70-59.

— Drogue

Personne n'a oublié le film *Midnight Express*. L'histoire pourrait se reproduire encore de nos jours. La culture de l'opium, destinée aux labos pharmaceutiques, est sous le contrôle de l'État, suite aux pressions des Américains. Les dealers sont tous « de mèche » avec la police. Vous voilà prévenu. Méfiez-vous, surtout à Istanbul dans le quartier de Sultanahmet. Le risque est grand et les peines sont lourdes.

— Antiquités

Il est formellement interdit de sortir du territoir turc des objets de plus de 100 ans. Les autorités sont particulièrement vigilantes en ce qui concerne les objets archéologiques.

Danse et musique

La diversité raciale, l'isolation géographique des villages, les multiples influences ethniques et traditions culturelles ont engendré un folklore riche et varié.

Dans certaines régions, les danses folkloriques sont encore vivantes. Les Anatoliens dansent à maintes occasions : naissance, circoncision, mariage... Lors des fêtes nationales, on peut souvent voir les écoliers danser. Des festivals où l'on a l'occasion d'assister aux danses folkloriques sont organisés de plus en plus fréquemment.

Bien que ces danses aient certains traits communs quant aux style, rythme, mouvement, chaque région a ses spécificités :

— Dans la région de la mer Égée, on danse surtout des *zeybek,* exécutés seul ou en groupe, souvent par des hommes en culottes courtes.

— En Anatolie centrale, la danse de la cuillère *(kaşik oyunu)* et le *halay* qui se danse en chaîne sont répandus.

— Les hommes de la région de la mer Noire, habillés d'ailleurs en noir, dansent le *horon,* une danse énergique qui fait trembler tous les membres du corps et qui est très surprenante à voir.

— En Anatolie orientale, la danse la plus connue est le *bar,* qui représente souvent une histoire vécue.

— En Thrace, la partie européenne de la Turquie, les gens dansent souvent le *karşilama* (danse de l'accueil), d'influence balkanique.

Il faut ajouter à cette liste les danses d'origine mystique telles que celle des derviches *Bektaşi* et des derviches tourneurs.

Malgré l'influence de l'islam qui tend à séparer l'homme de la femme, la plupart des danses sont mixtes. Ce n'est que récemment que l'accentuation de l'influence occidentale, la désintégration des villages due à l'exode rural, le développement du réseau routier et des moyens de communication par la télévision ont graduellement évincé la danse traditionnelle de la vie de tous les jours.

Chez les Turcs, la musique fait partie intégrante de la vie. A l'image de l'Anatolie riche quant à son passé, la musique turque offre de très nombreuses formes. C'est une musique très élaborée et savante. On en distingue deux principales : la musique populaire *(halk müziği)* et la musique classique *(sanat müziği* ou *klasik türk musîkisi).* Pour la première, citons le *saz,* ce luth à long manche très apprécié et encore très répandu en Turquie. Il accompagne les *aşik* (barde), littéralement « amoureux ». De nos jours, vous entendrez souvent cet instrument à l'occasion des fêtes, mariages, etc.

Pour la musique classique, pour ne parler que d'un instrument, citons le *ney* (flûte en roseau) au timbre profond. Cette musique prend sa source dans la musique mystique comme celle des *Mevlevi* (derviches tourneurs) que l'on peut entendre à Konya en décembre à l'occasion d'un festival.

Ne négligeons pas non plus la musique gitane qui anime souvent les soirées du *Çiçek Pasaji* (passage aux fleurs) à Istanbul, la musique *arabesk* écoutée surtout dans les taxis et les autobus qui aujourd'hui est prépondérante, née du métissage des musiques arabe et turque.

Nous conseillons pour la musique populaire Mahzunî, Arif Sağ, Neşet Ertaç, Güray Hafiftaş... Pour la musique classique, celle des Mevlevi, et également le grand chanteur Munir Nurettin Selçuk. Pour la musique gitane, Mustafa Kandirali, le grand clarinettiste, et pour l'*arabesk* Orhan Gencebay...

Et enfin pour la musique populaire d'influence occidentale, nous pouvons signaler Sezen Aksu et Zülfü Liuaneli. Ce dernier chante même Éluard et Aragon en turc. C'est assez beau à écouter.

Décalage horaire

L'heure est en avance de deux heures sur le méridien de Greenwich. L'heure est la même sur tout le territoire turc. Quand il est 12 h en France, il est 13 h en Turquie.

Économie

— L'agriculture

Il y a 20 ans encore, la Turquie était avant tout un pays rural. L'agriculture tient toujours une place importante dans l'économie du pays puisqu'elle occupe 47 % de la population active et que son chiffre d'affaires représente 18 % du PIB. Les méthodes utilisées sont encore souvent archaïques mais la mécanisation tend à se développer très rapidement. Dans les régions du littoral les céréales couvrent de 45 à 60 % du sol, constituant la majeure partie de la production. La production, désormais excédentaire, permet d'exporter du blé, du coton, du tabac et des fruits secs (la Turquie est le premier producteur mondial de noisettes). La culture sous serre prend de plus en plus d'importance, principalement dans la région d'Anamur où l'on cultive, même en hiver, des tomates, des salades, des aubergines et des bananes. La Turquie possède un très important troupeau (bovins et ovins) de plus de 70 millions de têtes, ce qui la place, dans ce domaine, au cinquième rang mondial.

— L'énergie

Les ressources du sous-sol ne sont pas négligeables : mines de charbon, de lignite, de chrome (20 % de la production mondiale), de cuivre, de tungstène, de kaolin et même quelques gisements de pétrole mais qui ne couvrent qu'une faible partie des besoins. L'ambitieux barrage Atatürk, en construction, sur l'Euphrate, près d'Urfa, sera le 5e du monde et permettra d'irriguer 2 millions d'hectares.

— L'industrie

Elle emploie environ 16 % de la population active et franchit à grands pas le fossé qui la séparait des pays industrialisés. Depuis quelques décennies, on constate un taux de croissance économique constant et une diminution régulière du secteur primaire. L'industrie a donc fait une apparition en force dans les tableaux économiques du pays. L'État, omniprésent, contrôle un certain nombre de secteurs clés : textile, machines-outils, pétrochimie, engrais chimiques, fer et acier... Cette attitude dirigiste date de la fin des années 20. Elle a permis, malgré l'opposition des libéraux, d'asseoir une véritable industrie lourde dans le pays.
L'État a aujourd'hui lâché du lest. Une dynamisation du secteur privé a permis à certains investisseurs du secteur privé de dresser quelques grosses fortunes, fait assez récent dans le pays. L'installation d'usines de montage automobile, de fabrication de machines, d'usines de transformation croît régulièrement.

— Le tourisme

A noter encore le bond fabuleux de l'industrie du tourisme depuis quelques années. Elle emploie une forte main-d'œuvre dans les villages pour la construction de centaines d'hôtels, ce qui n'est pas sans poser un problème écologique certain.
Sur la côte, la population se retranche de plus en plus derrière une activité touristique saisonnière (pensions, restos, balades en mer...).
Les chiffres sont impressionnants : plus de 2,5 millions de visiteurs ont rapporté, aux dernières nouvelles, 1 200 millions de dollars au pays, alors que, dans le même temps, les Turcs ne dépensaient qu'un peu plus du quart de cette manne fabuleuse. Les services occupent 26 % de la population active. Ce phénomène, bénéfique pour une partie de la population, n'est pas sans danger et le revers de la médaille est cruel !
La côte turque est en passe de rejoindre la Costa del Sol, la Grèce et la côte d'Azur dans le club de moins en moins fermé de la SIRBUS (Sociétés Immobilières Ruinant la Beauté d'Un Site). Depuis quelques années, des pans entiers de la côte sont amputés pour permettre la construction de centaines d'hôtels bâtis à la va-vite par des sociétés immobilières qui souhaitent faire des profits très rapidement, sans tenir compte de la perte esthétique des endroits sauvagement détruits. Le propos n'est pas ici de jeter la pierre au tourisme. Comme disait Brassens, « je suis derrière ». Il est bon que la Turquie s'ouvre au monde du tourisme et que plus de visiteurs, chaque année, viennent dans ce merveilleux pays. Seulement, dans certains cas (comme Kuşadasi, Marmaris, Pamukkale, Alanya), l'équilibre entre la beauté d'un site et la possibilité de séjourner dans ce site (les hôtels) est rompu de manière flagrante. Pour être honnête, c'est la catastrophe ! Le charme naturel d'un lieu est alors tellement dilué dans son environnement de béton qu'il en perd tout intérêt. Comment les autorités peuvent-elles être suffisamment naïves pour penser que les touristes pourront longtemps se laisser berner ? Comme dans d'autres pays, les visiteurs finiront par se détourner du citron trop rapidement pressé. Cher lecteur, pardonnez-nous de jouer les briseurs de rêves mais l'honnêteté n'est-elle pas à ce prix ?

— L'inflation, le chômage et l'exil

Si la Turquie va indéniablement de l'avant, elle connaît pourtant des problèmes endémiques : l'inflation n'a jamais pu être enrayée. Elle atteignait 110 % en 1980, était retombée à 40 % en 1986 et serait remontée récemment à 65 %. Comme partout ailleurs, le chômage est un fléau qui touche, ici, 4 millions de personnes. Depuis peu, on assiste surtout à l'apparition d'un sous-prolétariat issu des campagnes, venu chercher quelque emploi en ville. La solidarité de voisinage et familiale permet d'éviter aux plus pauvres de sombrer dans la détresse.

Dans les moments difficiles, les Turcs se sont toujours expatriés, principalement vers l'ex-Allemagne fédérale. Les statistiques estiment à 3 millions le nombre de Turcs travaillant à l'étranger. Ce sont eux qui contribuent à réduire considérablement le déficit de la balance commerciale en envoyant une partie de leur salaire à leur famille restée au pays.

— L'avenir

Si la croissance de l'économie est en moyenne de 7 % l'an, le déficit de la balance commerciale (solde des importations et des exportations) n'a jamais connu d'embellie. Il représente la coquette somme de 4 milliards de dollars US par an.

Fêtes, jours fériés

La plupart des fêtes, d'origine religieuse, suivent le calendrier lunaire musulman de 354 jours et... 9 heures, soit un décalage de 11 jours par rapport à notre calendrier solaire dont le modèle est appliqué dans la vie de tous les jours depuis Atatürk. Les fêtes commencent au crépuscule. Rappelons que le dimanche est chômé, à la différence du vendredi, pourtant jour religieux. Les fêtes les plus importantes sont celles du sucre et du mouton.

Tous les ans, la fin du ramadan se fête dignement par une *fête du Sucre* qui dure 3 jours *(Şeker Bayrami)*. Quand on a jeûné pendant un mois de l'aube à la tombée de la nuit, sans même avaler un de ces petits verres de thé dont les Turcs font une consommation effrénée, on a le droit et même le devoir de ripailler joyeusement.

La coutume veut qu'on s'habille de neuf. Les marchés et magasins de tissus sont pris d'assaut quelques jours avant. A l'aube du premier jour de la fête, les hommes vont à la mosquée, pendant que les femmes sont aux fourneaux à préparer des *baklavas* (gâteaux au sirop de sucre). Puis on va chez des amis plus âgés. On échange des vœux, on offre des sucreries, des loukoums, et on se souhaite longue vie.

Dix semaines après, a lieu la fête la plus importante pouir les musulmans : la *fête du sacrifice (Kurban Bayrami)* ou fête du mouton. Elle commémore le sacrifice d'Abraham qui, s'apprêtant à offrir son fils à Dieu, vit s'approcher de lui à l'ultime minute un bélier « envoyé du ciel », ce qui lui permit d'épargner son fils. Quelques jours avant, les moutons sont amenés de toute l'Anatolie aux portes des villes, parqués sur des terrains vagues et marqués au henné. Chacun essaie de s'en procurer un. Ils seront égorgés le jour de la fête, au retour de la mosquée. Après le sacrifice, on mange un plat de morceaux de mouton revenus dans leur graisse, le *kavurma*. Les restes sont distribués aux pauvres, aux vieux, ou dans les villes aux concierges.

Attention : tout est fermé ou fonctionne vraiment au ralenti durant 4 jours, même les banques. Bien se renseigner auparavant sur la date.

Très nombreuses sont aussi les fêtes traditionnelles ou laïques qui ponctuent la vie du pays et deviennent des jours fériés :

— *1er janvier :* Atatürk ayant adopté le calendrier romain.

— *23 avril :* fête de la souveraineté nationale et des enfants pour commémorer la constitution du gouvernement d'Ankara en 1920. Les élèves défilent et peuvent occuper ce jour-là le bureau de personnalités. Des enfants du monde entier viennent participer.

— *5 et 6 mai :* naissance du printemps. La plus importante des fêtes traditionnelles. Cet événement, l'*Hidirellez*, se déroule dans les campagnes. A cette occasion les jeunes filles formulent des vœux, tressent des couronnes et préparent des offrandes. Cérémonie païenne d'origine préislamique et liée au cycle

des saisons. Les moissons et les vendanges sont aussi prétexte dans les campagnes à des festivités intéressantes.
— *19 mai* : fête de la jeunesse et du sport ainsi que commémoration de l'appel à la défense de l'unité nationale, par Atatürk à Samsun, le 19 mai 1919. Nombreuses parades.
— *30 août* : fête de la victoires des Turcs sur les Grecs en 1922.
— *29 octobre* : fête de la République.

Géographie

— A cheval sur deux continents

La Turquie peut se flatter d'être l'unique pays installé à cheval sur deux continents : l'Europe et l'Asie. La partie européenne s'appelle la Thrace (3 % du territoire) ; la partie asiatique, l'Anatolie (ou *Anadolu :* le levant). Les détroits du Bosphore et des Dardanelles séparent les deux continents.
Avec 780 000 km^2, la Turquie est grande comme près d'une fois et demie la France. Trois mers la bordent : la mer Noire au nord, la mer Égée à l'ouest, la Méditerranée au sud. Et sept pays : la Géorgie, l'Arménie, l'Iran, l'Irak, la Syrie, la Grèce et la Bulgarie.
Le plateau central est pris en sandwich entre la chaîne pontique, au nord, et les montagnes du Taurus, au sud. Le point culminant est le mont Ararat (5 165 m), là où se serait échouée l'Arche de Noé, selon la Bible. Pour rester dans la mythologie, signalons que le Tigre et l'Euphrate prennent leur source dans cette même région de l'est de l'Anatolie.

— Orient ? Occident ?

Un vieux dilemme. La géographie ne l'a pas tranché. Il y a donc peu de chances que vous y parveniez. La meilleure solution est de laisser tomber et de faire comme les Turcs : vivre à cheval sur les références. Ce n'est pas toujours reposant, du moins pour eux.
Les Turcs sont parfois blonds aux yeux bleus. Parfois, ils ont des yeux bridés de Mongols arrivant tout droit d'Oulan-Bator. Les femmes se promènent en short ou enfouies dans des *çarşaf* (tchador) noirs. Dans les cafés, les narghilés côtoient les magnétoscopes... Bref, il y a de la cacophonie dans l'air et des tiraillements de tous côtés.
Entre deux continents, il n'est pas toujours besoin de choisir. La preuve, la Turquie est le seul pays musulman à faire partie de l'OTAN et à être membre associé de la CEE.

Hammam

On l'appelait autrefois le *bain turc.* Pas étonnant donc qu'on en trouve dans toutes les villes de Turquie. Les hammams sont situés généralement près des mosquées pour faciliter les ablutions rituelles avant la prière. Mais les gens y viennent surtout pour se laver, les salles de bains n'étant pas encore présentes, loin de là, dans tous les foyers.
Les Romains ont inventé le hammam, avec les thermes. Les musulmans ont repris la formule du bain de vapeur. Les croisés, qui y avaient pris goût, l'ont importé en Europe au XIIIe siècle. Mais l'Église, horrifiée, a rapidement interdit cette innovation. Les Turcs, pourtant, sont des plus prudes et on ne se dévêt pas totalement, même au hammam. Les femmes apportent leur *peştemal,* un tissu qu'elles nouent autour de la taille. Les touristes peuvent s'en procurer à l'entrée.
On se déshabille dans une première salle, qui sert également de pièce de repos : on s'y allonge sur des matelas pour boire du thé. La pièce suivante est surmontée d'une coupole, dont les alvéoles laissent passer la lumière. C'est là que l'on se lave avec un savon et que l'on se frotte au gant de crin, au pied de petites fontaines murales dont on reccueille l'eau dans des cuvettes. Puis on va s'asseoir sur l'estrade centrale, en marbre, chauffée par en dessous. Avant de plonger dans l'étuve, une salle sans aucune ventilation, dont on ressort lessivé mais avec une peau de bébé.
Le hammam est divisé en deux parties : l'une pour les femmes, l'autre pour les hommes. Le massage est énergique et il est inutile de crier grâce, le masseur

n'en tiendra aucun compte. Dans la partie féminine, c'est une femme qui viendra vous frotter. Sinon, refuser : un masseur n'oserait pas se présenter devant une femme turque. Il n'y a donc aucune raison qu'il exploite la situation avec les touristes.

Quand elles vont au hammam, les Turques y passent la journée. Elles apportent des *börek* (pâte feuilletée fourrée), des gâteaux, chantent et échangent les derniers potins. On jauge telle ou telle future belle-fille, enfin débarrassée de ses voiles. Les mères amènent leurs enfants, y compris les garçons. Plus tard, les hommes se souviendront avec nostalgie de cet univers de femmes, aperçues dans leur petite enfance, à travers les brumes du bain de vapeur.

Dans la plupart des hammams, il y a des vestiaires individuels fermant à clé. Donc pas de problème pour vos affaires.

Harem

Une institution islamique et un fantasme occidental. Mais la réalité n'était pas toujours aussi fantastique qu'il y paraît. Une véritable discipline militaire régnait au harem d'Istanbul, sous la houlette de la reine-mère, *la valide*, et du chef des eunuques, l'*agha*. Même le sultan, *ombre de Dieu sur la terre*, ne faisait pas tout ce qu'il voulait en son harem.

En arabe *harem* signifie sacré, réservé. Cette partie du palais était strictement interdite aux hommes, à l'exception du sultan. Anciens esclaves noirs castrés, les eunuques veillaient au règlement. Les pensionnaires avaient été capturées pendant les guerres ou achetées sur les marchés aux esclaves. Elles étaient d'abord formées aux bonnes manières, au chant et à la couture. Si au bout de 9 ans le sultan ne s'en était pas occupé, elles étaient données en mariage aux dignitaires de la cour.

Le sultan avait 4 épouses légitimes (les *kadin*) et quelques courtisanes. Mais il n'avait pas accès librement à tous les secteurs du harem. Lorsqu'il avait repéré une nouvelle femme à son goût, il devait d'abord en informer sa maman, qui donnait alors l'ordre de transférer l'heureuse élue dans le quartier des *gözde* (celles sur qui le sultan a posé l'œil). Ensuite, il devait déjouer les ruses de ses épouses qui, ne voulant pas être détrônées par une nouvelle venue, complotaient pour ne pas lui laisser la moindre soirée libre. Bref, il lui fallait beaucoup d'énergie. Une architecte chargée de la restauration du harem de Topkapi a estimé à huit seulement le nombre de femmes à bénéficier des faveurs d'un sultan. Une moyenne, car le sultan Murat III trouva quand même le moyen de faire 103 enfants...

La vie, au harem, était pleine de dangers. Les femmes se livraient à d'incessantes intrigues pour devenir *kadin*, ou, mieux, encore *valide*, en donnant un fils au souverain. Étranglements, empoisonnements, fourberies : tous les moyens étaient employés. L'institution n'a pris fin qu'en 1909 quand le sultan Abdulhamid II a été déposé. De tout l'empire, des paysans sont venus chercher une fille ou une sœur. 213 femmes de 15 à 50 ans ont ainsi été libérées.

— Les femmes dans la Turquie moderne

Dans les rues, on ne voit pratiquement que des hommes, assis au café, en train de jouer au *tavla* (tric-trac), debout à regarder ceux qui jouent, ou rassemblés dans les magasins à bavarder avec le propriétaire. Pas l'ombre d'une présence féminine dans les petits restaurants, les *lokanta*, où l'on n'aperçoit que des moustaches. Mais où sont donc les femmes ?

Réponse : à la maison, dans les champs, bref au boulot. Ce n'est pas par hasard que le titre de *pacha* (qui signifiait à l'origine général) est né en Turquie. Au bas mot, on peut dire que le pays compte 20 millions de pachas. Soit tous les hommes. D'après les statistiques, 43 % des femmes turques travaillent et parmi elles 86 % dans l'agriculture, ce qui représente l'une des proportions les plus élevées du monde occidental. Les hommes, eux, souvent au chômage dans les zones rurales, sauvent l'honneur dans les *çayevi* (maisons de thé).

Mis à part ce machisme ordinaire — on n'a jamais vu un mari turc s'emparer d'un balai ou d'un torchon —, la condition de la femme est très diverse. On croise aussi bien des femmes voilées de pied en cap, que des paysannes ne portant qu'un fichu coloré, par commodité, ou des femmes-policiers autoritaires en uniforme vert olive. Bien avant Christine Ockrent, il y avait des présentatrices de journaux télévisés et le pays compte 4 000 femmes chefs d'entreprise.

Grâce à Atatürk, les Turques ont d'ailleurs obtenu le droit de vote en 1934 (dix ans avant les Françaises). Mais dans les villages, il n'est pas rare que l'homme, seul, reçoive encore les invités et que la femme ne se borne qu'à une apparition pour apporter le thé ou présenter les enfants.

Les hommes, de leur côté, continuent d'occuper des emplois où ils nous paraissent tout à fait déplacés (vendeur de dessous féminins, par exemple).

Hébergement

– **Petits hôtels et « pansiyons » :** ce sont les plus nombreux et souvent les seuls que vous trouverez si vous quittez les chemins battus par les touristes. On peut y loger pour 30 FF, souvent moins, dans les mêmes conditions qu'un hôtel de ce tarif en France s'il en existait : chambre-cagibi, lit en fer, murs moisis, robinets-gouttières et odeurs entêtantes. Avec 10 FF de plus, le confort est déjà suffisant : salle d'eau (eau chaude le soir), meubles en contre-plaqué, miroir. Encore 10 ou 20 FF et vous avez un ascenseur avec groom, de grandes chambres avec téléphone. Les prix sont notés sur un tableau. Ils peuvent doubler suivant l'attrait touristique du quartier ou de la ville. De plus, chaque hôtel a ses bonnes et ses mauvaises chambres. Si vous restez plus de trois jours, descendez où vous pouvez et passez la matinée du lendemain à chercher (et négocier) un nid sur mesure : la concurrence est innombrable.

Presque tous ces hôtels ont un salon télé, très bruyant (chambres au premier étage à éviter) et du thé servi dans les chambres.

En général, plus vous vous éloignez des villes et centres touristiques, plus les prix baissent. Dans certaines régions très touristiques, les prix s'alignent mutuellement, toujours à la hausse.

Il vaut mieux ne pas compter trouver de restaurant dans ces hôtels, ni de bar, ni même parfois de petit déjeuner. Dans ce cas-là, un bon moyen est d'aller le prendre dans une pâtisserie.

Dans certains tout petits hôtels, on ne vous louera pas la chambre, mais le lit... Si vous voulez éviter un compagnon de chambrée, louez l'*oda*, c'est-à-dire la chambre.

Les *pansiyons* restent pour le routard le meilleur moyen de se loger. Dans de nombreuses adresses que nous indiquons, vous rencontrerez fatalement beaucoup de Français !

Dans ces petits hôtels, un certain nombre de faits sont parfois surprenants :
— La douche n'est souvent qu'un simple robinet muni d'un baquet.
— Le lit double est rare.
— Le commutateur électrique peut se trouver à l'extérieur de la chambre.
— Les portes sont parfois vitrées (dépolies) dans la partie supérieure (une serviette de toilette et quatre punaises sont utiles dans ce cas).
— Avant d'accepter une chambre d'hôtel, vérifiez la propreté des draps et la fermeté du matelas. L'hôtelier ne s'en offusquera guère.
— Si vous voyagez en couple fille-garçon, n'hésitez pas à dire que vous êtes mariés. Portez même un anneau façon alliance.
— Si vous n'aimez pas être réveillé tous les matins à 5 h par le muezzin, au cas où vous logez près d'une mosquée, pensez aux boules Quiès.

– **Auberges de jeunesse :** il n'existe à proprement parler que peu d'auberges de jeunesse. Il est possible à Ankara de loger à la cité universitaire.
En fait, dans chaque ville de moyenne importance, il existe un moyen de se loger pour pas cher : dans le lycée (en turc : *lise*) de la ville. Attention, ce type de logement n'est praticable qu'en été lorsque les internes ont quitté les lieux. Le logement se fait alors en dortoirs. Préférez les petits hôtels, plus sympa.

– **Camping :** le camping sauvage est à déconseiller de façon générale sans une connaissance approfondie du pays (surtout dans l'est).
Cependant, les municipalités de beaucoup de villes ont aménagé des terrains de camping (*kamp* en turc) à la sortie des agglomérations où, pour un prix modique, vous trouverez un certain nombre de facilités (toilettes, eau, douches, alimentation, etc.). Mais souvent les petits hôtels sont moins chers que les campings. Les principaux problèmes des campings sont les suivants : ils sont rarement très propres (sauf les campings de luxe), ils sont excentrés et peu ombragés. Si ces trois inconvénients sont réunis dans un seul et même camping, c'est un peu la galère.

Toujours se renseigner sur les heures de fonctionnement des douches. Une solution de dernier recours consiste, dans les petits villages ou dans les bourgades, à camper dans le jardin de l'école, de la gendarmerie ou dans le jardin d'un particulier : l'autorisation est facilement accordée.

Il est difficile de se procurer des cartouches de gaz *(tüpgaz)*. Si vous trouvez un magasin qui en vend, achetez-en deux tout de suite.

– *Logement chez l'habitant :* il est peu pratiqué en dehors de quelques centres touristiques tels que la côte ou la Cappadoce, ou encore dans les villages au pied du Nemrut Daği.

Histoire

— De la nuit des temps à Crésus

La Turquie aura connu très longtemps une succession d'envahisseurs.

On date la première occupation de l'Anatolie aux alentours des années 7500 av. J.-C., pendant la période paléolithique. A l'âge de pierre se développent certaines cités, notamment autour d'Hacilar. L'âge du bronze (3000 à 2000 av. J.-C.) voit se construire des villes dignes de ce nom.

Les Hittites, peuple indo-européen, constituent la principale puissance entre les XXe et XIIe siècles av. J.-C. dans toute l'Anatolie centrale (ils combattirent Ramsès II à la fin du XIIIe siècle). La capitale de cet empire est Hattousa, l'actuelle Boğazkale. Les Hittites atteignent leur apogée au XIVe siècle av. J.-C. et disparaissent deux siècles plus tard avec l'invasion des « peuples de la mer ». Ils laissent de superbes poteries et de beaux bijoux. C'est à peu près à cette période (milieu du XIIIe siècle av. J.-C.) qu'aurait eu lieu la guerre de Troie.

Entre le XIIe et le VIe siècle, de nombreux royaumes parallèles se développent : les Phrygiens (envahisseurs venus des Balkans) et les Mysiens dominent l'Anatolie centrale tandis que les Grecs peuplent la côte, petit à petit.

Du nord-ouest au sud-ouest, on trouve Lydiens, Cariens (aux alentours de Fethiye), Lyciens (de Fethiye à Antalya), Pamphyliens (à l'est d'Antalya). Crésus, dernier roi de Lydie vers 550 av. J.-C., doit sa légendaire richesse au trafic commercial et aux mines d'or de son royaume.

— Des Grecs à saint Paul et à saint Jean

Avec Éphèse, Priène, Milet, Didymes, Pergame, les Grecs donnent un souffle commercial et politique important aux côtes égéennes. Venu de l'est, l'empereur perse Cyrus (VIe siècle av. J.-C.) envahit toute la région. La civilisation grecque décline rapidement, bien qu'une certaine cohabitation se mette en place.

Par un effet de balancier historique, en 334 av. J.-C., Alexandre le Grand, venu de Macédoine, balaie de nouveau tout le bassin méditerranéen de la Grèce jusqu'en Inde. Incroyable destin que celui de ce courageux guerrier, élève d'Aristote, roi de Macédoine à l'âge de 20 ans, qui soumet la Grèce révoltée et qui lance un plan de conquête sans précédent. Il atteint les rives de l'Indus (en Inde) avant l'âge de 30 ans et meurt à Babylone, âgé de 33 ans.

Son empire ne survit pas à sa disparition et ses généraux se disputent ses conquêtes. Il redora le blason de plusieurs cités antiques détruites par des tremblements de terre ou des guerres. Plusieurs petits royaumes virent le jour pendant cette période.

Pergame, passé sous domination romaine, prend une grande importance commerciale et artistique. La bibliothèque de Pergame concurrence même celle d'Alexandrie.

Les Romains se voient offrir le royaume de Pergame par un vieux roi mourant et établissent leur capitale à Éphèse. « La paix romaine » dure près de trois siècles et permet de développer intensément les villes. Le commerce redouble. La province romaine d'Asie prend une ampleur considérable. Saint Paul, premier routard devant l'Éternel, en profite pour asseoir son catéchisme. Il fait halte dans chaque grande ville. Au cours d'une pause à Galatia, il écrit une des épîtres du *Nouveau Testament*. Il entreprend trois grands voyages en Asie Mineure. A Éphèse, il se fait siffler. La déesse locale, Cybèle, n'étant pas prête à se faire déloger par un certain Jésus-Christ, qu'on ne connaît ici ni d'Ève ni d'Adam. Saint Jean vient également à Éphèse. Le déclin de Rome provoque un regain de combativité des Perses.

— De Constantin à Soliman le Magnifique

En 330, Constantin rétablit l'unité de l'Empire et choisit Constantinople comme capitale, trait d'union entre l'Europe et l'Asie. Justinien continue à remettre de l'ordre, étend son empire, développe Constantinople et pare la ville de mille splendeurs : Sainte-Sophie date de cette époque (VIe siècle). L'Empire byzantin, au comble de sa grandeur (il couvre alors une bonne partie de la Turquie ainsi que la Grèce et le sud de l'Italie), attire la convoitise des Perses, puis, avec la naissance de l'islam, des Arabes.

A peine quelques décennies après la mort du prophète Mahomet, les musulmans arrivent sous les murs de Constantinople. Du VIIe au Xe siècle, l'Empire byzantin et celui des Arabes sont en constante mutation. Viennent enfin les tribus turques islamisées qui provoquent la colère des Occidentaux. L'Empire turc se développe d'abord en Perse au XIe siècle. Les Turcs seldjoukides envahissent l'Anatolie qu'ils domineront du XIe au XIIe siècle.

La réaction chrétienne ne se fait pas attendre. C'est le début des croisades qui ne seront pas réellement bénéfiques pour les empereurs byzantins. Les Turcs sont d'abord repoussés, avec les Mongols aux trousses. Pendant ce temps, grâce à l'aide financière des Génois, l'empereur byzantin reconquiert son trône en 1261, mais ne garde pratiquement que Constantinople car les Mongols ont asservi les Turcs. Des Émirats se reconstituent toutefois. Une des principales menaces qui pèsent alors sur l'Anatolie vient des Ottomans.

Cette dynastie de souverains turcs fut fondée par Osman qui prit Bursa en 1326. Plus tard, les Ottomans choisissent Edirne comme capitale. Ils sont dotés de troupes de choc : les fameux janissaires. Les Ottomans domineront le paysage turc jusqu'au début du XXe siècle. Au XIVe siècle, la dernière tête de pont du monde chrétien en Orient reste Constantinople.

En 1453, la ville tombe aux mains des Ottomans. Le sultan Mehmet II s'y fixe. Cette date est fondamentale puisque les historiens la considèrent comme la fin du Moyen Age.

La ville, devenue capitale, sert de point de départ aux expéditions destinées à conquérir les terres asiatiques et européennes. L'apogée de l'Empire ottoman est atteint pendant le règne de Soliman le Magnifique (1520-1566). Au début du XVIe siècle, la domination ottomane s'étend des portes de Vienne (eh oui !) à toute l'Asie Mineure. Mais décidés à réagir, les Occidentaux, menés par don Juan d'Autriche, remportent en 1571 la bataille navale de Lépante qui brise l'élan turc.

— De l'ère des tulipes à la fin de l'Empire ottoman

Le XVIIIe siècle est dominé par la personnalité d'Ahmet III. C'est « l'ère des tulipes » (car le souverain adore les fleurs). L'Empire ottoman, coincé par des lois vieillottes que les sultans successifs ne savent pas suffisamment moderniser, se craquelle. Tiraillé par des poussées nationalistes et religieuses, embourbé dans des guerres qui n'en finissent pas, faisant face à une crise financière aiguë, le pouvoir des sultans s'effrite. Les grands vizirs (sortes de Premiers ministres) se succèdent.

Au XIXe siècle, les Grecs mènent une guerre d'indépendance (1829), soutenus par les Russes. De vagues tentatives de réformes au milieu du siècle, combattues par les conservateurs, contribuent à désorganiser l'État. La guerre de Crimée, qui voit les Turcs, les Français et les Anglais s'opposer aux Russes, éclate. Les réformes en cours ne parviennent pas à rattraper l'avance prise par l'Europe. Les insurrections nationalistes redoublent. Les Arméniens sont anéantis une première fois (1895-1896), puis une seconde fois (1915-1916), provoquant l'exode d'une partie de la population. Le mouvement des Jeunes Turcs prend de l'importance. Durant la Première Guerre mondiale, le pouvoir moribond prend parti pour l'Allemagne.

En 1918, l'Empire, ou ce qu'il en reste, est entièrement occupé. Les Alliés décident de démembrer l'Anatolie, manière de mettre un point final à l'Empire ottoman.

Un personnage entre alors dans l'histoire : le général Mustafa Kemal, qui va se battre pour que la Turquie reste indépendante et unie.

— Mustafa Kemal, dit Atatürk

Après la défaite de l'Allemagne dont elle était l'alliée, la Turquie se trouve partagée en diverses zones d'influences : britannique, française, italienne, grecque.

Le traité de Sèvres donne la côte égéenne à la Grèce, crée une Arménie indépendante et place Istanbul sous contrôle international. S'opposant à la politique d'abandon de l'unité nationale acceptée par le sultan, un jeune héros de la guerre, Mustafa Kemal, proclame à Samsun, le 19 mai 1919, son rejet de tout fait visant au démembrement du pays (une sorte d'appel du 18 juin) et organise les congrès d'Erzurum et de Sivas.

C'est également en mai 1919 que les Grecs, profitant de la faiblesse du vaincu, débarquent à Smyrne (Izmir). Mustafa Kemal leur déclare la guerre en 1920. La même année, il préside à l'ouverture de la Grande Assemblée nationale turque, première étape dans cette lutte devant mener à l'unité retrouvée du pays. Après une série de victoires décisives, surtout contre les armées grecques (prise d'Izmir le 9 septembre 1922), Mustafa Kemal libère le pays et peut ainsi se consacrer à la reconstruction d'un État moderne. Les Alliés n'occupent plus que Istanbul.

Les réformes qu'il impose d'une main de fer sont nombreuses et hardies. Proclamation de la République et abolition du califat. Afin d'inscrire son pays sur la liste des États modernes, il combat fermement les vieilles traditions : interdiction du port du fez pour les hommes et du voile pour les femmes ; système juridique profondément transformé conformément aux critères européens : séparation de l'Église et de l'État et introduction de la laïcité ; réforme de l'enseignement proche du modèle occidental ; abandon de l'alphabet arabe pour l'alphabet latin ; égalité des droits pour les femmes, dont le droit de vote ; obligation de porter un nom de famille ; alignement sur le calendrier international, le système de mesure, etc.

Mustafa Kemal, dit Kemal Atatürk, rencontre bien des résistances (au bas mot, il doit bien faire couper une centaine de têtes de notables récalcitrants !) mais il réussit à faire entrer en quelques années la Turquie dans le monde moderne en lui rendant son identité et sa fierté. C'est en cela qu'il reste à jamais pour tout son peuple : Atatürk, le « père de tous les Turcs ! ». Il meurt « glorieusement » en 1938... d'une cirrhose.

Les Turcs continuent de lui vouer un véritable culte de la personnalité. Ses portraits sont partout : chez les commerçants, dans les bureaux, les avions de la compagnie nationale. Pour la fête nationale, le 29 octobre, qui commémore la proclamation de la République en 1923, les façades des banques ou des administrations arborent fièrement des portraits d'un *Kemal Pacha* à l'allure volontaire et aux sourcils broussailleux.

A part les extrémistes religieux, les Turcs vouent un attachement sincère à ce père sévère que fut Atatürk. Il n'est qu'à voir les familles se bousculer le dimanche au mausolée d'Ankara où il est enterré. Petits et grands n'en finissent pas de s'étonner devant les trousses de toilette, les voitures, la robe de chambre et la houppelande du grand homme.

— *De l'après Atatürk à nos jours*

Ismet Inönü devient président. Neutralité durant la Seconde Guerre mondiale. Menderes, à la tête du parti démocratique, accède au pouvoir en 1950. Il tolère le retour aux traditions islamiques. La Turquie entre dans l'OTAN. Suit une période de troubles à la fin des années 60. L'armée intervient. Plusieurs mouvements venus de l'intérieur contribuent à l'instabilité politique du pays : agitation des milieux marxistes, résurrection de l'intégrisme musulman, renaissance du mouvement séparatiste kurde.

En 1980, l'armée reprend le pouvoir. Fait absolument exceptionnel dans l'histoire, l'armée turque s'arroge le pouvoir quand les civils n'arrivent pas à faire respecter l'ordre. Dès que le risque de guerre civile s'éloigne, l'armée organise... des élections ! Cela s'est produit trois fois. Ainsi, en 1983, les partis politiques sont à nouveau autorisés. Un gouvernement civil est formé par Turgut Özal. Celui-ci est de nouveau choisi comme Premier ministre à l'issue du scrutin législatif de 1987 puis devient président de la République en 1989. Malgré la lente redémocratisation de la vie politique et la libéralisation de la presse, de nombreux prisonniers politiques sont encore sous les verrous.

De plus, la question kurde est loin d'être réglée. Les Arméniens, de leur côté, aimeraient que le gouvernement reconnaisse les massacres de 1915. La Turquie connaît actuellement de graves problèmes économiques. L'inflation est importante. Pourtant, l'ouverture vers l'Occident est bien réelle. La Turquie n'a-t-elle pas, timidement mais sûrement, la volonté d'intégrer l'Europe des 12 ? La violation des libertés fondamentales de l'individu est une des raisons qui fait dire à certains politiciens, de droite comme de gauche, que la Turquie n'est pas prête. La nouvelle poussée des intégristes musulmans en est une autre. Mais cette poussée est-elle vraiment inquiétante ? Aux dernières législatives, le 20 octobre 1991, l'Union du parti islamique et du parti nationaliste représentait 16,80 % des suffrages, alors que les trois grands partis se réclamant ouvertement de la laïcité obtenaient chacun entre 20 et 27 % des voix.

D'ailleurs, il est difficile d'imaginer que ce peuple, en grande majorité croyant mais qui concilie en toute bonne conscience l'observation des rites islamiques et la consommation du raki, accepte aisément la remise en cause de ce mode de vie qu'impliquerait l'instauration de la *charia*, la loi islamique.

— Vers l'Orient ou vers l'Occident ?

Ainsi toute l'action de Mustafa Kemal fut de désenclaver la Turquie et de la tourner vers les pays occidentaux. Mais déjà, du temps du sultan, l'Europe était à la mode : on y achetait porcelaines, cristaux et bijoux. A la Cour, l'élite parlait le français. Partout en Turquie, vous trouverez des mots issus du français (plus de 800 !), souvent écrits phonétiquement. Quelques exemples : *pansiyon, randevu* (rendez-vous), *garaj, kartvizit* (carte de visite), *tirbuşon* (tire-bouchon), *otel, kürdan* (cure-dents)... Entre deux continents et deux tentations, les Turcs

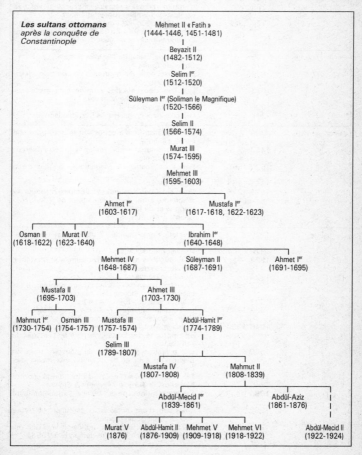

Les sultans ottomans après la conquête de Constantinople

Mehmet II « Fatih » (1444-1446, 1451-1481)

Beyazit II (1482-1512)

Selim Iᵉʳ (1512-1520)

Süleyman Iᵉʳ (Soliman le Magnifique) (1520-1566)

Selim II (1566-1574)

Murat III (1574-1595)

Mehmet III (1595-1603)

Ahmet Iᵉʳ (1603-1617) — Mustafa Iᵉʳ (1617-1618, 1622-1623)

Osman II (1618-1622) Murat IV (1623-1640) Ibrahim Iᵉʳ (1640-1648)

Mehmet IV (1648-1687) Süleyman II (1687-1691) Ahmet Iᵉʳ (1691-1695)

Mustafa II (1695-1703) Ahmet III (1703-1730)

Mahmut Iᵉʳ (1730-1754) Osman III (1754-1757) Mustafa III (1757-1574) Abdül-Hamit Iᵉʳ (1774-1789)

Selim III (1789-1807)

Mustafa IV (1807-1808) Mahmut II (1808-1839)

Abdül-Mecid Iᵉʳ (1839-1861) Abdül-Aziz (1861-1876)

Murat V (1876) Abdül-Hamit II (1876-1909) Mehmet V (1909-1918) Mehmet VI (1918-1922) Abdül-Mecid II (1922-1924)

— Repères chronologiques

Préhistoire	7000 av. J.-C.	Fondation de la première ville connue à Çatal-höyük
HITTITES	1900	Installation des Hittites qui établissent leur capitale à Hattusa (Boğazköy)
	1200	L'invasion achéenne et phrygienne débouche sur la guerre de Troie. Les Hittites se replient vers l'intérieur, chute de Hattusa.
GRECS ET PERSES	1050	Éoliens, Zoniens et Doriens colonisent la côte.
	546	Le dernier roi de Lydie, Crésus, est défait par Cyrus II le Grand. Les Perses s'emparent des cités grecques du littoral égéen.
	334	Alexandre le Grand conquiert la Perse et l'Asie Mineure.
	330-130	De grandes cités : Pergame, Ephèse, prospèrent. Pergame est léguée aux Romains.
ROMAINS	129	Pergame est capitale de l'Asie.
	27	L'Empire romain incorpore toute l'Asie Mineure.
	196 apr. J.-C.	Byzance est conquise par Septime-Sévère.
	293	L'Empire romain se divise, Byzance devient la capitale de l'Empire romain d'Orient.
	324-330	Constantin réunifie l'Empire, choisissant Byzance comme capitale. En 330, inauguration de Constantinople, naissance de l'Empire byzantin.
EMPIRE BYZANTIN	395	Division définitive de l'Empire romain.
	476	Chute de Rome.
	634	Les musulmans s'emparent d'une partie du territoire byzantin.
	1071	Les Turcs seldjoukides commencent à chasser les Byzantins d'Asie Mineure.
	1096	Début des croisades.
	1204	Les croisés s'emparent de Constantinople.
EMPIRE OTTOMAN	1300	Les Turcs ottomans contrôlent le nord-ouest de l'Asie Mineure.
	1453	Les Ottomans sous Mehmet II conquièrent Constantinople.
	1520-1566	Règne de Soliman le Magnifique : apogée de la civilisation ottomane.
	1853-1856	Guerre de Crimée.
	1914-1918	Première Guerre mondiale : l'Empire ottoman se range du côté de l'Allemagne, de l'Autriche-Hongrie et de la Bulgarie.
	1919-1922	Guerre gréco-turque.
LA TURQUIE	1920	Mustafa Kemal installe à Ankara un gouvernement provisoire.
	1922	Abolition du sultanat.
	1923	La République turque est proclamée et M. Kémal est élu président.
	1924	Abolition du califat.
	1923-1938	Transformation de l'ancien Empire ottoman. Il est laïcisé et on lui donne des lois modernes.
	1938	Mort de Mustafa Kémal Atatürk.
	1939-1945	La Turquie mène une politique de neutralité pendant la Deuxième Guerre mondiale.
	1946-1960	Passage à une démocratie pluraliste ; la Turquie se rapproche des États-Unis pour se protéger de l'URSS.
	1960	Les militaires s'emparent du pouvoir ; mise en place d'un cabinet de coalition aux mains des civils.
	1974	En répondant au coup d'État dirigé contre Makarios, la Turquie intervient à Chypre.
	1980	Devant la montée de la violence, l'armée restaure l'ordre.
	1982	Adoption d'une nouvelle constitution et retour des civils au gouvernement.
	1987	La Turquie demande son adhésion à la CEE qui reporte l'examen de cette demande à 1993.

empruntent ici ou là, pour autant que leurs revenus le leur permettent, des bribes de style de vie.

Horaires

En principe, les *magasins* sont ouverts de 9 h à 13 h et de 14 h à 19 h, mais en ce qui concerne les petits commerces, ces horaires sont extensibles. Dans les centres touristiques, il est de coutume de faire la journée continue et de ne fermer boutique que tard dans la nuit lorsque les rues commencent à être désertes. Le dimanche est jour de fermeture, en théorie, mais dans la pratique pendant la saison, il n'y a pas de repos dominical.

Les *bureaux et administrations* ouvrent généralement de 8 h 30 à 12 h 30 et de 13 h 30 à 18 h, du lundi au vendredi.

Les *banques* ouvrent de 8 h 30 à 12 h 30 et de 13 h 30 à 17 h, du lundi au vendredi. Pendant le week-end tous les bureaux de change des sites touristiques sont ouverts.

Les *musées* sont ouverts tous les jours, sauf le lundi. Mais, là encore, il se peut que des règlements locaux rendent ces informations caduques. Par exemple, le musée de Topkapi ferme le mardi. C'est pourquoi, dans la mesure du possible, nous vous indiquons les horaires pratiqués par chaque musée et chaque site. Dans les régions côtières des mers Egée et Méditerranée, il se peut que durant les mois d'été, certaines administrations et même certains musées ferment l'après-midi, en raison de la chaleur. Sieste oblige !

Langue

Kirghizes, Tatars, Azéris, Ouzbeks, Turkmènes, Ouïgour, Xinchiang : de la Bulgarie à la Chine, le turc est encore parlé par une centaine de millions de personnes dans le monde. Ce serait la onzième du monde d'après l'Unesco.

C'est une langue altaïque (comme le basque, d'ailleurs, mais les linguistes ne s'expliquent pas ce qu'il fait dans ce groupe). Elle est dite agglutinante parce qu'on accumule les suffixes à un radical.

A force d'agglutiner, on arrive parfois à des mots de 30 lettres. Le mot le plus long est « Çekoslovakyalılaştıramadıklarımızdanmısınız ? » (Faites-vous partie de ceux qu'on n'a pas pu tchécoslovaquiser ?). Bonjour les dégâts ! Et, comme l'alphabet — latin, merci Atatürk — compte 29 lettres (dont un *s* cédille qui se dit *ch* et un *i* sans point imprononçable), la lecture se complique.

Pour le reste, le turc s'écrit comme il se prononce. Vous vous en apercevrez à la lecture des nombreux mots d'origine française qui émaillent le vocabulaire : *kuâför* (coiffeur), *pansiyon, şarküteri, hoparlör* (haut-parleur), *kuşet* (couchette), *gişe* (guichet), *prezervatif* (préservatif), et *Piyer Loti,* l'écrivain bien connu des Istanbuliotes. Pour la réforme de l'orthographe, on saura désormais à qui demander conseil.

— Prononciation

c se prononce *dje*
ç se prononce *tche*
u se prononce *ou*
g se prononce *gue*
ğ (g mouillé) prolonge la voyelle qu'il précède
e se prononce *é*
ay se prononce *ail*
ü se prononce *u*
ı (sans point) se prononce entre *i* et *e* (pour des raisons de commodité les « i » figureront tous avec des points, tout au long du texte)
h se prononce un peu comme le h aspiré anglais
ş se prononce *che*
ö se prononce *eu*

— Vocabulaire usuel

oui .... *evet*

non	*hayır, yok*
je-moi	*ben*
tu-toi	*sen*
il-lui	*o*
aujourd'hui	*bugün*
demain	*Yarin*
où ?	*nerede ?*
combien ?	*kaç para ?*
à gauche	*sola*
à droite	*sağa*
tout droit	*doğru*
trop cher	*çok pahalı*
c'est cher	*pahali*
c'est bon marché	*ucuz*
d'accord	*tamam*
grand	*büyük*
petit	*küçük*
joli, bien, gentil	*güzel*
ami, camarade	*arkadaş*
fermé	*kapali*
ouvert	*açik*
toilettes	*tuvalet*
papier toilettes	*tuvalet kağidi*
bonjour	*merhaba ; iyi günler*
bonjour (le matin)	*günaydın*
bonsoir	*iyi akşamlar*
bonne nuit	*iyi geceler*
salut	*seläm ou merhaba*
au revoir (dit par celui qui reste)	*güle güle*
au revoir (dit par celui qui part) :	*allaha ısmarladık ou hoşçakal*
S.V.P.	*lütfen*
excusez-moi	*affedersiniz*
il y a	*var*
il n'y a pas	*yok*
merci	*teşekkür ederim, mersi, sağol*
pardon	*pardon, affedersiniz*
je ne comprends pas	*anlämıyorum*

— Transports et services

bureau de tourisme	*turizm bürosu*
gare	*istasyon, gar*
station de bus	*otobus durağı*
aéroport	*havaalani*
poste	*PTT ou postane*
timbres	*pul*
enveloppe	*zarf*
police	*polis*
banque	*banka*
garage	*garaj*
voiture	*araba*
hôpital	*hastane*
malade	*hasta*
docteur	*doktor*
pharmacie	*eczahane*
mosquée	*cami*
bain turc	*hamam*

— Dormir et manger

hôtel	*otel*
chambre	*oda*
chambre à 1 lit	*tek kişilik oda*
chambre à 2 lits	*iki kişilik oda*
chambre à 3 lits	*üç kişilik oda*
chambre avec salle de bains et w.-c.	*banyo ve tuvaletli bir oda*
serviette	*havlu*

couverture	*battaniye*
restaurant	*lokanta* ou *restoran*
addition	*hesap*
boire	*içmek*
manger	*yemek*
dormir	*uyumak*
assez	*yeter*
un peu	*biraz*
un peu plus	*biraz daha*
plus	*çok*
cela suffit	*yeter*
assiette	*tabak*
fourchette	*çatal*
menu	*yemek listesi*
verre	*bardak*
sel	*tuz*
huile	*yağ*
salade	*salata*
boulettes de viande	*köfte*
brochette de mouton	*şiş kebap*
brochette de viande hachée	*adana kebap*
bœuf	*sığir eti*
veau	*dana eti*
poulet	*piliç*
rouget	*barbunya*
daurade	*mercan*
crevette	*karides*
légume	*sebze*
frites	*patates kizartmasi*
eau (du robinet)	*su*
eau minérale (en bouteille capsulée) gazeuse	*ma den suyu*
eau minérale (en bouteille capsulée) non gazeuse	*şişe suyu*
vin rouge	*kirmizi şarap*
jus de fruits	*meyva suyu*
jus d'orange	*portakal suyu*
vin	*şarap*
café	*kahve*
thé	*çay* (prononcer « *tchaï* »)
sans sucre	*sade (kahve* ou *çay)*
peu sucré	*orta şekerli (kahve* ou *çay)*
sucré	*şekerli (kahve* ou *çay)*
lait	*süt*
pain	*ekmek*
riz	*pirinç*
riz cuit	*pilav*
froid	*soğuk*
chaud	*sicak*
tiède	*ılık*
bon	*iyi*
délicieux	*nefis*
mauvais	*kötü* ou *iyi değil*

− *Le temps*

heure	*saat*
minute	*dakika*
mois	*ay*
semaine	*hafta*
jour	*gün*
lundi	*pazartesi*
mardi	*sali*
mercredi	*çarşamba*
jeudi	*perşembe*
vendredi	*cuma*

samedi . . . . *cumartesi*
dimanche . . . . *pazar*

— Les chiffres

1. . . . . bir	20. . . . . yirmi
2. . . . . iki	30. . . . . otuz
3. . . . . üç	40. . . . . kirk
4. . . . . dört	50. . . . . elli
5. . . . . beş	60. . . . . altmış
6. . . . . altı	70. . . . . yetmiş
7. . . . . yedi	80. . . . . seksen
8. . . . . sekiz	90. . . . . doksan
9. . . . . dokuz	100 . . . . yüz
10. . . . . on	1 000 . . . . bin

— Quelques phrases usuelles

Y a-t-il un terrain de camping ? . . . . *kamp yeri var mı ?*
Cette eau est-elle potable ? . . . . *bu su içilebilir mi ?*
Quel est le prix d'une nuit ? . . . . *bir gece ne kadar ?*
Est-il possible de manger ? . . . . *yemek mümkün mü ?*
Quelle heure est-il ? . . . . *saat kaç ?*
Comment allez-vous ? . . . . *nasılsınız ?*
Allez-vous bien ? (= Ça va ?) . . . . *iyimisiniz ?*
Je sais (parle) très peu le turc . . . . *çok az türkçe biliyorum*
                         (konuşuyorum)
Y a-t-il... ? . . . . *var mı... ?*
Quel est votre nom ? . . . . *Isminiz nedir ?*
Mon nom est . . . . *ismim...*
Prix pour touristes . . . . *turist fiyati*
De quel pays venez-vous ? . . . . *memleketiniz neresi ? ou nerelisiniz ?*
Qu'est-ce que c'est ? . . . . *bu nedir ?*
Je voudrais aller au musée . . . . *müzeye gitmek istiyorum*
Où se trouve la route d'Istanbul ? . . . . . . *Istanbul'un yolu nerede ?*
Quel est le nom de ce village ? . . . . *bu köyün ismi nedir ?*
A quelle heure y a-t-il de l'eau chaude ? *saat kaçta sicak su geliyor ?*

N.B. Quand vous ne connaissez pas un mot en turc, dites-le en français. Vous avez une petite chance pour qu'on vous comprenne. Un bon nombre de mots ont la même phonétique.
Sur place, surtout dans les librairies d'Istanbul et d'Ankara, on peut se procurer un petit bouquin bien fait : *Manuel de Conversation français-turc* de Mehmet Hengirmen, édité par Engin. Pratique, simple et pas cher. On y trouve aussi des phrases telles que :
— Mettez-moi un peu de brillantine.
— Pouvez-vous me faire un dentier ?
— Auriez-vous des souliers de satin blanc ?

Marchandage

Deux grands principes :
— Avoir une idée du prix avant tout marchandage (quand il y en a, faire un tour dans une grande surface).
— Ne pas être accompagné d'un guide.

C'est à la fois un plaisir, un jeu, un sport nécessitant beaucoup d'humour, de bagou, de ruse, de subtilité, de patience et de sang-froid (eh oui !). Un objet de 10 FF se marchande en 10 mn, mais au-delà de 100 FF ne pas hésiter à passer une heure ou plus. On vous offrira le thé. Une astuce : faites un tour, demandez les prix, puis fixez celui que vous désirez mettre. Marchandez en partant de plus bas. Si tout le monde dit non, changez votre prix de départ. Au bazar, divisez par 2 ou par 3 (parfois c'est plus, mais c'est dur à savoir !). Ailleurs, retirez au moins 20 %. De toute façon, commencez par de petits achats pour tâter le terrain.
Au début, pour avoir un point de référence, faites plusieurs boutiques. Une autre astuce consiste à demander à un Turc qui n'est pas commerçant combien

il paierait, lui, l'objet désiré. Ainsi vous savez plus ou moins si le prix est « touristique » ou pas. Ne pas hésiter à raconter sa vie (même à en rajouter), à essayer d'émouvoir le marchand. De toute façon, si vous voulez être certain de ne pas vous faire avoir, n'achetez RIEN. Mais vous passerez alors à côté d'une institution qui fait partie intégrante de la vie locale. De plus, il existe quand même pas mal d'objets originaux, à un prix inversement proportionnel au temps que vous avez à perdre en palabres.

L'élément essentiel du marchandage est l'humour et le sourire. Ne perdez ni l'un ni l'autre. Le principe de base est de ne pas laisser trop rapidement percer votre intérêt pour l'objet que vous convoitez. Un autre principe est de ne jamais dire son prix le premier. Ne dévoilez pas trop vite que vous avez de l'argent. Si vous en avez, mettez directement les points sur les i en précisant que vous n'êtes pas américain. Voilà pourquoi il ne faut jamais marchander en anglais. Le français, lorsqu'il est parlé par le commerçant, est très apprécié. Encore une autre astuce : si vous êtes sur le point de faire l'affaire mais que le marchand résiste encore un peu, placez la somme exacte que vous voulez mettre sur le comptoir. C'est bien le diable s'il ne cède pas ; mais il ne s'agit pas de discuter pour 5 FF. Autre moyen efficace pour conclure : partez de la boutique, mais DOUCEMENT. Il y a de grandes chances pour que le commerçant vous rappelle.

N'achetez pas un objet la première fois que vous entrez dans la boutique. Si vous revenez, le marchand vous connaîtra déjà et aura plus de sympathie pour vous que pour le touriste moyen.

De plus en plus, les magasins des bazars des grandes villes payent des rabatteurs pour vous entraîner vers une boutique précise. Ce sont souvent des jeunes gens polyglottes, endimanchés et fort sympathiques. Évitez-les. En effet, tout article acheté dans la boutique dans laquelle ils vous auront amené sera majoré de 10 %, montant de leur commission.

Sachez aussi que certains commerçants sont encore superstitieux. Levez-vous tôt. En effet, si vous êtes le premier client *(siftah)*, le vendeur sera peut-être plus indulgent, car c'est un présage qui lui permettra de faire une bonne journée.

Enfin, n'oubliez pas qu'on trouve des choses étonnantes dans les bazars, des choses qui seront pour vous de grandes surprises : par exemple, de fausses pierres précieuses ou de fausses antiquités.

Le marchandage ne se pratique cependant pas partout. Il arrive que les prix soient fixes. Tentez tout de même votre chance. Par définition, dans toutes les boutiques pour touristes il faut marchander ferme et comparer les prix de plusieurs commerçants.

Médias

— Journaux

On trouve les principales publications étrangères dans tous les endroits touristiques dès le lendemain de leur parution. La presse française est assez bien distribuée, pas autant cependant que la presse allemande. Le *Turkish Daily News* est un quotidien turc, assez répandu, qui donne, en anglais, des nouvelles du monde entier. Malheureusement, *l'Orient-Express,* hebdomadaire en français, a cessé sa publication récemment. On y trouvait des articles de grande qualité.

La presse turque est prolifique, mais il faut pouvoir la lire ! Le *Cumhuriyet* (120 000 exemplaires) correspond un peu à notre Monde (tendance gauche). Beaucoup plus importants sont les tirages de *Günaydin* (Bonjour), tendance centre-droite ; de *Sabah* (le Matin) et de *Hürriyet* (La Liberté) tendance centre, et dont les tirages sont supérieurs à 500 000 exemplaires. La presse jouit, dans l'ensemble, d'une grande liberté d'expression. La plupart des journaux essaient d'augmenter leurs tirages en utilisant des déshabillés « aguicheurs », mais le contenu est inintéressant. Des hebdomadaires dans le style du « Canard Enchaîné » se trouvent en grand nombre. Le plus connu est *Girgir* (Ironie). On n'hésite pas à y être très critique à l'égard du pouvoir en place et du président.

— Télévision

Très répandue, elle a beaucoup contribué ces dernières années à modifier les mentalités du peuple turc. La première chaîne a été créée en 1967 ; la seconde, née à la fin des années 80, a un programme beaucoup plus culturel. Elle présente chaque soir à 21 h 30 des informations en anglais.

Il existe aussi une chaîne privée du type Canal-Plus, intitulée *Star*.

– Radio

Elle diffuse des nouvelles en français, anglais et allemand après celles données en turc à 9 h, 12 h, 17 h et 22 h sur la bande FM. On peut suivre aussi des programmes en français sur ondes courtes.

Musées, sites et monuments

Il est bon, dès que l'on arrive quelque part, de se renseigner à l'avance (à l'hôtel) sur les heures d'ouverture et de fermeture. Elles sont parfois assez fantaisistes. Les horaires des sites archéologiques changent parfois en hiver et en été. En saison, ils sont généralement ouverts de 8 h à 19 h, parfois 19 h 30. Les musées sont généralement fermés le lundi.
Les étudiants peuvent bénéficier d'une réduction sur la plupart des musées d'État et des sites, mais ceci n'est jamais indiqué à l'entrée et il faut la demander. Les moins de 25 ans qui comptent visiter la Turquie au départ d'Istanbul peuvent se procurer une carte (International Youth Card) auprès de l'agence *Gençtur*, Yerebatan Caddesi 15/3. ☎ 528-07-34. Se munir d'une photo et de 10 000 LT. A l'exception du harem et des citernes à Istanbul et de l'Asclépéion à Pergame, cette carte permet l'accès gratuit aux musées gérés par l'État. Les moins de 25 ans qui ne comptent pas passer par Istanbul obtiendront la carte FIYTO, avant leur départ, auprès de l'OTU, du CROUS, munis d'une pièce d'identité, d'une photo et de 40 F.

Narghilé

Le narghilé, d'origine indienne, était très répandu dans l'Empire ottoman. On trouve encore de nombreux cafés où les hommes se réunissent pour fumer. Ils sont assis devant de petites tables basses. Ils bavardent en s'interrompant régulièrement pour aspirer la fumée par le tuyau bariolé qui s'enroule comme un serpent autour de la pipe à eau. Quand les voix s'arrêtent, on entend le bouillonnement ronflant de l'eau dans les narghilés. C'est le *keyif*, un état indéfinissable qui se traduit par bien-être, détente, euphorie.
Pour fumer le narghilé, il faut savoir être patient. Fumer une pipe prend de une à deux heures. Le préposé au tabac prépare un mélange qu'il roule dans une large feuille de tabac mouillé *(tömbeki)*. Il sort un embout, désinfecté à l'eau bouillante, et le tuyau qui va permettre de refroidir la fumée en la faisant circuler à travers la carafe d'eau. Puis il passe d'une table à l'autre en apportant des morceaux de charbon de bois incandescent qu'il pose sur les cylindres de tabac. Un narghilé se doit d'être régulièrement rallumé. Les habitués viennent avec leur propre embout, fait d'ambre, et un petit instrument avec lequel ils déplacent les braises au sommet de leur pipe pour qu'elle tire mieux.
  Quand la gorge est trop desséchée, on boit du thé ou du tilleul dans des petits verres. L'esprit s'engourdit gentiment. L'acuité auditive diminue. Mais autant prévenir tout de suite les amateurs : il n'y a pas d'éléphants roses au bout du narghilé. Le mélange est fait exclusivement de tabac.

Photo

Les amateurs seront comblés. Les paysages et les monuments sont magnifiques ; quant à la lumière elle est souvent exceptionnelle. On peut photographier librement partout, sauf dans les zones militaires et dans certains musées. Dans les autres, un droit sera exigé. Si vous êtes amateur de portraits, n'oubliez pas de toujours demander l'autorisation avant d'opérer ; celle-ci vous sera rarement refusée. Les Turcs adorent les photos et vous leur ferez plaisir en leur demandant leur adresse pour leur envoyer un tirage après votre retour. En cas de refus, n'insistez jamais.
On trouve désormais des pellicules partout et moins chères qu'en France. Inutile donc de faire des réserves avant de partir, sauf si vous êtes habitué à une marque. Veillez toutefois à la date d'expiration et refusez les pellicules qui ont fait la vitrine en plein soleil. Le développement devient de plus en plus intéres-

sant mais, si vous êtes exigeant, pour des tirages de grande qualité, attendez quand même de revenir au bercail.

Faites vérifier votre matériel avant le départ ; en cas de panne, il sera difficile de le faire réparer sur place.

Population

— Turcs, pas arabes

Les Turcs (55 millions d'habitants) sont généralement des gens tolérants à l'égard des touristes. Pour les mettre en colère, il y a deux solutions : dire Constantinople pour Istanbul et les prendre pour des Arabes. Remettez donc vos pendules à l'heure. Istanbul n'est plus Constantinople depuis la conquête de la ville en 1453. Quant aux Turcs, ils n'ont jamais été des Arabes.

Les Turcs ne sont pas venus de la péninsule arabique mais d'Asie centrale. Plus précisément des monts Altaï, une région située aujourd'hui en Sibérie. Ils se sont islamisés pendant leurs pérégrination vers l'Ouest, au contact des Perses d'Iran et de la dynastie abbasside de Bagdad. Musulmans donc, mais pas arabes, et qu'on n'en parle plus.

— Les Turcs avant la Turquie

Une longue histoire. Le mot « turc » apparaît dans les chroniques chinoises au Ier millénaire avant J.-C. Il signifie... « fort ». A force de vivre de la chasse aux rennes sur des steppes sibériennes, les Turcs sont, à cette époque, d'effrayants guerriers. Même la Grande Muraille de Chine ne les impressionne pas.

Les soucis commencent quelques siècles plus tard pour l'Occident. Dès que la pluie manque et que l'herbe se fait rare, des hordes de tribus turques s'ébranlent vers le sud-ouest. L'Europe épouvantée voit alors poindre les « barbares » : Attila et les Huns (Ve siècle), le Mongol Genghis Khan et ses Turcs Ouïgours puis Tamerlan, qui fera inexplicablement demi-tour devant Constantinople.

Les Turcs d'aujourd'hui sont très fiers de cette épopée. Au-delà des invasions, ils ont aussi été de grands bâtisseurs d'empire sous divers noms d'emprunt : Mamelouks d'Égypte, Grands Moghols d'Inde... Attila, d'ailleurs, est resté un prénom dont on gratifie volontiers les petits garçons de Turquie.

— La Turquie avant les Turcs

Depuis la préhistoire, toutes les grandes civilisations occidentales et moyen-orientales se sont croisées en Asie Mineure. Assyriens, Hittites, Phrygiens, Grecs, Romains, Arméniens, Ourartéens : tous ces peuples ont laissé des vestiges qui font de la Turquie un livre d'histoire grandeur nature.

Mais la Turquie a surtout été le centre de l'Empire byzantin, ex-province d'Orient de l'Empire romain. Un empire fastueux (d'où l'expression « C'est Byzance ! » bien que la ville de Byzance ait été rebaptisée Constantinople par Constantin dès 323), qui va résister à toutes les invasions pendant plus de 1 000 ans. On y parle grec et non plus latin.

La Turquie est alors terre chrétienne. Mais Rome et l'Église d'Orient se brouillent en 1054. Le patriarche de Constantinople jette l'anathème sur le pape, qui réplique par une excommunication. Cet échange d'amabilité n'a été effacé qu'en 1965 par Paul VI. De ce grand schisme d'Orient date la partition des chrétiens entre catholiques et orthodoxes.

— Les Turcs en Turquie

A l'échelle historique, c'est tout récent. Les Turcs Seldjoukides n'ont pris pied en Anatolie qu'en 1071, après avoir remporté la bataille de Malazgirt, près de Van, sur l'empereur byzantin. Ensuite, il a fallu 4 siècles aux Ottomans pour conquérir Constantinople (le 29 mai 1453, date qui a été retenue comme la fin du Moyen Age). Et il a encore fallu 5 siècles aux Turcs pour avoir un pays à leur nom, né du démantèlement de l'Empire ottoman.

Après avoir régné à Kaboul, Alger ou Delhi, les Turcs n'ont finalement fondé une nation qu'en 1923. Cela, grâce à Mustafa Kemal Atatürk, qui leur a donné un sentiment patriotique inconnu. La Turquie, on le voit, n'est qu'un jeune État. Pour arracher son pays à l'islam et l'arrimer à l'Occident, l'homme fort d'Ankara a révolutionné l'écriture, le calendrier, les noms de famille, et jusqu'au *fez*, le traditionnel chapeau de feutre cylindrique. Tout cela en moins de dix ans. On s'étonne, après tous ces épisodes, que les Turcs eux-mêmes se demandent parfois quel est ce monde dans lequel ils vivent...

— Les Kurdes

Les statistiques officielles turques ne les prennent pas en compte. Il existe pourtant plusieurs millions de Kurdes dans le pays, installés essentiellement dans l'Est (7 à 8 millions selon les estimations des Kurdes eux-mêmes).
D'origine indo-européenne, les Kurdes vivent à cheval sur cinq pays, où leurs droits sont plus ou moins reconnus : la Turquie, l'Iran, l'Irak, la Syrie et dans une moindre mesure l'Azerbaïdjan. Depuis des siècles, ils sont en quête d'un État. En 1920, le traité de Sèvres — qui avait aussi autorisé la création d'une république d'Arménie — leur a donné un éphémère territoire autonome.
La culture kurde est différente. Dans certains villages, fonctionnent encore les structures féodales décrites par Yaşar Kemal ou le cinéaste Yilmaz Güney, tous deux originaires de l'est de la Turquie. La terre est parfois possédée par des *aghas* (maîtres), qui la donnent en servage aux paysans en échange d'une fidélité à toute épreuve.
Les vendettas ne sont pas rares, car les Kurdes sont des hommes farouches qui ont généralement un vif sens de l'honneur. Longtemps sous-développée, l'Anatolie orientale fait désormais l'objet de la sollicitude d'Ankara. Une guérilla antiturque n'y a pas moins repris depuis 1984 et l'armée turque est très présente dans la région.

Postes et télécommunications

— Postes

Les bureaux sont faciles à repérer : ils s'appellent PTT comme chez nous et sont signalés par de grands panneaux jaunes. Les postes centrales sont ouvertes de 8 h à minuit, du lundi au samedi, et de 9 h à 19 h le dimanche. Les petits bureaux de poste ont les mêmes horaires que les administrations. La plupart des postes ont un comptoir de change. L'envoi d'argent par la poste, en revanche, est parfois long et aléatoire. Le courrier marche bien entre la France et la Turquie (3 à 5 jours pour une lettre par avion).
• Poste restante : pour retirer une lettre, vous devez fournir une pièce d'identité et payer une taxe. Demandez à vos correspondants de vous adresser le courrier à *Post restant* en ajoutant *Merkez Postahanesi* pour indiquer la poste centrale quand il y a plusieurs bureaux dans la ville. Les timbres ne sont vendus que dans les bureaux de poste et les enveloppes *(zarf)* s'achètent dans les épiceries.

— Téléphone

Bon système de télécommunication dans l'ensemble. Il faut se procurer soit des jetons, soit une télécarte pour appeler d'une cabine. Évitez les communications par le standard d'un hôtel : elles seront beaucoup plus chères qu'à la poste. Il existe trois catégories de jetons (pour appeler l'étranger, munissez-vous plutôt de ceux de grande taille, « büyük boy jeton »), et deux sortes de cartes correspondant à 60 ou 120 unités.

Pour appeler avec des jetons :
• Décrochez (un clignotant rouge s'allumera).
• Mettez un jeton et attendez que le clignotant s'éteigne.
• Vous aurez alors la tonalité. Mettez quelques autres jetons.
• Composez le 9 (attendez que la tonalité change), puis le numéro de votre correspondant, si celui-ci se trouve dans une autre région que celle où vous êtes. Pour la même ville, le 9 est inutile.
• *Pour appeler de Turquie en France,* faites le 9 + tonalité + 933 + le numéro de votre correspondant (éventuellement précédé du 1 pour Paris et la Région parisienne).
• *Pour appeler de France en Turquie :* composez 19 + 90 + indicatif de la ville + numéro de votre correspondant.
Composer le numéro lentement.
Pour appeler avec une carte, même système qu'en France. Nous vous conseillons plutôt la télécarte que les jetons. Mais les cabines à cartes sont plus rares dans la rue que dans les postes.

— *Télégrammes*

Ils peuvent être expédiés de tous les bureaux de poste. Si votre correspondant dispose d'un télécopieur, formule qui se généralise même en Turquie, préférez cette solution.

Religion

— *L'islam*

Dans le bus, il arrive qu'un imam refuse de s'asseoir à côté d'une femme non voilée. Incident. La passagère, en digne fille d'Atatürk, refuse de céder le pas devant la religion et de changer de place. Un troisième voyageur, heureusement, se dévoue. Le bus peut enfin partir, tout le monde est soulagé : une fois de plus, le débat sur la place de l'islam, religion nationale, dans cet État officiellement laïc, a été tranché à l'amiable.

Pendant près de 5 siècles, Istanbul a été le siège du califat, l'autorité suprême pour les musulmans du monde entier. Le sultan de l'Empire ottoman était aussi le Commandeur des Croyants. Atatürk a brutalement mis fin à tout cela. Il trouvait que les imams n'étaient que des « prêtres crasseux » qui avaient maintenu l'empire dans l'ignorance. Le califat a été aboli en 1924. La polygamie et les sectes, dont celle des derviches tourneurs, ont été interdites ; les écoles religieuses ont été fermées.

Rien n'est plus aussi simple. Tous les jours, la Turquie moderne est confrontée à des problèmes de cohabitations entre l'islam et la laïcité : querelle du voile à l'université, de la mixité dans les bus scolaires... Depuis quelques années l'intégrisme a fait des progrès. Les écoles coraniques ont été rouvertes. La proximité de l'Iran a sans doute joué un rôle mais il faut se souvenir que les Turcs sont dans une très grande majorité sunnites, au contraire des Iraniens qui sont chiites.

Mais la Turquie reste avant tout un État laïc. Le vendredi n'est pas un jour férié. Les restaurants sont ouverts pendant le ramadan. Et, tout bons musulmans qu'ils sont, les Turcs n'ont pas été jusqu'à sacrifier leur alcool national, le *raki,* à l'islam.

— *Mahomet*

Un petit rappel historique. Le fondateur de l'islam serait né vers 570 à La Mecque. Orphelin très jeune, il est d'abord berger. A 25 ans, il épouse sa patronne, une riche commerçante de 15 ans son aînée. Pendant une retraite, vers l'an 610, l'ange Gabriel lui apparaît en songe et lui annonce qu'il est le « Messager de Dieu ». Il lui dicte les versets qui formeront le texte du Coran (mot qui veut dire « récitation »).

Quelques fidèles se convertissent et bientôt Mahomet, persécuté, est obligé de fuir La Mecque pour Médine, le 16 juillet 622. C'est ce que l'on appelle *l'Hégire,* point de départ du calendrier musulman. Le succès de l'islam est tel que Mahomet revient en triomphe à La Mecque, huit ans plus tard. Le prophète meurt le 8 juin 632 à Médine. Il aura eu 14 épouses.

Son beau-père, Abu Bakr, un marchand de La Mecque, lui succède, puis Umar et Uthman. Le quatrième calife, Ali, époux d'une fille de Mahomet, Fatima, sera déposé et assassiné : de là date la grande scission de l'islam entre sunnites et chiites, partisans d'Ali.

— *Les cinq piliers de l'islam*

La religion repose sur cinq obligations fondamentales : la profession de foi, la prière (cinq fois par jour, à l'aurore, à midi, vers 16 h, au coucher du soleil et deux heures plus tard ; pieds nus et en direction de La Mecque), l'aumône légale, le jeûne du ramadan et le pèlerinage à La Mecque. S'ajoutent à ces obligations la circoncision, les ablutions et l'abstinence d'aliments venant d'animaux comme le porc, le cheval, l'âne, l'éléphant, les oiseaux et les reptiles. La viande consommée doit être absolument exsangue.

A noter qu'en Turquie se trouve l'un des lieux saints musulmans : la mosquée d'Eyüp, située au fond de la Corne d'Or, à Istanbul. C'est là qu'est enterré le prince arabe Ayyoub, un disciple de Mahomet, tué pendant le siège arabe de Constantinople en 670. Encore aujourd'hui, il est d'usage d'y faire étape avant de partir en pèlerinage à La Mecque.

– Les mosquées

Le mot français de mosquée vient de *masdjid*, qui signifie prétoire, lieu où l'on se prosterne devant Dieu. Mais ce peut être aussi bien la mosquée que n'importe quel endroit propre et consacré. En revanche, le mot mosquée se traduit en arabe par *djamaa* – et en turc par *camii* (prononcer djamii) – qui a le sens de « rassemblement ». La mosquée est le lieu de rassemblement des croyants. La première mosquée fut érigée à Médine par Mahomet pour honorer Allah. Les constructions suivantes se sont inspirées de ce modèle. Dans toutes les mosquées, se trouve une cour avec une fontaine pour les ablutions. A l'intérieur, la direction de La Mecque est indiquée par une niche, le *mihrab* (que l'on voit représenté sur les tapis de prière). Pour prêcher, l'imam monte sur une sorte de chaire que l'on appelle *minbar*.
De l'extérieur, les mosquées sont parfois rébarbatives et lourdes. Mais à l'intérieur, ce qui est extraordinaire, c'est le volume libre, la sensation d'espace et de tranquillité. Pas de chaises, rien qui encombre : seulement des tapis. Les gens viennent prier ou tout simplement se reposer ou parfois traiter quelques affaires confidentielles. Les femmes sont à part, dans un coin clôturé par des petites barrières, en train de bavarder. La maison d'Allah est une vraie maison.
Il ne faut pas hésiter à entrer dans les mosquées turques et à profiter du grand calme qui y règne. Seule condition : laisser ses chaussures à l'entrée et, pour les femmes, se couvrir les cheveux et être de préférence en pantalon.

– Les minarets

Ils ressemblent à des phares, à des bougies, parfois à des clochers d'église. Ils servent à l'appel des fidèles à la prière *(ezan)*. On ne connaît pas exactement leur origine.
Au tout début de l'islam, le *muezzin* montait annoncer la prière sur une terrasse voisine de la mosquée. Puis on a construit les tours, d'abord carrées, comme en Syrie, ou en forme de flûtes élancées comme en Iran ou en Turquie. Le minaret est parfois placé à l'opposé de la salle de prière, ou bien dans la cour.
Un, deux, cinq... Le nombre de minarets est laissé à l'appréciation de l'architecte. Les mosquées seldjoukides de Turquie en ont généralement deux. Les Ottomans ont fait de la surenchère : quatre dans la plupart de leurs grandes mosquées et même six à la Mosquée Bleue d'Istanbul. A tel point qu'il a fallu en ajouter un septième à la grande mosquée de La Mecque pour que le berceau de l'islam conserve sa suprématie dans ce domaine.
Le muezzin, lui, se suffit d'un seul minaret. Il monte à l'intérieur de la tour par un escalier en colimaçon et va chanter *Allahu Akbar* (Dieu est grand) sur la galerie. D'en bas, on peut l'apercevoir, une main sur la tempe pour atténuer son effort. Mais de plus en plus souvent, ces voix – haut perchées – de l'islam sont remplacées par des bandes magnétiques diffusées par des haut-parleurs. Plus aucune chance, donc, d'en réchapper si on dort au pied d'une mosquée.

Santé

Pas de risques particuliers, la Turquie n'étant pas un pays au climat malsain, bien au contraire. Toutefois, quelques précautions élémentaires s'imposent :
– ne jamais se baigner dans les eaux stagnantes ;
– ne pas boire d'eau en dehors de l'eau minérale qui devra être décapsulée devant vous. Ne pas abuser des boissons glacées (généralement non purifiées) ;
– se méfier des crudités qui devraient être lavées dans de l'eau avec du potassium (jamais respecté) pour être consommables. S'abstenir aussi de choisir certains plats en sauce très indigestes et qui provoquent des dérangements intestinaux ;
– du fait de la rareté ou du mauvais fonctionnement (coupures électriques fréquentes) des réfrigérateurs, les aliments sont souvent mal conservés. Se méfier des restaurants à faible débit. En cas de dérangement intestinal absorbez immédiatement un antiseptique que vous aurez pris soin d'acheter avant votre départ. Demandez conseil à votre médecin ou à votre pharmacien ;
– votre trousse de pharmacie devra comporter, en plus, quelques pansements d'urgence, de l'aspirine, quelque chose contre les maux de gorge, une protection solaire et des boules Quiès pour les hébergements très bruyants. Les phar-

macies turques disposent d'un grand choix de médicaments. Inutile donc de vous charger. Pensez toutefois à vos médicaments habituels si vous suivez un traitement.

Pour conjurer le mauvais sort, souscrivez, avant le départ, une assurance « Assistance-rapatriement ».

Transports intérieurs

— Autocars

Un transport économique, pratique mais long. Le service est assuré sur tout le territoire par des compagnies privées. Pas de réductions pour les étudiants étrangers sauf avec la compagnie *Ulusoy*, pour ceux qui auront la chance de se trouver sur un de ses itinéraires (en particulier Ankara-Samsun). Les autocars s'arrêtent, en principe, quand on leur fait signe s'il reste de la place. C'est bon à savoir quand on est en « stop » et que le soleil commence à vous dessécher.

Pour les grandes distances, dans les endroits qui ne présentent guère d'intérêt, vous pouvez envisager de rouler de nuit. Courbatures garanties, mais vous économiserez une nuit d'hôtel. Choisissez alors une bonne compagnie *(Pamukkale, Varan, Aydin…)*.

Où prendre votre bus ? Dans les grandes villes, il existe des gares routières où sont rassemblées toutes les compagnies *(otogar)*. Comparez leurs prix.

Partout, à tout moment, vous trouverez des bus pour toutes les destinations. Le confort varie énormément d'une compagnie à l'autre. Le sérieux aussi : horaires d'arrivée fantaisistes, changement de véhicules impromptus…

De manière générale, il vaut mieux faire confiance à la compagnie qui a le plus de bus dans la région où l'on se trouve. Par exemple, pour la côte ouest, au sud d'Izmir, la compagnie *Pamukkale* ou *Özkaymak* ; pour la Cappadoce, les compagnies *Göreme* et *Nevtur* possèdent une bonne réputation.

A l'ouest d'une ligne Ankara-Adana, la compagnie *Varan* est très bien : plus chère que les autres mais c'est le grand luxe : barman, chocolat, eau et silence la nuit.

La concurrence est telle entre compagnies que le marchandage sur les prix est chose possible. Il faut toujours l'essayer. Quand ça marche, c'est toujours ça de gagné.

Attention aux rabatteurs qui vous promettent que telle ligne est directe alors qu'il faut changer deux fois. N'hésitez pas à employer des méthodes journalistiques : vérifiez l'information auprès de trois personnes différentes de la même compagnie. Il n'y a rien de plus ennuyeux que des changements de bus au milieu de la nuit.

Dans presque toutes les villes, les bus arrivent dans une *otogar* excentrée. Les compagnies ont alors un service de taxis, *dolmuş* ou autre bus pour conduire leurs clients dans l'agence du centre ville. Cela évite de payer un taxi et on est amené ainsi à proximité des hôtels. Demander : *Lütfen servis nerede ?* (où est le service S.V.P. ?).

Les *otogars* sont ouvertes toute la nuit (on y trouve toujours au moins un magasin pour se ravitailler ou un café), mais c'est plus cher qu'en ville. Il y a souvent des cabines téléphoniques.

Sachez qu'un grand trajet d'une traite revient moins cher que l'addition de plusieurs tronçons ; que les minibus seront à emprunter seulement pour les petits trajets : ils sont plus chers, moins rapides et moins confortables que les autobus.

En cours de route, eau fraîche gratuite en sachet ou capsulée ainsi que bien souvent de l'eau de Cologne pour les mains, des serviettes en papier pour s'éponger s'il fait chaud, des sacs en plastique pour vomir si la route est sinueuse… Certaines compagnies offrent pendant les trajets de nuit des bonbons ou du thé. Dans certains cars, les sièges ont une position intermédiaire entre le fauteuil et la couchette pour la nuit. Évitez les sièges de devant (on est mal assis) et impérativement ceux du fond (les sièges ne basculent pas). Prévoir un petit oreiller gonflable.

Si l'on n'aime pas la musique turque, on est servi, car les autocars sont presque tous munis d'autoradio. Apportez des boules Quiès, surtout pour la nuit. Jusqu'en 1984, les cars étaient équipés de vidéos. Le gouvernement a dû les interdire à la suite d'un accident dramatique. Le conducteur avait perdu le contrôle de son véhicule en manipulant le magnétoscope pour sauter un passage de film jugé indécent par les passagers.

Les haltes sur les longs trajets sont fréquentes. Inutile d'emporter de la nourriture.

Que vous voyagiez en stop, en voiture, à moto ou en bus, sachez que la plupart des grandes stations d'essence sont pourvues de restos tout à fait corrects et typiques, mais aussi de douches propres et gratuites.

— Chemin de fer

Un moyen de transport idéal pour admirer les paysages, les trains étant lents. La liaison la plus intéressante est celle qui relie Istanbul à Ankara. Le trajet durant toute la nuit, on économise une nuit d'hôtel. Il existe des couchettes (*kuşet*) et pour ceux qui en ont les moyens, des wagons-lits pour deux avec service de grande classe qui vous évoquera les fastes de l'Orient-Express.

Évitez les *yolcu*, plus que lents.

Pensez à réserver, au moment de l'achat du billet : chercher le *bilgisayar giseleri*. Pensez-y quelques jours auparavant. Des réductions sont accordées aux étudiants sur les billets aller-retour.

Rappelons qu'à Istanbul tous les trains en partance pour l'Asie se prennent à Haydarpaşa à Usküdar (plan I, D3) et que ceux pour l'Europe partent de la gare de Sirkeci, près du pont de Galata (plan III, C1). Un service de ferry vous permet de relier les deux gares.

— Dolmuş

Au départ, il s'agissait de vieux taxis collectifs du type Buick ou Packard, ayant beaucoup vécu et dans lesquels on entassait le maximum de passagers. Le prix, à partager avec les autres voyageurs, et les itinéraires sont fixes mais sur le parcours on vous arrête n'importe où à la demande. Les dolmuş ne desservent que les villes intra-muros. Ils ont tendance maintenant à être renouvelés par des minibus plus confortables et desservent aussi les environs des villes et les relient même parfois entre elles comme de véritables autocars. *Dolmuş* se prononce « dolmouche ».

— Taxi

Compter environ 2 FF le kilomètre sur les longues distances. En ville, prendre un taxi avec taximètre et dire au départ *taksimetreniz* en montrant le taximètre. En ville, à l'arrêt, le taximètre ne tourne pas. Comme en France, l'arnaque porte sur le tarif : *gündüz* (jour), jusqu'à minuit, et *gece* (nuit), entre minuit et 6 h. Une petite ampoule indique le tarif de jour et deux le tarif de nuit. Vérifier si le compteur est bien mis. Il est de coutume d'arrondir la somme en laissant un petit bakchich au chauffeur, sauf s'il s'agit d'un forfait.

— Stop

Contrairement à beaucoup d'autres pays, peu recommandé sauf, peut-être, à l'ouest de la ligne Trabzon-Ankara où le stop marche assez bien et où les gens peuvent être charmants. Au-delà, tout le monde le déconseille. Si toutefois vous voulez passer outre, certaines précautions sont à prendre. Pour un couple, il vaut mieux que le garçon soit devant. Afin d'éviter toute équivoque, si on vous le demande, dites que vous êtes mariés. Il n'est pas idiot d'acheter deux anneaux de rideaux en guise d'alliances. On est sûr d'être tranquille, car les Turcs respectent les mariages. Filles seules ou en groupe, s'abstenir impérativement. En outre, sachez au moins quelques mots essentiels si vous voulez tenter votre chance auprès d'un camionneur :

— S'il vous plaît, allez-vous à... ? se dit : *Lütfen,...gidiyormusunuz ?* (... = le nom de la ville à la fin duquel il faut ajouter un « a » ou un « e », ce qui donne par exemple : « Lütfen Istanbul'a gidiyormusunuz ? »).

Enfin, il arrive qu'on vous demande de participer financièrement (parfois jusqu'à l'équivalent du prix du bus). Discuter.

Si vous êtes en panne avec votre voiture, pas de problème, la solidarité entre automobilistes fonctionne très bien. On vous conduira au garage le plus proche.

— Avion

L'avion sur les lignes intérieures est avantageux si l'on prend en compte le temps mis par les bus pour effectuer la même distance.

Mais les tarifs sont devenus très élevés depuis la grève de 1991.
Deux compagnies : *Turkish Airlines* et *Istanbul Airlines* (dont les prix sont très inférieurs, mais bien sûr les liaisons sont moins fréquentes).
Les principales villes sont desservies par les lignes aériennes turques *(Türk Hava Yollari*, en abrégé *T.H.Y.)* :
Istanbul - Ankara
Istanbul - Izmir
Istanbul - Antalya
Istanbul - Dalaman (pour Bodrum et Marmaris)
Istanbul - Trabzon
Istanbul - Kayseri
Istanbul - Van
Ankara - Samsun - Trabzon
Ankara - Izmir
Ankara - Adana - Gaziantep
Ankara - Kayseri - Malatya - Diyarbakir - Van.
Ankara - Antalya
Ankara - Dalaman (Bodrum et Marmaris)
Ankara - Erzurum
Se renseigner sur place sur la fréquence des vols, qui varie selon les saisons. Ne pas oublier de prendre en compte d'éventuels retards. Il existe des réductions pour les couples mariés et sur les billets aller-retour.
Attention : les billets non utilisés ne sont pas remboursables ; de même, en cas de changement dans les réservations, le remboursement n'est pas intégral (voir conditions générales au dos des billets). Il faut réserver au moins trois jours avant.
Dernier conseil : les agences de voyages et compagnies aériennes sont généralement fermées le samedi. Bon à savoir quand on veut reconfirmer son retour.

– Location de voitures

C'est la meilleure solution pour visiter le pays mais ce n'est pas la plus économique. De nombreux voyagistes français proposent des forfaits avion + voiture qui sont plus avantageux que si vous louez la voiture sur place à votre arrivée. De plus, vous serez sûr d'avoir un véhicule en bon état. En règle générale, toujours s'adresser à des compagnies internationales. Fuir les loueurs locaux. En été, prévoir souvent 48 h d'attente pour la location de modèles économiques. Faire très attention aux contrats d'assurance. Ils couvrent les conducteurs mais rarement les bris de glace, ce qui n'est pas sans problème, vu l'état des routes, parfois.
Les prix des locations sont, bien entendu, très variables et augmentent d'une année sur l'autre. Une bonne astuce pour les étourdis : faire un double des clés de voiture et les fixer sous le véhicule avec un planqu'clé. On en trouve en France chez tous les fabricants de clés minute. Possibilité de rendre le véhicule dans une ville différente de celle où vous l'avez prise.

• *Routes*
Contrairement à une idée reçue, le réseau est correct et assez bien entretenu dans la majeure partie du pays. Ce qui ne veut pas dire que les routes soient sans danger. Bien au contraire ! Il est conseillé de faire attention aux nombreux nids-de-poule, surtout la nuit. Quelques pistes de tôle ondulée à l'est du pays. De manière générale, l'infrastructure s'est cependant beaucoup améliorée ces dernières années.

• *Exemple d'itinéraire*

Istanbul - Bursa - Pergame	410 km
Pergame - Izmir	96 km
Izmir - Çeşme - Izmir	162 km
Izmir - Éphèse - Kuşadası	90 km
Kuşadası - Bodrum	200 km
Bodrum - Marmaris	210 km
Marmaris - Muğla - Denizli - Pamukkale	320 km
Pamukkale - Isparta - Antalya	336 km
Antalya - Aspendos - Side - Alanya	150 km
Alanya - Mersin - Adana	135 km
Adana - Niğde - Avanos	290 km
Avanos - Kayseri - Ankara	260 km
Ankara - Istanbul	460 km
TOTAL	3 119 km

● *Cartes routières*

Pour l'ouest et l'est de la Turquie, deux cartes au 1/800 000, éditées par R.V., excellentes mais parfois difficiles à trouver en province. On peut se procurer également la carte routière et géographique de la Turquie au 1/1 600 000 Recta-Foldex, mais qui est nettement moins bonne.

● *Conduite*

Le code de la route est international, mais son application turque est originale : un respect excessif des signaux serait au mieux considéré comme un signe de faiblesse... Il était encore indicatif il y a 10 ans. Aujourd'hui, malgré quelques entorses, il devient impératif. La manière de conduire turque s'améliore de plus en plus. Les routes sont sûres. Le plus grand danger (à part la route de nuit) est l'entrée des grandes villes, les voies se multiplient mais le marquage au sol est parfois inexistant. Là, c'est véritablement la pagaille. Prudence donc.
Sachez que les feux stop arrière peuvent ne pas fonctionner, et qu'il est rare que l'on utilise ses clignotants pour changer de direction, que les dépassements se font un peu n'importe où, etc.
Le pire est certainement la route de nuit. A déconseiller impérativement, sauf en cas de nécessité. Conduite parfois dangereuse car les véhicules non éclairés pullulent ou, pire peut-être, ne disposent pas de feux de croisement. Mais cela aussi appartient de plus en plus à la légende. Faire attention aux charrettes, aux troupeaux de moutons et aux tracteurs non éclairés. Attention aux camions devant vous. Dans les côtes, ils dépassent rarement les 20 km/h.
Enfin, il faut savoir que la priorité est proportionnelle à la taille du véhicule : les bus sont rois. Les laisser passer !
La vitesse est limitée à 50 km/h dans les agglomérations et à 90 km/h sur route. La police est équipée de radars et effectue des contrôles. Si vous êtes en infraction, il est préférable de le reconnaître, avec le sourire. Généralement on vous fera payer une légère amende et on vous remettra un reçu en souvenir. Les conducteurs turcs, eux, risquent de perdre des points sur leur permis ou de se le voir confisqué.
L'usage du klaxon, quoique interdit, est indispensable. Il sert à deux choses : d'abord sur les routes de montagne, pour savoir s'il y a quelqu'un en face (réponse de klaxon). Attention, on entend souvent un klaxon et on reçoit 2 mn plus tard le bahut d'en face dans la figure parce qu'on n'a pas répondu. Il sert ensuite à saluer les gens sur le bord de la route quand ils vous font signe.
La signalisation est la même que chez nous mais il faut cependant connaître la traduction de certains panneaux : *dur* = stop ; *yavaş* = ralentir ; *park yapilmaz* = stationnement interdit et *şehir merkezi* = centre ville. Sur les routes toutes les curiosités et sites archéologiques sont indiqués par des panneaux jaunes. Il ne donne pas toutefois les distances pour les atteindre.

● *Essence*

Le nombre de pompe à essence a énormément augmenté depuis quelques années. On en trouve peut-être plus qu'en France. Celles situées sur les grands axes sont souvent ouvertes toute la nuit. Pas de problème d'approvisionnement sauf à l'est du pays où seules les grandes villes sont bien ravitaillées. N'attendez pas la dernière minute pour faire le plein. Le week-end, certaines pompes peuvent être vides. Mais l'essence normale ne manque jamais. En revanche, pour avoir du super, il faut s'arrêter devant des stations de compagnies internationales. Elles sont nombreuses.
Le prix des carburants peut varier selon les régions mais il est toujours moins cher qu'en France. Rares sont les stations-service à accepter les cartes de crédit.

● *Panne*

En cas de problème mécanique, n'hésitez pas à avoir recours au petit garagiste de village. Il trouvera toujours une solution. Les tarifs sont bas, à condition qu'ils soient fixés d'avance. Les crevaisons sont fréquentes. Les réparateurs de pneus sont signalés par l'indication *lastik*.
Sur le principal axe routier entre Edirne, première ville après la frontière bulgare, et Ankara, il existe plus de 10 postes de secours routier.

● *Accident*

Qu'il y ait des blessés ou non, ne jamais déplacer votre véhicule avant que la police n'ait procédé au constat. En exiger impérativement une copie. Une prise de sang sera probablement effectuée pour vérifier si le conducteur n'est pas sous l'emprise de l'alcool.

Si l'automobiliste est muni d'un carnet d'assistance de l'Association Internationale du Tourisme (AIT) ou de la Fédération Internationale de l'Automobile (FIA), l'Automobile Club de Turquie pourra fournir son assistance en cas de panne et d'accident, et pour le rapatriement du véhicule.

Si le véhicule doit être laissé temporairement ou définitivement abandonné en Turquie, il doit être remis à un bureau de douane qui délivrera une prise en charge, laquelle est indispensable pour que l'automobiliste puisse quitter le pays sans son véhicule.

En cas de vol, une attestation des autorités de police doit être présentée à la sortie du pays.

— Bateau

Un moyen agréable et original de se déplacer dans le pays.
Les principales lignes sont :
• Istanbul-Izmir. Départ début d'après-midi et arrivée le lendemain matin. Continue parfois sur Marmaris et Alanya.
• Istanbul-Zonguldak, Sinop, Samsun, Ordu, Giresun, Trabzon et Rize. Un départ par semaine, généralement le lundi en fin d'après-midi.
• Istanbul-Mudanya (correspondance par autocar pour Bursa).

Il faut ajouter aussi toutes les excursions possibles sur le Bosphore décrites dans le chapitre Istanbul. Possibilité de réduction de 20 % sur les lignes intérieures pour les personnes ayant voyagé sur un bateau turc pour se rendre en Turquie. Réduction étudiants sur certains trajets (Istanbul-Izmir, par exemple). Pour obtenir les prix les plus bas, demander la classe « pont » ou « cafétéria ». Pour plus de renseignements s'adresser à :
• Rihtim Caddesi Karaköy, Istanbul. ☎ 144-02-07.
• Yeni Liman, Alsancak, Izmir. ☎ 13-74-81.

— Moto

Pour les initiés, un concessionnaire Yamaha, BMW, Suzuki et Kawazaki à Istanbul : Kardeşler Talatpaşa, Caddesi 41G, Bahçelievler. ☎ 584-28-66 et 575-68-73. Partir quand même avec du bon matos.

Turquitudes

— Vivre à la turque

La Turquie fait partie des pays qui se vivent. Et plus généreusement qu'à Rome ou à New York puisque, ici, même un petit budget fait de vous un gros riche. Les concerts, les cinémas, les foires et les fêtes (renseignements au *Turizm Bürosu*), c'est plus drôle et plus instructif qu'une énième visite de mosquée. Dans les villes, on joue au billard. Dans les villages, on tape le carton et le domino.

Un geste banal peut devenir une aventure. Se raser par exemple. Pour ça, allez chez le *berber* (coiffeur) : le rasage y est une cérémonie. C'est une petite gâterie que les Turcs se paient souvent fréquemment. D'abord on vous enduit d'un savon onctueux avec un blaireau (quel est l'imbécile qui a inventé le savon moussant en aérosol ?). Ensuite le coiffeur vous rase avec un rasoir à grande lame comme autrefois. Puis suivent une ou plusieurs lotions, pour terminer par de la poudre de riz. Enfin, si vous lui semblez sympathique, il vous fera un massage savant du visage. Un grand moment !

— Bonnes manières !

L'époque n'est plus aux courbettes obséquieuses des grands vizirs. L'étiquette fut immuable de 1300 à 1923... Mais les Turcs ont gardé un grand sens de la hiérarchie et du respect. Ainsi, on ne s'adresse pas à quelqu'un en l'appelant par son nom mais par son prénom auquel on accole un qualificatif poli ou affectueux. On dit *Ayşe Hanim* (Mme Ayşe) ou *Turgut Bey* (M. Turgut). On dit aussi par exemple « sœur » vendeuse *(abla)* ou « grand frère » boucher *(ağabey)*.

En toute circonstance, les Turcs ont une formule de politesse adaptée. Quand quelqu'un sort de l'hôpital, on lui dit *geçmiş solsun* (que cela soit passé). S'il apporte une bonne nouvelle, on lui propose – symboliquement – « d'embrasser sa bouche ». Aux jeunes mariés, on souhaite de « vieillir sur le même oreiller ».

Si, en partant, on jette de l'eau sur votre voiture, ne vous mettez pas en colère. C'est seulement une manière de vous dire : on espère que Dieu vous protégera de la catastrophe.
Évitez d'être par trop expansif, par exemple avec votre ami(e), ou en vous mouchant... ou même de montrer vos dessous de pieds ou semelles de chaussures... en public.
Enfin, sachez que les bonnes manières seront tout particulièrement appréciées dans l'enceinte de la mosquée.

— Moustache et politique

Vous serez étonné par le nombre de Turcs qui portent d'épaisses moustaches : ce n'est pas sans raison. C'est un symbole de virilité. Mais il faut savoir aussi qu'il y a quelques années, si on les portait « retroussées vers le haut » cela signifiait que l'on professait des idées de droite. Les pointes « descendantes » indiquaient au contraire que l'on était à gauche ! Elles sont aujourd'hui souvent horizontales...

— Les toilettes « à la turque »

Tout le monde connaît ces fameuses toilettes utilisées dans la plupart des pays arabes : un petit robinet situé au niveau de la cuvette permet de se laver les fesses à l'eau. Faut-il conseiller aux routards d'apporter leur papier hygiénique ou de suivre la coutume locale ? Tel est le dilemme.
Un médecin parasitologue a tranché pour nous. Bien que se laver les fesses à l'eau soit folklorique et fort efficace, sans compter que ça rafraîchit l'anatomie (bien agréable à 40°C à l'ombre), nous déconseillons ce rite fort sympathique. En effet, c'est un excellent moyen pour avoir des infections bactériennes : les mains souillées toucheront des aliments, donc danger. Or, l'Européen n'a pas du tout la même résistance immunologique que les autochtones (et tout anthropologue vous confirmera que les gens habitant dans les sociétés dites avancées se dégénèrent). Donc vive le papier hygiénique, que vous devrez déposer, après utilisation, dans le seau placé à côté des w.-c. Ne pas jeter le papier dans la cuvette car c'est un excellent moyen pour boucher des canalisations qui ne sont pas conçues pour cet emploi.

— Alaturka, Alafranga

Alaturka désigne le mode de vie traditionnel turc. *Alafranga* (= à la française), tout ce qui a été copié sur l'Europe depuis l'Empire ottoman. Les Turcs empruntent ici ou là, en fonction de leur culture.
A partir du XVIIIe siècle, les étrangers affluent à la cour des sultans. L'empire déclinant, l'Europe devient à la mode. L'élite se met à parler le français et le Siècle des Lumières devient la coqueluche des intellectuels d'Istanbul. Tous les étrangers sont appelés *frenk :* franc. Le grand chic est d'être *alafranga*, de manger à table et de remplacer coussins et divans par des fauteuils et guéridons. Les rétrogrades restent *alaturka*. Une version ottomane de la querelle des Anciens et des Modernes.
Aujourd'hui, on ne se querelle plus. On synthétise. On peut être alaturka en matière de gastronomie et alafranga pour ce qui concerne l'éducation des enfants. Un petit inventaire. Sont alaturka : les repas pris sur un grand plateau de cuivre à même le sol, le kebab, les moustaches, le raki, et bien sûr les célèbres toilettes à la turque. Sont alafranga : les poignées de mains, les côtelettes, le vin, les omelettes, les briquets et... le papier toilette.

— Hospitalité turque

Elle est justement célèbre. Toute situation sera prétexte pour vous rendre service ou vous prouver son amitié. Si vous êtes égaré, rapidement une petite troupe de gens vous aidera. Un commerçant vous offrira un fruit, un autre vous conviera à partager le thé. Cette hospitalité vous conduira souvent jusqu'à la maison, domaine exclusif de la vie familiale et régie par la maîtresse de maison toute puissante. Ceci n'est valable bien sûr que dans les campagnes. Sachez :
— que vous devez vous déchausser avant d'entrer ;
— que c'est la maîtresse de maison qui invite ;
— que si vous êtes de sexe masculin et célibataire, vous avez de fortes chances dans les campagnes de ne point la voir ; en revanche votre compagne de voyage sera reçue par elle ;
— que les Turcs adorent les enfants ;

– qu'il est impoli de rester plus de deux jours, même si l'on vous supplie. Impoli aussi de manquer un repas ou de ne pas goûter d'un plat (ne jamais en reprendre plus de deux fois) ;
– que vous devrez rendre la politesse en France, ou au moins envoyer un cadeau. Faites-le. Ne les décevez pas.

ISTANBUL (indicatif téléphonique : 1)

Un sentiment très étrange vous envahit en contemplant les eaux bleues du Bosphore, chenal entre deux mers qui traverse Istanbul. Ici finit l'Europe, ici l'Asie commence ... A cheval sur deux continents, la ville se souvient qu'elle fut la Byzance des Grecs, la Constantinople de l'empire romain d'Orient et la capitale des sultans ottomans. Et, toujours, il y a ville par excellence.
Bâtie sur sept collines surplombant la mer, c'est un enchevêtrement fantastique de ruelles, troué par de gros boulevards en cohue. Bruyante et frénétique, sale et polluée par le diesel et la suie, Istanbul est une Turquie en réduction où toutes les provinces et tous les métiers se fondent en un grouillement coloré : paysan anatolien poussant ses moutons entre les HLM, Kurde en *salvar* venu voir la ville, artisans arméniens, portefaix et vendeurs d'eau, marchands et colporteurs de toutes sortes. Et partout, dans le ciel, d'énormes dômes et des minarets comme des chandeliers. Les automobilistes sont fous et les ruelles, souvent en pente, embouteillées dès 18 h. De plus, les sens interdits obligent à de grandes circonvolutions à travers la ville. Bref, un dédale dont même les taxis ignorent toutes les facettes : pour les petites rues, penser à noter le quartier (Lâleli, Sultanahmet, etc.) et le voisinage immédiat.
Comparée à Bombay ou au Caire, par exemple, Istanbul est une riche ville occidentale. Tantôt monumentale et tantôt provinciale, frénétique ou paisible, on dirait un agglomérat de villages sans plan d'ensemble.
Les gigantesques ponts jetés sur le Bosphore séparent la ville en deux : l'Istanbul asiatique (Üsküdar, Kadiköy...), et l'Istanbul européenne où vous établirez votre base. A son tour, cette dernière est scindée en deux par un estuaire de cours d'eau, la fameuse Corne d'Or : au sud, la péninsule du vieux Stamboul (Sultanahmet, Sirkeci, etc.) qui regroupe les monuments trois étoiles. Au nord, les quartiers de Pera, Galata, Beyoğlu avec la Constantinople fin de siècle, prolongée par la ville moderne.

Une ville en pleine transformation

La population, recensée fin 1990, compte officiellement 6 millions d'habitants, mais en réalité le chiffre est plus proche de la dizaine de millions... contre un million seulement en 1960. Bref, une ville qui explose. Il suffit de se promener vers Beşiktaş ou autour du Bazar égyptien un samedi après-midi pour ramener à une proportion plus modeste la cohue dans le métro parisien à 5 heures du soir ! La foule est partout, tout le temps, parfois « écrasante » comme dans les rues qui montent de Sultanhamam (le quartier du vêtement) au Grand Bazar.
Pour comprendre cela, il faut savoir que chaque année Istanbul connaît une immigration de 400 000 paysans d'Anatolie qui viennent y chercher l'espoir d'un peu moins de pauvreté.
Le maire a changé depuis 1988. Le nouveau, Nurettin Sözen, beaucoup moins médiatique, n'en continue pas moins les « grands travaux » comme l'aménagement en espaces verts des rives de la Corne d'Or et de la mer de Marmara. Ainsi, de nombreux taudis sont progressivement détruits, des quartiers industriels aussi, comme le quartier traditionnel du cuir à Zeytinburnu, sur la mer de Marmara, après le château des Sept Tours *(Yedikule).*
Ces usines, qu'on ne verra plus longtemps maintenant, sont dignes des pires romans de Zola en ce qui concerne les conditions de travail. On y voit encore les peaux sécher dans les greniers, dans une puanteur terrible... Malgré cela, Istanbul réalise 42 % de la valeur ajoutée industrielle du pays. Des mesures s'imposaient pour améliorer l'infrastructure de la ville. Un plan de sauvetage a été lancé, et vous verrez partout des monuments en rénovation, des quartiers en pleine transformation et des ponts gigantesques en construction.
La ville s'offre un urbanisme confortable. Mais elle en paie aussi le prix : beaucoup de jolies maisons traditionnelles, avec encorbellement de bois, dispa-

A   *Eaux-Douces d'Europe*   *ANKARA(Pont Bosphore)*   B

OKMEYDAN

KIRKLARELI

Eyüp Sultan Camii

EYÜP İSKELESİ

Defterdar C.

Sultan Bulvarı

EYÜP

DEFTERDAR İSKELESİ

Fatih KÖPRÜSÜ

AYVANSARAY İSKELESİ

KULAKSIZ

HASKÖY

Kulaksız Cad.

Mutfakkapısı C. Caddesi

1

Eyüp Cad.

Ramikısla C.

Ayvansaraykapı

Eğrikapı Cad.

Demirhısar C.

HASKÖY İSKELESİ

Hasköy

BALAT İSKELESİ

Edirnekapı Ramı C.

Palais de Constantin

BALAT

Mürselpaşa C.

HALIÇ (Corne d'Or)

FENER İSKELESİ

KASIMPAŞA İSKELESİ

Savaklar Cad.

Musée Karyie

EDİRNEKAPI

FENER

Fethiye Camii

Ortodoks Patrikhanesi

Abdülezel C.

CIBALI İSKELESİ

Mihrimah Camii

Topkapı-Edirnek. C.

Fevzipaşa C.

Sultan Selim Camii

Yavuz Selim C.

Haliç C.

ATATÜRK KÖPRÜSÜ

KARAGÜMRÜK

Kefeli Camii

YAĞKAPI İSKELESİ

Topkapı-Edirnek. Y.

Vatan

Aksemsettin C. Caddesi

Akdeniz C.

Fatih Mehmet Camii

Macar Kardeşler C.

Bulvarı

Süleymaniye Camii

Aéroport, EDİRNE

Topkapı

Mevlâna Topkapı

Hacıliar C.

Université

2

Manastır Meseidi

Millet

Odunkapı C.

Şehzade Camii

Atatürk

Tour de Beyazıt

Gran Baz

Mevlânakapı

ŞEHREMİNİ

HASEKİ

Caddesi

AKSARAY

Yeniçeriler Cad.

BEYAZIT MEYDAN

Kıralma C.

Colonne d'Arcadius

Ordu Cad.

Cevdetpaşa C.

Haseki C.

Türkeli C.

Silivrikapı-Y.

Hekimoğlu Ali Paşa Camii

Cerrahpaşa C.

Küçük Langa

Namıkkemal

Mustafa Kemal C.

Havriye Tüccarı C.

Silivrikapı

Mevlânakapı-Yolu

Koca Mustafapaşa C.

İstanbul Hastahanesi

YENİKAPI

Kenned

Koca Mustafa Paşa Camii

Gürman C.

Sahil Yolu

Belgradkapı

Hacı Hamza M. S.

Hocakadın C.

A. Nafiz Florya

Imrahor Camii

Narlıkapı

MER

3

Yedikule C.

İmrahor C.

Belgradkapı-Y.

Yedikule

Kennedy Caddesi

FLORYA

0   500   1000 m

A   B

ISTANBUL I

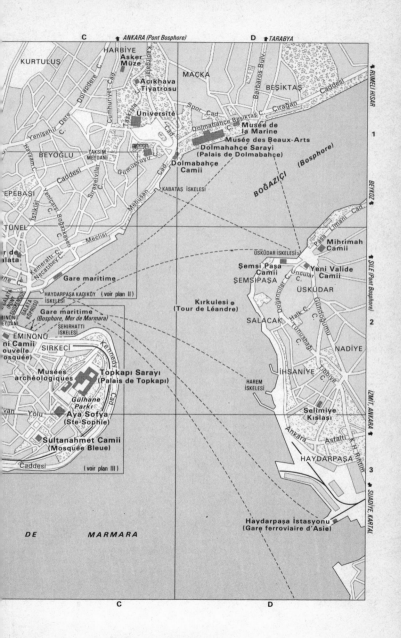

PLAN D'ENSEMBLE

ISTANBUL II

BEYOĞLU

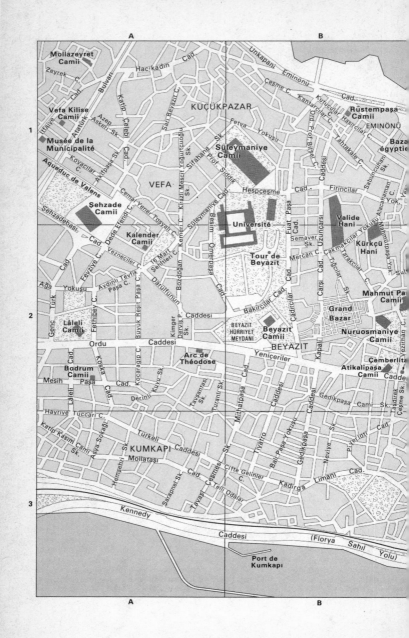

ISTANBUL III

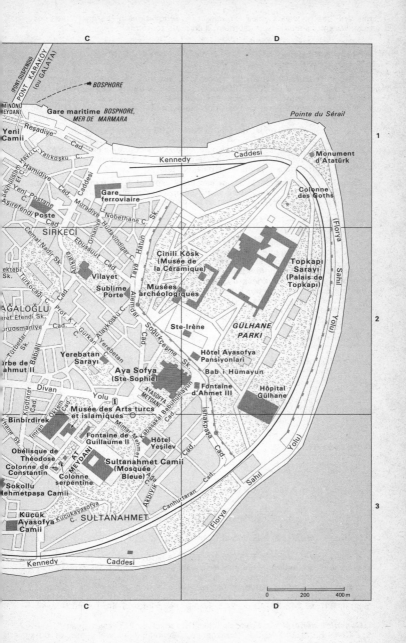

STAMBOUL-EST

raissent. Les nouvelles voies express et les rénovations n'épargnent plus certains lieux magiques. Heureusement, il en reste toutefois.

Arrivée à l'aéroport

L'aéroport Atatürk, à 20 km du centre ville, est doté de bureaux de change, d'un restaurant et d'un office du tourisme. Éviter le bureau de réservation des hôtels qui ne recommande que des établissements haut de gamme. Une consigne est ouverte, près de l'aéroport des lignes intérieures, situé à 400 m de l'aéroport international.

— Les *bus* de Havaş pour Aksaray et Sişhane (Beyoğlu), c'est-à-dire pour le centre ville, partent de l'aéroport domestique toutes les 30 minutes de 7 h à 22 h et ensuite toutes les heures jusqu'à 2 h du matin. Lorsque l'on arrive à l'aéroport international prendre, face à l'aéroport, la navette gratuite qui conduit aux lignes domestiques, point de départ des bus.

– *Taxis :* ils fonctionnent avec un compteur, ce qui évite toute discussion. Compter environ 40 FF et de 30 à 45 mn selon les encombrements. Moins cher que le bus, à partir de 3 passagers, et beaucoup plus rapide.

Arrivée par bateau

C'est chose possible et c'est tellement plus beau. L'arrivée par mer à Istanbul, surtout au lever du jour, est un souvenir inoubliable. La gare maritime est à Karaköy (plan I, C2). Elle abrite aussi un bureau du tourisme. Le quai de débarquement est sur Rihtim Caddesi, à quelques mètres du pont de Galata. Si vous venez de Bursa, prenez le bus Bursa-Yalova puis le bateau qui fait escale aux îles aux Princes. Trajet superbe et bon marché. Arrivée à Istanbul à Kabataş, près de Dolmabahçe (plan I, C1).

Arrivée en train

Les trains en provenance d'Europe arrivent à la gare de Sirkeci, à Eminönü (plan III, C1). A l'intérieur : bureaux de change, informations touristiques, poste et un café-restaurant. De nombreuses lignes de bus passent devant ainsi qu'une noria de taxis.
Les trains venant d'Anatolie arrivent à la gare de Haydarpaşa, sur la rive asiatique (plan I, D3). Un service de bateau conduit à la gare maritime de Karaköy (plan I, C2), juste à côté du pont de Galata.

Adresses utiles

– *Offices du tourisme*
• *A Sultanahmet :* Divanyolu Caddesi 3. Dans un petit pavillon, en face du resto le Pudding Shop (plan III, C2). ☎ 522-49-03. Ouvert tous les jours de 9 h à 17 h. Accueil sympa. On y parle le français.
• *A l'hôtel Hilton,* près de Taksim (plan I, C1). ☎ 233-05-92.
• *A Karaköy,* Terminal maritime : Karaköy Limani Yolcu Salonu (plan I, C2). ☎ 249-57-76.
• *A la gare de Sirkeci,* à Eminönü (plan III, C1). ☎ 243-29-28, 243-37-31 et 243-34-72.
• *A l'aéroport Atatürk.* ☎ 573-73-99 et 573-41-36.
Si vous voulez que l'on passe plus de temps avec vous pour des projets particuliers : préparation d'itinéraires, régions pour la marche à pied, alpinisme, yachting, etc., prenez rendez-vous avec la *direction générale du tourisme :* Meşrutiyet Caddesi 57, à Galatasaray, près du consulat de Grande-Bretagne (plan II, B1). ☎ 243-34-72 ou 243-37-31 ; Fax : 243-65-64. Fermé le week-end.
– *Consulat général de France :* Istiklâl Caddesi 8, à Taksim (plan II, C1). ☎ 243-18-52 et 243-18-53. Permanence téléphonique les week-ends et jours fériés. Efficace.

Au même endroit : l'*Institut d'Études françaises d'Istanbul,* qui offre un programme culturel intéressant (projection de films, expositions, théâtre, concerts, conférences, etc.).

Également au même endroit : le *Bureau d'Action linguistique de l'ambassade de France,* chargé de la diffusion et de la promotion de la langue française en Turquie. ☎ 251-45-28. Il y en a trois en Turquie : un à Istanbul, un à Ankara (Ziya Gökalp Cad. n° 15/2, Kızılay, ☎ 231-56-50) ; et un à Izmir (Cumhuriyet Bulvari n° 132, ☎ 21-39-69).

– *Consulat de Belgique :* Siraselviler Caddesi 73, Taksim (plan II, C1). ☎ 243-33-00.

– *Consulat de Suisse :* Hüsrev Gererde Caddesi 75/3, Teşvikiye (plan I, C1 hors plan). ☎ 259-11-15.

– *Consulat du Canada :* Gayrettepe, Büyükdere Caddesi 107. Bengun Han 3. ☎ 27-51-74.

– *Consulat de Bulgarie :* Zincirlikuyu Caddesi 44, Ulus – Levent. ☎ 269-22-16 et 269-23-14.

– *Police touristique* (Turizm Polisi) : 2 Şube Yani, Sirkeci. En face de la gare européenne (plan III, C1). Et Yerebatan Caddesi 2, à Sultanahmet (plan III, C2). ☎ 527-45-03 et 528-53-69.

– *Hôpital français « Pasteur » :* Taşkişla Caddesi 3, Pangalti, à Şişli. ☎ 246-10-20. Ce n'est pas le meilleur depuis qu'il est passé sous administration turque. Les hôpitaux les plus recommandables sont : *l'hôpital américain :* Nisantaşi, Güzelbahçe Sok 20. ☎ 231-40-50. Et l'*hôpital allemand*, Siraselviler Caddesi 19, en descendant de Taksim, face à l'hôpital de Taksim des soins d'urgence (plan II, D1). ☎ 251-71-00.

– *Médecin :* docteur Irfan Güney. Parfaitement francophone, il a fait ses études en France. Médecin agréé du consulat général. ☎ 525-93-95 et 523-88-77, à l'hôpital où il exerce (Vatan Hastanesi, près d'Aksaray).

– *Pharmacie Tokgöz Eczanesi :* Turnacibaşi Caddesi 54, à Beyoğlu (plan II, C1). Dans une rue qui descend du hammam de Galatasaray, après le consulat de Grèce, sur la droite. Le pharmacien parle le français et est très serviable.

– *Dentiste :* s'adresser au médecin conseillé, le docteur Irfan Güney (voir plus haut).

– *Banque :* il y a toujours des bureaux de change de dépannage dans la gare de Sirkeci, à l'intérieur sur les quais et à la gare maritime (plan II, C3). Les agences de voyages, ouvertes le soir et les jours fériés, peuvent changer argent et chèques de voyage. En particulier sur Divan Yolu Caddesi (Sultanahmet). Les réceptions des grands hôtels peuvent aussi dépanner. Comparer cependant les commissions.

– *American Express :* à l'hôtel Hilton (plan I, C1).

– *Journaux français :* un peu partout dans le quartier de Sultanahmet et principalement sur Divan Yolu. A Beyoğlu, il existe un kiosque de vente à l'entrée du consulat de France (plan II, C1), ouvert de 9 h à 17 h, tenu par M. Marcel, figure légendaire de la colonie francophone. Voir aussi en haut de la Siraselviler Caddesi 12, après les « döner ». ☎ 243-08-77. Les vendeurs affichent généralement un panonceau tricolore « Presse de France ». La librairie Haşet (voir ci-dessous) vend aussi la presse.

– *Livres français :* le plus grand choix est chez *Haşet Kitavebi* (Hachette, notre brave éditeur), dans Istiklâl Caddesi 469 (plan II, B2). C'est là que vous trouverez le GDR, si vous avez égaré le vôtre. Voyez aussi à l'hôtel Hilton et autour de Tünel, au bas de la Istiklâl Caddesi. Librairie se dit en turc : *kitabevi.*

– *Poste restante :* Yeni Postahane Sokak, près de la gare Sirkeci (plan III, C1). Une taxe est demandée par lettre reçue. Il y a une poste dans le Grand Bazar et un autre petit bureau tout près du carrefour de Karaköy (accepte les post-chèques).

– *Gençtur :* Yerebatan Caddesi 15/3. ☎ 528-07-34. Agence de voyages des jeunes et des étudiants de moins de 26 ans, agréée par le ministère du Tourisme. Délivre l'International Youth Card (voir au début du livre le paragraphe sur les sites archéologiques et les musées). S'occupe des transports en train, bateau, avion, à prix réduits. Consigne à bagages, courrier, location de voitures, etc.

– *Touring et Automobile-Club de Turquie :* Şişli Meydani 364. ☎ 231-46-31. Très administratif et particulièrement inefficace.

– *Citroën :* Dolapdere Caddesi 160. ☎ 47-87-06.

– *Renault :* Kavi Otomobilcilik, Cumhuriyet Caddesi 271/A. ☎ 48-60-97. Le garage central est à Büyük Dere Caddesi, Levent.

- *Assurance motards :* Tam Sigorta, Akasyali Sokak 7, 4 Levent. ☎ 264-82-30.
- *Cartouches de camping-gaz :* Kasman, Evien Caddesi 17. ☎ 244-00-23. Dans le quartier de Şişhane, à 20 m de la passerelle grise pour piétons.
- *Laverie automatique :* Hobby laundry, Caferiye Sokak 6/1 (plan III, C2). En face de Sainte-Sophie et à côté d'Interyouth hostel. Ouvert de 9 h à 20 h. Tableau d'affichage pour les messages.
- *Compagnies aériennes*
• *Air France :* Cumhuriyet Caddesi 1, à Taksim (plan I, C1). ☎ 256-43-56. Ouvert du lundi au vendredi de 9 h à 18 h.
• *Turkish Airlines* (THY) : Sirkeci, à la sortie de la gare (plan III, C1). ☎ 528-48-08. Et à Taksim, Cumhuriyet Caddesi (plan I, C1). ☎ 245-24-54 et 245-24-82.

Comment se repérer dans Istanbul ?

Au premier abord, Istanbul apparaît comme une ville complexe. Il suffit de regarder notre plan I pour s'en rendre compte. La Corne d'Or et le Bosphore séparent la cité en trois grands secteurs :

- *Sultanahmet :* au sud de la Corne d'Or, la vieille ville, c'est-à-dire celle qui fut Byzance puis Constantinople et enfin la « Stamboul » de Pierre Loti. Elle s'étend de la pointe du Sérail, qui domine le Bosphore avec Topkapi, jusqu'aux remparts de Théodose à plus de 6 km. Elle est formée d'une succession de quartiers très différents, dont les principaux sont : Sultanahmet, Beyazit, Aksaray, Lâleli, Kumkapi, etc., mais on a pris l'habitude de désigner ce qui formait le vieux « Stamboul » sous le nom de son quartier historique le plus célèbre et le plus touristique, soit Sultanahmet (plan III, Stamboul-Est).

- *Beyoğlu :* de l'autre côté de la Corne d'Or. On y accédait jadis par un unique pont, celui de Galata, véritable monument historique qui va être remplacé par un nouveau pont plus fonctionnel. Celui de Galata devrait être transformé en voie piétonne, à moins qu'il ne soit envoyé à la casse. Le pont Atatürk, construit il y a quelques années, relie le boulevard du même nom et l'arche de Valence au pied de la tour de Galata et de la colline de Beyoğlu. Beyoğlu, formé de deux anciennes villes : Galata et Pera, n'a cessé de s'étendre avec Taksim, le cœur de la nouvelle ville, Karaköy et le quartier de la gare maritime, Boğazkesen, Cihangir et Beşiktaş où fut construit le palais de Dolmabahçe, pour ne citer que les principaux quartiers (plan Istanbul II, Beyoğlu).

- *La rive asiatique,* de l'autre côté du Bosphore, pourrait être considérée comme la banlieue d'Istanbul avec ses quartiers d'Üsküdar et de Kadiköy. C'est là que se trouve la gare d'Asie de Haydarpaşa. Cette partie d'Istanbul, beaucoup moins intéressante que les deux autres, est essentiellement zone résidentielle. La ville ne cesse de s'étendre sur cette rive, surtout depuis la construction de deux grands pont audacieux qui enjambent le Bosphore, reliant l'Europe à l'Asie. Leur traversée est payante et ne peut désormais s'effectuer qu'en véhicule, de trop nombreux piétons ayant enjambé le parapet pour se jeter dans le vide. Le premier, le pont du Bosphore (Boğaziçi Köprüsü), que l'on prend à partir de Beşiktaş, aboutit non loin du palais de Beylerbeyi (à ne pas manquer, entre parenthèses) ; le second, le pont du sultan Fatih Mehmet II, conduit à la nouvelle autoroute transanatolienne (payante) qui reliera Edirne, Istanbul et Ankara (pas encore terminée, loin de là).

Moyens de transport

Étant donné l'étendue de la ville, même les meilleurs marcheurs seront obligés d'y avoir recours à un moment quelconque. Ils auront l'embarras du choix : il y en a pour tous les budgets et pour toutes les destinations.

- *Le dolmuş* (prononcer dolmouche) : c'est un bus qui a fait un bébé à un taxi. Vous avez compris, il s'agit d'un taxi collectif, dont la carcasse est généralement allemande ou américaine (années sixties). Très pratique et économique, le dolmuş suit des lignes régulières. On paie en montant et il démarre sitôt plein, mais peut partir avant si on paie la différence. Attention de bien payer le même prix que les autres passagers. Possibilité de le héler en cours de route s'il y a une place, ce qui est très rare.

– *Le bus :* le moyen de transport le moins cher, mais aussi le moins confortable car toujours plein à craquer. Prendre des billets aux principaux arrêts (on ne peut pas payer à bord) ou auprès de revendeurs qui vendent aussi des jetons de téléphone et prennent une commission infime. Peut être très pratique si on trouve la bonne ligne. Le repère est la plaque située à l'avant gauche du véhicule et qui indique la tête de ligne : cela suppose évidemment de connaître la ville : pour résoudre le problème, demandez aux arrêts quel numéro vous devez prendre (*kaç numara ? =* quel numéro?).

– *Les taxis* (taksi) : ils sont de couleur jaune comme ceux de New York et équipés d'un compteur qui fonctionne. Mais certains chauffeurs continuent à vouloir négocier un prix forfaitaire (et cher). Refuser alors de les prendre car, même si on arrive à les persuader d'utiliser le compteur, ils parviennent toujours à gratter quelque chose. Ayez toujours l'appoint car les chauffeurs n'ont jamais de monnaie à vous rendre...
C'est un moyen bon marché et très pratique pour se déplacer rapidement malgré les embouteillages. Les chauffeurs sont intrépides, leur compteur ne tournant pas quand ils sont pris dans un bouchon. Ils se livrent à toutes sortes d'acrobaties pour s'en échapper. Leur façon de conduire est très spéciale et il faut s'accrocher. Fortement déconseillé aux cardiaques. Pour éviter de se faire arnaquer, éviter de prendre ceux qui attendent, surtout devant certains édifices et à la sortie du bazar égyptien à Eminönü. Il existe deux tarifs : celui de jour indiqué par une petite lumière rouge sur le compteur, et le tarif de nuit applicable entre minuit et 6 h avec deux lumières rouges. Veillez à ce que le chauffeur n'applique pas le tarif de nuit en dehors des horaires légaux.

– *Le minibus :* intermédiaire entre le bus et le dolmuş. Il contient une vingtaine de personnes, s'arrête n'importe où à la demande. Il suffit de le héler puis de se faire une place à l'intérieur, là encore pour un prix très modique. Il est interdit de séjour dans l'ancienne ville et ne peut circuler qu'entre la banlieue et le centre ! Attention, ce sont de véritables dangers publics ! Leur ligne est en général indiquée par un panonceau à l'avant. Ils peuvent aller très loin dans les faubourgs d'Istanbul, notamment au bout du Bosphore côté européen (Istinye, Tarabya, Sariyer), à partir de Beşiktaş, de Taksim ou de Şişli. Pour la rive de Marmara, les minibus partent en général d'Aksaray. Bien se renseigner.

– *Le funiculaire,* dit *Tünel.* C'est une rame de métro parisienne reconvertie en funiculaire. Relie le bout du pont de Galata, côté Karaköy au bas de l'Istiklal, au terminus du tramway. On achète un jeton au même prix qu'un ticket de bus. Deux stations seulement. Une rame toutes les 10 minutes. Les Parisiens ne seront pas dépaysés : même décor et mêmes bruits.

– *Le métro :* depuis 1989. Huit stations seulement mais c'est toujours ça de gagné. Il part de la place Aksaray, passe près de Kariye Camii et file sur le quartier d'Eyüp. Peu utile car il dessert des quartiers non touristiques, si ce n'est celui de la Kariye Camii.

– *Les bateaux ou ferries* appelés *vapur :* le moyen le plus agréable de circuler à Istanbul. Aux heures de pointe, il faut voir le ballet incessant de ces bateaux blancs qui sillonnent le Bosphore. Ne pas hésiter à les utiliser. Pas de ticket mais des jetons vendus à l'embarcadère. Un jeton par trajet.
Les embarcadères principaux sont :
• Le *Kadiköy-Haydarpaşa* Iskelesi (plan II, C3) à Karaköy (ne pas confondre les 'köy' !) mène directement à la gare ferroviaire asiatique de Haydarpaşa et à Kadiköy.
• Les embarcadères d'*Eminönü-Sirkeci* (plan III, C1), à l'autre bout du pont de Galata, mènent à Üsküdar, aux îles aux Princes (Adalar) et sur le Bosphore.
En partant du pont de Galata vers la gare de Sirkeci, l'embarcadère n° 1 est destiné aux bateaux qui remontent le Bosphore, le n° 2 à ceux d'Üsküdar, sur la rive asiatique, le n° 3 à ceux de Kadiköy ; du n° 4 partent les ferries pour le Harem et du n° 5 les bateaux omnibus pour les îles des Princes.
• L'embarcadère de *Kabatas* (plan I, D1), non loin de Dolmabahçe, mène à Yalova et aux îles, en bateau rapide. Bien se renseigner sur les horaires.
• Au départ de *Saray Burnu* (plan III, D1) à la pointe du Sérail, en bas du palais de Topkapı, des petits bateaux proposent des promenades sur le Bosphore (heures, prix et durée à vérifier).

En raison des travaux importants, il se pourrait que des modifications soient apportées prochainement dans ces embarcadères. *Kalkiş* (K) signifie départ, *Variş* (V) arrivée et *Ekspres* est assez explicite pour qu'on ne vous fasse pas l'injure de vous le traduire.

Pour plus de renseignements sur les départs adressez-vous au bureau central (☎ 362-04-44) ou à Kabataş (☎ 249-15-58).

— En voiture

A éviter à tout prix si l'on ne veut pas avoir une crise cardiaque ou retrouver sa voiture transformée en compression de César. Il faut croire que les Istanbuliotes ont tous un goût prononcé pour le suicide, à les voir traverser en courant n'importe où et sans regarder la circulation. Le vacarme est tel qu'ils n'entendent pas les klaxons. La solution la plus sage étant d'emprunter les moyens de transport en commun et de laisser son véhicule dans un *parking,* nous vous indiquons les principaux :
• Laleli, Aksaray Akın Garaj, Harikzedeler Sok. n° 2.
• Taksim, Opera Garajı (Garage de l'Opéra).
• Beyoğlu, Karaköy Kat Otoparkı (parking de Karaköy).
• Beyoğlu, Tepebaşı Kat Otoparkı.
• Taksim, Talimhane Kat Otoparkı.
• Eminönü, Sultanahmet Otoparkı.

— **Le tramway :** depuis la transformation de la grande avenue de l'Indépendance, l'Istiklal Caddesi, en voie piétonne, un tramway (c'est l'original, un peu rénové) relie donc maintenant Tünel (le funiculaire qui permet de remonter du pont de Galata, côté Karaköy) à Taksim en passant par Galatasaray. N'hésitez pas à l'emprunter, c'est bien pratique et pas désagréable du tout. Aux heures de pointe, on est serré comme des sardines et les gamins ne résistent jamais à l'envie de s'y accrocher, mais ça fait partie du folklore. Une précision : n'achetez pas de billets aux revendeurs à la sauvette, on peut payer en montant, et c'est vraiment très bon marché (même prix que les bus municipaux ordinaires).

— **A pied :** idéal, bien entendu pour tout voir et découvrir les différents quartiers de la ville en empruntant les rues (*Sokak* ou *Sok* en abrégé), les avenues *(Caddesi)* et les pentes *(Yoku)*. Un plan très détaillé sera utile (voir en librairie).

Où dormir ?

Il ne faut pas juger les hôtels de Turquie d'après ceux d'Istanbul, où les prix atteignent facilement le double de ceux des autres villes du pays. Le confort n'y est pas meilleur, bien au contraire. Les chambres étant en quantité insuffisante, les hôteliers ne font aucun effort. Toujours bien vérifier l'état de celle que l'on vous propose et la propreté des draps. Ne pas hésiter non plus à contrôler s'il y a bien l'eau chaude promise. Il arrive parfois, en saison, que des coupures d'eau touchent toute la ville pendant une grande partie de la journée. Les serviettes de toilette ne sont fournies que dans des établissements chic. Bien se faire préciser le prix et demander si le petit déjeuner est inclus. Ne jamais boire l'eau du robinet qui est polluée malgré les quantités de chlore. Les installations sont très anciennes et il y a des infiltrations dans toutes les canalisations de la ville.

DANS LE PÉRIMÈTRE DE SULTANAHMET (plan III)

C'est le quartier des monuments et des touristes, là où il faut loger si l'on veut être près des principales curiosités touristiques, dans la partie la plus animée de la ville. Mais, comme au Quartier latin à Paris, en saison, les hôtels sont pleins dès 10 h et les commerçants souvent désinvoltes. Sur le plan rapport qualité-prix ce n'est pas l'idéal et, en s'y cantonnant, on risque de passer à côté d'un Istanbul plus authentique. On y trouve beaucoup de routards et les hôteliers parlent l'anglais.

Prix moyens

■ *Side pension :* Utangaç Sokak 20, derrière le parc de Sultanahmet (plan III, C3). ☎ 517-65-90. Une pension très bien tenue et propre. 23 chambres dont certaines avec douche. Le jeune patron Sedat a toujours le sourire et parle bien l'anglais. Grande terrasse à côté de la pension pour prendre son petit déjeuner. Les prix sont très raisonnables ; espérons qu'il les maintiendra, maintenant qu'il figure parmi nos meilleures adresses du quartier. Les portes ferment à 23 h.

■ *Hôtel Park :* Utangaç Sokak 26 (plan III, C3), juste à côté du précédent. ☎ 517-65-96. Encore une adresse excellente. 20 chambres impeccables dont 10 avec sanitaires. Sur le toit, belle terrasse avec vue sur Sainte-Sophie, la Mosquée Bleue et l'ancienne prison qui doit être transformée en hôtel de luxe. Bon accueil du patron qui est très sympa. Plus cher que le précédent. Les portes ferment à minuit.

■ *Köroğlu Guest-house :* Küçük Ayasofya Caddesi 25, à deux pas du musée des Mosaïques (plan III, C2). ☎ 518-35-53. Chambres propres. Sanitaires moyens mais acceptables. Pas de petit déjeuner. Le patron, sympa, aime discuter et rend volontiers service. Moins cher que le précédent.

■ *Hippodrom pansiyon :* dans la petite rue parallèle à Peykhane Sokak, du côté de la colonne de Constantin, sur la place de l'hippodrome (plan III, C3). Chambres claires et propres ainsi que les sanitaires. Le patron, très souriant, parle bien l'anglais. Muezzin à proximité, ce qui garantit le réveil à 5 h. Pas de petit déjeuner mais bonnes pâtisseries et fruits frais aux deux coins de rue.

■ *Yesil Köşk pansiyon :* Akbiyik Kupacilar Sokak 9 (plan III, B3). ☎ 516-00-76. Pas évident à trouver. C'est derrière le restaurant Şehir qui donne sur le front de mer. Il s'agit d'une maison particulière. La patronne est charmante et parle l'allemand. 5 chambres seulement, avec deux salles de bains communes. Tout est très propre, mais il faut éviter les chambres 4 et 5 du rez-de-chaussée qui donnent sur un mur. Excellent rapport qualité-prix. C'est une de nos adresses les moins chères. Eau chaude. Une terrasse est prévue sur le toit.

■ *Elit hotel :* Salkim Söğüt 14. Petite rue perpendiculaire à la Yerebatan Caddesi (plan III, C2). ☎ 512-75-66 et Fax : 511-44-37. 8 chambres doubles avec salle de bains et 2 dortoirs, l'un de 4 lits, l'autre de 6. Les draps sont propres et les sanitaires corrects. Beaucoup de Japonais, le cousin du patron étant marié avec une fille de l'Empire du Soleil Levant.

■ *Ema hotel :* Salkim Söğüt 18, juste à côté du précédent (plan III, C2). ☎ 511-71-66. Hôtel assez récent de 35 chambres dont 21 ont une salle de bains individuelle. La peinture s'écaille déjà mais les draps sont propres. Prix raisonnables, avec peu de différence entre les chambres qui disposent de sanitaires et les autres.

■ *Cem hotel :* Kutlugün Sokak 30, juste derrière Sultanahmet (plan III, C3). ☎ 516-50-41. Chambres avec salle de bains. Le responsable parle le français. Belle vue panoramique depuis la terrasse. Les avis sont partagés quant à l'entretien de l'établissement qui pratique des prix intéressants.

■ *Yunus hotel :* Türkeli Caddesi 13, à Kumkapi (plan III, A3). Dolmuş depuis Topkapi otogar pour ceux qui arrivent en bus. Chambres très simples avec salle de bains et eau chaude. Possibilité de faire sa cuisine. Patron sympa. La plomberie est mal en point, dans un état déplorable. Beaucoup de Turcs. Pas cher.

■ *Anadolu Otel :* Salkim Söğüt Sokak 3, près de Yerebatan Caddesi (plan III, C2). ☎ 512-10-35. Cette adresse de routards connaît des hauts et des bas. Douche sur le palier, mais locaux propres et bien tenus. On peut coucher sur la terrasse : vue sur Sainte-Sophie. Réception bilingue. Minijardin très calme où prendre le thé. Attention, on paie souvent d'avance.

■ *Hôtel N. Osmaniye :* Nuruosmaniye Caddesi 7 (plan III, C2). Correct mais draps douteux. Douches sur le palier avec supplément. Patron parlant l'anglais. Pas cher. Très bruyant avec station de taxis en dessous.

■ *Berk Guest-house :* Kutlugün Sokak 27, 34400 Sultanahmet (plan III). ☎ 516-96-71. Accueil agréable. Derrière Sainte-Sophie et près de la fontaine d'Ahmet III. Propre. Chambres avec bains.

Remarque

Un certain nombre d'établissements que nous recommandions dans nos précédentes éditions sont à déconseiller désormais pour leur manque d'entretien et leurs prix injustifiés. C'est le cas de *Piyerloti Family Pansion* et de l'*Orient International Youth Hostel,* entre autres.

Chic

■ *Othel Pamphylia 2 :* Yerebatan Caddesi 47 (plan III, C2). ☎ 526-89-35 et Fax : 513-95-49. Excellent accueil pour cet établissement de 43 chambres avec salle de bains. Propre et bien tenu. Ascenseur. Les chambres sont petites et un peu tristes, les salles de bains exiguës. Demander les chambres du dernier étage (de 601 à 604) qui ont un balcon et une grande terrasse. Ils acceptent les cartes de crédit. Prix raisonnables. Compter une quarantaine de dollars pour la double et 25 pour la single.

■ *Otel Pamphylia 3 :* dans une rue perpendiculaire à Yerebatan Caddesi, face au restaurant Medusa. Même direction et même prix que le Pamphylia 2. Construction récente. Ils ont voulu faire l'économie d'un architecte et certaines chambres sont vraiment conçues en dépit du bon sens. Dommage car cet hôtel, en retrait de la rue, est bien et plus calme que les autres. Là aussi demander les chambres du dernier étage. Vue magnifique. Café-bar sur la terrasse.

■ *Hôtel Antik :* K. Ayasofya Caddesi. Oğul Sokak 17 (plan III, B3). ☎ 516-49-36 et 516-09-97. Petite maison rose dans un quartier calme au milieu d'un labyrinthe de petites rues. Les 9 chambres sont simples mais propres. Salle de bains avec eau chaude toute la journée. Terrasse-bar agréable. Une bonne petite adresse. Compter l'équivalent de 180 F pour une double.

■ *Hôtel Arasta :* Mimar Mehmet Ağa Caddesi 34 (plan III, C3), derrière la Mosquée Bleue. ☎ 516-18-17 et Fax : 517-74-76. Un petit établissement récent avec 6 chambres réparties sur 2 étages. Elles sont bien entretenues. Sanitaires impeccables. Bon accueil. Le patron parle l'anglais et l'allemand. Bar et cafétéria pour les petits déjeuners. Une bonne adresse bien située, pratiquant des prix justifiés (150 FF pour la double).

■ *Hôtel Nomade :* Ticarethane Sokak 7-9 (plan III, C2). ☎ 511-12-96. Rue qui donne dans Divan Yolu du côté opposé au bureau de tourisme et non loin de celui-ci, en direction de Beyazit. En plein cœur de Sultanahmet. L'hôtesse parle un français impeccable. Tapis et kilims ornent les murs. Petite terrasse où l'on peut siroter un verre en contemplant Sainte-Sophie et le quartier au crépuscule. Il n'y a que 12 chambres dont 5 avec salle de bains individuelle. Pour les 7 autres : trois douches collectives. Compter entre 150 et 200 FF, ce qui est un peu cher mais l'établissement a beaucoup de charme, le personnel est sympa et on y rencontre toujours des gens intéressants. Très souvent complet. En saison, réservation indispensable. Espérons que les prix ne grimperont pas encore !

■ *Pension Violette :* Kutlugün Sokaği 25 (plan III, C3). ☎ 516-96-37. Très propre. Bains privés. Terrasse. Petite piscine. Les prix ont beaucoup augmenté. Compter 300 F pour deux.

■ *Ottoman Hotel :* Kadirgalimani Caddesi 85, à Kumkapi (plan III, B3). ☎ 516-02-11, 517-14-86 et 517-42-03. Fax : 512-07-28 et 517-35-12. Un peu loin, à 15 mn à pied de la Mosquée Bleue. Un hôtel à l'architecture récente, très bien entretenu, qui travaille surtout avec des groupes. Les chambres sont impeccables et d'un prix très raisonnable pour le confort proposé. Compter l'équivalent de 300 F pour la double et 200 F pour la single, petit déjeuner compris. Cet hôtel convient à ceux qui ne veulent pas être dépaysés et désirent retrouver une ambiance d'hôtel classique.

■ *Hôtel Türkuaz :* Kadirga, Cinci Meydani 36, Eminönü (plan III, B3). ☎ 518-18-97. Fax : 517-33-80. Dans un quartier un peu perdu et difficile d'accès, au milieu d'un lacis de ruelles. Une vieille maison turque rénovée. Décoration traditionnelle. Hammam, patio avec fontaine ; au dernier étage des chambres mansardées avec un immense salon d'où l'on voit la mer, avec balcon. Le gérant ne parle pas l'anglais. Parfois bruyant avec la voie ferrée proche. Les prix sont très élevés (450 F la double) mais le propriétaire nous a assuré des conditions spéciales pour les lecteurs du Routard. Il faut donc négocier. Cela ne vaut pas plus de 250 F la chambre double en pleine saison. Sinon, allez voir ailleurs. L'hôtelier n'a pas toujours respecté ses engagements l'été dernier.

■ *Ema hotel :* Yerabatan Caddesi, Salkim Söğüt Sokak 18 (plan III, C2). ☎ 511-71-66 et 512-14-63. Fax : 512-48-78. Propre et accueil sympa. Belle terrasse qui sert de bar. Compter 200 F.

Très chic

■ *Turkoman hotel :* Asmali çesme Sokak 2. Très bien situé sur le côté du musée des Arts islamiques (plan III, C3). ☎ 516-29-56 et Fax : 516-29-57. Une douzaine de chambres dans cette belle maison du siècle dernier, récemment restaurée et très bien entretenue. Merveilleux parquets cirés et vue étonnante depuis la terrasse où l'on sert les petits déjeuners. Un établissement de charme comme on les aime. Il vous en coûtera, quand même, un peu plus de 400 F pour une double en haute saison. Hors saison, les prix se discutent.

■ *Otel Obelisk :* Mimar Mehmetağa Caddesi. Amiral Tafdif Sokak 17 (plan III, C3). ☎ 517-71-73 et 74. Fax : 517-68-61. Construit dans le style des vieilles maisons en bois de « Stamboul », cet hôtel très bien situé dans un quartier très calme juste derrière la Mosquée Bleue a beaucoup de charme. 28 chambres confortables. Certaines avec vue sur la mer de Marmara. Hammam, bar et restaurant font de cet établissement une excellente adresse. La vue de la terrasse et du restaurant vaut à elle seule le déplacement. Compter une centaine de dollars.

■ *Hotel Avicenna :* à côté du précédent, au numéro 31 (plan III, C3). ☎ 517-05-50 (4 lignes) et Fax : 516-65-55. Même style que l'Obelisk avec toutefois un peu moins de classe dans la décoration des parties communes. Bar avec vue imprenable au dernier étage. Prix identiques au précédent.

■ *Yeşil Ev :* entre Sainte-Sophie et la Mosquée Bleue (plan III, C3). ☎ 517-67-85 à 88 et Fax : 517-67-80. « La Maison Verte », résidence de bois du quartier, a été transformée par le Touring Club en 3 étoiles de charme. Tableaux, tentures, meubles d'époque distillent une atmosphère d'hôtel particulier début de siècle. Les fauchés prendront un verre au jardin, devant la serre et le bassin en porphyre ramené du palais de Yildiz. Vue sur Sainte-Sophie. Vit un peu sur sa réputation. Prix très élevés : compter 125 dollars pour une double. Le restaurant nous a laissé un très mauvais souvenir lors de notre dernier passage : cuisine bien quelconque et service on ne peut plus désinvolte. A ces prix-là, on pourrait être mieux traité !

■ *Ayasofya Pansiyonlari :* juste derrière Sainte-Sophie (plan III, C2). ☎ 513-36-60. Anciennes maisons en bois restaurées par le Touring Club. Belles chambres à encorbellements, où les claustras filtrent une lumière douce. Atmosphère de luxueuse pension de famille, dans cet ensemble de 9 maisons, dont chacune comprend de 6 à 9 chambres décorées et meublées dans le style fin de siècle. Les maisons sont séparées par de petits jardinets et la réception se trouve au début de la rue. On a vraiment l'impression d'être chez soi et de remonter plusieurs décennies en arrière, à l'époque où Istanbul attirait les orientalistes du monde entier. Deux catégories de prix selon que la chambre donne sur la rue ou sur le côté. Un peu moins cher que le Yeşil Ev. Souvent complet : même les autres ont bon goût !

A SIRKECI

Sur les pentes du vieux Stamboul, entre Sultanahmet et la gare Sirkeci, sorte de pâtisserie fanée où l'Orient-Express déversait sa cargaison de célébrités. L'ancien quartier des marchands est central et pittoresque mais aussi très bruyant et sale.

Prix moyens

■ *Ipek Palas :* Orhaniye Caddesi 9 (plan III, C2). ☎ 520-97-24. Chambres sans douche mais avec téléphone, on rêve ! Il faut dire que ce « palace de la soie » est un grand hôtel élégant de style années 30 (boiseries, marbres...). Propreté impeccable et nostalgie garantie. Profitez-en, ils vont bientôt en faire un 3 étoiles.

■ *Sipahi Otel :* Türbedar Sokak 20 (plan III, C2). Près du Grand Bazar, dans une ruelle perpendiculaire à Divan Yolu. Petit hôtel de caractère, calme et très bien tenu. Le patron et les boiseries sentent bon la patine. Certaines des chambres (avec ou sans douche) donnent sur un vieux *han*. Une bonne adresse.

■ *Hôtel Güray :* Ibni Kemal Caddesi 32 (plan III, C2). ☎ 522-28-68. Là encore, on demande un plombier. Douche et téléphone. On peut jouir d'un salon assez chic avec fauteuils en cuir clouté. Rue calme.

■ *Hôtel Kervan :* Ebusuut Caddesi 61 (plan III, C2). Un des moins chers d'Istanbul. Sac à viande conseillé, car draps pas toujours changés. Patron sympa. Parle l'allemand et un peu l'anglais.

■ *Hôtel Meram :* Ibni Kemal Caddesi 19 (plan III, C2). ☎ 527-62-95. Entre Sainte-Sophie et la gare ferroviaire. Chambres avec ou sans douche. Propre. Clientèle plutôt turque. Assez bon marché.

■ *Hôtel Fahri :* Ibni Kemal Caddesi 14-16 (plan III, C2). ☎ 522-47-85. Chambres avec salle de bains, et possibilité d'avoir un lit à deux places. Patrons souriants. Encore une adresse que nous aimons bien, avec son ambiance familiale décontractée.

■ *Hôtel Yaşmak :* Ebusuut Caddesi (plan III, C2). ☎ 526-31-56. A Sirkeci, pas loin de la gare. Moderne et confortable. Toutes les chambres avec salle de bains. Sanitaires pas toujours bien tenus.
■ *Bozbürt Hotel :* Hüdavendigar Caddesi 17, dans une rue perpendiculaire à la Ankara Caddesi qui descend vers la gare (plan III, C2). ☎ 522-47-30 et Fax 522-37-87. Chambres et draps propres. Établissement très simple, à prix doux. Bon en cas de dépannage. Très bruyant en raison de sa situation dans une rue passagère.
— A éviter absolument dans ce quartier, le *Klodfarer* (sic) dans la rue qui porte son nom. Notre Claude Farrère, qui aimait tant Istanbul, doit se retourner dans sa tombe. L'hôtel est très sale et l'accueil déplorable.

A BEYAZIT ET LÂLELI

Sur la crête du vieux Stamboul, en s'éloignant de Sultanahmet vers le Grand Bazar, la Süleymaniye et Aksaray. Derrière le boulevard, un réseau de ruelles colorées où les hôtels sont à touche-touche. Petits ou moyens, ils abritent souvent des Turcs. Bon signe.

Prix moyens

■ *Hôtel Side :* Koska Caddesi 33, à Lâleli (plan III, A2). ☎ 526-29-74 et 526-71-68. Établissement bien entretenu. Salles de bains propres. Ascenseur. Bon accueil à la réception. Bar et petit déjeuner copieux. On y parle l'anglais et l'allemand. Un bon rapport qualité-prix. Compter 100 F pour une double.
■ *Hôtel Bazaar :* Atikalipaşa, Medrese Sokak 15, Çemberlitaş (plan III, B2). ☎ 526-56-65 et 511-27-48. Près du Grand Bazar. Récent. Confort correct, et propre. Chambres doubles ou triples avec salle de bains et petit déjeuner pour un bon rapport qualité-prix. Compter environ 120 F.
■ *Otel Inci :* Gedikpaşa Balipaşa Caddesi 18 (plan III, B2-3). ☎ 528-49-51. Toujours le quartier du Grand Bazar. Pas très calme, mais le décor est rigolo.
■ *Hôtel Oskar :* Mithatpaşa Caddesi, Büyükhaydar Efendi Sokak 6 (plan III, B2). ☎ 518-35-03. Chambres avec balcon. Jolie vue. Bains. Calme. Propre. Prix un peu plus élevés que pour les précédents (150 F environ).
■ *Hôtel Talât :* Kocaragippaşa Caddesi 13, à Lâleli (plan III, A2). ☎ 528-35-30 et 31. Les chambres sont correctes et les sanitaires propres. On fournit même la serviette de toilette et le savon. Bon accueil. On parle l'anglais. Les chambres donnant sur la rue sont bruyantes. Compter une centaine de francs.

Chic

■ *Hôtel Eyfel :* Kurultay Sokak 19 (plan III, A2). ☎ 520-97-88. Derrière la mosquée de Lâleli, comme toutes les adresses qui suivent. Sorte de mini-Sofitel au confort aseptisé : bar, bon resto occidental, déco léchée. Ça se paie. Utilisé par les groupes.
■ *Hôtel Arma :* Namik Kemal Caddesi ; Manastirli Rifat Sokak 23, à Aksaray (plan I, B3). Un bon hôtel, souvent utilisé par les groupes et dont le principal attrait est sa situation. Bien desservi par tous les moyens de transport. Chambres propres avec sanitaires individuels. Restaurant et bar.

A BEYOĞLU

Peu d'hôtels pour routards (à l'exception du quartier de Cihangir) dans ce quartier qui compte, en revanche, beaucoup de restaurants. La plupart des établissements que l'on trouve ici sont les grands hôtels des chaînes, implantés au-delà de Taksim et qui reçoivent les hommes d'affaires et la clientèle des voyages organisés haut de gamme. Nous avons quand même pour nos chers lecteurs quelques adresses.

Prix moyens

■ *Otel Alibaba :* Meşrutiyet Caddesi 119. Près du Pera Palas et du Büyük Londra Oteli (plan II, B2). ☎ 244-07-81. Ce n'est pas un hôtel récent, il accuse même bien son âge (il est question de le rénover). Surtout occupé par une clientèle turque. Les chambres, avec ou sans douche, sont toujours très simples. Compter un peu moins de 100 F pour une double.

■ *Hôtel Galata :* Meşrutiyet Caddesi (plan II, B2). Ce grand bâtiment avec ascenseur, situé près du terminal de la Turkish Airlines et du funiculaire *(tünel)* reliant la colline de Beyoğlu au pont de Karaköy, offre des chambres avec salles de bains, propres et bien meublées.

Chic

■ *Hôtel Simge :* Meşrutiyet Caddesi, Simal Sokak n° 3 (plan II, B2). ☎ 243-79-00. Petit hôtel refait à neuf, dans une ruelle proche du terminal de la Turkish Airlines. Confort douillet. Moquette. Chambres avec sanitaires impeccables. Accueil très sympa. Prix raisonnables.
■ *Büyük Londra Oteli :* Meşrutiyet Caddesi 117, à la hauteur de Tepebaşi (plan II, B2). ☎ 249-10-25. Sur la colline de Beyoğlu, près du Pera Palas, superbe hôtel construit en 1850 par un célèbre architecte italien. Entrée rétro avec colonnes et cariatides. Certaines chambres ont une vue géniale sur le vieil Istanbul. Bien sûr, le mobilier est un peu fatigué (il date de l'origine). Frigo, ventilateur et vastes salles de bains. L'accueil est très sympa. Compter près de 300 F pour une double en haute saison avec le petit déjeuner. Une adresse que nous aimons bien, pour son côté rétro et son charme désuet.

Encore plus chic

■ *Pera Palas :* Meşrutiyet Caddesi 98 (plan II, B2). ☎ 241-45-60. Un hôtel somptueux, tout en marbre, construit par les Wagons-Lits (oui, des Belges et des Français !) en 1892, à l'époque où l'Orient-Express était le train des princes sans couronne, des vedettes plus ou moins célèbres, des escrocs internationaux et des madones des sleepings. En 1915, un client de passage, grec, est refoulé sur sa mauvaise mine. Par défi, il achète l'hôtel. On y verra Joséphine Baker, Zsa Zsa Gabor, Greta Garbo et Agatha Christie (chambre 411, pour les fans). Chambres lourdes d'atmosphère, branlantes et desservies par une tuyauterie épique. Ou alors modernisées, douillettes, mais sans charme aucun. Pour le même prix, on a mieux à Paris. Maintenant, pas question de se passer d'une visite. Salons pharaoniques, avec plafonds à caissons. Ascenseur au luxe préhistorique, où le groom jongle avec les boutons. Les parquets, jadis foulés par les élégantes en croco, les sikhs anglais de l'armée des Indes et les réfugiés russes, ont disparu sous la poussière. Au bar, dans une forêt de lustres, les habitués savent encore se tenir debout, discrètement agrippés à la rambarde en cuivre. Déjeuner ou dîner au restaurant très abordable. Les viandes rouges (rares en Turquie) y sont excellentes. Mais on peut tout aussi bien s'en tenir aux délicieuses pâtisseries servies au salon de thé. Pourquoi ne pas goûter une fois à cette atmosphère unique ?...

EN DEHORS DU CENTRE D'ISTANBUL

■ *Kariye Otel :* Kariye Camii Sokaği 18 (plan I, A1). ☎ 524-88-64. Même maître d'œuvre que pour les hôtels de Sultanahmet restaurés par le Touring Club turc, mais sur le site de Saint-Sauveur-in-Chora, quartier calme et un peu excentré. Chambres très claires, décor plus allusivement fin de siècle. Vient de changer de propriétaire. Le nouveau nous a promis de garder le style d'origine. Les prix ne sont pas donnés. Compter environ l'équivalent de 500 F pour une double.
■ *Hidiv Kasri :* ☎ 331-26-51, 322-40-42 et Fax : 322-34-36. A Kanlica, le village où l'on fabrique le célèbre yaourt, sur la côte asiatique (hors plan). Pour y parvenir, le plus simple est de longer le Bosphore sur la rive asiatique, le palais est clairement indiqué sur la droite, après les villages de Çengelköy puis de Kanlica. Où alors quand on vient de la partie européenne, prendre la sortie Beykoz du pont nord du Bosphore.
Notre botte secrète. A une demi-heure en taxi du fracas et de la pollution d'Istanbul, ce bijou art nouveau n'est autre que l'ancienne résidence du khédive d'Égypte. Immense galerie circulaire à colonnes égyptiennes, boiseries grandioses, meubles 1920 signés, porte d'ascenseur en cristal taillé : le plus beau palace d'Istanbul reste peu connu des touristes. Si vous n'avez pas suffisamment d'argent pour la chambre, offrez-vous tout de même un déjeuner dans le jardin, au-dessus du Bosphore.

Campings

■ **Kervansaray BP Mocamp :** sur la E 5. Près de l'aéroport d'Istanbul et à
12 km des murailles de la ville. ☎ 559-44-48. Grand et assez ombragé. Très
correct, bien aménagé (change, resto...). Un peu bruyant. Se placer sur la
gauche, près du talus. Il y a, peut-être, un peu moins de bruit.
■ **Londra Camping :** Bakirköy Kavşaği. ☎ 559-42-00 et Fax : 559-34-38. Près
du BP Mocamp vers l'aéroport. Bus n° 89 depuis Sultanahmet et descendre un
peu avant l'aéroport. Ou encore minibus du camping, dolmuş ou taxis pour le
centre ville. Assez bruyant, mais présente surtout l'avantage d'être l'endroit où
l'on peut trouver assez facilement un « lift » vers l'Est ou vers l'Europe dans un
des nombreux camions TIR. Attention : beaucoup traversent la Bulgarie. Nécessité d'avoir son visa, car il n'est pas délivré à la frontière. Change, coffre où l'on
peut déposer son argent, téléphone et télex internationaux, épicerie, resto. Ne
pas s'installer près du resto, bruyant jour et nuit. Sinon, propre, ombragé. Piscine, mais ne s'y baigner que les jours suivant le nettoyage.
■ **Ataköy Kamping :** à Ataköy. ☎ 559-60-00/06 et Fax : 559-60-47. A
15 km d'Istanbul sur la route de l'aéroport. Gazon, ombrage et bord de mer
(mais polluée). Sanitaires assez bien tenus. Bus-navette pour le centre ville. Bien
gardé.
■ **Tourist Camping :** à Florya. ☎ 573-79-93. Pour ceux qui disposent d'un
véhicule, passer devant l'aéroport, puis direction Yeşilyurt-Florya, longer le
musée de l'Air (fermé le mardi) et suivre ensuite les flèches indiquant le camping. Pour s'y rendre en train, prendre à la gare de Sirkeci (plan III, C1) — les
lignes de banlieue *(banliyö)* sont sur la droite — la direction de Halkali et
descendre à Florya, la 12ᵉ station. Le camping est à 500 m. Il faut passer sous
le pont et tourner à gauche.
Le camping dispose d'un restaurant, d'un bar, d'une épicerie, d'une petite
plage. Peu d'ombre, sanitaires passables. Le principal avantage est la proximité
d'Istanbul en train (un toutes les 30 mn) pour une somme dérisoire.

Où manger ?

Il n'y a que l'embarras du choix, depuis les *Seyyar satici,* c'est-à-dire les vendeurs ambulants, jusqu'aux tables des restos réputés, en passant par les gargotes familiales des quartiers populaires et les mangeoires à touristes (et à
coup de fusil) des quartiers historiques. A Istanbul, si le meilleur côtoie le pire, le
routard sera sûr de ne jamais mourir de faim et de trouver à se sustenter selon
son budget, si modeste soit-il, en évitant soigneusement les adresses pour
gogos. Et il y en a !
Préférer les restaurants pour les Turcs, les *lokanta,* les *köfte, iskembe, börek...*
salonu, simples, bon marché et fiables quant à la qualité.
Dans le vieux Stamboul, on trouve par exemple des *piyaz köfte salonu* avec
menu unique : *köfte* et salade mixte (carottes, salade verte et haricots blancs).
La cantine des Turcs. Très bon marché.

UN PEU PARTOUT DANS LA RUE

Les plus fauchés se contenteront de fréquenter les *mulhallebili,* crémeries
offrant un grand choix de laitages (certains, sucrés, sont préparés avec du poulet ou du riz). Les yaourts de Kanlica méritent bien leur réputation. Les *simit,* ces
petits pains ronds aux graines de sésame, vendus partout dans la rue, ont le
double avantage d'être économiques et de couper la faim.
Sur les rives du Bosphore, près du pont de Galata, faites comme les Istanbuliotes en commandant un poisson grillé sur la braise, servi en sandwich. Les
pêcheurs les préparent directement dans leurs barques arrimées entre deux
vapur.
Les vendeurs ambulants proposent aussi, selon les saisons : des fruits secs,
des concombres, des graines, du maïs grillé, des châtaignes, des döner ou
encore des *kokoreç* (tripes grillées) et des fruits, présentés comme de savantes
natures mortes. Les marchands de boissons portent sur le dos des bidons de
limonata dont le fameux jus de cerise *(vişne suyu).* Un *çay* (thé) permet de terminer agréablement ce repas économique pris sur le pouce.

A SULTANAHMET

Bon marché

● **Pudding Shop :** Divan Yolu 6 (plan III, C2). Un lieu légendaire qui fut une étape célèbre pour les routards du temps de la route des « Zindes ». Il a perdu son âme en devenant un self-service bien banal, mais demeure un lieu de rencontre très convivial avec tableau pour les messages en tout genre. Beaucoup de monde. Économique. Les nostalgiques iront juste pour le fun, les autres pour se restaurer médiocrement mais à bas prix.

● **Vitamin restaurant :** Divan Yolu Caddesi 16 (plan III, C2). Encore un lieu incontournable, pas pour les raffinements gastronomiques mais pour se restaurer à bas prix. Grand choix de plats exposés en vitrine. Excellentes courgettes et aubergines farcies. Il est préférable de connaître le prix de chaque plat et de faire l'addition soi-même. Plus cher si on la fait faire par le personnel ! Le cuisinier moustachu distrait parfois sa clientèle touristique en dansant le jerk, pendant que les haut-parleurs délivrent le message coranique.

● **Sultanahmet :** Divan Yolu Caddesi 12/A (plan III, C2). Ouvert tous les jours jusqu'à 23 h. Attention : on n'y sert ni vin, ni bière. Célèbre depuis 1920 pour ses boulettes de viande *(köfte)* et ses *sis kebap*. Cantine correcte. Dites bonjour à Cihat, le fils du patron. C'est le plus gros et le plus sympa. Son français est digne de Bernard Pivot. Le succès leur aurait-il monté à la tête ? Aux dernières nouvelles, ils semblent vivre maintenant sur leur réputation, et un lecteur nous écrit avoir trouvé les fameuses boulettes imprégnées d'un fort goût de pétrole !

Prix moyens

● **Konak pub :** Divan Yolu Caddesi 66 (plan III, C2). ☎ 526-89-33. Ouvert sans interruption de 12 h à 24 h. Ne vous fiez surtout pas à la façade qui évoque celle d'un méchant fast food, ce resto de cuisine turque qui vient d'ouvrir est l'un des meilleurs du quartier. Ici, pas d'excès d'huile ni de graisse. Pas de menu ni de carte : on choisit ses plats directement au buffet chauffant. Demander les prix en commandant. On sert aussi de l'alcool. La salle du premier est calme et beaucoup plus agréable. Une excellente adresse s'ils gardent les prix et la qualité de lancement.

● **Masal :** Şeftali Sokak 8 (plan III, C2). ☎ 527-51-03. Encore une nouvelle adresse qui fait son entrée dans notre guide. Cette maison typique, à deux pas de la Citerne, fut celle d'un calligraphe du siècle dernier. Elle abrite un bar, une galerie d'art, un restaurant et un café sur sa terrasse panoramique d'où l'on a une vue étonnante sur la Mosquée Bleue. Choix de bons meze, de *haydari* (yaourt à la menthe), de *cuisses de femme* (sic), d'omelettes, de spaghetti *Nasal* et de bons fromages. Autant d'occasions d'écluser quelques verres de raki. L'addition dépend de votre faim et surtout de votre descente. Idéal aussi pour boire un verre, surtout en fin de journée. Ferme à 22 h.

Chic

● **Rami restaurant :** Utangaç Sokak 6, derrière la Mosquée Bleue. ☎ 517-65-93 (plan III, C3). Dans une très belle maison ottomane de bois, restaurée avec beaucoup de goût, un restaurant-musée sur deux étages. Le propriétaire, fils d'un peintre célèbre, collectionne les objets anciens. Voyez, entre autres, les vieilles photos dans l'escalier. Repas à la carte. La cuisine est bonne mais le service parfois très lent. Attention aux prix de certains vins, comme l'*Antik*, qui peuvent faire grimper l'addition. Compter 100 F pour un repas complet. Dans la journée, ils font aussi café et leur terrasse du second offre une vue exceptionnelle. Un grand moment quand on y dîne pendant le spectacle son et lumière.

● **Sarnic :** Soğukçeşme Sokaği, dans le bas des maisons qui constituent l'ensemble de l'hôtel Yesil Ev (plan III, C3). ☎ 513-36-60. Réservation recommandée. Ouvert pour le dîner seulement. Celik Gülersoy, auquel on doit la sauvegarde et la restauration des vieilles maisons, a transformé cette citerne romaine en un luxueux restaurant. On vient ici plus pour le décor et le dépaysement que pour la nourriture, médiocre. Beaucoup de touristes ; tous les tours inscrivent cette adresse à leurs programmes. Cette citerne ressemble beaucoup à sa grande sœur de Yerebatan avec ses piliers de pierre et ses voûtes fraîches mais elle est très bruyante lors des dîners. Compter près de 100 F.

A KUMKAPI (plan III, A3)

L'ancien port de pêche des Byzantins a disparu depuis longtemps mais les familles de pêcheurs continuent d'habiter ce quartier pittoresque, devenu très célèbre pour ses restaurants de poisson. L'endroit est très touristique et très cher, surtout quand on est touriste. Le poisson, de plus en plus rare, est un plat de luxe qui fait grimper la note. A Kumkapi, plus qu'ailleurs, il est indispensable de demander les prix avant de commander et de contrôler l'addition.

Le mieux est de s'y faire conduire en taxi ou d'y aller à pied depuis Sultanahmet en suivant la Kennedy Caddesi et la voie ferrée. De la gare de Sirkeci, prendre un train de *banliyö* après avoir acheté son billet au guichet.

Dans la jungle des restaurants, ils sont plusieurs dizaines à se disputer le chaland, il faut se fier un peu à son feeling pour le choix du bon *balik lokantasi* (resto de poisson).

Il faut savoir aussi que certains poissons, comme chez nous, sont plus chers que d'autres et que les fruits de mer peuvent atteindre des prix très élevés. Au printemps, on vous proposera du turbot *(kalkan)*, l'été du rouget *(barbunya)* et des maquereaux. Les marchands ambulants passent entre les tables pour proposer de grosses moules qui sont excellentes.

Si vous disposez d'un petit budget, oubliez Kumkapi et nos adresses :

● **Yengeç :** Telli Odalar Sokak 6. ☎ 517-24-61 et 516-32-27. A une bonne réputation auprès des Turcs. Comme il figure dans notre guide depuis quelques années, recommandez-vous du GDR pour ne pas être arnaqué. *Yengeç* signifie crabe...

● **Firat :** Çakmaktaş Sokak 11/A. ☎ 517-23-08 et 517-23-16. Une excellente adresse qui propose un menu à prix fixe (le demander). Compter 100 F sans le vin pour un bon repas de poisson. Nous avons apprécié la formule « menu » qui évite bien des surprises désagréables au moment de payer.

● **Kalamar :** Çapariz Sokak 19, dans la rue principale qui part de la mer et passe sous la voie ferrée. Bon poisson bien préparé. Mais là aussi, éplucher la carte et comparer les prix.

● On peut essayer les restaurants *Deniz* (la mer) ou *Akvaryum* (l'aquarium) qui ont bonne réputation.

A BEYAZIT, LÂLELI ET À EMINÖNÜ

Dans ces différents quartiers, la proximité de l'Université, du Grand Bazar et du Bazar égyptien, a engendré de nombreuses adresses bon marché, fréquentées par les étudiants et les marchands.

Bon marché

● **Murat :** Ordu Caddesi 212/A, juste avant la mosquée Lâleli (plan III, A2). Ce resto à demi-souterrain propose un assortiment de kebab, goûteux et parfaitement cuit. On y déplore, malheureusement, beaucoup trop de touristes et le service semble être fait à la chaîne. On vient ici pour se restaurer rapidement dans un décor sans intérêt qui a le seul avantage d'être très propre. Pas d'alcool.

● **Haci Bozan Oğullari :** Ordu Caddesi 214 (plan III, A2). Au-dessus du précédent, au premier étage. Cadre coquet, bonne cuisine. A notre avis, préférable au Murat... Là non plus, pas d'alcool.

● **Gaziantep Emeksaray Kebapçisi :** Gençtürk Caddesi 6, à Lâleli (plan III, A2). Un peu plus bas que les deux précédents et en tournant à droite, juste après l'hôtel Ramada. ☎ 511-01-87. Une adresse très sympa et qui ne désemplit pas. La salle est en sous-sol. La cuisine est de bonne qualité et traditionnelle. Très animé et bruyant mais pittoresque. Demandez l'*urfa kebap* ou le *çiğ köfte* (viande hachée aux épices). Précisez toujours *acisiz*, c'est-à-dire sans piment, à moins d'avoir un tube digestif à toute épreuve.

● **Süreyya Lokantasi :** Mithapaşa Caddesi. Soğan Ağa Camii Sokak 39, à Beyazit (plan III, B2), juste en face de l'université. La Mithapaşa est perpendiculaire à Ordu Caddesi. Une bonne petite adresse économique. Demander : *daima titizlikle hizmetinizdedir* (non, on ne vous dira pas ce que c'est !).

● **Hamdi Arpaci :** Tahmis Caddesi Kalçin Sokak 17, à Eminönü (plan III, C1). ☎ 528-03-90. Sur le côté droit du bazar égyptien en tournant le dos à la mer, près du pont de Galata. Il faut traverser le pittoresque marché des légumes. Resto ouvert aussi le soir, ce qui est rare dans le quartier. Fréquenté par les employés du coin. Décor très simple mais authentique. Nourriture locale copieuse. Très bon accueil et excellent rapport qualité-prix. Pas un seul touriste lorsque nous avons déniché cette adresse. Spécialités de viandes et de brochettes. On vous sert d'office, en entrée, un ou deux amuse-gueule pour vous mettre en appétit. Atmosphère bon enfant. Une adresse qu'il faut mériter en la cherchant un peu, dans ce quartier grouillant de monde où bat le véritable cœur d'Istanbul.

Prix moyens

● ***Pandeli :*** Misir Çarşisi 1 (plan III, B1). ☎ 522-55-34. Ouvert seulement au déjeuner. Au premier étage du marché égyptien. Plusieurs salles avec un décor de voûtes et de faïences où l'on joue la carte du grand restaurant : maître d'hôtel, argenterie, etc. Cuisine traditionnelle réputée. Contentez-vous d'un kebab (ils sont excellents) et évitez les ersatz occidentaux. Selon votre table, vous aurez une vue plongeante sur le bazar ou sur la fourmilière de Galata.
● ***Borsa :*** Yali Köskü Caddesi 60 (plan III, C1). C'est là que déjeunent les hommes d'affaires. Fermé le soir. A l'avantage d'être entre la gare de Sirkeci et les embarcadères. Le pot-au-feu aux aubergines (*borsa güveç patlicanli*) est excellent.
● ***Sayonara Lokantasi :*** Orhaniye Caddesi (plan III, C2). ☎ 520-97-28. En sortant de la gare de Sirkeci, tournez deux fois sur la gauche ; la Orhaniye donne dans la Muradiye, sur le trottoir de droite. Une adresse très correcte pour un repas bien servi et qui ne vous ruinera pas. Peu de touristes dans cette salle vaste et propre.
● Sous le vieux pont de Galata, des restaurants se succèdent, racolant outrageusement les touristes de passage dans toutes les langues. La cuisine y est généralement médiocre et les prix excessifs mais le décor est agréable. Peu de Turcs, ce qui n'est pas bon signe ! On ne sait ce que ces restaurateurs vont devenir avec le nouveau pont. Vont-ils y transporter leurs fourneaux ?
● ***Havuzlu Lokanta :*** Kapali Carsi (plan III, B2). A l'intérieur du Grand Bazar. Attention, fermé le soir et le dimanche. A côté du bureau des PTT. On mange sous une grande voûte rafraîchie par le ventilo. Le vieux maître d'hôtel, très classe dans son costume noir, parle le français. Le *döner kebap* est fameux. Bien s'assurer des prix avant de commander. Un havre de paix dans un univers mercantile et touristique.

SUR LA COLLINE DE BEYOĞLU

C'est là que nous avons le maximum de bonnes adresses à vous conseiller. Certains quartiers comme celui du Çiçek Pasaji sont aussi riches en restos que notre Quartier latin. Le meilleur côtoie le pire, là aussi. Juste derrière ce célèbre passage, nous avons déniché une petite rue, la Nevizad Sokak, qui vous réservera bien des surprises agréables. Pour s'y rendre, il faut traverser la Sahne Sokak, véritable rue-marché avec ses étals de fruits et de fleurs. Là on peut, entre autres, déguster de délicieuses moules en beignets *(midye tava)* et des *kokoreç* frits.

Bon marché

● ***Haci Abdullah :*** Sakizağaci Caddesi 19 (plan II, C1). ☎ 244-85-61. En remontant l'Istiklâl Caddesi vers Taksim, c'est une rue sur la gauche avec une mosquée au coin. Le bon restaurant turc pour touristes, classique c'est vrai, mais devenu un peu décevant. Reste leurs spécialités : *beğendili kebap* (purée d'aubergines), leur délicieux *çömlek* (kebap au pot) et surtout leurs desserts maison dont le fabuleux *ayva tatlisi* (coing cuit au four et servi avec de la crème) ou le *çilekli bavaruaz* (crème aux fraises fraîches), et aussi les différentes sortes de fruits au sirop conservés dans les grands bocaux qui décorent la salle. Attention : pas d'alcool. Fermé à 21 h 30. Les prix ont cependant un peu trop augmenté ces derniers temps.
● ***Lades :*** Ahududu 14. Dans la rue à gauche à partir de la petite mosquée dans l'Istiklâl (plan II, C1). ☎ 251-32-03. Même style que le précédent mais moins cher. On choisit ses plats dans la cuisine.
● ***Bursa :*** Istiklâl Caddesi, presque en face du consulat de France, à côté de Haci Baba (plan II, C1). A ne pas confondre avec le Borsa, le nouveau fast food turc. Le Bursa sert un des meilleurs *iskenders* d'Istanbul, à des prix défiant toute concurrence.

● *Pala :* Süslu Saksi Sokak 20 (plan II, C1). En montant la Istiklâl Caddesi, tournez sur la gauche face au magasin Vakko, puis une seconde fois toujours sur la gauche. Cette lokanta n'a que quelques tables et un comptoir autour d'un grand barbecue. Vous avez deviné, leur spécialité ce sont les brochettes *(côp şiş)*. Mais il y a aussi d'autres plats turcs, tous excellents. Ici on ne vous servira que de la cuisine authentique. Il n'y a d'ailleurs que des Turcs. On sert de l'alcool. Pas de carte mais le patron vous guidera. Les prix sont doux.

● *Tadim Köfte Salonu :* Siraselviler Caddesi Meşelik Sokak n° 36, Taksim. ☎ 252-09-23. En entresol dans une petite rue entre l'Istiklâl et la Siraselvier, près de la maison du parti de l'ANAP. Cuisine toujours fraîche. Très bon marché.

● *Ocakbaşi :* Siraselviler Caddesi 52 (plan II, D1). C'est la rue qui part de la place Taksim, sur la droite de l'Istiklâl. En face de l'hôtel Kennedy. On y sert toutes sortes de brochettes de viande (bœuf, agneau, poulet épicé, rognons d'agneau, köfte épicés) et de légumes (champignons, aubergines, etc.) grillés dans la salle sur une sorte de barbecue. Succulent. A noter leurs mini-brochettes, les *côp şiş*, sur des maxi-broches que l'on range ensuite dans des fourreaux situés à l'extrémité des tables. Tout ceci se mange avec de fines galettes de *pide* et des meze divers. Choix très varié et décor agréable. Les prix sont aussi un peu plus élevés que dans le précédent, quoique la note reste modeste. Les amateurs de viande seront comblés. On y retrouve souvent les Français du consulat voisin, ce qui est plutôt bon signe.

● *Nizam Pide Salonu :* Kalyoncu Kulluğu Caddesi 13 (plan II, C1). Rue qui donne sur le consulat de Grande-Bretagne. Bon resto de *pide* ignoré des touristes. Très propre.

● *Galatasaray lokantasi :* Meşrutiyet Caddesi 37, en face du consulat de Grande-Bretagne (plan II, C1). Terrasse animée. Nourriture simple mais correcte. Sympa. Juste à côté, il y a le *Levent Büfe,* sorte de cafétéria pour les petits déjeuners *alaturka* et les snacks (omelettes, salades). Fermé le soir.

● *Kafeterya Pizza :* Siraselviler Caddesi 22. Une lokanta self-service style cantine. Bonne cuisine. Beaucoup de Turcs.

Prix moyens

● *Çiçek Pasaji :* remonter Istiklâl Caddesi jusqu'à la hauteur de Sahne Sokak, sur la gauche. En face du lycée Galatasaray, à 500 m avant d'arriver à Taksim Square, l'ancien marché aux fleurs, joliment rénové (plan II, C2). Voir le texte qui lui est consacré dans la visite de la ville. Ce passage est désormais incontournable et tous les touristes s'y retrouvent. La bière coule à flots, le raki aussi, car les Istanbuliotes continuent de fréquenter ce lieu étonnant quoiqu'un peu trop frelaté. Le soir, c'est un joli capharnaüm quand les *saz* (violons tsiganes), les accordéons et les clarinettes des musiciens ambulants s'élèvent sous la verrière dans une immense cacophonie. Pas l'idéal pour un tête-à-tête mais, en revanche, si on veut lier connaissance, c'est là qu'il faut aller.

● Le *Kimene restaurant* est l'un des plus célèbres du passage. Il y a même trois entrées (ce n'est pas une raison pour partir sans payer). Beaucoup d'ambiance et de musique jusqu'à une heure avancée. Beaucoup de monde aussi. Au premier étage, salle plus calme. Ne pas arriver trop tard si l'on veut avoir une table. ☎ 244-12-66 pour réservation éventuelle.

● Le *Seviç restaurant* est juste en face du précédent, au n° 8. Tout l'opposé. Pas touristique du tout. Le patron ne parle que le turc mais on arrive toujours à se faire comprendre. La nourriture est comme chez les autres : correcte et sans surprise. On vient plutôt au Çiçek pour l'ambiance que pour les raffinements gastronomiques. Salle au premier.

● *Hacibaba :* Istiklâl Caddesi 49. Sur le trottoir de droite, peu avant d'arriver à Taksim (plan II, C1). ☎ 144-18-86. En été, mangez sur la terrasse dominant une cour avec une vieille église orthodoxe au fond. Service survolté aux heures de pointe. Goûtez au *patlican incik buğulama* (petits morceaux de mouton aux aubergines) ou au *kuzu tandir kebab* (kebab d'agneau). Ouvert tous les jours de 11 h à 23 h. Plus agréable à l'heure du déjeuner. L'adresse étant connue, beaucoup de touristes.

● *Haci Salih :* Sakizağaci Caddesi 19, une rue qui donne dans Istiklâl Caddesi, à la hauteur de Ağa Camii (plan II, C1). Cuisine turque traditionnelle. Décor de bocaux remplis de compotes ou de légumes en saumure. On ne sert pas d'alcool. Là aussi, il est préférable d'y aller pour le déjeuner.

● *Rejans :* Olivo Çikmazi 15, à Galatasaray (plan II, C1). ☎ 244-16-10 et 243-32-82. Un curieux restaurant tenu par des Russes blancs dans un décor dépaysant. On sert des spécialités russes arrosées de vodka pour changer du traditionnel raki. Celle au citron est de fabrication maison. Ne pas manquer l'excellent canard aux pommes. Cette table était fréquentée par Atatürk et de nombreux hommes politiques. Fermé le dimanche. Réservation le soir.

● *Imrose :* Nevizade Sokak 24 (plan II, C1). ☎ 249-90-73. Prendre le long du passage aux fleurs et tourner à droite. C'est une rue entre Sahne et Balo Sokak, vouée à l'alimentation et à la restauration. Y aller surtout pour l'ambiance qui est formidable certains soirs. Rien que des habitués rassemblés à de grandes tables devant leurs bouteilles de raki (le pluriel n'est pas une erreur de frappe). Bonne cuisine de taverne.

● *Kadir 'in Yeri :* Nevizade Sokak 12/9. ☎ 243-61-30. Dans la même rue que l'Imrose. C'est encore une bonne adresse, pour sa nourriture et son atmosphère, connue des habitués du quartier. Faites en sorte que les touristes ne la dénaturent pas !

● *Çağlar :* Nevizade Sokak. Encore dans la même rue, c'est le premier sur la droite quand on vient du marché couvert sur le côté de Çiçek Pasaji. Le décor est agréable. Il y a même des nappes et un excellent service. Les prix sont d'ailleurs plus élevés que dans les deux autres. On pousse même un peu à la consommation en vous proposant le poisson le plus cher. Il suffit d'être vigilant et de demander les prix avant de commander. Le couvert est compté sur l'addition. Reste cependant une adresse ayant un bon rapport qualité-prix.

● *Yakup 2 :* Asmali Mescit Caddesi 35-37 (plan II, B2). Une rue sur la droite dans tout le bas d'Istiklâl Caddesi, près du Pera Palas. Clientèle surtout composée d'artistes et d'habitués qui viennent manger ici une délicieuse cuisine « à la bonne franquette ». Tout le monde semble se connaître. Les grandes tables communes facilitent l'intégration. Soirées parfois démentes si vous avez la chance d'assister au numéro du chanteur d'opéra travesti qui pousse son grand air entre deux lapées de whisky. Inoubliable ! Grand choix de meze.

● *Asir restaurant :* Kalyoncu Kulluk Caddesi 94/1 (plan II, C1). ☎ 250-05-57. Une rue perpendiculaire au Tarlabasi Bulvari. Le plus simple pour y aller est de descendre la Sahne Sokak qui part d'Istiklâl, à la hauteur du Çiçek Pasaji. Il n'y a pas d'enseigne à ce resto connu seulement de quelques Istanbuliotes. D'ailleurs cette adresse, il faut la mériter. Le resto est tenu par deux frères. Beaucoup de monde et c'est normal : la cuisine est bonne et l'ambiance garantie. Décor inchangé depuis des générations. Mais peut-on parler de décor ? Les dîners sont souvent animés par des loteries qui valent leur pesant d'or. N'hésitez pas à participer, même si vous ne comprenez rien. Vous gagnerez peut-être le gros lot (un magnum de mauvais whisky de contrebande).

● *Yuva et Lokantasi :* Receppaşa Caddesi 3/1, à Taksim (hors plan II par D1). Une rue qui donne dans Cumhuriyet Caddesi. Cadre très agréable avec un jardin en été. Spécialités de grillades. Bar en sous-sol. Les tables ont de jolies nappes roses et tout est bien entretenu. La cuisine est de qualité et les prix raisonnables. Ce restaurant est surtout fréquenté par les cadres du quartier et notamment par le personnel d'Air France dont les bureaux sont voisins. Une bonne adresse classique.

Chic

● *Garibaldi :* Istiklâl Caddesi, Perukar Çikmazi 1 (Odakule Yani). Dans le bas d'Istiklâl, juste en face de l'église Saint-Antoine (plan II, B2). Le patron est suisse et francophile. On y mange le meilleur steak d'Istanbul. Hors-d'œuvre et desserts en buffet. Ceux qui ont la nostalgie de la cuisine européenne ne seront pas déçus pour une fois. Décor design sorti droit d'un magazine italien. Atmosphère chic et moderne, bourdonnante de célébrités locales.

● *Liman Lokantasi :* Yolcu Salonu Üstü 44. ☎ 441-10-33. Près du pont de Karaköy du côté de la tour de Galata. Attention, ouvert seulement le midi et fermé le dimanche. La salle surplombe l'eau. Certainement la plus belle vue sur Topkapı et les grandes mosquées à condition qu'un paquebot n'obstrue pas le passage. Décor délicieusement suranné où l'on rencontre quelques vieux commandants de bord et hommes d'affaires.

● *Pera Palas :* Mesrutiyet Caddesi 98/10 (plan II, B2). ☎ 251-45-60. La salle à manger est étonnante par son décor inchangé. La cuisine y est bien quelconque mais les prix plutôt raisonnables. Éviter les soirs où la salle est envahie par les groupes de touristes : on se croirait dans un hall de gare. Certains jours, spectacles de danse du ventre pour ceux qui aiment... Se renseigner auparavant.

● *Beyoğlu Pub bar-restaurant :* Istiklâl Caddesi Halep Çarşisi 140/7 (plan II, C1). ☎ 152-38-42. Au fond d'une petite galerie commerciale qui abrite aussi le

Beyoğlu Sinemasi. Un des rares restos à avoir une terrasse en plein air dans le centre. Calme et très agréable à midi. Cuisine honnête et bien présentée.

SUR LA ROUTE DE L'AÉROPORT

● **Gelik :** à Ataköy. Deux horribles bâtisses se consacrent l'une à la viande *(gelik)* et l'autre au poisson *(gelik balik)*. On est serré comme des anchois. Normal, les prix sont doux et la nourriture est excellente (döner kebab de poisson, galettes au fromage, etc.). Excellentes adresses.

● **Beyti :** à Florya, près de l'aéroport. Pour s'y rendre : taxi ou train de banliyö depuis la gare de Sirkeci. Orman Sokak 33. ☎ 573-92-12. Fermé le lundi. Faites comme les présidents Nixon et Carter, venez déguster ici les fameuses grillades qui passent pour être parmi les meilleures d'Europe. Le décor a bien changé depuis la création, dans les années 40, de ce restaurant célèbre. La façade moderne, particulièrement hideuse, cache une succession de salles et de salons « dans un décor digne des palais ottomans ». Pas moins de 11 salles à manger sur trois étages, 3 terrasses et 5 cuisines pour servir, éventuellement, 450 couverts à la fois. Ici, tout est luxueux (y compris les toilettes). Mais ce que l'on a dans son assiette mérite aussi largement le déplacement. Le mixed grill est à la hauteur de sa réputation et les prix très raisonnables, compte tenu du décor, du service et de la qualité de la cuisine. Pour clore votre repas, commandez le *künefe*. 100 F maximum sans vin.

● **Café de Paris :** Valikonaği Caddesi 63/1, à côté de la station de Menekşe, gare qui suit celle de Florya. ☎ 240-54-71. Un restaurant récemment ouvert qui ne sert que des steaks à la française, avec des frites… à la belge. Menu fixe. Bon et pas cher.

SUR LE BOSPHORE

A 10 ou 30 mn de taxi (ou à plus d'une heure dans les embouteillages des week-ends), beaucoup de restos haut de gamme très fréquentés. Sans la route, ce serait un pur délice que d'y déguster sa sole devant les eaux du Bosphore en regardant le défilé des cargos russes.

Sur la rive européenne

● **Abdullah Efendi restaurant :** à Emirgan, entre Bebek et Istinye, où aboutit le pont Fatih. Koru Caddesi 11. ☎ 277-57-14. Fermé le mardi. Ce restaurant a plus d'un siècle mais son décor est contemporain : il a d'ailleurs dû déménager plusieurs fois au cours de son histoire. On ne compte plus le nombre de personnalités qui ont été ses hôtes : Élisabeth d'Angleterre, Jimmy Carter, le roi Hussein et, dans un autre registre, Sophia Loren et Burt Lancaster. Une des grandes tables d'Istanbul (ah, ces *dolma*, ce *börek* !) dans un jardin bucolique. Les plus riches de nos lecteurs (à qui il reste une chemise repassée en fin de parcours) trouvent les prix justifiés. Compter de 150 à 200 F par personne quand même.

● **Huzur et Lokantasi** (testi kebap) : à Tarabya. Tarabya üstü Cumhuriyet Mh. Kazim Karabekir Caddesi 1. ☎ 123-13-51. La grande spécialité de ce resto très connu est la viande à l'étouffée, cuite dans un pot en terre cuite. Prix raisonnables.

● **Deniz :** Kefeliköy Caddesi 23, à Kireçburnu, entre Tarabya et Sariyer. ☎ 262-04-07 et 262-67-77. Comme son nom l'indique, resto de poisson qui passe pour être le meilleur. Demander en particulier la crêpe aux fruits de mer et le poisson cuit dans le sel. Inoubliable ! L'addition aussi : compter près de 200 F avec le vin. C'est justifié. Préférable de réserver.

● **Nokta Balik :** Rumeli Kavaği Iskele Caddesi 2, à Sariyer. L'un des derniers restos de cette station qui en compte beaucoup. Juste devant un grand parking. Vue sur la mer. Service très efficace. Le week-end, impossible de trouver une table. La salle ne désemplit pas. Excellent poisson et fruits de mer. Si c'est complet, se rabattre sur d'autres restos du coin dans le même genre. Impossible de pousser plus loin, Sariyer étant la dernière station de bateau autorisée sur le Bosphore avant la mer Noire.

● **Kaptan :** Birinci Caddesi 53, à Arnavutköy. ☎ 265-84-87. Encore une excellente adresse pour le poisson à des prix moyens. Beaucoup de monde.

● *Han :* juste après Bebek, à Rumeli Hisar, qui ne manque pas non plus de bonnes tables, ce restaurant très chic offre une excellente cuisine à condition d'avoir les moyens. Les prix ne sont pas donnés et seul le routard fortuné pourra profiter de son agréable terrasse du premier étage.

Sur la rive asiatique

Sur cette rive, les plus fauchés s'arrêteront à Kanlica pour goûter la spécialité : le yaourt. Il est si moelleux qu'on le mange sans sucre : plusieurs restos l'ont consacré plat unique. Le week-end, les familles s'arrachent les tables et il faut faire la queue. Peu de touristes, pour l'instant.

● *Körfez :* Kani Körfez Caddesi 78, à Kanlica. ☎ 332-01-08. En face de Rumeli Hisar, d'excellents plats de poisson, bien entendu. Leur spécialité est le poisson au sel. Très couru. Il est vivement conseillé de réserver avant de faire le déplacement.

● *Hidiv Kasri* (voir *Où dormir, plus chic*). Une occasion de faire un excellent repas dans un cadre inoubliable. Pas si cher que l'on pourrait le croire. Compter moins de 100 F.

● *Hasir :* à Beykoz-Koru (Abrampaşa). ☎ 322-29-01 ou 322-57-57. Beykoz se trouve assez loin, après le second pont et Paşabahçe, face à Tarabya. Encore une excellente adresse pour ceux qui en ont les moyens. Beaux jardins en terrasse noyés dans la verdure. Cuisine de qualité. Cher, mais vaut le détour.

Où déguster des pâtisseries ?

Alors là, tenez-vous bien, car pour les pâtisseries on est très fort ! Les Turcs aussi !

● *Güllüoğlu.* Ils ont trois adresses : Siraselviler Caddesi 32, à Taksim (plan II, D1), Bağdad Caddesi 111/6-7, à Küçükyali sur la rive asiatique à la station du *vapur* de Bostanci, et à Şişli Pasaji 9, dans le quartier du même nom (hors plan I par B1). Ce pâtissier est, à notre avis, un des meilleurs de la ville. Essayer ses spécialités. On en connaît peu qui leur ont résisté.

● *Hacibozan :* Ordu Caddesi 279, devant la mosquée Lâleli (plan III, A2). ☎ 522-82-68. Femmes voilées, enfants gras ; ici, les baklavas se débitent comme les petits pains, ce qui en garantit la fraîcheur. Toutes ont un goût fabuleux de pistache. Goûter les pâtes d'amande aux pistaches.

● *Ökkeş :* Ordu Caddesi 305, à côté de l'adresse précédente (plan II, A2). La façade ne paie vraiment pas de mine mais les baklavas y sont encore meilleurs que chez le voisin. Ne pas se fier au décor qui est franchement moche.

● *Haci Bekir :* deux magasins, l'un dans Istiklâl Caddesi, à côté de chez Vakko, l'autre à Sirkeci, entre la Yeni camii et la gare. Incontestablement les meilleurs loukoums d'Istanbul, toujours frais et variés. Noter les loukoums à la crème *(kaymakli lokum)* à consommer rapidement, et ceux à la résine de pin, sans oublier les traditionnels « extra » à la pistache.

● *Konak :* Istiklâl Caddesi 259, à 500 m avant Taksim (plan II, C1). Décor rétro plein de charme : ici, les pâtisseries sont aussi au plafond. Dans l'assiette, elles se laissent gentiment déguster. Bondé d'autochtones, fait aussi salon de thé aux heures creuses et sert de la cuisine passe-partout, mauvaise. En revanche, goûter les crèmes.

● *Saray :* Istiklâl Caddesi 102. ☎ 244-57-24. Un peu plus loin vers Taksim. Est resté plus authentique et sert les meilleurs *kazandibi* d'Istanbul.

● *Inci :* Istiklâl Caddesi 124 b (plan II, C1). Petit bar-couloir très cosy, fréquenté par des vieux Turcs gourmands. Leur spécialité : les profiteroles. On dit même qu'elles auraient été créées ici. Alexandre Dumas, dans son célèbre dictionnaire de cuisine, ne nous a pas permis de vérifier cette affirmation. On les déguste sur un coin de table ou au comptoir. Offre également d'excellents palmiers maison ainsi que de la pâte de coing. Pas de desserts orientaux. Bondé mais sympathique.

● *Divan pastanesi :* au rez-de-chaussée de l'hôtel Divan dans Cumhuriyet Caddesi, à Taksim (plan I, D1). Spécialités de loukoums. Préférez ceux à la pistache. Salon de thé. Bons croissants et pâtisseries occidentales. Le baklava, ici, on ne connaît pas. Nous a paru un peu surfait, sauf pour les croissants du petit déjeuner.

Où boire un verre ?

– **Bar du Pera Palas :** Meşrutiyet Caddesi 98, à Beyoğlu (plan II, B2). Dans un décor étonnant évoquant l'Orient-Express. Au comptoir, les habitués savent encore se tenir debout, discrètement agrippés à la rambarde de cuivre. Mais pourquoi le personnel est-il si hautain et si désagréable ? A l'heure du thé, n'hésitez pas à vous rendre dans le salon, à gauche de la réception. On se croirait dans un décor imaginé par Proust pour « A la recherche du temps perdu ». Délicieuses pâtisseries. Pourquoi ne pas goûter, une fois, à cette atmosphère unique ?

– **Masal Sanatevi :** à Sultanahmet, Seftali Sokak 8 (plan III, C2). Un endroit très agréable avec vue depuis la terrasse. Voir rubrique *Où manger ?* Fermé à 22 h 30.

– **Bodrum Bar Cheer Pub :** Şeftali Sokak 16. Dans Sultanahmet (plan III, C2). Du Pudding Shop, descendre Divan Yolu. Passer devant le pub Sultan qui fait l'angle et tourner à gauche, dans la rue Şeftali. En contrebas, un bar minuscule. La bière coule à flots. Musique « eighties ». Ambiance assez amusante. Grande prudence toutefois en ce qui concerne les rencontres que l'on peut y faire. Policiers déguisés en dealers, entre autres.

– **Tünel pub :** à côté du précédent. Ambiance « destroy », et amusante. Mais même mise en garde que pour le précédent. Style identique. Beaucoup de routards.

En dehors du centre ville

– **Café Pierre Loti :** à Eyup, tout au bout de la Corne d'Or (hors plan I, par A1). Le plus agréable consiste à prendre un bateau sur le quai n° 6, près du pont Karaköy pratiquement en face de Rüstempaşa Camii. Descendre au terminus, ou bus n° 39 jusqu'à Eyüp Camii. Ensuite grimper la colline. Le célèbre café se trouve au-dessus du cimetière. Pierre Loti, officier de marine, séjourna cinq fois à Istanbul entre 1876 et 1905. A part la Corne d'Or, défigurée par ses constructions et par un pont, rien ici n'a changé depuis que l'écrivain, amoureux d'une jeune Turque, Aziyade, rêvassait sur la terrasse, couchant sur le papier quelques lignes de ses romans. La maison est toujours en bois et l'on peut y déguster un thé ou un café turc. Ne fait pas resto. Accueil à revoir, mais vue garantie.

– **Naïma :** à Arnavutköy, le premier village après le pont autoroutier sur le Bosphore, rive européenne. Club de jazz dans une vieille maison en bois. Excellents orchestres turcs et étrangers. Un peu cher.

Où sortir ?

Là, permettez-nous de jouer les tantes Aglaë. On ne tient pas à vous envoyer au casse-pipe. Dans le centre de Beyoğlu, tout autour de Istiklâl Caddesi et de Taksim, fleurissent de nombreux cabarets baptisés : Foliberjer, Şanzelize ou Mulenruj !... Ne tombez pas dans le piège. Tous ces endroits, aux mains de la mafia locale, sont vivement déconseillés par les Turcs eux-mêmes. La bouteille de raki y est plus chère que celle d'un Dom Pérignon servi à Pigalle. Mais ce n'est pas tout. Vous pourrez difficilement échapper aux entraîneuses prostituées qui portent le joli nom trompeur de « konsomatris ». Ce que vous risquez de moins grave, c'est de sortir de là dépouillé de votre argent et... de vos papiers.

Les Turcs adorent ce qu'ils appellent le *gazino*. Derrière ce terme se cache des cabarets du style de ceux que nous évoquons plus haut, mais aussi des *bouâtes* où ils viennent tromper leur ennui, dépenser leur paie et s'abreuver de décibels, dans un décor ringard où les candélabres en plastique et le mobilier en faux Louis XVI ne jurent pas trop avec les plafonds de stuc écaillés et les moquettes râpées. Le gazino joue un rôle important dans la société turque. On y vient avec sa légitime ou, plus souvent, avec sa *metres*. Les vedettes locales de la chanson s'y époumonent. Beaucoup plus drôles étaient, avant leur interdiction en 1980, les spectacles des chansonniers et des travestis. Ces derniers ont été chassé par les militaires, au nom de la morale.

En résumé, à moins de faire une thèse sur la vie nocturne, éviter les music-halls interlopes et autres *gazino* du Pigalle istanbuliote. Certains de ces bouges sont même dangereux. Si, toutefois, vous ne suivez pas nos conseils, le raki et l'émotion ne doivent pas vous empêcher d'ouvrir l'œil... Et surtout de bien demander les prix avant de consommer.

Où écouter de la musique turque ?

Si vous aimez le bouzouki, aucune raison de bouder les ballades anatoliennes martelées sur le *saz*, le long luth en bois des films de Paradjanov. C'est parfois déchirant, souvent beau et toujours audible. Si les rythmes nobles et lancinants de la cour ottomane et des derviches n'existent plus qu'en disque, la musique populaire, elle, est partout. Ne pas confondre avec les arabesques soporifiques de la danse du ventre et des variétés télé.
Pour connaître la vraie musique turque, il faut se renseigner sur place auprès de certains hôteliers ou, ce qui est plus sage, s'adresser aux services culturels français installés dans le consulat. Ils font beaucoup pour les jeunes artistes locaux et les produisent même en concert dans leur salle de l'Istiklâl Caddesi. Affichage et renseignements sur place.

Où fumer un narghilé ?

- *Ali Paşa :* Yeniceriler Caddesi. En sortant du Grand Bazar, se diriger vers Sultanahmet en prenant le trottoir de gauche. Emprunter un passage entouré par des tombes longeant une mosquée. Ouvert tous les jours jusqu'à minuit. Dans une agréable cour intérieure, loin de la circulation et du bruit. Prendre du thé pour adoucir la gorge après le narghilé. Éviter les banquettes de côté affectées aux nombreux touristes. Il n'y aura bientôt plus qu'eux...
- Dans *Ordu Caddesi,* à peu près en face de l'université (plan III, A2). Plus authentique car il y a surtout des Turcs. Et un peu partout dans la vieille ville, au hasard de vos promenades. On ne va quand même pas vous faire perdre le plaisir de la découverte personnelle !

Les bains turcs

Aussi curieux que cela puisse paraître, Istanbul possède peu de hammams, par rapport à son nombre d'habitants, et ce n'est pas là que l'on fera les meilleures expériences de bains turcs, surtout quand on est touriste. Voici toutefois 3 adresses. On n'a pu faire mieux. Le massage y relève le plus souvent d'un savonnage énergique et parfois brutal. Il ne dure pas plus de quelques minutes. Pour obtenir un soi-disant vrai massage, il faudra promettre de verser au masseur un bakchich à la sortie, procédé vraiment odieux qui gâche ce moment de détente. Certains hôtels ont leur propre hammam, accessible parfois à ceux qui n'y résident pas.

- *Cağaloğlu Hamami :* à 100 m de Sainte-Sophie, le long de Yerebatan (plan III, C2). ☎ 522-24-24. C'est l'un des plus anciens d'Istanbul. Ouvert tous les jours de 7 h à 21 h pour les hommes et de 7 h à 20 h pour les femmes. Bondé de touristes et cher.
- *Galatasaray Hamami :* Turnacibasi Sokak 2. A Beyoğlu, derrière Istiklâl Caddesi (plan II, C2). Splendide hammam du XVIIIe siècle. A pratiquer tel quel, car le massage est bâclé. Les garçons de bain jouent les Gestapettes mais, à la sortie, tout le monde est en rang pour le pourboire, éructant et gémissant. Payez-vous le plaisir de refuser en bloc : dehors, il y a des mendiants vraiment nécessiteux.
- *Çemberlitaş Hamami :* Vezirhan Caddesi 8, entre Divan Yolu et le Grand Bazar (plan III, B2). Ouvert de 6 h à 23 h pour les hommes et de 8 h 30 à 21 h pour les femmes. Ouvert tous les jours. Ce hammam datant de 1584 a perdu sa décoration d'origine et une partie de son charme. Comme les autres, il est victime de son succès et on y fait suer le portefeuille du touriste.

Coiffeurs et barbiers turcs

- *Corne d'Or :* Mesrutiyet Caddesi 150, Beyoğlu. ☎ 143-09-20. Ismet Yaman est un coiffeur très sympa qui coupe aussi les cheveux aux routardes, bien qu'il soit un *erkek kuaförü* (coiffeur pour hommes). Ne pas oublier de s'y faire raser et masser le visage *(masaj)*.

A lire

Quelques livres de chevet pour mieux comprendre cette ville qui fut l'une des capitales du monde. *La Nuit du sérail*, de Michel de Grèce (Folio), vous racontera, mieux que le film, Topkapi et le vieux harem. Pour la vie au palais de Dolmabahçe, liser *De la part de la princesse morte* (Livre de Poche), signé Kénizé Mourad, petite-fille du dernier sultan. *Eyüp et ses alentours* avec l'incontournable Pierre Loti *(Aziyadé)*. Au tome 2 du *Voyage en Orient* (Gallimard Poche), un autre turcophile, Gérard de Nerval, détaille avec brio ses tribulations dans l'Istanbul de l'âge d'or (*le Voyage en Orient*, Garnier-Flammarion). Plus près de nous et pour une bonne approche, il faut lire l'excellent numéro de la revue *Autrement* : « Istanbul, gloires et dérives ». Un document collectif passionnant.

Un peu d'histoire

Un empereur romain, Constantin, donna son nom à la capitale, cette capitale donna son nom à un empire : telle a été la destinée de Constantinople. Son pouvoir s'étendait jusqu'en Europe, en Espagne et en Afrique du Nord. Au XIVe siècle, les Ottomans venant de l'Est envahirent toute l'Anatolie et très vite Byzance ne contrôla plus qu'un petit royaume. Le coup fatal fut porté en 1453 par le sultan ottoman Mehmet II qui s'empara de la capitale de l'empire d'Orient. Très vite, la prospérité revint.
Du temps de Soliman le Magnifique, quand Paris, la plus grande ville d'Occident, ne comptait que 250 000 habitants, la capitale de l'Empire ottoman était, avec ses 700 000 habitants, la première ville du monde.

A voir

Nous avons classé les monuments selon les quartiers, mais l'ordre dans lequel nous les avons décrits n'est pas un classement par intérêt décroissant. Tous ces édifices sont proches les uns des autres et nous vous laissons le choix de commencer votre visite par l'un ou l'autre de ces monuments. Attention aux jours de fermeture.

A SULTANAHMET (plan III)

▶ **Sainte-Sophie** (Aya Sofya ; plan III, C2) : ouvert tous les jours, sauf le lundi, de 9 h 30 à 16 h 30 (les galeries sont fermées entre 12 h et 13 h). Entrée payante. Réduction étudiants. Droits photo : les pieds sont interdits ainsi que les flashes.
Ce symbole de l'Empire byzantin triomphant fut durant dix siècles le plus grand monument religieux de la chrétienté (Saint-Pierre de Rome ne fut commencé qu'au XVe s.). L'édifice actuel, inauguré en l'an 537, construit sur un sanctuaire plus ancien, nécessita plus de 10 000 ouvriers travaillant sous les ordres d'une centaine de chefs de chantiers. Il fut réalisé en un temps record : cinq années, 10 mois et 10 jours pour élever dans le ciel son audacieuse coupole, à 55 m du sol, reposant sur quelques piliers. Cela tient du prodige architectural. Non, le XXe siècle n'a pas inventé la hardiesse dans la construction.
Carte blanche avait été donnée aux entrepreneurs, qui pillèrent tous les monuments païens d'Europe et d'Asie, depuis le gymnase d'Éphèse jusqu'aux temples d'Athènes et de Delphes. Toutes les carrières de marbre furent exploitées, et le coût de la construction mit en péril l'économie de l'empire pourtant prospère. On alla même jusqu'à supprimer les salaires de certains fonctionnaires (les syndicats n'existaient pas et les grèves étaient inconnues). On raconte que la seule construction de la chaire aurait coûté une somme équivalant à 5 années des impôts perçus en Égypte. Rien n'était trop beau pour

l'église de la Sainte-Sagesse (Ayasofya, en turc). C'est par déformation qu'elle est appelée de nos jours Sainte-Sophie. En fait, elle ne fut jamais dédiée à aucun saint. Il est amusant de noter que la construction de cette basilique fut ordonnée par l'empereur Justinien pour satisfaire un souhait de son épouse Theodora, une ancienne danseuse prostituée.

Il faut vite oublier « l'affreux corset de pierre » des contreforts antisismiques qui alourdissent l'architecture et les minarets qui défigurent cette basilique. On a bien du mal à croire que l'original a inspiré la plupart de nos bâtisseurs de cathédrales romanes.

La laideur de l'extérieur ne laisse pas deviner la splendeur de l'intérieur, qui fut pourtant dépouillé au cours des siècles. En pénétrant dans le sanctuaire, les pèlerins restaient interdits par la hardiesse de l'œuvre d'Anthémios de Tralles et d'Isodore de Millet. Les briques de la coupole, façonnées dans une terre très légère trouvée à Rhodes, pesaient douze fois moins qu'une brique ordinaire.

Ce que nous voyons aujourd'hui ne donne qu'une faible idée de la splendeur passée. Le pavement de mosaïque, l'iconostase d'argent, l'autel en or massif incrusté de pierreries et une grande partie des fresques murales ont disparu. Le sanctuaire fut dépouillé notamment lors de la quatrième croisade.

Le 29 mai 1453, quelques heures à peine après la prise de Constantinople, le sultan Mehmet II faisait prononcer le premier sermon qui transformait la basilique en mosquée. On fit suspendre un lustre à la coupole, les mosaïques byzantines furent recouvertes d'un badigeon, des médaillons géants portant le nom du prophète accrochés aux murs, des versets du coran peints autour de la coupole. Un croissant remplaça le crucifix géant et un mihrab la chaire qui avait coûté tant d'argent. Jusqu'en 1935, Ayasofya servit de mosquée. Puis, Atatürk transforma l'édifice en musée.

On pénètre maintenant par les vestiges de l'ancienne église de Théodose II dans une première salle conduisant au narthex (porche couvert précédant la nef). Elle est surmontée d'un christ en majesté. La porte sur l'extrême gauche permet de monter aux galeries, là où le peuple se tenait pendant que le sultan priait seul, en bas. Il faut s'habituer un peu à la pénombre de la nef centrale pour apprécier l'intérieur. On ne va quand même pas vous le décrire. N'oubliez pas cependant les deux grandes urnes d'albâtre servant aux ablutions. Un heureux paysan de Pergame les avait trouvées remplies de pièces d'or dans son champ. Cherchez la colonne suintante qui passe pour avoir le pouvoir d'exaucer les vœux, de guérir les maux de tête et de favoriser les maternités. Dans la coupole, ne manquez pas les chérubins à 6 ailes qui planent au-dessus du vaisseau depuis 10 siècles.

Il faut monter dans les galeries des tribunes. C'est là que vous verrez les plus belles mosaïques, dont la « Deisis » ou la prière, à fond d'or, et le portrait de l'impératrice Zoé (pas la Grande) avec son 3e mari peint sur l'effigie des deux précédents. En haut de la galerie, on aperçoit une colonne complètement de travers. C'est ce qu'il y a d'agréable en Turquie. Là où plane le génie, on trouve toujours un détail rassurant : on reste entre humains. Cette visite vous donnera peut-être l'envie d'aller faire un tour à l'*Arasta bazar*, juste à côté de la mosquée, dans d'anciennes écuries, bien restaurées, qui servent aujourd'hui d'échoppes aux commerçants. Beaucoup moins touristique que le Grand Bazar. Et il y a, parmi les marchands, de véritables amoureux du tapis.

▶ *La place de l'Hippodrome* (plan III, C3) : juste devant la Mosquée Bleue. De sa splendeur passée, il ne reste pratiquement aucune trace, si ce n'est une belle perspective des obélisques. Ce fut pourtant, durant dix siècles, le cœur de Constantinople. Il faut beaucoup d'imagination pour faire revivre, en regardant ces pierres, l'histoire fabuleuse de l'Empire byzantin.

Tout a commencé dès le IIIe siècle avec des courses de chevaux, sous le règne de Septime Sévère. Ces compétitions suscitaient de terribles émeutes, parfois même des soulèvements. Imaginez, en France, les élections remplacées par le tiercé : la droite contre la gauche. Sous Byzance, l'équipe des « Verts », à la gauche du stade, représentait le peuple et celle des « Bleus », à droite des tribunes publiques, la classe dirigeante. L'empereur présidait dans sa loge et donnait lui-même le signal du départ. Chaque course durait environ 30 mn. Les chars tournaient autour de la *spina* (la piste) ornée d'une douzaine de monuments. Les accidents étaient assez fréquents dans les virages où les chars rivaux s'accrochaient, rendant souvent la compétition meurtrière. Les courses étaient non seulement un divertissement, mais aussi une sorte de sondage de popularité pour le pouvoir en place. On dit que des empereurs auraient perdu leur trône après un échec de leurs équipes. La loge présidentielle, fortifiée, était directement reliée au palais. On n'était jamais à l'abri d'une émeute.

Après la prise de Constantinople par les croisés, l'Hippodrome tomba en ruine et fut allègrement pillé. On en retrouve des débris un peu partout dans les monuments d'Istanbul. Les célèbres chevaux de la basilique Saint-Marc à Venise proviennent de la loge impériale de l'Hippodrome. Ce sont probablement les coursiers les plus célèbres du monde. Venant probablement de Delphes, ils auraient surmonté l'arc de Trajan à Rome avant que Théodose ne les fasse transporter à Constantinople. Les croisés s'en emparent et les font galoper dans le ciel vénitien sur la façade de Saint-Marc. Bonaparte les détache « à grand renfort de palans » pour les placer devant le Louvre, sur l'arc de triomphe du Carrousel. Mais, après ses revers, il devra les restituer à Venise. Il ne reste à Istanbul que trois monuments d'origine : l'obélisque muré, jadis recouvert de bronze doré, la colonne Serpentine provenant du temple d'Apollon à Delphes (il ne subsiste qu'un tronçon sans intérêt) et l'obélisque de Théodose. Il vient du temple de Karnak, en Égypte (environ 1500 av. J.-C.). Les bas-reliefs sur le socle en marbre célèbrent différents événements de la vie de l'empereur Théodose Ier. Vous noterez le manque de finesse des traits et les attitudes figées des personnages et des scènes. Ce qui montre bien que l'art grec n'est plus, à cette époque, qu'un lointain souvenir...
A l'entrée de l'esplanade, vous aurez noté la fontaine kitsch offerte au sultan par l'empereur Guillaume II d'Allemagne en 1895.

▶ *La Mosquée Bleue ou Sultan Ahmet Camii* (plan III, C2). Ouverte de 8 h à 18 h tous les jours. Accès libre, en dehors des heures de la prière. Inutile de croire les faux guides qui vous disent qu'elle est fermée sous prétexte de vous accompagner. La plus élégante mosquée d'Istanbul fut commandée par le sultan Ahmet I à un architecte, disciple de Sinan, qui l'acheva après 6 années de travaux, en 1616. Elle est ainsi contemporaine de Saint-Pierre de Rome.
La mosquée est célèbre pour ses six minarets, dont seules se parent les mosquées plus sacrées. On raconte que le sultan tenait absolument à ses six minarets. Afin de contourner les autorités religieuses, outrées d'un tel désir, il offrit un septième minaret à la mosquée de La Mecque qui était la seule de tout l'Empire islamique à en posséder déjà 6.
Pour mieux en apprécier la beauté, il est préférable d'en faire le tour complet et d'entrer par la grande cour qui donne sur l'Hippodrome, et d'où partaient les pèlerins pour La Mecque. On découvre alors l'ensemble harmonieux que forme le dôme central entouré de 4 demi-dômes. En fin d'après-midi, le soleil déclinant donne à la pierre une douce couleur de miel.
Il faut pénétrer à l'intérieur pour comprendre pourquoi cet édifice a perdu son nom d'origine de Sultan Ahmet Camii pour prendre celui de Mosquée Bleue. Plus de 21 000 carreaux de faïence d'Iznik à fond bleu tapissent les parois et en font un des joyaux de l'art musulman. Roses, œillets, tulipes et cyprès stylisés sont représentés en motifs variés sur les faïences. Malheureusement, on ne peut accéder aux galeries où sont les plus belles. La coupole centrale, qui pourrait presque rivaliser avec celle de Sainte-Sophie, repose sur 4 piliers massifs qui n'ont pas moins de 5 m de diamètre. C'est du haut de la chaire de marbre blanc *(minbar)* que, le 15 juin 1826, le sultan Mahmud II devait proclamer la dissolution du corps des janissaires, entraînant le massacre de 7 000 d'entre eux. A noter qu'il y a un *son et lumière* en français gratuit un jour sur quatre en été. A 21 h en principe. Allez voir le grand panneau à 100 m de la mosquée.

▶ *Le musée des Tapis et Kilims :* à gauche de l'entrée principale de la mosquée. Ouvert de 9 h à 16 h et fermé, théoriquement, dimanche et lundi. Entrée payante. D'admirables tapis des XVIe et XVIIe siècles y sont fort bien présentés, sur des fonds clairs qui mettent en valeur la géométrie des dessins.

▶ *La fontaine du Sultan Ahmet III* (plan III, E3) : en sortant de l'enceinte de Topkapi, on passe devant l'une des nombreuses fontaines de la ville. Celle-ci, construite en 1728 dans un style influencé par le rococo européen, est assez belle quoique laissée en partie à l'abandon. A chaque angle, se trouvait un *sébil* où le passant pouvait se désaltérer avec de l'eau que lui présentait des serviteurs.

▶ *La rue Soguk Çesme* (plan III, E3) : passe derrière Sainte-Sophie et conduit vers la Sublime Porte. Elle donne une idée de ce qu'était le vieil Istanbul avant que la plupart de ses maisons de bois ne soient détruites par des incendies et surtout par des promoteurs sans scrupules. Les tremblements de terre étant assez fréquents, on avait pris l'habitude de construire les habitations en bois pour limiter les dégâts lors des secousses sismiques. Les plus beaux spécimens sont les quelques *yali* (maisons traditionnelles) sur les rives du Bosphore.

Le dynamique directeur du Touring Club, récemment démis de ses fonctions, a fait rénover cette rue pittoresque avec ses maisons peintes transformées en hôtel.

▸ **Yerebatan Sarayi ou la Citerne-Basilique** (plan III, C2) : en contournant Sainte-Sophie et en empruntant la Yerebatan Caddesi, on arrive devant l'un des monuments les plus étranges de Sultanahmet : le « palais englouti » comme l'ont baptisé les Turcs. Visite tous les jours de 9 h à 17 h mais, en été, ouvre parfois jusqu'à 19 h. Entrée payante. Réduction étudiants. Cette impressionnante citerne byzantine alimentait le palais de Topkapi avec l'eau venant des aqueducs d'Hadrien et de Valens. La visite vaut le coup pour les 336 colonnes qui se reflètent dans l'eau avec un fond musical approprié. Bravo au metteur en scène qui a permis, grâce à un éclairage somptueux, de faire revivre cette véritable cathédrale engloutie, avec ses 12 rangées de 28 colonnes, hautes de 8 m, qui semblent surgir de l'eau stagnante. Il faut aller voir, tout au fond, les deux chapiteaux inversés servant de base aux piliers. Une visite particulièrement recommandée aux heures les plus chaudes.
Une autre citerne a été découverte dans le quartier, en bas de la Soğukçesme Sokak mais elle a été aménagée en restaurant (Sarniç ; voir notre rubrique : *Où manger chic ?*).

▸ **Le palais de Topkapi** (Topkapı Sarayi ; plan III, D2) : ouvert tous les jours (sauf le mardi) de 9 h 30 à 17 h et 19 h en été. Entrée payante (réduction étudiants). Pendant l'été, afin d'éviter la foule et cette attente pénible sous le soleil, il est possible de réserver : ☎ 161-02-25, poste 313, pour obtenir son billet avec date et heure précisées. Se présenter au guichet peu avant l'heure dite. Ou, mieux, venir tôt le matin avant la foule. Le palais reçoit un million de visiteurs par an ! Dès votre arrivée, allez réserver votre place (nombre limité) pour la visite du harem (sur le côté gauche), ouvert seulement de 10 h à 12 h et de 13 h à 16 h. Longue attente aux heures de pointe. Entrée payante pour le harem, mais vous ne le regretterez pas.
Topkapi fut pendant 4 siècles, de 1453 à 1839, la résidence principale des sultans. En pénétrant dans leur intimité, on imagine sans mal leur puissance, à l'époque où ils régnaient sur le Proche-Orient et la moitié de la Méditerranée. Aujourd'hui, ce musée entouré de jardins est l'un des plus étonnants du monde. Chaque sultan y ayant ajouté ses pavillons, ses kiosques et ses patios, l'ensemble peut paraître hétéroclite et même complexe. L'insuffisance du nombre des gardiens et les travaux de restauration entraînent régulièrement la fermeture momentanée de certaines salles. On accède au sérail de Topkapi par *Ortakapi*, ou Porte du Salut, que seuls les sultans pouvaient franchir à cheval. Elle a beau avoir été élevée sous Soliman le Magnifique, en 1524, son architecture n'a rien d'oriental et pour cause : elle fut dessinée et construite par des prisonniers hongrois.
Dans la grande cour, plantée de cyprès, on a sur la gauche le Kubbealti et le harem et, sur la droite, les grandes cheminées des cuisines — ironie de l'architecture — identiques à celles du palais des papes à Avignon. Laissons tout cela pour la fin de la visite.
La deuxième porte, dite de la Félicité (Bab-I-Saadet), ouvre sur la 3e cour qui, gardée par les eunuques blancs, était accessible uniquement au sultan et à ses proches. Le premier pavillon, *Arz Odasi*, revêtu de magnifiques faïences, servait de salle d'audience au sultan qui y recevait les ambassadeurs accrédités auprès de la Sublime Porte. En regardant les fenêtres grillagées, avec un peu d'imagination, on peut se représenter le sultan assis sur son trône, recevant les présents des grands de ce monde. Astucieux : le bruissement du jet d'eau devait empêcher les intrus d'écouter les conversations. La fontaine et la porte sont surmontées d'inscriptions poétiques (allez vérifier ?) et la dalle de porphyre servit à étendre le corps de Selim III lorsqu'il fut assassiné en 1803.
La *bibliothèque d'Ahmet III*, édifiée en marbre blanc au XVIIIe siècle, ne se visite pas. Sur la droite, les anciens hammams abritent une étonnante garde-robe constituée de vêtements anciens. Certains ont une histoire comme le kaftan du jeune Osman II, encore taché de sang après son assassinat par les janissaires, le 20 mai 1876.
On arrive ensuite au temps fort de la visite : le *trésor*. Les vitrines de la place Vendôme et de la rue de la Paix paraissent bien pauvres à côté de celles qui contiennent une partie des richesses amassées par les sultans. Tout y est démesuré : les 48 kilos d'or massif des chandeliers incrustés de 6 666 diamants, les 86 carats du *Kaşikçi*, appelé aussi la cuiller, diamant taillé de 58 facettes et entouré d'une cinquantaine d'autres « petits » diamants qui

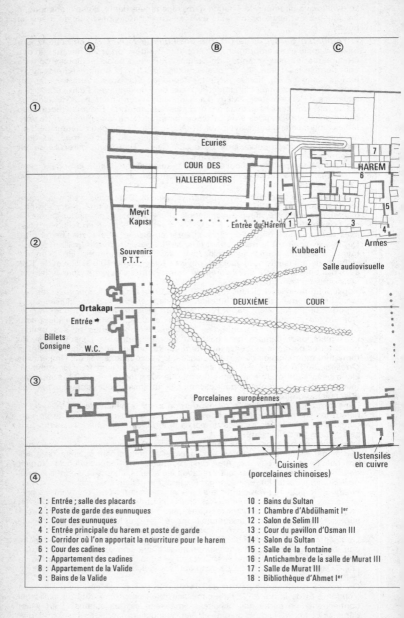

Ecuries

COUR DES
HALLEBARDIERS

HAREM

Meyit
Kapısı

Entrée du Harem

Souvenirs
P.T.T.

Kubbealti

Salle audiovisuelle

Armes

Ortakapı

Entrée →

DEUXIÈME   COUR

Billets
Consigne   W.C.

Porcelaines européennes

Ustensiles
en cuivre

Cuisines
(porcelaines chinoises)

1 : Entrée ; salle des placards
2 : Poste de garde des eunnuques
3 : Cour des eunnuques
4 : Entrée principale du harem et poste de garde
5 : Corridor où l'on apportait la nourriture pour le harem
6 : Cour des cadines
7 : Appartement des cadines
8 : Appartement de la Valide
9 : Bains de la Valide

10 : Bains du Sultan
11 : Chambre d'Abdülhamit Ier
12 : Salon de Selim III
13 : Cour du pavillon d'Osman III
14 : Salon du Sultan
15 : Salle de la fontaine
16 : Antichambre de la salle de Murat III
17 : Salle de Murat III
18 : Bibliothèque d'Ahmet Ier

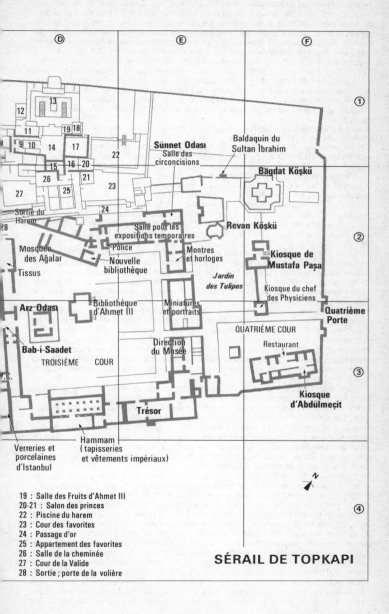

SÉRAIL DE TOPKAPI

19 : Salle des Fruits d'Ahmet III
20-21 : Salon des princes
22 : Piscine du harem
23 : Cour des favorites
24 : Passage d'or
25 : Appartement des favorites
26 : Salle de la cheminée
27 : Cour de la Valide
28 : Sortie ; porte de la volière

feraient rêver les croqueuses les plus blasées, les 250 kilos d'or du trône du shah Ismaïl orné de milliers de pierres précieuses, les 3 kilos de l'émeraude brute la plus lourde du monde, sans parler du célèbre *Hançer*, poignard qui inspira le film de Jules Dassin. Sa lame est nichée dans un fourreau d'or et de diamants. Sur sa garde : 3 émeraudes, et une quatrième sur le pommeau contenant une montre (probablement pour lire l'heure du crime). La couleur verte étant celle de l'islam, les émeraudes étaient très prisées des sultans. Pendentifs, boîtes à priser, narghilés, voisinent avec le reliquaire contenant les restes de saint Jean Baptiste. C'est une avalanche de joyaux et d'objets précieux : armures, casques, carquois couverts de diamants, meubles incrustés de nacre et d'ivoire, vaisselle de jade. Le trône de Nadir Shah, en bois de santal orné d'émail, d'émeraudes et de rubis, semble sorti d'un conte des *Mille et Une Nuits*.

Suivent d'autres salles (souvent fermées) consacrées aux précieuses miniatures et portraits ainsi qu'à l'horlogerie.

La 4ᵉ porte conduit au *jardin des tulipes ;* c'était la fleur favorite du sultan Ahmet III (1703-1730) dont l'époque fut d'ailleurs baptisée « règne des tulipes ». Dans le jardin, plusieurs pavillons avec une grande terrasse surplombant le Bosphore, la mer de Marmara et la côte d'Asie.

Pourquoi ne pas faire une halte au restaurant Konyali (beaucoup de touristes et des prix élevés pour une nourriture quelconque) ou, mieux, à la cafétéria en dessous, pour profiter de la vue exceptionnelle ? De tous ces pavillons, le plus intéressant est, sans conteste, le *Bagdat Köşkü,* tapissé de faïences bleues d'Iznik avec des boiseries incrustées de nacre et une coupole qui étonnera les plus blasés, sous laquelle on a placé un brasero de cuivre offert par Louis XV au sultan de l'époque.

Le baldaquin du sultan Ibrahim est un prétexte idéal pour les photos souvenir. Il faut attendre son tour pour poser sous l'étonnant chapiteau de cuivre doré suspendu au-dessus de la Corne d'Or. Les fontaines murmurent autour d'un bassin de marbre une mélopée tout orientale et rafraîchissante. Derrière, la *Sünnet Odasi*, tapissée elle aussi de splendides céramiques, servait de salle d'opération pour les circoncisions.

Il faut revenir sur ses pas, dans la 3ᵉ cour sur la gauche (sur le plan, expos temporaires), et s'arrêter au *Hirka-I-Saadet,* plus fréquenté par les Turcs que par les touristes. On y vénère les reliques les plus précieuses de tout le monde islamique avec : le manteau de Mahomet, son étendard, l'une de ses dents, la marque de son pied et une lettre rédigée de sa main (il n'avait même pas de secrétaire). Quant à la barbe du prophète, c'est loin d'être un mythe pour le chamelier porté sur le juron, puisque quelques poils sont exposés dans un écrin de cristal serti d'or.

Toutes ces reliques n'étaient auparavant exposées qu'une fois l'an. Une attitude respectueuse convient à ce lieu.

Les athées fileront tout de suite vers le *harem,* à condition d'avoir réservé son tour. Conditions d'admission spéciales décrites plus haut.

Habilement restauré, cet énorme harem est néanmoins massacré par le système des visites : un guide devant, un guide derrière, et en avant le troupeau pour une balade éclair. Le harem se compose de centaines de pièces mais on n'en visite qu'une trentaine. Le nombre de femmes vivant dans le harem varia de 8 à 400 selon la fougue du sultan...

La reine mère *(Valide Sultan)* régnait sur cet univers clos, détenant tous les pouvoirs. La jalousie, la haine, la fourberie et la vengeance se déclinaient sous toutes formes. Il faut savoir que chaque épouse légitime pouvait espérer, quand elle avait un fils, accéder un jour au rôle suprême de Valide Sultan. Mais le trône ne revenait pas obligatoirement à l'aîné des fils du souverain, d'où rivalités, complots et meurtres. La vie dans cette cage dorée ne devait pas être drôle tous les jours. Elle était d'ailleurs régie par un protocole très strict. Les concubines ne pouvaient circuler librement quand le sultan se déplaçait et l'accès au jardin leur était interdit lorsque le « maître » s'y promenait.

Les premiers appartements du harem furent conçus par Sinan, l'architecte favori de Soliman le Magnifique, mais toute la décoration actuelle date du XVIIIᵉ siècle. A gauche de la cour d'entrée, les cellules des eunuques, puis l'école des princes et le logement des eunuques. Ensuite, on accède à une cour avec les chambres des épouses légitimes (kadines). Elles étaient séparées des concubines (odalisques).

Dans la salle du sultan, notez la galerie de bois doré où se tenait parfois un orchestre pour des concerts. Les musiciennes jouaient, dos à la salle, avec interdiction de se retourner. Un eunuque y veillait de façon vigilante. Les plus jeunes filles restaient là aussi pour apprendre à se tenir devant le sultan. En effet, c'était dans cette pièce que les femmes venaient à tour de rôle danser devant le sultan afin qu'il effectue son choix pour la nuit. Dans une autre pièce, vous remarquerez les robinets ouverts dont le bruit devait couvrir les bruits des ébats amoureux du sultan ou des conversations engagées avec la femme qu'il avait choisie. Belles faïences du XVIe siècle. La chambre du prince était appelée la « cage en or » parce qu'il n'avait pas le droit d'en sortir, ni même celui de regarder par la fenêtre les femmes qui se promenaient dans les jardins ! Les eunuques veillaient sur cet univers concentrationnaire. Il y en avait de deux sortes : les Blancs qui surveillaient l'extérieur et les Noirs placés à l'intérieur qui « étaient les intraitables gardiens des femmes. Ce n'était pas seulement parce que leur couleur rebutait celles-ci, mais parce qu'ils étaient complètement émasculés, y compris le membre, alors que les blancs n'avaient perdu que la bourse » (A. t'Serstevens).

Même ceux qui sont épuisés ne peuvent se dispenser de visiter les anciennes cuisines. Plus de 1 000 personnes y étaient employées servant 5 000 couverts chaque jour, 15 000 lors des festivités. Lorsque l'on sait qu'un banquet pouvait se composer d'une cinquantaine de plats, on a une petite idée de l'ambiance qui régnait dans les locaux. En temps ordinaire, on y rôtissait pas moins de 400 poulets, 200 moutons et une centaine d'agneaux. Les salles surmontées de coupoles et de minarets tronqués abritent maintenant la plus belle collection de porcelaine chinoise qui soit au monde (elle ne compte pas moins de 10 280 pièces et il y en a encore autant à dormir dans les réserves). Cela va des plus anciennes pièces des époques Song et Ming jusqu'aux horreurs offertes par nos chefs d'État et souverains aux derniers sultans. Les pièces les plus sobres et les plus mystérieuses sont les fameux céladons du Song du XIIIe siècle, qui avaient l'avantage de changer de couleur lorsqu'un poison était versé dans les aliments. Très important à une époque où on aimait volontiers se débarrasser de son voisin. A savoir aussi que les mets destinés au sultan étaient préparés dans une pièce séparée. Il est étonnant de penser que ces milliers de pièces, venues de l'Empire du milieu par la route de la soie dans des charrettes tirées par des mulets, sont parvenues intactes à bon port.

▶ *La cour des Janissaires et Sainte-Irène* : en sortant du palais de Topkapi, par la grande cour où vous avez pris votre billet, vous traversez ce qui fut pendant des siècles la cour des janissaires... aujourd'hui transformée en parking pour les bus. Le corps d'élite des janissaires était composé de jeunes garçons recrutés avant la puberté dans les villages d'Anatolie. Convertis à l'islam, ces esclaves recevaient dans les écoles du sérail une éducation plus ou moins poussée, destinée à en faire des soldats ou des cadres du régime. Certains ont pu même devenir grand vizir du palais (paradoxe : l'Empire ottoman était alors gouverné par des chrétiens). Ces soldats, qui participèrent en 1453 à la prise de Constantinople, étaient au service exclusif du sultan, leur père nourricier et bienfaiteur. Interdits de mariage, ils étaient condamnés au célibat. Les pauvres devaient se « morfondre » à côté du harem !

Leur nombre ne cessa de croître au cours des siècles pour atteindre 140 000 hommes au début du XIXe siècle. Leurs pouvoirs et leurs privilèges aussi ne cessaient de s'étendre jusqu'à mettre en péril le régime. En 1622, ils assassinèrent Osman II qui souhaitait dissoudre leur régiment et, quelques années plus tard, son successeur qui avait eu la prétention de vouloir leur faire payer des impôts. Non mais alors ! Lassé de leurs revendications, le sultan Mahmud II décida d'inverser les rôles et de se débarrasser de ce corps d'élite. Il n'y alla pas par quatre chemins et extermina en un jour les 7 000 janissaires qui faisaient de l'ombre à son trône. Juste à côté des guichets des billets, la petite fontaine servait, paraît-il, aux bourreaux pour nettoyer leur sabre après les exécutions. On tuait beaucoup à Topkapi Sarayi et personne n'était à l'abri : ni les ministres, ni les favoris, ni même le grand vizir quand il avait cessé de plaire. Les sultans, parfois pusillanimes, cédaient à la pression de leur entourage. C'est pourquoi les bourreaux séjournaient en permanence dans le palais, toujours prêts à rendre service.

Au fond de la cour, sur la droite, se trouve un des premiers sanctuaires chrétiens de la ville : *Sainte-Irène* (Aya Irini kilisesi), antérieure même à Sainte-Sophie. Admirablement restaurée, il y a une vingtaine d'années, et désaffectée, c'est aujourd'hui une salle de concert. Ce fut la seule église à ne pas être transformée en mosquée après la conquête. Elle servait d'arsenal aux janissaires. Très belle dans son dépouillement, c'est une église inconnue de la plupart des touristes. Ouverte de 9 h 30 à 17 h, sauf le mercredi.

LES MUSÉES DE SULTANAHMET

▶ *Le musée archéologique* (plan III, C-D2) : à côté du palais de Topkapı. Ouvert tous les jours, sauf le lundi, de 9 h 30 à 17 h. Accès payant. Réduction étudiants. L'entrée est très mal indiquée. On peut y accéder depuis le palais de Topkapı ou depuis le parc Gülhane, à côté du zoo. Les panneaux ne peuvent être plus discrets. Le musée se compose de 3 parties :
– *Musée de l'Ancien Orient :* on y découvrira beaucoup de sculptures hittites, les bas-reliefs en céramique peinte de Babylone, de nombreux objets et sculptures des civilisations mésopotamiennes. Les objets sont intéressants mais mal mis en valeur et les explications un peu trop succinctes et souvent écrites en turc.
– *Musée de la Céramique* (Çinili köşk) : en face du musée des Antiquités. C'est le plus ancien des édifices laïques d'Istanbul, construit juste après la conquête, en 1472. Sa façade est entièrement recouverte de mosaïques. L'intérieur est souvent fermé au public. Dommage car c'est l'occasion de voir de près les fameuses mosaïques d'Iznik.
– *Musée des Antiquités :* dans un beau décor de palazzo romain, un amoncellement d'œuvres grecques, romaines et égyptiennes. Il y en a peut-être trop pour réellement apprécier. Une partie du musée vient de faire l'objet d'une restauration qui a mis en valeur ses fameux sarcophages. Le plus célèbre est celui dit d'Alexandre, trouvé au Liban à la fin du siècle dernier. Tous ses panneaux sculptés étaient peints mais les couleurs se sont estompées. Qu'importe, l'ensemble est surprenant, surtout lorsque l'on sait qu'il date du IVe siècle av. J.-C. Il faut voir aussi le sarcophage des Pleureuses où seraient représentées les épouses du roi de Sidon. Ceux qui n'auront pas l'occasion d'aller à Kas et à Fethiye ne doivent pas manquer les tombeaux lyciens en forme de carène de navire renversé. Le musée doit poursuivre sa modernisation et il en a grand besoin ! Si vous ne devez en visiter qu'un seul au cours du séjour à Istanbul, ce doit être celui-là.
Aller absolument boire un thé dans le petit bar du musée où les tables sont des morceaux de colonne antique disséminés parmi d'autres vestiges.

▶ *Le musée des Arts turcs et islamiques* (plan III, C3). Ouvert de 9 h 30 à 17 h. Fermé le lundi. Installé dans le sérail d'Ibrahim pacha. Ce palais magnifique provoqua d'ailleurs la mort de son propriétaire. Ibrahim était le meilleur ami du grand vizir de Soliman le Magnifique mais ce dernier, jaloux de sa fortune, décida de l'occire. En France, Louis XIV ne fit pas autre chose avec son intendant Fouquet.
Le rez-de-chaussée du musée abrite des collections ethnographiques d'un grand intérêt et bien présentées. La visite permet de mieux comprendre la vie paysanne turque. Voir les reconstitutions d'intérieurs et surtout les tentes utilisées par les nomades, ces yourtes qui tranchent avec les salons bourgeois d'Istanbul du début du siècle. Au premier étage, nombreuses collections d'objets remarquables, rassemblés pour la plupart dans de petites pièces qui donnent une idée de l'architecture d'un authentique palais ottoman du XVIe siècle. Un musée à ne pas manquer. Cafétéria à l'extérieur, dont la terrasse ouvre sur l'hippodrome et l'obélisque.

DE SULTANAHMET A GALATA EN PASSANT PAR BEYAZIT ET LES BAZARS

La *Divan Yolu* (plan III, C2), large avenue datant de l'époque romaine, permet de découvrir des aspects différents de la vieille ville. Dans le square, près de Yerebatan Sarayi, un petit monticule de pierre joua un rôle important dans l'ancienne Byzance : il servait de borne pour calculer toutes les distances du vaste Empire ottoman. Le Türbe de Mahmut II, sur la droite, offre en été, à l'intérieur de son jardin-cimetière, une terrasse agréable pour prendre un thé.
Plus loin, le moignon calciné du Çemberlitaş est un vénérable monument (il faut le savoir). Il s'agit de la colonne érigée par l'empereur Constantin pour commémorer l'unité des croyances religieuses dans le nouvel Empire romain dont Constantinople était devenue la capitale. L'empire s'est effondré et la colonne aussi. Ce qu'il en reste a dû être consolidé par des cercles de fer.

▶ *Beyazit Camii* (plan III, B2) : la plus ancienne mosquée impériale de la ville fut construite en 1505 sur le même plan que Sainte-Sophie, avec des matériaux provenant d'autres monuments, pillés lors de la chute de Constantinople. Derrière la mosquée, le türbe du fondateur et un petit café bien sympa et ombragé, juste à côté du marché aux livres *(Sahaflar Carşisi)*. L'Université n'est pas loin, dominée par la tour de Beyazit. Du sommet, on a une vue générale sur Istanbul. A cet emplacement, se trouvait le vieux sérail où les anciennes concubines et les veuves des sultans finissaient leurs jours, loin du harem de Topkapi. Le *musée de Calligraphie* n'intéressera que les orientalistes. Suivez plutôt la Çadircilar Caddesi qui longe l'Université sur la droite et conduit à la Süleymaniye Camii.

▶ *La mosquée de Soliman le Magnifique* (Süleymaniye Camii ; plan III, B1) : construite entre 1550 et 1557 par Mimar Sinan, le plus célèbre architecte ottoman auquel on doit, entre autres, la Selimiye d'Edirne. Cette mosquée est non seulement la plus vaste d'Istanbul mais l'une des plus majestueuse. Il s'agit, en fait, d'une véritable cité *(külliye)* comprenant un hôpital, une bibliothèque, des écoles, un hammam, un resto populaire et autres services publics construits autour de la mosquée proprement dite. La Süleymaniye est considérée comme la plus grande réussite de son architecte. Soliman voulait une construction digne de la grandeur de son règne, qui fut d'ailleurs souvent appelé « le siècle de Soliman ».

La mosquée, encadrée de 4 minarets agrémentés de balcons ouvragés, véritables collerettes de dentelle de pierre, est précédée d'une cour à portique dont les colonnes proviennent de l'Hippodrome. La porte principale ouvre sur la salle de pierres impressionnante par ses proportions. L'acoustique est étonnante : le moindre bruit fait à un endroit, un claquement de main par exemple, est immédiatement perçu à tous les coins de la mosquée. Ici, pas de mosaïques ni de faïences mais des motifs peints à fresque avec des médaillons à calligraphie arabe. Les 138 fenêtres (on les a comptées) déversent une belle lumière sur l'ensemble, principalement lorsque les rayons du soleil éclairent les vitraux à fleurs, au-dessus du mihrab. La coupole géante repose sur 4 piliers qui ont plus de 7 m de large. Sur les bas-côtés, une galerie est soutenue par des colonnes de porphyre provenant d'Alexandrie.

Dans le petit *cimetière* il faut aller voir le mausolée de Soliman (ouvert de 9 h 30 à 16 h 30, sauf lundi et mardi) et celui de son épouse favorite, Roxelane, qui était d'origine russe. L'architecte Sinan, décédé en 1588, repose dans un petit enclos derrière la mosquée. La plupart des édifices qui entouraient la mosquée ont été transformés en boutiques pour touristes, où les « faux vrais » voisinent avec les « vrais faux ».

Les fanas d'architecture pourront aller voir, à 400 m environ, la Şehzade Camii, l'une des premières mosquées construite par Mimar Sinan, et commandée par Soliman le Magnifique pour honorer la mémoire de son fils Mehmet qu'il avait tout simplement fait assassiner pour satisfaire son épouse. Elle souhaitait faire accéder au trône un autre de ses fils, Selim, et n'hésita pas à monter un complot pour faire « liquider » Mehmet par son propre père. Quel beau titre pour la presse à sensation de l'époque !

Un peu plus loin commence l'aqueduc romain de Valens (plan III, A1) bâti en 378. Il en reste près de 800 m, dans un excellent état.

▶ *Le Grand Bazar* (Kapali ; plan III, B2) : ouvert de 9 h à 19 h en été. Fermé les dimanche et jours de fête. Depuis le XVᵉ siècle, on y vend, on y achète de tout. Au début, il y eut le Bedesten, un marché en plein air que les commerçants décidèrent de couvrir et de fermer pour ne pas avoir à remballer leur marchandise chaque soir. Les seigneurs de l'époque firent construire des caravansérails pour que les caravanes puissent livrer les produits directement au cœur de cette première « grande surface ». Les incendies successifs ravagèrent ce Grand Bazar et celui que l'on visite actuellement ne date que des premières années du XIXᵉ siècle.

Il ne comporte pas moins de 4 000 échoppes et reste avec ses 200 000 m² le plus grand marché couvert du monde. Ces échoppes sont groupées en quartiers spécialisés : orfèvres, dinandiers, marchands de tapis, de vêtements ou de chaussures. Comme dans l'ancien temps, chaque rue abrite sa corporation, de sorte « qu'un homme dépouillé de tout pourrait sortir du bazar complètement vêtu et meublé » et ... ruiné. L'objet manufacturé, la pacotille, le bric-à-brac, la verroterie, le clinquant ont, depuis des lustres, remplacé les soies, les brocarts, les cuirs et les fourrures qui, portés par des caravanes, arrivaient chez les commerçants grecs, juifs ou arméniens tenant boutique. Maintenant, on guette le touriste. Malgré tout, le spectacle demeure permanent sous les voûtes éclairées de mille ampoules. Et, dans cette ruche bourdonnante où chacun est acteur, il arrive encore parfois de croiser une femme en pantalon bouffant, enveloppée dans un grand châle.

Au centre, se trouve le *vieux bazar,* endroit vraiment merveilleux (et le plus cher !) où s'entassent les plus somptueux tapis, les antiquités les plus rares, les bijoux les plus beaux, les corans les mieux enluminés. Là, rendez visite à Mustafa Ergüren, plus connu sous le nom de *Parisli,* le Parisien, une célébrité locale. Il adore parler notre langue et, si vous lui semblez sympathique, il ouvrira pour vous son coffre d'Ali Baba, à moins qu'il ne vous raconte sa vie pleine d'imprévus (Kapalıçarşi, Cevahir Bedesten Şerif Ağa Sokak 20-21).

Au Grand Bazar, le meilleur côtoie le pire. On y trouve à foison faïences, cuivres, pipes en écume de mer, cuirs (parfois pas si mal coupés mais bien faire attention).

Pas question de vous conseiller un itinéraire dans ce labyrinthe. Laissez-vous porter, au hasard de vos pas, et ne craignez pas de vous perdre. Il y aura toujours quelqu'un pour vous indiquer la sortie. Allez boire un verre à *Şark Kahvesi,* un bistrot vieillot au cœur du bazar, près des PTT en allant vers Halk Bankasi. Vieilles photos et fresques sur les murs.

Enfin, un bon resto à l'intérieur du Grand Bazar : *Havuzlu Lokanta.* Mais il existe des tables meilleur marché. Si vous voulez voir un caravansérail, demandez le *Zincirli Han,* tout au bout de la rue des orfèvres.

▶ *Büyük Valide Han :* Çakmakçilar Yokuşu (plan III, B1-2). Dans la rue qui mène du Grand Bazar au bazar égyptien. Voici un endroit très peu connu, un scoop du Routard à ses lecteurs. L'un des plus beaux caravansérails d'Istanbul, complètement digéré par la ville, noyé dans les maisons qui s'y sont accolées. A l'intérieur même, des maisons construites autour des cours masquent les belles arcades d'antan dont on aperçoit parfois les petits croissants de lune quand les toits ne montent pas trop haut. Les mêmes lourdes portes d'époque couvertes de plaques de fer rivetées vous accueillent à l'entrée de chaque cour. Dans la troisième, sans les voitures, on pourrait se croire sur une aimable place de bourg provincial, avec ses arbres et son café avec terrasse. Tout autour, les anciennes cellules du caravansérail bourdonnent d'activité.

Devineriez-vous que près de 1 000 métiers à tisser œuvrent en ces lieux, dans un gigantesque vacarme mécanique ? La grande tour carrée servit de prison sous le règne byzantin. Dans cette troisième cour, nos lecteurs photographes grimperont le premier escalier extérieur dans le coin à droite de l'entrée, puis un escalier intérieur qui les mènera sur le toit du *han,* avec ses cheminées et ses dômes si caractéristiques. Le spectacle sur la ville est merveilleux : toutes les mosquées, le pont de Karaköy, Beyoğlu et la belle architecture des *hans Büyük Yeni* et *Kürkçü* de l'autre côté de la rue...

▶ *Le bazar égyptien* (Mısır Çarşisi) : en face du pont de Karaköy (plan III, B1). Fermé le dimanche. Bien que très récent (il fut reconstruit en 1943), ce marché aux épices possède aussi une architecture intéressante. Il faisait partie de la mosquée Yeni Camii que nous verrons en arrivant au pont de Galata. Le bazar, lors de sa création, vers 1600, était un « drugstore » où les Génois et les Vénitiens venaient vendre leurs épices, leurs plantes médicinales et leurs parfums. Avant de rentrer au pays, allez profiter à fond de ses odeurs et remplir votre cabas des produits qui prolongeront la magie istanbuliote de nombreux mois encore : herbes de cuisine (ah, les thyms, la menthe...), fromages (certains sont encore dans leur peau de chèvre), confiture de roses, *pastirma* (genre de viande séchée des Grisons découpée en fines lamelles), les meilleurs saucissons de mouton. En ce qui concerne les parfums, attention aux senteurs un peu trop tenaces : « la Nuit chez le Sultan » est assez dur à porter ! Pour vos achats, allez plutôt dans les rues adjacentes.

Pour la confiture, le miel, l'huile d'olive et l'*helva* (pâte à base de sucre, d'huile de sésame et de citron), allez sur Unkapani, chez *Koska Helvacisi ;* c'est un grossiste, prix intéressants.

Si vous vous trouvez au bazar à l'heure du déjeuner et qu'il vous reste encore un peu d'argent, allez manger chez Pandeli (voir rubrique *Où manger ?)* ou gavez-vous de loukoums. Il y en a d'excellents.

▶ *Le marché aux oiseaux :* à côté du bazar égyptien. Sangsues médicinales et poissons exotiques. Aquariums de toute dimension vraiment pas chers. On peut encore s'y faire prédire l'avenir par des pigeons.

▶ *La Hasircilar Caddesi,* pleine de parfums et de bruits, vous conduira entre une double haie de marchands ambulants jusqu'à la Rüstem Paşa Camii, encore une petite mosquée pleine de charme, construite par l'incontournable architecte Sinan. D'harmonieuses proportions, elle présente de magnifiques céramiques bleues (actuellement fermée pour travaux). Ne la confondez pas avec la Yeni Camii (plan III, C1), c'est-à-dire la Nouvelle Mosquée, vaste construction encadrée par deux minarets à trois balcons dont les marches servent de lieu de rendez-vous à tous les pigeons du quartier. Et Dieu sait s'il y en a, avec la proximité du marché aux épices !

▶ *Les alentours du pont Karaköy,* plus connu sous le nom de pont de Galata, comptent parmi les lieux les plus animés d'Istanbul avec la proximité des bazars, des grandes banques, de la gare de Sirkeci et, surtout, des embarcadères des *vapur.* Le flot des voitures y est incessant et la foule des piétons aussi dense que celle des couloirs de métro aux heures de pointe. Le pont Karaköy peut s'ouvrir la nuit, dans sa partie centrale, pour permettre aux bateaux de cabotage de pénétrer dans la Corne d'Or. De nombreux restaurants ont trouvé refuge sous ses arches, ainsi qu'un ou deux débits de raki où il arrive encore parfois qu'un musicien se produise avec son *saz.*

DE LA YENI CAMII AUX MURAILLES DE THÉODOSE LE GRAND

Cet itinéraire permet de rencontrer un Istanbul insolite, inhabituel, hors des normes. Loin de la circulation démente de Sultanahmet ou Beyoğlu, vous trouverez des quartiers populaires, comme autant de villages anatoliens plantés là, avec des habitants encore plus souriants et disponibles qu'ailleurs. Les nombreux pantalons bouffants croisés, ainsi que les longs tchadors noirs témoignent de ce qu'Istanbul, aujourd'hui, c'est aussi une émigration intérieure très importante et que l'islam y est encore présent. Quelques rues sont habitées par des Turcs d'origine grecque orthodoxe et rappellent qu'il y a à peine soixante-dix ans la moitié de la population d'Istanbul était composée de chrétiens : Grecs, Arméniens, Levantins, Latins, etc.
Vous serez loin des belles boutiques du quartier de Taksim ou de la rue Istiklâl, mais plus proche de l'Orient... non pas un Orient factice, mythique, symbolisé par des danseuses du ventre (en fait presque exclues de la culture populaire), mais celui de l'Empire romain, puis de Byzance, qui fascina longtemps l'Occident. Difficile d'en trouver les traces évidentes. Il reste toutefois suffisamment de signes, de détails, quelques églises qui ne furent pas transformées en mosquées, pour nourrir votre imagination. C'est surtout vers l'un des plus vieux quartiers d'Istanbul, le *Fener,* que nous vous invitons à cette découverte. C'est l'ancien quartier grec où l'Empire ottoman recrutait les administrateurs de ses provinces chrétiennes. Bon, suivez-nous... Dieu-Allah, petits poucets géniaux, ont semé des sanctuaires tout le long du parcours pour nous guider !

Pour éviter une marche d'approche longue et sans grand intérêt, prendre le bus n° 33 pour Fener ou le *vapur* à l'embarcadère de Haliç sur le côté gauche du pont de Galata (plan I, C2) et descendre à la deuxième station, Fener Iskelesi. Attention : les *vapur* ne sont pas fréquents sur cette ligne de la Corne d'Or.

▶ De la station, il faut revenir un peu sur ses pas et grimper vers la **Sultan Selim Camii** (plan I, B2), dite aussi Selimiye. Ouverte tous les jours de 9 h 30 à 16 h 30, sauf le mardi. Encore une construction due au génie de l'architecte Sinan, réalisée en un temps record (1520-1522) pour le compte de Soliman le Magnifique qui voulait honorer la mémoire de son père, Sélim Iᵉʳ, despote si cruel qu'il fut surnommé « le Terrible ». Il faut dire aussi qu'il avait assassiné tous ses frères et fait décapiter huit des grands vizirs. Assuré de sa puissance, il partit à la conquête de l'Égypte, de la Syrie et de la Perse ; ce qui lui valut le titre de calife de l'islam, porté par tous ses successeurs jusqu'à la proclamation de la République en 1923. Ce « Terrible » savait aussi, à sa manière, être un pacifiste : il écrivit une œuvre poétique en persan, langue littéraire de l'époque. La Selim Camii domine un vieux quartier pittoresque et offre un beau panorama. La vue sur le Bosphore est, hélas, gâchée par l'odeur nauséabonde. La mosquée, émouvante par sa sobriété, compose un ensemble harmonieux avec une grande cour entourée de portiques et une belle fontaine aux ablutions à l'ombre de vieux cyprès. Magnifique porte sculptée à stalactites. Dans le jardin, plusieurs tombeaux (*türbe*) dont celui du « Terrible » surmonté d'une coupole côtelée et clos par une porte incrustée de nacre. A l'intérieur, mosaïques d'Iznik à motifs jaunes.
Du petit jardin attenant, vous noterez une curiosité : la *citerne d'Aspar,* vaste trou de plan carré de 152 m de côté et 8 m de profondeur, creusé en 459 et

probablement déjà désaffecté à l'époque byzantine, puisqu'il était connu sous le nom de « jardin sec ». De vieilles maisons avec arbres et jardins potagers en occupent le fond. Dommage que l'endroit soit devenu un parking en attendant mieux, suite aux protestations des riverains.

Plus bas, une église orthodoxe assez délirante : il s'agit du *Patriarcat de Saint-Georges*. L'église date de 1720 mais elle a été très restaurée un siècle plus tard et son intérêt consiste surtout dans quelques reliques dont une soi-disant colonne de la Flagellation conservée dans un coffre de bois.

Un lacis de ruelles vous conduira à la *Fethiye Camii* (plan I, B1), encore une ancienne église consacrée au culte musulman. Pour la faire ouvrir, s'adresser au gardien. Elle est accessible au public, normalement tous les jours, sauf le mardi, de 9 h 30 à 16 h 30. A l'intérieur subsistent quelques mosaïques à fond d'or du XIVe s. conservées dans le parescléion, petite chapelle latérale restée à peu près intacte depuis la conquête de la ville.

La Fethiye Caddesi puis la Draman Caddesi et la Nester Sokak mènent à la Kariye Camii, l'un des monuments les plus intéressants de cet itinéraire dont la visite est indispensable.

▶ *Kariye Camii* (plan I, A1). Pour y aller depuis le centre ville : dolmuş ou bus nos 39 ou 86 de Sultanahmet. Ouvert tous les jours, sauf le mardi, de 9 h 30 à 16 h 30. Flash et pieds photo interdits. Construite sur une colline entourée de quelques vieilles maisons rénovées, l'église est un monument tellement visité qu'il faut parfois attendre son tour de pouvoir y pénétrer. Un charmant petit café, sur la place, permet de patienter en admirant la sobre façade de l'ancienne *église Saint-Sauveur in Chora*, transformée en mosquée après la prise de la ville. Aujourd'hui, c'est un musée vraiment superbe. L'édifice est si ancien que personne ne sait plus quand il fut fondé. Une seule certitude : c'est à la fin du XIIIe s. qu'on le fit restaurer et qu'on commanda les peintures murales et les fresques à fond d'or considérées, à juste titre, comme les plus belles du monde byzantin. Ces œuvres qui nous racontent la vie du Christ n'ont jamais été recouvertes de chaux, même du temps où l'église servait de mosquée, ce qui explique peut-être leur fraîcheur et leur éclat. Pendant 4 siècles, la gloire d'Allah fut chantée sous l'image du « Christ debout ». Dans le tympan, au-dessus de la nef, l'artiste a représenté le donateur, Théodore Métochite, offrant son église à Dieu. Il finira d'ailleurs ses jours comme moine à Saint-Sauveur in Chora. On ne va pas vous faire un cours d'instruction religieuse ni vous détailler tous les tableaux représentés ; il faut cependant s'attarder sur la fresque du *Jugement dernier* où le Christ apparaît au milieu de la voûte céleste, entouré des élus disposés en arc de cercle. Les peintures de l'abside sont remarquables, notamment celles où Jésus tire Adam et Ève de leurs tombeaux. Une des œuvres que nous préférons : *la Dormition de la Vierge* au-dessus de la porte d'entrée. Les plus futés se muniront d'une paire de jumelles pour ne rien perdre des détails.

▶ *Les murailles de Théodose* (plan I, A1-2-3)

Dernière étape, malgré les jambes un peu lourdes. Mais au fond, on peut aussi commencer la promenade ici. Nous vous conseillons d'y arriver en fin d'après-midi pour bénéficier de la lumière dorée du soleil couchant. Et d'abord l'*Edirne Kapı* (la porte d'Edirne). Ces murailles ont vu passer les Perses, les Hongrois et les Francs.

C'est là que, le 29 mai 1453, Mehmet II lança l'assaut décisif avec ses janissaires pour s'emparer de la ville, à l'image des voitures qui s'y engouffrent aujourd'hui. Cette date cruciale est considérée par les historiens comme la fin du Moyen Age. Bien qu'une tour ait été restaurée, ce n'est pas ici que vous vous laisserez aller aux rêveries romantiques ou aux charmes des évocations historiques. Suivez donc la muraille sur 1 500 m jusqu'aux *tours d'Isaac Ange* et *d'Anemas* (au bord de la Corne d'Or), en passant par l'Eğri Kapı, et vous découvrirez un aspect d'Istanbul bien sympathique. La muraille compte une quinzaine de tours et est bien conservée. Elle permet de nombreux points de vue sur l'extérieur et donne l'impression que la ville s'arrête là. De l'autre côté, en effet, des étendues peu urbanisées, des prairies à moutons, ou de grands cimetières bucoliques. Entre deux remparts, des enfants jouent au foot et un paisible berger surveille son troupeau.

Intra-muros, les quartiers traversés vivent quasiment à un rythme campagnard. Vieilles maisons basses, jardinets fleuris, ruelles défoncées. Seuls les enfants leur donnent un peu d'animation. Avant le palais de Constantin, peut-être aurez-vous repéré sur la droite, à 100 m de la muraille, cette église au curieux petit clocher en forme de tonnelle avec une croix dessus. Un panneau indique « Tekfursaray-Hangerli Panayia Rum Kilisesi Vakifi ». C'est une église grecque orthodoxe. Il y a toujours devant quelques vieux au visage digne et tout ridé. Jolie décoration et pénombre émouvante.

Plus loin, il ne reste plus que les hauts murs du *palais de Constantin Porphyrogénète* (plan I, A1), mais les fenêtres cintrées de blocs de marbre rouge et blanc laissent deviner l'élégance de cette architecture du XIIᵉ siècle. Vous arriverez à l'Eğri Kapı. Le coin a beaucoup de charme. Petit cimetière au pied des murailles. Après l'Eğri Kapı, la route qui longe les murailles s'interrompt. Seul un délicieux fouillis d'étroites venelles bordées de jardins permet de garder le contact avec les remparts jusqu'aux tours d'Isaac Ange et d'Anemas et l'*Ayvansaray Kapı*. Le bus permet de revenir vers Galata, à moins que vous ne préfériez prendre le *vapur* à l'embarcadère de Ayvansaray (plan I, B1). Vous êtes à proximité d'Eyüp, décrit dans la promenade suivante consacrée à la Corne d'Or. Les deux itinéraires peuvent être conjugués s'il vous reste encore des forces et si vous n'avez pas une overdose de mosquées.

LA CORNE D'OR, LA MOSQUÉE D'EYÜP ET LE CAFÉ PIERRE LOTI

Pour se rendre à Eyüp, prendre le *vapur* à Eminönü , le *dolmuş* ou le bus (nᵒˢ 99 et 55). Évitez si possible le vendredi et les jours fériés.
La Corne d'Or ne mérite plus son appellation : son or s'est terni au cours des siècles. Ce qui fut l'un des endroits les plus agréables d'Istanbul, connu aussi sous le nom de promenade des eaux douces d'Europe (2 petites rivières s'y jetaient) n'est plus qu'une sorte de cloaque où l'eau croupit entre des usines abandonnées, d'anciens chantiers, des abattoirs et des carcasses de bateaux rouillées. Où sont les jardins parfumés chantés par les voyageurs du siècle passé (ancêtre des Routards) ? Heureusement, Eyüp apparaît comme une récompense au milieu de ce dépotoir.
Depuis la prise de Constantinople, Eyüp a toujours été un lieu saint consacré à un disciple du prophète et son porte-étendard, mort sous les murs de la ville en 670. Huit siècles plus tard, un coup de pioche miraculeux mit au jour les ossements du saint homme. Le sultan ordonna aussitôt la construction d'une mosquée. Celle que nous voyons aujourd'hui, tout en marbre blanc et entourée de minarets, date du XIXᵉ s. Elle se dresse au milieu de jardins-cimetières qui n'ont rien de triste et où tous les dignitaires de la ville se faisaient enterrer. Résultat : une vaste cité des morts, ponctuée de cyprès, calme et pleine de charme. Les *türbe* sont réservés aux personnages les plus importants, les sépultures des femmes surmontées d'une fleur et celles des hommes coiffées de tarbouches et de turbans.
L'accès à la mosquée est libre et gratuit. Une tenue décente et une attitude discrète sont requises : la mosquée était encore interdite aux roumis, au début de ce siècle. Le tombeau d'Eyüp, autrement dit Job (ouvert tous les jours sauf le lundi), de l'autre côté de la cour se distingue par ses parois de faïences et sa somptueuse grille. Il est possible de se mêler discrètement aux pèlerins pour voir, dans la chambre funéraire magnifiquement tapissée, la chasse contenant les reliques du saint et les empreintes d'un pied de Mahomet, trouvé à Topkapi. Après toutes ces dévotions, suivre les indications : *café Piyerloti* et monter (15 mn) à travers les cimetières par un sentier jusqu'au café où le romancier venait écrire son aventure malheureuse avec Aziyadé. Certaines mauvaises langues prétendent que c'était un travesti ! On ne lit plus guère Pierre Loti (1850-1923) et la terrasse est désormais envahie de cohortes de touristes et le *çay* n'a plus le même arôme mais il arrive, certains soirs, que le miracle se produise et que le soleil couchant poudroie la ville d'une pellicule d'or qui dissimule toutes ces misères et transforme même les cheminées d'usine en minarets. Il est alors permis d'imaginer ce que devait être le spectacle du sultan venant en pèlerinage à Eyüp sur son caïque impérial, escorté de ses vizirs et de ses pachas.

LA COLLINE DE BEYOĞLU OU LA VILLE MODERNE

C'est une facette d'Istanbul très différente, mais pas moins fascinante, et qui possède aussi une curieuse histoire.
Les Byzantins autorisèrent l'implantation de commerces tenus par des étrangers. Ceux-ci s'enrichirent rapidement et finirent par acquérir une quasi-autonomie. C'est ainsi que les Génois qui occupaient le quartier de Galata purent construire aux XIᵉ-XIIᵉ siècles des murailles délimitant leur territoire et l'étendre ensuite à une nouvelle ville au-dessus : Péra. La conquête de Constan-

tinople par les Ottomans ne mit pas fin aux privilèges des Européens, mais Péra reçut le nom turc de Beyoğlu (fils du Bey). La grande rue de Péra, l'actuelle Istiklâl, s'enrichit de maisons bourgeoises, de banques, de sièges des sociétés commerciales et de compagnies d'armateurs. Les ambassades s'y installèrent. Beyoğlu devint le fief de puissantes familles grecques, arméniennes et juives. Une intense vie culturelle s'y développa.

La révolution de Mustafa Kemal mit fin aux privilèges des étrangers, et le transfert de la capitale à Ankara précipita la décadence de Beyoğlu. On devine cependant la splendeur passée malgré la dégradation des immeubles, les rues défoncées... La population du quartier a bien entendu changé. Mais vous ne vous en plaindrez pas. Beyoğlu, c'est les Grands Boulevards en version turque, le parfum de la ville d'avant-guerre, opulente et cosmopolite. L'animation est constante, les rues respirent bruyamment. Vous y trouverez les meilleurs restos et une vie nocturne trépidante.

Il nous a semblé plus logique de vous faire effectuer la visite dans le sens de la descente (on prend soin de vous) surtout que l'itinéraire est longuet.

Le mieux est de se faire conduire en dolmuş ou en bus (en taxi si vous êtes plusieurs) à Taksim (plan II, D1), centre de la ville moderne. La place qui fut longtemps le lieu des grands rassemblements syndicaux est dominée par un monument aux morts de la guerre d'Indépendance et par le centre culturel Atatürk, appelé généralement l'Opéra. Plus haut, la Cumhriyet Caddesi (plan I, C1), avec sa succession de grands hôtels, mène au musée militaire.

▶ **Musée militaire** (Askeri Müze ; plan I, C1) : ouvert du mercredi au dimanche de 9 h à 17 h. En visitant cette caserne de béton derrière le Hilton, vous comprendrez ce qui distingue un général-dictateur turc d'un Pinochet quelconque. La Turquie et le sabre, c'est une vieille histoire. Avec l'armée, les sultans ont conquis l'empire, l'ont conservé et l'ont perdu. Quand ils ne sont pas morts étranglés par leurs gardes, les fameux janissaires, des colosses que l'on kidnappait, enfants, en pays chrétien, pour les dresser à la turque. En chair et en os, les voici. Une, deux... Tous les jours, sauf le lundi et le mardi, de 15 h à 16 h, la fanfare des terribles janissaires enfile robes et turbans, empoigne cymbales et chapeau chinois pour jouer des marches. Ce sont les seuls militaires autorisés à porter la moustache, vestige du vieil ordre. On sourit, goguenard, puis on se souvient que ces musiques ont terrifié les Byzantins, lors du siège. En première partie, des airs anciens, nobles et lents comme les mélodies de derviches (la seconde, moderne, fait trop bruit de bottes). Quant au musée par lui-même, il vaut plus qu'un coup d'œil : armes damasquinées, tentes immenses trimbalées par le sultan dans ses campagnes et surtout la collection des turbans du sérail, énormes échafaudages de tissus qui indiquaient le grade de chacun.

▶ **Istiklâl Caddesi** (plan II, B2-C1) nous raconte l'histoire de cette ancienne grande rue de Pera au temps de sa splendeur, à la fin du siècle dernier, lorsqu'elle était fréquentée par l'élite turque. Les yeux se portent immanquablement sur les façades très dégradées des anciens immeubles bourgeois et notent avec effarement les multitudes de fils électriques qui courent d'une fenêtre à l'autre, d'une maison à l'autre (la technique de l'encastré a disparu depuis longtemps). Cependant l'Istiklâl retrouve peu à peu son prestige d'antan surtout depuis qu'elle a été transformée en voie piétonne avec un tramway (c'est l'original du début du siècle un peu rénové). N'hésitez pas à l'emprunter. Il relie Taksim au Tünel en passant par Galatasaray où les deux rames se croisent. Une précision : n'achetez pas les tickets aux revendeurs à la sauvette, on peut payer en montant. Très bon marché. Même prix que les bus municipaux.

Au début de l'Istiklâl, sur la droite, le consulat de France avec toutes ses dépendances, très actif. On peut y acheter la presse et assister à des spectacles.

▶ **Çiçek Pasaji :** plus bas, et toujours sur le côté droit, signalé par sa façade sur laquelle est gravé « Cité de Pera ». Ce *passage des Fleurs*, édifié en 1876, par un architecte français, pendant la première monarchie constitutionnelle, doit son nom à l'histoire soviétique : en 1917, les Russes blancs émigrent en masse vers Istanbul et les filles de bonnes familles se mettent à vendre des fleurs pour survivre. Avec l'intrusion des beaux militaires franco-anglais, à la fin de la Première Guerre mondiale, elles se réfugient dans le passage, pour continuer à exercer leur métier et mettre la fleur au bout du fusil de certains.

Les brasseries et restaurants n'apparaissent que vers 1940 mais très vite ce lieu est devenu un endroit magique synonyme de fête et surtout de beuveries. Les touristes ont envahi les lieux, à leur tour. L'ambiance est fonction aussi de la taverne choisie. La cuisine n'est jamais bouleversante mais la fête est toujours à portée de main. Juste à côté, ne pas manquer le Balik Pasar (marché au poisson). Tout ce coin vient d'être rénové mais le pittoresque est resté. Voir nos adresses dans *Où manger ?*

En empruntant l'*Avrupa Pasaji* (passage européen) qui connut aussi son heure de gloire, on peut rejoindre le consulat de Grande-Bretagne et l'église arménienne, intéressante et dont les portes sont toujours ouvertes aux visiteurs (plan II, B1). A proximité, le quartier grec avec le célèbre restaurant russe, le Yeni Rejans Lokantasi, que fréquenta Atatürk, et qui fut fondé par des danseuses en exil.

En revenant sur l'Istiklâl Caddesi, on se trouve face aux grilles du lycée « impérial » de Galatasaray qui joua un rôle considérable dans le rayonnement de la culture française. Maintenant c'est surtout son équipe de football qui est célèbre. La Yeni Çarşi, puis la Nuriziya conduisent au Palais de France, notre ancienne ambassade du temps des sultans. Splendide, mais on ne visite pas. Elle sert de résidence secondaire à notre ambassadeur, officiellement installé dans la capitale, Ankara. Veinard !

L'*Asmali Mescit Sokak* (plan II, B2) descend vers le Pera Palas, un monument construit par le fondateur de la Compagnie des Wagons-lits pour ses clients de l'Orient-Express (voir *Où dormir ?*).

Dans le bas de l'Istiklâl, la station du tünel, bien pratique pour gagner le centre depuis le pont de Galata. Arrêtez-vous, à côté dans la Galip Dede Caddesi, au *Tekke des derviches tourneurs* (Divan Edebiyati müzezi Galata Mevlevihanesi). Ouvert de 9 h 30 à 16 h, fermé le lundi. Une oasis de paix fort appréciable avec quelques tombes dans un petit jardin. Les derviches sont interdits par Atatürk mais on commence à assister à une certaine tolérance à leur égard. Le décor du tekke octogonal permet d'imaginer ce qu'étaient ces séances au cours desquelles les derviches tournaient jusqu'à l'extase, sans jamais se toucher, avec leurs robes blanches ouvertes comme des corolles. La main droite, tournée vers le haut, indiquait que le derviche recevait de Dieu ce qu'il redonnait aussitôt au peuple avec sa main gauche tournée vers le sol.

▲ **La tour de Galata** (plan II, B3) : l'un des derniers vestiges de l'enceinte génoise (XVIe siècle). Elle perdit ses deux derniers étages après l'entrée des Turcs dans la ville mais livre toujours un panorama merveilleux de son sommet. Elle a été transformée en restaurant et night-club. L'accès s'y fait en ascenseur, moyennant un droit d'entrée. Réduction aux étudiants. Il faut absolument y monter si l'on veut comprendre la ville.

Au début du XVIIe s. le « premier homme volant » se lança du haut de la tour en utilisant des ailes qu'il avait conçues lui-même et atterrit sur une place. Il fut récompensé de son exploit par le sultan Murat IV qui lui remit une pièce d'or et l'exila presque aussitôt à Alger, jugeant dangereux un sujet qui pouvait ainsi planer dans les airs.

Le quartier entre Galata et la Corne d'Or a perdu beaucoup de son intérêt avec la destruction des anciennes maisons franques. Les rares bâtiments anciens subsistants ont été transformés en ateliers. Mais c'est encore une occasion de plonger dans la fièvre et l'animation permanente des alentours de Karaköy pour comprendre les contradictions de cette ville qui se défait lentement avec pourtant une furieuse volonté de vivre ! Au passage, allez jeter un coup d'œil au *Rüsten Paşa Hani*, un caravansérail intéressant dû à Sinan mais transformé en atelier, comme tous les autres.

L'itinéraire suivant n'a rien de culturel. Lisez bien le texte avant de vous y rendre, éventuellement. A voir comme contrepartie sociologique des mosquées. Quelques conseils cependant : une tenue discrète, pas d'appareil photo. Attention à son argent et à ses papiers. Un peu déconseillé seul et carrément interdit aux femmes honnêtes ou non ! Et si vous êtes alléché, ne pas oublier en partant de France la fiche E 111 de la Sécu qui vous permettra de vous faire rembourser vos frais de pharmacie.

▶ **La rue aux femmes** (kerana en turc) : prendre le pont de Karaköy en allant vers la tour de Galata. Continuer tout droit le long de Karaköy Caddesi sur 200 m. Prendre la ruelle qui grimpe à gauche de l'immeuble Ikstisat Bankasi. Continuer encore 200 m et prendre la 2e ruelle sur la droite. Derrière une palissade et un mini-poste de *polis*, vous trouverez une « ville close », quelques ruelles pentues et tortueuses où se succèdent les « maisons d'abattage ». *Vizit* à prix variables. Dire que le spectacle est fellinien est en dessous de la vérité. La nuit, la lumière crue des maisons de passe sur les façades lépreuses et les pavés gras, les relents de gargotes, ce mélange de tensions et de rires, la multitude... Tout cela contribue à donner au quartier un visage expressionniste.

ISTANBUL, FIN DE SIÈCLE

Comme Vienne, Istanbul semble flotter dans un passé trop grand. Entre les ors de Topkapı et le béton de la Turquie moderne, il manque la splendeur déliquescente du dernier siècle ottoman. Au XVIIIe siècle, l'empire joue son destin entre les murs clos du sérail où le sultan s'est cloîtré avec sa nombreuse famille : frères, oncles, enfants, *gueuzdé* (« celle qui a attiré l'œil du maître »), *iqbal* (favorite) ou sultanes, ils sont une centaine à tromper leur ennui en intriguant pour le pouvoir, flattant les janissaires et soudoyant les eunuques. Au milieu du luxe et des *temenahs* (révérences), la vie était parfois courte. Murad III y tenait : il fit assassiner dix-neuf de ses frères.
Pendant ce temps, l'empire est en roue libre. La Serbie, la Grèce, puis l'Égypte de Méhémet-Ali conquièrent leur indépendance. Les Arabes se révoltent, le tsar complote avec les Arméniens et les Roumains, avale la Crimée, le Caucase.
Fascinée par l'Occident qui la grignote, Istanbul se met à l'heure de Paris : toilettes, opéras, mobilier. Dès 1827, le sultan porte fez et redingote. En 1846 (deux ans avant la France !), Abdülmecid abolit l'esclavage. Avec ses successeurs, il modernise la Turquie. Et la ruine. L'humidité de Topkapı déclenchait la phtisie. De l'autre côté de la Corne d'Or, chaque sultan, tour à tour, s'offre un petit Versailles où le baroque Napoléon III explose en délires orientaux. Dans ces palais immenses et lumineux, pièces montées en marbre ou dentelles de bois, rafraîchis de roseraies et de fontaines, les *kalfas* (dames de compagnie), en robe de brocart, servent toujours le café dans des coupelles d'émeraude et les concours de poésie restent à l'honneur. Mais les princesses ont appris le piano et le jacquet.
Et comme être sultan n'est pas un métier, chaque *padişah* cultive son hobby : Abdülaziz aime la lutte et les combats de coqs, Reşat cueille des roses et nourrit les pigeons, Abdülhamid travaille le bois. Ce dernier, qu'Anatole France baptisait « le grand saigneur », régna 33 ans en maître absolu et paranoïaque. Redoutant le tumulte des palais, trop propice aux assassins, il fit construire, dans son parc, plusieurs kiosques entourés de gravier sonore. A force d'exécutions et d'assassinats, il est déposé en 1909. Avec la Première Guerre mondiale, les Anglais feront prisonnier son successeur, Mehmet VI, dans Constantinople occupée. Pour le protéger du révolutionnaire Mustafa Kemal, les Britanniques finiront par favoriser sa fuite sur un de leurs cuirassés. L'empire d'Osman était mort.

▶ **Dolmabahçe Sarayı** (plan I, D 1) : sur la rive européenne du Bosphore. Accès par vapur depuis Eminönü. Descendre à Barbaros, juste après que le bateau a longé la belle façade du palais. On peut aussi s'y rendre en bus : c'est très proche de Taksim. Ouvert tous les jours, sauf lundi et jeudi, de 9 h à 16 h.
Comme au harem de Topkapi, les visites se font en groupe et au pas de course. L'entrée est très chère (pas de réduction étudiants). De plus, il faut arriver très tôt ou réserver son tour en été car le nombre d'entrées quotidiennes est limité.
☎ 261-02-35. Droit de photographier payant mais flash et pied interdits.
Comme l'intérieur est sombre, mieux vaut laisser son matériel à la consigne.
Le palais d'Abdülmecid, sultan tenu pour raffiné, évoque plus un délire d'émir saoudien que les kiosques délicats de Topkapı. Il coûta 5 millions de livres or de l'époque. Colonnes grecques, voûtes mauresques ou gothiques, festons hallucinés, rocailles victoriennes, il y en a pour tous les goûts. A l'intérieur, des corridors où l'on pourrait donner une charge d'éléphants, un escalier de cristal signé Baccarat, un hammam en albâtre posé sur le Bosphore, si délicat qu'une simple bougie le rend transparent, une avalanche d'ors, d'argent, de cristaux taillés en diamants pour iriser la lumière des salons immenses. 280 pièces, une centaine d'odalisques et de kadines dont le harcèlement sexuel provoqua même la mort d'un sultan, à moins de 40 ans.
On aimerait que, pour le prix de l'entrée, l'ensemble soit mieux entretenu : les rideaux sont en lambeaux et noirs de poussière ; les murs aussi. L'ensemble pourra paraître tristounet et tape-à-l'œil à certains, avec ce lustre de 4,5 t qui ne nécessite pas moins de 750 ampoules et serait un présent de la reine Victoria. On aime ou on n'aime pas ! Après l'avènement de la République, le palais de Dolmabahçe devint résidence présidentielle. Atatürk y vécut ses derniers jours

dans une petite chambre où il s'éteignit le 10 novembre 1938 à 9 h 05, ce qui explique pourquoi les pendules ont été arrêtées.
Superbe jardin, avec terrasse et bar, donnant sur le Bosphore, d'où l'on peut contempler le trafic incroyable, dans le calme, à l'ombre des palmiers et goûter un véritable moment de détente. Sur la place à l'entrée du palais, une tour de l'Horloge et la mosquée de Dolmabahçe se font face, toutes deux dans le style baroque et néoclassique que les sultans de l'époque appréciaient tant.

▶ **Le musée de la Marine** (Deniz Müzesi ; plan I, D1) : ouvert de 9 h 30 à 17 h, mais fermeture des guichets à 16 h. Fermé les lundi et mardi. Pour ceux qui auraient oublié que la flotte turque régna sur la Méditerranée orientale et alla même jusqu'à s'aventurer dans l'océan Indien. Quelques exemplaires de galères impériales qui naviguaient sur le Bosphore.

▶ **Çirağan Sarayı** (plan I, D1) : cousin de Dolmabahçe, ce « Palais des Tulipes », édifié peu après, le dépassait encore en splendeur, si c'est possible. On y passait les nuits en fêtes, dans une débauche d'ors, de soies et d'argenterie. Un jour, le circuit électrique sauta et il ne resta plus que les quatre murs. On vient de le rebâtir suivant les dessins d'origine.

▶ **Beylerbeyi Sarayı :** sur la rive asiatique, au pied du grand pont. Visite (express) de 9 h 30 à 16 h 30, sauf lundi et jeudi. Droits photos. Pour s'y rendre : prendre le vapur, quai n° 2 à Eminönü, descendre à Üsküdar et monter dans l'autobus n° 15 qui a un arrêt devant l'entrée du palais. Plus modeste que Dolmabahçe, un rêve de marbre devant les eaux bleues, entouré d'un jardin en terrasses plein d'essences rares. Là encore, la visite se fait en groupe et au pas de charge. Normal, ce palais appartient à l'armée. Pour le délire, Abdülaziz (sultan de 1861 à 1876) valait Louis II de Bavière. Le souverain avait une passion : l'ébénisterie, ce qui explique les nombreuses marqueteries. On vous montre même une chaise qu'il aurait exécutée. En fait, le marbre n'est que du bois peint. Lustres de Bohême en cristaux bleus, chandeliers en serpentine, vases de Sèvres et un extraordinaire hammam. On ne compte plus le nombre des personnalités qui séjournèrent ici. L'impératrice Eugénie, venue inaugurer le canal de Suez en 1869, s'y plut tellement qu'au lieu des 3 jours prévus, elle y demeura plus de 3 mois. Sacrément envahissante, l'impératrice. Mais le must, à notre avis, ce sont les jardins.

▶ **Kiosques** (köşkler) : anciens pavillons impériaux devenus les plus beaux restaurants ou maisons de thé d'Istanbul, et les étapes obligées de tout parcours sur le Bosphore. A peu près inconnus des guides. Côté Europe, au milieu d'un dédale de ruelles à proximité de Dolmabahçe, le *Ihlamur Kasri* ou kiosque des Tilleuls. Ce parc, ouvert de 9 h 30 à 16 h sauf le lundi et le jeudi, abrite deux kiosques impériaux. L'entrée est payante. Droits photos très élevés. L'un des kiosques, le *Maiyet Köşkü,* est transformé en salon de thé.

▶ **Le palais Yildiz et son parc :** 1 km environ après Dolmabahçe, entrez à gauche dans le parc de Yildiz, une colline plantée d'essences rares, devenue le rendez-vous des amoureux. Le *Çadir Köşkü* est le premier en montant. Une sorte de datcha rouge dominant le Bosphore, où l'on peut boire un thé sur la presqu'île d'un petit lac.
On peut aussi s'y restaurer. C'est une folie construite pour le repos du sultan vers 1870. Le parc est ouvert tous les jours de 9 h à 18 h et accessible aux véhicules, ce qui nuit à son charme. Plus haut, le *Malta Köşkü.* A l'intérieur, des bassins de marbre sculptés d'animaux. A l'extérieur, on peut manger ou boire un verre à l'ombre des treilles, sur des tables en marbre, ou, en hiver, dans une serre somptueuse.
A proximité, une usine de porcelaine *(Yildiz porselen fabrikasi)* que l'on peut visiter.

▶ **Sale Köşkü :** en haut de la colline. Construit pour la visite officielle du Kaiser en 1882. Ouvert de 9 h 30 à 16 h, sauf le lundi. Entrée payante. Ce petit chalet de plus de 60 pièces est chargé de souvenirs historiques. Le dernier sultan de l'Empire ottoman y vécut à la fin de son règne, entouré de ses domestiques et de son chef d'orchestre favori, avant de s'embarquer en cachette pour un exil définitif, le 11 novembre 1922. Le chalet servit de palais aux chefs d'État en visite et reçut des hôtes aussi différents que le pape Paul VI, le général de Gaulle et le brave Ceaucescu. On dit que le tapis du hall d'entrée pèse plus de 7 t et qu'il fallut le poser avant de terminer la construction du mur. Ces sultans avaient non seulement la folie des grandeurs mais étaient aussi paranos : Abdül Hamid avait recouvert les allées du parc d'un gravier qui crissait sous les pas des visiteurs afin de prévenir toute visite inattendue. Il ne devait pas avoir la conscience bien tranquille.

Beaucoup plus loin, à Emirgan, trois autres superbes kiosques pour après-midi romantiques : le *Sari Köşk,* bâti par un autre khédive, le *Beyaz Köşk* et le *Pembe Köşk.* Enfin, dès le premier soir, excursion obligatoire au *Küçük Çamlica* (bateau jusqu'à Üsküdar, taxi ensuite). Jardins en terrasses ou intérieur à sofas et panneaux de marbre, protégés par une verrière : la jeunesse dorée d'Istanbul y chahute à l'heure du dîner ou des pâtisseries.

Depuis sa colline de la rive asiatique, ce kiosque vous offrira la plus belle carte postale d'Istanbul, celle des grandes mosquées enflammées par le soleil couchant.

Aux environs

LE BOSPHORE (Bogaziçi)

Impossible de l'oublier. Depuis des siècles, les Istanbuliotes partent s'aérer les poumons sur cette avenue maritime, longue d'une trentaine de kilomètres et régulière comme un fleuve, qui déroule quantité de palais aux portails dressés sur les eaux : les sultans s'y rendaient dans des barques dorées, fines comme des gondoles. Chaque week-end, les guinguettes et les piscines en eau de mer sont bondées. Superbe à l'œil, mais la mer n'est pas propre et les routards feront mieux de s'abstenir de s'y baigner. Selon les endroits, la largeur de ce canal naturel qui sépare les deux continents varie de 500 m à 3 km et sa profondeur de 50 à 120 m. Actuellement deux ponts unissent l'Europe et l'Asie, un troisième est en projet.

En fait, le Bosphore vaut surtout pour les palais (voir « Istanbul, fin de siècle »). Pour le reste, beaucoup de ses merveilleuses *yalis,* maisons en bois sculpté à fleur d'eau, de trois ou quatre étages, hérissées de pignons et d'encorbellements, ont disparu sous le béton des constructions modernes. Celles qui subsistent servent de refuge à la gentry cosmopolite.

COMMENT Y ALLER ?

– **En ferry** : départ des ferries (*vapur :* c'est notre « vapeur ») du port de Sirkeci. En zigzag pour le nord du Bosphore. En basse saison, deux départs (10 h 30 et, 13 h 30) et en été, trois départs à 10 h 30, 12 h 30 et 14 h 10, du quai n° 3, près du pont de Karaköy, côté Topkapı. Compter environ 1 h 30 pour atteindre Sariyer, au nord du Bosphore. Le bateau s'arrête dans un certain nombre de villages le long du Bosphore. Possibilité de descendre, si l'on veut, dans l'un d'eux et de reprendre le bateau 2 h après. Attention, si l'on veut faire plus d'une escale, il faut à nouveau payer.

Le mieux est d'aller jusqu'au terminus, à Anadolu Kavaği où le bateau s'arrête près de 2 h, ce qui permet de déjeuner au bord de l'eau. Le prix de l'excursion est raisonnable (compter environ 60 FF aller-retour). Le billet est à utiliser obligatoirement dans la journée. Ils contrôlent la date ! Un inconvénient : on se retrouve entre touristes. Les Turcs empruntent, eux, des lignes régulières directes et économiques (même prix que le bus) mais il faut connaître les horaires précis et les bateaux ne zigzaguent pas d'une rive à l'autre entre chaque escale. Normalement les panneaux des escales de la rive européenne sont en noir et ceux de la rive asiatique en rouge.

– **En taxi** : si vous êtes pressé. Péage en sus aux ponts Europe-Asie (dans les 2 sens) à l'exception des ponts Atatürk et Fatih Sultan où le péage officiel se fait dans le sens Europe-Asie. Mais les taxis sont autorisés à demander le tarif aller-retour, car il « leur faut bien revenir ». Bref ! Bon à savoir afin d'éviter une dispute avec le chauffeur, surtout si celui-ci est honnête. Comptez par exemple 1 h 30 pour atteindre Sariyer, s'il n'y a pas trop de circulation.

– **En voiture** : ne jamais y aller pendant le week-end. Il faut parfois plus d'une heure pour parcourir 10 km. Embouteillages monstres garantis, surtout sur la rive européenne.

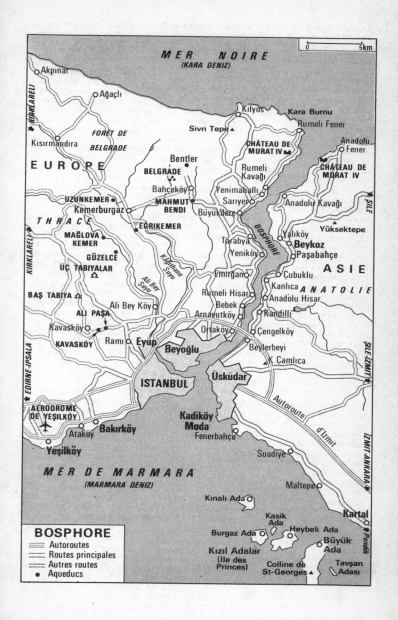

MER NOIRE
(KARA DENIZ)

0 — 5km

Akpınar

Ağaçlı

KIRKLARELI

Kilyos — Kara Burnu
Sivri Tepe — Rumeli Fener

FORÊT DE — CHÂTEAU DE
MURAT IV — Anadolu
Fener

Kısırmandıra — BELGRADE

EUROPE — Bentler — Rumeli — CHÂTEAU DE
BELGRADE — Kavağı — MURAT IV

ŞILE

THRACE — Bahçeköy — Yenimahallı
UZUNKEMER — MAHMUT — Sarıyer
Kemerburgaz — BENDI — Büyükdere — Anadolu Kavağı
EĞRIKEMER — Yüksektepe

MAĞLOVA — Tarabya — Yalıköy
KEMER — Yeniköy — Beykoz
GÜZELCE — Paşabahçe

KIRKLARELI

ÜÇ TABIYALAR — Emirgan — Çubuklu — ASIE

BAŞ TABIYA — Rumeli Hisar — Kanlıca — ANATOLIE
Ali Bey Köy — Bebek — Anadolu Hisar
ALI PAŞA — Arnavutköy — Kandilli
Kavasköy — Ortaköy — Çengelköy
KAVASKÖY — Ramı — Eyüp — Beyoğlu — Beylerbeyi
K. Çamlıca

EDIRNE-IPSALA — Üsküdar

ISTANBUL

ŞILE-IZMIT

Autoroute

AÉRODROME
DE YEŞILKÖY — Kadıköy — d'Izmit
Moda
Ataköy — Bakırköy — Fenerbahçe
Yeşilköy — Suadiye

IZMIT-ANKARA

MER DE MARMARA — Maltepe
(MARMARA DENIZ)

Kınalı Ada — Kartal

Kasık
Ada
Burgaz Ada — Heybeli Ada
BOSPHORE — Büyük
Ada
Kızıl Adalar
(Ile des — Colline de — Tavşan
Princes) — St-Georges — Adası

Pendik

BOSPHORE
≋≋≋ Autoroutes
≡≡≡ Routes principales
≋≋≋ Autres routes
• Aqueducs

LA CÔTE EUROPÉENNE

On vous a déjà décrit dans le chapitre *Istanbul fin de siècle* les premiers monuments du Bosphore. La première étape intéressante est *Ortaköy* avec une mosquée en réfection, au bord de l'eau. Autour se déroule chaque dimanche une sorte de marché aux puces très animé. Nombreuses guinguettes.

Un peu après le premier pont, petite pause à *Arnavutköy* (« le village des Albanais »), un port de pêche où de vieilles *yalis* trempent leurs pieds dans l'eau. Et juste après, au km 8, *Bebek*, port de plaisance avec de très belles résidences : le Neuilly d'Istanbul. Beaucoup de restaurants dont certains assez chers mais réputés. Plus loin (km 10), voici *Rumeli Hisar,* dit « le château d'Anatolie », un énorme fort bâti par le sultan lors du siège de Constantinople afin de contrôler le Bosphore, en son endroit le plus étroit. Un petit Carcassonne construit en trois mois ! Il est vrai que Mehmet II avait assigné une tour à chacun de ses sept viziers, avec promesse de décapiter celui qui enfreindrait les délais. Aucun ne faillit à sa tâche et l'Occident chrétien fut terrifié (Bouygues, avec ses moyens modernes, aurait du mal à faire aussi vite !). Accès payant. Ouvert de 10 h à 17 h, sauf le lundi. Possibilité de monter dans la tour la plus haute : 23 m. L'ascenseur n'est pas d'époque. Vue splendide sur le Bosphore.

Après *Emirgan, Yeniköy,* arrêtez-vous à *Tarabya,* station moderne et mondaine où subsistent d'anciennes résidences d'ambassades. Étonnants böreks au *börek salonu,* bien connu des Istanbuliotes.

Les amateurs de poisson seront comblés et ne manqueront pas le pittoresque marché. Tout autour, des restaurants auxquels il est difficile de résister quand on apprécie les produits de la mer. Allez visiter le *Sadberk Hanim Müzesi* de Büyükdere, ouvert de 10 h à 18 h, sauf le mercredi. Cette collection privée a été rassemblée par la famille Koç, l'une des deux plus riches de Turquie. Beaucoup d'objets de l'artisanat et des vêtements de l'époque ottomane exposés dans une belle maison de bois. On peut encore voir à Büyükdere quelques *yalis.* A une dizaine de kilomètres, en entrant dans les terres (taxi), on accède à la forêt de Belgrat, le poumon d'Istanbul, fameuse pour ses promenades bucoliques. Juste après Sariyer, ne vous étonnez pas de voir une quantité de mariées près du modeste ermitage de *Telli Baba.* Le tombeau de ce sage attire toutes les filles désireuses de trouver un époux. Elles viennent couper un fil d'argent, au-dessus du tombeau du saint, et le conservent pieusement jusqu'au moment où elles ont trouvé le conjoint. Le procédé est, paraît-il, infaillible. C'est pourquoi elles reviennent en tenue de mariage remercier Telli Baba et lui rapportent le fil d'argent qui leur a permis d'en mettre un autre à la patte de leur époux.

LA CÔTE ASIATIQUE

▶ *Üsküdar :* le premier contact avec ce continent peut se faire aisément depuis Eminönü par le *vapur* qui part du quai n° 2 toutes les 15 mn environ. Acheter un jeton. Excursion particulièrement recommandée en fin d'après-midi pour assister au coucher du soleil sur Istanbul. La tour que l'on voit près de la côte est appelée *tour de Léandre,* mais son vrai nom est *tour de la Pucelle.* Allez savoir pourquoi ! En fait, c'était un poste de péage, le Bosphore étant fermé par une chaîne dont on en interdisait l'accès.

Üsküdar est un faubourg d'Istanbul très important, où l'on peut voir des mosquées dues à l'architecte Sinan : la *Mihrimah Camii,* face à l'embarcadère et, de l'autre côté de la place, la *Yeni Valide Camii,* l'une de ses dernières œuvres, puis une autre, à flanc de coteau, la *Çinili Camii,* tapissée de faïences. Grimpez encore un peu : à perte de vue, la colline n'est qu'un immense cimetière *(Karacaahmet Mezarliği),* bien plus émouvant que le Père-Lachaise, avec ses cyprès et ses tombes ornées de simples stèles et de turbans en marbre. Au sommet, le *Küçük Çamlica* (voir « Istanbul, fin de siècle ») vous offrira la plus belle vue d'Istanbul.

Revenir par le front de mer et s'arrêter, un peu après la tour de Léandre, dans un petit café pour prendre un thé pendant que le soleil se couche sur les minarets de Sultan Ahmet. On a déjà parlé de Beylerbeyi et de son palais dans Istanbul fin de siècle et de Çamlica, célèbre pour ses yaourts. Entre ces deux stations, à Çengelköy et *Göksu* (les Eaux-Douces d'Asie) subsistent les kiosques, les fontaines et ses jardins préférés de la haute société ottomane. Ces lieux, jadis charmants, sont aujourd'hui défigurés.

Les bateaux qui font le Bosphore s'arrêtent à Anadolu Kavaği, le terminus avant la mer Noire. Nombreux restaurants. Monter jusqu'aux ruines du château qui domine le village, balade d'une demi-heure environ. Panorama superbe sur l'embouchure de la mer Noire.

YALOVA

Peu connue des touristes mais très appréciée des Istanbuliotes, cette nouvelle station thermale à 12 km de la ville de Yalova (60 000 habitants), au sud de la mer de Marmara, était déjà connue du temps des Romains. C'est une oasis de calme et de verdure qui tranche avec la pollution et le bruit d'Istanbul.

COMMENT Y ALLER ?

– **En voiture :** prendre l'autoroute E5 qui longe la mer de Marmara sur la rive asiatique sur environ 50 km (à partir de Taksim) et sortir à Eskihisar pour le « feribot » qui traverse la Marmara en une demi-heure. Ensuite, Termal se trouve à une dizaine de km et est clairement signalé.
– Pour les piétons, il est possible et pratique de partir d'Istanbul, par *bateau* rapide, de l'embarcadère de Kabataş près de Dolmabahçe. La traversée dure 2 h. Ensuite on peut prendre des minibus, directs, à partir de Yalova.

A VOIR

▶ **Les anciens thermes romains** viennent d'être remis en état avec une piscine d'eau chaude en plein air, un hammam, un bassin d'eau bouillante et un sauna pour les hommes (les femmes sont acceptées, mais c'est plutôt mal vu). Autour des thermes un parc a été aménagé et un vieil hôtel restauré. Plus haut, un autre établissement moderne, mais les deux sont très chers, étant situés dans l'enceinte du parc (accès payant en voiture). Pour des logements plus économiques se renseigner au village. La plage de la ville de Yalova est à déconseiller, étant très sale. Cette ville n'offre d'ailleurs aucun intérêt et il faut séjourner à Termal. Les sultans qui n'avaient pas mauvais goût pour choisir leurs lieux de résidence avaient l'habitude de venir s'y refaire une santé.

LES ILES DES PRINCES (Adalar)

Quatre îlots dans le bleu intense de la mer de Marmara, à une vingtaine de kilomètres d'Istanbul et de l'entrée du Bosphore. Leur nom « d'îles des Princes » date de l'époque byzantine où elles servaient de résidence aux princes mais aussi de lieu de réclusion à ceux qui étaient chassés de la Cour. Les pirates y trouvèrent aussi un refuge idéal, ainsi que de nombreuses communautés religieuses. Anciennes villégiatures de la gentry locale au siècle dernier, elles sont assaillies par les nouveaux riches mais n'en conservent pas moins un fort parfum de chic. Leur proximité de la capitale les rend très touristiques et en font un lieu idéal de repos.

COMMENT Y ALLER ?

Le plus rapide est de prendre le *Deniz boat* qui part de Kabataş (plan I, C1) pour Büyükada, l'île la plus éloignée. Le trajet dure 25 mn et revient à l'équivalent de 16 F.
Le *ferry* part, lui aussi, de Kabataş mais la traversée dure près d'une heure et il n'y a que 3 départs quotidiens (un peu plus le week-end).
Le ferry le moins rapide, mais le moins onéreux, part de la gare maritime de Sirkeci (plan III, C1). Une dizaine de départs quotidiens. 1 h 30 à 2 h de trajet. Le prix du billet comprend aussi le retour.

LES ILES

– **Burgazada :** à 17 km. Petite et peu fréquentée. Son intérêt est très limité mais elle abrite quelques plages agréables et les plus courageux pourront monter au sommet d'où la vue est magnifique.

– **Heybeliada :** à 23 km. Probablement la plus intéressante. L'école navale turque y est installée à l'emplacement d'un ancien couvent. Un grand sanato-

rium donne à cette île une ambiance un peu particulière. A 45 mn du port à pied, la plage de Almanaköy est agréable et pas trop envahie.
De Heybeliada à Büyükada compter 15 mn. Liaisons fréquentes.

– *Büyük Ada* (la grande île) : à 24 km. Non seulement la plus vaste mais aussi la plus célèbre et la mieux cultivée. Les voitures sont interdites. On circule à vélo ou en fiacre, ce qui explique l'odeur entêtante du crottin de cheval. Pas de puits d'eau douce sur l'île, qui est alimentée par des bateaux citernes. Les calèches proposent le grand tour de l'île ou le mini-tour. C'est l'occasion de découvrir une ville charmante avec les plus belles *yalis* de toute la région. La rue principale a beaucoup de charme. Baignez-vous sur les plages privées des vieux palaces en bois sculpté. Méfiez-vous : certaines plages sont parfois payantes... et en béton ! L'eau n'est pas toujours très propre. Bien choisir son endroit.
Pour loger, voir la *pension Mimosa*, juste à côté de « l'otogar » des fiacres (à peine correct mais trop cher) ou la *pension Idéal* (Kadiyoran Caddesi 14) qui, elle non plus, n'a rien d'extraordinaire. La plupart des touristes rentrent à Istanbul en fin de journée.
Les restaurants sont très chers. Le meilleur nous a semblé être : *Birtat*, près de l'embarcadère. Terrasse sur l'eau. Poisson frais et prix raisonnables.

Quitter Istanbul

— En bus

Il existe 2 stations de bus pour quitter Istanbul. Bien vous renseigner pour savoir de laquelle part votre bus.
La station principale se trouve à l'entrée de la ville lorsqu'on arrive d'Edirne. Nom du lieu : Topkapı (ne pas confondre avec le palais du même nom et se prononce, comme lui, topkapeu). ☎ 582-10-10 et 582-09-61. Pour s'y rendre depuis le quartier Sultanahmet, bus 24 ou 84 (arrêt quasiment en face de l'office du tourisme sur Divan Yolu), et navettes gratuites. Se renseigner à l'office du tourisme pour Otobüs terminali. Chacun des deux terminaux de cette station se trouve de part et d'autre d'une grande artère périphérique (passages souterrains). Départs de l'un ou de l'autre selon les destinations.
Certaines compagnies passent par Taksim (et s'y arrêtent), par exemple Varan et Ulusoy (les deux meilleures).
Grand choix de compagnies. Parfois, réduction pour les étudiants.
• *Bus pour Bursa :* 4 h de trajet ; pour *Izmir :* 10 h de trajet. Prendre la compagnie *Doğan*.
• *Bus pour Ankara :* 8 h de trajet. Ulusoy est moins chère que la compagnie Varan et propose un service non-fumeur (demander le *Sigarasiz Servisi*). Ces deux compagnies ont leur propre terminal à Ankara. Attention, donc : elles ne vous déposeront pas à l'otogar...
• *Bus pour la Cappadoce :* tous les soirs. 12 h de trajet. Départ à partir de 18 h. Göreme et Nevtur sont de bonnes compagnies. Nevtur a son bureau sur Divan Yolu, presque en face de l'office du tourisme, et vous prend en charge pour aller à la gare routière.
• *Bus directs pour Erzurum.*
• *Bus pour l'Europe :* nombreuses agences sur Divan Yolu Caddesi.
• *Bus pour la Grèce :* nombreuses agences dans la rue du Pudding Shop (Divan Yolu).
Spécial petits budgets : il faut savoir aussi que les bus Istanbul-Cappadoce ainsi que Istanbul-Athènes coûtent deux fois plus cher qu'en sens inverse. Dans ce dernier cas, une astuce : prenez un bus jusqu'à Ipsala, passez la douane à pied puis prenez un autre bus (ou stop ou taxi) jusqu'à Alexandropolis. De cette dernière ville, train pour Thessalonique ou Athènes. Beaucoup de tribulations, mais pratiquement moitié moins cher que le bus direct.

— En bateau

• *Pour aller à Izmir*
C'est à notre avis le meilleur moyen pour descendre à Izmir, car par la route il n'y a pas grand-chose à voir. Croisière bien agréable d'environ 20 h. Réservez au moins 3 jours à l'avance sauf si vous choisissez la classe la plus économique. Il suffit alors de faire la queue le matin, pour embarquer à 15 h. Au moment de la Foire internationale d'Izmir (en août-septembre), réserver au moins 10 jours avant.

En basse saison : le vend. à 15 h. En été, les lun., mercr. et vend. à 14 h. Demandez une traversée sans cabine : plus économique. Restauration correcte sur le bateau, à prix abordables.

Se renseigner aux *Turkish Maritime Lines*, Rihtim Caddesi, Karaköy. ☎ 149-92-22. Pour y aller, bus nᵒˢ 30, 30A, 24 et 56. Ferme à 16 h.

Autre solution : bateau + train, *le Marmara Express*. Départ tous les matins d'Istanbul pour Bandirma. Le bateau se prend à Sirkeci (4 h 30 de bateau ; traversée de la mer de Marmara), puis 6 h de train pour Izmir avec 30 mn d'attente pour le transfert. Départ à 8 h et 20 h. Trois fois moins cher que le bateau pour Izmir. Durée totale : 11 h.

• *Pour aller à Trabzon*

Un bateau va d'Istanbul à Trabzon. Départ le lundi à 17 h 30, escales à Sinop, Samsun, Ordu, Giresun. Arrivée à Trabzon le mercredi vers 15 h 30. Les billets s'achètent à la gare maritime (plan I, C2) d'Eminönü, où il suffit de faire la queue le matin. Si vous choisissez de voyager en classe économique (pullman), il peut être prudent de réserver à l'avance.

• *Pour aller à Bursa*

En voiture, il faut aller à Darica, sur la rive asiatique, où l'on prend un bateau pour Yalova. Suivre les pancartes « Feribot ».

Sans voiture, embarquement pour Yalova de l'embarcadère de Kabatas, en passant par les îles (Kizil Ada). 3 départs par jour. Compter 1 h 30 à 2 h de bateau jusqu'à Yalova. A noter qu'en cas d'attente à Yalova, vous pourrez faire un petit crochet jusqu'à Thermal, à quelques kilomètres. Prendre un dolmuş « Thermal », en face du port d'embarquement. Endroit très verdoyant, fréquenté par de riches familles arabes du golfe Persique. Enfin, bus jusqu'à Bursa (durée 1 h). Le bateau évite un détour de 150 km sans grand intérêt.

• *Pour traverser la mer de Marmara*

Deux possibilités pour passer la mer de Marmara. Soit par Istanbul, en franchissant le Bosphore par le grand pont suspendu, soit par Çanakkale en franchissant le détroit des Dardanelles.

Dans le second cas, ne prenez pas le ferry à Eceabat comme tous les panneaux l'indiquent, mais faites quelques kilomètres jusqu'à Seddülbahir, et prenez un petit bateau de bois qui transporte une ou deux voitures. Convenez du prix avant la traversée.

— En avion

Pour aller à l'aéroport, prenez le bus de la *Turkish Airlines* du bureau de Şişhane, près de la tour de Galata (plan II, B3). ☎ 244-02-96. Toutes les 30 mn, de 5 h 30 à 23 h. Prévoir une demi-heure de trajet. De Sultanahmet, on peut aussi prendre le bus marqué « Aksaray », s'arrêter à Yenikapi. Prenez le bus nᵒ 96 (départ toutes les heures). Pas cher. Ne circule pas le dimanche.

Une autre solution depuis Sultanahmet : prendre le train à la gare de Sirkeci (toutes les 20 mn). Descendre à Yeşilyurth. L'aéroport n'est plus qu'à 5 mn en taxi.

— En train

Pour aller à la gare d'Asie (Haydarpaşa), prendre un *vapur* à la gare maritime de Karaköy (plan II, C3) Départ toutes les 30 mn de 6 h à minuit. Arrivée au pied de la gare d'Haydarpaşa.

— *Pour Ankara :* allez à la gare d'Asie d'où partent au moins 3 trains de jour et 4 de nuit comme, par exemple le *Mavi Tren* (le train bleu). Réservez (possibilité de le faire un ou deux jours avant à la gare d'Europe). Trajet en 9 h 30 environ pour 500 km. Confortable mais plus cher que le bus.

Il y a aussi l'*Ankara-Express*, train de nuit. Départ à 22 h, arrivée à 8 h 45. Pour les couchettes, réservation indispensable. Un peu plus lent que le bus mais plus confortable.

— *Pour Denizli :* départ quotidien à 17 h 30 pour Pamukkale avec le *Pamukkale-Express* (couchettes). Bien monter dans les wagons portant l'indication Denizli. Arrivée à 7 h 55 le lendemain matin. Très bon marché.

— *Pour Isparta :* départ à 18 h. Environ 15 h de trajet. Wagon-restaurant.

— *Vers la Cappadoce :* se renseigner sur les horaires du train à la gare d'Asie. Arrivée le lendemain à Kayseri (environ 22 h de trajet). Réservez 24 h à l'avance. Très lent mais moins « lessivant » que le bus. Couchettes exceptionnellement bon marché.

EDIRNE (indicatif téléphonique : 181)

Issus des fonds de la préhistoire, les trésors de l'antique Andrinople sont l'enjeu de terribles batailles : reconstruction par Hadrien en 125 après J.-C., guéguerres entre Bulgares, Grecs, Turcs, Russes... Aujourd'hui, les frontières grecque et bulgare, toutes proches, lui donnent un cachet cosmopolite. Pour ceux qui arrivent d'Europe par voie terrestre, Edirne est la première étape en terre turque.

Peu de touristes. La cité est un nœud névralgique où vous rencontrerez des gens surprenants. Salut aux routiers sympa.

Forêt de mosquées et atmosphère déjà orientale convient à l'initiation... culturelle. Prenez le temps de flâner. Enfin seul.

Adresses utiles

- _**Office du tourisme**_ : Hurriyet Meydani Londra Asfalti 48. ☎ 115-18.
- _**Garage**_ (El Sah Otomobil Alim Satim Şti) : Hacilar Ezani Mevkii. ☎ 121-40.
- _**Otogar**_ : à l'extérieur de la ville. Prendre un _dolmuş_.

Où dormir ?

Peu d'hôtels exceptionnels. Quelques pensions correctes.

■ _**Otel Saban Açikgoz**_ : Tahmis Maydani Çilingirler Caddesi 9. ☎ 119-44. Derrière l'immeuble de la Sümerbank. Très calme et à deux pas de la mosquée Selimiye. Sans restaurant. Les prix sont justifiés. Notre meilleure adresse.
■ _**Onar Otel**_ : Kaleiçi Maarif Caddesi. ☎ 146-10. Bien tenu.
■ _**Sultan Otel**_ : Talat Paşa Caddesi 170. ☎ 113-72. Vient d'être rafraîchi. Ambiance cosmopolite et jardins enchanteurs.
■ _**Kervan Otel**_ : Talat Paşa Caddesi 137. ☎ 113-82. Un peu cher mais digne des _Mille et Une Nuits_. Peut-être pour commencer un périple.

Campings

■ _**Fifi mocamp**_ : sur la route d'Istanbul, à 7 km. ☎ 115-54. Assez proche du centre, il dispose de tout le confort.

Où manger ?

Nombreux petits restos de qualité dans le centre dont les prix sont tout à fait abordables :

● _**Fifi Lokantasi**_ : Demirkapi Mevkii. ☎ 113-54. Le cadre, près des remparts, est à retenir pour les romantiques.
● _**Aile Restaurant**_ : Saraçlar Caddesi. Cuisine turque. Service irréprochable pour cette maison reconnue.

A voir

▶ _**Eski Cami**_ : la plus vieille mosquée d'Edirne, début XVᵉ. En plein centre.

▶ _**Üc Serefeli Cami**_ (ou mosquée des trois balcons) : achevée en 1447. Immanquable. Au centre, entre le bazar et le grand hammam. C'est la première coupole posée sur une base rectangulaire, innovation promise à un bel avenir comme vous le verrez bientôt. Panorama exceptionnel du haut d'un des quatre minarets... pour vous récompenser de l'« escalade »...

▶ *Bazar couvert d'Ali Paşa* (XVIe) : entre les remparts (prenez comme repère la tour de l'Horloge de 1123) et le caravansérail de Rustem Paşa que l'on ne visite plus. L'opulence de l'ancienne capitale des Ottomans affleure. (Pour mémoire : capitale impériale de 1416 à 1453.)

▶ *Selimiye Cami :* la grande mosquée impériale. Incontournable. C'est la perfection de l'art ottoman incarnée par l'architecte Sinan qui l'édifie de 1569 à 1575 ; sa dernière œuvre, d'ailleurs... avant de s'éteindre.
Forêts de demi-coupoles, d'arcs, légèreté accentuée par un subtil jeu de lumières. L'harmonie est donnée par la coupole, qui ressemble étrangement à celle de Sainte-Sophie...
Notre truc : attendez le coucher de soleil, la pierre de grès rouge prend des reflets extra.

▶ *Yeni Imaret :* prendre le *dolmuş* derrière le bain de Sokolum pour le paradis. C'est un écrin au milieu de la campagne : assemblage de mosquée, école, hôpital... Une fondation pieuse (ou *vakıf*) connue dans l'ensemble du monde musulman (1485).

▶ *Le festival annuel de Kirkpinar :* dans l'île de Sarayiçi (16 km du centre d'Edirne). A ne pas manquer. Dure une semaine en mai-juin. Se renseigner auprès de l'office du tourisme pour la date exacte.
Kirkpinar (!) ou *Source des Quarante,* du nom des 40 compagnons d'Orhan Gazi qui, avant de s'en aller ravager la Thrace, s'adonnèrent là au sport national qu'était déjà la lutte : deux d'entre eux, qui y laissèrent leurs vieux os, auraient miraculeusement engendré la Source... en 1360.
Aujourd'hui, épreuves multiples où les corps s'entrechoquent, enduits d'huile d'olive, revêtus de pièces de cuir. Le lutteur, ou *pehlivan,* doit maintenir son adversaire sur le dos. Il y a cinq catégories : vous trouverez bien la vôtre ! Essayez donc ! Musique traditionnelle et foule impressionnante.

Quitter Edirne

Nombreux départs pour Istanbul : bus plus rapides et plus fréquents que le train. 4 h de trajet pour Topkapi Otogar.
Rappelons la proximité de deux postes frontières :

− A *Kapikule-Svilengrad,* pour rejoindre la Bulgarie par l'autoroute E5. Bus à partir de l'Eski Cami.

− A *Pazarkale-Kastaneai,* pour rejoindre la Grèce. Prendre un taxi à partir de Pazarkale ; vous ne pouvez franchir à pied la partie grecque déclarée zone militaire.

BURSA (indicatif téléphonique : 24)

Première capitale de l'Empire ottoman. Grande ville moderne et trépidante. Malgré ses grandes artères qui laissent peu de place à la circulation des piétons et ses quartiers surbétonnés, Bursa possède plusieurs atouts : un environnement très verdoyant, un vieux quartier où subsistent quelques vieilles maisons colorées, un bazar animé où la soie et le coton sont très recherchés, ainsi que de belles et nombreuses mosquées qui s'embrasent au crépuscule.
Bursa la Verte, située sur l'ancienne Route de la Soie, possède une vocation commerciale et industrielle depuis les années 60 (usines Renault, mais oui !) jamais démentie. Ce n'est pas une belle ville, mais elle conserve une atmosphère très oriental, c'est ce qui la rend attachante. Le climat y est très agréable, mais plutôt étouffant en été. Idéal en hiver.

Comment y aller depuis Istanbul ?

Départ d'Istanbul en car ou en bateau : se reporter au chapitre « Quitter Istanbul ».Ceux qui ont une voiture pourront conduire jusqu'à Izmit (100 km) et prendront un ferry Izmit-Yalova (1 h 45 de trajet environ). Puis route jusqu'à Bursa. En bus, compter 1 h environ depuis Yalova.

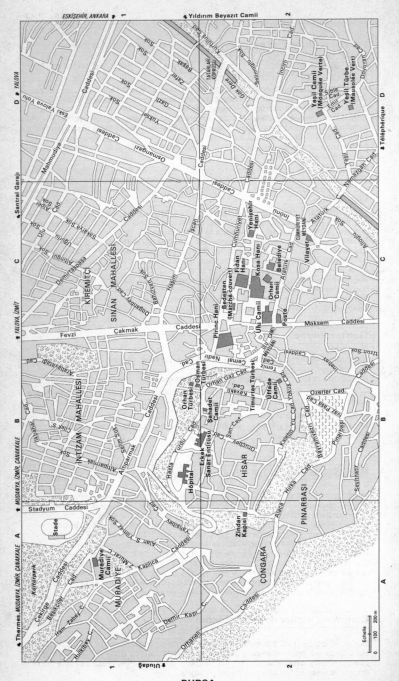

BURSA

Topographie de la ville

Bursa est une ville assez bizarrement édifiée, tout en longueur, mais on parvient rapidement à s'y retrouver. Depuis l'otogar, il faut gagner le centre ville, que l'on désigne par la place où se trouve la statue d'Atatürk (Heykel). L'artère principale est évidemment Atatürk Caddesi, qui conduit à la grande mosquée. Les hôtels se trouvent au-dessus de cette avenue tandis que le bazar est en dessous. La vieille ville se situe au-dessus de Altiparmak Caddesi qui prolonge à l'ouest Atatürk Caddesi. Le Kültür Park et les vieux hammams alimentés par des eaux de sources chaudes se trouvent encore plus à l'ouest, le long de Çekirge Caddesi.

Adresses utiles

- **Office du tourisme :** Ulu Camii Parki (parc de la Grande Mosquée). ☎ 112-959. L'office se trouve sous les arcades de la place centrale, située en contrebas d'Atatürk Caddesi, la rue principale. Ouvert tous les jours l'été. Personnel accueillant parlant l'anglais, parfois le français. Pendant la saison touristique, une autre officine est ouverte dans la gare des bus.
- **Change :** très nombreuses banques sur Atatürk Caddesi. Plusieurs d'entre elles acceptent les chèques de voyage, d'autres non. Si vous avez du mal à en trouver une, l'office du tourisme vous indiquera une adresse.
- **Journaux internationaux :** Oxford Bookshop, Altiparmak Caddesi 48-50.
- **Gare des bus** (*otogar* ou *Şehir Garaji*) : à 1,5 km du centre environ, près de la grande route d'Ankara et d'Istanbul qui s'appelle Ulu Yol Caddesi. Pour se rendre vers le centre, prendre les dolmuş marqués « Heykel » (statue). On désigne ainsi la statue d'Atatürk. Dire « statue d'Atatürk » est presque un pléonasme en Turquie. Pour retourner vers l'otogar, prendre un dolmuş sur l'Atatürk Caddesi. Pas cher du tout. Les tickets s'achètent au kiosque juste à côté.
Si vous avez une petite faim en attendant le bus, allez chez *Kervan*, face à la station. Plats classiques, mais bonne hygiène et produits frais.
- **Aygaz :** route de Mudanya, 800 m à gauche avant l'usine Renault. On peut y faire remplir ses bouteilles de gaz vides pour un prix dérisoire.

Où dormir ?

PRÈS DE LA GARE DES BUS

Plusieurs petits hôtels juste en face en sortant de la gare et dans les rues alentour. Ils sont souvent bruyants (sauf si vous demandez une chambre sur l'arrière), et la propreté n'est pas toujours leur qualité première.

■ *Trakya Hotel :* Gazcilar Caddesi 193. Une rue plus haut que le suivant sur la droite en rencontrant Gazcilar Caddesi. A 5 mn de l'otogar également. Propreté acceptable. Pas le grand confort, mais pratique quand on prend un bus le matin ou qu'on arrive très tard. Prix modiques.
■ *Hôtel Mavi Ege :* en sortant de la gare, traverser et prendre sur la gauche puis la première à droite. L'hôtel est sur la gauche au coin de la première rue. Pas très bien tenu et bruyant.

DANS LE CENTRE

Bon marché

■ *Yeni Ankara Oteli :* Inebey Caddesi 48 (plan C3). Rue perpendiculaire à Atatürk Caddesi. Confort très rudimentaire et sanitaires fatigués. Chambres exiguës. Pour les fauchés.
■ *Ipekçi Oteli :* Çancilar Caddesi 38. ☎ 21-19-35. En plein bazar. 32 chambres spacieuses et confortables dont 28 avec douche et w.-c. individuels. Les autres ont lavabos + w.-c. individuels mais douche commune. Patron affable, parlant l'allemand. Prix honnêtes et propreté correcte. Très calme la nuit. La mosquée à côté donne une note musicale. Parfois tôt.

■ *Lâ Otel :* Maksim Caddesi 79. Dans une rue qui monte, perpendiculaire à Atatürk Caddesi (plan C3). Très central. Tout ce qu'il y a de plus simple et pas très propre. Vérifier l'état du sommier. Hôtel vieillot et populaire. Bon marché.

Prix moyens

■ *Hôtel Bilgiç :* Ressam Şefik Bursali Caddesi (plan C3). ☎ 20-31-90. Près du centre, dans une rue perpendiculaire à Atatürk Caddesi. Propre et accueillant. Environnement plaisant. Très bruyant.
■ *Altin Palas :* Osmangazi 77. A la lisière du bazar. ☎ 21-35-00. Ne pas s'inquiéter du bruit de l'avenue, les chambres sur l'arrière sont silencieuses. Salle de bains dans le couloir. Très propre. Bon rapport qualité-prix.
■ *Ceşmeli Otel :* Gümüzcekar Caddesi 6. ☎ 241-511. Tout nouveau. Chambres spacieuses et lumineuses. Impeccable. A côté de la statue d'Atatürk.

Plus chic

■ *Hôtel Artic :* sur Atatürk Caddesi, au coin de Maksim Caddesi (et à côté de la poste ; plan C3). ☎ 21-95-00. Grand hôtel un peu luxueux mais dont les prix sont plus doux qu'on ne pourrait le croire. Décor vieillot. Chambres calmes et impeccables. Accueil très peu aimable. Central. 50 m plus haut dans la Maksim Caddesi, l'*hôtel Dikmeu,* de même catégorie, est plus accueillant.

CAMPING

■ *BP Mocamp :* à 5 km de Bursa, en allant vers Istanbul. Bus 17 ou 17 B. Un peu en retrait. Ne pas confondre avec celui en bord de route. La piscine est souvent un bouillon de culture digne de l'institut Pasteur.

Où manger ?

● *Iskender Kebabçi :* Atatürk Caddesi 60 (plan C 3). Ici a été inventé l'*Iskender kebab.* Ce sont des lamelles de viandes découpées sur la broche accompagnées de sauce tomate, yaourt, et arrosées de beurre fondu, servies sur un *pide* (galette). Les cuisiniers opèrent devant vous.
● *Arap Sükrü :* Kuruçeşme Mah, Sakarya Caddesi 6. Resto de poisson. Bonne cuisine et excellent accueil. Vins rouges gouleyants. Central. Quartier typique. ☎ 21-14-53. Service diligent. Atmosphère calme.
● *Çiçek Izgara :* derrière la mairie, au 1ᵉʳ étage d'un petit complexe commercial. De l'extérieur on aperçoit les néons blancs du resto. Grande salle trop éclairée et bien proprette où défile une clientèle libérale et moderne. La preuve, il y a même des femmes. Spécialités de viandes grillées. Portions raisonnables et prix imbattables. Service rapide et irréprochable.
● Bonnes pâtisseries sur Maksim Caddesi, un peu au-dessus du Lâ Otel. Chaussons fourrés au fromage, aux épinards, gâteaux secs.
● Dans Kültür Park, très nombreux restaurants qui possèdent d'agréables terrasses l'été.
● *Villa Mangal :* sur la montagne. A une dizaine de kilomètres de Bursa. Endroit très agréable le soir, lorsque le soleil a frappé dur toute la journée. Service en terrasse ombragée. Excellentes et copieuses *pirzolas* (côtelettes d'agneau).
● *Gümücekar restaurant :* en face de l'hôtel Çesmeli. Cadre agréable. *Iskender kebab,* à se damner. Accueil très chaleureux.
● *Turistik pastaneleri :* sur Atatürk Caddesi, dans le passage souterrain en face de la mairie et du Hoza Han. Patisserie géniale. Marrons délicieux.

Où prendre un bain turc ?

Bursa a toujours été réputé pour ses sources thermales aux pouvoirs curatifs qui ont soigné bien des voyageurs depuis les Romains. Les meilleurs bains réalisés sous Justinien (527-565) se trouvent à Çekirge, à 2 km du centre (pas plus d'une dizaine de minutes, on vous l'assure), où l'eau arrive directement des sources chaudes du mont Uludağ. On vous rappelle qu'un bain turc se prend tôt le matin. C'est une assurance d'hygiène. C'est là qu'on rencontre les vieux qui viennent se laver le corps avant d'aller se laver l'esprit à la mosquée.

– *Çakir Hamami :* dans le centre, sur Atatürk Caddesi, presque en face de la grande mosquée. Bains turcs classiques, composés de plusieurs salles dallées de marbre. Bon marché.
– Deux superbes bains turcs ont été rénovés dans le quartier de Çekirge. Bien plus chers que le premier.
– *Yeni Kaplica* (nouveaux bains) : Çekirge Caddesi, ancien bain datant du XVIe siècle, construit sur l'ordre de Soliman le Magnifique. Très agréable et un peu cher. Salles de bains de toute beauté couvertes de marbre rose et vert, ou de carreaux de faïence aux couleurs chaudes.
– *Eski Kaplica* (anciens bains) : Çekirge Caddesi, sur la droite en contrebas. Demander l'hôtel *Kervansaray Termal*. Ces bains datent pour leur part de 1389. Aujourd'hui, complètement rénovés et intégrés à un hôtel de luxe, ils sont superbes. Endroit vraiment génial. Entrée assez chère mais le massage est au même prix que partout. Superbe coupole en briques. Dans une salle du fond, un bassin dont l'eau chaude provient directement d'une source à 45 °C. Toutes les pièces sont alimentées par un système de canalisations qui chauffent les dalles de marbre. Un bel endroit pour se relaxer. Une dernière information : ce hammam possède une section réservée aux femmes, mais beaucoup plus petite ! Les couples peuvent donc y aller au même moment, même s'ils ne sont pas ensemble, sauf pour nos amis homos évidemment. Service excellent, propreté irréprochable. Ouvert de 7 h à 23 h.
Nombreux hôtels très confortables à proximité.

Un peu d'histoire

L'ancienne Prousa fit partie de l'empire romain d'Asie Mineure puisque Pline le Jeune en fut gouverneur, au IIe siècle av. J.-C., mais elle existait déjà avant. La ville devient au cours des siècles un lieu phare du christianisme en Orient. Bursa, dernière étape orientale sur la Route de la Soie, développe l'élevage du ver à soie. Selon la légende, ce sont des moines qui importent les cocons vers Bursa en les camouflant dans leurs bâtons de marche. La cité devient un grand centre producteur. C'est pourquoi aujourd'hui encore, en juin, on peut assister à la vente des cocons au bazar. Très intéressant. D'ailleurs, le bazar regorge de boutiques de soie.
Sur le plan politique, Turcs et Byzantins s'affrontent des siècles durant et la ville change souvent de mains. Au XIVe siècle, le vent tourne en faveur des troupes du petit émirat ottoman qui font de Bursa leur capitale (1326). La persévérance serait ainsi récompensée : 11 ans de siège ! C'est pourquoi le sultan Osman, fondateur de la dynastie, souhaite s'y faire enterrer ainsi que de nombreux autres sultans. Bursa reste capitale peu de temps, supplantée par Andrinople, dès 1413. Plus près de nous, en 1920, elle est occupée par les Grecs, avant de recouvrer sa souveraineté, grâce à Atatürk.

A voir

Bursa possède quelques monuments très importants, notamment le cimetière de la Muradiye ainsi que la Mosquée Verte *(Yeşil Cami)*, et quantité d'autres petits trésors, délicatement enfouis dans la verdure.
▶ *La Muradiye :* dans la ville haute. C'est fléché depuis Çekirge Caddesi. Première capitale du nouvel Empire ottoman, Bursa fut choisie par de nombreux sultans pour recevoir leurs sépultures. La Muradiye est le principal endroit où ils furent enterrés. Il s'agit d'un grand jardin dans la ville haute où sont disséminés onze mausolées hexagonaux ouverts aux quatre vents. Ainsi, on pouvait encore recevoir une douche par la grâce de Dieu. Cela ressemble un peu à un kiosque à musique avec une tombe au centre. Sépultures de nombreux sultans et de leurs fils. Certaines ont été récemment rénovées et les beaux carreaux de faïence bleu ou vert ont recouvré leur lustre. La plupart des mausolées datent de la fin du XVe ou du XVIe siècle. Au fond du cimetière, on découvre un petit champ de pierres tombales, monolithes gravés aux formes diverses. Jetez un coup d'œil à

la mosquée principale qui date du XVᵉ siècle, sobrement couverte de carreaux bleu et vert. Lors des fêtes religieuses, une foule en prière tourne autour des cercueils. Aux alentours du cimetière, vos yeux fouineurs ne manqueront pas de remarquer quelques vieilles maisons turques typiques, notamment de l'autre côté de la rue, celle d'un Ottoman richissime du XVIIIᵉ. C'est un délicieux petit musée. Ouvert de 8 h 30 à 12 h et de 13 h à 17 h sauf le lundi.

▶ *Emir Sultan Cami :* près de la Mosquée Verte, plus haut sur la colline, vue intéressante. La mosquée, du XIXᵉ, est un rare mélange d'intimité et de délires architecturaux. A voir.

▶ *Le Musée ethnographique :* à côté de la Mosquée Verte, dans un bâtiment de style seldjoukide. Ouvert de 8 h 30 à 12 h et de 13 h à 17 h 30, sauf le lundi. Entrée payante. Collections intéressantes.

▶ *La Mosquée Verte et le Mausolée Vert* (*Yeşil Cami* et *Yeşil Türbe*) : situés à l'est de la ville, dans le prolongement d'Atatürk Caddesi (suivre les panneaux jaunes). C'est à environ 15 mn du centre à pied. Si vous arrivez à la mosquée lors de la prière, allez prendre un verre aux terrasses des cafés qui dominent la ville, juste à côté. Agréable. La façade de marbre de la *mosquée* présente un joli travail de sculpture, surtout autour des fenêtres décorées d'arabesques. Vous comprendrez rapidement le patronyme de cette mosquée, puisqu'elle est couverte de carreaux de faïence verte. Les deux loges de chaque côté du couloir d'entrée (là où se placent les femmes) sont les mieux décorées. La visite de la loge du sultan (*Hünkâr Mahfili*) s'effectue moyennant compréhension...
Le *Mausolée Vert* (ouvert de 8 h à 12 h et de 13 h à 17 h) accueille la sépulture de Mehmet Iᵉʳ. Il est octogonal, surmonté d'une magnifique coupole. Autour de lui, ses fils. Derrière, ses femmes. Vous vous étonnerez sans doute comme nous que l'on qualifie ce mausolée de « vert » alors qu'il est... bleu. Les couleurs ont sans doute viré ! Il n'empêche, le carreleur a mal fait son travail puisque les carreaux tombent (le mausolée fut pourtant restauré au XIXᵉ siècle)... Faire un tour au petit musée... pour l'équivalent turc de notre Guignol national.

▶ *La grande mosquée :* située dans le centre, sur Atatürk Caddesi, ne présente guère d'intérêt pour le touriste. En revanche, à côté, le *Ulucami Café* est un bon rendez-vous pour fumer le narghilé avec les vieux du quartier.

▶ *Kültür Park :* grand parc près du centre, sorte de poumon de la ville. Près de la Muradiye. Aires de jeux pour les enfants, cafés et restaurants en terrasse, promenades sous les arbres, musée archéologique... Très bien pour un moment de repos.

▶ *Le musée archéologique :* dans un petit édifice moderne dans le Kültür Park. Mêmes horaires que l'autre musée. Rénové récemment. Collections d'objets appartenant à l'Antiquité et allant jusqu'à la période byzantine. On peut y jeter un coup d'œil sans déplaisir lors d'une balade dans le parc. On n'y va pas exprès.

Achats

– *Le bazar* (Bedesten) : derrière la mairie et l'Orhan Camii. Belles imbrications de ruelles au centre desquelles, au hasard de votre balade, vous trouverez un ancien caravansérail aujourd'hui cerné de boutiques. Certaines parties sont couvertes, d'autres pas. On y trouve des vendeurs d'or, de soie, de tissus-éponges, un petit marché aux épices, etc.
La soie est la spécialité de Bursa. En juin, les paysans viennent vendre les cocons au bazar. Les artisans achètent les kilos de cocons afin de fabriquer la soie. La vente est une véritable leçon de marchandage et d'honnêteté. La discussion est âpre et pleine d'humour. Quand les protagonistes se sont entendu sur un prix, ils se serrent longuement la main. Si la production de vers à soie n'est plus ce qu'elle était à la fin du Moyen Age, Bursa est toujours entouré de champs de mûriers. Si la soie est de bonne qualité, en revanche les imprimés ne sont pas toujours d'avant-garde. Au bazar, on trouve aussi des serviettes-éponges et des peignoirs à très bon prix.
– Pensez au *Kaz Pazari*, ou marché de l'oie, à partir du bout d'Inönü Caddesi.
– Foulards en soie chez *Murat Eşarplari :* Kapaliçarşi Ara Kiyeciler 11. Une bonne adresse. Même si notre publicité lui fait commettre des excès.

Plus généralement, soie très belle et abordable autour du Mausolée Vert. le marché *Kosa Hau* (entrée face à l'office du tourisme) est très intéressant : disposé autour d'un petit jardin.

Dans les environs

▸ *Inkaya :* hameau agréable à 15 km en direction d'Ulu Dağ. Pour les routards véhiculés uniquement et disposant de temps. Les gens de Bursa y viennent pour déjeuner sous l'énorme et vénérable platane (il aurait 550 ans). Un resto a eu l'idée de s'installer là. On fait cuire sa viande soi-même en profitant d'une vue magnifique. Mi-déjeuner sur l'herbe, mi-restaurant de campagne. Très agréable.

▸ *Mont Ulu Daği :* à 26 km de Bursa. Sommet à 2 490 m au-dessus de Bursa, une station de ski snob. En été, beau paysage verdoyant et calme, mais vers 17 h souvent un brouillard épais se lève. Prenez une petite laine. Pour y aller : dans Bursa, sur Atatürk Caddesi, prenez le dolmuş marqué « Teleferik ». Environ 5 mn à pied jusqu'au téléphérique qu'on emprunte. Arrivée à Sarialau avec hôtels, restaurants... Puis encore un petit trajet en dolmuş, ou en télécabine. Très joli. Y aller de préférence le matin, car l'après-midi il y a au moins une heure d'attente pour monter et autant pour descendre. Ski en hiver possible, de décembre à mars.

▸ *Iznik* (Nicée) : à 79 km, ville dont l'enceinte byzantine a conservé ses 5 km de long. Près d'un lac. Jolies petites mosquées décorées de faïences. Pour s'y rendre, prendre un bus à l'otogar.
Accueil inoubliable à *l'hôtel Kaynarca :* Kilicaslan Caddesi. ☎ 252-71553.

▸ *Milli Park* (parc national) : à Kuşcenneti, près de Bandirma, à 23 km d'Edirne, entre Bursa et Canakkale, jouez à l'ornithologue... Payant mais extra.
De Bandirma, prendre un bus au *Garaj* (Atatürk Caddesi) à 300 m sur la droite à partir de la poste. En attendant, goûtez les brochettes de moules chez *Azizin Yeri* (Ordu Caddesi) : typique.

— Pour se baigner dans la mer de Marmara, prendre un dolmuş direction Gemlik (32 km), puis un bus municipal vers Armutlar : départs à 11 h, 12 h et 15 h. Petites criques. Éviter la plage de Kumla : sale.

Quitter Bursa

Tous les bus partent de l'otogar qu'on gagne en dolmuş depuis Atatürk Caddesi. Très nombreuses compagnies dont les bus partent dans tous les sens.
— *Vers Pergame :* bus non directs, même si l'on vous fait croire que les bus pour Izmir passent par Pergame.
— *Vers Izmir :* toutes les heures. Essayez les bus à deux étages de la compagnie Kamil Koç. Hyper sympa.
— *Vers Istanbul :* départs toutes les 20 mn à partir de 7 h 30. Trajet : 1 h 15 environ.
— Les autres directions sont toutes très bien desservies.

Bateau pour Istanbul : voir « Quitter Istanbul en bateau » et procéder en sens inverse.

– *CÔTE ÉGÉENNE ET CÔTE MÉDITERRANÉENNE* –

TROIE (ou Truva)

Nul doute qu'à l'évocation de ce nom ne redéfilent devant vous les souvenirs de classe de 6e. Troie ! La célèbre cité de Priam dont Homère s'inspira dans *l'Iliade*. Aujourd'hui encore, rien n'est sûr. La guerre de Troie a-t-elle eu lieu ? Du lyrisme du célèbre poète on a tiré moult conclusions qu'aucun élément véritablement irréfutable n'est venu étayer. La légende (voir plus bas) a pourtant traversé allé-

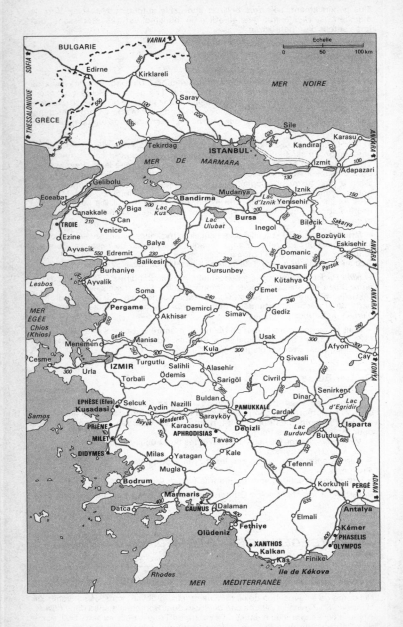

LA CÔTE ÉGÉENNE

grement les siècles même si chercheurs et historiens n'ont en réalité pas grand-chose à se mettre sous la dent.

En effet, le site de Troie est fort décevant et il n'en reste quasiment rien. Des fouilles sont actuellement en cours. Aussi, pour parcourir le site, suivez l'itinéraire (fléché) qui commence près du musée. On ne peut être que frappé par l'amplitude donnée à cette guerre comparée à l'exiguïté du site qui ne pourra que désenchanter l'imagination de l'enfant qui sommeille encore en nous, et qui dut, sur les bancs de la classe, laisser galoper le mythe de la belle Hélène et celui du cheval. Il y a bien longtemps de cela, au XIXᵉ siècle, un autre petit garçon pensa même que la légende était peut-être réalité, il s'appelait Heinrich Schliemann.

L'histoire édifiante d'Heinrich Schliemann (1822-1890)

Il était une fois un certain Heinrich qui naît en Allemagne d'un père pasteur. Tout jeune, il tombe amoureux de Minna, sa petite voisine. Un jour, il reçoit un livre illustré sur la mythologie grecque. Avec Minna ils se font le serment de se marier puis d'explorer ensemble ces sites antiques. Pour cela, il faut d'abord faire fortune. Le voici commis dans une épicerie, puis matelot. Son bateau échoue au large d'Amsterdam. Là, il travaille pour un riche négociant. Il profite de ses nuits pour apprendre sept langues. En quelques années, il bâtit une colossale fortune dans le commerce de l'indigo. Il revient alors au pays pour épouser Minna qui, bien sûr, venait juste de se marier...

Il vend alors ses commerces et part seul à la découverte de Troie. L'idée qui dirige ses recherches est simple : *l'Iliade* est une trop belle histoire pour ne pas être vraie. Il suit pas à pas les textes anciens d'Homère et Pausanias. Cette minutie lui permet de découvrir deux des sites antiques les plus chargés d'histoire : Mycènes et Troie.

Un peu d'histoire

Selon les nombreuses recherches effectuées, la ville de Troie (ou Ilion), située à l'emplacement de l'actuelle *Hisarlık*, connut plus de neuf niveaux d'occupations depuis l'âge du bronze (environ 3000 av. J.-C.), sur une profondeur d'une quinzaine de mètres (dont les habitants seraient d'origine anatolienne.)

Du petit village de l'époque, il ne reste quasiment rien. Le IIIᵉ millénaire semble avoir été une période faste pour le royaume qui s'install sur ces rives. Schliemann découvrit un trésor sur le site, qu'on data de cette période (de 2600 à 2200 avant J.-C.). Suivant les différents niveaux de développement de la ville, on situe l'époque homérique aux alentours du XIIᵉ siècle av. J.-C., ce qui semble correspondre à la période la plus puissante de Troie. La ville fut ensuite complètement détruite. A l'orée de notre ère, après le passage des Grecs, les Romains s'y installèrent. Depuis l'établissement des Turcs sur la Côte, elle est abandonnée.

Et si on se rafraîchissait un peu la mémoire ?

Dans son œuvre gigantesque, *l'Iliade* et *l'Odyssée,* le poète Homère (qui vécut vers le IXᵉ siècle av. J.-C.) narre avec émotion la fabuleuse histoire d'amour d'Hélène, beauté parmi les beautés, fruit des amours de Léda (épouse de Tyndare, roi des Achéens) et de Zeus. Lorsqu'il est temps pour Hélène de convoler en justes noces, son père adoptif, Tyndare, réunit tous ses prétendants à qui il fait promettre de venir en aide à Hélène en cas de besoin. Ménélas, frère d'Agamemnon, roi de Sparte, est choisi comme époux. Mais la belle Hélène est enlevée par Pâris, un prince troyen. Aussitôt les guerriers protecteurs de la fille du roi se rassemblent pour la délivrer et entament le siège de Troie, qui devait durer dix ans. Ulysse trouve l'ingénieuse idée « d'abandonner » un gigantesque cheval de bois aux abords de la cité. Les Troyens introduisent ce curieux animal à l'intérieur de la ville, ce qui permet aux guerriers grecs cachés dans son ventre de conquérir la cité et de récupérer la belle Hélène.

Les pour et les contre

Ce qui est formidable dans l'histoire de Troie et la légende d'Homère est qu'aujourd'hui encore rien ne peut venir infirmer ou confirmer que cette guerre a bien eu lieu, et, si c'est le cas, que le site d'Hisarlık est bien l'antique Troie. De nombreux indices tendent à le montrer : le premier est que seul ce lieu correspond au récit des combats, après que tous les environs ont été fouillés. Les concordances historiques entre le récit d'Homère et les ruines montrant le développement certain de la ville à l'époque dite sont indiscutables. On y trouva des ossements dans les rues (signes de combats) ainsi que des traces de provisions (signe de disette, donc de siège).

Parmi les arguments des détracteurs, on trouve ceux-ci : le site de Troie est ridiculement petit si on se rapporte à l'explosion lyrique d'Homère. Hisarlık ne pourrait donc être Troie. Ensuite aucune inscription stipulant le nom de Troie n'a jamais été trouvée. De plus, les ossements découverts n'appartiendraient qu'à quelques corps, ce qui semble nettement insuffisant pour conclure à une guerre qui mobilisa toute la Grèce.

De là, pourfendeurs et défenseurs ne cessent d'échafauder de nouvelles hypothèses, qui sans cesse redonnent vie au plus vieux roman du monde, écrit par le plus audacieux des poètes.

Où dormir, où manger aux environs de Troie ?

■ *Camping Mocamp Trova :* à 12 km au nord. Ombragé, mer à proximité et resto très correct.

■ *Dardanel Camping :* à côté du précédent. En bord de mer, assez ombragé. Douches chaudes et prix modiques.

■ En fait, essayez l'un des campings de la route allant de Troie à Grüzelyali : dans une jolie réserve naturelle.

■ A 30 km, à *Canakkale,* nombreuses possibilités d'hébergement. Voir près de l'Horloge : bon marché. De nombreux dolmuş y conduisent.

● Attention au *resto Hellen,* en vous dirigeant vers Çanakkale : très très cher. Pour les moins fortunés, s'arrêter au resto de l'*Hisarlik Hotel,* par ailleurs un excellent hôtel.

A voir sur la route Troie-Pergame

▶ *Ezine :* petite ville-marché agréable et animée surtout le lundi, jour de marché. Située à 500 m de la route principale. Costumes typiques, charrettes décorées.

▶ *Assos :* appelé aussi *Behram Kale.* A une vingtaine de kilomètres de la route nationale. On y arrive par une route très belle mais étroite. Camping face à la mer, très pittoresque. Petit village typique au pied de la falaise. Quelques ruines d'une cité antique. Bus pour Ayvalik.

AYVALIK (indicatif téléphonique : 663)

Face à l'île de Lesbos, à 152 km d'Izmir et 63 km de Pergame, Ayvalik est un petit port très méditerranéen avec, autour, de nombreuses plages pas trop envahies. Ville intime et charmante avec ses hommes plus ou moins âgés fumant le narghilé devant les cafés, ses cireurs de chaussures et, au bord du marché, ses charrettes décorées de peintures folkloriques, tirées par des mulets et chargées de pastèques, légumes... Dans des petites rues calmes, des artisans travaillent porte grande ouverte. Ne pas rater le *marché* le jeudi.

Où dormir ? Où manger ?

En arrivant, se faire arrêter sur la place près du port, et non à l'entrée. A moins que vous n'aimiez la marche pour trouver votre pension bien-aimée.

■ *Pansiyon (chez Beliz)* : Fethiye Mahallesi, Mareal Çakmak Caddesi n° 28. ☎ 148-97. Ouvert seulement de juin à mi-octobre. Aménagement traditionnel et familier. Propreté irréprochable. Petit déjeuner turc copieux. Pas plus cher qu'ailleurs dans le voisinage. Accueil très cordial et... féminin.

■ *Yali Pansiyon* : PTT Arkasi 10. ☎ 124-23. Près de la poste. Un hôtel avec une terrasse les pieds dans l'eau. Eau chaude, jardin et la mer en fond de décor. Petit déjeuner copieux. Prix très raisonnables.

■ *El Otel* : Vehbibey Mahallesi Sefa Caddesi n° 3. Chambres avec douche, w.-c., chauffage central. Eau chaude 24 h/24. Propre.

■ *Villa Lila* : Edremit Caddesi 148. Familiale (petits déjeuners extra). Petit jardin enchanteur. Prix corrects. Possibilité de faire sa lessive.

● *Levent Iskender Kebap Salonu* : Talatpaşa Caddesi n° 19. Kebabs au yaourt délicieux et pas chers du tout.

● Le long du port et de la côte, nombreux restaurants qui se valent. Le tourisme ici est surtout composé de Turcs, ce qui confère une bonne référence *a priori*.

— Aller boire un verre au bistrot *Naci Bey Pasaji* (rue parallèle à la mer, vers le nord) : vue superbe sur la mer, l'île de Lesbos et Alkibey, surtout au coucher du soleil !

A voir dans les environs

Nombreuses excursions : se renseigner à l'office du tourisme, en face du petit port de plaisance. ☎ 121-21.

▶ *Alkibey* : île et port de pêche agréables, reliés par bateau depuis Ayvalik ou par route (ponts). Peu de touristes, nombreux restos de poisson au bord de l'eau.

Ada Camping : à 3 km d'Alkibey ville, par une piste poussiéreuse, face à l'île de Lesbos. Sanitaires propres, douche chaude, ambiance familiale et danses turques le soir. Petite plage de gravier.

Pour l'île de Lesbos : deux liaisons quotidiennes l'été. Se renseigner sur le port.

▶ Essayez, pour changer du cadre touristique, le mignon petit village de *Dikili,* à 40 km. Le *Motel Antur* est très chouette.

▶ La plage, à 8 km, peut être découverte par dolmuş. Plus calme et moins bétonnée que les autres. Son nom : la plage de l'aïl !

▶ *Seytan Sofrasi* : prendre le bus jusqu'à Murat Reis et, ensuite, à pied ou en stop. Balade éreintante... mais quel point de vue !

Bus directs pour Bursa, Pergame ou Izmir.

PERGAME (indicatif téléphonique : 541)

Grosse bourgade agricole agréable qui vit au rythme de ses vieilles pierres, doucement. Sur le plan archéologique, Pergame est un « must ». Elle possède deux sites admirables dont l'un perché sur une colline qui embrasse toute la vallée. Sympathique et nonchalante, la ville mérite bien une petite halte. Après la visite des sites, on prend un thé au soleil en compagnie des vieux en regardant passer les charrettes, encore tirées par des chevaux.

Adresses utiles

– *Office du tourisme* : à l'entrée de la ville en venant d'Izmir, au coin de la route qui monte vers l'Asclépieion, sur la gauche. Au pied d'un restaurant, peint en noir sur un grand mur blanc, on peut lire « Information ». C'est là. Ouvert tous les jours en été. Un autre bureau dans le centre en face du parc. ☎ 1862.

– *Change* : dans la rue principale, nombreuses banques. *Emlak Bankasi* : dans le centre, change les chèques de voyage. Elle n'est pas la seule.

– *Pour vous rendre sur les sites,* groupez-vous en taxi. Bien faire préciser la durée d'attente et le prix tout compris. Autrefois, l'office du tourisme proposait une visite des sites en bus. Demandez si ça marche toujours et à quel prix.

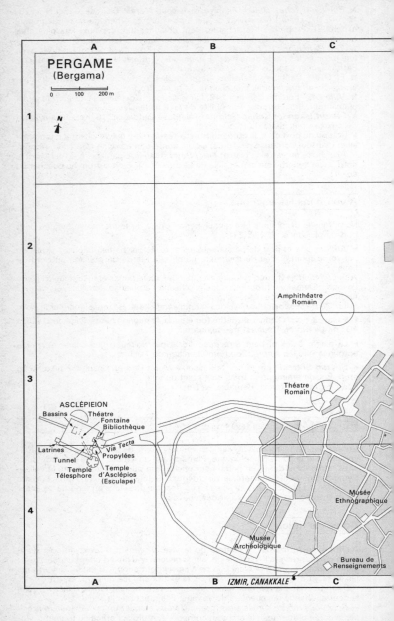

PERGAME
(Bergama)

0   100   200 m

N

ASCLÉPIEION
Bassins   Théâtre
            Fontaine
            Bibliothèque
Latrines   Via Tecta
     Tunnel   Propylées
Temple   Temple
Télesphore   d'Asclépios
             (Esculape)

Amphithéâtre
Romain

Théâtre
Romain

Musée
Ethnographique

Musée
Archéologique

Bureau de
Renseignements

IZMIR, CANAKKALE

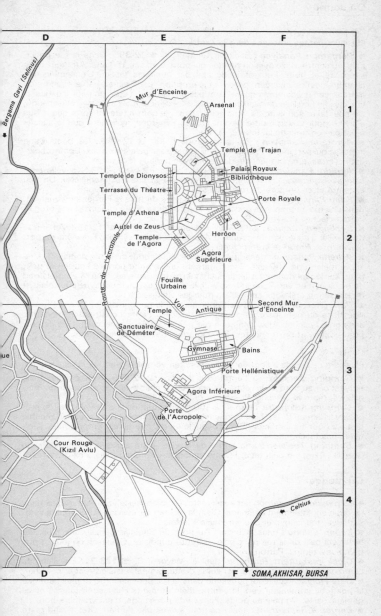

Où dormir ?

Pas cher

Plusieurs petites adresses dans le centre.

■ *Pergamon Pansiyon :* Bankalar Caddesi 3. ☎ 12-395. Dans la rue princi-pale, au centre. Belle maison typique qui porte bien ses 150 ans. Arrangée avec simplicité et goût. Petit patio occupé par quelques tables. L'ensemble des chambres est relativement propre et le proprio, Yusuf, est adorable. Prendre de préférence les chambres qui ne sont pas sur la rue. Le soir, on peut y déguster une cuisine familiale de qualité. Douches à l'extérieur mais avec de l'eau chaude. On peut laver son linge. Si vous allez à Izmir, le patron fera en sorte que le bus s'arrête pour vous prendre devant l'hôtel. Espérons seulement que le succès n'est pas en train de lui tourner la tête.

■ *Acroteria Pansiyon :* Bankalar Caddesi 11. ☎ 12-469. Au bout d'une impasse qui part face à l'Akbank, dans la rue principale. Prix doux. Confort spar-tiate. Terrasse ombragée. Un des employés parle le français.

■ *Akrapol Pansiyon :* Mermer Direkler Caddesi 2. ☎ 11-508. Nouvelle pen-sion avec terrasse, chambres très propres, eau chaude (irrégulière). Un peu excentré et en bordure de route. Baisse ses prix en fin de saison.

■ *Kilim Pansiyon :* Dogandi Caddesi 10, juste derrière la Pergamon Pansiyon, dans une rue en prenant à gauche sur la place de la poste en venant de l'otogar. Patrons jeunes et sympa. Pas cher.

■ *Böblingen Pension :* Zafer Mah. Asklepion Caddesi 2. ☎ 12-153. A l'entrée de la ville. Tenue par un couple d'Allemands hyper sympa. Excellent rapport qualité/prix. Propreté irréprochable.

■ *Athena Pansiyon :* dans une rue à gauche, au bout de la rue principale. Une vieille maison de 150 ans. Caché derrière une grande porte d'entrée, un petit patio sur lequel donnent quelques chambres très simples. La n° 3 a un plafond de bois peint en vert, bleu et rose. Ali, le patron, est un modèle de courtoisie et de discrétion et il vous conseillera pour les visites.

■ *Park Otel :* dans une rue perpendiculaire à la rue principale, à l'entrée de la ville, face au petit parc verdoyant. ☎ 11-246. Petite construction moderne, sans grand cachet, mais dans une rue très agréable. Bon accueil. Grande pro-preté. Calme et prix honnêtes. Parking privé. Resto pour les clients.

Campings

Plusieurs campings à l'entrée de Pergame en venant d'Izmir sur la gauche.

■ *Camping Bersköy :* à l'entrée de la ville. ☎ 12-595. Bien équipé, mais bruyant car au bord de la route. Piscine. Assez cher mais pas encore trop. Bun-galows, resto et épicerie. Possibilité de faire sa lessive.

■ *Camping Kleopatra Termal :* à 100 m en retrait de la route. A côté du pré-cédent. Calme. C'est bien son seul atout. Ombragé. Terrain assez meuble (thanks pour les sardines). Petits bungalows rudimentaires. Propreté des sani-taires pas folichonne.

■ *Camping Tesisleri :* à la sortie de la ville, juste après les bungalows de Güzellik. Camping bien tenu. Piscine et sanitaires impeccables. Prix modérés.

Où manger ?

● *La pension Pergamon* fait aussi resto. On la conseille vivement. Repas dans un patio agréablement aménagé. C'est la maman qui cuisine. Atmosphère sym-pathique, touristique et couleur locale à la fois.

● *Kebap Salonu :* dans le bazar. Au bout de Saraçlar Çarşisi, une ruelle du bazar qui part de la rue principale. Gargote populaire. Goulasch du jour et prix d'un autre temps. Patron souriant.

● *Cjcek restaurant Birahane :* Istiklâl Meydani 6. ☎ 123-31. En allant du centre ville vers l'acropole, c'est sur la droite. Simple, mais correct et pas cher.

● *Café Hülya :* excellente pâtisserie dans la rue principale, 50 m plus haut que la poste en continuant vers le centre. Plein de petits chaussons fourrés et de gâteaux salés. On paie au poids. Faites vos provisions, c'est vraiment bon.

● *Bergama Restaurant :* assez central, à deux pas du Park Otel. Grand resto où les routards et les groupes organisés viennent en nombre. La nourriture est médiocre, mais c'est un point de rencontre.

Un peu d'histoire

Ancienne ville grecque, Pergame connut son heure de gloire au moment où Athènes entamait son déclin. La ville fut fondée par un lieutenant d'Alexandre au IIIe siècle av. J.-C., qui y plaça un fabuleux trésor de guerre. Bien sûr, celui-ci fut arraché par l'un des « fidèles » lieutenants de Lysimaque le Fondateur. L'usurpateur fonda sa dynastie. C'est un siècle avant notre ère, sous le règne du 4e roi Eumène II, que la ville prit une importance considérable. Eumène fit construire notamment une bibliothèque de plus de 200 000 volumes, faisant de Pergame un véritable foyer de culture qui rivalisait avec Alexandrie et Antioche sur le plan artistique et avec Éphèse sur le plan commercial.
Pergame, maître du trafic maritime avec l'Orient, inquiéta l'Égypte par sa puissance. Celle-ci décréta donc l'embargo du papyrus vers Pergame qui invente pour le remplacer... le parchemin, réalisé à base de peaux de mouton ou de chèvre tannées (pergamen en latin). Les rois qui se succédèrent couvrirent la ville de palais à l'architecture influencée par l'Orient et par la Grèce à la fois. En remerciement de l'aide apportée par les Romains, un vieux roi mourant, célibataire endurci, Attalos III, légua la cité à Rome qui la développa encore pour en faire une ville phare de l'empire romain d'Asie. La bibliothèque fut pillée après un incendie. Au cours des siècles, la ville ronronna puis elle sombra doucement dans l'oubli, malgré le renom acquis par le fait d'être l'une des 7 célèbres églises de l'Apocalypse. Elle servit de forteresse aux Byzantins et aux armées ottomanes.

A voir

La ville s'organise sur trois niveaux. Le site de l'Asclépieion et celui de l'acropole sont situés, l'un à 1,5 km à gauche, avant d'entrer dans la ville, accessible par une mauvaise piste, l'autre à 4 km du côté opposé, par une route goudronnée qui grimpe sévèrement. Beaucoup de bus. On vous conseille de démarrer tôt le matin. Éventuellement, groupez-vous pour prendre un taxi. L'office du tourisme peut se charger de vous l'appeler.
Pour redescendre, suivez les points bleus que les archéologues ont disposés. C'est amusant comme un jeu de piste. Après le virage dans lequel il y a des bistrots on aboutit à la cour rouge dans un quartier pittoresque.

▶ *L'Asclépieion :* pour l'atteindre, prendre la piste sur la gauche au niveau de l'office du tourisme. Ouvert de 8 h 30 à 17 h30. Les ravissants vallons qui servent de décor naturel aux ruines sont occupés par de sympathiques camps militaires : barbelés, hommes en armes, chants nationaux accompagneront votre arrivée sur le site. Parfois en le visitant, on entend au loin (ou tout près) quelques agréables rafales. Les champs de tir et d'entraînement ne sont pas éloignés. On nous a certifié qu'il n'y avait aucun danger. Eh bien, nous voilà rassurés ! Interdiction formelle de photographier autour des camps militaires.
Ce site archéologique est en fait un ancien centre de cure thermale où venaient se reposer les malades : bains, massages, repos, diagnostic par le rêve étaient les méthodes utilisées par les médecins pour soigner les patients. C'est un certain Archias qui aurait fondé le site en débauchant des prêtres médico-religieux du sanctuaire d'Épidaure, probablement sur des vestiges encore plus anciens. Vers le IIe siècle apr. J.-C., le lieu prit de l'importance et devint le rendez-vous des philosophes et savants. Le grand anatomiste Galien y naquit et y créa une école de médecine. Un tremblement de terre détruisit le monument au IIIe siècle. Bon, passons au site lui-même. Un véritable enchantement pour les amateurs de vieilles pierres. Le lecteur aura, avant de lire ces lignes, tout de suite remarqué la superbe allée, dallée de larges pierres polies par les éléments naturels et les sandales de cuir. La *via Tecta* (voie Sacrée), longue de 820 m, étonne par sa monumentalité. A son extrémité, une petite cour carrée *(Propylées)*, romaine, datant de 142 apr. J.-C. Au centre de celle-ci, un petit autel orné de serpents, emblème du dieu guérisseur, Asclépios. On gagne ensuite le portique nord, long de 128 m, qui comportait 45 colonnes. Il en reste quelques moignons. Au fond, sur la droite, le théâtre de 4 000 places, bien restauré, où ont lieu des manifestations culturelles. Notez les extrémités des gradins de pierre dont la plupart étaient ornés de pattes de lions. Ceux que l'on peut voir aujourd'hui sont des copies.

En redescendant du théâtre, on devine quelques autres édifices puis on accède un peu plus loin à une voie souterraine voûtée, ajourée et dallée de larges pierres, qui conduisait l'eau vers le temple. On aboutit ainsi au *temple de Télesphore*, pièce circulaire, au toit détruit, d'où partent d'autres salles en pétales. Ces pièces servaient peut-être de salles de traitement. Autour, on remarque des reliefs de canalisation. Du temple d'Asclépios, juste à côté, il ne reste presque plus rien. Imaginez ces traitements faits de bains, massages, rêves, suggestions diverses... au milieu de jeux, fêtes, musique... Une médecine saine à notre avis.

▶ *L'acropole :* surplombant merveilleusement la ville, à 4 km de celle-ci par une agréable route. La grimpette jusqu'à l'acropole peut faire l'objet d'une belle balade si elle est entreprise aux premières heures du jour. Au soleil tapant, c'est Cayenne. Avant d'amorcer la montée, dans le virage qui indique « Akropol 4 » (km), deux petits cafés populaires de chaque côté de la route. Très bonne halte pour prendre des forces avant la montée.
En arrivant sur le site, parking et rafraîchissements. Un plan d'ensemble montre l'étendue de l'acropole. Elle constitue un lieu exceptionnel par sa situation, son panorama et la richesse de son passé. Pourtant la visite n'est pas aisée tant les ruines sont nombreuses et dispersées. Certaines sont très parlantes et superbes. D'autres ressemblent à de gros tas de pierres, mis à bas par quelque infernal colosse. Faites appel à votre imagination.
A l'entrée, les restes d'une porte principale, ensuite on passe devant les palais royaux sans s'en apercevoir, puis près de la célèbre *bibliothèque* dont il ne reste presque plus rien. Elle renfermait 200 000 ouvrages réunis par Attale Ier et son fils avant d'être transférée à Alexandrie par Marc Antoine, époux de Cléopâtre. Ils furent en grande partie détruits lors d'une révolte.
Le *temple d'Athéna* attirera l'attention de ceux qui savent chercher. Derrière la Porte Royale. Il commémore une défaite de nos ancêtres les Galates. Ceux qui n'ont pas le courage de jouer à Sherlock Holmes seront récompensés car le théâtre est aisé à identifier : en contrebas du site, adossé à une pente raide et plongeant directement dans la vallée. 15 000 personnes pouvaient y prendre place. 38 m séparent la scène des gradins du haut. Les spécialistes ou les fouineurs trouveront encore, au gré de leurs pérégrinations, l'agora supérieure, le gymnase, le petit temple de Dionysos, l'autel de Zeus ou encore le temple de Déméter (voir les sièges assez particuliers destinés aux prêtresses...). Bon courage. Pour finir, admirer la vue sur la vallée et essayer, dans l'épaisse chaleur, d'apercevoir l'Asclépieion.

▶ *Le Musée archéologique :* dans le centre, le long de la rue principale. Entrée payante. Petit musée moderne et bien agencé. Ouvert de 9 h à 12 h et de 13 h 30 à 17 h sauf le lundi. La courette intérieure présente de nombreuses statues, pierres tombales et chapiteaux provenant des fouilles des sites voisins. A l'intérieur, salle de gauche : poteries de l'âge du bronze (2450-2150 av. J.-C.), poteries byzantines (395-1453), quelques statues romaines intéressantes. Dans la salle de droite, on notera surtout une belle statue d'Hadrien, provenant de la bibliothèque de l'Asclépieion.

▶ *Le musée ethnographique* (mêmes horaires, et payant) propose une série de costumes et de tapis de la région.

▶ *La cour Rouge* (Kizil Avlu) : dans la partie la plus ancienne du bourg. Suivre les flèches « Red Hall » sur le chemin qui mène à l'acropole. Il s'agit en fait d'un ancien temple en ruine dédié à Sérapis, divinité égyptienne. Il fut converti en basilique chrétienne par les Byzantins. Les hauts murs de brique de Saint-Jean de Pergame qui subsistent ne manquent certes pas de charme mais on déconseille de payer l'entrée qui est chère. Depuis l'extérieur, on ne voit pas plus mal.

Quitter Pergame

– Il est préférable parfois d'aller jusqu'à Izmir, et là, changer de bus.
– Dans un sens comme dans l'autre, bien se faire préciser le tarif, la durée, et le lieu d'arrivée, pour les bus qui vont à Pergame. D'Istanbul, la compagnie *Yilmaz* vous dépose à 10 km du centre.
– *Bus pour Izmir :* toutes les 30 mn du matin au soir.

– *Bus pour Bursa :* 2 fois par jour, le matin et le soir. Mais le mieux est d'aller à Ayvalik d'où partent de nombreux bus.
– *Bus pour Istanbul :* 2 départs par jour. 10 h de trajet.
– *Vers Çandarli :* plusieurs bus par jour.

ÇANDARLI

Situé au sud de Pergame en direction d'Izmir. A environ 18 km au sud de Pergame, prendre l'embranchement Çandarli sur la droite. Le village est à 11 km. Le détour est surtout intéressant pour ceux qui ont un véhicule. Mais le stop marche bien. Route agréable. Petit port sympathique au creux d'une baie bien abritée et pas encore envahie par les touristes. Cela ne saurait tarder. Au centre du village, une grosse forteresse vénitienne du XIVe siècle, certainement la mieux conservée du pays, à l'emplacement de l'ancien port de Pitane, membre influent de la Confédération éolienne, pour les férus d'histoire. Beau coucher de soleil.

■ *Camping sur la plage :* rudimentaire et coincé entre la route et l'eau. A gauche en arrivant et sans ombre.
■ Plusieurs pensions en bord de mer (pas de plage) : *pension Papatya,* regardant la mer. Plus cher mais bien mieux. Dans une maison toute neuve et très propre. Les pensions s'édifient au rythme de l'inflation. Pas de problème pour en trouver.
● Plusieurs terrasses agréables au bord de l'eau. Quelques restos de poisson aussi.

MANISA

A une trentaine de kilomètres d'Izmir, au nord-est. Cité chargée d'histoire et à l'écart des flots de touristes.
Multitude de mosquées, de légendes vivantes (le roi Tantale et ses supplices, par exemple)... Et en avril... fête de la Potion Magique !

Pour rejoindre Izmir, vous traversez le quartier de Boruqua, le « Quartier de la Défense » de l'Izmir médiévale.
De Manisa, possibilité de rejoindre Sardes (Sartmustafa).

IZMIR (indicatif téléphonique : 51)

Grand port et ville moderne aux longues banlieues bétonnées qui se lovent dans une baie pourtant agréable, dominée par des montagnes, Izmir, troisième ville et deuxième port du pays, n'a pas le charme oriental d'Istanbul, ni la richesse de ses sites.
Ne vous laissez pas impressionner par le trafic infernal autour de la place Konak et sur le front de mer, vous aurez tôt fait de découvrir un vrai bazar et un beau musée archéologique... En revanche, la ville est assez décevante. De longues artères bordées d'immeubles, une pollution importante... Seul le vieux quartier au-dessus de Konak, qui monte à l'ancienne forteresse qu'on doit à Alexandre le Grand, possède encore une atmosphère authentique de vieille bourgade. De là, joli coucher de soleil sur la ville. Si Izmir n'offre guère de vieilles pierres, son histoire en revanche est pleine de rebondissements.

Topographie de la ville

Le véritable centre social de la ville est bien entendu le bazar qui possède un charme indéniable. Il est entouré en partie par l'Anafartalar Caddesi, à l'autre extrémité, par le Cumhuriyet Bulvari. L'artère la plus populaire, la plus animée avec un petit côté destroy, est l'Anafartalar Caddesi qui démarre près de la gare et aboutit à l'entrée du bazar au niveau de la Gazi Osman Paşa Bulvari, pour se prolonger dans le bazar.

La place Konak, un peu au sud du centre, est une énorme place, plutôt laide tant que les travaux d'aménagement ne sont pas achevés, où convergent tous les dolmuş de la ville. Trafic dément en partie repoussé sur le nouveau front de mer gagné sur l'eau. C'est donc un point névralgique important de la ville. Le musée archéologique se trouve juste au-dessus. C'est de là que l'on prend le dolmuş pour l'otogar. Le quartier de la gare concentre la plupart des hôtels bon marché.

La forteresse Kadifekale se trouve au sud de la ville, en retrait de la place Konak, sur les hauteurs.

La plupart des petites rues portent des numéros en guise de noms. Quand on est dans la bonne centaine, on est tout proche de la rue qu'on recherche. Les grands hôtels distribuent des plans très complets et gratuits (tous les numéros des rues y figurent).

Arrivée à l'aéroport

Aéroport tout neuf : *Adnan Menderes Airport,* au sud de la ville. Pour ceux qui veulent aller au sud et éviter de passer une nuit à Izmir, sortir de l'aéroport à pied et marcher jusqu'à la nationale qui mène à Selçuk (5 mn). Là, des bus à destination de Selçuk ou d'Éphèse s'arrêtent. Leur faire signe. Ou se rendre à *Güney otobüs terminali* à Karabağlar avec les navettes Turkish Airlines ou Havaş. Là s'arrêtent tous les bus pour le grand sud d'Izmir.

Des bus de la Turkish Airlines passent environ toutes les 10 mn et desservent le centre. Prix corrects. Un autre bus, de la compagnie Havaş (à prendre sur la gauche en sortant), va vers le centre.

Une ligne de chemin de fer passe dans l'aéroport et conduit à la gare d'Alsancak. Un départ chaque heure de 8 h à 18 h 30. Trajet : 30 mn. Très bon marché.

Arrivée par le train

Les trains en provenance d'Istanbul arrivent à la station de Basmahane ; ceux de Selçuk et d'Ankara, à la station de Alsancak.

Arrivée par le bus

L'otogar des autobus interurbains est très excentré (quartier d'Halkapinar, à 5 km). Consigne à bagages. Pour gagner le centre, prendre le bus n° 50 « Konak » à la sortie de l'otogar, et descendre à Basmahane dans le quartier de la gare (hôtels bon marché). Pour retourner à l'otogar depuis le centre, prendre le bus n° 50 « Yeni garaj » sur la place Konak.

Adresses utiles

– **Office du tourisme :** Gazi Osman Paşa Bulvari. Pas de numéro mais à 50 m sur la droite de l'hôtel Efes. ☎ 14-21-47 et 19-92-78. Bon accueil et ouvert tous les jours en été. A deux pas des bureaux de la Turkish Airlines.
– **Consulat de France :** Cumhuriyet Bulvari 153. ☎ 21-42-35.
– **Centre culturel français :** Cumhuriyet Bulvari 152. ☎ 63-10-60. Juste en face du consulat.
– **Consulat de Belgique :** Atatürk Caddesi 186/2-3. ☎ 21-88-47.
– **American Express :** Pamfilya Travel Agency Inc. ☎ 21-58-73. Fax : 22-67-20. Sur Atatürk Caddesi 270/1.
– **Journaux français :** à l'*hôtel Efes.* On trouve aussi *Le Monde* sur Gazi Osman Paşa Bulvari, face à l'hôtel Efes, au n° 12 A.
– **Hôpital :** Devlet Hastahanesi, Yeşilyurt. A 4 km de Konak. Soins efficaces et gratuits.
– **Poste et poste restante :** Cumhuriyet Meydani (place Cumhuriyet ; plan A2). Très grande poste. Nombreux combinés téléphoniques. Autre poste au coin de Fevzi Paşa Bulvari et 1301 Sokak.

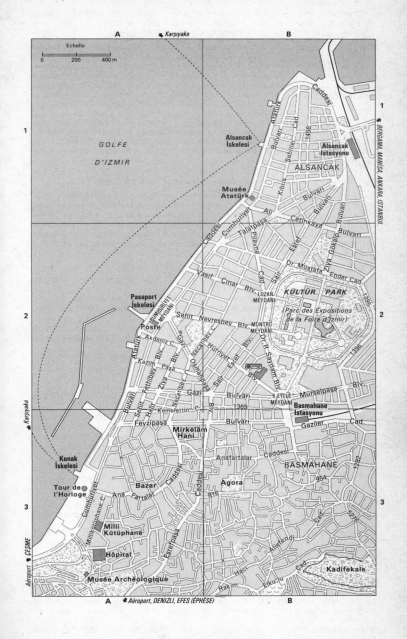

- **Change :** nombreuses banques sur Cumhuriyet Caddesi. Certaines boutiques du bazar acceptent les chèques de voyage. Change à l'aéroport.
- **Air France :** 1353 Sokak 1 Taner Işhani 250. ☎ 25-88-50.
- **Turkish Airlines :** Hotel Büyük Efes. ☎ 14-12-20.
- **Sabena :** Mithapaşa Caddesi 146. ☎ 13-25-52.
- **Swissair :** Cumhuriyet Meydani 11/2. ☎ 21-47-57.

Où dormir ?

La plupart des hôtels se trouvent autour de la gare. Les plus ripoux sont sur 1296 Sokak (un peu sur la gauche en sortant de la gare de Basmahane). Pas de problèmes de logement, sauf pendant la foire internationale (de fin août à mi-septembre) et au moment de la fête du mouton. Pendant trois jours, tout est fermé.

Pas cher, dans le quartier de Basmahane (quartier de la gare, plan B2-3)

La 1296 Sokak et les ruelles environnantes regorgent de petits hôtels populaires, très bon marché, mais dont la propreté laisse parfois à désirer. Le soir, dans l'entrée, une bonne douzaine d'hommes sont plantés devant le poste de télé. Comme Patrick Juvet, on a envie de s'écrier : « Où sont les feeemmmes ? » La 1369 Sokak possède également son lot d'hôtels bon marché, un peu mieux tenus que ceux de 1296 Sokak. Voici quelques adresses, mais soyez sans illusions quant au confort :

■ **Otel Akpinar :** 1294 Sokak 13. ☎ 14-16-34. Ruelle en face de la gare. En plein quartier populaire. Toutes petites chambres. Vraiment pas génial mais très propre. Douche payante. Prix très bas.
■ **Bilen Palas Oteli :** 1369 Sokak 68. ☎ 13-92-46. Pas cher du tout en chambre de 4. Plus cher pour 2 proportionnellement. Simple, propre, calme. Refait récemment.
■ **Otel Akgün :** 1369 Sokak 64. Petit hôtel populaire, pas cher. Chambres minuscules mais acceptables. Petit déj. extra. Peut-être pas toujours très propre.
■ **Otel Saray :** Anafartalar Caddesi 635. ☎ 13-69-46. Très de la gare. Très propre et pas cher.

Prix moyens

Toujours non loin de la gare mais sur les grandes artères qui y mènent.

■ **Bayburt Oteli Işletmesi :** 1370 Sokak 1 (plan A3). ☎ 12-20-13. Dans une impasse qui part de Gazi Bulvari. La 1370 Sokak se trouve non loin du carrefour de Gazi Bulvari avec Gazi Osman Paşa Bulvari. Calme mais pas très propre. Grand lobby tout en hauteur autour duquel courent les chambres (avec ou sans douche), genre patio de prison. L'hôtel est sûr et bien situé. Un peu cher et le patron peut trouver soudainement que la note n'est pas assez élevée. Reste quand même notre meilleur rapport qualité-prix. Ils ont d'ailleurs une photocopie de la page du guide les concernant à la réception.
■ **Otel Bebek Palas :** Anafartalar Caddesi 785 (plan B3). ☎ 13-53-07 et 13-36-72. Au choix, chambre avec salle de bains sur rue (bruyante) ou sur cour avec salle de bains sur le palier. Un peu plus cher que les autres. Propre et sûr. Bien se faire préciser le prix.
■ **Tunca Pansiyon :** 1404 Sokak 1 (plan B2). ☎ 21-23-43. Pension dans une petite maison située derrière le parc des expositions. A 5 mn de la gare de Basmahane. Le propriétaire est un retraité qui gère bien sa pension. Chambres confortables. Douche propre. Possibilité d'utiliser la cuisine. Prix moyens. Fait office de taxi. Très rentable.
■ **Otel Karaoğlu :** Gazi Bulvari 110. ☎ 13-39-06. Pas loin de la gare. Propre et confortable. Chambres avec ou sans bains. Supplément pour bains ou douche. Un peu triste mais bien tenu. Les chambres sur la rue sont bruyantes. Attention, en arrivant à l'aéroport, les chauffeurs de taxis prétendent qu'il est fermé depuis longtemps.
■ **International House :** Mithatpaşa Caddesi 435. ☎ 15-62-76. Fantaisie. Excellent accueil. Pour vous y rendre, prendre le bus n° 40 du centre.

Très chic

■ *Otel Saysen Gar :* Anafartalar Caddesi 787 (plan B3). Face à la gare de Basmane, à côté du *Bebek Palas*. ☎ 25-45-45. Le plus classe et le moins cher dans sa catégorie. Chambres confortables avec baignoire. Double vitrage mais pas de climatisation. Petit déjeuner copieux et personnel disponible. Réduction pour les routards. Tentez le coup.

■ Essayez pour leur couleur locale (vue dominant toits et mosquées colorées), l'*hotel Baylan :* 12196 Sokak 8. Tout neuf et de classe. Ou l'*hotel Vénus :* 945 Sokak 3, derrière les PTT.

■ *Otel Europa :* derrière la gare de Basmane. Même qualité que le précédent. De plus, comme il vient d'être construit, il est impeccable.

Campings

■ *OBA :* Dinlenme Tesisleri. ☎ 34-20-15 et 34-22-31. Bus Güzelbahçe depuis Konak. A 20 km du centre, sur la route de Çeşme. Le camping est sur la gauche de la route. Ouvert toute l'année. Prix très corrects. Piscine (payante), ombre, et des petits lapins qui viennent partager le goûter. 20 bungalows pour ceux qui n'ont pas de tente. Le patron, Ozlen, accorde 15 % de réduction à nos lecteurs. Resto et hôtel aussi.

■ *BP Mocamp :* sur la route de Çeşme, à 10 km d'Izmir. ☎ 15-47-60. Fermé l'hiver. Au croisement d'Inciralti, près des bains d'Agamemnon. Bien situé et confortable. Mêmes prix que les autres BP Mocamps. Plage à 2 km.

Où manger ?

Il est préférable d'éviter les grands restos du bord de mer et d'aller dans les petites gargotes aux abords du souk. Restos pas chers près de la gare de Basmane.

L'Anafartalar Caddesi possède quelques restos populaires et très honnêtes.

● *Yalovan Restaurant :* 12 B Eşrefpaşa Caddesi (plan A3), en face d'un parking à étages. Grande salle au style un peu académique. Agréable courette à l'arrière, ombragée par une treille et rafraîchie par une fontaine. Atmosphère détendue. Bonnes grillades et excellents poissons, toujours très frais. Service soigné. Ouvert midi et soir. Devait peut-être changer d'adresse.

● *Güven Lokantasi :* dans un coin du bazar qu'on préfère, derrière la « Hisar Camii », sur la petite place du marché aux fleurs (plan BA3). Le resto est au coin de 899 Sokak et Göl Sokak. Gargote très réputée auprès des artisans locaux. Toutes sortes de kebap bien préparés. Allez-y le midi, le soir le bazar ferme. Tous les petits restos de la 902 Sokak ont été avalés par la rénovation du caravansérail.

● *Güzel Izmir Lokantasi :* Feridun Özgüneçliler, 1368 Sokak 8B. Près de la gare (plan B2-3). Déco triste, mais produits frais. Vraiment pas cher. En plein quartier des petits hôtels.

● *Lozane Pastanesi :* Lozan Meydani (plan B2). Salon de thé qui propose de délicieuses pâtisseries (baklava, etc.). L'été, petite terrasse où l'on mange des glaces. Dommage qu'elle donne sur un carrefour bruyant.

● *Aksüt :* 873 Sokak (près de la mosquée Başdurak Camii ; plan A3), dans le bazar. Petit déjeuner composé de pain, crème turque et miel, lait chaud. Un régal.

● *Çiçek Pasaji :* Kordon. Le long de la corniche, face à la mer. Une très grande brasserie fréquentée par les Turcs, où l'on peut déguster un vaste choix de plats, bons et pas chers.

— Nombreux cafés et restaurants en face du rectorat de l'université, au parc des Jeunes. Bon marché car la mairie d'Izmir les subventionne. Essayez celui sur Cumhuriyet Bulvari, à 200 m du Centre culturel français.

● *Le Park Café :* Şehit Fethi Bey Caddesi 118, dans un renfoncement, avec terrasse, petite fontaine, sert des plats italiens excellents

Plus chic

● *Sandal Restaurant :* Cumhuriyet Bulvari 22 (plan A 3). Presque au coin de 859 Sokak. Malgré son nom, on vous assure que le poisson est frais. Moins cher que ceux du bord de mer. Moins apprêté aussi. Demandez les prix des poissons au kilo et faites-les peser. Vous saurez exactement ce que vous aurez à débourser.

Où boire un verre ? Où fumer le narghilé ? Où se baigner ?

– **Emir Çay Salonn** : Anafartalar Caddesi 752 (plan A3). Petit café très sympathique où l'on fume comme entre amis. Dans un coin de la salle, un serveur enroule les feuilles de tabac les unes sur les autres afin de préparer les narghilés. Atmosphère agréable et contact facile avec les anciens.
– **Café à l'enseigne de Kiraathane** : sur la place 9 Eylül Meydani (plan B2), juste en sortant de la gare. Grand café typique, avec des colonnes, des billards, des narghilés et la télévision. Ambiance chaude le soir... et très masculine...
– Piscine de l'*hôtel Efes,* assez chère d'accès, ou celle de *Balçova* (à l'ouest d'Izmir). Prendre un dolmuş place Konak ou le bus « téléphérique ».

Un peu d'histoire

L'ancienne Smyrne connaît son véritable essor grâce à Alexandre le Grand. La ville existait pourtant bien longtemps avant. On pense qu'au IIIᵉ millénaire av. J.-C. une petite cité s'était déjà développée en ces lieux. Après avoir été entre différentes mains, la cité ionienne fut ravagée par le roi de Lydie vers l'an 600 av. J.-C. Trois siècles plus tard, Alexandre arrive avec ses troupes et construit la citadelle. Puis les Romains donnent un nouvel essor à la cité en la parant de multiples monuments grandioses. Patatras ! Un tremblement de terre remet les compteurs à zéro en 178.
Au XIᵉ siècle, les Turcs prennent la ville, puis c'est au tour des Byzantins, puis encore des Turcs. Elle passe ensuite sous la domination des chevaliers de Rhodes, aidés par les croisés au XIVᵉ siècle. Les Ottomans y séjournent également aux XVᵉ et XVIᵉ siècles. Soliman le Magnifique aide au développement du commerce et la ville devient un centre économique de première importance. Pour compléter le tableau, plus près de nous, les Grecs attaquent la ville en 1920 puis l'abandonnent le 9 septembre 1922, en feu, devant les troupes d'Atatürk. La cité est entièrement détruite mais les Turcs y gagnent une fête nationale et un jour de congé... pour certains.

A voir

▶ **Bazar** (plan A3) : attention, fermé le dimanche. On n'a pas envie de prendre nos lecteurs par la main pour leur faire visiter le bazar d'Izmir. C'est d'abord un bazar pour les Turcs (ça changera ceux qui viennent d'Istanbul), ce qui n'empêche pas les rabatteurs d'être incisifs l'été.
Le bazar s'étend dans l'angle compris entre Konak, Cumhuriyet Bulvari et Fevzi Paşa Bulvari. Beaucoup de bâtiments modernes car Izmir souffrit énormément de la guerre gréco-turque de 1922. La ville fut incendiée lors des derniers combats.
Les bulldozers de la mairie ont détruit une des parties les plus typiques du bazar. Encore bravo !
Pour noyer votre chagrin sur le bon temps qui passe, il faut absolument boire un verre chez *Baycigit,* sur l'extraordinaire petite place (Hisarönü), juste derrière la mosquée Hisar (Hisar Camii). Vous connaîtrez le vrai délassement à l'ombre des arbres, sur cette place envahie par les marchands de fleurs.
● *Ilhan Narghilé* : 906 Sokak 31 (Hisar Camii Arkasi, ce qui veut dire : derrière la mosquée Hisar ; plan A3). ☎ 14-02-79. Fermée le dimanche. Cette petite échoppe vend la plus large gamme de narghilés que l'on connaisse. Ismail et Ercan tiennent cette boutique de leur père qui fut un des premiers à faire le commerce des narghilés à Izmir. On y parle le français et l'anglais. Le travail est vraiment de qualité. Ce n'est pas un hasard si les vieux d'Izmir viennent ici pour remplacer leurs narghilés. Attention aux prix : ils ont tendance à augmenter depuis que nous les mentionnons. Une autre boutique à côté, certainement moins chère : *galerie Merhaba,* 906 Sokak 35.
● *Chez Mehmet ve Osman Kaya* : 856 Sokak 7/C, hors du bazar. Konak PTT Yani, à côté d'un bureau de poste et non loin de la place Konak. ☎ 25-69-41.

Une autre bonne adresse. Goûtez au döner kebab dans le réduit typiquement turc (grand maxi 6 m²) en face du marché au poisson. Au rez-de-chaussée d'un parking à étages.

Quelques lieux insolites à découvrir dans le bazar : non loin de cette boutique, vos pas vous mèneront sans doute à une vaste cour, un autre ancien caravansérail également en pleine rénovation. On y trouvait une succession de cellules. On dit qu'elles servirent un temps au trafic des femmes venues d'Orient ou de Nubie. Hier, elles résonnaient des mille bruits des ateliers de toutes sortes qui en faisaient la vie. Là encore l'endroit est en train de prendre une allure plus... comment peut-on dire... clinique, oui c'est bien ça.

Juste à côté, vers la 860 Sokak, un autre caravansérail, le *Çakaloğlu Hani,* vieux de plus de quatre siècles. Belle architecture et grand volume à l'intérieur. Balcons intérieurs en fer forgé. Lourdes portes d'époque. En cours de restauration. Une dernière petite place qu'on aime bien, un peu à l'écart des ruelles animées. L'entrée se situe au niveau du 250 Anafartalar Caddesi, en passant sous le porche. Place bordée de nombreuses maisons turques aux toits de tuiles brinquebalants. Petits cafés au soleil. Halte charmante.

La partie d'*Anafartalar Caddesi* comprise entre Gazi Osman Paşa et la gare concentre une grande partie de la vie populaire d'Izmir. Follement colorée et animée. C'est un melting-pot de vieilles maisons, de boutiques de toutes architectures, tous styles, intégrant des mosquées et des *türbe.* Nombreux petits restos. C'est là que se trouve notre café préféré, au n° 752.

▶ *Le Musée archéologique :* près de Konak, en allant vers la citadelle (plan A3). A 10 mn à pied. Dans un édifice moderne. Se renseigner pour les horaires... variables. Réductions pour étudiants.

Intéressantes cultures et collections de poteries et objets domestiques. En particulier au sous-sol : les reliefs de Demeter et Apollon provenant de l'agora, un dieu des eaux trouvé à Éphèse (IIe siècle av. J.-C.), des tombes de l'âge du bronze reconstituées, sarcophages en terre cuite avec restes de décorations peintes. Remarquez l'énorme tête d'enfant dont on n'a pas encore déterminé la date. A l'étage, beaux objets en verre des périodes grecque et romaine. Jolis bronzes, figurines de terre cuite. Admirez particulièrement les statuettes « érotiques » de Myrina, pleines de grâce et de sensualité. Les noms des statues sont traduits en anglais. Ça aide.

Ne manquez pas la section des trésors. Superbe collection de pièces d'or. Dans une allée à l'extérieur, autres statues de la période romaine. En bref, un beau musée, plein d'intérêt mais dont l'aménagement manque de vie.

▶ A côté du précédent, dans la même enceinte, petit *musée ethnographique.* Mêmes horaires.

▶ Pour d'autres nostalgiques, ne pas manquer la *tour de l'Horloge,* haute de 25 m, sur le front de mer, place Konak. Don du kaiser Guillaume II.

▶ *Kadifekale :* forteresse « de Velours » située sur les hauteurs de la ville (plan B3, vers le sud). Elle fut construite sous Alexandre le Grand mais il n'en reste que les remparts, qui sont d'ailleurs ottomans. Y aller impérativement en fin d'après-midi. Vue et couleurs surprenantes sur la ville. Pour s'y rendre, prendre un dolmuş « Kadifekale » depuis Konak. 20 mn de grimpette.

A l'entrée de la citadelle, non loin des énormes citernes, plusieurs terrasses agréables d'où l'on peut admirer le coucher de soleil en dégustant un thé. L'intérieur de la forteresse est aujourd'hui une sorte de parc que les gamins du quartier ont transformé en super terrain de jeux. Redescendez donc vers Konak à pied. Vous aurez l'occasion de traverser une Izmir toute différente. Une sorte de village aux vieilles maisons basses, aux escaliers pentus, aux ruelles étroites et pavées, encombrées de petits marchands, d'où l'on découvre un beau panorama sur la ville moderne, irisée par la lumière déclinante. Une balade charmante. Peut-être un de vos meilleurs souvenirs d'Izmir.

▶ *L'agora* (plan B3) : du IIe s. avant J.-C. ; il n'en reste pas grand-chose. Guerres et tremblements de terre ont été très actifs. Quelques vestiges des portiques, à gauche en entrant. A droite, de vieilles tombes d'un ancien cimetière ottoman. Ouvert de 9 h à 12 h et de 13 h à 18 h. Payant.

▶ *Excursion en bateau :* pour avoir un beau panorama sur le rivage. Prendre le bateau à Konak Meydani (place de l'Horloge) jusqu'à Karşiyaka, ville-excroissance résidentielle d'Izmir, située de l'autre côté de la baie. Traversée en 20 mn. Acheter le jeton aller-retour sinon il faut faire la queue au retour. Bon, ce petit parcours est agréable uniquement pour la balade en bateau. Karşiyaka, en soi, n'a rien d'intéressant. Ceux qui n'ont pas beaucoup de temps s'en passeront sans regret.

▶ La petite station ombragée d'*Ören*, au nord d'Izmir, est à recommander : calme, typique, sympa. C'est à côté de Burhaniye, connu pour son marché hebdomadaire.

▶ Pensez, surtout les Marseillais, qu'à 50 km au nord aussi, se trouve... l'antique *Phocée*, dont il ne reste plus rien. Un Club Med, toutefois, et de vieilles murailles d'une forteresse génoise du XVIIᵉ siècle. La baie est quand même géniale.

Quitter Izmir

— En bus

Pour se rendre à la gare routière interurbaine « Yeni Garaj » ou « Otogar », prendre le bus n° 50 à Konak (plan A3), marqué « Yeni Garaj ». Autre solution : certaines compagnies de bus possèdent des bureaux sur la place 9 Eylül Meydani, près de la gare de Basmahane (plan C5). Elles se chargent de convoyer leurs clients en minibus jusqu'à l'otogar. Dans l'otogar, plusieurs dizaines de compagnies. Chacune paie des rabatteurs et dessert toutes les grandes destinations, toute la journée et parfois la nuit. Aucune chance donc de rester coincé à Izmir. La compagnie Pamukkale est très fiable, même si son développement extrême l'a obligée à acheter quelques bus moins confortables. Plusieurs téléphones dans l'otogar. Quelques fréquences moyennes (l'été, bus encore plus nombreux) :

• *Istanbul :* au moins 20 départs par jour. Durée 9 h.
• *Ankara :* 7 à 8 bus quotidiennement. 9 h de trajet.
• *Bursa :* au moins 1 toutes les heures. Durée 6 h.
• *Denizli :* toutes les 30 mn.
• *Alanya :* 1 seul bus le soir.
• *Selçuk, Kuşadasi, Bodrum, Marmaris :* toutes les heures (1 h 15 pour Selçuk ; 1 h 40 pour Kuşadasi).
• *Fethiye, Antalya :* départ toutes les 2 h. 8 h de bus.
• *La Cappadoce :* bus de nuit. 13 h de trajet.
• *Vers Çeşme :* à partir de Otobüs terminal konaği, au port (on paie dans le bus), ou de la gare routière de Fahrettin Altay, service régulier de bus tous les quarts d'heure de 6 h à 18 h.
• *Pour l'aéroport :* depuis Konak, prendre un dolmuş « Menderes ». Départ toute la journée et jusqu'à minuit. On peut aussi prendre le bus n° 62 depuis la gare centrale. Compter 40 mn. Également train, de la gare Alsancak.

— En train

Deux gares : Basmahane et Alsancak. La première est la plus fréquentée. Voici quelques fréquences :
• *Vers Ankara :* 2 départs le soir depuis Basmahane.
• *Vers Denizli :* 1 train le matin et 1 l'après-midi.
• *Vers Istanbul :* 1 départ le matin, 1 autre le soir par le Marmara Express. Compter 11 h de voyage (4 h 30 de bateau, 6 h de train et 30 mn d'attente à Baudirma). Départ de la gare de Basmahane. Pas de réservation. Correspondance assurée à Bandirma en bateau pour Istanbul. Arrivée à la gare maritime de Sirkeci, sous Topkapi. Traversée offrant une vue fabuleuse sur Istanbul.
• *Vers Afyon :* 1 le matin seulement.
• *Vers Uşak :* 1 le matin.
• *Vers Selçuk :* 5 départs par jour.

— En bateau

• *Izmir-Istanbul :* le voyage dure environ 20 h. Réduction pour les étudiants. Directement au port auprès de Turkish Maritime Lines (plan B1). Réserver deux à trois jours à l'avance afin d'avoir un siège inclinable. Pour obtenir une cabine, il faut s'y prendre bien plus tôt. Bien moins cher sur le pont. En principe, 3 ou 4 départs par semaine. Mais ça peut changer. En hiver, un bateau seulement le dimanche. Pour aller au port, prendre un dolmuş ou un bus marqué « Karşiyaka »

depuis la place Konak et demandez Alsancak Limani, c'est le nom du port. Prévoir de la nourriture, car c'est très cher sur le bateau.
• *Izmir-Venise :* d'avril à octobre, 4 départs par mois. La classe Pullman est la moins chère. Attention, taxe de port et repas en plus. Renseignements : *Compagnie Worms,* 30, avenue Robert-Schumann, 13002 Marseille. ☎ 91-56-40-40.

— *En avion*

• *Bus* pour l'aéroport devant l'otel Efes.
Si vous venez du sud (ex. : Selçuk), demandez au bus de vous arrêter devant l'aéroport. Prendre un taxi ou marcher 10 mn. Ne pas aller jusqu'à l'otogar.

SARDES (Sartmustafa)

Ancienne capitale de la Lydie de Crésus, vaincu par les Perses. Charmantes ruines (invasions, tremblements...) dans une vallée regorgeant de melons ou de raisins.
A voir notamment : le *temple d'Artémis,* au sud de Sartmustafa ; à l'est et, plus évocateurs, la synagogue et à côté le gymnase. Pour vous y rendre, demandez la direction Salihli. Possibilité de joindre Manisa.

ÇEŞME

Petite ville balnéaire et thermale, à 81 km d'Izmir. Rendez-vous des habitants d'Izmir pour le week-end. C'est d'ici qu'on gagne l'île grecque de Chios, juste en face. Çeşme n'a pas un grand intérêt culturel et se visite rapidement : tout se trouve rassemblé. Tout au plus une halte agréable. On y trouve aussi un château génois. Les plages ne sont pas géniales. Rien d'excitant sauf peut-être l'écrasante victoire de la marine russe sur celle du sultan, en 1770.

Adresses utiles

- *Office du tourisme :* près du caravansérail, en plein centre.
- *Otogar :* à 1 km du centre. Bus toutes les 10 mn pour Izmir, à partir de 6 h 30.
- *Poste :* à 200 m du centre.
- *Turkish Bath :* 100 m après le château génois sur la droite en lui faisant face.

Où dormir ?

Attention, en été, vous aurez du mal à trouver une chambre. Quand tout est plein à Çeşme, on vous envoie à Ilica, à 5 km au bord de la mer. Les hôtels y sont chers et pas terribles.

■ *Çelik Pansiyon :* hôtel propre et bon marché. Prenez la rue qui grimpe à droite du château génois (en le regardant). Puis, arrivé en haut, empruntez la 1re rue à droite, la pension se trouve face au n° 19. Certaines chambres sont grandes (2, 3 ou 4 personnes) et lumineuses. Vraiment très bon rapport qualité-prix. Douche chaude incluse.
■ *Anit Pansiyon :* 20 Ayşe Erdinç, presque en face de l'entrée du château en prenant la rue qui le longe sur la droite. Juste avant Çelik Pansiyon. Propre, calme et patronne gentille. Prix corrects. Une seule douche et toilettes pour les 4 chambres. Maison vieillotte mais pas désagréable.
■ *Otel A :* Çarşi Caddesi 24. ☎ 68-81. Après le caravansérail et le hammam. Calme, chambres très propres avec douche et w.-c. à prix abordables, terrasse, petits déjeuners compris. Un peu plus cher que les autres quand même.
■ *Fahri Pansiyon :* à 20 m du cimetière, derrière Çelik Pansiyon. Le patron est affable. Récente, propre, la pension est située en montant vers le haut du village. Très bien mais dommage que les prix soient surestimés, surtout l'été.

■ *06 Pansiyon :* Inönü Mahallesi Sağ Sokak 16. Petite maison cubique dans le haut du village. 7 chambres dans la maison et 3 sur le toit ! Bien entendu, celles-ci sont moins chères. Oui, oui, ils ont installé des sortes de cases en bambou, brique et osier sur le toit. L'ensemble fait un peu bizarre et drôle à la fois. Finalement assez routard. Possibilité de laver son linge et d'utiliser le réfrigérateur. Eau chaude tout le temps. Patrons très accueillants. Un peu plus cher que les autres. A côté, *Çeşme Pansiyon*. Même genre... sauf pour le toit.

■ *Memo Pansiyon :* à 100 m de l'Otel A, en continuant la rue. Le proprio possède trois pensions dont une avec des chambres donnant sur un petit jardin avec orangers et clémentiniers. Simple et sympa.

■ *Filiz Pansiyon :* à l'entrée de la grande rue principale, dans une rue parallèle sur la gauche. Demandez. Maison moderne, propre. Eau chaude et douche dans certaines chambres. Bon marché.

■ *Karakaş Pansiyon :* Inönü Mahallesi Sağ Sokak 6. Une petite pension, très près du centre animé et pourtant peu bruyante. Chambres propres, meublées en bois blanc. L'eau chaude coule aux 2 étages et les toilettes sont impeccables. Petit déjeuner traditionnel.

Très chic

■ *Caravansérail Hotel :* sur le port. Construit au XVIᵉ siècle, rénové récemment. Le pied des jeunes mariés et des routards un peu fortunés. Cadre extraordinaire. Certaines chambres ont vue sur le port. Une adresse de charme à prix finalement pas si élevés.

A Ilica

■ *Rasim Palas :* à 10 km de Çeşme en direction d'Izmir. Ambiance western et lits à baldaquin, mais on préfère la pension complète. Cher bien entendu.

Où manger ?

● *Imren Restoran :* dans la rue principale. Grande salle classique avec ses tables bien alignées. Très populaire auprès des gens du coin.

● *Chez Hasan Abi :* sur la rue principale, avant la petite place et le château. Le patron, entouré de ses fils, est assez pittoresque. S'il est de bonne humeur et que vous êtes blonde, vous aurez droit aux photos-souvenirs. Le petit déjeuner surtout y est copieux. Le cadre est banal. Pas cher.

● *Kale Pub :* à côté de la citadelle. Serveurs gentils et prix bas. Cuisine simple et honnête.

● Plusieurs restos de poisson avec terrasse sur le port. Assez cher, mais...

Où camper ? Où nager ?

_ *Altin Kum Plaj :* plage située à 9 km au sud du village. Pour y aller, dolmuş en face de l'office du tourisme. *Altin Kum* signifie plage d'or. Bon, les autochtones ont sans doute exagéré. La plage est agréable, sans plus. On y trouve un camping du même nom, tenu par un Turc qui parle l'allemand. Atmosphère routarde. Attention, plusieurs campings s'appellent Altin Kum !

A voir

▶ *Le château génois :* pas grand-chose à voir à vrai dire. Le château fut édifié par les Génois au XIVᵉ siècle. Les Ottomans l'occupèrent plus tard. A côté du château un *musée*, ouvert de 8 h 30 à 11 h 45 et de 13 h à 17 h 15, et les ruines d'un caravansérail du XVIIIᵉ siècle.

Bateaux pour la Grèce

Pour l'île de Chios, plusieurs départs quotidiens l'été depuis le petit port. Hors saison, fréquence très variable. De Chios, il est aussi possible de rejoindre Le

Pirée (Athènes). 8 h de traversée. Attention, la taxe de Chios vers Çeşme est assez chère. En revanche, pas de taxe dans le sens Turquie-Grèce. Transporte votre véhicule. Réservez et renseignez-vous à l'agence de voyages Atatürk : Cumhuriyet Meydani 11/A. ☎ 268-76.

SELÇUK ET ÉPHÈSE (ou Efes ; indicatif téléphonique : 54-51)

Ville carrefour à 3 km du site d'Éphèse qui draine les routards de tous pays venant visiter le site. Ce n'est pas une ville très agréable car la route est très passante. On y trouve cependant quelques bonnes pensions qui permettent de prendre son temps pour visiter le site lui-même. Selçuk possède également un beau musée archéologique, et une célèbre fête, début janvier, où ont lieu d'épiques combats de chameaux. La ville est également connue pour ses cigognes (il y en a partout en été comme jamais un Alsacien n'en a vu !). Aux dernières nouvelles, on envisageait la construction d'un aéroport international dans la plaine, entre le site d'Éphèse et la nouvelle route.

Adresses utiles

- *Office du tourisme* (plan E2) : dans la petite « agora », sorte de minicentre commercial. Face au musée, dans le centre. ☎ 13-28 ou 19-45. Ouvert de 7 h à 19 h 30.
- *Poste :* Cengiz Topel Caddesi. En plein centre. Ouverte jour et nuit. 7 jours sur 7.
- *Otogar :* sur la grande route, au croisement avec la route d'Éphèse.
- *Gare :* dans le centre : trains pour Izmir (5 par jour) en 2 h, pour Denizli (3 par jour) en 4 h, pour Afyon et Söke. À éviter car c'est très long.
- *Minibus* quotidiens pour la visite de Priène, Milet et Didymes, avec 1 h sur chaque site et à la fin 2 h pour une baignade réparatrice. Pour les non-motorisés, solution pratique et relativement économique. Départ quotidien de la place des bus à 8 h 30.
- *Galerie Emin Eski :* n° 33 D. Vergid iresiarkasi. A 100 m de la poste juste en face de Tadim Sekerleme, le marchand de loukoums. A notre connaissance, le seul marchand de tapis turcs qui soit... français. Ce Franco-Turc, Emin Okyay, connaît admirablement son métier. Il vous expliquera les différents types de tapis. Prix doux.
- *Bookstore Artemis :* Kuşadasi Str. Yokuş Ruad 1/B. Sur la route du musée, à gauche de l'école. Très belles cartes postales. Journaux français avec un jour de retard, et toute la presse internationale.
- *Marché* le samedi.

Où dormir ?

Selçuk est la ville la plus proche du site. C'est ici qu'il faut dormir. Les pensions sont encore étonnamment bon marché et il y en a autant que des escargots sur les chemins de traverse après la pluie. Des dizaines et des dizaines de pensions qui se ressemblent. Les plus sympa sont à 500 m de la gare, à droite après avoir passé les voies, sur une charmante colline. En fait, si les pensions sont bon marché, c'est que Kuşadasi n'est pas si loin et beaucoup de touristes viennent à Éphèse pour la journée seulement. Et, de plus, les prix sont fixés par la mairie. De Selçuk on est à 30 mn du site à pied, et la balade est très agréable, tôt le matin.

■ *Pension Amazon :* Atatürk Mahallesi Serin Sokak 8. ☎ 32-15. Pension située dans une grande maison avec jardin intérieur (rosiers, lauriers-roses) où l'on peut prendre le petit déjeuner. Les patrons, Mustafa, un archéologue, et Alpaslan, un architecte décorateur, parlent allemand, un peu l'anglais et le français. Chambres très propres, meublées en bois clair et disposées autour du jardin. Cuisine pour les touristes. Possibilité de laver son linge. 2 salles de bains communes d'une propreté irréprochable. Calme complet à 10 mn du centre. La pension est juste à côté de la mosquée d'Isa Bey. Notre meilleure adresse, et de loin. Attention, seulement 7 chambres. Si c'est complet, allez à la *Pension Albeyoglu*, à 50 m de là. Très agréable également. ☎ 15-41.

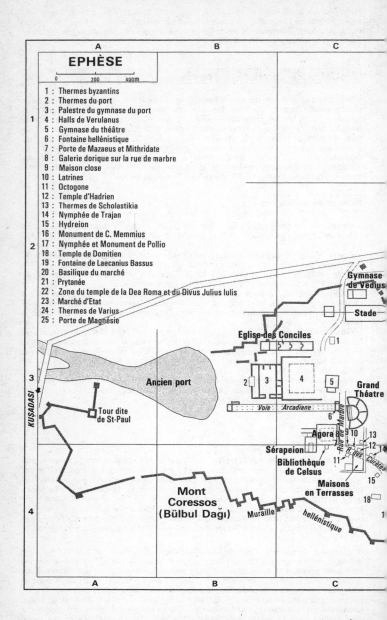

EPHÈSE

0   200   400m

1 : Thermes byzantins
2 : Thermes du port
3 : Palestre du gymnase du port
4 : Halls de Verulanus
5 : Gymnase du théâtre
6 : Fontaine hellénistique
7 : Porte de Mazaeus et Mithridate
8 : Galerie dorique sur la rue de marbre
9 : Maison close
10 : Latrines
11 : Octogone
12 : Temple d'Hadrien
13 : Thermes de Scholastikia
14 : Nymphée de Trajan
15 : Hydreion
16 : Monument de C. Memmius
17 : Nymphée et Monument de Pollio
18 : Temple de Domitien
19 : Fontaine de Laecanius Bassus
20 : Basilique du marché
21 : Prytanée
22 : Zone du temple de la Dea Roma et du Divus Julius Iulis
23 : Marché d'Etat
24 : Thermes de Varius
25 : Porte de Magnésie

Gymnase de Vedius

Stade

Eglise des Conciles

KUŞADASI

Ancien port

Grand Théatre

2   3   4   5

Voie   Arcadiane

Tour dite de St-Paul

6

Agora 8 9 10   13

Rue de Marbre

Sérapeion   12   14

Bibliothèque de Celsus   11   R. des Curètes   15

Maisons en Terrasses   18

Mont Coressos (Bülbul Dağı)   Muraille   hellénistique

1

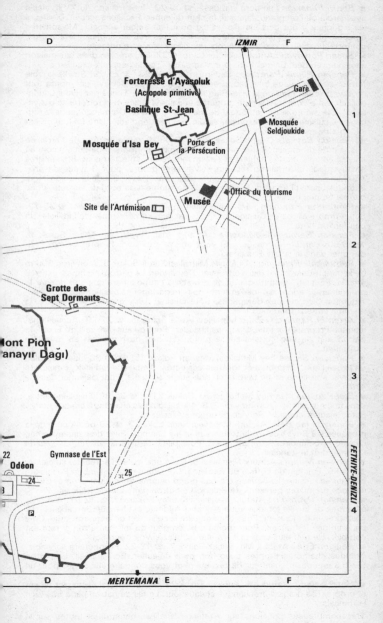

D   E   *IZMIR*   F

Forteresse d'Ayasoluk
(Acropole primitive)

Basilique St-Jean

Gare

Mosquée
Seldjoukide

Mosquée d'Isa Bey

Porte de
la Persécution

Office du tourisme

Musée

Site de l'Artémision

Grotte des
Sept Dormants

Mont Pion
(anayır Dağı)

Gymnase de l'Est

22

Odéon

24

25

P

FETHIYE-DENIZLI

D   *MERYEMANA* E   F

1

2

3

4

■ *Barim Pansiyon :* derrière le musée. ☎ 19-23. Jolie maison du XVIIIᵉ siècle avec jardin où l'on prend, là aussi, le petit déjeuner. Excellent accueil. D'ailleurs les cigognes y ont déjà installé un nid pour leur séjour annuel... Maison très agréable et fort bien tenue par deux jeunes frères très serviables. 10 chambres confortables bien que petites. Notre deuxième meilleure adresse.

■ *Susan Pansiyon :* Anton Kallinger Caddesi 32. 5 chambres dans une maison ancienne retapée. Calme. Petit jardin agréable. Tenue générale excellente.

■ *Pension Piknik Paradise :* Bademlik Caddesi 23. ☎ 21-29. Suivez la voie ferrée et, au passage à niveau, prenez la route perpendiculaire qui monte tout droit vers le sommet de la ville. Bien fléchée. Récente. Tenue par Haudi Caudemir, un jeune Turc très sympa. Superbe vue sur la vallée et la forteresse d'Ayasoluk. Elle mérite le mal qu'on se donne pour y arriver. On mange, sous la loggia, une cuisine familiale exquise. Jardin vraiment agréable. Une fois qu'on est ici, on a du mal à partir.

■ *Pension Baykal :* Çeşme Sokak 2. ☎ 19-08. A quelques pas de l'arrêt de bus, à côté du musée. Petite pension bien tenue. Patron sympa qui s'y connaît en archéologie. Parle l'anglais et l'allemand. Belle petite terrasse. 8 chambres en tout dans une maison récente et vraiment propre, pour 3 types de prix. Attention, un supplément est demandé pour l'eau. Possibilité de laver son linge. Petit déjeuner si l'on veut. Sachez que la pension est au bord de la route, donc parfois un peu bruyante.

■ *Panorama Pansiyon :* 14 Mayis Mah. 5. Demiryolu Sokak 20. ☎ 35-72. Super propre et calme. Cuisine, lessive... par la mamma. Ambiance familiale. Un peu table d'hôte.

■ *Pension Semiramis-Manolya :* Atatürk Mah. Prof. Der. Milter Sokak 6. ☎ 16-90. Derrière le musée... Si vous arrivez très tard. Propre. Calme. Petit déjeuner dans le jardin. Pas cher.

■ *Pamukkale Pansiyon :* 14 Mayis Mahallesi Kaner Sokak 3. A environ 500 m de la gare routière. Pas facile à trouver. Demander. Le patron, Mehmet, est très affable. Pension sympathique surtout grâce à l'atmosphère que sait donner le propriétaire. Il adore la danse et tente de faire partager sa passion aux touristes. Attention bien sûr aux dérapages. Côté cuisine, il n'y a pas à se plaindre, la mamma est aux fourneaux !

■ *Artemis Pansiyon :* Zafer Mahallesi Atilla Sokak 5. ☎ 27-22. Accueil chaleureux. Propreté garantie. Douches chaudes. Petit déjeuner excellent. Erkan, le patron, est de bon conseil sur la région. Le prix du repas est en revanche exorbitant.

■ *Pansiyon Si :* Isa Bey Mahallesi Meydan Sokak 45. ☎ 20-88. Juste au pied de la basilique. Chambres et toilettes correctes. Ambiance familiale. Possibilité de laver son linge et de faire la cuisine sur la terrasse. Petit déjeuner dans le jardin.

■ *Erol Pension :* Isa Bey Mahallesi Ak Sokak 21-a. ☎ 32-36. En plein centre, dans une rue calme. Chambres de 2, 3, 4 lits. Douches chaudes à chaque étage. Petit déjeuner copieux. Service de lingerie. Terrasse.

■ *Pansiyon Isa Bey :* Atatürk Mahallesi Serin Sokak 2. ☎ 29-66. A côté de la mosquée Isa Bey. Vue sur la forteresse et les champs. Salle de bains avec eau chaude et baignoire. Propreté nickel. Possibilité de faire la cuisine. On y parle l'allemand et le français.

■ *Pension Mengi :* Atatürk Mahallesi 8. Dans une maison agréable, au calme. ☎ 10-56. Pas loin de l'office du tourisme. Copieux petits déjeuners. Possibilité de faire sa cuisine. La bâtisse n'a pas grand charme mais c'est propre. Ce fut une des premières pensions de Selçuk. Le patron parle bien le français.

■ *Pension Uyaroğlu :* Atatürk Mahallesi Kubilay Sokak 37. ☎ 12-87. A droite, à l'entrée de la ville lorsque vous arrivez d'Aydin (c'est fléché). Bon accueil. 12 chambres. Réfrigérateur. Possibilité de faire la cuisine et de laver son linge. On y parle un peu le français. Pour moitié prix, on peut dormir sur le toit si tout est complet. Un peu plus cher que les autres, allez savoir pourquoi.

■ *Pension Ege :* Atatürk Mh. Koçak Sokak 7. ☎ 12-22. Propriétaire serviable. Grandes chambres propres avec bon petit déjeuner. Bon accueil. Le patron Şevki a un cousin chauffeur de taxi qui peut vous conduire aux ruines pour un prix raisonnable.

■ *Hôtel Aslan :* Atatürk Mh. Kubilay Sokak 23. ☎ 33-25. Établissement récent et propre. Les draps sont changés chaque jour. Le fils du patron parle très bien le français.

Très nombreuses pensions sur *Atatürk Mahallesi,* construites toutes sur le même modèle (petit immeuble de béton). Chambres impersonnelles mais impeccables. Quelques noms :

■ *Gezer Pansiyon* : Atatürk Mahallesi 2 Spor Sokak 9. ☎ 20-10. En face de la pension Mengi. Maison cubique, propre et pas chère. Grande cuisine pour les touristes. Le patron, très gentil, a passé 10 ans en France. Douche et toilettes à l'étage. Petit déjeuner copieux. Une de nos meilleures adresses !
■ *Deniz Pansiyon* : Atatürk Mahallesi Sefa Sokak 9. ☎ 17-41. Hyper propre, calme et pas cher. Récent. Accueil charmant. Bien situé. Petit déjeuner sur la terrasse face aux cigognes qui nichent sur les cheminées avoisinantes.
■ *Cheerful Pension* : Zafer Mah Soğukkuyu Sokak 1. ☎ 27-32. Très propre. Jardin romantique à souhait. Toutes commodités pour routards... Même le café filtre pour vous...
■ *Hotel Nazar* : Eski Izmir Caddesi 38. Récent et coquet. Accueil sympa et qui a envie de vous rendre le séjour inoubliable. Ah ! Le petit déjeuner pris sur la terrasse, tout en haut sur le toit... Prix corrects. Dans le centre.

Plus chic

■ *Kale Han* : route d'Izmir, à l'entrée de la ville. ☎ 154. Hôtel fort bien décoré avec des matériaux et meubles de la région. Très abordable pour son standing. Préférer les chambres donnant à l'arrière, moins bruyantes. Piscine. Forts de leur succès, les propriétaires construisent un autre hôtel en face.
■ *Hôtel Akay* : derrière la mosquée d'Isa Bey et en face de la pension Amazon. ☎ 30-09 et 31-72. Patio et bon restaurant en terrasse agréable. Chambres très propres et confortables, avec douche. Accueil sympa et nourriture correcte. Prix abordables.
■ *Hôtel Subaşi* : en face de la poste. ☎ 13-59. Cet hôtel tout neuf est tenu par un couple charmant, toujours prêt à rendre service (la femme est française). Chambres très confortables et propres. Décoration recherchée.

Où manger ?

Contrairement aux pensions dont le niveau est bon, il n'y a pas de grands rendez-vous culinaires ici, tout au plus quelques adresses acceptables.

● *Mine Restaurant* : en plein centre, dans la rue derrière la poste. Plats classiques mais excellents, sans surprise. Bon service. On peut manger dehors, sur la rue piétonne.
● *Restaurant Villa* : sur la route d'Éphèse, à 500 m du carrefour à gauche. Tables sous les arbres autour d'un bassin. Cadre très agréable. Assez cher quand même pour la qualité proposée.
● *Park Café-restaurant* : dans l'agora, derrière l'office du tourisme. Tout récent. Vaste salle copieusement éclairée. Bon choix de meze et grillades de bonne qualité. Prix exagérés.
● *Selçuk Köftecisi* : près de la poste, derrière l'Emlak Bankasi. Très bonnes viandes. Calme et ombragé. Surtout des Turcs.
● *Okumuşlar Pide Salonu* : en face de la Tahsinağa Camii (la mosquée Tahsinağa). Excellentes pide (aux œufs, au fromage, à la viande). Prix dérisoires.
● *Naturel Patisserie* : Belediye Yani. Eski Sümerbank. Baklavas fourrés à la pistache et au miel, absolument exquis. Également gâteaux européens, tout aussi délicieux.
● *Tadim Şekerleme (Chez Hikmet Çeliker)* : Eski Sümerbank Yani n° 6. Sur la droite de la Sümerbank. Magasin de vrais loukoums livrés en boudins de plusieurs mètres et débités aux ciseaux devant vous. Patron très sympa. Loukoums au chocolat-noix-lait, à la rose et au lait, à la noix, noix-lait, à la pistache, noisette-noix de coco... Une super adresse, pour ceux qui aiment, naturellement !
● Essayez encore le restaurant du *Victorial Otel*, très bien lui aussi.

Où fumer le narghilé ? Où se faire raser ?

— Allez donc fumer au siège du parti social-démocrate sur Atatürk Caddesi, tout près de la voie ferrée. Que des Turcs !
- *İsa Berber (Jésus Barbier)* : juste à côté du marchand de loukoums. Rasage, massage *(masaj !)* puis on vous passe un coton enflammé par petites touches sur le visage. Impressionnant.

A voir

ÉPHÈSE (OU EFES)

Pour vous rendre sur le site depuis Selçuk, le mieux est vraiment d'y aller à pied. La balade (4 km) est fort agréable, mais seulement si on la fait tôt le matin. La route est très bien ombragée. Les lève-tard prendront un taxi ou un dolmuş, mais devront peut-être faire du stop pour le retour car le service s'arrête à 18 h. Plus vous vous y rendrez tard, plus vous rencontrerez des touristes qui gâcheront le paysage. Avant 9 h, c'est l'idéal.

Le site est ouvert de 8 h à 18 h 30 l'été (sous réserve de modification). Prévoyez un chapeau et de l'eau. Entrée payante, réduction étudiant. Sur le site, deux sources d'eau potable. Parfois, à cause des travaux en cours, certaines parties sont fermées. Sachez encore que le site est très étendu. Comptez 2 à 3 h de visite.

Investir dans un livre-guide est indispensable si on veut profiter de ce que l'on voit. De préférence, acheter *Éphèse* par Selahattin Erdemgil (archéologue conservateur du musée), collection Net.

Ruines magnifiques de l'une des plus importantes cités antiques de Turquie. La ville fut grecque puis romaine. Pendant la période grecque, Artémis, déesse de la Fécondité, est la patronne de la ville, à laquelle on consacre un temple prestigieux : *l'Artémision* (l'une des Sept Merveilles du monde), embelli par les conquérants successifs. Lors de la période romaine, on imagine aisément, à la douceur du climat et du paysage, comme il faisait bon vivre ici, pour les riches marchands d'Éphèse. Au Ier siècle av. J.-C., capitale de la province romaine d'Asie, la ville compte jusqu'à 200 000 habitants et connaît une grande période de prospérité, supplantant presque Alexandrie. La plupart des monuments visibles datent de cette époque.

Le nom d'Éphèse est étroitement lié à celui du christianisme puisque l'apôtre Paul vint y prêcher la bonne parole condamnant l'idolâtrie artémisienne. Saint Jean et la Vierge Marie y séjournèrent longtemps. Au temps du christianisme triomphant, la ville devint le diocèse de plusieurs provinces, venant en importance après Jérusalem et Antioche. Le temple d'Artémis servit de carrière de marbre pour la construction de Sainte-Sophie à Istanbul et de la basilique Saint-Jean à Selçuk.

▶ En arrivant sur le site, avant l'entrée, sur la gauche, une route mène en 10 mn au site de la **grotte des Sept Dormants** (plan D2). Il s'agit d'une nécropole rupestre d'où est née une belle légende. On dit que sept chrétiens persécutés au IIIe siècle y trouvèrent refuge et que l'on mura l'entrée. Un tremblement de terre fendit la roche et les sept dormants revinrent en ville, deux siècles plus tard, à une époque où la mode était au christianisme. Le site devint un lieu de pèlerinage. Un orientaliste du collège de France, Louis Massignon, a même découvert des origines communes entre le pardon breton des Sept Saints et le culte des Sept Dormants d'Éphèse. La grotte en elle-même est composée d'une longue trouée voûtée. Sur les côtés, une série de niches, largement mangées par les herbes. On devine encore plusieurs galeries. Pour parvenir à l'entrée du site proprement dit, revenir sur la route principale, c'est à quelques encablures. Vaste parking et rangée de boutiques.

▶ L'entrée du site, par une allée bordée de pins, permet d'accéder à la superbe **voie Arcadiane** (plan B-C3), aux prestigieuses proportions. Elle menait de l'ancien port au théâtre (depuis, la mer a reculé d'une dizaine de kilomètres). Grandes dalles de marbre blanc, de plus de 10 m de large, sur 600 m. C'était en quelque sorte la rue principale de la ville. Son nom provient de l'empereur Arcadius qui finança sa restauration. Une manière comme une autre de faire sa pub. Sur votre gauche immédiate, le gymnase et les thermes. Plus haut, les ruines de l'église de la Vierge (où « Église Double ») où eut lieu l'un des plus importants conciles de la chrétienté en 431, et bien d'autres événements...

▶ **Le théâtre** (plan C3) : il pouvait contenir jusqu'à 25 000 spectateurs. Remarquablement conservé et témoin exceptionnel d'arts multiples car il a été remanié plusieurs fois. Saint Paul y essuya les huées de la foule qui continuait à lui préférer Artémis, patronne d'Éphèse. Malheureusement, restauration très contestable : certains gradins ont été refaits... en béton armé !

▶ En redescendant du théâtre, sur la gauche en lui tournant le dos, s'étire la belle *rue de Marbre* (plan C3), couverte de larges dalles, datant du Vᵉ siècle. Quelques moignons de colonnes ou traces de bas-reliefs sont encore visibles. Cette étroite allée, par ses modestes dimensions, possède un charme tout particulier.

▶ Au bout de la rue de Marbre, on aboutit à la *bibliothèque de Celsius* (plan C4), l'une des merveilles de la ville, et clou de la visite. Façade à deux étages magnifiquement reconstituée par des archéologues autrichiens. Élevée au IIᵉ siècle, elle renfermait nombre d'ouvrages importants. La façade fut conservée par les Byzantins pour servir de fontaine. Elle était ornée de niches et de statues.
Sur le côté droit de la bibliothèque, en lui faisant face, l'*agora inférieure* (ou commerciale) faisait office de point de vente des marchandises débarquées du port.
Face à la bibliothèque de Celsius, de l'autre côté de la rue de Marbre, une modeste pancarte « Private house ». Une expression pudique qui indique le bordel... désaffecté, on vous rassure.

▶ Face à la bibliothèque, la rue des Courètes (plan C4) d'où la vue sur tout le site est géniale, présente aussi d'importants vestiges : à gauche, les latrines puis le *temple d'Hadrien* corinthien, à l'élégante façade formée de quatre colonnes surmontées d'une voûte finement sculptée. La restauration a été plutôt bien faite. Il fut dédié à l'empereur dont il porte le nom. Pour info : les courètes étaient les prêtres du coin.

▶ Juste derrière, les *thermes de Scholastikia* qui pouvaient accueillir près de 1 000 personnes. En face, vous distinguerez également facilement les *maisons à terrasses* des riches Éphésiens (visite payante de 8 h 30 à 17 h, à ne manquer sous aucun prétexte). En restauration d'ailleurs. Ce bâtiment de briques et de tuiles rouges abrite un ensemble de maisons avec des peintures du plus grand intérêt. En remontant la rue, à gauche, jolie *fontaine de Trajan*, dont les plus belles statues sont exposées au musée. Lui succèdent le *prytanée* (parlement local reconstruit sous Auguste), l'*odéon* (lieu de réunion des responsables de la cité, de 1 500 places, et peut-être recouvert d'un toit de bois) et la vaste *agora supérieure* qui était délimitée au nord par de majestueuses colonnades. Tout au bout du site on peut distinguer, à gauche, le *gymnase de l'Est* et, à droite, les vestiges de l'*ancienne porte de Magnésie* avec passages séparés pour hommes ou attelages.

SELÇUK

C'est ici que fut construite la ville quand le port de l'ancienne cité fut complètement ensablé. Pour info encore : au VIIIᵉ siècle, c'était le quatrième déménagement... Peut-être les inspirations du « saint théologien » Jean ou Aya Suluk (ceci expliquant le nom du patelin).

▶ *Le Musée archéologique* (plan E2) : dans le centre. Suite logique de la visite d'Éphèse. Nombre d'objets et de statues proviennent du site. Ouvert de 8 h à 19 h (16 h l'hiver) sauf le lundi. L'ouverture peut être retardée certaines matinées. Entrée assez chère. Passionnant.
Salle I : plusieurs sculptures intéressantes ainsi que des miniatures, jouets en terre cuite, magnifique frise en ivoire qui ornait jadis un trône, célèbre statue du dieu Bès (le bien pourvu), statuette représentant Éros chevauchant un dauphin, tête de Socrate et tête d'Éros de Lyssipe.
Salle II : on y a rassemblé les statues qui ornaient la fontaine de Polio. Elles racontent l'histoire d'Ulysse et de Polyphème. Statues provenant de la fontaine de Trajan.
La cour possède de beaux sarcophages romains, chapiteaux et pierres tombales.
Salle IV : série de poteries provenant de fouilles, petite collection de verre trouvé dans les tombes.
Salle V : dédiée entièrement à l'Artémision. On y voit deux statues d'Artémis (copies) avec ses multiples seins (en fait, il ne s'agit pas de seins, mais de testicules de taureau), symbole de la fécondité, et une série d'objets votifs.
Salle VI : frise originale du temple d'Hadrien racontant la fondation d'Éphèse. Sculpture d'époque romaine, frise d'un autel, etc.

▶ *La mosquée d'Isa Bey* (plan E1) : édifice seldjoukide datant du XIVe siècle, élevé par le gouverneur d'Aydin. Restaurée récemment. Surtout intéressante par son splendide portail à stalactites, ses fenêtres ouvragées et sa belle pierre patinée. La grande cour ne manque pas de cachet. L'intérieur de la mosquée ne présente pas d'intérêt.

▶ *La basilique Saint-Jean et la forteresse d'Ayasoluk* (plan E1) : situées sur un promontoire. Entrée payante. Assez cher. On y accède par la porte de la Persécution, bas-relief décrivant un combat d'Achille. La basilique fut édifiée au VIe siècle par l'empereur Théodose et surtout par Justinien, sur la tombe de l'apôtre qui vint mourir ici vers la fin du Ier siècle. Il ne reste que des pans de murs et quelques colonnades. C'est tout de même joli car les ruines sont suffisamment en état pour laisser deviner ses impressionnantes proportions. On y trouva un trésor constitué de 1 712 pièces d'argent et de 16 pièces d'or. Vue splendide sur la vallée depuis la terrasse. Peut-être apercevrez-vous des nids de cigognes.
Plus haut sur la colline, la *forteresse d'Ayasoluk*. Les courageux y monteront mais il n'y a rien de plus à voir que de vieux remparts qui, par ailleurs, ont fière allure. Elle fut construite par les Byzantins et restaurée par les Seldjoukides. Voir aussi, à l'entrée, la porte de la Persécution, ouvrage byzantin du VIIe siècle.

▶ *L'Artémision* (plan E2) : le temple, qui fut l'une des Sept Merveilles du monde, est aujourd'hui totalement en ruine. Prendre la route de Kuşadası. Quelques vestiges au fond d'une mare sont encore visibles. On retrouve des traces de temple très ancien sous les ruines actuelles, s'étageant sur 4 niveaux de construction, soit plusieurs mètres, visibles grâce aux strates de l'unique colonne témoin. La déesse mère portait des noms différents selon les pays : Isis en Égypte, Lat en Arabie et Cybèle ou Artémis en Anatolie. Elle possédait de très nombreux sanctuaires à travers toute l'Asie Mineure. Très vénérée à Rome, la déesse était représentée en de multiples lieux importants. Le buste des statues d'Artémis possède ce que l'on croyait être une série de seins. En fait, il s'agit de testicules de taureaux qui symbolisent la fécondité. Le culte d'Artémis joua un rôle important dans le développement d'Éphèse.
Le temple servait également de mont-de-piété et de refuge inviolable pour qui y pénétrait. Au cours des siècles, cet espace protégé fut agrandi. Nombre de bandits y trouvèrent refuge, un peu comme dans les ambassades. Le temple connut son apogée au tout début de notre ère. Son influence déclina quand la ville changea de site, au IIIe siècle. Les Goths, puis les troupes de l'empereur Théodose ruinèrent le sanctuaire. Les bâtisseurs de Saint-Jean à Selçuk et de Sainte-Sophie à Constantinople trouvèrent dans les ruines du temple une formidable carrière de pierres.

▶ *Les combats de chameaux* ont lieu de décembre à février (période du rut, d'où agressivité) devant quelque 15 000 spectateurs turcs en délire. Les chameaux en question, ou *tülü*, doivent être les descendants de papa chameau et maman dromadaire. Très entourés et nourris, ils pèsent dans les 1 200 kg alors que les chameaux ordinaires gravitent autour des 400 kg... Les chameaux qui combattent appartiennent à la même catégorie de poids. Ils sont muselés. Celui qui s'effondre ou... s'enfuit est déclaré vaincu.

Aux environs

▶ *Meryemana* : à 8 km. C'est le sanctuaire de la Vierge, construit sur l'emplacement de la maison, où, paraît-il, elle mourut. A part le paysage en chemin et le panorama du haut de la colline, il n'y a rien à voir de bien intéressant pour les agnostiques et les libres penseurs. Touristes à gogo et exploitation à outrance.

▶ *Mausolée de Belevi* : à 16 km du site, 2 km après le charmant petit village de Belevi. Marbre à profusion, pyramide, chapiteaux doriques, frise de lions... Le plus grand tombeau encore debout.

▶ *Aydin* : vers Denizli. Mosquées, vieilles tours byzantines, petit musée (ouvert de 8 h à 12 h et de 13 h à 18 h), s'encastrent dans un véritable bazar (à visiter par ailleurs).

▶ *Pamucak* : la plage de sable noir la plus proche de Selçuk, située à 9 km, pas très propre. On y est en un quart d'heure en dolmuş. Pour revenir, dernier dolmuş vers 19 h. Au bout de la plage, quelques cafés. *Camping Dereli :* ☎ 17-49. Le terrain est totalement ombragé par une forêt d'eucalyptus et donne directement sur une plage de sable fin. Resto et épicerie.

▶ *Tusan :* plage à 15 km de Selçuk. Minibus régulièrement. *Mocamp camping*, avec piscine. Agréable et ombragé.

▶ *Sirince :* à 7 km environ, un village de l'époque grecque possédant deux églises en ruine. Une sorte de Disneyland (authentique réserve turque) avec visites organisées. Les paysans fabriquent un bon vin local mais qui est assez fort en alcool. La route est assez rude. Pour vous y rendre, allez en direction d'Izmir et, à la sortie de la ville, tournez à droite, passez sous le chemin de fer et, ensuite, c'est tout droit.
Pas terrible. Dolmuş près de la station de train. Pour l'anecdote, le nom du village *Çirkiuce* (signifiant laideur) a été transcrit en *Şiriuce* (charme)... après l'inévitable guerre gréco-turque.

Quitter Selçuk

En bus

Selçuk étant situé sur la route principale et à un carrefour de nombreuses liaisons routières, il y a toujours un bus en partance pour votre destination.
– *Pour Kuşadası :* dolmuş très réguliers, toute la journée.
– *Pour Bodrum, Marmaris, Antalya, Denizli, Aphrodisias* (correspondance à Nazilli)... : la plupart des bus partent toutes les heures de 8 h à 21 h.
– *Pour Izmir :* bus très fréquents.

En train

– *Pour Izmir :* 5 fois par jour.
– *Pour Denizli :* 3 fois par jour.
– *Connexions pour Afyon* et *Söke* également.

KUŞADASI (indicatif téléphonique : 636)

Vous dire qu'on a eu un coup de cœur pour cette ville serait mentir. « L'île aux oiseaux », comme on l'appelle, est plutôt un repaire de touristes. La ville est renommée pour ses plages. Détruisons un mythe : elles sont laides et ne sont même pas vraiment à Kuşadası. La ville est bardée d'hôtels. Des dizaines et des dizaines (des centaines ?) de pensions ont poussé comme des boutons sur un beau visage. Plus un seul terrain n'est laissé libre et ceci pour accueillir une bonne partie du million de touristes qui vont visiter Éphèse. Beaucoup d'Allemands et de Français. Le petit port se bétonne, se balnéarise comme on dit. De plus en plus, les habitants vivent du tourisme. Résultat : un rapport faussé avec le visiteur. Il n'y a plus rien à voir à Kuşadası. La ville sera donc uniquement une ville étape ou une base pour découvrir les sites tout proches, ou encore Samos...
Le vendredi est le meilleur jour, à cause du marché. La partie la plus intéressante se trouve sur les hauteurs où l'on rencontre une vie encore traditionnelle. La ville fut dominée par les Byzantins, les Vénitiens puis les Génois. Ce fut avant tout un port de commerce.

Adresses utiles

– *Office du tourisme :* sur le port, au coin d'une rue. Facile à trouver. ☎ 111-03. Carte succincte de la ville. On y parle le français. Ouvert tous les jours de 7 h à 21 h de fin avril à fin octobre. On pourra vous aider à choisir un hôtel. Ils ont une liste très complète.
– Aucun problème de change. Presque toutes les banques prennent les chèques de voyage.
– *Poste :* dans Barbaros Caddesi, l'artère piétonne et commerciale la plus importante qui monte depuis le port. Cabines téléphoniques.

- *Location de mobylettes :* Ag Turizm, Atatürk Caddesi 60/4. ☎ 124-27.
- Toutes les agences de tourisme (près d'une cinquantaine) vendent des billets de bateau pour l'île grecque de Samos.
- *Hôpital :* Atatürk Caddesi, près du petit parc, dans le centre.
- *Journaux internationaux :* Kibris Caddesi 16/7. *Libé, Le Monde, Le Figaro*. Et dans un petit kiosque, face à la poste.
- *Cartouches de gaz : Dragon Travel et Yachting Agency.* A l'entrée de la ville.
- *Otogar :* à côté du marché et de la mosquée.

Où dormir ?

Si c'était nous, on filerait. Mais comme on n'est pas tout seuls, voici une sélection de pensions. Nous avons choisi les plus centrales. En pleine saison, c'est vite plein. Il est préférable d'arriver le matin. Insomnies garanties en été, en raison du nombre de discos. On déconseille les pensions-béton situées au-delà du marché. Un véritable Sarcelles-sur-Mer !

Bon marché

■ *Hôtel Rose :* Arslander Caddesi, un peu après Su Pansiyon. Pas cher, mais se dégrade doucement.
■ *Su Pansiyon :* Arslander Caddesi 13. ☎ 114-53. A quelques centaines de mètres de l'arrêt de bus dans une rue en pente. Très bon accueil. Simple, voire rudimentaire. Petite cour intérieure fleurie permettant des rencontres sympa. Réfrigérateur. Possibilité de faire sa cuisine. Toilettes un peu limites mais prix imbattables.
■ *Violet Alkiş :* dans la première rue à gauche en montant Barbaros Caddesi depuis le port. Très central et bien tenu. Un peu plus cher, mais standing un peu supérieur aux deux précédents.
■ *Violet Pansiyon :* Cumhuriyet Mahallesi, Ozgür Sokak n° 8. Eski PTT Sokaği (ancienne rue de la poste). ☎ 12-893. Accueillant. Propre. Douche chaude (solaire). Très bien.
■ *Dolma Pension :* Cumhuriyet Mh. Kadir Kirhan Sokak 16. ☎ 123-76. 27 chambres avec douche et eau chaude. Propre. Parking à 200 m.
■ Sur la colline de la vieille ville, beaucoup de pensions tranquilles. Elles se construisent à vive allure, se piquant mutuellement la vue sur le port. La *Dinç Pansiyon*, Hacifeyzullah Mahallesi Mercan, Sokak 5/2. (☎ 14-249), est calme et propre. Dans une rue perpendiculaire à celle de l'hôtel Stella. Voir la *Pension Hasgül :* propre, terrasse avec vue exceptionnelle. L'un de nos meilleurs prix.

Prix moyens

■ *Bahar Pansiyon :* un peu plus loin qu'Alkiş, dans la même rue. Petit hôtel avec balcon fleuri. Agréable et correct.
■ *Aran Pansiyon :* Hacifeyzullah Mahallesi, Doğru Sokak 2. ☎ 115-35. Sur la colline dominant le port en continuant à grimper la rue après Rose Pansiyon. Très propre. Ambiance familiale. Excellent rapport qualité-prix. Une bonne adresse, même si elle est plus chère que les autres. A côté, *Aran Kaya Hotel*. ☎ 140-44. Très confortable, chic, avec une belle vue. Propre.
■ *Sefik Pension :* Camiatik Mh. Ufuk Yapi Koop. Doğan Sokak 11 (Kreş Yani). ☎ 163-08 ou 142-22. A proximité du centre. 14 chambres avec sanitaires et eau chaude. Propre. Ambiance et cuisine familiales. Bon accueil. Petite terrasse ombragée pour les repas.
■ *Kuşada Selam Motel :* face au port. Ensemble de bungalows. Pour sa piscine où il fait bon plonger après les petits déjeuners extra. Fait également camping.

A Kadinlar (plagette à 2 km de Kuşadası)

Encore un secteur qui a la fièvre immobilière, mais ce n'est pas encore le délire. Si vous souhaitez être un peu plus au calme, venez ici, c'est un peu moins touristique.
Les pensions en retrait de la plage sont moins chères, mais chères quand même. Comparez les prix avant de choisir. La *Pansiyon Balci* (☎ 114-10) présente un assez bon rapport qualité-prix. Le patron, qui a travaillé longtemps en France, donne plein d'infos sur la région.

Plus chic

■ **Konak Hotel :** Yildirim Caddesi 55. ☎ 163-18. Pittoresque car aménagement traditionnel turc. Persiennes en pin et petite cour intérieure ouverte sur le ciel et couverte de tapis et de kilims. 21 chambres. A proximité du hammam.

■ **Hôtel Stella :** sur la colline, dominant le port. ☎ 116-32. Mini-hôtel de luxe pour nos lecteurs(trices) en voyage de noces. Très belles chambres avec vue sur la mer. Resto-terrasse. Il y a même des suites... Dans la partie calme de la ville.

■ **Hôtel Karasu :** Halk Bankasi Karşisi 6. ☎ 111-53. A côté de l'arrêt de bus. Relativement bon marché surtout hors saison, dès septembre. Patron sympa, toujours prêt à rendre service. Un défaut et une qualité : situé dans une rue bruyante mais centrale. Balcon et douche pour chaque chambre. Eau chaude. Petit déjeuner inclus.

Encore plus chic

■ **Belvu Hotel :** ☎ 112-60. A côté de la Marina, vers le nord de la ville, en surplomb par rapport à la route. Construit à flanc de colline. Les chambres disposent d'un balcon donnant sur la mer. 35 chambres avec douche privée. Salon décoré de kilims et tapis turcs. Piano-bar. Le patron parle très bien le français. Vendu par *Jumbo*.

Campings

■ **Onder :** ☎ 125-85. A la sortie nord de Kuşadasi. Camping extra. Très bien tenu. Resto servant une bonne nourriture à prix modérés. Possibilité de dormir dans des bungalows très confortables (sans ou avec salle de bains). Bon marché, mais, pour l'été, il faut réserver bien à l'avance. Parterres verdoyants pour planter sa tente. A côté, le *Selam Mocamp*, même genre.

■ **Vat Camping :** juste à côté du précédent. Même genre, mais un peu moins de confort.

■ **BP Mocamp :** à une dizaine de kilomètres de Kuşadasi sur la route de Selçuk en suivant toujours le bord de mer. Situé près d'une plage agréable sans être démente. Magnifique camping mais proche de la route. Resto. Piscine (payante même pour les campeurs, et très chère !). Location également de chalets très agréables et fort bien aménagés. Douches et toilettes à l'extérieur. Dolmuş toutes les 15 mn jusqu'à minuit pour Kuşadasi.

Où manger ?

● *Marché* le vendredi dans le centre. Enfilade de stands de nourriture en bordure. Peu de touristes. Bonne cuisine très fraîche.

● **Restaurant du camping Önder.** Voir rubrique « campings. » Une cuisine qui ne vous décevra pas.

● **Merkez Restoran :** en face de l'ancien otogar. Resto populaire sympa. Très bon accueil. Bons petits plats (salade du berger, *köfte* au fromage, aubergines farcies, etc.) mais dont les prix ont bien augmenté. Faites-les préciser avant de commander.

● **Kâzim Usta :** Liman Caddesi, sur le port, au bord de l'eau. Excellent resto de poisson à prix abordables. Très frais. Bonne sélection de meze en entrée. Plats de fruits de mer.

● **Nil Restaurant :** 50 Yil Caddesi n° 3, près du marché. Belle terrasse. Très sympa le vendredi, jour du marché.

● **Albatros Restoran :** Emek Sokak. Près du centre. Populaire et traditionnel. Plats en vitrine. Quelques tables en terrasse. Beaucoup de travailleurs. Bon marché.

● **Konya Restaurant :** tout au bout de la rue piétonne. Surtout fréquenté par les locaux. Excellentes pides bien croustillantes. Bon marché.

● **Oscar Restoran :** Sağlik Caddesi 14. Bons kebap cuits à la braise. A côté, au n° 10, une *boulangerie-pâtisserie* qui fait des madeleines et une dizaine de sortes de pains différents.

● **Babil Restaurant :** Sağlik Caddesi 59. Un décor très soigné pour ce restaurant qui bénéficie aussi d'un bar-terrasse très agréable pour prendre un verre. Bonnes spécialités locales.

● *Merkez Restaurant :* Yeni Aydin Yolu 5. ☎ 160-98. Demandez Ahmet, qui parle le français. C'est bon et pas aussi cher que certaines mauvaises langues peuvent le dire.
— Allez donc boire un thé à l'*hôtel Caravansérail,* à deux pas du port. Un grand merci au sieur Trigano qui a si bien su le rénover. Architecture splendide. Jardin intérieur luxuriant. Soirée orientale ouverte à tous, tous les soirs. Assez cher et soirées plutôt guindées.

Bains turcs (hammam)

– *Belediye Hamami* (turkish bath) : Yildirim Caddesi, sur la gauche de l'hôtel Akdeniz. Dans le centre. Ouvert de 9 h à 21 h. Hammam très prisé des touristes. Grande propreté. Sauna, salle de massage, relaxation, thé... Pour mettre les clients en confiance, on leur montre un album-photo plein de touristes ! Assez cher mais vaut vraiment le coup. Pour les dames, demander quand il est possible de venir. Attention aux vrais faux masseurs qui sont de faux vrais mateurs.

A voir

▶ *La forteresse :* au bout de la jetée, une presqu'île sur laquelle une forteresse fut construite au XIV° siècle. Il n'en reste que des remparts et des jardins intérieurs très agréables. Au soleil couchant, boire un verre sur les terrasses surplombant l'eau. L'îlot s'aménage et on y trouve désormais une disco et des restos.

▶ *Marché :* le vendredi. Faire très attention aux sacs à main, des gitans se glissent dans la foule !

Plages

— La plage la plus proche se trouve à *Kadinlar,* à 3 km de Kuşadası vers le sud. Il s'agit d'une vague languette de sable pas vraiment propre (parfois carrément sale) et bordée par la route. Bref, on a vu mieux.
— La plage située au nord de Selçuk, à environ 10 km, n'est pas mal. Là non plus, rien de terrible.
— La plage de *Kuştur,* à 5 km de Kuşadası, est mieux. Dolmuş depuis l'otogar. Sur la plage, un *camping BP Mocamp.*
— Allez vous baigner aussi à *Millipark,* à 30 km au sud-ouest de Kuşadası, près du village du Güzelçamli. C'est un parc national avec des plages dans un décor de montagnes. Entrée payante. Pour les non motorisés, nombreux dolmuş jusqu'à 19 h, depuis l'otogar desservent les plages de ce parc. Descendre au dernier arrêt. Sachez tout de même que le trajet est long et que vous ne serez pas seul. Attention aux abeilles en septembre. Elles vous réservent un accueil très spécial !

Où dormir ? Où manger près des plages ?

■ *Çini Pansiyon :* à Güzel Çamli. Une pension très simple, tenue par des gens d'un certain âge. A 1 km de la première plage de Millipark, un endroit idéal pour se refaire une petite santé.
■ *Aydin Pansiyon :* 1 Kanal Kenari 404, Güzelçamli-Millipark. Le patron, Ahmet, parle le français ; il a travaillé plusieurs années en Suisse. C'est donc propre ! On peut utiliser la cuisine si on a envie de se mijoter des petits plats. Pension accueillante avec son jardin plein de roses et de... canards.
■ *Valley Pansiyon :* à Güzelçamli, à 30 km de Kuşadası et à côté du Millipark. ☎ 963-66-18-70. Génial. Petit déjeuner pantagruélique. Terrasse extra enfouie au milieu des lys mauves. Accueil éclairé (pour les plages désertes et autres plaisirs).

Achats

Kuşadası, est un haut lieu de l'exportation des vêtements en crépon de coton. Se développe parallèlement la fabrication des pull-overs et gilets à base de déchets de cuir. On y trouve également pipes et colliers en écume de mer finement ciselés, pas trop cher. Enfin c'est ici que l'on trouve la plus grosse concentration de magasins de cuir en Turquie.

Une remarque : pour les blousons en cuir, plus on s'éloigne du port, plus les prix baissent. Prenez votre temps et visitez systématiquement les magasins.

Bateaux

- *Kuşadası-Samos :* du 1ᵉʳ avril au 1ᵉʳ novembre, 2 départs par jour à 8 h 30 (bateau turc) et à 17 h 30 (bateau grec). Toutes les agences vendent des billets au même prix. 2 h de traversée. L'hiver, pas de traversée régulière. Aller-retour bien moins cher si vous revenez dans la même journée. N'oubliez pas vos papiers, vous allez en Grèce ! En venant de Samos, vous paierez une taxe de port assez chère.

- *Kuşadası-Héraklion-Patras-Igoumenitsa-Ancona* (Italie) : un bateau par semaine le mercredi, par 2 compagnies grecques : Minoan Lines et Marlines. Voir au début du guide le chapitre « Comment aller en Turquie ? ».

- *Kuşadası-Venise :* par le « M.V. Orient-Express » (bateau). Pratique. Un départ hebdomadaire tous les mercredis du 10 mai au 1ᵉʳ novembre. 30 % de réduction pour les enfants de moins de 13 ans. Transport gratuit du véhicule en mai et octobre.

M.V. Orient-Express : 11, rue de Surène, 75008 Paris. ☎ 47-42-36-28.

Quitter Kuşadası

— Vers Selçuk et Éphèse

• Dolmuş toutes les 15 mn en pleine saison, toutes les 30 mn le reste du temps. Le dernier est à 21 h. Départs de l'otogar, à 3 km du centre, sur la route de Söke, en face de la station BP. Le plus pratique est d'attraper le même dolmuş qui passe par l'Atatürk Caddesi, au coin d'Ismet Inönü Bulvari, tout près du centre. Si vous souhaitez aller directement sur le site d'Éphèse, descendez 2 km avant Selçuk. Demandez au chauffeur.

— Autres destinations

Pour les grandes villes, il est en général préférable de passer par Selçuk, escale de tous les bus pour toutes les directions.

• *Vers Izmir :* bus toutes les 30 mn l'été, de 7 h à 20 h. En été, prudent de réserver la veille.

• *Vers Denizli* (et Pamukkale) : nombreuses connexions avec trois compagnies. Parfois les bus qui viennent d'Izmir sont pleins. Durée : 3 h 30. Pour Pamukkale, changer de bus.

• *Vers Aphrodisias :* se rendre d'abord à Selçuk puis changer.

• *Vers Istanbul :* 3 ou 4 départs par soir. Uniquement des bus de nuit. Pour les bus de jour, se rendre d'abord à Selçuk. Bus pour Istanbul toutes les heures environ. 11 h de trajet.

• *Vers Ankara :* 3 fois par nuit environ. 10 h de trajet. Pour les bus de jour, départ de Selçuk.

• *Vers Bodrum, Marmaris :* un seul bus direct par jour pour les deux destinations. Depuis Söke, fréquence bien plus grande. Bus environ toutes les heures.

• *Vers Antalya :* pas de bus vraiment direct de Kuşadası. De Selçuk, nombreux bus toute la journée.

• *Vers Konya :* 2 ou 3 bus directs par jour.

— Vers Priène, Milet et Didymes

Prendre un bus pour Söke puis des minibus desservent les sites. Assez compliqué et perte de temps assez démente. Il y a aussi le stop. Sûrement la meilleure

solution. A Söke, marché le mercredi. Pour Söke, minibus toute la journée
depuis Kuşadası. Durée : 30 mn.
Des agences de voyages proposent également la visite des trois sites dans la
journée. Cela fait troupeau mais c'est bien pratique en fait. Vous pouvez même
pour le prix vous plonger dans la bonne eau de l'Égée.

PRIÈNE

Il est possible de visiter les trois sites, Priène, Milet et Didymes, dans la journée
en prenant son temps. Mais attention aux arnaques de transports. Peu de bus
et de dolmuş. De toute façon, il faut aller à Söke, à 27 km de Kuşadası (30 mn
de trajet).
Les trois sites sont ouverts sans interruption de 8 h 30 à à 18 h 30 (horaires
parfois fluctuants).
Pour Priène, dolmuş depuis Söke jusqu'au pied du site (15 km). Pas de pensions
à Söke.
Priène est un site archéologique beaucoup moins fréquenté qu'Éphèse, et pourtant c'est l'un des plus beaux que nous connaissons. Cette cité millénaire fut
développée par les Grecs au IVᵉ siècle av. J.-C. Elle appartenait à la confédération ionienne. La ville fut d'abord un port (elle en avait même deux !). Aujour-
d'hui, la mer est à 15 km ! Cette infidélité des flots bleus fit sombrer la ville dans
l'oubli.
Accrochée à son rocher, Priène est l'une des villes évoquant le mieux le génie
architectural, le bon goût des urbanistes de l'Antiquité. Ils ont tiré avantageuse-
ment parti du terrain accidenté. La ville fut construite suivant un plan à damier
par le célèbre Hippodamos de Milet (IVᵉ siècle), avec des rues se coupant à
angle droit, orientées suivant les points cardinaux. Riches maisons et bâtiments
s'étagent harmonieusement sur la colline. De l'acropole sur l'antique mont
Mycale, la vue est magnifique et vous verrez mieux le quadrillage de la ville.
On grimpe tout d'abord une longue allée dallée de marbre pour atteindre le site
dominant la plaine. La cité, entourée d'épais remparts construits au IVᵉ siècle,
possède une unité remarquable. Le tracé des rues, souvent impeccables, avec
leurs dalles, leur système de tout-à-l'égout, conduira vos pas au *théâtre* où l'on
se retrouvait pour se divertir, pour discuter. C'est l'un des mieux conservés. On
y jouait également des pièces. Les Romains le transformèrent après le passage
des Grecs. La première rangée de gradins est composée de quelques sièges de
marbre où s'installaient les notables. Au centre, on remarque encore un petit
autel dédié à Dionysos (IIᵉ siècle). Les herbes qui le mangent par endroits contribuent à donner à ce théâtre toute sa poésie. Sur la scène subsistent quelques
colonnades. Derrière le théâtre, le *gymnase supérieur* où on a aussi redressé
quelques colonnes.
Non loin de là, le *temple d'Athéna* (IVᵉ siècle av. J.-C.). On devine, malgré son
aspect très ruiné, les élégantes proportions de ce temple, qui était une véritable
merveille. Cinq colonnes de style ionique ont pu être relevées. Le cadre ici est
tout simplement grandiose : une falaise pour décor et la vue sur la plaine
ouverte en face. On allait oublier : l'architecte est le même que pour le mausolée
d'Halicarnasse. Alexandre le subventionna largement. On comprend qu'il tenait
à sa préservation. Tout autour, des dizaines de morceaux de corps de colonnes
roulés au sol, se fondant dans les herbes, augmentent la dimension dramatique.
Au petit matin, c'est une merveille.
Situé en contrebas du théâtre, on trouve le *bouleutêrion* (salle de réunion de la
Boulê, le Sénat), petite assemblée de section carrée, entourée de rangées de
gradins bien conservées sur 3 côtés. Au centre, un petit autel du IIᵉ siècle av.
J.-C. On aime ce bouleutêrion aux proportions intimes. Les discussions
devaient être presque amicales dans un tel cadre. A côté, le *prytanée*, lieu de
réunions publiques. Un peu plus bas, *le temple de Zeus*, marqué par quelques
colonnes tronquées, et recouvert en partie par un fortin byzantin. A sa droite,
l'agora. Tout en bas, le *gymnase inférieur*, où il faut voir les lavabos avec des
robinets en forme de tête de lion. Les poètes se perdront encore parmi les
autres édifices et reconstitueront, au gré de leur imagination, la vie de l'époque.
A l'ouest du site, les chercheurs ont cru reconnaître la maison d'Alexandre qui
séjourna ici quelque temps. Nous, on n'a rien vu.

MILET

A quelque 25 km au sud de Priène. Parking juste en face du beau théâtre. Ouvert de 8 h 30 à 19 h 30 l'été. Il reste peu de choses de ce qui fut l'une des plus importantes cités commerciales et maritimes d'Asie Mineure et le site est moins spectaculaire que Priène.

Milet, tout comme Priène, fut un port très actif qui rayonnait sur toute la Méditerranée. On sait que les Grecs y séjournèrent longtemps. Au VIIe siècle, nombre d'intellectuels et de savants y vécurent. Thalès y développa la géométrie (le célèbre théorème de Thalès, *cf.* souvenir de 4e). Le géographe Hécatée et le philosophe Anaximène y vinrent chercher de nouvelles vérités. Après une mise en sommeil énergique par les Perses, Alexandre conquit Milet et lui redonna sa première place parmi la Dodécapole ; les Romains suivirent en en faisant toutefois une ville libre, puis vinrent les musulmans, au XIVe siècle. La mer qui se retirait doucement poussa les habitants à faire de même.

Malgré ce long déclin, l'impression reste forte du haut du magnifique *théâtre* de près de 20 000 places. C'est un des plus beaux de Turquie. Il fut construit au IVe siècle av. J.-C. Très belles rangées de marches malgré la partie supérieure assez dégradée. Au pied de chaque gradin, des pattes de lions sculptées. Au-dessus, une tour byzantine qui fait un peu désordre. Du haut du théâtre, on peut découvrir le reste des ruines. Le site est très étendu et il est difficile de s'en faire une idée d'ensemble. Les agoras sont néanmoins repérables aisément. Le bâtiment le mieux conservé reste le *bouleutêrion*, en forme de demi-cercle. Plus loin, une vaste cour rectangulaire dont on devine encore clairement la structure. Chaque édifice possède un panneau explicatif qui permet de l'identifier (ce n'est pas superflu...). En se dirigeant vers le *delphinion* (c'est où, ça ?), on passe devant quelques jolies pierres sculptées, des reliefs de chapiteaux. Plus loin, le *nymphée* qui assurait la distribution de l'eau dans la ville, les *thermes de Faustine,* et le portique dont quelques colonnes ont été redressées.

▶ A la sortie du site, ne manquez pas de rendre visite à la vieille *mosquée d'Ilyas Bey,* sur la gauche en repartant sur Didymes. Elle date de 1404. Superbe portail à deux colonnes. L'ensemble, avec son toit mangé par la mousse et colonisé par les cigognes, les vieux cimetières alentour, possède un certain charme.

▶ Non loin, un petit *musée,* ouvert de 8 h 30 à 12 h 30 et de 13 h 30 à 17 h 30. Un peu cher. Plusieurs statues en piteux état, quelques morceaux de pierres tombales romaines intéressantes. A l'intérieur, des miniatures, une collection d'objets funéraires, quelques vases en verre. Une vitrine abrite plusieurs têtes miniatures très fines datant du IVe siècle av. J.-C. dont certaines trouvées dans le temple de Déméter.

DIDYMES

Site à 19 km de Milet, 45 km de Priène et 72 km de Kuşadası. Ouvert de 8 h 30 à 19 h. Très fréquenté en été. Pour y aller depuis Priène, faire du stop. Depuis Söke, dolmuş pour Yenihisar de temps en temps (fréquence imprévisible).

Didymes n'était pas une cité comme Priène ou Milet. Il s'agissait d'un sanctuaire oraculaire, où des milliers de « clients » (il s'agissait bien d'une consultation) venaient demander si le petit dernier allait réussir son bac ou si la belle-mère allait bientôt sucrer des fraises. Si l'oracle de Delphes a laissé plus de traces dans les mémoires, celui de Didymes fut néanmoins le Poulidor de l'augure. Sa réputation était énorme.

Didymes, c'est avant tout le *temple d'Apollon,* l'un des plus sacrés de l'Antiquité. La puissance de son oracle était fameuse, ce qui explique les tentations pour se l'acheter. Milet règle le problème par l'annexion en 540 avant J.-C. (notons la vie d'enfer d'Apollon qui se déplaçait sans cesse d'un temple à l'autre).

La construction du temple, très impressionnant, dura près de quatre siècles et ne fut en fait jamais achevée, ce qui n'empêcha pas l'oracle de se droguer aux feuilles de laurier. On mesure aux colossales bases des colonnes pourquoi le programme ne put jamais être réalisé. Trois colonnes sont encore debout. L'impression est grandiose devant ce qu'il reste. Des moignons énormes richement sculptés et décorés à la base de palmettes, rinceaux et autres figures géométriques d'origine romaine surtout. On imagine le panneau accroché à l'une d'entre elles : « Pendant les travaux, l'oracle continue ! » On venait le consulter pour tout : histoires d'argent, investissements, peines de cœur, mariages, voyages ou guerres à effectuer, etc. C'était payant, bien sûr. Une chèvre lui était sacrifiée. Préalablement, pour déterminer si l'oracle accepterait la consultation, on jetait sur l'animal de l'eau froide du puits sacré et les prêtres interprétaient ses tremblements ou convulsions. Les questions étaient transmises à la pythie, par l'intermédiaire des prêtres. Après avoir mâché du laurier et bu de l'eau sacrée, la prophétesse entrait dans des sortes de transes et prononçait des paroles souvent incompréhensibles qui devaient être interprétées par les « prêtres exégètes ». Quand il y avait trop de clients, on tirait leur tour au sort. Les bases des colonnes de la façade du temple sont particulièrement riches en sculptures. En face de l'escalier s'ouvre la *salle des Deux Colonnes* (la salle d'attente). Sur les côtés, deux longs couloirs mènent à l'adyton où officiaient les prêtres ; un lieu bien évidemment interdit aux pèlerins. Au milieu de l'adyton s'élevait le *naiskos*, petit édifice qui abritait la pythie. De l'intérieur de l'adyton, un escalier permettait aussi l'accès à la salle des Deux Colonnes.

Dans le village, petit *musée* présentant quelques découvertes faites dans la région.

Aux environs

▶ *Plage d'Altinkum :* à 4 km de Didymes. Réputée une des plus belles de Turquie. Bondée l'été et malheureusement devenue une vraie poubelle.

■ Pour ceux qui se rendent à Bodrum en passant par Milas, sur la route 330, 20 km avant d'arriver, une bonne adresse : *Deniz Motel*, Güvercinlik. Accueil chaleureux. Possibilité de faire de la planche à voile. Prix moyens.

■ *Medusa House :* en haut de la petite côte, surplombant le temple. ☎ 63-53-44-91. 7 chambres doubles propres, sanitaires ultra clean, petit déj. copieux : un rapport qualité-prix imbattable. Et en prime de l'accueil génial, le temple illuminé...

BODRUM (indicatif téléphonique : 61-41)

Dans un premier temps, la métaphore qui vient évidemment à l'esprit : « Mais c'est Saint-Trop ! » Oh, là ! pas si simple... D'accord, c'est une baie magnifique avec des maisons toutes blanches qui donnent à la ville un petit air africain. Les boutiques dernière mode et les marchands de souvenirs prolifèrent chaque année un peu plus. De luxueux yachts se prélassent au port (mais jolis, souvent construits dans le style du pays), et, en haute saison, c'est la foule compacte des touristes et des bourgeois d'Istanbul et d'Ankara... Mais le charme est là, réel, envoûtant presque. Il semblerait qu'ici les conquistadores de l'immobilier aient mis de côté l'artillerie lourde pour occuper le terrain plus en douceur, presque avec discrétion. Tant mieux. Après Kuşadası, Bodrum est un véritable plaisir. Et puis n'oubliez pas de visiter le superbe musée du vieux château. La vue sur la baie est un « must ».

Adresses utiles

– *Office du tourisme :* sur le port. ☎ 10-91. Accueillant et serviable. Très bien documenté. Ouvert de 8 h à 20 h, tous les jours pendant la saison. Personnel compétent. Vous pouvez y acheter divers tickets de transport.

– *Location de vélos et Mobylettes :* Turquoise Travel Agency, sur Atatürk Caddesi, et *Era Travel Agency,* sur le port, près de la mosquée, à l'entrée de la vieille ville.

– *Poste :* à l'extrémité gauche du port.

– *Distributeur de billets* (carte VISA) : à côté de la mosquée au minaret rouge.

– *Hôpital :* Turgutreis Caddesi, après le mausolée. ☎ 68-74 ou 10-68.

– *Journaux :* Belediye Meydani. Au pied de la grande mosquée.

- *Parking :* attention aux stationnements interdits. Fourrière garantie. Parking payant le long du port.

Où dormir ?

Beaucoup de pensions fort bien tenues, mais la concurrence se fait acharnée avec les touristes turcs. La ville se divise grosso modo en deux parties. La première à droite du château en regardant la mer, celle qui longe le port, calme et agréable. C'est là qu'il faut loger.
La deuxième sur la gauche, dont l'axe central est Cumhuriyet Caddesi, bordé de restos, pubs hyper touristiques, piano-bars, boutiques, boîtes. Si le quartier possède un certain charme, il faut éviter d'y dormir ou alors avec un paquet de boules Quiès. La plupart des pensions que nous indiquons sont dans la partie calme de la ville. Évitez la première semaine de septembre quand a lieu le festival. Ou réservez.

Assez bon marché

■ *Bahçeli Agar Aile Pansiyon :* Neyzen Tevfik Caddesi 190. ☎ 16-48. Vers la Marina. Petite construction sympa. Tenue de façon impeccable. Certaines chambres ont un balcon. La famille est très gentille. On peut aussi y faire sa cuisine. Prix assez doux bien qu'ils aient grimpé dernièrement.
■ *Alias Pansiyon :* Neyzen Teyfik Caddesi Saray Sokak 12. ☎ 31-46. En longeant le port, sur la droite en regardant la mer. La pension se trouve au bout d'une ruelle perpendiculaire au port, à 100 m environ. Un panneau placé au coin de la ruelle vous guidera, si vous le voyez. Bâtisse blanche assez charmante avec terrasse agréable pour prendre le soleil. Le propriétaire a construit une série de 19 bungalows sur le côté de l'hôtel. Rudimentaire mais très calme. Dommage tout de même qu'il ait utilisé l'espace avec un esprit un peu trop commercial. Prix honnêtes. Fait resto.
■ *Albatros Pansiyon :* Menekşe Sokak. ☎ 13-29. Là aussi dans une petite ruelle perpendiculaire au port. Demandez, c'est plus simple. Pension bien arrangée, avec beaucoup de bois, mais entretien irrégulier. Chambres avec douche. Terrasse au soleil, où l'on peut manger. Un peu cher quand même et assez bruyant. A moins d'aimer le disco : boîte à côté.
■ *Pension Rainbow :* Türk Kuyusu Caddesi, Gencel Çikmazi 12. ☎ 51-70. Un peu plus haut que Metin Pansiyon, sur la droite. A 2 mn de la station de bus et du port. Dans la partie calme de la ville. Deux petits hôtels de 2 étages. Chambres sans douches (en nombre suffisant à l'extérieur). Terrasse au soleil. Possibilité d'y prendre ses repas. On peut également profiter de la terrasse pour dormir si on est fauché. Bien moins cher. Eau chaude. Ouvert toute l'année.
■ *Pansiyon Öz-El :* Yatlimanı Karşısı Fırkateyn Sokak n° 1/3. ☎ 40-15. Longer le port dans la direction de l'Albatros Pansiyon. Dépasser les deux grands restos chinois, et tourner à droite. C'est tout au fond. C'est indiqué. Douche (chaude) dans les chambres. Propre.
■ *Belmi Aile Pansiyon :* Neyzen Tevfik Caddesi Yangi Sokak 6. ☎ 11-32. Dans une impasse donnant sur le port. Propre et très fleuri. Prix modiques. Douche chaude avec supplément. Réfrigérateur. Petit déjeuner copieux. Un peu bruyant à cause de la boîte à proximité.
■ *Metin Pansiyon :* Türk Kuyusu Caddesi 14. C'est la petite rue du marché qui part du port, au niveau de la mosquée avec le minaret rouge. Simple et propre. Au calme. On peut faire sa cuisine. Petit supplément pour la douche.
■ *Kaya Pansiyon :* Hükümet Sokak 10. ☎ 57-45. Propre et confortable. Chambres avec bains à prix raisonnables.
■ *Hôtel Mars :* Turgutreis Caddesi, Imbat Çikmazi. ☎ 73-96. Tenu par un couple charmant. Dans la partie calme de la ville, à côté du mausolée. Propre et spacieux.

Plus chic

Ces quelques pensions sont situées dans la partie animée de la ville (sauf le premier hôtel cité) mais dans des endroits assez calmes, tout de même.

■ *Hôtel Mola :* Neyzen Tevfik Caddesi 72. ☎ 13-28. Petite résidence agréable donnant sur le port. Un peu bruyant de ce fait, mais rien de bien méchant. Chambres petites mais assez confortables, avec cabinet de toilette et douche. Eau chaude. Prix encore contenus. Le pub du rez-de-chaussée a été arrangé

avec goût. Moins cher que les deux qui suivent. Moins confortable aussi. Une réfection s'imposerait.
■ *Cem Pansiyon :* Uçkuyular Caddesi 13. ☎ 17-57. Petit hôtel croquignolet et très confortable. Prendre Cumhuriyet Caddesi sur 500 m environ et c'est à gauche, juste avant l'Artemis Pansiyon. Tarif d'un petit hôtel de la province française.
■ *Artemis Pansiyon :* Cumhuriyet Caddesi 117. ☎ 25-30. Un luxe pas trop tapageur. Un peu plus cher que le Cem. Toutes les chambres avec douche et toilettes. Bon service.
■ *Dinç Pansiyon :* Kumbahçe Mahallesi, Cumhuriyet Caddesi 23. ☎ 11-41. Moins cher que l'Artemis, moins classe aussi. Très bien quand même. Douche et w.-c. dans la chambre. Au bord de l'eau. Petit déjeuner inclus.
■ *Hôtel Domino :* Asarlik Mevkii-Gümbet. ☎ 27-51. A 3 km du centre de Bodrum. L'hôtel, tenu par des Français, que vous attendiez tous.
■ *Pension Murat :* Atatürk Caddesi. En descendant de la gare routière, à 30 m. Propre. Pratique. Il est très confortable et... agréable pour les petits Français que vous êtes. Pour changer des pensions allemandes.

Encore plus chic

■ *Monastir Hotel :* Bariş Sitesi Mevkii Kumbahçe Mahallesi. ☎ 28-54 ou 28-58. Sur une colline surplombant la baie. Superbe hôtel dont l'architecture se fond parfaitement dans le site. Dédale de couloirs et de patios qui mènent aux chambres, à la piscine, à la salle à manger. Chambres superbes, décorées avec sobriété et goût. Balcon avec vue sur la baie. Petit déjeuner excellent à volonté. Une adresse de rêve pour les routards de luxe. Accueil pourtant négligé.
■ *Bodrum Maya :* Gerence Sokak 32. ☎ 47-41. Dans une rue perpendiculaire au port, et juste à côté de ce dernier. Établissement très agréable dans un jardin avec piscine et sauna. Les chambres sont très bien. Bon accueil.

Campings

■ Quelques campings à *Gümbet,* à 3 km de Bodrum. Pas géniaux.
■ Nombreux campings dans les villages de la péninsule. Notamment le camping Arriba, sur la plage de Gümüşlük.

Où manger ?

Nombreux restos longeant le port. Voici quelques bonnes adresses.
● *Körfez :* Neyzen Tevfik Caddesi, sur le port. Resto qui possède auprès des autochtones une bonne réputation. Les propriétaires y officient depuis 30 ans. Spécialités de poisson et de calmars. Les prix ont, hélas, tendance à augmenter. Encore abordable, mais vérifier l'addition. Terrasse agréable.
● *Sakali Köfteci* (à ne pas confondre avec le Sakkali Restaurant, à côté) : Sokak 3, dans une rue parallèle à Kale Caddesi. Pas loin de l'office du tourisme. Resto très connu des Turcs car c'est le moins cher de la ville. Attention, il est tout petit et peu signalé. Décor nu. Nourriture correcte. Fermé pendant la semaine de la fête du mouton.
● *Eylül :* sur la droite en remontant Cumhuriyet ou tout de suite à gauche en sortant de la rue piétonne. Un peu avant l'Artemis Pansiyon, en face de l'école, pas d'enseigne. Une gargote bien sympa servant des soupes et des plats tout simples. Quelques vieilles tables et chaises sur la terrasse avec plus de Turcs qu'ailleurs. Très bon poulet grillé. Ouvert jour et nuit. Assez incroyable.
■ *Palmiye Patisserie :* Belediye Meydani 10. Le long de la mer, près de la mosquée. La meilleure pâtisserie de la ville, de l'avis des connaisseurs. Excellents *baklavas*. La glace au caramel est un délice.

Où sortir ?

– *Halicarnasse :* une des plus belles discos de la côte turque. En plein air, face à la baie de Bodrum. Lasers et colonnes grecques. Assez réussi. Drague gentille qui sent bon l'ambre solaire. On y va plus pour le spectacle que pour danser.

Un peu d'histoire

Bodrum, c'est l'ancienne *Halicarnasse* d'où est originaire l'historien Hérodote. Patrie surtout d'un roi qui ne se doutait pas que son nom passerait à la postérité : Mausole (376 à 353 av. J.-C.). Il fit d'Halicarnasse un des plus grands ports de la Méditerranée. Quand il mourut, on lui construisit une sépulture tellement à la hauteur de l'émotion des gens qui l'aimaient qu'elle en devint une des Sept Merveilles du monde : le mausolée. Après avoir connu la vie agitée de la plupart des cités d'Asie Mineure, Halicarnasse reçut ses derniers touristes, les Romains, puis tomba en léthargie. Les croisés remirent un peu d'animation au début du XVᵉ s. Au passage, ils reconstruisirent la forteresse turque pour la grande joie des visiteurs d'aujourd'hui. Le mausolée, pour sa part, fut détruit par un tremblement de terre.

A voir

▸ Tout d'abord, arrêtez-vous un instant sur le *port* pour admirer les superbes goélettes de bois laqué qui se reposent. Les charpentiers de Bodrum sont de vrais artisans qui réalisent d'incroyables chefs-d'œuvre.
D'agréables terrasses de café permettent de prendre le soleil devant le port. Le *café Bodrum*, face à l'office du tourisme, avec ses petites tables de marbre et ses chaises de fer forgé, nous a bien plu.

▸ *Le château Saint-Pierre :* ouvert de 8 h 30 à 12 h et de 15 h à 19 h, sauf le lundi. En hiver, l'après-midi de 13 h à 17 h 30. Payant. Construit au XVᵉ siècle par les chevaliers de Rhodes et fort bien préservé. L'accès se fait par au moins cinq ou six portes dont certaines sont surmontées des armoiries des chevaliers. Non content de fournir les plus belles cartes postales de la ville, le château abrite aussi un intéressant *musée des Découvertes sous-marines*. Divisé en plusieurs sections où les objets sont très bien présentés. L'entrée principale mène à une allée bordée de colonnes tronquées avant de grimper les escaliers qui conduisent à l'enceinte proprement dite. Quelle surprise de découvrir, en passant le porche principal, un superbe jardin, style andalou, où batifolent des oiseaux multicolores. Plantes grasses et bosquets fleuris se donnent la réplique pour notre plus grand plaisir.
Le musée, disséminé dans différentes parties du château, est un vrai plaisir. Sur la droite, la *chapelle des Hospitaliers* (XVᵉ siècle) abrite un petit musée archéologique où des poteries et objets provenant de deux épaves de bateaux sont exposés. Ils auraient échoué aux XVIᵉ et XIIIᵉ siècles av. J.-C. ! En poursuivant sous un porche, une salle présente de nouveaux objets provenant d'autres épaves, échouées quelques siècles plus tard. L'un des bateaux transportait plus de 1 000 amphores. La salle suivante présente des objets de verre et des bijoux, récupération d'un autre naufrage datant du IXᵉ siècle.
En poursuivant ce petit jeu de piste, on parvient à plusieurs tours. Du sommet de la *tour de France,* vue grandiose sur la ville et la baie. Gagnez la *tour d'Angleterre* où une salle restitue le cadre de vie des chevaliers. Plus loin, la *salle des amphores,* protégée par une grille. Des dizaines d'amphores de toutes tailles et formes sont soigneusement disposées.

▸ *Marché* coloré les jeudi et vendredi, près de la station de bus.

▸ *Théâtre antique* à l'extérieur de la ville, sur la droite en direction de Gümbet. Parfaitement visible de la route, sur la droite. A remarquer les gradins supérieurs, directement taillés dans la roche.

▸ Pas de plage à Bodrum même. Seulement à quelques km.

▸ *Le mausolée de... Mausole,* près du centre, est bien en ruine. Et il est bien difficile aujourd'hui de l'imaginer. Ne vous fiez pas trop à la maquette...

▸ *Le hammam :* juste à côté du château. Délicieux. Il n'est cependant ouvert qu'aux routardes (!), le mercredi et le samedi après-midi. Tout mignon, très beau, très propre surtout. Massages pas désagréables.

Pour plonger

Plusieurs bateaux proposent des sorties à la journée, incluant le matériel complet, 2 plongées et un pique-nique. Bon marché. Penser à prendre son passeport de plongée.

Aux environs

N'hésitez pas à jouer à l'explorateur : aller admirer le *temple d'Apollon,* à Euromos (itinéraire indiqué), dans le triangle Priène, Milet, Didymes. Très peu connu des touristes...

Excursions en bateau

Attention, car les embarcations sont très souvent surchargées. Marchandez le tarif.

- *L'île de Karaada :* 30 mn de bateau environ. On y découvre une grotte où coule une source d'eau chaude sulfureuse (avant de prendre le bateau, bien se faire confirmer que l'on disposera de suffisamment de temps pour visiter cette grotte). Il faut être quatre ou cinq pour qu'un bateau consente à s'y rendre. Allez voir les pêcheurs sur le port. On peut se baigner dans la grotte.
- Des bateaux partent tous les matins depuis le port pour des excursions aux alentours (on part vers 9 h-10 h, on revient entre 17 h et 18 h). Prix raisonnables et balades agréables. Certains bateaux proposent le tour des plages. Les prix ont tendance à grimper.
- *L'île de Kôs :* aller-retour dans la journée. Plusieurs agences vendent ce tour. Taxe portuaire côté grec. Départ quotidien vers 9 h 30, retour à 17 h. Traversée en 1 h 30. Sympa mais assez cher. Parfois un bateau grec est ancré dans le port. Il va à Kôs. Renseignez-vous.
- *Ferry vers Marmaris :* 1 départ par jour, normalement en fin d'après-midi. Durée : 3 h. Pour les billets, renseignements à l'office du tourisme.
- *Ferry pour Datça :* petit port plein de charme situé au bout de la presqu'île de Marmaris. En été, 2 liaisons quotidiennes, le matin et l'après-midi. Environ 2 h de traversée. Plusieurs agences vendent les billets.
- Depuis Datça on peut aussi prendre un minibus pour le site archéologique de *Knidos.* Certaines agences vendent d'ailleurs l'excursion aller-retour depuis Bodrum. Mais on ne le conseille pas. Il est plus facile de se rendre à Datça depuis Marmaris, surtout si on veut y séjourner quelques jours.

Quitter Bodrum

L'otogar est situé sur Cevat Şakir, à 10 mn à pied du port. Consignes à bagages. Vérifiez bien que les bus ne se transforment pas en horribles carrosses... une fois le ticket payé.

- *Vers Kuşadası :* au moins 5 départs par jour. Evitez la compagnie *Hakiki Koç.*
- *Vers Marmaris :* environ 6 ou 7 liaisons quotidiennes.
- *Vers Antalya :* 1 bus par jour, le matin.
- *Vers Mersin-Adana :* 1 bus le soir.
- *Vers Istanbul et Ankara :* 4 ou 5 bus, surtout le soir (bus de nuit).
- *Vers Izmir :* bus toutes les heures, de 6 h à 18 h.
- *Vers Pamukkale :* 5 à 6 départs quotidiens.

LA PÉNINSULE DE BODRUM

Elle était absolument superbe. Mais ne vous faites pas d'illusions, le mal gagne. Par endroits, notamment sur la côte sud de la péninsule, d'horribles cubes de béton recouvrent des collines entières. Même les promoteurs espagnols au temps du « regretté » Franco n'ont jamais osé en faire autant. Certains Turcs sont en train de dévaster cette superbe côte. On aimerait bien savoir comment se déroule l'obtention des permis de construire... La côte nord est la moins gangrenée par le tourisme.

Pour vous, cher lecteur, voici encore quelques petits villages croquignolets, en bord de mer, pas encore dévorés par le tourisme de masse.

Tous ces villages sont reliés par des dolmuş qui partent de Bodrum. Le plus simple et le plus agréable est toutefois de louer une mobylette sur le port de Bodrum, près de la mosquée.

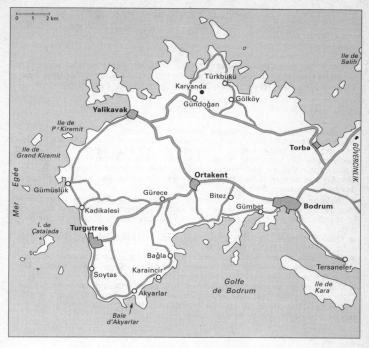

La péninsule de Bodrum

GÖLKÖY

A 16 km de Bodrum. Prendre la route du nord vers Izmir, puis tourner à gauche à 3 km, en direction de Yalikavak. Pas de grands hôtels mais plusieurs petites pensions face à la mer. La route le long de la plage n'est pas encore goudronnée, ce qui est bon signe. Une épicerie et une pharmacie à l'entrée du village.

Où dormir ?

■ *Kaktus Motel :* au bord de l'eau. ☎ 96. Bungalows individuels assez laids mais corrects. Douches à l'extérieur. Un des moins chers.
■ *Mandalya Motel :* ☎ 51-20. Plus cher que le précédent mais le meilleur rapport qualité-prix dans sa catégorie. Salle de bains privée avec douche et eau chaude. Chaque chambre dispose d'une terrasse fleurie. Petit resto.
■ *Daphnis Hotel :* ☎ 88. Même prix que le Mandalya mais les chambres sont moins bien même si elles possèdent une petite terrasse face à la mer. Moustiquaire aux fenêtres. Resto ombragé par une jolie treille.
■ *Sahil Motel :* à l'entrée du village. Un peu plus cher mais un avantage : il donne directement sur la mer (pas de route à traverser). Douches dans les chambres. Resto. Jardin ombragé.

Où manger ?

● *Çağlayan Restaurant :* à l'entrée du village, sur la gauche. Le seul resto dont la terrasse est au bord de l'eau. Quelques petits bateaux de pêcheurs amarrés en face. Ombragé. Agréable. Cuisine sans prétention.

● *Orkide Bahçesi :* super pour prendre un thé, sous les arbres, avec la mer devant les mirettes.

ORTAKENT

A Yahşi Yali, faites escale au *Ünlü Motel*. ☎ 30-40. Petite pension quasiment les pieds dans l'eau. Pas chère, et pas de touristes. Tours en mer avec Aziz : départ à 10 h 30 et retour à 17 h 30. Bon, sinon Ortakent est sans intérêt.

GÜMÜŞLÜK

A l'extrême ouest de la péninsule (30 km de Bodrum).
Les autorités locales ont eu une bonne idée. Elles ont créé un parking à l'entrée du village. Les voitures sont interdites dans le village, ce qui lui laisse son authenticité. Un petit port encore tranquille même s'il commence à être fréquenté par quelques Allemands avisés. La baie est protégée par une île, Mindos. Le bras de mer se franchit à gué et permet d'y découvrir quelques ruines et des lapins hagards. Très fleuri.
■ *Sisypho Pansiyon :* tout au bout de la plage, sur la gauche en regardant la mer. Très calme et la moins chère mais toutes les chambres n'ont pas la vue sur la mer. De plus, elles sont minuscules et inconfortables. L'accueil est commercial.
■ *Ozak Pansiyon :* ☎ 30-37. Face à la plage. Plusieurs bâtiments neufs donnant sur un grand jardin. Restaurant.
■ *Gümüşlük Motel :* sur la mer, à 50 m du parking. Chambres avec balcons.
■ *Pension Flower of 68 :* 50 m avant l'entrée du village, sur la gauche. Terrasse donnant sur la mer. Pas chère du tout.
● Pour manger, un mini-supermarket et plusieurs restaurants au bord de l'eau. On a un faible pour le *Çisel Restaurant*, de loin le meilleur ; le must : le pain, quand il est tout chaud, bien gonflé, tout droit sorti du four... Le *Mindos* a la mer qui vient lécher les pieds de ses tables.

AKYARLAR

Le seul endroit de la côte sud pas encore abîmé par ces promoteurs avides, sans scrupule et sans talent. A 27 km de Bodrum. Petite plage protégée par une colline qui renferme la baie. Les flics, pas bêtes, ont la maison la mieux située face à la mer. Sinon, quelques petites pensions sans prétention comme la *Pansiyon Kilavuz* qui donne sur l'eau. Bref, un endroit que l'on aime bien. Pour combien de temps encore ?

GÜLLÜK (indicatif téléphonique : 61-37)

La superbe balade qui relie Bodrum à Marmaris propose quelques haltes agréables. A 35 km de Bodrum et à 10 km en retrait de la route vers Marmaris. Longtemps un de nos petits ports préférés, il est maintenant malheureusement défiguré, une fois de plus, par quelques promoteurs sans foi ni loi et les prix ont sérieusement grimpé.
Sur le quai, admirez les petits chantiers navals qui construisent de beaux bateaux en bois. De vrais artistes.

Où dormir ? Où camper ? Où manger ?

■ *Çamlik Motel Plaj :* prendre la route à gauche du port. C'est à quelques centaines de mètres, sous une pinède au bord de l'eau. Camping assez vieillot mais fort bien situé. Petits bungalows en tôle. Resto. Réfrigérateur. Assez cher. Peu de places.
■ *Pension Kaptan :* à droite du port cette fois, dans une petite rue qui grimpe. Très central. Chambres spacieuses. Vue sur le port. Endroit simple et agréable où l'on se sent bien. Excellent accueil.

■ *Meltem Pansiyon :* juste à côté de Ipek Pansiyon, qui est à éviter. ☎ 12-43. Belles chambres avec terrasse commune surplombant la mer. Petit déjeuner très copieux. Excellent accueil de la patronne qui parle l'allemand. Prix très raisonnables.

■ *Sertel Pansiyon :* vers le centre, elle est indiquée. Terrasse d'où la vue est magnifique. Simple et pas chère. Papy Sertel aime la musique turque à fond, à n'importe quelle heure...

■ *Pelit Pansiyon :* un peu plus loin que le camping, sur un promontoire. Comment résister à cette terrasse surplombant les flots bleus, à ces petites chambres simples et croquignolettes ? Nous n'y avons pas résisté et Pelit Pansiyon était devenu notre coup de cœur. Malheureusement, depuis quelque temps, l'arnaque sévit et l'addition est pleine de (vilaines) surprises. Vraiment dommage.

● Chouettes restos de poisson sur le port. Si vous avez la possibilité de cuisiner dans votre pension, achetez du poisson sur le port.

MARMARIS (indicatif téléphonique : 612)

Le troisième de la trilogie des ports à la mode après Kuşadası et Bodrum. Très touristique mais charmant. Ici, il y a moins d'unité architecturale qu'à Bodrum. Toutefois, la baie et le port, avec leurs montagnes se baignant par tous les temps, sont plus pittoresques. Vie nocturne trépidante en été. Le seul vrai plaisir qu'offre la ville se résume à la balade sympa dans les ruelles de la vieille ville. Un petit côté village grec pas désagréable.

Si la ville elle-même n'a pas trop souffert du développement touristique, en revanche, tout le littoral à proximité a payé le prix fort. Les environs de Marmaris ont été littéralement massacrés. On ne compte plus les hôtels pseudo-chic, les pensions montées à la va-vite, les campings concentrationnaires. On arrête là, vous nous prendriez pour des râleurs. Sur le plan historique et archéologique, Marmaris ne présente pas d'intérêt. A la limite au niveau sociologique... pour les routardes en quête de mariages fructueux.

Adresses utiles

- *Office du tourisme :* sur le port. ☎ 110-35. Ouvert de 8 h à 20 h tous les jours.
- Aucun problème de change. Certaines banques sur le port ouvrent jusqu'à 22 h l'été.
- *Poste :* dans le centre. Ouverte jusqu'à 20 h. Possibilité de change.
- *Hôpital :* sur la route de Datça. Un peu à l'extérieur de la ville. ☎ 11-029.
- *Otogar :* à 400 m du port environ.
- *Marché :* les jeudi et vendredi au bout du port.
- *Cinéma en plein air Sinema :* devant le Halici Motel. Évidemment pas pour les films (sauf les peplums égyptiens) mais pour l'ambiance.

Transports en ville

L'été, la municipalité a imaginé un moyen de transport assez original. Une sorte de plate-forme aménagée, tirée par un tracteur, transporte les touristes (et les autochtones) en direction de Turban (de l'autre côté du port). Quand on veut descendre, on agite la cloche. Un autre tracteur se dirige vers Günnücek. Pratique et sympa. D'autant que les hôtels, surtout les plus chic, peuvent être assez éloignés.

Où dormir ?

Beaucoup de petits hôtels moyens et assez chers. Rien de bien génial. Ils sont tous à 100 m les uns des autres.

■ Essayez donc de louer un appart à plusieurs. Un exemple : la *Nergis Pansiyon* à Gökova (Akyaka). ☎ 13-54. Trois appartements indépendants, équipés, surplombant des criques désertes...

Assez bon marché

■ **Interyouth Hostel :** Kemeralti Mahallesi, Iyiliktaş Mevkii. ☎ 16-432. Accrédité par les AJ. 72 lits. Cafétéria, jardin, coffre-fort et laverie. Excursions dans la région.

■ **Otel Pina :** Kordon Caddesi 6. ☎ 110-53. A 100 m de l'office du tourisme, sur le port. 21 chambres dont 7 avec douche et toilettes. En fait, seulement 5 chambres sont véritablement intéressantes, celles qui ont un balcon donnant sur le port. Assez bruyant. Les autres donnent sur des murs. Remarquez, c'est plus calme ! Propre et prix abordables.

■ **Acar Otel :** près de la statue d'Atatürk, sur le port. Certaines chambres avec douche. Moyennement tenues, mais celles donnant sur le port sont correctes.

■ **Koç Aile Pansiyon :** près de la statue d'Atatürk, dans une ruelle qui part du port. 8 chambres très simples mais acceptables. Prix moyens mais finalement assez élevés pour ce que c'est.

■ **Honeymoon Pansiyon :** dans une petite rue perpendiculaire à la mer, un peu après la statue d'Atatürk. Évitez les chambres donnant sur la ruelle, aucune luminosité. Préférez celles situées derrière. Assez bon rapport qualité-prix.

■ **Pension Duygu :** Sadi Tonbul, Hastane Yani n° 35. ☎ 16-615. En face de l'hôpital. Salle de bains avec baignoire. Très propre. Bon accueil.

■ **Pension Uysal :** Gültekin Uysal Hacioğlu Mehmet Sokak. ☎ 115-17. Pas cher. Cuisine à disposition. Terrasse. Démander la chambre du haut.

■ **Denys Pansiyon :** sur la place de l'otogar mais pas bruyant, les chambres, belles et spacieuses, donnant de l'autre côté. Sanitaires sur le palier corrects. Possibilité de cuisiner. Famille sympa.

– Si tout est complet, on conseille d'aller dans le « quartier du séisme ». Beaucoup de maisons neuves et plusieurs dizaines de pensions, reconstruites après le séisme de 1958. Le quartier est situé, en longeant le port, sur la droite en regardant la mer, et un peu en retrait du quai. Rien de folichon dans ce secteur mais les prix des pensions sont plus contenus.

Prix moyens

■ **Hôtel Bulak :** Yeni Kordon 4. ☎ 11-265 ou 11-909. Les chambres donnant sur le port sont très bruyantes ; les autres ont vue sur le couloir. Bonne tenue générale. Mobilier neuf et aménagé de façon moderne. Lumineux et calme. Assez cher pour ce que c'est. Possibilité de négocier.

■ **Ömer Oflaz Oteli :** Bayar Güvercin Selimiye Köyü. Le rêve. En pleine nature, la route ne va pas plus loin. Ensemble de mignons petits bungalows ouverts sur la baie. Le prix, élevé, est tout à fait justifié.

Plus chic

■ **Hôtel Yavuz :** Atatürk Caddesi 10. ☎ 29-37. En face de la simili-plage de Marmaris, dans le centre. Un peu vieillot, mais on a le service d'un hôtel et toutes les chambres possèdent une salle de bains. Petit déjeuner compris. Prix assez élevés.

■ **Halici Motel :** Atatürk Caddesi, Cem Sokak 1. ☎ 16-83. A la sortie nord de la ville et à 2 mn de la mer. Jolie décoration intérieure. Des tapis partout. Salon oriental. Beaucoup de Scandinaves (ce n'est pas un reproche). Jardin superbe, grande piscine, bar en plein air. Très calme et central en même temps.

Campings

Les nombreux propriétaires de campings ont presque tous fait pousser un hôtel sur leur terrain. C'est plus rentable, paraît-il. Ceux qui restent sont entourés de cubes de béton...

■ **Berk Camping :** à 5 km de Marmaris vers l'ouest. Au niveau d'une fourche, c'est sur la gauche. Au bord de l'eau. Quelques orangers ombragent le terrain. Sol dur. 12 bungalows chers. Resto et bar. Plage mini-mini et nulle.

■ **Sükran Camping :** sur la même route que le précédent mais plus près de la ville. Très en bord de route. Bruyant.

Où manger ?

● **Birtat Restaurant :** sur le port, à droite de l'office du tourisme. Touristique en diable, mais déco sympa et poisson pas trop cher. Bons meze. Service attentionné.

● *Restaurant Moustache :* dans la ruelle parallèle à la partie nouvelle de la marina. Demandez. Agréable resto dans une courette abritée. Plats turcs traditionnels. Un peu plus loin, *Adam et Eve Café.* Sympa.

● *Zirve Patisserie :* Tepe Mahallesi, Gözpinar Sokak 16. Un endroit pour les gourmets. Salon de thé propret où l'on déguste d'exquises pâtisseries. Goûtez au *şöbiyet* (pâté à la pistache et à la crème), au *sultan* (roulé aux noix), aux nougats ainsi qu'aux gâteaux à la noix de coco, macarons... Petites tartes aux pommes délicieuses aussi. Ouverte jusqu'à minuit tous les jours.

● *Palme :* Tepe Mahallesi Gozpinar 16. Là aussi spécialités de viandes. Salle agréable. Meze copieux. On peut manger autour d'un barbecue aménagé au bar. Atmosphère chaleureuse. Côté kebab, on trouve toutes les spécialités : *adana* (épicé), *urfa* (nature), *beyti* (à l'ail)... Ouvert jusqu'à 4 h l'été. Apprécié des autochtones, mais prix assez élevés. Goûtez au *sigara böreği* (beignet au fromage frit).

● *Meat-House :* tout au bout de la partie nouvelle de la marina. L'extérieur paraît très chic et les serveurs compassés. Pourtant, la cuisine est bonne et les prix étonnamment bas. Tables avec nappes, serveurs en tenue. Goûtez à leur pain *(pide).* Meze très bien préparés et viandes de bonne qualité.

A voir

▸ La ville ne possède plus de monuments antiques. Seul le petit fort du XVIe siècle qui domine le port et un caravansérail rattachent la ville au passé. Belle vue sur la forêt de tuiles rouges et de mâts tout blancs. Un musée est en projet à l'intérieur.
Le bazar, où l'on parle facilement le français, est fermé de 14 h à 17 h.

Aux environs

▸ *Datça :* petit port agréable au milieu des pins à environ 70 km de Marmaris. Route difficile (2 h de trajet). Pour y aller, voir « Quitter Marmaris ».
Lieu de villégiature apprécié des Turcs. L'endroit se développe énormément depuis peu. Faites vite. Pensions bon marché. Éviter *Ali Pansiyon.* En revanche, la *Pansiyon Aşkin* (Iskele Mahallesi Balçikhisar Sokak 8, ☎ 14-06) est tenue par M. Şefik Aşkin, un plongeur émérite, qui organise des tours d'une journée dans les criques avec son bateau. Située au centre du village, à deux pas de la plage. Correct, à prix raisonnables. En face, si elle était complète, allez à la *Türk Pansiyon :* neuve, propre. Il y a des serviettes. Pour les routards plus fortunés, *hôtel Tropicana,* tout au bout de la marina, derrière le camping. Chambres avec vue sur la ville et la mer. Piscine et jardin ombragé. Excellent accueil. Le prix est justifié. On peut manger au *Akdeniz Restaurant,* à côté du parking des bus, vue sur le port. Accueil sympa mais la note est salée.
Une source d'eau chaude surplombant la plage près du camping est aménagée en piscine naturelle. Très agréable l'été. Quelques canards vous accompagnent. Possibilité d'aller de Datça à Bodrum en ferry-boat. Réservation au centre de Datça. Deux départs quotidiens mais le ferry ne peut contenir que 9 véhicules. Pour l'aller-retour dans la journée : départ à 9 h 30 ; retour à 19 h.

▸ *Cnide* (Knidos) : très bel endroit à la pointe extrême de la presqu'île. Promenades formidables à effectuer. La côte, très découpée, fourmille de criques. Ruines d'une cité antique qui connut son heure de gloire. La ville fut l'objet d'âpres rivalités entre Athènes et Sparte et devint bien sûr, comme beaucoup, romaine, puis byzantine. Les incursions navales arabes et les pillages mirent fin, au VIIIe siècle après J.-C., à l'activité de la cité. Eudoxe, l'un des plus célèbres astronomes de l'Antiquité, inventeur du cadran solaire horizontal, était originaire de Knidos, de même que Sostratos qui construisit le phare d'Alexandrie (l'une des Sept Merveilles du monde). Y aller en taxi (cher) ou en bateau.

▸ *Bozburun :* petit coin de paradis, beaucoup plus accessible en bateau qu'en voiture. Encore plus beau lorsque vous arrivez au clair de lune. Mérite le détour pour éprouver le plaisir d'arrêter le temps quelques heures. Pour routard motorisé seulement. A partir de Marmaris, allez à Içmeler et prendre la piste en face de la poste (c'est indiqué). Au total, 10 km de route goudronnée puis 40 km de piste en bon état et à fortes sensations pour arriver à Bozburun, en ayant traversé quelques villages retirés du monde. Pour y aller, 3 dolmuş par jour depuis

Marmaris. Allez-y avant que le goudronnage de la piste ne laisse passer les cars.

■ *Motel Paradise :* sur le port. Chambres propres avec de bons matelas et équipées contre les moustiques. Nourriture correcte.

■ *Aphrodite Hotel :* à 10 minutes du centre. Demandez à M. Ramazan au premier resto sur la droite en arrivant sur le port, le propriétaire, de vous y conduire. Chambres fastueuses, breakfast à volonté, transports gratuits... Le paradis est-il ainsi moral ?

— *Bar Chez Nathalie :* on y parle le français. Grand choix de boissons. Possibilité de louer des kayaks.

● *Restaurant Osman's :* sur la place du port. Accueil chaleureux. Nourriture traditionnelle. Terrasse ombragée. Il y a aussi quatre chambres à l'étage.

▶ *Köyceğiz :* nombreux dolmuş pour ce lac enchanteur perdu au milieu des plantations d'agrumes. Complètement méconnu. Dépêchez-vous. Demandez bien à être arrêté dans le centre de la petite ville.

Excursions en bateau

– *Ferry pour Rhodes :* tous les jours, sauf le dimanche, à 9 h et à 16 h (normalement). Moins de 4 h de traversée. Achetez vos billets la veille du départ. Trois agences, situées près de l'office du tourisme, les vendent : *Yeşil Marmaris.* ☎ 11-559 ; *Anadolutour.* ☎ 13-514 ; *Eğintur.* ☎ 11-082. Prix identiques. Taxe portuaire dans le sens Rhodes-Marmaris. Traversée très chère avec une voiture.

■ *Excursion d'un jour vers Kaunos :* nombreux bateaux de pêcheurs qui vous emmènent depuis le port vers 9 h directement au site archéologique de Kaunos: Le prix inclut souvent un repas au resto près du site. Bon, 4 h de trajet, c'est long et fatigant. On ne vous conseille pas cette excursion. De plus, c'est cher. Il est préférable d'y aller en bus (voir « Quitter Marmaris »).

– *Le tour des plages :* prenez un bateau de pêcheur le matin sur le port. Il vous emmène pour la journée vers *Cennet Ada* puis vers *Turunç Ada,* et encore une autre plage. Ces plages, malgré leurs noms, ne sont pas sur des îles. Elles portent ces noms parce que, autrefois, en l'absence de route, on ne pouvait les atteindre que par bateau. Ce sont les plus belles plages des environs. Apportez votre casse-croûte. Sites sauvages et eaux cristallines. Commencent à être envahies par les Allemands.

– *Bateau pour Antalya et Mersin :* avec la *Turkish Maritime Lines* qui part d'Istanbul. 3 fois par mois de juin à août.

– *Plongée sous-marine :* allez sur le port, vous aurez le choix entre plusieurs bateaux, assez bien équipés. Le *Dolphin* organise des sorties d'une journée, incluant le matériel, les 2 plongées et le pique-nique. Pas trop cher. Pensez à prendre votre passeport de plongée.

Quitter Marmaris

Plutôt que de se rendre directement à l'otogar, aller au *booking office,* tout au début de la marina et près de la statue d'Atatürk. Toutes les compagnies de bus y possèdent des bureaux. Y acheter ses billets. Des minibus conduisent à l'otogar gratuitement. La compagnie Varan a son bureau un peu plus loin sur le port (à droite en regardant la mer).

— *Vers Istanbul et Ankara :* plusieurs départs par jour.

— *Vers Izmir :* 6 ou 7 départs au moins. 5 h de trajet.

— *Vers la Cappadoce :* 3 ou 4 bus par jour vers Konya, puis correspondance ; ou alors deux bus quotidiens tous les soirs par les compagnies Nevtur et Göreme.

— *Vers Bodrum :* bus toutes les 2 h environ. 3 h de trajet.

— *Vers Pamukkale :* aller vers Denizli puis changer. Nombreux bus. Durée : de 4 à 5 h.

— *Vers Kaş et Antalya :* 2 ou 3 bus quotidiens. Pour Alanya, changer à Antalya.

— *Vers Datça :* depuis l'otogar, 7 ou 8 bus par jour. Route mauvaise. Compter 2 h. D'autres bus y vont également, arrivant d'ailleurs. On peut les prendre s'il y a de la place. Depuis Datça, on peut se rendre au site de *Knidos,* à l'extrême

pointe de la presqu'île. Chaussée non asphaltée. Trois solutions pour y aller : le stop, le tour organisé, le taxi (à prendre en groupe). Trajet pénible.
— *Vers Bozburun :* 3 départs par jour : le matin, vers midi et en début d'après-midi. Durée : 2 h.
— *Vers Kaunos :* prendre n'importe quel bus qui se dirige vers le sud-est (vers Fethiye). Descendre à Ortaca puis prendre un dolmuş vers Dalyan. Sur le petit port, un bateau de pêcheur mène au site en 15 mn. Superbe. Toute la région est protégée. Très peu d'hôtels. Tant mieux.

— LES VILLES DE L'INTÉRIEUR —

APHRODISIAS (indicatif téléphonique : 63-79)

Nous pesons nos mots : l'une des plus belles villes romaines de Turquie, dans un environnement très doux et bucolique. Dominées par les monts de Babadağ s'étendent de riches terres : forêts de pins et rangées de peupliers, vergers et champs de tabac. On trouve des bouts de colonnes utilisés dans la construction des maisons habitées, comme à Geyre, jusqu'en 1979. Venez tôt le matin découvrir seul ces ruines magiques.
Comme Pompéi, le site archéologique est particulièrement bien conservé grâce à une catastrophe naturelle. Des tremblements de terre au IVe siècle apr. J.-C. (comme encore au VIIe siècle) déversèrent l'eau d'un lac sur Aphrodisias. Des millions de m^3 de boue recouvrirent les monuments, les protégeant des vandales, pendant des siècles.

Comment y aller ?

— Minibus fréquents depuis Nazilli (1 h de trajet), dolmuş pour Karacasu (30 mn), puis dolmuş à nouveau jusqu'au site. Demandez au chauffeur l'heure de son passage au retour, car route peu fréquentée.
— Minibus depuis Kuyucak pour Karacasu, d'où l'on change pour Geyre (le village d'Aphrodisias).
— Depuis Selçuk, bus direct jusqu'à Karacasu, puis dolmuş pour Aphrodisias.
— Depuis Pamukkale, l'agence *Ephesus Tourism,* en face du Konak Sade Hotel, organise quotidiennement le voyage Pamukkale-Aphrodisias en minibus. Assez cher. Durée : 1 h 30.

Où dormir ? Où manger ?

■ *Chez Mestan :* au bout du village. On mange une cuisine saine et de qualité sur une terrasse ombragée. Mestan parle très bien le français. D'ailleurs son amie, Nicole, est française. Six chambres très propres dans une bâtisse ancienne avec tapis turcs et salle de bains privée. Ceux qui ont plus de moyens peuvent aller à l'hôtel qu'ils viennent de bâtir à 500 m du resto. Camping et projet de piscine. Vous y serez peut-être obligé : « Chez Meslan » est souvent bondé.
■ *Chez Bayar Pension Camping :* à 100 m de la nationale. Dans la rue du musée. Très bien. Un peu cher mais des réductions peuvent être accordées aux étudiants. Bon petit déjeuner. On peut aussi y camper.
■ *Bellevue Pension :* en face du site, de l'autre côté de la route. Vue imprenable sur le stade. 7 chambres avec douche. Propre et bon marché. Le neveu du patron, un « fan » de musique classique, parle bien le français. Malheureusement, deux ateliers de tissage, en contrebas, font un bruit pénible de 6 h à 22 h.
● *Anatolia Restaurant :* à 2 km du site. Resto récent. Propre et calme. Terrasse ombragée. Bonne cuisine. Pas cher. Fait aussi café et camping.

Dans les environs

● *Restorant-Esençay-camping Zihni Doyorum :* à mi-chemin entre Aphrodisias et Karacasu. Camping gratuit. Bien ombragé. Douches et w.-c. propres. Arrêt de bus. Repas délicieux et copieux au resto. Bon marché.

■ *Otogar Moteli :* à Karacasu (à 10 km environ d'Aphrodisias) : ☎ 13-18.
C'est en fait l'hôtel de l'otogar de Karacasu, étape idéale avant d'aller au site.
Assez propre. Prix dérisoires. Relativement facile, à partir d'Aphrodisias, d'y
aller en stop. L'accueil de Mehmet Ali est extraordinairement amical. Lui demander conseil pour un resto.
● Déjeuner au *Elmas Restaurant.* Dans un cadre de verdure, bonne nourriture
à prix corrects.

Un peu d'histoire

Depuis le VIIe siècle av. J.-C., la ville se consacrait au culte de la déesse de
l'Amour, Aphrodite, notre mère à tous. Mais c'est véritablement pendant la
période romaine qu'elle connut sa période faste, car c'était également une ville
libre ; César et Auguste avaient accordé un droit d'asile au temple d'Aphrodite.
Sous la domination de Byzance et pour éradiquer le culte païen, la ville prit le
nom de *Stavropolis* (la Ville de la Croix) et le temple fut transformé en église. A
la fin du XIIe siècle, l'invasion seldjoukide et les ravages de la guerre firent dispa-
raître la ville.

A voir

Gigantesque puzzle puisque la plupart des pierres originelles ont été réutilisées,
pour des emplois différents. Le site est ouvert de 8 h 30 à 18 h 30 (17 h 30 en
hiver). La restauration est parfaite.

▶ En empruntant le chemin à droite du musée, on tombe d'abord sur le *propy-*
lée (ou tétrapylon), porte richement décorée aux belles colonnes torsadées. La
restauration a fait apparaître des reliefs délirants et un entablement des plus
riches.

▶ *Le stade :* en continuant tout droit et en vous réservant les ruines à gauche
pour le retour, vous trouverez le stade probablement le mieux conservé de Turquie. De forme elliptique de telle sorte que tout le monde puisse voir, il mesurait
262 m de long sur 59 m de large, et pouvait contenir jusqu'à 30 000 spectateurs. Il servit de bastion de défense, intégré aux fortifications, qui sont d'ailleurs encore visibles.

▶ En passant l'école de Philosophie, on atteint le *temple d'Aphrodite :*
construit au Ier siècle avant J.-C., sous Auguste, et transformé en église au Ve
siècle après J.-C., par les Byzantins. Sur les 40 colonnes qui entouraient le
temple à peine la moitié sont encore debout. La chasse est ouverte... Notez le
morceau d'abside qui subsiste. Pour mieux l'imaginer, éviter de trop voir les
tombes byzantines à l'intérieur...

▶ *L'odéon :* plus au sud. Adorable petit édifice, dans un état de conservation
impeccable. Sa taille lui confère une certaine intimité qui fait tout son charme. A
côté, les ruines du palais que l'évêque fit ériger d'après la demeure du gouverneur, quand Aphrodisias devint chrétienne. Suivez le portique pour atteindre,
vers le sud toujours, la colonnade nord de l'agora.

▶ *L'agora :* vous y êtes. Deux longs portiques de 200 m, de style ionique. La
date d'exécution (Ier siècle avant J.-C. ou IVe siècle après) pose des problèmes
pour la restauration et explique le peu d'avancement des travaux : avis aux amateurs. La porte de l'Agora fut transformée au IVe siècle après J.-C. en nymphée
pour essayer de contenir les inondations provoquées par les tremblements de
terre.

▶ *Les thermes d'Hadrien :* en face du portique de Tibère, magnifiques, notamment les nombreuses consoles en forme de têtes colossales (Minotaure, Héra-
klès...) que vous pourriez admirer à... Istanbul. Observez bien les différentes parties que l'on distingue aisément : avant-cour pavée de marbre, *frigidarium* (la
chambre froide), *tepidarium* (tiède), *caldarium* (chaud)...

▶ *Le théâtre :* récemment dégagé (il était couvert d'habitations !). L'ensemble
des gradins est quasiment complet, soit 10 000 places. Scène et orchestre en
bon état aussi, malgré les utilisations postérieures par les Byzantins (pour une
citadelle...). Abondance de sculptures mises au jour. Construit au Ier siècle avant
J.-C., la scène fut adaptée au IIe siècle après J.-C. pour les combats de gladia-
teurs et d'animaux. A côté, ruines des bains du théâtre, très vastes (voir la salle
impériale, vous devriez la trouver sans trop de problèmes...).

▶ En vous dirigeant vers le musée, *le Sébasteion :* l'un des portiques les plus intéressants du bassin méditerranéen, voué au culte de l'empereur Auguste (alias Sebaste). Remarquez la personnification des divers peuples conquis par César.

▶ *Le musée* (il faut encore payer !) : à faire plutôt dans le sens inverse des aiguilles d'une montre à partir de la droite du hall d'entrée. Relativement petit et bien agencé, il contient les découvertes faites sur le site, depuis les objets de l'âge de bronze, en passant par la période archaïque (Ve siècle avant J.-C.) jusqu'aux splendides sculptures des époques romaine et byzantine. Aphrodisias abrita d'ailleurs une école de sculpture renommée (les carrières de marbre, à l'est de la cité, donnaient une matière première exceptionnelle). Notez particulièrement la belle frise de Zoilos, une tête d'Apollon très élégante, les sarcophages, une remarquable statue de la Victoire dansant...

▶ Les *anciennes fortifications* sont en cours de dégagement. Elles ont été érigées en 260 après J.-C., pour faire face aux invasions gothiques en Anatolie occidentale. Des 3,5 km d'enceinte, il subsiste notamment les ruines de quatre portes d'entrée de la ville, à découvrir lors de vos flâneries champêtres.

Quitter Aphrodisias

— Un bus quotidien, le matin, pour Selçuk et Izmir.

Vers Denizli

Jolie route d'Aphrodisias à Denizli mais pas de ligne régulière de bus. En chemin, Tavas, grosse bourgade pittoresque perchée sur une colline, avec un grand nombre de mosquées miniatures très colorées.

DENIZLI (indicatif téléphonique : 621)

Grande ville moderne sans charme, mais ne lui jetez pas la pierre, les tremblements de terre ne l'ont guère épargnée. C'est avant tout une ville carrefour pour se rendre à Pamukkale, à 20 km. C'est peut-être justement à Denizli que vous vous reposerez, Pamukkale affichant souvent complet.

Adresses utiles

- *Office du tourisme :* sous la gare des trains, située à 200 m de la gare des bus, dans la même rue. ☎ 13-532.
- *La gare des trains* et l'*otogar* sont à proximité l'une de l'autre sur la grande route d'Izmir.

Où dormir ?

■ *Denizli Pansiyon :* Deliktaş Mahallesi Sokak 1993/14. ☎ 18-738. Tenue par un petit homme tout en gentillesse et en énergie. Petite maison à 1,5 km de l'otogar. Téléphonez, on viendra vous chercher en voiture. Le nom de la pension sera indiqué sur le pare-brise. N'hésitez pas à appeler, même très tard. On vous loge dans une maison agréable, très calme, avec un minuscule jardin. 13 chambres en tout, dont 8 avec douche et toilettes. Prix très honnêtes. On y mange une très bonne cuisine turque. Une bonne adresse, pas corrompue au mercantilisme touristique. Le patron vous montrera aussi son petit magasin de tapis. Il se mettra en quatre pour vous satisfaire. Il peut également vous emmener à Aphrodisias avec son minibus. Il vous attend pendant la visite. Prix soigneusement étudiés.
Son fils a ouvert une autre pension juste en face. Également une bonne adresse.
■ *White House :* à 20 m de Denizli Pansiyon. ☎ 47-480. Le propriétaire de cette belle maison est accueillant et plein d'attention pour ses clients.

■ *Filiz Pansiyon Otel :* Acipayam Karayolu Üzeri 53. ☎ 45-558. Une adresse nouvelle. Essayez donc de comparer...

Où manger ?

● *Çınar Lokantasi :* sur la place Delikli Çınar, au début de Lise Caddesi. Rendez-vous des soldats. Propose des *lahmacuns* (pide garnie de viande, tomates, épices) préparées devant vous et cuites au feu de bois. Très bon marché et excellent.

A voir

Si vous avez le temps, visitez le *vieux bazar* enserré dans des murailles. Très coloré et animé. Pas du tout pour les touristes. En particulier, arpentez les rues du cuivre où l'on peut admirer les artisans à l'œuvre. Petit *musée archéologique et ethnographique* pour ceux qui ont décidé de tous les faire. Presque en face de la gare.

Quitter Denizli

— En bus

Denizli est une véritable plaque tournante.
● *Vers Pamukkale :* prendre les bus locaux *Belediye Otobüsü,* depuis la place Çınar Meydani, ou tout le long de la rue Enverpaşa Caddesi ou encore juste à l'extérieur de l'otogar. Bus environ toutes les 45 mn, de 7 h 30 à 22 h 30.
● *Vers Aphrodisias :* l'été, les compagnies *Pamukkale* ou *Köseoğlu* proposent des bus directs depuis Pamukkale. Depuis Denizli, prendre un bus vers Izmir avec une des nombreuses compagnies (bus toutes les 30 mn). Descendre à Nazilli, puis dolmuş jusqu'à Aphrodisias.
● *Vers Izmir :* bus toutes les 30 mn. Durée : 4 h.
● *Vers Fethiye :* environ 5 départs par jour avec *Pamukkale* et 3 avec *Köseoğlu.*
● *Vers Eğridir :* prendre un des nombreux bus allant vers Konya.
● *Vers Antalya :* très nombreuses liaisons quotidiennes. 5 h de trajet.
● *Vers Istanbul et Ankara :* 2 départs au moins le matin puis toutes les heures de l'après-midi. Il est préférable de prendre un bus de nuit. Pour Istanbul : 10 h de trajet. Pour Ankara : 7 h. A noter, la compagnie *Pamukkale* propose un bus non-fumeur pour Istanbul à 22 h 30 et pour Ankara à 0 h 30. On les félicite.
● *Vers Bursa :* bus de nuit. Compter 8 h de voyage.
● *Vers Konya :* départs fréquents. 7 h de trajet.
● *Vers Selçuk :* départs toutes les heures. Durée : 3 h.

— Par le train

● *Vers Istanbul :* 1 train de nuit à 19 h. Durée : 16 h. Heure à confirmer, ça peut changer.
● *Vers Izmir :* 3 trains par jour : un au petit matin, un dans la matinée, un dernier l'après-midi.

— En dolmuş

● *Vers Pamukkale :* nombreux dolmuş à partir de l'otogar.
Pour les nostalgiques et autres férus d'histoire, faire un tour à Laodicée du Lycum, l'une des Sept Églises de l'Apocalypse de saint Jean. 8 km vers Pamukkale. Désolation et essence de richesses passées.

PAMUKKALE (indicatif téléphonique : 62-18)

A une vingtaine de kilomètres de Denizli, Pamukkale, c'est « le château de Coton », l'un des sites les plus étonnants de Turquie. Dévalant d'une haute falaise, des sources chaudes entre 30 et 50°C chargées de sels calcaires ont, depuis des milliers d'années, modelé, taraudé la montagne d'une cascade de formes étranges, fossilisées, d'une blancheur éblouissante. Les vasques superbes prennent des couleurs irréelles le soir venu. La roche porte le nom de travertin.

Malheureusement, le site n'est pas du tout protégé et les hôtels de la région ont tous creusé des piscines pour recueillir l'eau des sources chaudes. Résultat : les vasques sont souvent à sec et la magie a disparu. Les taches commencent à recouvrir comme d'une lèpre la blancheur d'hier. La végétation meurt sous les pas des touristes, au milieu des détritus de toute sorte. A force de tirer chacun la couverture à soi, les hôtels se retrouveront un jour sans clients, quand il n'y aura plus rien à voir. Ce n'est pas demain la veille, remarquez ! Aujourd'hui, des hordes de touristes défilent tout l'été. Même si le site en a pris un coup, c'est encore magnifique. Dépêchez-vous quand même !

Pamukkale, c'est aussi la cité antique de Hiérapolis fondée en 190 av. J.-C. par un roi de Pergame, avec une nécropole assez étonnante, composée de centaines de tombes. Un Père-Lachaise deux fois millénaire, rendu à la nature. D'ailleurs, saint Philippe, l'apôtre, y a encore ses vieux os. D'où le foisonnement d'églises... non encore fouillées. Pamukkale, c'est enfin un vin magnifique, surtout le rouge.

Topographie des lieux

La route passe d'abord par le village de *Pamukkale Köyü,* sur la gauche de la chaussée, au pied d'une colline où se trouve le site. C'est là qu'on trouve la plupart des hôtels et toutes les pensions bon marché, qui le sont de moins en moins, d'ailleurs. A 1,5 km en poursuivant la route, on découvre la paroi la plus belle, où dévalent les superbes vasques, comme une cascade de baignoires inventées par un dieu farceur. Les visiteurs s'amusent moins quand ils aperçoivent un péage à l'entrée du site. Conserver son ticket et le présenter à chaque passage.

Autour de la falaise, des hôtels de luxe avec leurs piscines immenses. C'est aussi là que les ruines archéologiques, le théâtre antique et le musée se situent. En poursuivant la route, on atteint la nécropole et, à 3 km, le petit village de Karahayit, moins touristique que Pamukkale. Les meilleurs campings sont là.

Si vous arrivez en dolmuş, n'hésitez pas à le faire stopper au village de Pamukkale sinon vous vous retrouverez au haut et vous devrez redescendre à pied. L'été et les week-ends, la plupart des hôtels sympa sont complets. Attention aux contraventions : services de police très efficaces.

Adresses utiles

- *Office du tourisme :* dans la ville haute. Ouvert tous les jours de 8 h à 12 h et de 13 h 30 à 18 h.
- Au moins trois *banques*, ouvertes même le dimanche (de 12 h à 20 h). Bureau de change à la poste et plusieurs changes mobiles dans le site.
- *Piscine du Pamukkale Motel :* en haut de la falaise, à côté des ruines du théâtre. La piscine de ce motel est ouverte à tous de 10 h à 16 h pour un prix modeste. Les colonnes, les arches et les chapiteaux qui l'entouraient sont tombés dedans (probablement à la suite d'un tremblement de terre). L'eau au débouché de la source est à 37°C. Baignade assez fabuleuse mais l'entretien des installations laisse un peu à désirer. Attention.
- *Piscine municipale :* crasse, eau glauque... et plus. N'y allez pas.

Où dormir ?

Chaque maison est devenue une pension. Les hôtels pullulent et se multiplient sans arrêt. Se méfier de ceux qui annoncent piscine. Il s'agit souvent d'un petit bassin où croupit une eau sale. Pas de système de filtrage, en général. Les prix flambent et les hôteliers se croient tout permis ! Dès l'otogar, vous devriez comprendre. Voici quelques adresses tout de même. Ne pas rester plus d'une nuit.

Dans le village de Pamukkale

■ **Pansiyon Anatolia :** en bas du village (descendez la rue du Konak Sade Otel). ☎ 10-54 ou 10-85. A 300 m du centre. Chambres claires et fraîches en été. Demandez une chambre devant la piscine. Il faut arriver le matin. Toilettes et douche personnelles. On peut aussi y manger (sous une treille). Dernier avantage, le patron fait arrêter le dolmuş de Denizli devant la pension. En tout, 36 chambres disposées autour d'une piscine, pas toujours très propre. Le proprio est le prof d'anglais du village. Atmosphère agréable mais prix à la hausse. Bonne adresse.

■ **Pamukkale Otel :** 100 m à droite avant le village. Le patron et sa femme parlent un peu l'allemand et l'anglais. Maison neuve, propre et bien tenue. Cuisine traditionnelle. Bien se faire préciser les prix. Quelques chambres très correctes.

■ **Kervansaray Otel :** dans le village, à 150 m de la route. ☎ 12-09. Dans une maison plutôt récente et très bien tenue. 11 chambres avec douche. Petite piscine. Une chambre de trois, également, dans une charmante maison turque en face de l'hôtel. Le patron, pas très sympa, parle l'anglais. Belle vue depuis la terrasse. Une adresse que nous aimons bien.

■ **Holiday Pansiyon :** à côté de la mosquée. Dans le centre et au calme. Il est possible de dormir sur le toit pour vraiment pas cher, vu les prix pratiqués dans le coin. Accueil sympa. Très propre. Sanitaires neufs individuels pour ceux qui ont des chambres. Construit autour d'une piscine. Très bonne tenue générale.

■ **Motel Koray :** au bout du village. ☎ 12-20, 10-95 et 13-00. Propre. Chambres doubles à prix raisonnables. Impeccables. Piscine sympa. Bar en plein air. Ambiance familiale et très bon accueil. Deux restos : l'un à l'intérieur, et l'autre sur le toit.

■ **Halley Otel :** dans le village, derrière la mosquée. Chambres avec sanitaires privés. Propre. Petit déjeuner sur le toit avec vue sur les châteaux de coton. Bon marché.

■ **Aspava Pansiyon :** sortir du centre dans la direction opposée à celle du site. Chambres claires avec douche, très propres. Petit prix. Resto où l'on peut manger à toute heure.

■ **Öztürk Pansiyon :** ☎ 11-16. Chambres avec sanitaires très propres. Bonne cuisine et bon accueil de la patronne et de ses quatre filles. Elles ont une piscine, comme tout le monde.

■ **Rose Pansiyon :** située à côté de l'arrêt d'autobus. ☎ 12-05. Très bon marché. Accueil sincère, chaleureux et non surfait. Le meilleur panorama de tout le village.

■ **Emre Otel :** en plein centre. Tout neuf, tout beau, tout propre. Il faut espérer que cela durera, car les prix sont, de plus, très compétitifs.

Plus chic

■ **Motel Mustafa :** au début de la rue principale du village, sur la gauche. ☎ 12-40. Pension proposant la demi-pension à prix très honnête comparé aux autres. Toutes les chambres avec douche et toilettes.

■ **Konak Sade Otel :** dans le village. Une ancienne bonne adresse dont on était fier, il y a peu de temps encore, mais les prix ont explosé. Ça frise l'escroquerie. On espère d'ailleurs que le proprio a retiré le routard qu'il affichait à l'entrée. Il nous fait honte.

Bien plus chic, sur la falaise

■ **Pamukkale Motel :** en haut de la falaise, à côté des ruines du théâtre. Si l'architecture n'est pas géniale, en revanche l'intérieur est très agréable. Patio ombragé. Pratique des prix très abordables hors saison. Et chambres fraîches en saison. Piscine absolument extraordinaire (voir « Adresses utiles »).

■ **Mis-Tur :** à gauche, à la sortie de Pamukkale, vers Karahayit. A la lisière de la nécropole, surplombant la vallée. D'un luxe pas trop tapageur. Les bungalows (pièges à chaleur en été) sont de curieuses bulles toutes blanches. Calme. Literie impeccable. Jardin fleuri et immense piscine à 36°C. Fait camping. En revanche, le resto est trop cher.

■ **Motel Koru :** en haut de la falaise, en allant vers Karahayit. ☎ 14-29. Un complexe de 132 chambres aux trois piscines dont une couverte, mais pas forcément pleines... Une magnifique réalisation, et certainement l'hôtel le mieux tenu de Pamukkale. Deux bars. Un restaurant servant le soir un buffet pantagruélique. Très beaux jardins. Seul inconvénient : envahi par les tours organisés qui y font étape le soir. Ceci explique peut-être la pauvreté des petits déjeuners.

Campings

■ **Villa Dolleus Camping :** à l'entrée du village de Karahayit, prendre le petit chemin sur la gauche, sur 1 km. Camping tout récent tenu par un couple charmant malgré les barbelés. La patronne est turque mais a vécu 20 ans en Allemagne. Des écarts se produisent de plus en plus souvent, néanmoins, concernant les tarifs. Il n'y a pas encore beaucoup d'ombre sur le terrain. Salle de bains avec eau chaude, toilettes en nombre suffisant. Grande piscine et plusieurs autres bains naturels dont un à 54 °C. Le problème est que les coupures d'eau paraissent fréquentes. Possibilité de laver son linge. Réfrigérateur. C'est la patronne qui cuisine et on mange tous ensemble. Prix honnêtes. Pour éviter les surprises, demandez si le prix est exprimé en marks ou en livres...

■ **Kirmizi Su Camp :** à la sortie du village de Karahayit. A 3 km de la falaise. Après la nécropole. Pour les motorisés. Dans un vieux village typique. Terrasse. Prix par personne et par voiture. Salon oriental plein de tapis. Resto correct mais un peu cher. Une curiosité : une falaise miniature de toutes les couleurs, d'où l'eau sort à 65 °C, attire un monde fou. Piscine, hammam, etc. 3 chambres aussi. Prix honnêtes mais sanitaires insuffisants : une seule douche extérieure, w.-c médiocres.

■ **Yildiz Pansiyon et camping :** dans le village de Karahayit, sur la gauche, à l'entrée. ☎ 12-33. 15 chambres genre motel. Toutes les chambres avec douche. Grand espace dégagé pour camper, mais sans ombre. Petite piscine pas géniale.

■ **Çam Tur camping restaurant :** Pamukkale Yolu Yeni Köy. ☎ 11-10. Très ombragé. Propre. La source, qui alimente nuit et jour la piscine, roucoule non-chalamment... comme d'autres.

■ **Le motel Bel-Tes** (sur la falaise) possède un petit bout de terrain où l'on peut camper. Pas génial mais pas cher.

■ Quelques pensions proposent un bout de terrain aux campeurs.

■ **Hôtel Dört Mevsim :** en venant de Denizli, à 500 m du centre. ☎ 10-09. Mignon avec son jardin de roses. Les propriétaires vous emmèneront hors des sentiers battus. Prix corrects pour des prestations... agréables.

A Karahayit

■ **Haydar Kurt Pansiyon :** dans le village. Sur la gauche de la rue principale en arrivant. ☎ 12-16. Genre petit motel. Calme et sympa. Les 15 chambres disposent d'un petit bain privé avec un circuit direct sur la source. Les dépôts de couleur qui sont dans les bains sont naturels.

Où manger ?

Pour être certain de manger de la nourriture convenable, préférez les restaurants d'hôtels. Les autres ne sont pas fantastiques.

● **Blue Peace :** à l'entrée du village, sur la droite. Resto en terrasse face à la falaise. Bonne cuisine, assez copieuse.

● **Hôtel Koru :** le resto de l'hôtel possède une bonne réputation et ses prix sont justes. Bonnes viandes et soupes. Le soir, étonnant buffet à profusion, à un prix défiant toute concurrence.

● **Motel Mustafa :** à Pamukkale Köyü (dans le village). Cuisine familiale réussie. Copieux.

● **Restaurant Gürsoy :** dans la rue principale du village. Très bon rapport qualité-prix dans un cadre agréable.

A voir

Pamukkale, la *Hiérapolis* romaine, ne possède pas seulement une beauté naturelle à couper le souffle mais également des ruines magnifiques. Entrée gratuite. Les riches Romains qui avaient bon goût ne pouvaient pas laisser passer un tel site sans y construire quelque chose. De plus, ils avaient l'occasion d'y soigner directement leur GDB, goutte et autres afflictions...

Éviter toutefois le moment où le soleil est au zénith car la réverbération sur la roche blanche rend la balade assez pénible. Le soir, au soleil couchant, les vasques se couvrent d'or liquide. A ne pas manquer pour ceux qui passent une nuit à Pamukkale.

▶ *Les vasques*

On les aperçoit depuis la grande montée vers la falaise. Superbes et étincelantes. Avec de la chance, les vasques seront pleines lors de votre passage.
— Possibilité de se baigner à la piscine municipale, *Belediye Tesisleri*, en face du motel Bel-Tes. Bien sûr, ça n'a pas le charme des vasques. Presque toutes les pensions possèdent une piscine d'eau chaude.

▶ *Le site archéologique*

La renommée de Pamukkale prend sa source au plus profond de l'histoire ancienne. Ici affluaient les malades venant soigner les maux les plus divers. La ville elle-même est fondée au IIᵉ siècle av. J.-C. Elle connaît de très nombreux séismes qui la ravagent régulièrement, surtout au début de notre ère. L'apôtre Philippe vient y faire son catéchisme, ce qui ne lui réussit guère puisqu'il est crucifié, comme Jésus. Sous la domination byzantine, on élève une cathédrale. Les Turcs appellent la ville *Pamukkale*, « le château de Coton ».

— *Les thermes :* juste en haut de la montée, sur la droite. Ils datent du IIᵉ siècle. Ces deux grandes salles voûtées ont été transformées en musée. Ouvert de 9 h à 12 h et de 13 h 30 à 17 h. Dans la première salle, belles statues dont un Triton de la période romaine, monument funéraire, sarcophages en terre cuite, statues intéressantes provenant de sites archéologiques voisins. La seconde salle possède des objets miniatures trouvés dans les ruines, des bijoux, collection de pièces de monnaie. Belles boucles d'oreilles. Derrière le musée, vestiges d'une *basilique* du VIᵉ siècle, quand la ville devint chrétienne, ainsi qu'un *nymphée* (fontaine monumentale). Un grand escalier menait au *temple d'Apollon,* patron de la ville.

— *Le théâtre :* très bien conservé. Il date de l'époque romaine. Beaux reliefs qui narrent les mythes de Dionysos, Apollon et Artémis. Vue étonnante depuis les gradins du haut.

— *Le martyrium de Saint-Philippe :* un peu plus loin que le théâtre. L'apôtre, qui vint ici vers l'an 87 porter la bonne parole, y fut crucifié (voir plus haut). Ce sanctuaire élevé à sa mémoire attira des milliers de pèlerins. Les historiens ne sont pas sûrs que le saint fut enterré ici. Après réflexion, on est plutôt d'accord avec cette thèse.

— *La nécropole :* l'un des atouts majeurs de Pamukkale. Sur la route de Karahayit, à 2 km, près de 1 000 tombes disséminées sur près de 1 km. Succession fascinante de tumulus, sarcophages, tombeaux à toiture à double pente et frontons, qui prennent le soir une belle couleur dorée. L'été, quelques chameaux font faire la visite. Autrefois, un petit chemin traversait la nécropole. Aujourd'hui, c'est une route. Balade vraiment agréable. On peut ainsi poursuivre jusqu'au village de *Karahayit*. Vieilles maisons typiques. Au bout du village, des sources d'eau brûlante jaillissent de la terre en gros bouillonnements. L'eau coule sous forme d'une petite cascade pour donner des couleurs ocre, marron et jaune. Plusieurs pensions et campings possèdent des piscines d'eau chaude.

— Si vous désirez savoir comment font les artisans pour que le calcaire se dépose sur les bouteilles et les poteries, partez de la grand-place, puis descendez au petit village en prenant un chemin sur la droite qui plonge du haut de la falaise en suivant le cours d'un petit torrent.

Quitter Pamukkale

— *Vers Denizli :* bus ou dolmuş toute la journée. Dernier bus local à 23 h 15. De là, nombreuses connections pour toutes les grandes villes.
— *Vers Aphrodisias :* l'été, liaisons directes depuis Pamukkale avec les compagnies *Pamukkale* et *Köseoğlu*.
— Quelques bus directs pour de grandes destinations.

ISPARTA (indicatif téléphonique : 327)

La ville des roses. Le « Grasse » de la Turquie. On peut acheter des essences de parfum et eaux de rose au meilleur prix. En mélangeant 1 volume de parfum avec 10 volumes d'alcool à 60°, on obtient une super eau de toilette. C'est ici qu'est fabriquée la fameuse confiture de roses. Goûtez-y avant d'en acheter plusieurs pots car tout le monde n'aime pas.

La ville en elle-même n'a aucun intérêt. Citadelle en pierres détachées, et petites maisons blanches. Simplement elle est située au carrefour de la route avec Eğridir.

Justement, pensez aux locos à vapeur qui font la liaison Isparta-Eğridir en 75 mn. Génial !

Adresses utiles

– *Office du tourisme :* dans la rue principale, Mimar Sinan Caddesi, bâtiment Vakif Hani, à droite du n° 19. Au 4ᵉ étage. Incompétent.

– *Otogar :* à l'entrée de la ville sur la droite, à 1,5 km du centre. Un bus toutes les 30 mn environ pour Eğridir. On peut aussi y aller depuis un autre otogar, *Köy Garaji*, à 150 m du centre. Bus de 8 h à 17 h. Toutes les 15 mn.

Où dormir ?

Pas beaucoup d'hôtels bon marché. Dans la rue principale, deux adresses :

■ *Otel Kalem :* Hali Sarayi Karşisi 6. ☎ 123-63. En plein centre, dans une ruelle perpendiculaire à l'artère principale Mimar Sinan Caddesi. Chambres avec douche. Le nouveau propriétaire n'a pas les mêmes critères de propreté. La plus grande négligence pour un prix élevé.

■ *Otel Bayram :* Mimar Sinan Caddesi 43. ☎ 114-80. A 2 mn du précédent. Bien tenu malgré l'entrée pas géniale. Chambres avec ou sans douche. Même prix que le précédent.

■ *Hôtel Aztan :* Cengiz Topel Caddesi 12B. ☎ 166-29. Grande classe et prix pas trop excessifs.

L'eau de rose

Isparta est la capitale de l'eau de rose. On en vend partout. L'artère principale de la ville est encombrée de boutiques vendant huile, eau et confiture de roses. Faites vos provisions pour les copains.

L'huile de rose est obtenue par la distillation de pétales d'une variété de rose bien spécifique. On la trouve essentiellement autour d'Isparta en mai et juin. Pour 1 kg d'huile, il faut 4 t de pétales ! La Turquie produit 50 % de la production d'huile de rose du monde. Ce qui fait dire aux Turcs qu'ils sont leader dans ce domaine ! Et qui achète le plus d'huile de rose ? La France, pardi. L'eau de rose est un résidu recueilli pendant la production de l'huile. Elle est complètement naturelle. On l'emploie pour se démaquiller, comme après-rasage, pour faire tomber la fièvre d'un malade ou pour aromatiser les bonbons. La crème de rose, autre dérivé de la production, est très prisée par les femmes. La confiture fait également partie de l'éventail des produits liés à la rose.

Tapis

– *Alican :* Mimar Sinan Caddesi 57. Un des seuls grossistes à Isparta qui vende des kilims. C'est pour cela qu'il est intéressant. Il en a de beaux mais c'est assez cher. Marchandez. Pour les tapis, allez plutôt dans le centre commercial situé en face. Ouvert 4 jours par semaine. Certaines boutiques coopératives proposent des tapis à prix intéressants. Comparez-les.

Dans les environs

▶ *Lac volcanique de Gölcük :* en venant d'Eğridir, continuer tout droit en ville l'Atatürk Bulvari ; au feu de signalisation indiquant à droite Burdur, continuer tout droit sur 9 km. Taxis sans problème pour les non motorisés.

Très beau petit lac dans le cratère d'un volcan, entouré d'une forêt de résineux ; piste faisant le tour du lac, petites sources par endroits ; fraîcheur et ombre partout. Interdiction de s'y baigner car c'est une réserve en eau potable.

Flancs du cratère en ponce et basalte, impressionnants parfois, presque grandioses.

Le grand restaurant, qui défigure l'harmonie du lieu, est à déconseiller si vous êtes pressé.

Quitter Isparta en bus

— Départs nombreux pour Antalya : durée 2 h.
— Départs pour Konya : durée 4 h.
— Départs pour Denizli : durée 2 h 30.

LE LAC D'EĞRIDIR (ou Eğirdir) [indicatif téléphonique : 32-81]

Peut-être un des derniers lieux touristiques de Turquie pas encore envahi par les touristes. Les pensions se construisent, bien sûr, mais rien de catastrophique pour l'instant. Magnifique lac bleu turquoise dont la couleur est due à un plancton. 48 km de long sur 3 à 17 km de large. Cependant, en arrivant, les terrains d'entraînement militaire ont de quoi surprendre.

Un petit village de pêcheurs sur une presqu'île, avec ses quelques pensions à l'atmosphère familiale, ses habitants au sourire jovial, et à la bienveillante bonhomie. On se demande, et eux aussi d'ailleurs, ce que la construction récente d'une école coranique, à l'architecture de surcroît flippante, est venue faire là au beau milieu de cette paisible presqu'île… Et surtout avec quels fonds ?

Où dormir ?

Deux solutions : dormir dans la partie du village au bord du lac, là où se trouve toute la vie sociale, ou résider dans la presqu'île, à quelques centaines de mètres, dans la partie ancienne du village, bien plus charmante. C'est là qu'il faut aller, sauf pour la vue moins belle ici.

Prix modérés, au début de la presqu'île

On aime vraiment ce petit bout de terre avec ses vieilles maisons et ses pensions adorables et abordables. En arrivant dans le village, après le château en ruine, en direction de la presqu'île, plusieurs pensions. Voici notre sélection par ordre logique de recherche, non par préférence. Attention ! Conscients de la situation de leurs pensions, les proprios commencent à en profiter.

■ *Yeşilada Pansiyon :* c'est la première pension à gauche en arrivant sur la presqu'île. ☎ 14-13. Accueil très chaleureux des propriétaires et de leurs enfants, qui vous offrent du thé, une bière, un coca ou une crêpe. Propre et pas cher. Repas copieux.

■ *Fulya Pansiyon :* Kale Mahallesi. ☎ 21-75. Près du port. A l'entrée de la presqu'île, c'est le plus haut bâtiment. 10 chambres avec vue sur le lac. Très propre. Terrasse sur le toit où l'on peut savourer le poisson pêché le matin par le grand-père. Atmosphère conviviale.

■ *Kale Castle Pansiyon :* après le château en ruine, sur le côté droit du bras de terre. Petite bâtisse récente et toute propre. Tenue par une grosse dame souriante. Pas cher.

■ *Çetin Pansiyon :* petite maison tenue par une famille de pêcheurs, charmante. 5 petites chambres simples dont certaines donnent directement sur l'eau. Agréable et pas cher du tout. Le mari vous emmènera en bateau. Repas à la demande. S'il y a des bébés routards, dont' worry : les quatre sœurs se les disputeront.

■ *Lale Pansiyon :* près du lac et derrière le vieux château. ☎ 24-06. Tenue par Ibrahim. Sa maman est au fourneau et prépare une cuisine typique. On peut louer un petit bateau. 5 chambres avec douche et w.-c. Terrasse avec vue sur le lac et le village, pour manger.

■ *Charly's Pansiyon :* juste derrière le minaret mais le muezzin ne gênera que les hypersensibles. 5 chambres dans une maison turque typique. La dynamique patronne parle l'allemand. Excellent rapport sympathie-qualité-prix. Propose des excursions. Haut en couleurs.

■ *Peace Pansiyon :* Kale Mahallesi 37. ☎ 19-39. Située entre le centre ville et la presqu'île. Accueil familial. Chambres spacieuses avec vue immédiate sur le lac. Très simple. Calme. Bonne nourriture. Pas cher.

■ *Eğridir Pansiyon :* Kale Mahallesi 5, Sokak n° 7. ☎ 20-33. 4 chambres. Très sympa. Bien tenu. Escalier pour descendre sur la plage. La patronne est bonne cuisinière (poisson).

■ *Adac Pansiyon :* Yeşilada Mahallesi 1. ☎ 30-74. Très sympa et original. Bar américain, pour ceux que ça intéresse. Demander les chambres du second.

■ *Mavigöl Hotel :* Yeşilada Mah 15. ☎ 17-66. Luxe discret. Propreté. Idéal pour se reposer... à l'helvétique.

Au bout de la route, à la pointe de la presqu'île.

■ *Sahil Pansiyon :* maison au bord de l'eau. A côté du Sunset. ☎ 21-67. 11 chambres doubles confortables. Accueil chaleureux. Cuisine excellente. Notre meilleure adresse.

■ *Sunset Pansiyon :* Yeşilada Mahallesi 21. ☎ 13-15. Confortable et bon marché. Très propre. Propriétaires très sympa. 6 chambres et sanitaires impeccables. Douches et eau chaude en permanence. Cuisine familiale.

■ *Akdeniz Pansiyon :* également au bout de la presqu'île. 7 chambres dont 3 avec vue sur le lac. Famille de pêcheurs très sympa qui peuvent vous emmener à la pêche gratuitement. Cuisine familiale dans la cour au bord de l'eau.

■ *Saadet Pansiyon :* Yeşilada Mahallesi 4. ☎ 26-81. 7 chambres simples et propres. Calme. Terrasse avec vue sur le lac. La maîtresse de maison partage son temps entre le tissage et la confection de bons petits plats que vous pouvez déguster le soir.

■ *Sunrise Pansiyon :* ☎ 30-32. Panorama exceptionnel sur le lac. Chambres agréables, balcon, terrasse. Bar. Prix modiques. Ils vous attendent souvent au bus et vous paient le taxi pour visiter leur pension. Repas exquis à prix tout doux : les écrevisses sont délicieuses. Faire vite... si le lac se vidait.

■ *Göl Pansiyon :* face au lac côté est. En arrivant sur la presqu'île, prendre la route à droite. La pension est indiquée. Accueil sympa, tarif correct et excellent petit déjeuner turc servi en terrasse. Chambres calmes et fraîches avec parquet. Dans une bâtisse récente. A 150 m du précédent.

■ *Halley Pension :* Yeşilada Mahallesi, 2, Sokak n° 6. ☎ 36-25. A deux pas de la Sunrise Pansiyon. Face au lac. La plupart des chambres avec douches et w.-c. Impeccable. Calme. Bonne cuisine. Mêmes prix que dans les autres pensions.

■ *Ali's Pansiyon :* ☎ 25-47. Très propre. Détente. La moitié des routards y prolongent leurs séjours. Peut-être à cause du prix dérisoire.

Prix modérés, dans la partie moderne de la ville, au centre

Quelques hôtels sans charme mais propres et qui dépanneront si nos meilleures adresses sont complètes. Bien entendu, ils sont plus chers, sauf le deuxième.

■ *Otel Sinan :* derrière le minaret, après le porche. Même genre que le Bayrakli mais avec douche dans les chambres, et plus cher.

■ *Otel Bayrakli :* Belediye Caddesi 6. En passant sous le porche du minaret, sur la gauche. Calme et propre. Douche et lavabo à l'extérieur. Pas cher du tout.

■ *Çolak Pansiyon :* Cami karşisi. ☎ 11-69. Près de l'office du tourisme, juste derrière la mosquée. Au 5ᵉ étage, vue superbe sur le lac et le village. Accueil sympa. Propre et confortable. Building moderne et impersonnel. 1 douche à l'extérieur pour 3 chambres mais lavabo dans chacune d'elles. Assez bon marché.

■ *Çinar Hotel :* à 30 m de l'office du tourisme. Édifice moderne. Chambres et douches très propres, lumineuses et donnant sur le lac. Prix un peu plus élevé mais encore acceptable. Bonne tenue générale mais déco impersonnelle.

Au nord d'Eğridir

■ *Fidan Pansiyon :* à 10 km au nord de la ville, dans le village de Bedreköy. On peut y aller soit à pied en longeant les rives du lac, soit en taxi. Pas trop cher. Hüseyin, le proprio, est accueillant. Le village ne possède encore ni hôtel, ni resto. Tant mieux. Pour ceux qui recherchent le calme total. Petite plage à proximité. Possibilité de faire de la planche et de camper.

Camping

■ *Altin Kum :* en arrivant par la route d'Isparta, prendre à gauche en arrivant de Barla. C'est à 800 m sur la droite, au bord du lac. Assez rudimentaire et pas d'ombre du tout. Parfois le resto à côté met la musique fort. On ne s'entend plus dormir ! Bondé l'été.

Où manger ?

● *Derya Restaurant :* à côté du kiosque de l'office du tourisme, en plein centre. Grand resto avec terrasse donnant sur le lac. Ce fut le premier resto d'Eğridir. Il est devenu cher et a perdu en qualité.
● *Kemer Lokantasi :* à côté du minaret, sous le porche. Bons kebap.
● *Lokanta Big Apple :* au bord du lac sur la presqu'île, 2ᵉ rue à gauche en y arrivant. Beaucoup de poisson bien préparé. Pas cher.
● *Rio Restaurant :* au bord du lac. ☎ 31-60. Si vous voyez tout en bleu, ce n'est pas forcément le raki. Cadre féerique.
● *Restaurant Melody :* sur la presqu'île. A déguster sans modération. Produits excellents. Impeccable.

A voir. A faire

Le lac et ses alentours permettent d'innombrables balades. Bien entendu, promenez-vous dans la presqu'île. Allez voir les pêcheurs et essayez de partir avec eux pour une partie de pêche. Dans certaines pensions, les maris sont des hommes de la mer et leurs femmes préparent de bonnes fritures. Quelques plages sympa autour du lac.

— Pour se baigner, prévoir des tongs ou chaussures similaires : les pierres au fond de l'eau sont tranchantes, sauf pour quelqu'un habitué à marcher pieds nus. On trouve ces chaussures à un prix raisonnable sur le marché.
— Justement, faites une razzia au *marché* le jeudi : excellents produits.
— En ville, peu de vestiges historiques. Réservez une visite à la mignonne petite église grecque du bout de la presqu'île, quand le soleil décline, et que les cœurs...

Aux environs

▶ *Grottes de Zindan :* à 25 km, dans la montagne. Compter une demi-journée pour cette excursion. N'oubliez pas les lampes de poche, rien n'est prévu sur place. Sur 2 km, on se faufile dans une galerie, on glisse dans l'eau, on rampe parfois un peu dans la boue, et on admire des stalactites et stalagmites de plus en plus belles, au milieu des vols de chauves-souris. Un peu à la Indiana Jones... Plus loin, sur la route, paysages tourmentés superbes.

Quitter Eğridir

Otogar en plein centre.
— *Vers Istanbul :* départs tous les soirs au moins avec les compagnies *Kâmilkoç*, *Gürman* et *Isparta Seyahat*. 10 h de trajet.
— *Vers Ankara :* 5 ou 6 départs par jour.
— *Vers Fethiye :* 1 bus direct par jour, pendant l'été seulement, avec la compagnie *Çavdi*.

– *Vers Konya :* bus toute la journée. Correspondance pour la Cappadoce.
– *Vers Antalya :* bus toutes les heures de 6 h à 19 h environ.
– *Vers Alanya :* au moins 5 rotations quotidiennes.
– *Vers Izmir :* 6 bus directs par jour (7 h de trajet).
– *Vers Denizli :* environ 8 bus par jour. Pour *Pamukkale,* bus jusqu'à Denizli puis changement.
– *Vers la Cappadoce* (Göreme, Ürgüp et Avanos) : 8 bus quotidiens en moyenne (voir aussi les bus pour Konya).
Attention aux compagnies qui prétendent vendre des billets pour la Cappadoce directe. Baratin et arnaque. Le mieux est encore d'acheter son billet à l'avance auprès des bureaux des compagnies de bus de Cappadoce (*Göreme* et *Nevtur*).

– *LA CÔTE DE L'ANCIENNE LYCIE* –

Comme jusqu'à présent nous ne vous avons pas trop ennuyé avec des discours culturels longs et fastidieux, on va s'attarder sur les Lyciens. Peuple de navigateurs épris de liberté, installés dès 1400 avant J.-C. dans la région essentiellement montagneuse entre Antalya et Féthiye, ils ne laissèrent pratiquement pas de monuments civils ni de villes. Cependant, on sent constamment leur présence grâce à leurs tombeaux et leurs nécropoles si caractéristiques. Les tombeaux présentent souvent une forme de carène de navire renversée (on peut voir là la transposition des barques que les marins retournaient sur des pieux). Vous les trouverez partout : en pleine ville, au bord de la mer, immergés, au milieu d'une prairie... Les nécropoles taillées dans des rocs verticaux offrent, quant à elles, une analogie certaine avec l'architecture grecque : portique, fronton, corniche, etc. Successivement incorporée dans différents empires, la Lycie ne retrouve une certaine autonomie qu'en 168 après J.-C. par la création d'une ligue lycienne ou *Létôon* (voir plus loin) qui joue un rôle central. Puis ce sera à nouveau le déclin.
Il n'y a pas si longtemps, peu de touristes s'aventuraient sur cette côte, car les portions de routes goudronnées et les possibilités de logement étaient rares. Aujourd'hui, une route splendide suit la côte dans ses moindres détails et la fréquentation a véritablement décuplé. Les pouvoirs publics ont décidé de développer la région et ils n'y sont pas allés de main morte ! Certains endroits ont subi une exploitation immobilière anarchique et massive au point de défigurer sans vergogne un port, une crique, une forêt. Si ces chantiers ont fourni du travail à la jeunesse de certains villages, les habitants ne voient pas d'un bon œil le fait de couler leur côte dans le béton.
Il reste néanmoins quelques secteurs vierges où l'on trouve une suite ininterrompue de beautés naturelles, golfes sauvages, villages oubliés et sites archéologiques splendides, avec, de temps à autre, des détours en montagne. Dépêchez-vous.

CAUNUS (ou Kaunos) [indicatif téléphonique : 61-16]

A 93 km de Marmaris et 95 km de Fethiye. Pour ceux qui ont le temps, un site archéologique original par son approche et sa situation.
Pour l'atteindre, il faut se rendre au petit port de *Dalyan,* à une vingtaine de kilomètres de la route principale. Prendre un bus vers Fethiye et descendre à Ortaca. Puis dolmuş jusqu'à Dalyan. Dans ce village pittoresque au bord de la rivière Dalyan çayi. Le bateau est le seul moyen d'y accéder. Aux bateaux privés et à leur « captain », préférez le « dolmuş boat » moins cher et plus agréable. On zigzague parmi les roseaux à bord d'un charmant bateau coloré pendant environ 20 mn. Bar-resto sur une petite île de sable blanc. Très chouette. La plage de Dalyan est célèbre pour ses tortues (excellents restos de pêcheurs reconnus, également). Elles ne viennent que la nuit à certaines époques de l'année. Il ne faut ni bruit ni lumière pour ne pas les effrayer. C'est d'ailleurs une zone protégée, afin qu'elles puissent y pondre leurs œufs. Les écologistes ont gagné la bataille à cet endroit. Parfois, des jeunes parlant le français servent de guides et font visiter toutes les ruines pour un prix raisonnable. Groupez-vous si possible.

Où dormir ? Où manger ?

La plupart des pensions se situent le long de la rue qui part sur la gauche du petit port en lui faisant face. Attention aux moustiques qui sévissent encore.

■ *Kristâl Pansiyon :* maison cubique récente, confortable, impeccable, et abordable. Bon accueil. A 300 m du point de départ des bateaux. En face, la *Rose Pansiyon* est bien aussi.

■ *Göl Motel :* tout près du lac. Deux types de tarifs. Et comme pour le moins cher c'est déjà impeccable... Organise des excursions pour Caunus.

■ En poursuivant la route, plusieurs autres pensions propres et récentes. Sur Maraş Caddesi. *Digdag* et *Aktaş Pansiyon* sont de celles-là. Plus loin sur la route, *camping Likya.*

■ *Hakan Pansiyon :* dans le village. ☎ 11-28. Là aussi, le patron a son bateau et organise des excursions.

● *Chicken Garden :* en plein centre. Tenu par des Allemandes. On n'y mange que du poulet, préparé de différentes manières et sous toutes ses formes. Original, bon et pas cher.

● *Sur la plage de Dalyan :* bar-resto avec une belle architecture. propre. Nourriture correcte.

Un peu plus chic

■ *Kaunos Hotel :* sur le petit port. ☎ 10-57. Confortable et propre. Chambres lumineuses, avec douche. Déco tristounette.

■ *Caretta Caretta :* tout neuf. Qualité et goût caractérisent cet hôtel et, surtout, quelle propreté ! Repos assuré. Le jeune patron vous dira tout (en français) sur les tortues de mer. Sans resto.

Les « petits hommes verts »

Caunus fut d'abord un port carien construit vers 400 avant J.-C. dans une région malsaine à malaria endémique. Ses habitants avaient la pâleur verdâtre des victimes du « palu ». C'était même un sujet de plaisanterie à l'époque si l'on s'en réfère aux écrits et aux chansons. (Nul doute que le touriste de Caunus se promenant à Bodrum du temps du roi Mausole devait se faire repérer.) Après tous les envahisseurs classiques, Caunus devint romain et prospéra dans le commerce du sel et des esclaves. Le port est aujourd'hui comblé par les alluvions, mais il reste le lac. Pour rassurer les baigneurs inquiets de la malaria qui rôde, précisons que ce lac, le *Sülüklü Gölü* signifie « lac aux sangsues ».

Le site

Tout en naviguant sur la frêle embarcation, le regard ne manque pas d'être attiré (comme ils disent aux Guides Bleus) par la paroi de la falaise qui se dresse de l'autre côté de la rivière. On distingue, sculptées dans la roche, plusieurs façades de temples de tailles diverses qui donnent au décor un raffinement tout particulier. Ce sont des tombes du IVe siècle av. J.-C. Certaines sont des trous dans la paroi, d'autres, surtout celles du haut, sont de véritables chefs-d'œuvre en suspension. Un peu plus loin, on passe devant de petits chantiers navals où de superbes bateaux voient le jour.

Le site proprement dit se trouve, ou plutôt se trouvait, en bord de mer, au pied d'une acropole. Après avoir débarqué, petite marche de 10 mn pour atteindre les belles ruines composées d'un *théâtre* (sur un petit promontoire) assez ruiné mais dont le charme opère encore. Beau panorama sur ce qui devait être l'ancien port. Plus loin encore, en se baladant dans les ruines, beaux restes d'une *église byzantine* puis ceux de *thermes romains* dont certains murs ont survécu. En contrebas, dans la ville basse, on peut apercevoir, à condition d'avoir de bons yeux, l'*agora* qui agonise et un *temple romain.* Les autres ruines sont peu significatives. L'important ici c'est le charme insolite du site. Tout est calme et paisible. Quelques vaches déambulent parfois lors de la visite. On aime Caunus pour son côté cohérent, beau et naturel.

La balade en bateau ne gâche rien. A 10 h, c'est le tour le plus intéressant. Prix modique fixé (se renseigner sur la prétendue coopérative et ses prix uniformes).

— Le crépuscule est bien digne des dieux.

De Caunus à Fethiye

Paysage tout simplement admirable. Épaisse forêt de pins qui offre au détour d'un virage de surprenantes vues plongeantes sur la baie. Une chaîne de montagnes dans le genre décor de films de western se profile en arrière-plan.

FETHIYE   (indicatif téléphonique : 61-51)

Port sans charme (reconstruit après le tremblement de terre de 1958), ville-étape, porte d'entrée de cette merveilleuse contrée : la Lycie. Il y fait très chaud en été.

Pas grand-chose à faire ni à voir dans l'antique *Telmessos*. La ville bénéficie surtout du fait d'être très proche de ce que l'on peut considérer comme la plus belle plage de Turquie : Ölüdeniz, à 12 km. La ville est très animée l'été et son petit port est agréable. Ceux qui campent le feront sur la plage d'Ölüdeniz. A la descente du bus, les jeunes vantent leur pension. Ne pas se laisser impressionner.

Adresses utiles

– *Office du tourisme :* Iskele Karşisi. ☎ 10-51. Ouvert de 8 h à 19 h tous les jours. Jetez un coup d'œil juste à côté, à l'*Association du tourisme de Fethiye*. Hyper sympa.
– *Otogar :* à 1 km de l'office du tourisme. Doit déménager ; la gare de dolmuş pratique des prix beaucoup plus élevés que ceux de la gare routière.
– *Location de Mobylettes et de vélos :* sur le port.

Où dormir ?

Beaucoup de monde l'été. Tous ceux qui veulent profiter de la plage viennent loger ici. Au moins quelques centaines de pensions. En voici quelques-unes, classées par secteur.

Prix modérés, dans le centre

Toutes ces pensions sont dans le quartier du port, le plus vivant du bourg. Beaucoup de touristes, mais animation assurée. Un peu trop de boutiques. A 2 mn du port.
■ *Senin Pansiyon :* Cumhuriyet Mahallesi, Okul Sokak Yusuf Ziya Geçidi 3. ☎ 56-95. A deux pas du centre en allant vers l'otogar. Propreté impeccable. Prix corrects. Accueil très aimable et discret. Possibilité de s'initier à la cuisine locale.
■ *Özgün Otel :* Çarşi Caddesi 914. ☎ 44-69. Le proprio, Ünal, tient une boutique d'onyx et d'objets en écume de mer à côté. Il vous fera une ristourne. Mais on préférerait qu'il s'occupe mieux de son hôtel dont les chambres sont très sales avec des sanitaires qui ne fonctionnent pas.

Plus chic

■ *Dedeoğlu Oteli :* Iskele Meydani. ☎ 16-06. Sur le port, à côté de l'office du tourisme. Building typique mais calme et confortable. Assez cher. Vue sur la mer. Les prix ne sont pas affichés
■ *Otel Kaya :* Cumhuriyet Caddesi 6. ☎ 24-69. Dans une rue parallèle au port. Rénové récemment. Bien situé. Très confortable. Douche et w.-c. dans chaque chambre, moquettée.
■ *Çoban Pansiyon :* Dolgu Sahasi Park Yani. ☎ 131-69. Douze chambres très propres. La terrasse est bien agréable pour jouir du coucher de soleil. Le prix est

peu élevé. Pensez à demander au patron de vous faire faire un tour des îles. Pour l'adresse, n'hésitez pas à demander... aux pompiers, en sortant de l'otogar.

■ *Hôtel Kemal :* Kordon Boyu. Derrière la poste, sur le quai. ☎ 121-90. Hyper propre. Vue sur la mer. Plus compétitif que le Kaya, du même propriétaire.

Prix modérés, au bout de la ville

Quelques pensions assez chouettes dans un secteur résidentiel, situé à quelques centaines de mètres de l'office du tourisme en poursuivant la route (en laissant la mer sur le côté droit). Notre coin préféré. Calme et agréable. Depuis l'otogar, prendre un dolmuş pour « Il Karagözler Mahallesi ».

■ *Polat Aile Pansiyon :* 1 Karagözler 43. ☎ 23-47. Une des premières maisons de cette section. 8 chambres calmes et simples avec vue sur la mer. Tenu par une dame vraiment adorable, arborant toujours un sourire jovial qui fait chaud au cœur. On a le sentiment d'être en famille. Douche chaude en permanence.

■ *Telmessos Pansiyon :* Il Karagözler 73. ☎ 10-42. Chambres agréables avec vue sur l'eau. Plus confortable que le Polat Aile mais la patronne est vraiment une bourrique. Petite épicerie en dessous.

■ *Cennet Pansiyon :* encore un peu plus loin. ☎ 30-55. Agréable maison en partie en bois. Certaines chambres sont tout en bois avec des fenêtres donnant sur l'eau. Famille accueillante.

Plus chic, dans le même quartier

■ *Sonen and Panorama Pansiyon :* Il Karagözler Mahallesi. Excellente pension dans une maison occidentalisée, genre résidence secondaire. Investi tout l'été par les Allemands. Nombreuses chambres, certaines avec un petit balcon et vue sur la mer. Demandez-les de préférence. 8 chambres en tout. Petit déjeuner sur la terrasse. Piscine minuscule, genre grande baignoire. Deux fois plus cher que les autres mais deux fois plus confortable.

Près de l'otogar

Toute la rue qui longe l'otogar, sur la gauche en sortant, est pleine de petites pensions sans charme, récentes pour la plupart, et en tout cas toutes bruyantes. On ne vous les conseille pas. Cependant, si vous arrivez tard le soir et fatigué, vous serez peut-être content de trouver un lit rapidement et pour pas cher.

■ *Damla Pansiyon :* Çarşi Caddesi 143, Garaj Karşisi. Face à la gare routière. ☎ 31-41. Chambres propres à prix modestes mais bien marchander.

■ *The Pilot's House :* Kaya Caddesi n° 3. ☎ 130-21. A environ 300 m de la gare routière. Calme. Quelques chambres propres. Petit déjeuner avec pâtisserie maison.

A Çalış, aux environs

Çalış est une plage à 5 km de Fethiye, moins fréquentée qu'Ölüdeniz mais pourtant jolie. Quelques pensions et campings. Dolmuş régulièrement depuis Fethiye.

■ *Camping* possible dans les jardins du *motel Seketur.*

■ *Motel Seketur :* Sahil Yolu. ☎ 17-05. Sur la plage. Très beau motel avec resto en terrasse, piscine, etc. Le grand confort mais très cher évidemment.

■ *Anil Pansiyon :* à 600 m de la plage. ☎ 15-85 et 11-92. Fax : 317-11. Propre, confortable, avec piscine et pas chère. De plus le patron, Erol Çolak, se fera un plaisir de vous aider à découvrir la région. Il est très serviable. Prévoir des boules Quiès. Vous êtes à un carrefour. On peut aimer.

■ *Çetin Motel :* ☎ 316-34. Petits chalets individuels avec douche et sanitaires. Piscine, bar et restaurant. Prix moyen.

■ *Uğur Pansiyon :* à 150 m du précédent. Le bruit en moins. Huit grandes chambres avec salle de bains. Terrasse et jardin enchanteur, pour un prix inférieur au précédent. Possibilité de pêche gratuite sur le bateau du patron.

A Göçek, dans la baie

C'est un petit port de pêche, pas trop envahi en été.

■ *Özden Pansiyon :* à gauche, avant la place du village. ☎ 10-17. Douche chaude, réfrigérateur. Propre et calme. Le bus s'arrête sur la route nationale, au carrefour. Marcher jusqu'au village. Chambres avec lavabo, d'autres avec douche. Sert les petits déjeuners.

Où manger ?

● **Rafet Restaurant :** en face du quai où s'amarrent les bateaux de pêcheurs. On mange en terrasse du poisson assez bon marché (surveiller quand même l'addition). Meze copieux également. Service diligent. Une succursale s'est ouverte dans une rue intérieure du centre.

● **Pizza 74 :** en plein centre, dans la rue bordant le quai. Connu des touristes comme des autochtones. Normal car c'est une bonne adresse. Genre taverne avec tables en bois dehors. Au menu : pizzas turques et poulets rôtis. Très correct et animé.

● **Osman Bey Restaurant :** Lise Karşisi 15 D. A côté du Kemal Otel. Typiquement turc. Pide aux œufs-fromage très très copieuse...

● **Nefis Pide :** Tülün Sokak 21. Plein de Turcs, mais l'endroit est connu des touristes... qui, eux, ont droit à leur bière délicieuse...

● Quelques autres restos animés dans une ruelle piétonne parallèle au port, couverte par de larges bâches pour adoucir la chaleur.

Excursions en mer

– **Tour des 12 îles :** tous les jours, les agences de voyages proposent le tour des 12 îles. Départ à 9 h, retour à 18 h. De plus en plus, les balades proposées par les pêcheurs eux-mêmes tendent à être au même prix que celles des agences. Vous aurez peut-être la chance de pouvoir quand même y aller avec un pêcheur. Renseignez-vous. Balade agréable et baignade super.

A voir

▶ Dans la falaise au-dessus de la ville mais très près du centre, nombreuses tombes rupestres dont le *tombeau d'Amyntas* datant du IVe siècle av. J.-C. Il présente une façade grecque monumentale avec fronton et colonnes ioniques, à voir de préférence avec la lumière d'après-midi. Sur la colline, vestiges de la *citadelle byzantine*. Sur la route de Kaya, quelques *sarcophages lyciens*. L'un d'entre eux a été posé à côté de la mairie, en ville. Faire un tour au *musée* local. Ouvert de 8 h à 12 h et de 13 h à 17 h sauf le lundi. Payant. Le « petit enfant à l'oiseau » : surprenant.

▶ Le village de **Kaya :** à 8 km de Fethiye. Un ancien village grec abandonné après la guerre de 1922 et resté presque en l'état. Beaucoup de maisons ont perdu leur toit, mais l'ensemble dégage une grande poésie teintée de tristesse. On peut également y parvenir par une piste pas trop mauvaise depuis la route Fethiye-Ölüdeniz. Génial : petit resto à l'entrée, le *Cin-Ball*. Pour ses brochettes de mouton, à prix dérisoires, que vous grillez vous-même.

Quitter Fethiye

L'otogar est situé à 1 km du centre environ, sur la route de Marmaris. Consigne à bagages ouverte jour et nuit. De nombreuses correspondances à Antalya et Mugla.

– *Vers la plage d'Ölüdeniz :* station de dolmuş derrière la poste. Liaisons toute la journée. Durée : 25 mn.

– *Vers Izmir :* bus toutes les heures. Un départ de nuit vers minuit également. Durée : 7-8 h.

– *Vers Ankara :* 1 départ quotidien. Durée : 12 h.

– *Vers Istanbul :* 1 bus par jour. Compter 17 h 30.

– *Vers Kaş et Antalya :* départ toutes les 30 mn environ. Vous pouvez prendre un bus pour Antalya si vous allez à Kaş, mais demandez s'il s'y arrête bien.

Vers les sites archéologiques

— Éviter les minibus, vraiment très chers.
— Dolmuş spécial pour *Létôon, Xanthos* et *Patara* depuis l'otogar, 2 ou 3 fois par jour en moyenne (ça peut changer). Dolmuş également depuis Kaş.
— *Pour Létôon et Xanthos,* on peut aussi prendre un bus qui se dirige dans cette direction, se faire arrêter aux panneaux indiquant la bifurcation vers les sites et parcourir le reste à pied.

ÖLÜDENIZ (indicatif téléphonique : 61-56)

Sans même y être jamais allé, une plage que vous avez l'impression de déjà connaître. Bon sang, mais c'est bien sûr ! Une lagune aux eaux transparentes... c'est celle qu'on voit sur tous les posters de Turquie et de Navarre !
Lieu de mouillage favori des bateaux de plaisance. On les comprend. Pas une vague, une eau extra, un environnement paradisiaque d'îles et de montagnes. En haute saison, ils ne sont pas les seuls à venir, remarquez ! Situé à 12 km de Fethiye, par une bonne route. Trajet en dolmuş. En été, bus régulier moins cher. La plage, en grande partie payante (pour le prix, douches et toilettes), est désormais envahie par le tourisme de masse turc. Garder son ticket si l'on sort pour aller au petit marché à 1,5 km. Beaucoup de discos le soir.

Où dormir ? Où manger ?

La plage est protégée et les constructions limitées. Tant mieux. En bord de plage, plusieurs campings de qualité qui ont eu la bonne idée de se fondre dans le paysage. Tous possèdent quelques dizaines de bungalows vraiment bien. Cependant, de plus en plus, ils tendent à être loués à la saison par des organismes anglais ou allemands.
Un seul motel près de la plage. C'est un hôtel de luxe, superbe. Les quelques pensions qui commencent à se construire sont situées sur la route menant à la plage, à quelques kilomètres. Pour y séjourner, il faut avoir un véhicule.
Tous les campings indiqués donnent directement sur la plage.
■ *Deniz Camping-motel.* ☎ 16-68. En haute saison, foule énorme. Étouffant. Beaucoup de Mercedes. Demi-tarif en basse saison. Ombrage pour planter la tente. S'agrandit chaque année vu le succès. Petits bungalows en bois. Restaurant face à la mer, ombragé par une jolie treille de vigne. Douches généralement chaudes. Tenu par une Anglaise charmante. Ceux qui n'ont pas de tente peuvent venir coucher sur la terrasse. Le camping organise des sorties en bateau dans les lagunes. On emmène la cuisinière et on pique-nique. Ambiance sympa. Cher.
■ *Han Camp :* à côté du Deniz. Bungalows ombragés, disséminés dans un grand espace. En bord de mer. Bien arrangé et pas trop concentrationnaire. Terrasse sous une treille. Bon restaurant.
■ *Camping-motel Belcekiz :* à côté du précédent. Confortable et calme. Moins classe et moins cher que le premier. Terrasse donnant sur la plage. Nombreux bungalows en bois et taule, avec ou sans douche, autour d'un espace verdoyant. Sanitaires un peu en sous-nombre. Petit motel à côté.
■ *Ölüdeniz Camping :* quand on arrive sur la plage, c'est à 500 m à droite. Camping mieux situé que les autres. Directement sur la lagune et en dehors de la circulation du bord de plage. Ambiance plus familiale. Toilettes cependant assez rudimentaires. Quelques bungalows tout simples entourés d'oliviers.
■ *Asmali Pansiyon Restaurant :* juste à côté du précédent. Agréable terrasse recouverte d'une treille. On y mange bien. Le serveur, Ali, fait certains soirs un numéro dont les clients font les frais. Ils ont aussi 3 petites chambres très rudimentaires et un terrain de camping. Cette adresse vaut surtout pour son restaurant et l'animation d'Ali.
■ *Osman Camping :* non loin du *Ölüdeniz Camping.* Aire de camping et bungalows de bois. Plutôt sympa. Meilleure vue que les autres et plus calme car en bout de route.
— Près du *Ölüdeniz Camping,* aire de pique-nique bordée de barbelés. Payant !

■ *Bariş Pansiyon :* à Hisarönü Köyü. Pour s'y rendre, prendre le dolmuş Fethiye Ölüdeniz. Excellente adresse, calme et propre. 10 grandes chambres avec sanitaires impeccables. Prix très raisonnables. On peut profiter de la piscine de l'hôtel St Nicholas, voisin. Le patron, très sympa, ne parle que le turc.
■ *Aramis Kamp :* dans la rue principale venant de Fethiye. ☎ 60-19. Plus calme, car à 1 km de la plage. Un ensemble de jolis bungalows, entre les arbres. Accueil plein de charme(s).

Plus chic

■ *Hôtel Manzara :* à 1 500 m avant d'arriver à Ölüdeniz. Belles chambres dans un agréable jardin. L'ensemble est très bien entretenu. On y a une jolie vue. Prix raisonnables. Le fils du patron est serviable.

Encore plus chic

■ *Motel Meri :* tout au bout de la lagune, sur la droite. ☎ 43-88. L'hôtel de charme à prix de luxe. 80 chambres en tout, dominant la lagune. Calme total. Restaurant trop cher. Pour les voyages de noces. Pour réserver, justement, contactez l'*office de l'hébergement* à Fethiye : Atatürk Caddesi 34. ☎ 14-82.

A voir aux environs

— Possibilité de louer des barques sur la plage municipale. Peut éviter l'entassement des bateaux collectifs.
— Nombreuses promenades à pied à effectuer dans le coin. *Kaya,* le village grec (voir chapitre « Fethiye »), mais aussi *Faralya.* Village typique turc à environ 9 km.

▶ A l'*île de Saint-Nicolas* (une demi-heure de navigation pour atteindre le point ouest de l'île), batifolez parmi les très nombreuses ruines de cette ville byzantine, notamment la grande église : habitations, palais épiscopal... apparaissent et disparaissent aux détours des sentiers parfumés...

— En prenant une piste carrossable durant 3 ou 4 km, juste au-dessus de l'hôtel Manzara, on peut avoir de beaux points de vue sur la lagune. Agréable promenade à faire à pied. Possibilité de redescendre vers la mer. Compter plusieurs heures de marche. Se munir d'eau.

DE FETHIYE A KAŞ

Trois superbes sites archéologiques en cours de route : *Pinara, Xanthos* et *Patara.* Plus deux petits ports croquignolets : *Kalkan et Kas*, Calculez large pour ne pas avoir à en éliminer un. Ce serait dommage. D'autant plus que Pinara et Patara ne sont pas encore trop touristiques et qu'il y a même des chances que vous vous y retrouviez seul ou presque.

TLOS

A 15 km de Fethiye, à droite lorsque vous traversez Kemer. Magnifique point de vue de la citadelle byzantine, à l'emplacement d'un vieux fort lycien. Comme d'habitude, ruines grecques et nécropole. Possibilité de se rafraîchir agréablement.

PINARA

A 37 km au sud de Fethiye. La route qui y mène depuis Fethiye est superbe. Entourée de majestueuses montagnes ; un véritable décor de carte postale se découpe en arrière-plan.
La bifurcation pour le site se trouve à 200 m sur la droite après le panneau « Kaş 63 km ». Le site est à 6 km de là : 3 km de route puis 3 km de piste. Attention à

ne pas la louper. Elle se prend sur la gauche, juste avant la toute première maison du village. Le panneau est ridiculement petit. Pas de dolmuş jusque-là. Stop uniquement car le site est peu fouillé et encore méconnu. Réservé aux spécialistes avertis et motorisés.

Pinara fut l'une des plus importantes cités lyciennes avec Xanthos, Patara et Olympus, agrandie par la suite par les Romains. Près de la source, un guide propose ses services. Le site naturel est beau, entouré de montagnes magnifiques. Les vestiges sont dispersés sur plusieurs collines. Les monuments sont dans l'ensemble assez bien conservés, mais envahis par les broussailles. Prévoyez de bonnes chaussures et évitez les shorts à cause des épineux. Vous trouverez, entre autres, les ruines d'un théâtre, d'un odéon et, sur la colline en face, de nombreuses tombes rupestres lyciennes à fronton triangulaire ou en ogive.

Le site est assez difficile à visiter et il faut de la volonté pour trouver certaines ruines, notamment les tombeaux creusés dans la roche (les trous de la paroi haute de 300 m ne doivent pas vous aider à l'escalader). Le village à côté exhale, le soir, une douceur de vivre authentique qui fait chaud au cœur. A l'entrée, une fontaine d'eau très fraîche.

LÉTÔON

Un peu avant Xanthos, sur la gauche de la route, à 4 km de celle-ci, près de Kumluova. Sanctuaire dédié à Léto, maîtresse de Zeus et mère d'Apollon et d'Artémis, les dieux de la Lycie, poursuivie, comme il se doit, par la colère d'Héra. C'est là qu'elle put laver ses enfants. Quelques ruines baignent dans l'eau, ce qui rend les tortues très heureuses. Il ne reste pas grand-chose. Raison de plus pour admirer cette vraie-fausse Atlantide.

Ce sanctuaire accueillait de nombreux pèlerins bien avant notre ère. Létôon connut un succès grandissant en devenant au XVe siècle le lieu de culte le plus important de la Lycie. Seuls ceux qui apportaient un sacrifice avaient le droit de passer la nuit là. Théâtre assez bien conservé, quelques colonnes et portiques. Pour comprendre le reste des ruines, avoir du courage et... de l'imagination. Attention à l'arnaque en sortant.

XANTHOS

Principale ville de la Lycie, à 64 km de Fethiye. En bus, descendre au village de *Kinik*. Le site est à 1 km à peine en prenant la route sur la gauche, après avoir traversé le pont. Parking sur la droite.

A l'entrée du site, haute tombe lycienne bien préservée. Les vestiges sont étagés sur une colline. Un peu avant de parvenir au site, on remarque la porte de la ville du IIe siècle avant notre ère. Tout s'ordonne autour du *théâtre* qui possède des gradins bien conservés. Il fut rebâti au IIe siècle par les Romains, en même temps que l'arc dédié à Vespasien. Au bord du théâtre, beau pilier funéraire lycien de 5 m de haut, dont les reliefs représenteraient d'horribles femmes ailées, les Harpies. Belle frise dans sa partie supérieure. Derrière le théâtre figurait l'acropole, aujourd'hui totalement ruinée. Face au théâtre, l'agora encadrée de portiques, dont il ne reste pas grand-chose non plus. Au-delà, un autre pilier de 4 m de hauteur est couvert d'inscriptions en langue lycienne sur ses quatre faces, ainsi que de quelques vers en grec. Il supportait un sarcophage royal. Du côté du parking, ruines d'une basilique. On vous dispense de les chercher. Quant au monument des Néréides, sur la colline, de l'autre côté de la route, tout ce qui en reste est au British Museum.

— Tous les bus qui se dirigent vers Antalya passent par Kinik.

PATARA (indicatif téléphonique : 32-15)

A 12 km au sud de Xanthos. Faire 6 km jusqu'à Ovaköy puis tourner à droite au panneau. 6 km de bonne piste vous séparent du site (entrée payante). Son étendue prouve son importance. Renommée liée à l'oracle aussi. Une partie se situe au bord d'une merveilleuse plage, étonnamment peu exploitée. Un de nos endroits préférés. Les marinas et les villages de vacances n'ont pas encore défiguré l'endroit. Du temps de la splendeur de Xanthos, Patara fut le plus important port lycien, de même qu'à la période romaine.

Vous êtes d'abord accueilli par des sarcophages lyciens et un arc de triomphe à trois arches datant de 100 après J.-C. Le gouverneur, Modestus, qui portait mal son nom, avait fait placer sa statue et celles de ses proches dans les niches. On l'appelait Modestus le Mégalo. Un peu plus loin, disséminées dans les champs, les ruines de bains romains et d'une basilique byzantine. A droite, peu avant d'atteindre la plage, le théâtre. Traversez les marécages (à voir si le temps se gâtait...) pour aller admirer le petit *temple corinthien* adossé aux remparts : porte magnifique.

Grimpez sur la colline contre laquelle s'adosse le théâtre pour contempler avec émotion l'ensemble du site. L'ancien port est bien entendu obstrué par les dunes. Le théâtre s'ensable doucement mais son agonie sera longue, douce et protégée (les autorités ont fait démolir récemment la villa d'un hobereau local édifiée sur le site en dépit de l'interdiction de construire). La vue embrasse également les 15 km de plage déserte qui s'étale parfois en largeur sur 500 m de sable fin.

— *Poste* et *change* sur la place centrale. Service de dolmuş pour la plage.

Où dormir ? Où manger ?

Heureusement, la réglementation empêche de faire n'importe quoi sur la plage et aux abords du site. En revanche, le petit village situé à environ 2 km se couvre de pensions par dizaines. Les habitants voient venir le vent touristique et ne sont pas près de renoncer à cette manne. Tout le monde bâtit à la hâte sa petite pension, mais avec un certain respect du cadre.

Éviter celles du centre, dans la mesure du possible : elles sont très bruyantes. Bars et discos rivalisent de décibels bien au-delà de minuit.

■ *Sema Motel, Chez Ali* : à gauche, en entrant dans le village, à hauteur de Golden Pansiyon. Récent et bon marché. Les chambres ont douche et toilettes. L'ensemble est propre. Le patron peut vous conduire à la plage.

■ *Lykia Pansiyon n° 2* : sur les hauteurs. Une maison neuve et confortable. Chambres avec douche, très propres. Bon accueil et prix modiques.

■ *Golden Pansiyon* : ☎ 51-62 et 50-22. 16 chambres, certaines avec douche, grandes et propres. Excellent petit déjeuner. Vend des pellicules photo. Une des premières pensions du village. Le patron, très sympa, est un ancien prof de français. Il construit, sur les hauteurs, une nouvelle pension qui s'appellera *Patara View*. A suivre. Bon resto sur une terrasse ombragée. Bien agréable.

■ *Eucalyptos Pansiyon* : ☎ 50-76 et 50-77. Chambres avec douche et eau chaude. Restaurant et café-bar.

■ *Sisyphos Pansiyon* : bien aussi. Le même genre que les autres.

■ *Pension Sülo* : au bout du village. ☎ 50-70 ou 51-29. Chambres avec tout le confort espéré. Prix imbattables. Les propriétaires sont les gérants de la boulangerie d'à côté... Méga petits déjeuners !

■ *Camping O Eucalyptos* : très bon marché. Situé sous les eucalyptus, comme son nom l'indique. Bonne cuisine et patron accueillant.

● *Patara Restaurant* : une curieuse cabane en bois presque sur la plage. On y sert des petits déjeuners. A 100 m de la plage de sable.

● Deux bons restos, côte à côte, sur le côté gauche, dans la rue principale. Crêpes au fromage fondantes.

■ *Hôtel Delfin* : agréable et avec douche dans les chambres. Le tout est propre, et il y a une piscine. Bar et resto très corrects.

Où nager ?

Quelques kilomètres de plage fantastique. Un endroit encore peu connu. Peut être fermée après 21 h quand les tortues batifolent. Voir aussi *Kaputas Beach*. A ne pas répéter. Mais le sable y est brûlant. Bonnes chaussures fermées indispensables.

KALKAN (indicatif téléphonique : 32-15)

Un charmant petit port, à 80 km de Fethiye et à 11 km de Ovaköy, l'un des plus beaux endroits de la côte turque qui, grâce au ciel, a su rester un peu hors des circuits du tourisme de masse. Pour combien de temps ? L'absence de belle plage à proximité a sans doute permis d'écarter tous les fans du bronzage. Rassurez-vous, on peut quand même se baigner. Petite crique de gravier au sud du village, à côté du port sur la gauche, et magnifique plage en contrebas de la route à Kaputaş, à 4 km en direction de Kaş.
Le village est adossé à une colline agréable et traversée par de charmantes ruelles, bordées d'anciennes maisons de pêcheurs retapées et transformées en pensions. Un vrai petit coup de cœur, même si la modernisation du petit port n'est pas très réussie et si les hôtels se construisent à la vitesse V, dénaturant le paysage. Le port attire de nombreux plaisanciers.

Adresses utiles

– **Poste** : en arrivant dans le haut de la ville.
– **Bureaux de change** : à la poste (ils acceptent les Eurochèques) et sur le port, face à la station-service (en saison). Pas de change avec la carte VISA.

Où dormir ?

En saison, les prix des pensions ont tendance à flamber, et il est parfois difficile de trouver une chambre. Kalkan n'est pas un lieu de villégiature pour routards fauchés. Se méfier à l'otogar des rabatteurs travaillant pour le compte de pensions médiocres et qui certifient, avec beaucoup d'aplomb, que celle que vous avez choisie dans votre G.D.R. favori est complète, ou même fermée.

■ **Akin** : Yaliboyu Mahallesi, sur le port, dans une belle maison fleurie. ☎ 10-25 et 13-43. La plus ancienne pension de Kalkan, décorée avec beaucoup de goût. Une adresse de charme. Au rez-de-chaussée, 5 chambres avec salle de bains, impeccables et, au premier, 6 chambres plus simples mais très propres avec sanitaires communs. Entrée avec bar décorée de kilims anciens. Le patron est très accueillant et son fils Hüseyin parle le français. Restaurant en terrasse avec vue sur les bateaux.
■ **Smile Pansiyon** : dans une petite rue transversale. Très agréable mais bruyant le soir (bar juste à côté). Bon rapport qualité-prix. S'adresser au restaurant Smile. Souvent complet car il n'y a que quelques chambres.
■ **Ay Pansiyon** : ☎ 10-58. tout près du port, en remontant de 30 m une ruelle à gauche de Patara Pansiyon. Agréable pension familiale proposant quelques chambres simples, confortables et agréables avec vue sur la baie. Douche et eau chaude. On apprécie bien cet endroit charmant aux prix raisonnables. Famille gentille. Une bonne adresse peut-être trop connue des tours-opérateurs anglais.
■ **Kervan Han Pansiyon** : Yaliboyu Mahallesi 49. ☎ 10-83. Maison carrée et sympa. Agréable et pas trop cher. Accueil charmant. Dîner et petit déjeuner frugal servis sur la terrasse, si on le désire.
■ **Özser Pansiyon** : belle maison retapée, un peu au-dessus du port. Petit balcon de bois. Peu de chambres. Atmosphère intime. Prix corrects.
■ **Patara Pansiyon** : à gauche du port en arrivant. ☎ 10-76. Belle maison de pêcheur restaurée. Très propre. Resto. Bar sur la terrasse. Calme car un peu en retrait de l'animation.
■ **Öz Pansiyon** : en arrivant, demander au bureau de la Pamukkale (à l'arrêt du bus), le fils y travaille. Chambres avec douches chaudes, coin cuisine, terrasse face à la mer. Accueil agréable. Bon marché.
■ **Çetin Pansiyon** : Irtibat (contact). ☎ 10-80. C'est la dernière pension en longeant la rue du bord de mer (la mer étant sur la droite). Chambres et sanitaires propres. On ne parle pas l'anglais. Prix doux.
■ **Kalamaki Pansiyon** : ☎ 13-12. Accueil sympathique. Chambres agréables à prix très raisonnables. Une bonne adresse. Resto très correct. Un peu plus chère que les autres mais cela est tout à fait justifié par le confort et la qualité du service.

■ *Dionysio Pansiyon :* sur la hauteur. Un tout nouvel établissement avec vue superbe sur la baie. Bon accueil et petits déjeuners copieux servis sur la terrasse.

■ *Holiday Pansiyon :* Yaliboyu Mahallesi. ☎ 11-54. Deux maisons blanches dont l'une a 150 ans, décorées très simplement. Propre et accueillant. Calme et charme.

— A déconseiller, la pension Grundig qui a eu l'audace, profitant de l'heure tardive et de l'obscurité, de se faire passer pour une autre adresse recommandée par nous.

Plus chic

Il existe souvent peu de différence de prix entre les établissements ci-dessous et ceux qui précèdent. Cela dépend de la saison. Il arrive même parfois que ceux-ci pratiquent des prix identiques ou inférieurs à ceux de leurs collègues. Se renseigner sur les tarifs.

■ *Akgül Pansiyon :* près du port, dans Yaliboyuz Sokak. ☎ 12-70. 6 chambres très agréables avec belles salles de bains, dans une vieille maison. Encore une bonne adresse. Prix corrects pour la qualité et l'excellent service de Çetin. Bruyant le soir (bar à proximité).

■ *Daphne Pansiyon :* Yaliboyu Mahallesi Sokak. ☎ 13-80. Une très belle maison à proximité du port, en descendant de la poste. 12 magnifiques chambres pour un prix abordable. Très belle terrasse donnant sur la mer et sur la mosquée. Restaurant de qualité.

■ *Pasha's Inn :* 10 Sokak 8. Dans une petite ruelle menant au port. ☎ 10-77. Belle maison décorée avec goût et chambres spacieuses et claires, mais la propreté laisse à désirer. Sur le toit, une terrasse avec un bar. Là-haut, on boit le raki en surplombant le port. Bien trop cher pour le mauvais accueil.

■ *Lizo Pansiyon Restaurant :* Menteşe Mahallesi, Kalamar Yolu. ☎ 13-81. Petite maison moderne surplombant Kalkan. L'hôtesse, charmante et parlant le français, connaît bien la Daphne Pansiyon. Même qualité. Mêmes prix. A retenir.

■ *Paradise Inn :* même rue que la Daphne Pansiyon, à 50 m de la mer. ☎ 11-49. Encore une vieille maison rénovée et transformée en une agréable pension. 11 chambres avec sanitaires impeccables. Bar et restaurant. Prix raisonnables.

■ *Paper Moon Pansiyon :* Kalamar Yolu. ☎ 14-31. Les 11 chambres sont très propres (w.-c. et douches). Accueil très chaleureux. Restaurant familial sur la terrasse : vue sur le paysage superbe. Repas et prix très doux.

Bien plus chic

Toutes ces pensions ne sont ouvertes qu'en saison.

■ *Balikçi Han :* sur le port. ☎ 10-75. Pension meublée et décorée avec un goût exquis. Nombreux objets d'art. Architecture intérieure plaisante et grandes chambres. Bar très luxueux au rez-de-chaussée. Restaurant réputé.

■ *Kalkan Han Hotel :* à 50 m de la poste. ☎ 11-51. Dans une ancienne maison du village rénovée, dominant le port et la baie. Déjà le grand luxe. Au 3e étage, superbe terrasse fleurie où l'on prend les repas. Accueil chaleureux. Le directeur parle le français. Chambres simples, avec douche et w.-c. Pas de climatisation. Resto genre snack. Très cher toutefois.

■ *Pansiyon Eskiev :* pas loin de l'arrêt de bus. Dans le vieux village. Les proprios parlent l'anglais. Les chambres donnant sur la terrasse ombragée sont très grandes, très confortables, superbement décorées. Vue sur la mer. Très propre.

■ *Famous Pansiyon :* ☎ 12-86. Mêmes caractéristiques, mais un peu en dehors du centre. Plus calme. Vue unique. Prix identiques.

Où manger ?

● *Smile Restaurant :* en plein centre, non loin de la poste. Les tables envahissent la rue. Réputé auprès des touristes. Normal, Adem est adorable et son frère Ali parle bien le français. Prix doux, et table simple. On ne vient pas ici pour des raffinements gastronomiques.

● *Akin Restaurant :* devant la pension du même nom. Une petite terrasse ombragée donnant sur le port. Les prix sont peut-être un peu plus élevés que dans le précédent mais on paie la vue.

● *Doy Doy :* domine le port près du monument aux morts, en descendant les escaliers sur la droite. Grand choix de meze. Spécialités de poisson. Se faire toujours préciser le prix avant de le commander. On y mange très bien pour un prix raisonnable.

● *Daphne Restaurant :* sur la terrasse de la pension du même nom. Cuisine et cadre raffinés. Service impeccable. Vue magnifique sur la baie. Bougies sur la table. La cuisine est exclusivement composée de spécialités turques. Un peu plus cher que les autres mais la différence est largement justifiée. Ambiance « soft » et lieu de repos des plaisanciers.

● *Köşk Restaurant :* dans la principale rue commerçante, au-dessus du port. Grande terrasse hyper-agréable. Service d'une extrême gentillesse. Qualité reconnue. Prix très corrects, voire... doux.

● Directement sur le port, une dizaine de restaurants se succèdent. Notre préférence va à ceux situés après la station d'essence et qui ont une terrasse commune recouverte de vigne. Lors de notre dernière visite, les meilleurs étaient *Yakamos* et *Lipsos* mais cela change souvent d'une saison à l'autre, suivant le chef.

A faire

Rien du tout ! Ce qui est agréable pour vous et pour nous. Ne manquez tout de même pas la superbe plage de Patara. Nombreuses excursions en bateau pour la journée ou minicroisières. Renseignements sur le port ou au *Smile Restaurant*.

Quitter Kalkan

Trois compagnies de bus (*Kaş Turizm* pour Antalya, *Kamil Koç* et *Pamukkale* pour Istanbul, Ankara et Izmir), situées un peu avant la poste, à l'entrée du village. Nous vous donnons les fréquences moyennes des départs, toutes compagnies confondues.

— *Vers la plage de Patara :* dolmuş toutes les 30 mn. Attention, avec le billet aller-retour, l'heure du retour est imposée (vous devez prendre le même minibus à l'aller et au retour !). Impossible de déroger à cette règle.

— Renseignez-vous pour savoir si des dolmuş font toujours la visite des sites de *Xanthos* et *Létôon.*

— *Vers Kaş et Antalya :* environ 6 ou 7 bus par jour. La route doit absolument se faire de jour vu la beauté des sites.

— *Vers Fethiye :* 13 bus environ, toute la journée, et nombreux dolmuş.

— *Vers Izmir :* 1 ou 2 bus par jour.

KAŞ (indicatif téléphonique : 32-26)

Il y a encore peu de temps, on y trouvait l'atmosphère de Saint-Tropez dans les années 50. Maintenant les touristes arrivent en masse. Au pied d'une montagne abrupte, entièrement tourné vers la mer, ce petit port ne se contente plus de gérer son fonds de douceur de vivre et ses sarcophages lyciens lourdement assoupis de-ci, de-là sous le soleil. Trop de touristes. Pas de plages sablonneuses mais plusieurs plates-formes enserrées entre les rochers, pour amateurs de galets. Face à la mer aussi, un petit théâtre adorable dont les spectateurs ne se lassent toujours pas de contempler la même pièce.

Nulle bataille d'Hernani ici, tout le monde se plaît à souligner la qualité et le romantisme du spectacle. Pensez au film sur la « Croisette ».

En face de Kaş, l'île de Meis, qui est grecque.

Bon, trêve de lyrisme, Kaş vous attend impatiemment.

– *Office du tourisme :* sur le port. ☎ 12-38.

Où dormir ?

Prix modérés

Nombreuses possibilités de logement. Un autochtone nous a dit : « S'il y avait
1 000 maisons ici, 900 seraient des pensions ! » En pleine saison, néanmoins, il
est conseillé de ne pas arriver trop tard pour trouver un logement. De plus nous
précisons, pour nos routards adorés, qu'il peut être difficile de dormir avant 2 h,
3 h, 4 h.... : discos assez nombreuses.

■ *New Saint Nicolas Pansiyon :* Bucak Caddesi 3. ☎ 10-98. A l'entrée du
village, à 300 m du port. En venant de l'arrêt de bus, c'est dans la ruelle au coin
de l'hôtel Mimosa. Douches chaudes gratuites. On peut faire sa cuisine. Très
propre. Le proprio est très gentil. Il règne ici une véritable atmosphère de pension de famille. Une des moins chères du village. Petite terrasse.

VERS LE THÉÂTRE

■ *Motel Andifli :* Hastane Caddesi 15. ☎ 42. A droite du port, vers le théâtre.
Vue sur la mer bien sûr, avec un (beau) jardin. Patron sympa, mais chambres
sans lavabo ni douche. Terrasse au soleil. Balconnet. Chambres lumineuses et
propres. Pas typique mais très bien situé et calme. Tendance à l'inflation. Bien
se renseigner sur les prix, avant.

Prix moyens

– Évitez le *Kaş Oteli*. Les chambres sont des placards et chères.
■ *Pension Otel :* Yemi Cami Caddesi. ☎ 19-38. Propreté assurée. Terrasse
très reposante d'où la vue est superbe. Balcons agréables. Accueil à craquer.
■ *Hôtel Ali Baba :* juste après la mosquée lorsque l'on se dirige vers l'hôtel
Andifli et le théâtre. ☎ 11-26. 16 chambres en tout dont 6 avec vue sur la rue
et au soleil. Demandez-les. Spacieuses et propres. Atmosphère impersonnelle
mais bon rapport qualité-prix.

DANS LE CENTRE

■ *May Pansiyon :* dans une rue animée du centre. Petite maison agréable dans
une rue typique. Bruyant.
■ *Sultan Pansiyon :* un peu plus haut que la précédente, dans la même rue.
Bien mais un peu cher. Plus haut dans la rue, on découvre une haute tombe
lycienne. Pas banal.
■ *Kismet Pansiyon :* Ilkokul Sok 17. ☎ 18-88. Dans une ruelle du centre.
11 chambres simples, avec ou sans douche. Modeste et pas cher. Une des
moins chères d'ailleurs. Bar sur la terrasse. Vue superbe sur toute la baie.

VERS LE POSTE DE POLICE (SIC !)

■ *Hôtel Koza :* empruntez la ruelle qui grimpe à gauche du port et passe devant
le poste de police. ☎ 10-66. Bien situé, face à la mer. Chambres simples,
agréables et propres avec douche chaude et w.-c. privés. La maison a beaucoup de charme avec ses balcons fleuris, sa terrasse couverte de treille et de
bougainvillées. Famille vraiment sympathique. Le fils, Mehmet, parle l'anglais et
le français. Prix fixés par la mairie et affichés dans la chambre.
■ *Patara Pansiyon :* Kücük Çakil Mahallesi, juste à côté de l'hôtel Koza.
☎ 13-28. Très propre, récent et pas trop cher. Chambres avec douches et
w.-c. Vue sur mer.
■ *L'hôtel Linda :* ☎ 18-28. Dans la même rue que le précédent, un peu plus
loin, appartient au même proprio.
■ *Pension Ferah :* à côté du Patara. ☎ 13-77. Même genre et même prix. Jar-
dinet devant. En allant plus à gauche, encore une série d'hôtels dans une partie
du village qui se développe méchamment.

Plus chic

■ *Hôtel Marti :* Adliye Caddesi 1. Un peu à gauche du port. ☎ 15-25. Petit
hôtel un peu moins classe que la façade ne le laisse supposer. Chambres toutes

petites mais avec toilettes. Grande terrasse au soleil au-dessus du port. Prix plutôt corrects. Bar et resto.

■ *Gold Hotel :* Hastahane Caddesi, en direction du théâtre, prendre la première petite rue à droite. ☎ 15-72. Tout récent, familial et confortable. Lit double. Douche et toilettes dans la chambre. Demandez-en une avec vue.

■ *Medusa Hotel :* Küçükçakil Mevkii. ☎ 14-40. Bel établissement avec piscine agréable et éclairée la nuit. On peut s'y baigner jusqu'à minuit. Très propre. Certaines chambres ont vue sur la mer.

Campings

■ *Kaş Camping :* ☎ 10-50. Un peu plus loin que le théâtre, à gauche en arrivant sur le port. Agréable camping au milieu des oliviers, dont le terrain, légèrement en pente, glisse doucement vers l'eau. Quelques bungalows blanchis, avec toits de tuiles, donnent à l'ensemble un air de jardin sympa. Calme, car excentré. Resto et bar. Sanitaires en sous-nombre, c'est dommage. Archi-plein l'été.

■ *Herodot Restaurant Çakil Camping :* à 2 km sur la route à gauche en regardant la mer. Très rudimentaire. Deux douches seulement et attention aux guêpes le matin, au réveil. La plage, à proximité du camping, est désormais payante mais le lieu est superbe.

Où manger ?

Nombreuses terrasses au soleil sur le port. A préférer aux cafés autour de l'otogar : arnaque assurée.

● *Orta Okul Sokaği :* petite ruelle donnant sur le port et longeant le petit parc municipal. Là, une succession de petits restaurants populaires fort abordables. On mange dehors sur de grandes tables. Le *Derya* est particulièrement bien, le meilleur de la ruelle à notre avis. Plats copieux.

● *Eriş Restaurant :* sur le port, à gauche en regardant la mer. On mange dehors à l'ombre d'un bel arbre. Le patron, qui parle très bien le français, propose une bonne cuisine. Les prix ont cependant grimpé.

● *Mercan Restaurant :* un peu plus loin que le précédent, en terrasse sur le port. Prix en très nette augmentation depuis son entrée chez nous. Attention pour le poisson : bien se faire préciser le prix. Les serveurs ont même le culot de venir réclamer leur pourboire.

● *Kalamar Restaurant :* dans le centre. Une nouvelle adresse dans un cadre agréable avec beaucoup de plantes vertes. On y mange bien.

● *Kardeşler Çay Bahçesi :* à gauche du port, sur une petite terrasse dominant l'eau. Genre salon de thé en plein air. Agréable en fin de journée.

● *King Restaurant :* en remontant du port par la rue la plus commerçante, tourner à droite au tombeau lycien. Agréable jardin où l'on déguste grillades, méchoui et de vraies *pide*. Devenu un peu arnaqueur depuis qu'il est indiqué dans le Routard.

● *Çinar Restaurant :* Şube Sokak, la rue qui va du port à la poste. Petite *lokanta* fréquentée par des Turcs. Bonnes spécialités.

● *Noël Baba Pastanesi :* place principale. C'est vraiment notre Papa Noël à tous pour le thé et le café.

A voir

▶ *Le théâtre :* à 2 km du centre, dominant la mer. Assez bonne conservation. Il date certainement de l'époque hellénistique. Sur la colline, en cherchant bien, vous trouverez sans doute quelques tombeaux.

▶ Beau *tombeau lycien,* au bout de la rue qui grimpe à gauche de l'office du tourisme. Il date du IVe siècle av. J.-C.

Achats

- *Céramiques* de Kütahya. Voir la boutique *Primite ve Turistik Esya*.

Où se baigner ?

— Continuez la route à gauche en regardant la mer. Faites 2 km et vous arrivez à une superbe crique... de petits cailloux. Un peu bondée. Les constructions se rapprochent lentement du rivage.
— Depuis l'otogar, des minibus vous conduisent régulièrement à la plage de sable de Kaputas, à 15 km de la ville en direction de Fethiye.
— On peut aussi se baigner depuis les rochers en contrebas du théâtre.
— Les bateaux de pêcheurs sur le port vous emmènent sur les meilleures plages des environs. Parfois le repas est inclus, mais il est cher et médiocre. Préférez les excursions sans repas et apportez votre pique-nique.
— Si la baignade sur la presqu'île vous tente : *Aqua Park Hotel*. Cher mais chambres aérées, immense piscine, buffet gigantesque...

Excursion

— Renseignez-vous : nombreuses excursions au départ de Kaş groupant l'exploration de plusieurs adorables petites îles.
— La grande excursion depuis Kaş est celle qui vous mène à *l'île de Kekova* où, depuis le bateau, on peut voir à travers les eaux cristallines une cité engloutie. Voir le chapitre qui lui est consacré. Cela dit, il est moins cher de louer une barque depuis Andriake, le petit port attaché à Demre.
— *Le tour de la presqu'île* : à faire en voiture. Ça bétonne sérieusement. Un tas d'hôtels en construction. Pas de plages mais des paysages splendides.
— Possibilité de se rendre à Castel-Lorizo sur l'île, grecque, de Meis Adasi : aller et retour dans la journée. Peut être également le point de départ de découvertes d'autres îles grecques.

Quitter Kaş

Attention à la compagnie de minibus *Patara* qui a tendance à raconter n'importe quoi sur les horaires et n'hésite pas à réclamer plusieurs fois le prix du billet que vous avez déjà payé. Lui préférer *Aydin Turizm*.
— Nombreux bus pour *Fethiye*, en 2 h 30, et en direction d'*Izmir* (au moins 10), via Selçuk, en 9 h.
— *Vers Antalya* : nombreux départs en 5 h.
— *Vers Pamukkale* : via Denizli. Deux bus quotidiens, durée 10 h.
— *Tour des sites* (Létôon, Patara, Xanthos, Demre) : avec l'*agence Kahramanlar*, sur le port, mais beaucoup de monde sur les ponts du bateau.

L'ILE DE KEKOVA (indicatif téléphonique : 31-91)

Pour vous, l'occasion de réaliser une bien agréable excursion : baignade dans des eaux à l'incroyable transparence, visite de sites archéologiques assez étonnants, balade en bateau... L'inaccessibilité du site a préservé les vestiges au cours des siècles. C'est le lieu de rendez-vous des riches plaisanciers.

Comment y aller ?

— *De Kaş* : un bateau, Aqua Park, part tous les jours aux environs de 9 h 30 et atteint l'île en 2 h, d'avril à octobre. Retour le soir vers 18 h. Le fond du bateau est bien transparent mais comme il navigue en eau profonde, on ne voit rien et c'est cher.

Nous, on conseille plutôt de faire l'excursion depuis Demre car, à partir de 5 ou 6, il n'est pas plus cher de louer une petite embarcation de pêcheurs, au port de Demre, qui s'appelle Andriake. Si on est 6, le prix devient intéressant. La barque est louée pour la journée. On atteint l'île en 1 h. On organise son tour à son rythme. Bien moins cher que par les agences et on voit mieux la cité engloutie. De plus, on peut jeter l'ancre dans de petites criques. Possibilité de venir de Demre.

— Pour les motorisés, une route de 17 km qui devrait être asphaltée relie la N 400 (entre Kaş et Kale) et le petit port de Üçağiz, l'antique Teimuse, d'où partent régulièrement des petits bateaux pour Kekova.

Un peu d'histoire

Bien avant notre ère, ces îles servaient de refuge aux habitants de la côte. Lyciens et Grecs y établirent des villes. Des forteresses s'édifièrent, réutilisées plus tard par les Byzantins. Sous la domination musulmane, les cités furent abandonnées.

A voir

En arrivant sur l'île de Kekova, vous découvrirez les ruines d'un ancien port lycien dont certaines sont immergées dans une eau absolument limpide. Visite d'environ 1 h. Plongée strictement interdite. Sur l'île, on peut se baigner dans une petite crique, fort bien abritée.

Ensuite le bateau s'arrête à *Kaleköy* (se dit aussi Simena) en face de l'île. Beaucoup de restaurants au bord de l'eau avec musique et prix américains assurés (ils baissent au fur et à mesure que l'on monte vers la citadelle byzantine). La *Mehtap Pension*, en haut du village, à gauche, propose la pension complète à un prix modéré. 4 chambres seulement.

C'est à Kaleköy que se trouve la tombe lycienne à demi immergée que l'on aperçoit sur toutes les cartes postales. On y voit toute une série d'autres tombes superbes, un petit château médiéval et un théâtre romain minuscule et adorable. Malheureusement, le site se dégrade. Il devient carrément sale.

Surplombant Kaleköy, une citadelle en ruine. De là-haut, vue superbe sur la baie et l'île de Kekova. A proximité, plusieurs tombes lyciennes (à croire que les gens de cette époque sont tous morts).

▶ *Üçağiz :* ensuite on se dirige vers le village d'Üçağiz, sur la terre ferme, où d'autres tombes sont encore visibles. C'est là qu'aboutit la nouvelle route. Ceux qui ne sont pas venus par un tour organisé depuis Kaş peuvent dormir à Üçağiz. Nombreux restaurants et plusieurs pensions. L'endroit va se développer avec l'ouverture de la nouvelle route. Tout le monde vous propose l'excursion à Kekova. Comparer et discuter les prix avant de choisir.

Où dormir ? Où manger ?

■ Quelques petites pensions, uniquement, à Üçağiz. Et prix des restos beaucoup plus élevés qu'à Kaş.
● *Kordon Restaurant :* terrasse sur la mer au premier étage. Agréable.
● *Marina Restaurant :* excellente cuisine. Grand choix de meze. Là aussi, belle terrasse sur la mer.
● *Restaurant Yasir :* toujours sur la mer et à côté des précédents. Dispose aussi de quelques chambres simples mais les sanitaires sont insuffisants et douteux. Patron très intéressé.
— A déconseiller, le *restaurant Koc* où descendent tous les groupes de touristes. Ils ne cherchent qu'à se remplir les poches. Ils ont aussi une quinzaine de chambres.
● *Épicerie Kekova Market :* bien achalandée.

DE KAŞ A ANTALYA

Très belle route, surtout dans la portion Kaş-Demre. L'itinéraire musarde dans la montagne, traverse de vieux villages et de jolies vallées. Quelques chameaux, peu habitués au nouveau goudron, s'insurgent qu'on livre ainsi leur région au tourisme. Il faudra qu'ils s'y fassent. Et puis, après un dernier virage, apparaît la plaine alluviale de Demre, une des plus riches de Turquie, couverte de serres en verre ou en plastique ! Le charme va-t-il se rompre ? Non, bien sûr, car la patrie du père Noël a bien des atouts...

DEMRE (ou Myra) [indicatif téléphonique : 32-24]

C'est l'ancienne Myra de l'Antiquité, siège d'un évêché au IVe siècle apr. J.-C. Une importante nécropole lycienne, un théâtre romain adossé aux pieds de splendides tombes rupestres, et une émouvante basilique byzantine perpétuent aujourd'hui le souvenir des civilisations qui y ont fleuri. Plutôt à goûter avec un éclairage matinal... si vous pouvez.

Petit papa Noël, quand tu descendras du ciel...

Au IIe siècle de notre ère naît, dans la région de Patara, un petit garçon appelé Nicolas. Sa famille est très riche. Aussi, quand ses parents meurent, Nicolas hérite-t-il d'une grosse fortune. Il devient évêque de la région. Comme il a un cœur gros comme ça, il l'utilise pour aider les pauvres. On raconte que dans son village, un vieil homme a trois filles à marier et pas de dot à leur donner. Nicolas en est très peiné. Un soir de décembre, trois siècles après la naissance du Christ, il fait tomber dans la cheminée du vieil homme trois bourses pleines de pièces d'or.
Nicolas devient le patron des enfants et des pauvres. C'est pour la Saint-Nicolas et non pour Noël que l'on fait des cadeaux. C'est ainsi que naît la légende du père Noël, quelque part en Turquie. Mais cette tradition a été reculée au jour de Noël, quelque trois semaines plus tard, certainement sur les conseils d'une attachée de presse du pape...

De la légende à la sordide réalité

De cette belle histoire naquit la convoitise. On vint de loin pour acheter l'huile que quelques mécréants faisaient couler sur la sépulture de saint Nicolas pour la sanctifier. Plus tard, au XIIe siècle, des brigands volèrent les os du père Noël. Il en subsiste pourtant quelques restes au musée d'Antalya. Une manière comme une autre de toujours croire au père Noël...

Où dormir ? Où manger ?

■ *Kekova Pansiyon :* tenue par des jeunes. Chambres à l'arrière plus calmes. Organise chaque jour une promenade vers l'île de Kekova, pour un prix un peu élevé.
■ *Simge Otel :* PTT Caddesi, dans le centre. Moderne, avec salle climatisée au rez-de-chaussée et confortable. Bon accueil. On organise aussi, sur demande, une excursion d'une journée en bateau à Kekova à des prix intéressants.
■ *Hôtel Sahin :* S. Nicholas Caddesi. ☎ 16-86 et 16-87. Bon hôtel pas beaucoup plus cher qu'une pension. Excellent accueil.
■ *Hôtel Murat :* non loin. Neuf. Propre. Pas cher. Le restaurant possède un excellent rapport qualité-prix. Comme la gare est à 2 km et que nos petits sont exténués... possibilité de se faire conduire à l'hôtel gratis. Demandez à la gare.
● *Has Yayla Şiş kebap Salonu :* entre la route de Myra et l'église Saint-Nicolas. Copieux et pas trop cher.

A voir

▶ *L'église Saint-Nicolas :* dans le centre. Entrée chère. Remarquez d'abord la construction byzantine initiale à trois absides. Restes de peintures murales et pavements de mosaïque. Ensuite, vous pénétrez dans la basilique proprement dite du Vᵉ s., reconstruite au XIᵉ siècle après le raid d'une flotte arabe. A l'entrée, un panneau en anglais décrit la vie de saint Nicolas. Vous y trouverez le sarcophage du saint. Quelques vestiges de sculptures dans la galerie au 1ᵉʳ étage et une perspective intéressante sur l'architecture intérieure. Chapiteaux soigneusement ciselés, ainsi que quelques fragments de mosaïques.

▶ *La nécropole lycienne :* à environ 1 km de Demre, à droite par une bonne route. Lorsque vous aurez émergé de la dernière serre à aubergines, apparaîtra la splendide nécropole rupestre. Pour atteindre les tombeaux qu'on voit sur la paroi, il est nécessaire de grimper un peu. Certaines sont ornées de reliefs sculptés. A droite des tombes, un théâtre romain encore bien conservé. Sur la montagne, les vestiges d'une fortification byzantine. Pas facile à atteindre quand il fait chaud.
Face à l'entrée du site, quelques gargotes. Ne partez pas sans avoir goûté les délicieuses crêpes fourrées aux divers légumes locaux, préparées devant vous. Prix modique.
— N'hésitez pas à jouer aux archéologues : il y a quantité de sites non encore fouillés autour. Un détail : on est tenu de déclarer ses trésors... Pas de vilaines cachotteries.

FINIKE (indicatif téléphonique : 32-25)

A une trentaine de kilomètres de Demre en direction d'Antalya, ce port niché au fond d'une magnifique baie passe pour bénéficier d'un climat exceptionnel, le plus chaud de Turquie. Finike est une petite ville de 5 000 habitants, accrochée au coteau qui descend vers la mer. Elle occupe l'emplacement de l'antique village de Phoenicius, ce qui explique les nombreux vestiges trouvés dans la région.
A l'intérieur des terres, Limyra, l'une des plus anciennes cités de Lycie où se trouve, entre autres, un tombeau monumental sur une plate-forme rocheuse à plus de 200 m au-dessus du site. Plus accessible est le joli théâtre d'époque romaine, perdu en pleine nature dans un superbe site. Compter 25 km depuis Finike. En ville, belle plage et joli port. Connu pour ses oranges délicieuses.
Plus au nord : Arycanda, à 35 km, vers Elmali. Il y a plus de vestiges visibles et vous aurez moins d'efforts d'imagination à faire.

Où dormir ?

■ *Paris Hotel Pansiyon :* ☎ 14-88. Tenue par M. Çaytaşi et sa femme, qui ont vécu une quinzaine d'années à Paris. La terrasse où l'on prend le petit déjeuner domine la ville et la mer. Pour y accéder, un escalier de 110 marches. 20 chambres avec douche et w.-c. Prix très corrects. 10 donnent sur la mer. M. Çaytaşi se fera un plaisir de vous faire découvrir les environs.
■ *Pension Orkinos :* une autre bonne adresse très bien tenue par deux jeunes sympa. Là aussi, vue sur la mer depuis la terrasse.
— Nombreux *campings* près de la plage. Propres en général.

OLYMPOS

A 25 km de Kemer et 88 d'Antalya. Ce site est réservé aux archéologues passionnés. Il est difficilement accessible et peu spectaculaire. Le bus ne s'y arrête pas. Il faut donc demander au chauffeur de vous arrêter au niveau du panneau jaune, sur la droite de la route. De là, 9 km vous attendent. Autant vous le dire de suite, il faut être mordu de vieilles pierres pour faire ces 9 km sous 40 °C. On peut aussi y aller en bateau de Kemer. Très long. A partir du dernier village en bas, Çavuşköy, il reste 4 km de mauvaise piste.
Le site archéologique s'étend le long d'une belle plage et autour d'un canal entouré de marécages. De-ci, de-là, quelques vestiges surgissent. Très peu de touristes. Olympos, ancienne cité lycienne, devint romaine en 78 av. J.-C. Vous

distinguerez aisément la porte monumentale et son linteau sculpté. Depuis ce qui reste de l'acropole, belle vue sur les environs. Ruines d'un petit théâtre envahi par les broussailles. Vestiges de thermes également. Très belle crique. Il y a maintenant deux campings : le plus proche de la mer est un camping « sauvage », avec douche, sanitaires et repas au resto. Le plus éloigné est un petit camping familial (gratuit), accueil chaleureux. Le patron fait goûter ses spécialités. Derrière les ruines, une pension fait aussi camping.

Aux environs

▶ **Chimarea** (ou « chimère ») : un endroit de rêves. Retourner vers Tekirova, et prendre l'embranchement de Çirali. Faire 7 km de piste cahotante, jusqu'au pont (20 pensions y sont disséminées tout au long du parcours), puis 4 km jusqu'au fond de la vallée. 1 km de sentier serpente à 1 500 m d'altitude ; spectacle féerique : sur une aire de 100 m sur 50, des dizaines de flammes… Feu naturel, à l'origine de foule de mythes grecs. (Ce phénomène serait dû aux émanations de méthane.)
Ancien temple. Ancienne église. Se munir de lampes de poches puissantes, de boissons, et…

PHASELIS (indicatif téléphonique : 31-85)

A 13 km de Kemer et 57 km d'Antalya. Entrée payante. Ouvert en été de 8 h à 18 h. Réduction pour les étudiants. Ceux qui voyagent en bus demanderont au chauffeur de les déposer à Tekirova, le village le plus proche du site (3 km). Pour repartir vers Phaselis, dolmuş ou stop ; pour Antalya, dolmuş toutes les demi-heures. 3 h de trajet. Il y a maintenant des dolmuş Antalya-Tekirova qui desservent le site en saison. Apporter son casse-croûte ; pas de resto, mais il y a un bar à l'entrée. Y arriver tôt pour éviter les cars de touristes. Pour ceux qui disposent d'une voiture, le site est indiqué sur la droite de la route en allant vers Kemer. On peut aussi s'y rendre en bateau depuis Kemer, mais très long.
On a eu un vrai coup de cœur pour Phaselis, probablement le site archéologique le plus, le plus… mignon, c'est ça ! Non point la grandeur monumentale qui époustoufle, coupe la respiration, vous rend gaga quelques secondes. Non, mieux que ça : un charme absolu, quelque chose de rare, un rapport « création de l'homme-nature » totalement harmonieux.
Construit sur une pointe rocheuse, au pied du mont Tahtali, entouré de plusieurs plages, Phaselis fut l'un des plus importants ports lyciens avant de devenir romain. La ville fut habitée jusqu'à l'époque byzantine. Aujourd'hui, les ruines sont perdues dans les pins maritimes. Phaselis comprenait trois ports. Vous tomberez sur le premier au débouché du chemin. A votre droite, vestiges importants de l'*aqueduc romain*. En le suivant, on arrive au deuxième port, dit port du milieu, d'où part une voie monumentale. A gauche de celle-ci, les restes de l'*agora*, du *hammam* et, au-dessus, le *théâtre*. Y grimper pour découvrir le panorama. Les dimensions réduites du site permettent vraiment de s'imaginer à quoi ressemblait une ville antique. Et si en plus vous êtes seul, c'est un de ces rares moments où l'Histoire cède complètement le pas à la poésie. Au bout de la voie s'élevait une porte monumentale, érigée en l'honneur de la visite de l'empereur Hadrien en 129 ap. J.-C. et qui ouvrait le chemin vers le dernier port.
Emportez votre maillot de bain et des sandales à cause des oursins. Avec un masque, on peut apercevoir quelques pans de murs immergés et même des restes de sarcophages.
Petit musée modeste mais avec cafétéria et douches dans les w.-c.

Où dormir ? Où manger ?

■ **Marti Pansiyon :** à 3 km du site, au village de Tekirova, chez M. Teoman Egel. ☎ 41-63. Pension récente et patron charmant. Petite piscine. Une dizaine de chambres dont certaines disposent d'une terrasse fleurie. Cuisine excellente et très bon accueil. Une étape idéale. Prix stables. Souvent complet ; il est préférable, en saison, de réserver.

■ *Bariş Pansiyon :* à Tekirova, à 250 m de la mer. ☎ 42-63. Une quinzaine de chambres avec salle de bains, au milieu d'un magnifique jardin plein de parfums. Même prix que la pension précédente. Ils font aussi restaurant. Accueil sympa.
■ *Melissa Pansiyon :* à 600 m de la plage, dans un environnement bien quelconque. ☎ 43-20. Les 8 chambres sont vraiment rudimentaires. A peine moins cher que les précédentes. Au cas où celles-ci afficheraient complet. Le patron cherche à rendre service.

KEMER (indicatif téléphonique : 32-14)

Station balnéaire en construction, à 40 km au sud d'Antalya. Pour l'instant, c'est plutôt laid et sans unité. Immense plage de galets. Intéressant surtout pour dormir après avoir visité Phaselis. Bus de Kemer jusqu'à Olympos.
- *Office du tourisme :* Belediye Binasi (dans l'hôtel de ville). ☎ 15-36.

Où dormir ? Où manger ?

Vous trouverez de tout, pour toutes les bourses.
■ *Overland Camping :* à 800 m du centre, en direction d'Antalya. Douches chaudes et bacs pour la lessive. Prix très corrects.
■ *Turban Beldibi Camping :* à 14 km de Kemer en direction d'Antalya. ☎ 11-13. Vaste camping dans une forêt de pins. Plage agréable. Resto. Tout le confort. Location de tentes.
■ *Mico Camping :* à la sortie du village toujours en direction d'Antalya. Situé près de la mer, les douches sont chaudes, la cuisine est bonne. Des dunes de sable séparent de la plage et protègent du vent. Pas cher. Les gérants ne parlent pas un mot de langue étrangère.
■ Une multitude de petites pensions confortables et propres dans une rue parallèle, à gauche, de la Liman Caddesi, en partant du centre ville. Par exemple, la *Barbaros Pansiyon.*
● *Develi Restaurant,* à 100 m de l'Overland Camping, avec sa terrasse ombragée au bord de l'eau. Bonne cuisine.
- Si vous ne trouvez pas le sommeil, ou si vous n'avez pas pu vous payer le 5 étoiles, montez au *Yörük Parki :* vous verrez d'authentiques nomades.

ANTALYA (indicatif téléphonique : 31)

Grande ville au fond d'un golfe, sous l'œil vigilant des monts Bey Dağlari qui conservent leurs neiges jusqu'au milieu de l'été. Ne pas se laisser impressionner par les longues rangées d'immeubles modernes qui accueillent les visiteurs. Elles vous réservent la surprise de mener à l'une des plus belles villes de Turquie. L'architecture des mosquées n'est pas en reste, ainsi que le musée qui a recueilli toutes les découvertes de la région. A noter : il fait très chaud et très humide en juillet et août (40 °C).

Topographie

Occupant un site remarquable exploité depuis le IVe s. avant J.-C. par les Grecs, la ville est encadrée à l'est et à l'ouest par deux grandes plages. La vieille ville, tout imprégnée d'atmosphère orientale, bénéficie, depuis peu, d'une totale réhabilitation. Les anciennes maisons turques du XVIIe siècle sont remises en état et la plupart transformées en pensions de luxe. La vieille ville est ceinte par la Cumhuriyet Caddesi (plan A2) et l'Atatürk Caddesi (plan B2-3), et descend doucement vers le petit port qui, lui, a subi un lifting un peu poussé à notre goût. C'est dans cette partie de la ville qu'on trouve la sérénité des siècles passés, ainsi que de nombreux marchands de tapis. Au-dessus de Cumhuriyet Caddesi, on trouve le bazar, animé plus que véritablement intéressant. Le musée se trouve à 3 km à l'ouest, en direction de la plage de Konyaalti. Antalya tire également son intérêt de la proximité des sites archéologiques environnants : Termessos (37 km), un de nos préférés, Pergé, Aspendos et Sidé.

Adresses utiles

– *Office du tourisme :* Cumhuriyet Caddesi (plan A2), dans le building Özel Idare. Pas de numéro. ☎ 11-17-47 ou 11-52-71. Si vous comprenez l'allemand. Ce building se trouve sur la droite de la rue, en s'éloignant du centre. Ouvert de 8 h à 18 h 30 tous les jours en été. Autre office de renseignements dans la vieille ville.
– *Poste :* sur Anafartalar Caddesi, presque au coin de Cumhuriyet (plan A2). Elle offre l'avantage d'avoir l'air conditionné, ce qui est appréciable quand il fait 45 °C à l'ombre. Change selon le cours officiel.
– *American Express : Pamfilya Travel Agency*, 30 Ağustos Caddesi 576. ☎ 12-14-01.
– *Otogar :* un peu au nord du centre, sur Şarampol Caddesi (plan A1).
– *Hôpital :* Devlet Hastanesi, derrière le musée, à 2 km du centre (hors plan A2). ☎ 11-20-10.
– *Change :* sur la place de l'Horloge, de 10 h à 22 h, 7 jours sur 7.

Où dormir ?

Pas cher

DANS LE QUARTIER DE L'OTOGAR (plan A1)

Un coin pas génial, où les pensions sont à des prix très bas mais minables. On y reste une nuit, pas toutes les vacances, c'est sûr. Cinq adresses de base.

■ *Kumluca Otel :* 457 Sokak 21. ☎ 11-11-23. Donne sur l'Ismetpaş Caddesi. Dans une rue calme. Hôtel vieillot mais bien tenu. Douches à l'étage. Propreté acceptable, prix imbattables.
■ *Kaya Oteli :* Kâzim Özalp Caddesi 459, Sokak 12. ☎ 11-13-91. Un autre hôtel très simple, proche du précédent, mais lui aussi assez propre. Prix un rien plus élevé. Chambres minuscules. Seulement si vous arrivez tard.
■ *Otel Sargin :* à deux pas du Kaya, au n° 3. ☎ 11-14-08. Simple et pas cher également. Petites chambres.
■ *Sima Pansiyon :* Balbey Mahallesi 426 Sokak 13. Prendre Ismet Pasa Caddesi, en venant de l'otogar. A une centaine de mètres, à gauche, suivre l'indication INSEL. Douches chaudes. Propre.
■ *Insel Pansiyon :* Balbey Mahallesi 426 Sokak 16. ☎ 18-19-63. Excellent accueil. Propre. Le mari de la patronne est chauffeur de taxi. Bon rapport qualité-prix.

Prix modérés

DANS LA VIEILLE VILLE (plan B2-3)

Un quartier merveilleux, plein de charme et de pensions. On les compte par dizaines. Les prix ont tendance à grimper surtout depuis que quelques vieilles maisons ont été transformées en hôtels de luxe.

■ *Bermuda Pansiyon :* Hesapçi Sokak 74. ☎ 11-19-65. A l'intérieur de la vieille ville et donnant sur le front de mer. Bon accueil. Calme. On parle l'anglais et l'allemand. Douches à l'étage, avec eau chaude. Petit déjeuner copieux. Resto avec grand choix de spécialités turques. Prix abordables pour les petits budgets. Le bonheur.
■ *Ozmen Pansiyon :* Kilinçarslan Mahallesi Zeytin Cikmazi 5, à proximité du Kesik Minare. ☎ 11-65-05. Une toute nouvelle pension de 25 chambres confortables avec moquette, placards. Salles de bains rationnelles avec eau chaude. Terrasse sur le toit avec bar et restaurant. Jolie vue sur le port. Une bonne adresse à prix raisonnables si vous vous recommandez de nous. Vérifiez que le voisinage ne soit pas en travaux.
■ *Bacchus Hotel :* juste en face du précédent. ☎ 17-58-38. Propre et calme. Petit déjeuner sur la terrasse et vue superbe sur le port et les montagnes. Prix identiques à son vis-à-vis. Attention au bruit.

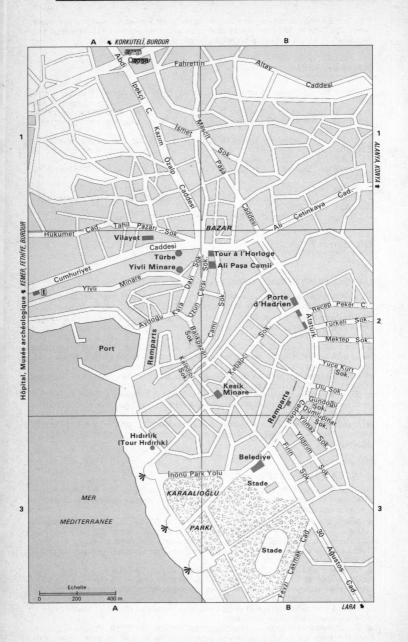

ANTALYA

■ *Luiza Pansiyon :* Selçuk Mahallesi Merdivenli Sokak n° 1. A gauche de Sultan Pansiyon. Dans une vieille maison un peu biscornue. Correct et propre. Peu de chambres. Très petit et simple.

■ *Sea Horse Pansiyon :* Haşm İşan Mahallesi 1297, Sokak 17. ☎ 17-28-66. Non loin de la porte d'Hadrien, à côté du lycée. Calme. 5 chambres très propres dans une vieille maison. Sanitaires neufs. Ambiance familiale chaleureuse. Bon marché. Prendre un verre ou le petit déjeuner dans le jardin, à l'ombre des orangers, se révèle un délice.

■ *Sabah Pansiyon :* Hesapçı Sokak 60/A. ☎ 17-53-45. Entre le Kesik Minare et la porte d'Hadrien. Chambres propres. Ambiance familiale. Jardin ombragé avec possibilité d'y prendre ses repas.

■ *Türkmen Pansiyon :* Aralık Sokak 5. Dans une rue près de la muraille du vieux port. Vue superbe sur la baie depuis la terrasse où l'on peut également dormir. Très calme et propre. Douche avec eau chaude. L'hôtel n'est pas typique. Chambres simples. Éviter les chambres trop petites où il faut se servir de l'insecticide. Prix justifiés. Mais au restaurant, on pratique sans vergogne le coup de bambou.

■ *Mas Pansiyon :* Tuzcular Mahallesi, Karanlık Sokak 3. ☎ 17-77-30. Entre la tour de l'Horloge et le port. Petite pension d'une dizaine de chambres, avec douches chaudes et w.-c. privés. Très propre. Petit déjeuner en terrasse.

■ *Orient Pansiyon :* Selçuk Mahallesi Liman Apt Kaleiçi 4-3. ☎ 12-63-98. Excellent accueil. Sanitaires extérieurs. Eau chaude. Petit déjeuner sur terrasse. Bon marché et bien.

■ *Barboros Aile Pansiyon :* Barboros Mahallesi Kandiller Sokak n° 35. Tout près de la porte d'Hadrien. Central mais calme. Vieille demeure aux plafonds élevés. Fraîcheur jour et nuit. Simple. Douche chaude. Propre. Possibilité de laver et sécher son linge. Prix courants.

■ *Marinhan Pansiyon :* Kılıçaslan Mahallesi Fırın Sokak 22. ☎ 17-61-55. Tenu par une famille serviable. Petite cour ombragée où l'on peut prendre ses repas. Chambres avec douche. Eau chaude.

■ *Palmen Pansiyon :* Tabakhane Sokak 13A. ☎ 17-63-73. Un peu plus cher, mais calme. Chambres spacieuses et fraîches. Accueil en français.

Plus chic

■ *White Garden Pansiyon :* Kılınçarslan Mahallesi Hesapçı Geçidi 9, ☎ 11-31-22, à côté du Kesik Minare. Cette belle maison blanche, parfaitement entretenue, abrite un très beau petit patio intérieur et 14 chambres réparties sur deux étages. Elles sont petites mais dotées de salles de bains très agréables. Terrasse sur le toit pour le panorama. Un endroit bien agréable et calme. Prix très raisonnables : très peu de différence avec ceux de la plupart des adresses précédentes.

■ *Sultan Pansiyon :* Selçuk Mahallesi Merdivenli Sokak 3. ☎ 17-33-46. Superbe vieille maison typique, complètement retapée et tenue par une famille adorable. Peu de chambres, ce qui contribue à donner une atmosphère familiale. Les chambres n'ont pas de douche, sauf la suite (pour 4). Prix assez chers pour le standing mais on paie le charme de l'endroit. Calme et confortable. La petite cour intérieure fait resto. C'est un vrai plaisir.

■ *Arcadia Pansiyon :* Aralık Sokak. Une autre belle maison rénovée, au cœur de la vieille ville. Douche et toilettes. A 20 m de Türkmen, sur la droite, assez cher.

■ *Festung Pansiyon :* Tuzcular Mahallesi Musallah Sokak n° 10, Kaleiçi (plan B2). ☎ 17-62-51. Quinze chambres avec bains. Impeccable. Calme. Jardin. On y parle l'allemand.

■ *Kleopatra Pansiyon :* dans la vieille ville. Prix pas trop élevés par rapport à la qualité de l'accueil (le patron est kurde). Petits déjeuners variés. Confort...

Encore plus chic

■ *Hôtel Argos :* Kaleiçi, au cœur de la vieille ville. ☎ 17-20-12 et 20-13. Une magnifique maison blanche abritant 15 chambres luxueuses. Endroit raffiné et très calme avec, au centre du petit jardin intérieur, une magnifique piscine ronde. Air conditionné et minibar dans toutes les chambres. Les quatre suites ont même un jacuzzi dans la salle de bains. Les prix, correspondant à ceux d'un bon hôtel de province, sont parfaitement justifiés.

■ *Le Marina :* Mamerli Sokak 15. ☎ 17-54-90 à 97. Au cœur de la vieille ville, cette ancienne maison opulente a été transformée en hôtel en 1988. Superbe patio et piscine de style romain antique. Restaurant en terrasse. Chambres luxueusement meublées. Décoration raffinée et nombreux objets anciens. Le restaurant extérieur, particulièrement agréable, ouvre sur une des parois de la piscine. Excellent menu dégustation. Vendu par *Jet Tours*. Le coup de bambou à la fin n'est peut-être plus tout à fait justifié.

Camping

■ *Camping du motel Bambus :* à 3 km d'Antalya, vers la plage de Lara. ☎ 11-52-63. Sanitaires corrects. Rien de fantastique et peu ombragé. Assez petit et on entasse les campeurs. Très cher. Prix en deutsche Mark, c'est tout dire !

Où manger ?

Bon marché

● *Parlak :* dans une cour à la hauteur du 3 Şarampol Caddesi. A 100 m de la tour de l'Horloge (plan B2). Immense resto populaire. Il vaut mieux venir vers 21 h 30-22 h quand, le raki aidant, la salle se transforme en une joyeuse et bruyante étuve. Au milieu, une trentaine de poulets rôtissent à la broche. Atmosphère assurée. Le service s'arrête de 15 h à 18 h environ, le temps de refaire cuire les poulets. On aime bien cet endroit. Très drôle de surcroît.

● *Eski Sebzeciler Içi Sokak* (plan B2) : petite ruelle couverte juste avant et parallèle à Atatürk Caddesi en venant de la tour de l'Horloge où se succèdent plusieurs restaurants populaires. Précisez le poids de viande désiré, sinon vous aurez droit à de grosses portions qui coûtent plus cher que le prix du menu basé sur 100 g. Goûtez au döner kebap avec du yaourt. Le premier des restos, *Bursa Iskender*, est vraiment bien.

● Sur le port, bar agréable ayant remplacé une excellente pâtisserie (le *Yelken Restaurant* pour les habitués). Tables dehors face aux bateaux. Allez-y !

● *Favorit Restaurant :* Uzun Çarşi Sokak 19 (plan B2). Dans la rue qui descend dans la vieille ville depuis la mosquée. Genre grand hangar aménagé. Déco ringarde drôle. Quelques arbres au milieu de la pièce traversent le toit ! Bon poisson et service aimable. Le resto possède également 4 chambres au-dessus, mais assez chères. Les prix ont un peu trop grimpé depuis qu'ils sont dans le GDR.

● *Üçler Meran Kebap Salonu :* Bir Kapili Han Içi (plan B2). Dans le bazar. Resto populaire et animé le midi. D'ailleurs, on y va plus pour l'animation que pour la nourriture.

Plus chic

● *Blue Parrot Café :* Selçuk Mahallesi Izmirli Ali Efendi, Sokak 10, au cœur de la vieille ville, à deux pas du port. C'est fléché, mais pas très facile à trouver. Un immense jardin, planté d'orangers qui embaument à la nuit tombée, sert de décor à cet excellent restaurant créé par un Français. Le maître de maison est un ancien décorateur, ce qui explique le raffinement du lieu. Le choix musical est déjà une grande réussite. La carte est courte mais les spécialités, servies de 11 h jusqu'à une heure très avancée de la nuit, sont toutes succulentes. Prix raisonnables, compte tenu de l'environnement et de la qualité du service. Pas plus cher que bien des gargotes du quartier, véritables pièges à touristes. Une adresse exceptionnelle. Seul reproche : service un peu lent, certains jours.

● *Hisar Restaurant :* installé dans les anciens remparts au-dessus du vieux port (plan A2). Entrée sur la place où se trouve la statue d'Atatürk. Décor digne d'un musée dans les caves voûtées. Panorama grandiose depuis la terrasse. Cher, mais vu le cadre ça se comprend un peu. On peut aussi se contenter d'un thé sur la terrasse, au coucher du soleil.

● *A la Turca :* Turcular Mahallesi Balik Pazari, Sokak 8. Toujours au centre de la vieille ville, dans une ancienne maison anatolienne. Rassemble les jeunes Turcs « branchés » d'Antalya. Plusieurs petits salons décorés de kilims, de meubles et de bibelots anciens, dans lesquels sont dressés sur des nappes blanches de jolis couverts. Le tout a beaucoup de charme, surtout pour les tête-à-tête. Bonne cuisine. Dommage que sur la note on rajoute le couvert et 10 % de service d'office. Cartes de crédit acceptées.

● *Antares :* Hidirlik Kulesi Yani. ☎ 12-15-07. Ouvert du 1er avril au 30 novembre. On dîne dans le jardin situé le long de la grosse tour romaine, au bout du parc de la ville. Vue sur la mer. Endroit très « in », fréquenté par le tout Istanbul en été. On peut y côtoyer mannequins, acteurs et chanteurs. Ambiance très gaie, musique, spécialités turques. Prix raisonnables.

● *Gaziantep Restaurant :* Solak Balbey Mahallesi 410. Rendez-vous des commerçants d'Antalya. Vaste restaurant, cheminée dans la grande salle où cuisent les brochettes ; choix de meze à l'entrée, vers le bazar. Asseyez-vous à la petite terrasse située devant les marchands d'épices. Poulets rôtis à la broche le soir. Prix raisonnables.

Dans les environs

■ *Mehmet :* sur la plage de Konyaalti. A 2,5 km d'Antalya (plan A2, vers Kemer). On mange dehors les pieds dans l'eau. Cuisine turque typique : meze, poisson, *manti* (genre de pâtes farcies à la viande dans du yaourt). Un peu cher et service au lance-pierres. Dolmuş fréquents pour s'y rendre. Ouvert toute la journée jusque tard le soir.

■ *Özgür Pansiyon :* Lara Caddesi 22. ☎ 23-25-25. Longer la côte en direction des chutes d'eau. Chambres spacieuses. Jardin merveilleux ouvrant sur une plage privée. Possibilité de restaurant. Assez chic.

Un peu d'histoire

On sait en fait assez peu de chose de cette cité. Au IIe siècle avant notre ère, Attale II, roi de Pergame, crée la ville, certainement sur un site plus ancien. Elle est ceinte de murailles. Byzantins et Seldjoukides s'y installent tour à tour, puis les croisés l'utilisent comme port d'embarquement pour la Palestine.

A voir

▶ *La vieille ville* (plan B2-3) : elle est dominée par le *Yivli Minare,* minaret au fût cannelé, symbole du paysage d'Antalya. Construit au XIIIe siècle. Il faut se laisser guider par son inspiration pour découvrir encore quelques maisons anciennes des XVIIIe et XIXe siècles, avec leurs avancées de bois, témoins vivants d'un art de vivre. Certains porches livrent de grands jardins sauvages. Beaucoup de maisons sont inhabitées et attendent une réhabilitation qui ne manquera pas bien sûr de transformer l'esprit du quartier. A cet égard, la rénovation des habitations du vieux port est une réussite totale, même si cela a transformé la vie du quartier. Nombreux marchands de tapis.

Quand vous aurez décidé de ne plus vous perdre, trouvez la mosquée au minaret tronqué *(Kesik Minare).* Ancienne église byzantine du Ve siècle chapeautée de six dômes, construite avec des matériaux antiques. A l'intérieur, belles sculptures sur les piliers de marbre supportant les voûtes de l'abside. Tout en bas, le port rénové offre d'agréables terrasses.

▶ A 50 m de la tour de l'Horloge débute *Atatürk Caddesi* (plan B2). Nombreux vestiges des anciens remparts romains. Magnifique *porte d'Hadrien* (pour mémoire, empereur de 117 à 138 après J.-C.) en marbre blanc, avec colonnes. Vous noterez la richesse des sculptures des voûtes. Monter au sommet des tours des triples remparts (à la hauteur de la porte d'Hadrien) d'où l'on domine la ville.

▶ *Karaalioğlu Parki* (plan B4) : au bout de l'Atatürk Caddesi. Une belle végétation tropicale. L'endroit idéal pour prendre une bouffée d'air frais. Vue magnifique sur le golfe et la chaîne de montagnes à l'horizon.

Un camelot loue parfois des jumelles pour observer la mer et les montagnes. Sur la droite, la base d'une grosse tour romaine.

▶ *Le musée archéologique* (hors plan par A2) : situé à 3 km du centre en direction de Kemer, sur la droite. Dolmuş, depuis la rue en face de la tour de l'Horloge. Entrée payante. Pas de réduction. Ouvert de 9 h à 18 h 30 tous les jours, sauf le lundi. Horaires un peu différents l'hiver. Excellent musée à ne manquer sous aucun prétexte. C'est ici que l'on peut voir les quelques os du père Noël ! Les enfants sont ravis. Les chiens aussi...

Les premières vitrines couvrent la période paléolithique jusqu'à l'âge du bronze : fossiles, pierres aiguisées, silex, clous... Quelques figurines intéressantes.

Reconstitution émouvante d'une urne funéraire. Plus loin, série de vitrines présentant des poteries et couteaux du IVe siècle av. J.-C. : colliers, bijoux... Puis grandes salles de sculptures, où l'on découvre une collection d'œuvres peu connues mais très intéressantes : Artémis, Aphrodite, Zeus, Apollon, Athéna sont ici représentés. Une vraie pléiade de vedettes. Suit une section d'objets trouvés dans la mer, de petits objets ciselés du IIIe ou IVe siècle av. J.-C. Notez le petit Priape du IIe siècle avant notre ère. Très beau. Objets en verre également. Puis une autre grande pièce accueillant des statues dont un bel Hadrien. A côté, des sarcophages d'une grande finesse d'exécution. Ne manquez pas, dans une sorte de renfoncement, la salle des icônes où, sur la droite, une boîte contient les quelques reliques de saint Nicolas que les voleurs ont laissées. Les numismates s'intéresseront à la salle qui regroupe 2 500 ans d'histoire anatolienne à travers ses monnaies.
La visite s'achève par la section ethnographique, un peu fourre-tout. Pêle-mêle, bijoux, vaisselle, objets usuels du XIXe siècle, costumes brodés d'or, armes, instruments de musique, une tente de nomades Yörük, etc.

▶ *Les plages :* pas de plage à Antalya même, mais de chaque côté de la ville. Bon, ce n'est pas Bali, loin s'en faut. Celle de *Lara*, à 10 km à l'est du centre, est une longue plage de sable, assez belle lorsqu'elle est propre, mais payante et grillagée tout autour (sauf le côté donnant sur la mer, heureusement). Lara est un coin où les hôtels poussent à vue d'œil. Pour s'y rendre, bus marqué « Lara » depuis la tour de l'Horloge.
A l'ouest, la plage de *Konyaalti*, à 3 km du centre. Longue, mais moins belle. Petit gravier en guise de sable. Dolmuş en face de la tour de l'Horloge.

Achats

– *Bazaar 54 :* dans la vieille ville, sur la marina. Cette grande chaîne de magasins de tapis propose un excellent choix mais à des prix assez élevés. Au moins on est assuré de la qualité. De 10 à 20 % de réduction selon la période. Encore plus en janvier...
Mieux vaut quand même ne pas se priver de flâner dans l'ensemble du *bazar*...

Aux environs

▶ *Düden Şelaleşi :* chutes d'eau assez superbes. Pour y aller, prenez un minibus depuis le Doğu Garaj vers Düden. Cavernes assez étranges et fraîches. Bien pour pique-niquer. Nombreux barbecues où l'on peut faire griller la viande que l'on a apportée. Beaucoup de touristes turcs et pas toujours d'eau en été. Ne pas hésiter à ramasser ses détritus. Merci pour les autres.

Pour ceux qui remontent vers le nord

▶ *Les grottes d'Insuyu :* 10 km de Burdur. Elles sont difficilement accessibles à ceux qui ne sont pas motorisés. Mais ça vaut la promenade. Les guides, la plupart charmants, semblent être amoureux de ces lacs souterrains et de ces stalactites et stalagmites. Possibilité de camper et de profiter de l'eau pure qui coule à discrétion. Une véritable oasis.

▶ *Vers Konya :* par la E 24, puis la N 31 jusqu'à Akseki, bonne route. Désormais, la route après Akseki est entièrement goudronnée. Vues imprenables, notamment sur les lacs bleu turquoise paradoxalement plus jolis que sur les cartes postales. La route tortueuse passe par un col à plus de 1 500 m. Tâchez d'avoir de bons freins, car la descente est plutôt raide. Bien prévoir le plein d'essence, car il n'y a pas de ravitaillement sur la route.

Quitter Antalya

– *Aéroport :* à 7 km en prenant l'autoroute vers Side. Liaisons avec Ankara, Istanbul, ou la France directement. Les tarifs de certaines compagnies privées locales sont très inférieurs à ceux des Turkish Airlines.
– *Départ de l'otogar :* l'otogar d'Antalya est proche du centre. C'est une véritable plaque tournante et, de là, il n'y a aucun problème pour trouver un bus

pour votre destination. Nombreuses compagnies. Prix variables, tout comme le confort. Quelques fréquences moyennes.

VERS L'OUEST

— *Vers Kemer :* dolmuş depuis l'otogar toutes les 30 mn environ. Bus également. Durée : 45 mn.
— *Vers Demre :* 7 ou 8 bus par jour.
— *Vers Kaş Kalkan, Fethiye, Dalaman, Mamaris, Bodrum, Kuşadası :* de 7 à 10 bus par jour. Pour Fethiye on peut aussi passer par Korkuteli et Elmalı. C'est la route de l'intérieur. Plus long, mais les paysages sont beaux. Compter 5 h pour Kas.
— *Vers Izmir :* 6 bus directs en moyenne, jour et nuit. Durée : 8 h.
— *Vers Istanbul :* 5 bus directs dont plusieurs de nuit. Durée : 10 h. Grosses différences de prix selon les compagnies. La *Varan* est bien mais assez chère.
— *Vers Termessos :* pas de bus direct. Prendre un bus pour Korkuteli et descendre au panneau « Termessos 9 km ». Puis stop. Le site est très difficile d'accès et la route mauvaise dans sa dernière partie.
— *Vers la Cappadoce :* 2 bus directs tous les soirs pour Göreme, Ürgüp et Avanos par les compagnies Nevtur et Göreme. De nombreuses compagnies desservant Kayseri et d'autres villes de l'Est passent également par la Cappadoce. Mais il vaut mieux prendre les bus des compagnies cappadociennes citées ci-dessus.

VERS L'EST

— *Vers Side :* toutes les heures. Durée : 1 h.
— *Vers Alanya :* toutes les heures. Durée : 2 h.
— *Vers Aspendos :* pas de bus direct. Dolmuş pour Manavgat depuis le Doğu Garaj. Demander à descendre au panneau « Aspendos ». Puis 4 km à pied !
— **Départ depuis le Doğu Garaj :** Le Doğu Garaj est une gare routière pour les dolmuş locaux, situé sur Ali Çetin Kaya Caddesi. Face à l'hôtel Start.
— *Vers Pergé :* prendre un dolmuş pour Aksu. De là, le site est à 2 km. On peut aussi y aller avec une agence.

TERMESSOS

A 34 km d'Antalya. Accès difficile, car pas de bus direct. En voiture depuis Antalya, prendre la route d'Isparta sur environ 11 km puis bifurquer sur la gauche vers Korkuteli. 14 km plus loin, un panneau jaune sur la gauche indique « Termessos 9 km ». Attention, deux péages : l'un pour l'accès en voiture, l'autre pour l'accès au site. Réduction étudiants. Y aller de préférence tôt le matin pour éviter les grosses chaleurs. De bonnes chaussures et une réserve d'eau sont conseillées pour la visite. En bus, prendre Korkuteli. Descendre au panneau. Là, des taxis attendent et bonjour l'arnaque. Tenter le stop : cela marche assez bien. Pour les sportifs, rude ascension. Le site est en pleine montagne. Absolument superbe, tant sur le plan esthétique que culturel. Un des plus sauvages de Turquie.
L'histoire de la ville garde encore de nombreuses zones d'ombre. On sait seulement que ses habitants étaient des Pisidiens (ce qui ne nous avance guère), et qu'Alexandre, dans un tel environnement de pitons rocheux et de falaises abruptes, eut fort à faire pour conquérir le site. Face à la pugnacité des opposants, très fair-play, il mit le feu aux cultures. Termessos subit plus tard les influences grecque et romaine, avant d'être abandonnée au Ve siècle.

Le site

Ceux qui poussent jusque-là seront vraiment récompensés. Un des plus fabuleux sites que nous connaissions. Sa situation est un peu comparable au Machu Picchu, au Pérou (mais à 1 600 m d'altitude). Complètement envahi par les broussailles, le champ de ruines s'étale sur plusieurs versants de collines. Arrivé sur le parking, il faut grimper encore quelques centaines de mètres par un sentier aménagé pour atteindre la partie la plus intéressante. Termessos a été très peu fouillé et, de-ci de-là, on découvre fûts de colonnes, pierres taillées, morceaux de sculptures... Pas toujours facile de se repérer. Heureusement, le chemin a été judicieusement balisé avec des numéros (P1, P2...) et des noms en anglais. On peut donc toujours savoir où l'on se trouve. Déjà dans la montée, quelques vestiges sont numérotés (une tour, une ancienne voie, une autre tour...).

En empruntant le chemin qui monte depuis le parking, on atteint la *Voie royale* (P9) qui sinue le long des flancs du mont Güllük. On parvient à la *porte de la ville* (P12), à l'entrée d'une ville basse dont on ignore tout, et à la *tour de garde*. Quelques vestiges du gymnase apparaissent sur la gauche. Les murs ont bien résisté. Plus loin, le chemin se divise : à droite vers des tombes (dont l'originale *tombe des Lions*), à gauche vers le *théâtre*. Suivons cette direction. Un véritable chef-d'œuvre qui date de la période hellénistique et s'ouvre majestueusement sur les montagnes alentour. Il pouvait contenir 4 200 personnes. Son état de conservation est étonnant, surtout le mur de scène. Celui-ci n'est pas sans rappeler certaines constructions incas par la finesse de l'ajustement des blocs de pierre. Vue plongeante sur la vallée. A quelques pas, un *bouleutêrion* (odéon, P22) remarquablement préservé. Pas loin, le *temple de Zeus* s'élève encore sur une hauteur de 4 m. La prison locale, notamment, présente une architecture remarquable avec des fenêtres ouvragées. Voyez encore l'*agora*, les *puits*, le *temple d'Athéna*, etc. D'autres édifices perdus dans les broussailles s'offrent aux fouineurs.

Enfin, ne partez pas sans errer dans la fascinante *nécropole*, parmi les sarcophages et les mausolées ornés de sculptures. Ici, même les morts ne sont pas en repos : ils doivent jouer avec les tremblements de terre. Superbe récompense du crapahutage sur... 500 m. Sur le flanc d'une colline, des sarcophages sculptés, des tombes renversées, des reliefs épars qui apparaissent ainsi à qui sait les voir. Certains tombeaux en forme de temple sont également visibles plus haut. Cette promenade sportive réservera aux romantiques des cimetières, à l'imagination fertile, quelques émotions fortes.

Aller jusqu'à la tour de contrôle d'où la vue est absolument magnifique et où l'on peut s'offrir un verre chez les gardiens, très sympa.

PERGÉ (ou Perge, en turc)

Vous avez pénétré en Pamphylie, une région très fertile, protégée des vents froids du Nord par la chaîne du Taurus. Il existait dans l'Antiquité pas moins de 40 villes. Pergé, à une quinzaine de kilomètres d'Antalya, en est une des plus suggestives. Arrivé à Aksu, tournez à gauche. C'est à 2 km, sur un chemin facile.

Fondée au lendemain de la guerre de Troie par les Grecs, la ville fut conquise par Alexandre le Grand. Puis les Romains s'en emparèrent à leur tour. Pergé connut son apogée sous Trajan et se couvrit de beaux monuments. Saint Paul, le routard mystique, y séjourna un temps, en 49. La ville était encore occupée sous Byzance. Les invasions arabes précipitèrent le déclin de cette cité trop chrétienne.

Le site lui-même est bien dégagé et de nombreux édifices encore debout, notamment d'énormes remparts et tours, permettent de se repérer aisément. Un bon plan, à l'entrée (payante) de la ville basse, permet de situer des monuments. Parking ouvert de 8 h à 19 h (17 h 30 en hiver). Bien sûr, ce n'est pas le charme de Termessos, loin de là. En arrivant, on découvre dans un ordre logique :

▶ *Le théâtre classique :* il pouvait contenir environ 15 000 personnes et est passé correctement à travers les siècles. Grimpez tout en haut pour avoir un panorama extra sur le stade, la ville basse et l'urbanisme harmonieux du site. Notez les frises admirables près de l'orchestre représentant des scènes de la vie de Dionysos (notre dieu à tous).

▶ *Le stade :* 234 m de long, 12 rangées de gradins, il contenait autant de spectateurs que le théâtre et sur sa piste sont rassemblées maintenant des sculptures remarquables, trouvées au cours des fouilles. Les voûtes abritaient des boutiques. Très bien conservés.

▶ *La ville basse :* après avoir passé la porte romaine, ruines à droite d'une basilique byzantine.

En face, sur la gauche, le nymphée, une fontaine monumentale dont la vasque est un peu mangée par les broussailles. On devine encore les bases des statues. Derrière, on découvre les vestiges des bains. Sur le sol, quelques morceaux de mosaïques apparaissent dans la poussière.

En se promenant au milieu des pans de mur, on découvre d'autres reliefs de mosaïques. En revenant dans l'axe principal, sur la droite, l'agora encadrée de boutiques et ses belles colonnes d'angle.

Plus loin, deux grosses tours tronquées qui constituent les restes de la porte de défense hellénistique (donc du IIIe s. av. J.-C.) en forme de cercle. Dans cette sorte de cour où s'élevait un arc monumental romain, on distingue une série de niches qui accueillaient des statues du IIIe siècle av. J.-C., dans une belle pierre aux couleurs chaudes.

De là, débute la voie à portiques : un des must de Pergé. Large de 20 m et bordée de colonnes ioniques (eh oui !). Majestueuse par ses dimensions, cette voie était la rue principale de la ville. Un égout courait au milieu. De part et d'autre, des magasins dont on peut encore distinguer des portions de sol en mosaïques.

Presque au bout de la voie, on trouve sur la gauche les restes d'une basilique. Plus loin, un nymphée de l'époque d'Hadrien et un gymnase. Au sommet de la colline sur un plateau, se trouvait l'acropole. Il n'en reste pas grand-chose.

Aux environs

▶ *Chutes de Kurşunlu Şelalesi* : à 15 km environ au nord. Havre de fraîcheur au pied des chutes. Petit resto.

ASPENDOS

A 47 km d'Antalya, le plus beau *théâtre romain* de toute l'Asie Mineure (et surtout le mieux conservé). Arrivé à Belkis, tournez à gauche. C'est à 4 km. Sinon, prendre un bus pour Alanya et demander à se faire déposer au carrefour pour Aspendos. Des taxis attendent. Possibilité de marchander. Entrée payante.

Le théâtre fut construit au IIe siècle apr. J.-C., sous le règne de Marc Aurèle (161-180), et doit à la faible activité des tremblements de terre dans la région d'être encore debout. Pendant la période seldjoukide, il servit de caravansérail. Il possède encore, chose rare, son mur de scène garni de niches avec frontons sculptés. Des colonnes enrichissaient l'ensemble comme en témoignent les quelques bases qui subsistent. Les galeries du théâtre — qui contient 15 000 places — sont encore dans un état superbe. L'acoustique est remarquable : une pièce qui tombe à terre à l'orchestre s'entend à la galerie. Merci à Zénon, l'architecte !

A ce propos, puisque vous êtes pour beaucoup d'entre vous à la moitié du voyage et que vous avez été sage, voici une belle légende que se racontent les habitants de la région.

Coupons la poire en deux !

Le roi Aspendos avait une très belle fille et trop de prétendants à sa main. Pour choisir, il déclara qu'un concours du plus beau monument déciderait du choix de l'heureux élu. Deux œuvres furent retenues : un aqueduc et le théâtre. L'architecte de l'aqueduc présenta une timbale d'eau au roi en disant : « J'ai mérité votre fille », soutenu par la moitié du peuple content d'avoir enfin l'eau courante. L'autre moitié cependant préférait le théâtre. Alors que le roi se promenait sur la galerie supérieure, il entendit une voix lui chuchoter : « Votre fille sera mon épouse. » Étonné, il se retourna et ne vit personne. Le créateur du théâtre était tout en bas, sur la scène, et souriait, tout heureux de son petit effet d'écho. Admiratif et perplexe, le roi songea à diviser sa fille en deux, ce que n'accepta pas l'architecte du théâtre, car il l'aimait trop. Il proposa donc de céder sa place à son rival de l'aqueduc. La légende conclut que cela lui permit d'obtenir le consentement du roi et qu'il épousa sa fille. La bonté est toujours récompensée.

A propos d'*aqueduc*, si vous avez le temps, allez donc lui rendre visite car il possède de beaux restes : même époque et 850 m de long. A environ 2 km, derrière l'acropole par un chemin carrossable.

D'autres vestiges intéressants pour les pros : le nymphée, la basilique, un odéon (sur l'acropole) et un bout de stade. En repartant, ne manquez pas d'aller admirer le pont seldjoukide en zigzag sur l'antique Eurymédon (pensée pour la bataille de 468 av. J.-C. au cours de laquelle les Athéniens écrasèrent les Perses..., ceci pour les plus intellos). Le génial architecte avait pensé à le construire en ligne brisée pour qu'il résiste mieux aux courants violents.

Où manger ?

● *Restaurant Belkis* : à 1 km avant le site, sur une terrasse surplombant une rivière. Excellent steak. Prix très raisonnables, surtout hors saison. Mais dites au patron qu'il baisse le prix de son coca.
● De nombreux restaurants et cafés viennent de s'ouvrir tout autour. Par exemple, le *restaurant Theater,* pour ses truites...

SIDE (indicatif téléphonique : 32-13)

A environ 75 km d'Antalya et 66 km d'Alanya, Side, occupée dès le VIIe s. av. J.-C., fut le plus grand port de Pamphylie. Construit sur une presqu'île, longtemps repaire de pirates, Side fut conquis par les Romains. Après quelques périodes de prospérité, la ville périclita à nouveau. En partie détruite par les Arabes, elle est à nouveau signalée au Xe siècle comme repaire de pirates. Au début du XXe siècle, des Turcs émigrant de Crète y construisent un village, ce qui explique que celui-ci soit au milieu du site, ou vice versa.

Malheureusement, ce village, qui autrefois se fondait si bien avec les ruines, s'est développé avec le tourisme, et on assiste aujourd'hui à une véritable catastrophe. Même si les grands hôtels n'ont pas encore montré le bout de leur nez, tous les habitants construisent, sur chaque parcelle de terrain, des bungalows qui s'appuient nonchalamment sur les ruines du site, détruisant petit à petit son charme particulier et unique. L'équilibre et la symbiose du village et de ses ruines sont désormais bien entamés. Le nombre de touristes, de « chicken and chips » et de boutiques est insupportable. Il faut même payer pour pénétrer en voiture dans le village.

Et les autobus chargés de toutous passent partout dans le site. Un village entièrement prostitué au tourisme. Imaginez Cléopâtre et Marc Antoine lors de leurs rencontres, pas très orthodoxes, à Side... Bonjour l'intimité.

Adresses utiles

- *Office du tourisme :* à 1 km avant Side, sur le côté gauche de la route, dans une petite construction récente. ☎ 12-65. Ouvert de 8 h à 19 h 30 tous les jours. Peu compétents. Disposent cependant d'une liste des hébergements.
- *Otogar :* à l'entrée de la ville, à gauche, après l'office du tourisme, donc loin du centre. Les dolmuş pour Manavgat partent du théâtre. Pour Alanya (75 km), prendre le dolmuş de Manavgat et se faire arrêter au croisement sur la route principale. Passages fréquents de bus desservent la côte.
- *PTT :* 2 agences ; une en bordure de mer et la seconde dans une rue en retrait. On y parle le français.
- *Laverie automatique :* à l'entrée de la ville sur la droite.
- *Centre équestre :* Özcan Atli Spor Kulübü. ☎ 12-30. Pourquoi ne pas s'évader ?

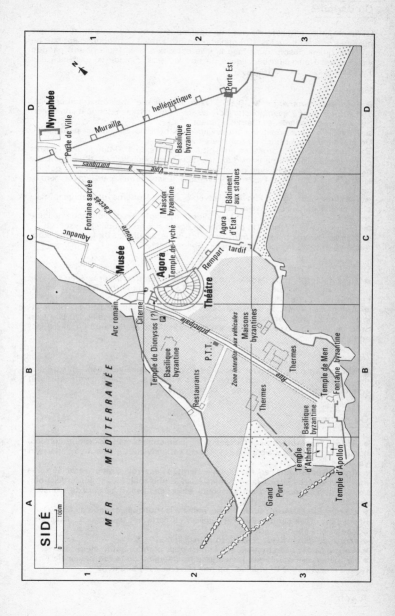

SIDÉ

0 100m

MER MÉDITERRANÉE

Nymphée

Porte de Ville

Muraille

Muraille hellénistique

Porte Est

Basilique byzantine

Fontaine sacrée

Aqueduc

route d'accès

Musée

Voie portique P

Maison byzantine

Bâtiment aux statues

Agora d'État

Agora

Temple de Tyché

Rempart tardif

Théâtre

Arc romain

Citerne

Voie principale

Temple de Dionysos (?)

Basilique byzantine

P.T.T.

Zone interdite aux véhicules

Maisons byzantines

Thermes

Temple de Men

Fontaine byzantine

Restaurants

Thermes

Basilique byzantine

Temple d'Athéna

Temple d'Apollon

Grand Port

Où dormir ?

L'infrastructure hôtelière y étant très développée, nous ne vous indiquons que quelques adresses sur les 120 pensions et 80 hôtels ! Cependant il est bon de préciser qu'en saison touristique la ville est chère et la foule pourra paraître insupportable aux plus bucoliques de nos lecteurs. Grande concurrence des Turcs de la capitale.

Prix moyens

■ *Hermès Pansiyon :* ☎ 30-65. Dans une vieille maison traditionnelle. 7 chambres dont 2 avec douche individuelle. Petite terrasse donnant sur la mer. Prix moyens. Bon accueil. Jardin intérieur.
■ *Heaven's Gate :* dans le centre. Quelques bungalows dans un petit jardin. Un peu les uns contre les autres, mais mignon.
■ *Motel Can :* sur la droite en arrivant à Side. Plus de 100 bungalows en bois au beau milieu de remparts et d'arches deux fois millénaires. Petite plage mais pas géniale. Chambres avec douche et toilettes. Eau chaude. Plus cher que les autres mais bien tenu. Pas mal de verdure. Clientèle essentiellement germanique.
■ *Pension Şato :* non loin de Heaven's Gate. Moderne et cubique, mais chambres avec balcon. Assez cher.
■ *Gölcük :* sur le front de mer. Une bâtisse moderne, un peu éloignée de l'animation bruyante. Propre. Un peu cher eu égard aux prestations offertes.
■ *Venus Pansiyon :* en entrant dans le village au niveau de la laverie automatique, prendre la rue sur la gauche. Bon marché.

Plus chic

■ *Güven Motel :* près de Büyük plaj. 13 chambres très propres avec salle de bains, dont 3 avec vue sur mer et balcon. Terrasse sur le toit. Beau panorama. Les prix peuvent se discuter.
■ *Apollo Pansiyon :* dans les ruines du temple d'Apollon. ☎ 19-41. 18 bungalows de bois très confortables, avec petite terrasse individuelle. Un peu trop proches les uns des autres cependant. Excellent restaurant. Le jardin est agréable.

Camping

■ *Micro-Camping :* on peut y accéder en passant dans les ruines en restauration après le port. Ombragé, propre mais « micro ». En plein centre et plutôt agréable. N'accepte ni caravane ni camping-car.

Où manger ?

● *Afrodit Restaurant :* sur l'ancien port. Touristique, mais nourriture correcte quoique un peu chère. Spécialité : l'*Afrodit kebap* (viande + pommes de terre et yaourt).
● *Agora Restaurant :* en allant vers la Hermès Pansiyon. Grande terrasse sur la mer. Bonne cuisine, prix raisonnables (sauf le poisson). Idéal pour le déjeuner. Le soir, trop de monde et, certains jours, dîner-spectacle avec cars de touristes. A fuir.
● *Ceasar Restaurant :* sur la rue qui mène à la mosquée en face du Moby Dick Restaurant. Très simple. Petit et familial. La carte est très courte. Nourriture bonne et pas chère.
● *Özata (Mehmet Bey) :* poulets rôtis excellents.
● *Nergiz Café :* belle terrasse sur le port pour prendre le thé ou le café.
● Se méfier des nombreux restaurants touristiques de la rue principale et du port. Toujours se faire préciser les prix et vérifier les additions.

A voir

A Side, les vestiges font partie intégrante du village. Souvent trop. On en trouve donc un peu partout, et de toutes les époques.

▶ Les premières ruines qui apparaissent avant la porte de ville sont celles de l'*aqueduc* et du *nymphée* (fontaine). Splendeurs grecques remaniées à la sauce byzantine.

▶ *Le théâtre :* de la porte de ville et de la muraille hellénistique, une ancienne voie à portiques mène à l'un des plus beaux et des plus grands théâtres de Turquie (15 000 places). C'est le seul qui présente un tel réseau de galeries intérieures et extérieures à larges voûtes qui permettaient d'accéder aux gradins. Grimpez jusqu'en haut pour bénéficier du panorama et vous pouvez imaginer la ville. Devant le théâtre, un arc de pierre et la fontaine de Vespasien.

▶ A 50 m à droite du théâtre, l'agora d'État mène au **bâtiment aux statues** (ou bibliothèque) où l'on suppose que l'empereur présidait aux cérémonies officielles. Le bâtiment comprenait des niches encadrées de colonnes. Les statues qui les ornaient sont au musée, sauf une qui compose dans un coin un ensemble charmant avec ses frontons richement sculptés (c'est d'ailleurs le poster le plus célèbre de Side).

▶ Side comprend une quinzaine d'autres monuments plus ou moins en ruine, mais toujours intéressants. Près du grand port, c'est l'abondance : maisons byzantines avec sols en mosaïques, thermes, temple romain, fontaine et basilique byzantine, les temples d'Athéna et d'Apollon, etc. La proximité de la mer, le charme du site rendent incontestablement à la moindre ruine une âme, une histoire.

▶ *Le musée :* dans les thermes romains du Ve siècle après J.-C., restaurés, avant d'arriver au théâtre, sur sa droite. Ouvert de 8 h à 11 h 30 et de 13 h à 17 h 15, tous les jours en été. Entrée payante.
On peut, dans les différentes salles, comprendre leur fonctionnement grâce aux canalisations, bains, systèmes de chauffage, etc. Dans l'*apoditerium* (le vestiaire), on trouve les têtes de Méduse du temple d'Apollon. Dans le *frigidarium*, le sol est recouvert de dalles de marbre maintenant la fraîcheur. Les autres salles étaient construites sur des appuis de briquettes recouverts de pierres très minces pour permettre la circulation de l'air chaud. La pièce suivante était le *sudatorium*, de forme carrée. Le *tepidarium* (chambre tiède) présente deux superbes sarcophages sculptés. L'un d'eux est entouré de petits Éros qui semblent ivres. Nombreuses statues. Dans le *caldarium* (bains chauds), on peut apercevoir dans le mur des morceaux d'installation (tuyaux de terre cuite et plomb). On y trouve une statue d'Héraclès, les Trois Grâces, un relief provenant du nymphée, etc.

LA ROUTE SIDE-BEYŞEHIR-KONYA

La route que l'on prend à gauche de Side vers Beyş n'est que peu fréquentée et donne le frisson tant elle est belle.
D'abord très large et en très bon état jusqu'à Akseki puis elle serpente dans un paysage alpestre jusqu'à Cevizli.
Arrêtez-vous au restaurant de la station-service (1re à gauche en arrivant) de ce village, l'accueil y est très sympa et vous dégusterez le meilleur *adana kebap* de Turquie.
Installez-vous sur la terrasse en plein air si l'heure le permet car plus on approche du bâtiment, plus les mouches sont nombreuses.
Beysehir : évitez le premier camping situé au bord de la route qui vient de la côte, les sanitaires y sont très mal tenus.
Dans le deuxième, c'est mieux mais l'accueil y est des plus mauvais. On n'est pas gâté !

LA ROUTE SIDE-ALANYA

En cours de route, Manavgat et les impressionnantes chutes de sa rivière. L'entrée du site est payante. Resto pour jouir du spectacle. Évitez de dormir à Manavgat ; seul endroit correct, l'*hôtel Kervan*, à droite, le long de la rivière après le pont en venant de l'otogar (mais un peu cher). Comptez 1 h de bus pour faire Side-Alanya. Prenez plutôt un dolmuş jusqu'à Manavgat, puis seulement là un bus : la fréquence y est plus élevée.

Où dormir avant Alanya ?

■ *Mocamp BP :* à 30 km d'Alanya. A Okutikalar. Camping très confortable en bord de mer. Dans un vaste parc ombragé. Piscine. Dommage que la route soit si proche.
■ *Ojlan Camping :* 25 km avant Alanya. A 300 m de la route. Camping donnant sur la plage. Propre. Gratuit.
■ *Alara :* pour les plus aisés d'entre vous. Un superbe hôtel à Yeşilköy à 25 km d'Alanya. ☎ 46. Architecture raffinée, piscine et grande plage. Le luxe. Très cher.

ALANYA (indicatif téléphonique : 32-31)

Ce n'est plus, hélas, le petit village de pêcheurs d'antan. Alanya a connu, ces dernières années, un important développement, qui ne semble pas devoir s'arrêter. Beaucoup d'hôtels se sont construits de chaque côté de la ville. Elle s'étire désormais sur plusieurs kilomètres. Le charme est depuis longtemps rompu. La circulation y est devenue infernale. Vu l'importante immigration en Allemagne, et l'arrivée massive de touristes allemands, les prix sont indiqués en deutsche Mark, les gens vous adressent la parole en allemand. Bonjour l'exotisme...
Sinon, sur leur montagne, le vieux village et la citadelle continuent à ignorer superbement ce qui se passe en bas et les sacrifices consentis au dieu tourisme de masse. Ils méritent pour cela votre visite.
Goûtez à la spécialité du coin : l'*ada çay,* variété de sauge, sorte d'infusion réalisée en immergeant des feuilles sèches cueillies dans les montagnes de la côte dans de l'eau bouillante. Très rafraîchissant. Cette infusion, nommée « thé des îles », se boit sur les côtes de l'Égée.

Topographie de la ville

L'axe principal est la route est-ouest qui traverse la ville de part en part. Les rues près du port sont les plus sympathiques. C'est là qu'on trouve un peu d'animation ainsi que les hôtels bon marché, à l'écart de la circulation. Les hôtels récents de plus grand confort sont tous en bord de route et de plage. Ils sont impersonnels et construits sur le même modèle. Pleins d'Allemands. Seule la citadelle conserve son charme réel. Un autre bon point : une plage en plein centre et une autre plus grande toute proche.

Adresses utiles

– *Office du tourisme :* Damlataş, devant le park Atatürk, au bord de la mer, près du centre. ☎ 112-40 et 154-36. Ouvert de 8 h à 12 h et de 13 h à 18 h ; le samedi et le dimanche de 9 h 30 à 12 h et de 13 h à 17 h. L'été, ils font parfois la journée continue et, en principe, quelqu'un parle le français.
– *Poste :* Atatürk Caddesi. A l'angle d'une rue.
– *Otogar :* à 3 km du centre, sur la route d'Antalya, côté droit. Service de bus urbains pour rallier le centre.
– *Hôpital :* à l'est de la ville. ☎ 110-90 et 116-45.
– *Marché :* le vendredi. A ne pas rater.
– *Change avec carte de crédit :* Anadolu Kredi Karti, dans le centre. Possibilité de retirer de l'argent avec les cartes VISA, Euro, Master. Ouvert de 9 h à 23 h. Ne change pas de liquide.

Où dormir ?

Alanya étant une destination de villégiature traditionnelle des familles turques et de la clientèle allemande, la concurrence est rude en haute saison et les hôtels souvent complets. Faire un tour le long de la plage côté ouest. Pensions plus abordables et souvent moins surpeuplées.

DANS LE CENTRE

Bon marché

■ *Yayla Palas Otel :* Iskele Caddesi 48. ☎ 110-17 ou 135-44. A environ 1,5 km de l'office du tourisme. Ce fut le premier hôtel ouvert en 1954. Le mieux situé. Sur une hauteur, dans un environnement fleuri. Bâtiment un peu fatigué. Terrasse avec vigne vierge face à la mer. Ouvert toute l'année. Chambres assez propres. Douche à l'extérieur. Sanitaires limites. Une adresse très routarde. Bon rapport qualité-prix.

■ *Çinar Otel :* Bostancipinari Caddesi 12. Dans le centre ville. Pas glorieux, mais mieux que rien. Pour les routards fatigués. Un peu bruyant.

■ *Saray Pansiyon :* Saray Mah Haci Hamdioğlu Sokak 7. ☎ 128-11. 18 chambres correctes avec salles de bains un peu fatiguées. Les parties communes mériteraient d'être mieux entretenues. Prix doux pour la ville. A côté d'une mosquée : boules Quiès conseillées (publicité malheureusement gratuite).

Plus chic

■ *Hôtel Pehlivan :* Saray Mahallesi Haci Hamdioğlu Sokak 16. ☎ 127-81. Dans une rue centrale. Beau bâtiment avec de grands balcons. 27 chambres d'un grand confort. Prix très raisonnables. Bar et salon agréables.

■ *Hôtel Kleopatra :* Saray Mahallesi Haci Hamdioğlu Sokak n° 33. Très central, dans une rue perpendiculaire à Atatürk Caddesi. ☎ 139-80 et 81. A 100 m de l'office du tourisme et à côté de l'hôtel Pehlivan. Chambres avec salle de bains. Impeccable et service attentif. Un peu plus cher que le précédent. Mosquée à proximité.

■ *Alaattin Motel :* Antalya Caddesi. ☎ 112-23. A droite en arrivant à Alanya, à environ 500 m du centre. Ne pas confondre avec l'hôtel du même nom, juste en face. Motel au style rustique assez plaisant. Directement sur la plage. Resto. Prix pas vraiment exorbitants. Choisir une chambre le plus loin possible de la route.

PRÈS DE LA PLAGE, A L'EST DU CENTRE VILLE

Pas vraiment un quartier qu'on adore.

Prix moyens

■ *Berlin Motel :* Güller Pinari Mahallesi. ☎ 128-30. Rue perpendiculaire à la route de Mersin. Très propre. Excellent accueil et bon rapport qualité-prix. Intéressant : une « suite » pour 3, 4 et 5 personnes. 25 chambres en tout.

■ *Güneş Motel :* route de Mersin. A droite en sortant de la ville. Très beau motel aux chambres agréables. Pas mal de charme et directement sur la plage. Resto-terrasse dans le jardin.

■ *Motel Doğus :* Alanya Çam Yolu. Sur la route côtière avant d'entrer en ville. Établissement propre avec un personnel serviable. Les repas, variés et bons, sont pris sur une terrasse en bordure de mer. Prix acceptables.

— Dans ce quartier, quelques dizaines (voire centaines) d'hôtels, avec comme points communs l'impersonnalité et les prix élevés.

Très chic

■ *Bedesten Otel :* sur la colline, tout en haut de la vieille ville, seulement habitée par le calme et le vent. ☎ 212-36 et 37. On loge dans l'ancien caravansérail rénové. 23 chambres autour d'un vaste patio. Atmosphère de détente, un rien monacale. Le charme envoûtant d'être au milieu de l'histoire. Luxe pas trop tapageur. Très cher évidemment et, malheureusement, envahi par les cars de touristes qui, certains soirs, font étape ici et ont droit à la danse du ventre. Le charme est rompu.

Campings

La plupart des terrains de camping ont été transformés en hôtels. On n'allait tout de même pas laisser perdre le terrain pour quelques malheureux routards, non !

■ *Camping Benelux :* sur la gauche à l'entrée de la ville, juste avant l'otogar. En bord de route. Assez miteux et pas d'ombre.

■ *Camping Antik :* pas loin du précédent, sur la gauche à l'entrée de la ville avant l'otogar. Un peu d'ombre mais les sanitaires laissent beaucoup à désirer.

■ *Camping Perle :* à environ 14 km d'Alanya, en direction de Mersin. Plage à côté. Sympathique patron parlant le français. Sanitaires propres. Cuisine familiale typique. Prix très abordables.

■ *BP Mocamp :* à 30 km d'Alanya sur la route d'Antalya. Au-dessus de la mer. Piscine payante.

Où manger ?

● *Restaurant Yakamoz :* Iskele Caddesi. Table simple, service très agréable. Belle vue sur la baie. On y accède aussi par un escalier partant du port. Bon marché.

● *Mahperi Sultan :* Gazi Paşa Caddesi. Ouvert tous les jours. Grande salle. Service inégal. Terrasse l'été. Prix un peu élevés.

● *Inegöl :* Çarsi Sokak 3. Dans une ruelle qui part de la mer. Bon kebap et accueil sympa. Une gargote comme on les aime.

— Nombreux autres restaurants du même genre dans le coin.

Plus chic

● *Restaurant Y. Sato :* Iskele Caddesi 25. Très agréable resto dominant la mer. Grande baie vitrée. Atmosphère typique. Chanteurs le soir. Excellent poisson. Service attentionné. Beaucoup de touristes.

● *Yosun Pastanesi :* Müftüler Caddesi. Bonne pâtisserie ouverte tard le soir.

Les plages

— Petite plage plutôt sympa dans le centre.

— Deux autres plages, très grandes, de chaque côté de la ville, là où les hôtels gagnent. On préfère celle du côté ouest, le sable est un peu plus fin. A l'est, ce sont des petits cailloux.

Un peu d'histoire

Bien avant notre ère, Alanya était surtout un repaire de pirates qui fomentaient d'ici leurs attaques. Ce n'est qu'au XIIIe siècle que la forteresse fut édifiée par un sultan seldjoukide. L'arsenal date également de cette époque.

A voir

▶ *Kizil Kule* (la tour Rouge) : au bout du port. Ouvert de 8 h à 12 h et de 13 h 30 à 17 h 30 ; fermé le lundi. Entrée payante. La carte postale la plus vendue de la ville. Une masse impressionnante, édifiée en 1226. Un chef-d'œuvre d'architecture militaire, réalisé pour défendre le port et l'arsenal maritime. Mesure 33 m de haut sur cinq étages. Admirez le travail d'ajustement des pierres, et la restauration intelligente de cette tour octogonale : la perfection. A l'intérieur, un petit musée ethnographique avec une petite expo de portes et fenêtres sculptées ainsi que quelques tapis, bijoux et costumes brodés. Grimpez jusqu'au sommet vous enivrer du paysage. Sur votre droite, face à la mer, vous distinguerez un vieux quartier avec ses maisons à encorbellement accrochées à la montagne et l'arsenal maritime.

▶ *L'arsenal maritime :* on l'atteint en suivant les remparts longeant la mer. Ils furent bâtis au XIIIe siècle et ne furent abandonnés qu'au début du siècle. L'entrée par la mer se faisait par 5 portes, en forme d'arches. On peut aussi l'atteindre en utilisant les services de bateaux de pêche sur le port. Intérêt limité mais balade agréable. Pour approcher les repaires de pirates au pied des falaises.

▶ *La forteresse et la ville haute*

Superbe et dominant la baie. A 3 km en montant depuis le centre. Elle est en grande partie mangée par les broussailles. Au centre, un petit hameau paisible avec quelques poules qui s'étonnent de vous voir ici. Charme bucolique et balade romantique au coucher du soleil. De la forteresse supérieure, il ne reste pas grand-chose. Pourtant on vous conseille fortement cette promenade. A pied, compter environ 40 mn pour atteindre la citadelle. Après la tour Rouge (Kizil Kule), on monte entre les maisons sur la gauche en coupant tout droit. Pour les pressés, service de bus toutes les heures environ depuis le centre. Autre solution, allez en bus jusqu'en haut de la colline (forteresse supérieure) puis redescendez doucement à pied vers la mosquée Süleymaniye et la forteresse d'Ehdemek dont les ruines ont cédé devant le retour de la nature.

• *La forteresse supérieure* (Iç Kale) : le plus beau panorama dont on puisse rêver. La citadelle comprend trois forteresses et pas moins de 146 tours. Du premier poste d'observation, la vue embrasse le paysage vers l'intérieur des terres. Au premier plan, le magnifique verger traversé pendant la montée. On distingue tous les vieux monuments qu'on ira découvrir tout à l'heure à pied : la mosquée Süleymaniye, l'ancien bazar, etc.
En bas, s'étire langoureusement la belle plage de Cléopâtre. Au centre de la forteresse, une petite église byzantine du VIe siècle avec des traces de fresque sur la coupole. A côté, la plus grande des 400 citernes qui alimentaient le château en eau. Sur l'autre point d'observation, face à la mer cette fois-ci, on a l'illusion d'être à la verticale de l'eau, à 235 m au-dessus de son niveau. La prison, d'une profondeur de 15 m, se trouvait à côté. On en tirait les condamnés à mort que l'on précipitait du haut de la falaise (appelée *Adam Atacaği*, « lieu d'où l'on jette les hommes »). On donnait cependant au prisonnier une dernière chance : s'il réussissait du haut de la muraille à jeter une pierre dans la mer, il était gracié. Sur le promontoire de Cilvarda qui s'étire dans la mer, les restes d'un petit monastère. La muraille s'y arrête avec une petite tour carrée. Sur les flancs, la grotte Phosphorescente et celle des Amants que l'on peut visiter par bateau. A gauche du promontoire, le phare tout blanc d'Alanya, construit en 1720.

• *La ville haute* : située en contrebas de la forteresse supérieure, enserrée dans ses murailles, elle est une invitation à une promenade très romantique au milieu des arbres fruitiers, sur de petits chemins paisibles. Un enchantement. Maisons vénérables où de vieilles femmes tissent de belles écharpes de soie, cimetières revenus à la nature et monuments anciens fusionnent harmonieusement. Vous découvrirez tour à tour la *mosquée d'Akşebe* et son gros minaret rond, à côté d'un *türbe* ; la *Süleymaniye Camii*, datant du XVIIe siècle ; le vieux *bazar* qui comporte 26 cellules. Tout au bout, la *forteresse d'Ehdemek*, d'où vous aurez un dernier regard vers les montagnes.

• *Le musée* : dans le centre. En face de l'office du tourisme. Ouvert de 8 h à 12 h et de 13 h 30 à 17 h 30 en hiver ; en été, de 9 h à 12 h et de 13 h 30 à 19 h. Fermé le lundi. Intérêt moyen. Il comprend une section ethnographique : reconstitution d'une pièce de la période ottomane, vêtements traditionnels, *seccadé* (tapis de prière du XVIIe siècle), etc. Quelques sculptures remarquables comme l'Hercule en bronze du IIe siècle apr. J.-C. Bijoux retrouvés sur le site d'Anamurium. Belle mosaïque provenant du site de Syédra. Miniatures romaines en bronze. Quelques amphores. Sarcophages romains sculptés, etc.

▶ *La grotte de Damlataş* : à 300 m du musée, vers la mer. Ouverte pour les touristes de 10 h à 20 h ; 17 h 30 en hiver. Pour les malades, de 6 h à 10 h. *Damlataş* veut dire en turc « stalactite et stalagmite ». Il y en a effectivement beaucoup dans tous les tons de rouge, mais vous en aurez vite fait le tour. Les gens assis sur les bancs ne sont pas des contemplatifs, mais des malades soignant leur asthme. L'air de la grotte, d'une température constante de 23 °C, possède effectivement des propriétés particulières pour soigner l'asthme. On ne connaît qu'une seule autre grotte au monde identique, à Graz, en Autriche. Idéal pour se rafraîchir.

— L'artisanat local propose des calebasses (sortes de fruits comestibles et séchés) peintes à la main et de jolies écharpes de soie tissées.

Quitter Alanya

— Nombreux départs pour *Adana* ; durée : 4 h.
— Départs pour *Antalya* : toutes les heures ; durée : 2 h. Nombreuses correspondances pour toutes les villes.
— Départs pour *Mersin* : 8 bus ; durée : 8 h.

LA ROUTE ALANYA-ANAMUR-SILIFKE

Magnifique itinéraire ne cessant de s'échapper dans la montagne, puis longeant la côte, l'espace de quelques baies, de quelques criques sauvages. Pas mal de béton, hélas ! Il vaut mieux ne pas avoir l'estomac fragile car la route tourne, tourne. Comptez au moins 4 h pour effectuer le parcours, en car jusqu'à Anamur (8 h pour Silifke ; demandez des places à droite). Les points de vue sont époustouflants. Quelques belles plages avant Gazipaşa. La baie de Kaledran est couverte de bananeraies et de cultures en terrasses.

ANAMUR   (indicatif téléphonique : 75-71)

Petite ville charmante qui commence seulement à découvrir le tourisme de masse (nombreuses constructions). La vie y est douce comme le climat privilégié qui permet la culture de la cacahuète et de la banane. Ici, on ne connaît guère l'hiver et on n'a jamais vu la neige. Les rapports avec les gens sont très chaleureux.
Belle plage de sable d'une dizaine de kilomètres. Pour y aller, prendre un dolmuş et s'arrêter après le château. De la plage, des petits bateaux proposent des balades jusqu'à la cité byzantine d'Anamurium.

Adresses utiles

– *Office du tourisme :* Atatürk Bulvari 24 E. ☎ 16-77.
— Départ des dolmuş : place Atatürk.

Où dormir ?

En ville

■ *Hôtel Bulvar :* Atatürk Bulvari. ☎ 13-36. Simple, bon marché mais propreté douteuse.
■ *Hôtel Saray :* Tahsin Soylu Caddesi 85. ☎ 11-91. Dans le centre. Très propre et agréable. Les chambres au dernier étage ont de beaux murs roses et sont bien ensoleillées. Demandez les chambres arrière, très calmes avec vue sur les jardins. Accueil sympa.
■ *Cephe Otel :* à côté de l'arrêt des bus. ☎ 10-43. Douche payante. Plus cher et pourtant moins intéressant (chambres petites) que le Saray.
■ *Güven Turistik Pansiyon :* otogar Civari. ☎ 17-63. Près de l'otogar, mais calme. Confortable et très propre. L'été, un des fils du propriétaire est là ; il parle l'anglais et est très sympa. Possibilité de faire sa cuisine.
■ *Pension Dedehan :* Otogar Civari. ☎ 43-48. A 20 m derrière les restos de l'otogar. Vraiment pas chère. Récente, propre, calme ; et salle de bains superbe. Location de mobylettes.
■ *Doğan Pansiyon :* à côté de la Güven Turistik Pansiyon et moins cher.
■ *Palmiye Pansiyon :* à côté de l'otogar. ☎ 34-25. Le patron parle un peu le français. Chambres avec douche privée, propres. Cuisine à disposition. Bon marché. Un peu bruyant. Ne pas oublier de réclamer son passeport.
■ *Pansiyon Gündoğmuş :* Iskele Mahallesi. ☎ 23-36. Chambres spacieuses mais dont l'entretien laisse vraiment à désirer. Resto-bar en terrasse sur le toit. Musique et ambiance sympa.
■ *Eser Pansiyon :* Iskele Mahallesi. ☎ 23-22. Juste derrière la précédente. A 100 m de la plage. Récent. Propre, w.-c. et douche dans les chambres, bal-

cons. Jardin tropical, barbecue. Terrasse sur le toit, ombragée par une treille. Cuisine équipée de vaisselle et d'un réfrigérateur. Patrons sympa.
■ **Meltem Hotel :** à 50 m de la plage. Excellent rapport qualité-prix. Panorama de la terrasse.

Sur la plage

■ **Pansiyon Inci :** même genre que les précédentes.
■ **Altikum Motel :** sur la plage, près de la jetée. Bungalows avec douche et w.-c. Correct.

Campings

■ **Yali Mocamp :** au bord de la plage. ☎ 34-74. Une quinzaine de bungalows équipés de w.-c. et douche. Eau chaude. Ombragé. Possibilité de planter sa tente et d'en louer une si nécessaire. Assez bruyant mais endroit sympa et bien tenu. Bon rapport qualité-prix. Un peu loin du centre ville.
■ **Pullu Camping :** à 9 km d'Anamur, vers Silifke. Camping du ministère des Forêts. Grande plage agréable. Hélas, surpeuplé en saison et pas d'eau. Bien ombragé sous les pins. Petit resto proposant du _sac kebap_, une succulente spécialité : viande de bœuf qui mijote dans un grand plat en terre, sur un réchaud. Le tout accompagné de galettes chaudes. En juin, des tortues de mer viennent pondre sur la plage (80 à 100 œufs). Une association de défense signale leur emplacement et surveille !

Aux environs

■ **Otel Zeysa :** à Bozyazi, sur la route d'Anamur à Mersin. ☎ (7573) 20-51. Tranquille. Confort, même rudimentaire. Petite plage pour vous tout seul. Zeynel Sakinan, le patron, parle le français et vous conseille pour les sites à visiter.

Plus chic

■ **Star Sonarex :** à 6 km d'Anamur, près du château. Un hôtel très agréable dans une grande maison blanche avec un beau jardin. 22 chambres avec salle de bains, dont 12 sur la route avec balcon et 10 à l'arrière, plus calmes. Bar. Bureau de change. Excellente cuisine servie dans un restaurant en plein air. Ce nouvel établissement est tenu par une ex-hôtesse de l'air. Prix très raisonnables.
■ **Dragon Motel :** sur la plage d'Anamur. ☎ 15-72. Construction moderne mais discrète. Aux dernières nouvelles, la municipalité voulait réquisitionner l'endroit pour en faire un Luna Park ! Ce qui explique, peut-être, le manque d'entretien de l'ensemble. Bon resto. Goûtez aux délicieux meze. Nombreuses activités possibles : planche à voile, plongée sous-marine, etc.
■ **Karan Motel :** à 10 km d'Anamur. Près du château. ☎ 10-27. Moderne et propre. Mais trop près de la route, donc bruyant. Belle plage. Resto avec terrasse et nourriture correcte. Prix assez élevés. Tous les cars de touristes s'arrêtent ici pour déjeuner. Plus calme le soir.

Où manger ?

● **Kismet Restaurant :** à côté de la porte et de l'arrêt des bus. Resto populaire servant une bonne nourriture. Quelques plats réussis aux légumes frais : le _firin tava_ ; _piliç sote_ (poulet), _firinda balik_ (poisson), etc.
● **Parlak :** place Atatürk. Repas très bon marché. Accueil sympa. Fermé le soir.
● _Dragon Motel :_ sur la plage, ou _Star Sonarex_, près du château (voir chapitre précédent).
— Dans la région, on boit de l'infusion locale délicieuse : l'_ada çay_, infusion, appelée localement thé (çay), d'une variété de sauge montagnarde.

A voir

▶ **Mamure Kalesi :** à 5 km vers Silifke. Des dolmuş y conduisent depuis le centre. Prendre la direction « Kale-Bozyazi ». Mais le must consiste à longer la plage vers l'est à partir du Dragon Motel en fin d'après-midi : vue superbe d'autant plus que c'est de ce côté que le château est le plus beau. En bord de mer, sur l'emplacement d'une forteresse du IIIe siècle avant J.-C., l'un des plus romantiques châteaux du pays. Entrée payante. Ouvert toute la journée. Environnement super. Il possède toujours ses remparts crénelés, édifiés vers 1230, intacts, sur lesquels on peut se promener. Grimpez à la plus haute tour pour en saisir toute la perspective. Une mosquée s'élève dans la cour intérieure. Possibilité de louer un bungalow au camping *Yali Mocamp*, à proximité de la plage. Assez agréable.

▶ *Anamurium :* roulez 10 km sur la route d'Antalya, puis tournez à gauche. C'est à 2 km. Pour les non-motorisés, dolmuş (direction « Ortakoÿ-Nasrettin ») partant de la place principale et qui vous laisse à 3 km du site. On peut également se rendre aux ruines sur un bateau de pêcheur pour une somme dérisoire. Bien agréable. Eaux transparentes. Se renseigner au restaurant Astor, sur la plage. Ville morte entre mer et montagne. Site (entrée payante) assez original et très intéressant, car les ruines sont concentrées et donnent une vision plus homogène, plus précise de ce qu'était une ville romaine. De plus, beaucoup de maisons et bâtiments civils ont conservé leurs hauts murs, ce qui ne réduit pas la ville à un tas de cailloux. Comme beaucoup de ses voisines, Anamurium, fondée par les Phéniciens, fut très prospère au IIIe siècle après J.-C. et périclita avec les raids des flottes arabes au VIIe siècle.
En traversant le champ de ruines, vous remarquerez sur votre gauche un petit théâtre tourné vers la mer. Peut-être aurez-vous la chance de tomber sur le gardien des lieux pour vous guider, car il nous est très difficile, dans le fouillis inextricable des maisons, de vous mener efficacement aux différents points d'intérêt.
Sachez seulement que, côté montagne, vous trouverez une nécropole avec de nombreux tombeaux debout (l'un d'eux, sur deux étages, restauré récemment) et, avant d'arriver au rempart sud, un bain qui est le bâtiment le mieux conservé du site. Côté mer, au hasard des petits sentiers, vous aurez tôt fait de découvrir le nymphée et un bain avec piscine et des traces de mosaïque. Remparts et aqueducs, dont il reste des portions significatives. Les gens du pays racontent que de là, par beau temps, on peut apercevoir Chypre.
Après le site, on découvre une plage avec une mer particulièrement belle. Une eau limpide, idéale pour les amateurs de plongée.

▶ *Softa Kalesi :* 17 km par la route de Mersin. Atteindre ce château des rois d'Arménie, dressé sur un piton, vous demandera 1 h 30 à 2 h... de marche éprouvante. Site impressionnant. Pour amateurs de ruines et d'effort physique.

Quitter Anamur

— *Pour Silifke :* bus toutes les 2 h, de 6 h à 0 h 30. 3 h de route. Demandez une place à droite dans le bus. S'arrêter à Tasnen, le port de Silifke, pour embarquer pour Chypre (voir plus loin).
— *Pour Konya :* bus directs, le matin (tôt) et le soir. Environ 7 h de route. Deux des bus du soir continuent vers Ankara.

SILIFKE (indicatif téléphonique : 75-91)

Dominée par une imposante forteresse médiévale, l'ancienne Séleucie créée par un des lieutenants d'Alexandre, est une ville sans grand intérêt, un peu assoupie sur les rives du Göksu. Ce n'est pas un hasard si plusieurs espèces d'oiseaux migrateurs ont choisi d'y passer l'hiver. C'est un peu plus haut, à une dizaine de kilomètres, que l'empereur Frédéric Barberousse eut la mauvaise idée de se noyer en prenant un bain juste après le déjeuner (lors d'une croisade en 1190).
La côte Silifke-Mersin-Antakya, avec ses constructions sans charme, n'a guère de caractère.

Adresse utile

– *Office du tourisme :* Gazi Mahallesi, Atatürk Caddesi 1/2. ☎ 11-51. Ne pas hésiter à leur rendre visite. Compétents et accueillants. Ils proposent aussi des fiches complètes en français et en anglais sur les différentes choses à voir. Ouvert tous les jours de 8 h à 12 h et de 13 h 30 à 17 h 30. L'un des plus compétents du pays.

Où dormir ?

En ville

■ *Hôtel Akdeniz :* sur Menderes, pas trop loin de l'hôtel Eren. Comptez 15 mn de marche sur la longue ligne droite reliant otogar et centre. ☎ 12-85. Salle de bains à l'extérieur. Les chambres du haut sont les meilleures. Un peu cher quand même.
■ *Hôtel Eren :* dans la rue principale. ☎ 12-89. Très correct. Chambres avec bains. Pas loin de l'arrêt des bus.
■ *Les hôtels Ünal* (près de l'office du tourisme) et *Taylan* (en face de l'Eren) proposent à peu près les mêmes prestations que l'hôtel Akdeniz, et pour les mêmes prix.
■ *Hôtel Çadir :* près de l'office du tourisme. ☎ 24-49. Dans la catégorie plus chic, est d'un bon rapport qualité-prix. De plus, l'été, on peut assister à des noces le soir dans la cour de l'hôtel.

En bord de mer

Silifke étant situé sur un vaste delta limoneux, il faudra pousser d'une dizaine de kilomètres vers l'est pour trouver hôtels et pensions en bord de plage, et 11 km sur la route d'Antalya pour rejoindre Taşucu et les premiers hôtels (voir donc notre chapitre « Aux environs » pour les moyens de s'y loger).
A 18 km environ à l'ouest de Silifke, à Boğsak, pour les routards fortunés, l'*hôtel Intermot,* propre, dans un site agréable avec plage privée.

Campings

■ *Akdeniz :* plage et camping ; après *Rapizli,* plage et camping.
■ *Akyar Camping :* juste avant Narlikuyu (20 km). Simple et sympa. En bord de mer. Sanitaires pratiquement inexistants.
■ *BP Mocamp :* à environ 25 km, à Kizkalesi. Sur la route de Mersin. Le plus beau camping de la région. Très confortable. Fleuri, ombragé et au bord de l'eau. Location de très agréables bungalows. Dommage que la route côtière qui jouxte le camp soit très passagère, même la nuit. Les prix sont aussi élevés que ceux d'une chambre d'hôtel. En traversant cette route, on peut voir des dizaines de sarcophages en très bon état.

Où manger ?

● *Kale Restaurant :* le resto du château médiéval. Pour la terrasse et le panorama exceptionnel. Pour les nombreux meze et excellentes viandes aussi. Prix très raisonnables.
● *Piknik :* İnönü Caddesi. ☎ 14-10. Très central. Ouvert tous les jours. Accueil sympa et salle à manger agréable agrandie et modernisée. Poisson pas trop cher. Ferme plusieurs jours lors de la fête du mouton. Prix fantaisistes d'un jour à l'autre. Vérifier l'addition.
● *Lokanta et Kebap Salonu :* Menderes 61. Service et nourriture simples, mais copieux et bon marché.

A voir

▶ *Le temple de Jupiter,* au cœur de la cité. Immanquable. En tout cas ne pas rater ce vestige du IIe s. après J.-C.

▶ *La forteresse :* pour la vue sur le delta et la présence rassurante des vieilles pierres.

▶ *Tekir Ambari* (la citerne byzantine) : sur la colline en dessous. Assez impressionnante. Notez l'escalier de pierre en colimaçon qui témoigne de la qualité de la construction.

▶ Il ne reste plus de vestiges significatifs de monuments antiques. Du temple de Zeus, il ne subsiste qu'une colonne, annexée depuis des générations par des couples de cigognes (entre le terminal de bus et le centre ville). Un vieux pont également.

▶ *Le musée :* ouvert tous les jours, sauf mardi, de 9 h à 17 h. Entrée payante. A la sortie de la ville, sur la route d'Antalya. Une section ethnographique intéressante. Quelques sculptures de la période romaine, statuettes de bronze, monnaies, etc.

– *Festival international de folklore et de musique :* il se tient en général du 20 au 26 mai. Un grand moment dans la ville. Silifke est réputé pour la richesse de son folklore, surtout les danses.

Aux environs

Vers Mersin

▶ *Susanoğlu :* tout près de Silifke. Les plus belles plages sont ici. Dunes et longues étendues de sable fin jusqu'au fleuve. Mais trop de touristes en été. La route côtière n'offre aucun intérêt. Très urbanisée. *Motel Fora,* ☎ (75-96) 10-05, est agréable. Patron sympa. Cuisine individuelle. Grande cour. Bon rapport qualité-prix. Propre et calme.

▶ *Yapakli Eşik :* autre plage, vers l'est. L'eau à 30 °C est traversée par un courant plus (un tout petit plus) « frais » : 8 °C...

▶ *Narlikuyu :* à une vingtaine de kilomètres. Bus toutes les 15 mn de Silifke à Mersin qui s'arrête à la demande. Un petit port de pêche où l'on peut prendre un repas. Mangez au *Balikçi Kerim.* Terrasse très agréable au bord de l'eau. Poissons délicieux mais prix élevés.
A l'entrée du village, voyez la belle mosaïque des Trois Grâces découverte récemment et provenant d'un bain romain.
A 4 km, sur la plage d'Akkum, quelques pensions pas chères, notamment la *pension Marti,* située face à la plage dans un bâtiment neuf. Mais concurrence féroce avec les familles turques.

▶ *Korikos :* à 25 km environ. Un endroit curieux avec deux châteaux et une longue plage. Le château de la plage Korikos fut construit au XIIᵉ siècle par un roi arménien. L'autre, *Kizkalesi* (le château de la fille), navigue sur les flots bleus à 200 m du rivage. Bien sûr, la fille recluse là pour échapper à la prédiction d'une mort par morsure de serpent, n'y échappe pas. Comment ? Une malheureuse petite vipère glissée dans une corbeille de raisin... envoyée par son loulou. Ce château a belle allure (super diapo garantie). A Kizkalesi, aller au *Nobel Motel.* Patrons très gentils. Rudimentaire. Chambres avec vue superbe sur le château et la plage mais le passage de camions à proximité et les moustiques pourront importuner certains de nos lecteurs. Beaucoup de pensions mais éviter toutes celles qui donnent sur la route : trop bruyantes. Les campings, dans l'ensemble, sont sales et chers. L'endroit est très touristique. Nombreuses tavernes. L'une des plus agréables donne directement sur la plage.
Essayer le *Motel Obin.* Un paradis. Pour les petits groupes, allez à la *Kaya Pensiyon :* propre, loin de la route, chambres de quatre avec kitchenette.
Le *Plaj Restaurant* offre son château illuminé de fruits tous les soirs. Difficile de résister.

▶ Les amateurs de gouffres (apporter de bonnes chaussures) musarderont dans les environs pour se pencher sur celui de l'Enfer *(Cehennem Çukuru).* Il fait 120 m de profondeur. Les jeunes filles y viennent nombreuses pour trouver un mari et accrochent de petits bouts de chiffons aux arbustes autour (si le mariage est un échec, elles peuvent toujours renvoyer le mari d'où il vient !). A côté, le *Cennet Deresi* (gouffre du Paradis), grotte souterraine avec stalagmites et stalactites. Point le plus profond à 135 m. Une petite église du Vᵉ siècle gît à moitié du parcours. On peut y descendre. Le Paradis semble tout de même un peu plus grand.

Vers le nord

▶ **Site archéologique d'Uzuncaburç :** à 30 km de Silifke. Pour les non-motorisés, prendre un taxi à plusieurs. Dolmuş peu fréquents. Parking payant. Route goudronnée. Tout au long du chemin, tombeaux lyciens souvent bien conservés. Petit village autour duquel on découvre les ruines d'une ville romaine du Iᵉʳ siècle après J.-C., construite sur le site d'une ville grecque. Théâtre et arc monumental. Ruines significatives et imposantes du temple de Zeus du IIIᵉ s. avant J.-C., vestige le plus ancien de style corinthien. Beaucoup de colonnes sont encore debout. D'autres ruines, restes de temple, tour, tombeaux. Belles promenades à pied à effectuer alentour avec, de-ci, de-là, des vestiges byzantins au détour d'un chemin. Dans le village, un café et une petite épicerie. Prévoyez quand même d'apporter de l'eau là-haut.

Vers Antalya

▶ **Aya Tekla :** à 5 km. Promenade uniquement pour motorisé mystique. Roulez 4 km vers Antalya, puis tournez à droite : site à 2 km. Payant. C'était le lieu de culte consacré à sainte Thècle. Convertie par saint Paul, elle termina sa vie en ermite et disparut un jour dans un rocher pour échapper aux persécutions des païens. Le bout d'abside qui subsiste depuis le Vᵉ siècle témoigne de l'importance de la basilique et du culte (des monastères l'entouraient et des remparts les protégeaient à l'époque). Petite église creusée dans la grotte qui servit de refuge à notre sainte. Voir aussi à côté la citerne souterraine avec les piliers et arches. Belle vue sur la plaine alluviale. Les fouilles restent à faire : avis aux amateurs...

Taşucu

C'est le port de Silifke, à 11 km. Assez animé. En été, bateaux quotidiens pour Chypre avec *Kibris Express* (c'est le plus rapide : 2 h de trajet), et 4 fois par semaine avec les autres, mais plus long et moins cher. Réduction étudiants intéressante. Attention : pour aller à Chypre, il faut être en possession de son passeport et payer une taxe à l'aller et au retour. Pour dormir et manger :
■ *Pension Sahil :* Reşadiye Mahallesi Plaj Arkasi 15. A 300 m du port, une belle maison calme au milieu des palmiers. Très abordable, mais rudimentaire.
■ *Otel Işik :* sur le port. Style vieillot mais il tombe en ruine... Douche à l'extérieur. Pas de petit déjeuner. Grandes chambres propres. Des petits restos bon marché tout autour.
● Nombreuses tavernes sur le port. Éviter le Baba Restaurant qui pratique des prix 2 à 3 fois plus élevés qu'ailleurs.

MERSIN (ou Içel) [indicatif téléphonique : 74-1]

Premier port sur la Méditerranée, présentant très peu d'intérêt. Ville étape sans plus, noyée dans les plantations de fruits. Atmosphère très détendue. *Office du tourisme* sur le port.
L'*Otel Antalyali,* dans ce qui reste du bazar, est très correct.
Un bon resto pas loin : le *Saray Lokantasi.* Excellent accueil.
On a retiré le distributeur d'eau fraîche potable et gratuite dans la gare routière : maintenant, c'est l'arnaque aux épiceries du coin.

ADANA (indicatif téléphonique : 71)

La plus occidentale des villes orientales, mais dans la plus aimable anarchie. Quatrième ville du pays, point de communication très important (capitale de la Cilicie), c'est la ville du coton, non parce qu'elle est blanche, mais parce qu'elle en vit. Surtout un point de départ de nombreuses excursions. A découvrir au coucher du soleil : très folklorique, avec ses pique-niqueurs sur la *Croisette,* ses lokantas en pagaille, ses moustiques et évidemment son lac artificiel.

Adresses utiles

- **Office du tourisme** : Atatürk Caddesi 13. ☎ 11-13-23.
- **Garage Baysal Ticarethanesi** : Adana Yolu Üzeri Zirai Donatim Deposu Kar-şişi. ☎ 11-48. Pour ceux qui ont un problème avec leur Renault...

Où dormir ?

■ **Hosta Otel** : Kuruköprü Balimyurdu Caddesi 3. ☎ 12-37-00. Très correct. Un peu cher. Mais l'air conditionné a-t-il un prix ? (de 20 h à 24 h).
■ **Köşk Palas Otel** : au coin de Türkkuşu Caddesi et Ordu Caddesi. ☎ 13-72-15. Vieille bâtisse de caractère. Simplicité.
— Attention : près du terminal de cars, une série de petits hôtels pas chers. Ils ne sont malheureusement pas tous d'une propreté exemplaire. Nombreux hôtels sur Inönü Caddesi qui offrent un meilleur rapport qualité-prix, même si les prix ont tendance à être inflationnistes.

Plus chic

■ **Büyük Sürmeli** : Kuruköprü Özler Caddesi 142. ☎ 219-44. Excellent, mais pour routards de luxe.
■ **Divan** : Inönü Caddesi 142. ☎ 227-01. A ne pas confondre avec les autres hôtels de la rue. Ou alors, passez à la banque avant.

Où manger ?

Goûtez aux spécialités de la ville telles que les Adana kebap (boulettes épicées) et les *lahmacun,* sorte de pâte garnie de persil, d'oignons, de viande, d'œuf...
● **Koçumun Yeri** : Türkkuşu Caddesi (en face de l'hôtel Köşk Palas). Propose à un prix très bas de bons meze, brochettes, fromage, raki...
● **Yeni Onbaşilar** : face à l'office du tourisme. Plus cher, mais divin. Voyez les petits restos sur Atatürk Caddesi.

A voir

Adana est plutôt un point de départ pour rayonner.
Observer le pont de l'époque romaine construit sous Hadrien : *Taşköprü.*

▶ **Musée** (Adana Etnoğrafya Müzesi) : ☎ 224-17. Vaut le détour. Se renseigner avant concernant les horaires, « variables ».

▶ **Musée archéologique** : près de l'otogar. En arrivant, vous pourrez tout de suite vous plonger dans la culture.

LA ROUTE SILIFKE-KONYA

A notre avis, si vous avez déjà fait toute la côte depuis Fethiye, continuer jus-qu'à Mersin (sauf la perspective de pousser à l'est, vers Urfa, Harran ou Anta-kya, etc.) ne vous apporterait pas grand-chose de plus. En revanche, à ceux qui remontent vers le centre (Konya, Ankara, la Cappadoce), nous recommandons vivement l'itinéraire Silifke-Konya pour la beauté majestueuse des monts du Taurus et le très romantique monastère d'Alahan. 4 h 30 de trajet. Prendre une place à gauche dans le bus.
A 15 km de Silifke, possibilité de se restaurer chez *Frédéric Barberousse,* une auberge de montagne, devant un paysage super. Excellentes viandes grillées. Une nouvelle salle à manger s'est construite, mais vous préférerez la terrasse et l'ancienne salle où crépite le feu de bois.

▶ **Le monastère d'Alahan**

Dans un site d'une beauté à couper le souffle, s'élève un ensemble monastique d'un grand intérêt. Situé à 3 km de la route sur la droite, par une piste très rude mais carrossable. Compter 45 mn à pied. Laisser son sac au café d'en bas. A flanc de montagne, les restes de deux églises séparées par les vestiges d'un baptistère. La première, presque complètement en ruine, date du début du Vᵉ siècle. Beau portail décoré de reliefs. La seconde, l'église de l'Est, du début du VIᵉ siècle, est pratiquement intacte. C'est un chef-d'œuvre d'harmonie et d'élégance. Colonnes surmontées de chapiteaux corinthiens, sculptures intérieures et frises autour des portes d'une grande finesse d'exécution. Belle couleur dorée de la pierre. Les moines avaient bien choisi leur site. Le panorama sur la chaîne du Taurus est époustouflant.

▶ **Karaman**

Ancienne capitale d'un puissant émirat à partir du XIIIᵉ s., cette petite ville est une étape reposante, aux portes de l'Anatolie dont elle contrôlait l'accès. Djalāl al-Dīn al-Rūmī, le fondateur de l'ordre des derviches tourneurs, y passa sa jeunesse, et Yunus Emre, l'un des plus grands poètes mystiques turcs, y est enterré. On y trouve une citadelle seldjoukide et de nombreuses vieilles mosquées, de toutes les époques, plus ou moins encastrées les unes dans les autres. Petit musée possédant une section ethnologique intéressante : portes sculptées, bijoux, broderies, corans enluminés, une momie, etc.
Difficile de loger à Karaman, car peu d'hôtels. L'*hôtel Içel*, rudimentaire et propre, est très bon marché.

▶ **Çatal Höyuk**

La plus vieille ville du monde (7 000 ans av. J.-C.) ne retiendra l'attention que des superspécialistes. Les murs se sont effrités et il ne reste que de grands trous. De plus, aucun moyen de transport pour s'y rendre. D'ailleurs, vous retrouverez au musée des civilisations anatoliennes d'Ankara tous les produits des fouilles.

AUTRES ROUTES

– **Vers Karatepe :** en ayant fait le détour par le château du Serpent *(Yilan Kalesi)*, à côté de l'autoroute, à 35 km d'Adana, vous atteignez Karatepe : ville splendide, de l'époque hittite, où vous vous égarerez presque seul, pour presque rien. Admirez les ruines romaines à 18 km vers le sud, en rejoignant l'autoroute. Celle-ci n'est même pas à une dizaine de kilomètres.

– **Vers Antakya :** s'arrêter au château de la Terre, à 72 km d'Adana (en turc : *Toprakkale*). L'édifice est très impressionnant.

KONYA (indicatif téléphonique : 33)

Au centre des steppes de l'Anatolie, une ville sainte aux monuments religieux prestigieux qui semble définitivement être entrée dans le XXᵉ siècle, si l'on en juge par les longues banlieues tristes qui l'entourent : boom économique récent. Curieusement, capitale des derviches tourneurs et cité chargée d'histoire, Konya ne possède même pas de vieux quartiers homogènes. Heureusement, il y a le merveilleux musée Mevlâna. Tous les musées sont fermés le lundi.
La ville peut être fraîche le soir, même en août. On est à 1 016 m d'altitude.
Konya étant une ville d'intégristes musulmans, nos lectrices risquent d'être suivies en permanence ou accostées avec une insistance qui ne laisse aucun doute sur les arrière-pensées de ces coquins. Une tenue décente et une certaine fermeté lassent vite les plus entreprenants. Le port d'un foulard est conseillé pour la visite des mosquées.

De l'otogar, dolmuş toutes les 15 mn pour le centre ville.

– **Office du tourisme :** Mevlâna Caddesi 21. ☎ 11-10-74. Ouvert tous les jours en été de 8 h à 12 h et de 13 h 30 à 17 h 30. Fermé les samedi et dimanche hors saison.

Où dormir ?

Pas cher

Depuis l'otogar, prenez un dolmuş pour Konak. Tous les hôtels sont dans un rayon de 500 m maximum.

■ *Olgun Palas Oteli :* sur Alaettin Bulvari. Chambres et sanitaires corrects. Bon marché. N'hésitez pas à demander des draps propres.

■ *Otel Mevlana :* moyennement propre et prix variables. Juste derrière l'hôtel Konak que nous déconseillons en raison de sa saleté et de son mauvais accueil.

■ *Hôtel Inka :* Hükümet Alani. Şerafettin Camii Karşisi. ☎ 203-34. Près de la mosquée. Chambres (avec douche pour la plupart). Mais un peu chères pour la médiocre qualité proposée.

■ *Otel Köşk :* Mevlana Caddesi. ☎ 206-71. Près du musée. Tout confort. Agréables chambres pour famille ou groupe (souvent 3 à 4 lits).

■ *Otel Ulusan :* PTT Arkasi Kursucular Sokak 2. Juste derrière la poste. Propre. Calme. Accueil sympa, mais confort rudimentaire. Et cher. Pas de petit déjeuner, en prime.

■ *Hôtel Suat :* Kebabçilar Sokak 3. ☎ 11-37-94. Calme. Plutôt moins cher.

■ *Otel Çesme :* Istanbul Caddesi, Akif Paşa Sokak 35. ☎ 11-24-26. Hôtel propre, prix raisonnables, inférieurs à ceux des établissements situés près du couvent de Mevlâna.

■ Le *camping* est installé sur le stade municipal, il suffit de demander aux gens « le stadyum » qui est très central. Prix modérés, sanitaires tout à fait acceptables. Il offre un maximum de sécurité car il est gardé. Vite complet. Dommage qu'il soit bruyant. Sol rebelle : armez-vous de piquets de tente pointus et en acier.

Plus chic

■ *Otel Tur :* Mevlâna Caddesi Eş'ârizade Sokak 13. ☎ 198-25. A 50 m de l'office du tourisme, juste en dehors de la rue principale où se trouvent tous les autres hôtels. Donc, pas bruyant et sympa. 9 chambres avec salle de bains. Parking privé pour les routards motorisés. Les prix ont cependant augmenté.

■ *Başak Palas :* Hükümet Alani 3. ☎ 113-38. Près de la mosquée Şerafettin. Pas exorbitant.

■ *Hôtel Selçuk :* Alaeddîn Caddesi Babalik Sokak. ☎ 112-59. Rénové. Cher. A côté du parc Alaeddîn... A mettre en lumière.

■ *Çatal Pansiyon :* Mevlâna Caddesi 4. Propre. Calme. Agréablement décoré de kilims sur les murs et au sol.

■ *Otel Bey :* Aziziye Caddesi n° 25. ☎ 12-01-73. Près de l'office du tourisme, dans une rue parallèle à la Mevlâna. Calme, grandes chambres avec salle de bains. Propre.

■ *Konya Oteli :* derrière l'office du tourisme. ☎ 210-03. Très calme. Vient d'être complètement transformé. N'hésitez pas à montrer que vous savez que les prix sont un peu trop élevés.

Où manger ?

● *Sifa Lokantasi :* Mevlâna Caddesi 30. ☎ 205-19. Pas loin du musée de Mevlâna. Cadre très propre, moderne, un peu froid, mais tout cela est compensé par une bonne nourriture, pas trop chère et copieuse. Beaucoup de monde d'ailleurs. Pas de meze ni d'alcool. De loin, notre meilleure adresse.

● *Çeşnici Restaurant :* Meram Caddesi. En face du Konya Restaurant. Ouvert tous les jours mais ferme assez tôt, vers 21 h. Sert de l'alcool pour les touristes. Le meilleur restaurant de la ville. Prix très raisonnables. Délicieux Çeşnici kebap et Iskendersefa kebap. Grande salle (pas pour ceux qui cherchent l'intimité). Excellent service. Connu des voyages de groupes.

● *Konya Restaurant :* Kâzimkarabekir Caddesi 20. Sur une grande rue qui part de la place Alaeddîn. En face de la gendarmerie. Propre et très bon marché. Pas de meze ni d'alcool.

● *Mangal :* Altunbay Sokak 7/A. Près de la poste. Propre. Bonne cuisine et peu cher. Se renseigner sur les jours d'ouverture.

● *Fatih Pastanesi :* à côté du Konya Restaurant. Pâtisserie servant des glaces succulentes. Vous pourrez vous goinfrer dans le calme.

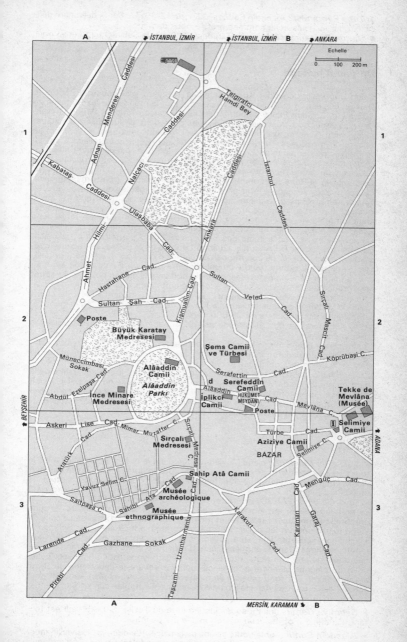

KONYA

● *Tuba Pastanesi :* Alaeddîn Caddesi 22A. ☎ 12-49-77. Petits déjeuners délicieux pour lesquels nous sommes prêts à nous damner.
● *Damla Restaurant :* Alaeddîn Caddesi 73 (sous le Şahin Otel) : génial pour son poulet épicé cuit dans un pot de terre...

Un peu d'histoire

Selon une vieille légende, Konya serait la première ville construite après le Déluge. Elle est en tout cas occupée comme tout le monde par les Romains en 133 av. J.-C. Saint Paul y séjourne bien sûr dans les « fifties ». Période byzantine classique, puis trois siècles de pillages précèdent le plus puissant sultanat seldjoukide (avec un bref intermède croisé). Durant deux siècles, *Iconium* se couvre de mosquées, medersa (écoles coraniques), *türbe* et palais. C'est au XIIIᵉ siècle que se situe aussi un événement important, parallèlement aux destructions liées aux raids mongols : la fondation de l'ordre des derviches tourneurs qui devait se répandre dans toute l'Anatolie, la Syrie et l'Égypte surtout. Djalâl al-Dîn al-Rûmî (surnommé Mevlana, notre maître), poète mystique, de culture perse, succède à son père comme grand théologien de Konya. Des foules nombreuses d'étudiants assistent à ses cours, au point qu'à 37 ans il devient le pivot spirituel de la ville. Sa rencontre avec un vieux sage, Shams, transforme sa vie. L'influence de Shams suscite bien des jalousies, aussi est-il assassiné. Mevlana décide alors de se consacrer à l'enseignement de la pensée de son maître et crée la secte des derviches. Ceux-ci s'attelleront à l'islamisation des chrétiens de l'Anatolie. Quant à l'origine de la danse, on raconte que, passant dans le bazar où l'on frappait en cadence l'or, Mevlana se sent brutalement pris par le rythme tandis qu'une violente émotion s'empare de lui. Il se met à tourner dans un mouvement d'élévation vers le ciel au point de se sentir très proche de Dieu. Ses disciples adoptent cette danse, le *semâ*, qui dépasse vite les frontières. Mevlana disait : « Plusieurs chemins mènent à Dieu, j'ai choisi celui de la danse et de la musique. » Il s'est essayé à la poésie également : le « Mesnevi » est un poème de 25 000 vers.
Avec l'instauration de l'État laïque en 1924, sectes et confréries religieuses sont interdites.
Avant c'était quand même le chef de la bande qui remettait l'épée royale au sultan qui allait être couronné. La disparition des sultans avec Atatürk n'aurait-elle pas, de toute façon, obligé les derviches à fermer leur fonds de commerce ?
Aujourd'hui cependant, une fois par an, le 17 décembre, jour anniversaire de la mort du poète, les derviches tourneurs revivent une dizaine de jours. Il y a quelque chose de profondément mystique dans cette semâ, une totale harmonie, alliée à la pureté de la musique qui transforme les danseurs, les transcende... même s'ils sont payés par l'office du tourisme.

A voir

▶ *Tekke de Mevlâna :* place Mevlâna. Situé dans le magnifique édifice avec la tour côtelée recouverte de céramique verte. Ancien couvent de l'ordre des derviches tourneurs, aujourd'hui transformé en musée d'art islamique, surtout de tapis. Probablement l'un des plus riches de Turquie. Ouvert tous les jours, sauf le lundi, de 9 h à 17 h 30. En été, ouvert le lundi à partir de 15 h.
La première pièce, aux portes d'argent, servait de salon de lecture. Ensuite nombreux tombeaux de disciples et membres de la famille du poète. La salle du semâ (où tournaient les derviches), bâtie, comme la mosquée, par Soliman le Magnifique, présente une riche collection d'instruments de musique, de vêtements, de livres. Dans la dernière pièce, la mosquée, merveilleux corans enluminés, tapis de prière anciens, etc. Bien que nous soyons dans un musée, beaucoup de pèlerins viennent prier et se recueillir devant le cénotaphe de Djalâl al-Dın al-Rûmî. Sur fond musical (la musique des derviches bien sûr). On peut acheter des cassettes dans le kiosque de la cour. Peut, bien sûr, ne pas intéresser tout le monde...

▶ *Selimiye Camii :* une mosquée juste à côté du Tekke. Si l'extérieur est tentant, l'intérieur n'offre aucun intérêt. Inutile d'y pénétrer.

▶ *Alaeddîn Camii :* sur la petite colline de la place Alaeddîn, la plus vieille mosquée de la ville, construite en 1220 pendant la période seldjoukide. A l'intérieur,

42 colonnes antiques surmontées de chapiteaux romains et un magnifique min-bar en bois sculpté. Les deux mausolées dans la cour, splendides, contiennent un tas de seldjoukides, petits et grands. Exotisme accru par les initiatives de l'architecte arabe. La mosquée, en rénovation, est fermée au public. De la cita-delle qui l'entourait, il ne reste qu'un pan de mur protégé par une chapelle de béton.

▶ *Büyük Karatay Medresesi :* également sur la place, en prenant la rue qui conduit vers Ankara et à 100 m sur la gauche. Cette ancienne école coranique, ou medersa, édifiée en 1251, abrite un *musée de la céramique* intéressant. Ouvert de 8 h 15 à 12 h et de 13 h 30 à 17 h 30. Superbe portail en marbre sculpté d'entrelacs et stalactites.

▶ *Ince Minare Medresesi :* place Alaeddîn. Ancienne medersa abritant aujour-d'hui un petit musée de la sculpture sur bois et sur pierre. Là aussi, beau portail ouvragé. Fermé le lundi. Cette *Medersa au Fin Minaret,* en jouant avec la foudre, en 1901, a eu quelques problèmes avec son minaret...

▶ *Sırçalı Medresesi :* Ressam Sami Sokak. A 150 m de la place Alaeddîn. Pour les inconditionnels de vieilles pierres seulement. Petit musée des Monuments funéraires. Tombes des périodes seldjoukide et ottomane.

▶ *Musée archéologique :* Koyunoğlu Caddesi. Diverses sections recouvrant les périodes néolithique, bronze, hittite, etc. Objets de Çatal Höyük, l'un des plus vieux sites du monde. Notez particulièrement un beau sarcophage sculpté de bas-reliefs illustrant les travaux d'Hercule. Attardez-vous sur son visage : au fur et à mesure de l'exécution des travaux, ses traits vieillissent et sa barbe pousse. A côté du musée, admirez le magnifique portail sculpté, seul vestige de la mosquée Sahip Atâ.

▶ *Musée ethnographique :* Larende Caddesi. Riches collections d'armes, bro-deries, verreries, tapis, corans enluminés, etc. Mêmes horaires que le précédent.

▶ *Le musée Koyunoğlu :* Topraklik Caddesi. Il abrite les collections qu'un riche habitant légua à la ville. Les salles sont trop grandes et ça fait étriqué. Seul le dernier étage peut intéresser les amateurs de tapis pas pressés.

▶ *Visite du bazar* à partir de Hükümet Meydani (Konak), derrière le nouvel immeuble des PTT. C'est, comme dans toutes les villes turques, le coin le plus vivant, et à Konya vous avez même la chance de voir quelques maisons anciennes. Notez la bizarre *mosquée Aziziye* construite dans un style baroque assez déli-rant, à la fin du XIXᵉ siècle. Quelques affaires à réaliser à côté (tapis d'occasion), au *Haci Ibrahim Iş Hani,* une cour avec de nombreux marchands. Fermé le dimanche.

— *Festival des derviches tourneurs :* généralement du 10 au 17 décembre, pour commémorer la mort de Celaleddîn Rumi (le 17 février 1273).

— *Festival du folklore et de la culture :* 4 jours début mai.

— *Foire* en août.

Aux environs

— Essayez l'élévation vers le Divin en vous rendant dans le merveilleux petit vil-lage grec de *Sille,* à 10 km de Konya. Prendre la route d'Afyon, puis à droite sur 2 km. L'église byzantine Saint-Michel et les peintures rupestres peuvent vous mettre en transe...

Quitter Konya en bus

Pour réserver vos places de bus, pas la peine d'aller à la gare routière. Certaines compagnies ont des bureaux sur Alaeddîn Caddesi, près du rond-point. Prenez la compagnie Özkayaut, sauf pour la côte ouest au sud d'Izmir et Bursa (compa-gnie Pamukkale).

— *Vers la Cappadoce :* Nevşehir, Uçhisar, Göreme, Avanos. 5 liaisons quoti-diennes. De 3 h à 3 h 30 de trajet.

— *Vers Aksaray :* bus toutes les heures. Beaucoup de monde. Il faut réserver pour les premières heures. Compter 2 h de trajet.

– *Vers Denizli :* 4 départs quotidiens. 8 h de route et non 6 comme le disent certaines compagnies.
– *Vers Kayseri :* 3 liaisons. Compter 5 à 6 h.
– *Vers Antalya :* au moins 5 bus par jour. Environ 7 h de trajet.
– *Vers Istanbul :* plusieurs, de nuit, entre 20 h et 22 h 30. Compter 12 h de trajet.
– *Vers Eğridir :* de 3 h 30 à 4 h de trajet.
– *Vers Ankara :* départs fréquents. 4 h de trajet.
– *Vers Akşehir :* s'arrêter si vous êtes fatigué à Çay, où vous vous reposerez à l'hôtel Fatih. Très bon rapport qualité-prix. Hôtel à touristes. Propre.

LA ROUTE KONYA-NEVŞEHIR

Elle traverse en grande partie le plateau aride d'Anatolie. Ancienne voie de pénétration des caravanes, elle est jalonnée de caravansérails, plus ou moins en ruine, à peu près tous les 40 km, distance effectuée par les chameaux quotidiennement.

▶ *Sultanhanı* (indicatif téléphonique : 48-17)
A 108 km de Konya, l'un des plus beaux caravansérails seldjoukides du pays. Construit en 1229 et dans un état parfait mais envahi par les pigeons. Grande cour bordée de portiques avec une mosquée au milieu. Il date du fameux sultan Alaeddîn Key Kubat I. Tout au fond, un immense hall, cathédrale à cinq nefs, servait à parquer les bêtes. Ouvert de 9 h à 19 h. Entrée payante.
Pour y aller, il suffit de prendre un bus sur la ligne Konya-Nevşehir (ou Aksaray). Demander l'arrêt, et éventuellement repartir le jour même en hélant un bus sur la route. Mais ce pauvre village, perdu dans les steppes, mérite cependant une halte, une soirée ou une nuit.

■ *Kervan Pansiyon et camping :* ☎ 13-25. Passer devant le caravansérail, faire 500 m sur le grand boulevard puis tourner à gauche : encore quelques centaines de mètres. 4 chambres avec 10 petits lits adorables. Le patron, Rasim Aytaç (attention car d'autres n'hésitent pas à utiliser son nom pour racoler des clients dès la descente du bus), est un garçon charmant parlant le français. Sa femme prépare une excellente cuisine. Camping pour planter sa tente : emplacement calme et ombragé, en extension d'ailleurs. Rasim vous proposera de vous conduire au hammam. Une bonne adresse.
■ *Kervansaray Camping Pansiyon :* à 50 m du caravansérail. ☎ 10-08. La confusion est entretenue avec le nom de la précédente pension. Le propriétaire, Hamza Öztürk, est installé là depuis bien plus longtemps. Chambres avec eau chaude ; camping agréable (gazon, sanitaires...).
■ *Sultan Pansiyon :* si vous avez peur de confondre les deux premières. Cette charmante pension est située face à l'arrêt de bus (vous pouvez lui demander de vous arrêter là). ☎ 13-93. Onze chambres. L'accueil est très chaleureux : les bébés-routards seront de la fête. Terrasse donnant sur le caravansérail.

– *Aksaray*
Voir chapitre « De Nevşehir à Ankara ».

– *LA CAPPADOCE* –

L'un des spectacles les plus étranges du monde, voilà ce qu'offre la Cappadoce. On marche le long d'une crête. Tout à coup, le regard plonge dans la vallée et découvre un amoncellement d'étonnantes silhouettes pointues. On n'en croit pas ses yeux. C'est tout simplement irréel.
Le sol de ce plateau est constitué d'un terrain volcanique très tendre, agglomération de cendres et de boues rejetées par les volcans Erciyes Dağı et Hasan Dağı. A la suite d'une intense érosion, le sol s'est lézardé ou désagrégé, donnant au paysage un aspect très particulier. Parfois, surtout au sud, de petites rivières ont entaillé le plateau en creusant d'étroits vallons. Ailleurs, là où le terrain est mêlé de roches plus résistantes, le plateau s'est déchiqueté en prenant des formes étonnantes. On rencontre alors dans le fond des vallées des cônes, des colonnes, des tours, des aiguilles qui peuvent atteindre 30 m.

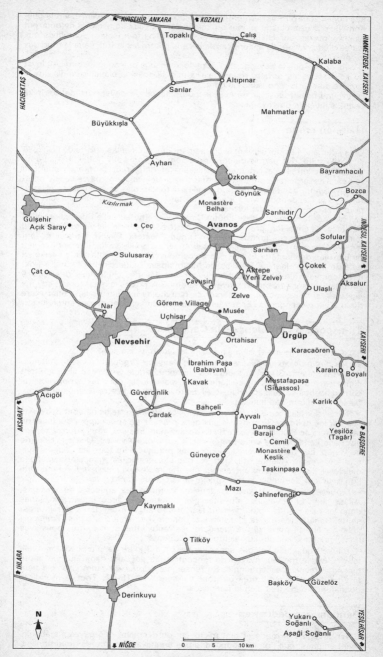

Les cônes sont parfois surmontés d'un bloc de roche dure, ralentissant le phénomène d'érosion jusqu'au jour où, minés par les eaux de pluie, ils ne pourront plus supporter leur chapiteau naturel. Ils sont parfois isolés, accrochés aux flancs d'une colline, ou encore serrés les uns contre les autres dans le fond des vallées.

N'oubliez pas que le paysage de Cappadoce change à chaque instant. Au lever du soleil, la roche devient rouge pâle, à midi le soleil la blanchit tandis que la lumière du soir la rend jaune ou ocre.

Enfin, une balade au clair de lune a toute chance de devenir un de vos plus beaux souvenirs de voyage.

Halte au crime !

On se demande à quoi servent le classement des sites et les efforts de l'Unesco si, par la suite, des permis de construire sont accordés aux hôtels, restaurants et autres centres d'achat qui envahissent et défigurent progressivement la région. Il est urgent de prendre des mesures pour la sauvegarde de ce site prestigieux. Sinon, dans une dizaine d'années, il faudra dire un adieu amer et sans retour à la Cappadoce. Mais il sera trop tard. C'est aujourd'hui qu'il faut agir pour préserver ce paradis terrestre.

Qui permet l'implantation de l'hôtel Çiner à Göreme au milieu des cheminées des fées, de Lapis Inn, près d'Ortahisar, cette bâtisse laide qui accroche l'œil de partout, de tous ces grands hôtels d'Ürgüp (Mustafa, Dinlon, Perissia et tant d'autres) qui ont transformé un quartier entier de la ville en lui donnant des airs de banlieue déshéritée ? Et que dire de ce nouvel hôtel horrible sur la falaise en face de l'église Haghios Vasilios de Mustafapaşa ? Que dire de l'hôtel Yiltok, cette carcasse en brique plantée devant la vallée des cheminées des fées, à l'entrée d'Avanos quand on arrive de Göreme ? Arrêtons le massacre et soyons vigilants, si nous voulons préserver ce patrimoine unique. Voilà, c'était notre quart d'heure « engagé ». Espérons que nos revendications seront entendues...

Transports à l'intérieur de la Cappadoce

– Le *stop* marche assez bien sauf dans les endroits isolés.

– Des *bus municipaux* assurent la liaison Nevşehir-Ürgüp et Nevşehir-Avanos. Départ toutes les 30 mn et toutes les heures durant le week-end. Ils s'arrêtent n'importe où sur un simple signe de la main. Idéal pour les stoppeurs qui commencent à se dessécher au soleil. En revanche, rien entre Avanos et Ürgüp. Ça sent la guerre des minarets !

– *Taxis* : sur les 7 ou 8 lieux à visiter dans la région, certains ne sont desservis que par les dolmuş. On conseille aux gens pressés de se grouper pour louer un taxi qui fera un 5 ou 6 h la visite de toute la région. Ensuite, vous pourrez séjourner dans l'endroit que vous préférerez, c'est-à-dire Avanos, Uçhisar, Göreme ou Ürgüp. Les taxis peuvent se louer dans pratiquement tous les villages, surtout à Nevşehir, Avanos et Ürgüp. Ne pas passer par les agences de voyages mais aller directement au bureau des chauffeurs de taxi *(yazihane)*. A noter que l'on peut leur demander le tarif officiel des courses *(tarife listesi)*.

– *Mobylette* : location possible dans de nombreuses agences de voyages. Assez cher. En revanche, n'hésitez pas à demander directement aux jeunes dans les villages. Ils vous loueront leur propre engin à des tarifs très intéressants. Généralement, pas d'assurance, donc à vos risques et périls. Transport idéal car liberté maximum. Cependant, les Mobylettes sont parfois poussives dans les côtes, surtout aux alentours de Göreme.

– *Cheval* : quelques balades superbes de 2 h à 3 jours dans un cadre merveilleux. C'est le meilleur moyen de rencontrer les paysans dans leur vie quotidienne. Vraiment exceptionnel. Se renseigner auprès d'Ahmet Diler qui tient une boutique de tapis près du pont à Avanos. ☎ 15-42. Tout le monde le connaît et il parle très bien le français.

Randonnées pédestres

C'est devenu à la mode et tant mieux car on découvre des paysages absolument uniques, que l'on ne soupçonne pas en suivant les routes goudronnées.

Guère de possibilité de se perdre dans les vallées de Cappadoce car les villages sont assez nombreux. Bien entendu, emporter un chapeau et de l'eau. On conseille aussi une boussole qui permettra de ne pas faire trop de détours inutiles. Il n'existe, malheureusement, aucune carte détaillée de la région et les sentiers de randonnée ne sont pas balisés. Il y a bien eu quelques essais timides, dus à des initiatives privées, mais rien de sérieux n'a encore été fait. La carte que nous vous donnons est plutôt une carte de situation et n'a pas la prétention d'être aussi précise que les cartes d'un institut géographique national.

Nous indiquons plusieurs randonnées pédestres sans larmes ni douleurs. D'ailleurs, elles sont généralement dans le sens de la descente. On prévoit tout ! Ces randonnées que nous avons testées peuvent éventuellement s'effectuer sans guide mais vous risquez parfois de tourner en rond pendant un certain temps, en l'absence de point de repère précis.

Ne pas oublier aussi de prendre quelques précautions : le sol est parfois glissant (instabilité du tuf oblige) et la descente peut s'avérer un peu difficile. De bonnes chaussures de marche ou, à défaut, des baskets sont indispensables. Proscrire toute autre sorte de chaussures. Ne jamais partir seul. Certains vallons peuvent être particulièrement dangereux et il ne faut pas s'aventurer n'importe où et n'importe comment. On ne risque pas grand-chose, mais une simple entorse à la cheville ou au genou et les vacances sont compromises... Pour plus de sécurité, vous pouvez vous entendre avec un gamin qui vous guidera. Le plus simple est de demander à votre hôtel.

Pour que les paysages de Cappadoce ne soient pas dénaturés, veillez à ne rien laisser après votre passage : bouteilles plastique, boîtes métalliques, Kleenex, etc. Évitez aussi d'emprunter à mobylette les petits sentiers pédestres. Respectez ce site exceptionnel.

Achat de tapis

Évitez les grandes boutiques, pseudo-coopératives où s'arrêtent les cars de touristes. L'agence et le guide y touchent une commission élevée. Allez plutôt dans les petits magasins qui proposent souvent une qualité supérieure.

KAYSERI (indicatif téléphonique : 351)

Ville dont l'intérêt économique et commercial prend le pas sur l'histoire. Elle est, après Hereke, la capitale du tapis de soie : vous serez bien assez vite confronté à ses redoutables marchands.

Cœur de l'Empire hittite, cité natale de saint Basile, elle connaît les envahisseurs classiques, des Arabes aux Ottomans au XVe siècle. L'occupation mongole au XIIIe est à noter par sa durée (plus d'un siècle) et son intensité.

Goûtez au *pastirma*, la spécialité du coin : veau séché, frotté avec de l'ail et des épices. Vous en garderez le souvenir... quelque temps.

Adresses utiles

– *Office du tourisme :* Kağni Pazari Honat Camii Yani 61. A côté de la citadelle. ☎ 111-90.
– *Otogar :* à l'extrémité d'Istanbul Caddesi, à l'opposé de la place Düvenönü.
– *Gare ferroviaire :* sur la route circulaire Nord.

Où dormir ? Où manger ?

■ *Dilek Otel :* pas cher, près de l'Honat Camii, juste à côté de la citadelle.
■ *Hôtel Honat :* derrière le musée ethnographique et la mosquée du même nom. ☎ 243-19. Le patron parle un peu le français. Il est très accueillant. Très très rustique et très bon marché. Ne paie pas de mine extérieurement mais ambiance sympa.
■ *Kayseri Lisesi :* foyer étudiant.

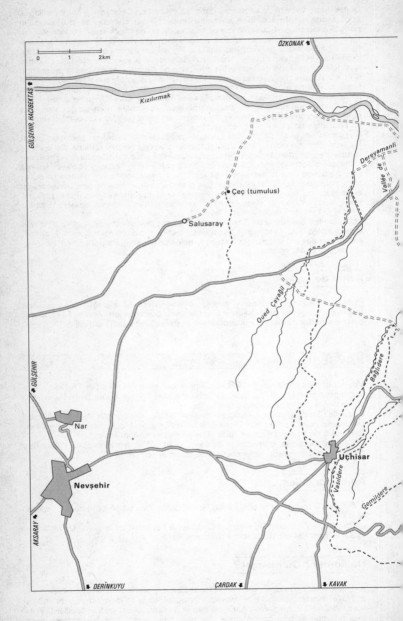

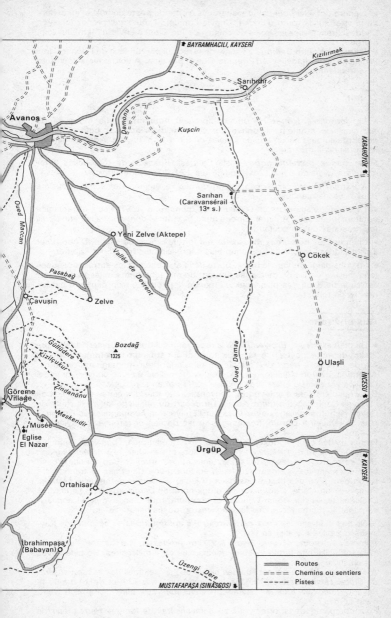

Routes
Chemins ou sentiers
Pistes

■ L'endroit officiel *pour camper* se trouve à côté du poste de police, en dehors de la ville, sur la route d'Erkilet. Depuis l'office du tourisme, prenez Istasyon Caddesi, franchissez les voies de chemin de fer. C'est à environ 1 km plus loin, à droite.

● *Iskender Kebap Salonu* : à l'angle de la rue qui part en face de l'Honat Camii (à gauche de la citadelle). Au 2ᵉ étage. Bon et pas cher. A voir, pour la nourriture et la fréquentation.

A voir

▶ *Le complexe Honat Hatun :* comprenant notamment une mosquée du XIIIᵉ siècle construite par l'épouse d'un sultan seldjoukide, et un petit séminaire qui abrite aujourd'hui un *musée.* Ouvert de 8 h à 17 h. Payant. Admirez surtout le portail de la mosquée.

▶ *Le musée archéologique :* Kişla Caddesi. Possède de très belles céramiques. Ouvert de 8 h à 12 h et de 13 h à 17 h 30, sauf le lundi.

▶ *Kurşunlu Camii :* mosquée à cinq dômes recouverts de plomb. Vous ne pouvez pas la manquer.

▶ *La citadelle* aux murs de couleur noire, construite au VIᵉ siècle et remaniée notamment au XIIIᵉ. A l'intérieur des murs byzantins, contemplez la *Fatih Camii* (ou mosquée du conquérant).

▶ Cherchez les nombreux *mausolées* qui font le renom de la cité. D'abord sur Talas Caddesi, puis celui beaucoup plus impressionnant de Döner Kümbet.

▶ En vous dirigeant vers le bazar, porte de l'Est, observez les autres mosquées (comme *Ulu Camii*) ou medersas abritant de mignons petits musées. Le bazar est superbe. L'un des plus vieux du monde. Pas encore trop dénaturé par les hordes de touristes.

Aux environs

▶ On peut aller voir l'*Erciyes Daği,* la montagne qui domine Kayseri. Il faut faire 20 km de route (pavée !). Il y a deux hôtels. Pour atteindre le sommet, compter 4 h de marche à partir de l'arrivée du télésiège, pour montagnards aguerris. Attention, pas de télésiège en été. Neiges éternelles. Bien se couvrir. La vue à l'arrivée est géniale et les promenades sur le volcan superbes.

Ceux qui disposent d'une voiture peuvent faire le tour des cimes enneigées de l'Erciyes Daği, l'ancien mont Argée. Du départ du télésiège suivre la route de Develi (superbes villages avec vues sur l'Erciyes) en compagnie des cigognes puis, de Develi à Dörtyöl (marécages et lac de sel) et retour sur Kayseri ou Avenos.

Prenez un bus pour Niğde, et là, changez : à 12 h environ, un bus vous conduit à Çamardi, au pied de l'*Aladağ.* Un hôtel propre et pas cher, le *Montainering and Ski Centre* propose des dortoirs bien tenus et confortables. Bon marché. Possibilité d'y manger également. Quelques épiceries, un café et pas un touriste. De là, on peut faire des excursions dans l'*Aladağ.* Paysages somptueux assurés. Pour avoir un guide, s'adresser au refuge-hôtel de Demirkazik ou à Çamardi, à l'épicerie tenue par Adem Dönmez et son père, tous deux sympa et connaissant bien la montagne. Éviter les services proposés par Ali Şafak.

— Ne pas manquer les deux *caravansérails seldjoukides* au nord-est de Kayseri. Possibilité d'y aller en taxi.

Prendre l'autoroute 45 vers Sivas. A 20 km, arrêtez-vous à Kültepe, l'ancienne Kanesh, vieille cité hittite existant depuis plus de 4 millénaires. De plus la vue est splendide.

A 45 km vous serez devant l'un des bijoux de l'art seldjoukide : le *caravansérail de Sultan Hani.* Il date du XIIIᵉ siècle. Ouvert de 9 h à 13 h et de 14 h à 17 h. Payant. Imaginez-vous en sultan près du mur aux lions... Rafraîchissant, n'est-ce pas ?

Pour comparer, transportez-vous au *caravansérail de Karatay Han :* prenez la direction de Bünyan, par la route 60, sur une trentaine de kilomètres, puis tournez comme indiqué sur la pancarte. Que penser de cet autre caravansérail du XIIIᵉ siècle ?

Quitter Kayseri

– *Vols pour Istanbul :* 2 fois par semaine. Les jours de vol changent souvent.
– *Vers Ankara :* bus fréquents, compter 5 h.
– *Vers Malatya :* en 6 h.
– *Vers Erzurum :* en 12 h. Plusieurs bus le soir.
– *Vers Sivas :* bus fréquents. 3 h de trajet.
– *Vers Niğde et Adana :* plusieurs bus par jour. 3 h et 7 h de bus. Évitez le train, très très lent.
– *Vers Avanos, Göreme et Nevşehir :* départ pratiquement toutes les heures avec plusieurs compagnies telles que Göreme, Nevtur et Ağaçli.
– *Vers Samsun :* bus de nuit, en 9 h environ.
– Dolmuş pour Nevşehir et Ürgüp très fréquents.

NEVŞEHIR (indicatif téléphonique : 485)

La plus grande ville de Cappadoce. Halte obligée des lignes de bus interurbains. D'Istanbul, compter 12 h de route ; de Malatya, 8 h.
A vrai dire, on ne conseille guère d'y séjourner car la ville ne possède pas d'attrait touristique. La municipalité peut partager avec celle d'Ürgüp notre palme du mauvais goût : les lampadaires de l'éclairage public ont été remplacés par des cheminées de fée.
Attention aux racoleurs des hôtels au terminal de bus qui prétendent que les hôtels des villages de Cappadoce sont fermés, qu'il n'y a plus de dolmuş ou que les bus des lignes régulières ne desservent pas Uçhisar, Göreme, Avanos et Ürgüp. Au départ d'Istanbul, Ankara, Konya, Antalya, Izmir, etc., vous pourrez acheter des billets pour les villages cités ci-dessus.

Adresses utiles

– *Office du tourisme :* Atatürk Bulvari, près de l'hôpital Hastane Yani. ☎ 97-17. Ouvert tous les jours de 8 h à 17 h 30 (19 h en été). Très efficace ; en plus, on y parle le français. Vous leur donnez l'itinéraire que vous voulez faire et ils se chargent de vous trouver un taxi pas cher pour la journée.
– *Merkez Garaj :* à 1 500 m de l'office du tourisme, sur la route de Gülşehir.
– *Neşe Tour :* Aksaray Caddesi 5 A. ☎ 220-22. Fax : 138-57. Agence de voyages tenue par un ancien prof de français. Propose des excursions par groupe de 6 à 10 personnes.
– *Tulip Travel Agency :* agence de voyages ayant fortement augmenté ses prix depuis qu'elle figure dans le Routard. A éviter.

Où dormir ?

■ *Hôtel Kaymak :* Eski Sanayi Meydani 11. ☎ 154-27. Tout près de la gare des bus. Très agréable. Meublé en style nordique. Lits avec couette, très propre et très bon marché. Douche avec supplément.
■ *Hôtel Ipek Palas :* Aksaray Caddesi 16. ☎ 114-78. A côté de l'otogar. Sanitaires pas terribles. Eau chaude le soir. Prix corrects. Un peu bruyant.
■ *Hôtel Nur :* Belediye Caddesi 2. ☎ 114-44. Pour les petits budgets. Le moins cher de la ville. Propreté acceptable et accueil sympa.
■ *La Maison du Turc :* Bekdik Mahallesi, Haşimi Okul Sokak 3. A 800 m de l'otogar, sur la route d'Ankara (3ᵉ à gauche). Chambres avec lavabo. Calme. Possibilité de laver son linge. Jardin intérieur. Organise un circuit de 3 jours en Cappadoce. Mais un peu à la tête du client. Şahin, le patron, parle le français. Sur la terrasse, restaurant très agréable.
■ *Hôtel Uçhisar :* Aksaray Caddesi, près de l'arrêt des bus. ☎ 156-72. Correct.
■ En venant d'Aksaray, sur la place du marché, les hôtels *Koç* et *Meydan Palas* se valent. Bon marché mais à visiter avant. Propreté parfois douteuse.

Plus chic

■ *Hôtel Seven Brothers :* Kayseri Caddesi Tusan Sokak 25. ☎ 149-79. A la sortie de la ville, en direction des sites. Grand confort. Ouvert toute l'année. Chauffage central.

Campings

■ *BP Mocamp :* à 3 km, sur la droite. Route d'Ürgüp. ☎ 114-28. Trop près de la route, cher et pas de piscine.
■ *Camping Koru :* chez Ömer Kolukisa. Ürgüp Yolu Üzeri, à 8 km de Nevşehir. En direction d'Ürgüp. Tournez à droite et c'est à 400 m. ☎ 121-57 ou 111-90. Ombragé sous les pins. Eau chaude et piscine. Resto. Boutique d'alimentation. Salle pour la lessive. Ouvert de fin avril à fin octobre.

Où manger ?

● *Resto Evren Baba :* Gazhane Caddesi. Bien, pas cher et très bon *cacik*.
● *Çiçek :* Eski Sanayi Meydani. Otobüs Terminalleri Karşişi 3. En face de l'otogar. Excellent accueil. Nourriture correcte et variée.
● *Aspava Restaurant :* Atatürk Caddesi 100. ☎ 110-51. Près de la poste. Petit resto populaire, propre et sympa. Bonne cuisine traditionnelle et bon marché. Accueil très chaleureux, personnel souriant et efficace.
● *Resto de l'hôtel Lâle :* Gazhane Sokak. Descendez les petites marches à droite de l'hôtel. Bonnes spécialités de viandes grillées et d'*adana kebap*. Grand choix de *meze*.
● Allez dans les *boulangeries* situées aux environs de l'ex-hôtel Göreme : apportez votre fromage frais ou votre salade de crudités, achetés dans les boutiques des alentours. Le boulanger fera devant vous un grand pide, genre pizza cuite au four. Ne pas oublier d'apporter son papier-journal afin de la transporter, car le pide qu'on sort du four est brûlant. Très bon marché et typique.

A voir

▶ *Marché* le dimanche et le lundi. Petites rues commerçantes aussi, au pied de la citadelle.

▶ *Musée* nouvellement construit. A droite sur la route d'Ürgüp en sortant de la ville. Section archéologique et ethnographique. Ouvert de 8 h à 12 h et de 13 h 30 à 17 h 30.

▶ Sur la colline, ruines d'une *forteresse seldjoukide*, bâtie sur les ruines, déjà, d'un fortin romain.

▶ Un ensemble construit au XVIIIe siècle par Ibrahim Paşa, grand vizir du sultan Ahmet Iil, comprenant une *mosquée*, une *medersa* et un *hammam* qui fonctionne encore.

— Possibilité, à partir de Nevşehir, de visiter les cités souterraines de Derinkuyu, de Kaymakli, et de Nigde (voir plus loin).

Quitter Nevşehir

Il y a deux compagnies de bus pour la Cappadoce, l'une à côté de l'autre : Göreme et Nevtur. Changement de fréquences hors la saison touristique.
— *Pour Konya :* 5 bus quotidiens par Nevtur. Grand confort. En 3 h 30.
— *Pour Ankara :* en 3 h 30. Départs fréquents.
— *Pour Istanbul :* plusieurs bus de nuit, en 12 h. Ceux de la compagnie Nevtur, climatisés, sont préférables.
— *Pour Izmir :* 1 bus quotidien, en 12 h.
— *Pour Kayseri :* départs fréquents. Compter 1 h 30. Ces bus passent également par Uçhisar, Göreme et Avanos.
— *Pour Denizli :* 2 bus quotidiens, en 11 h (Pamukkale).
— *Pour Ürgüp et Avanos :* vous pouvez prendre un bus dans le centre ville.

– *Pour Adana :* en 5 h 30 ; départs fréquents.

UÇHISAR (indicatif téléphonique : 48-56)

Village connu pour son énorme piton de tuf percé de mille cavités. En cas d'attaque, les villageois se réfugiaient à l'intérieur de cette forteresse. L'entrée du piton est désormais payante (on ne recule devant rien !). A visiter tôt le matin avant l'afflux des touristes.

D'Uçhisar, c'est le choc : devant vous, l'un des spectacles les plus déments que l'on connaisse : ni lunaire, ni terrestre, un paysage d'un autre monde, comme un gigantesque décor de film évoquant une contrée mystérieuse. Une vallée hérissée de cagoules percées de dizaines d'yeux, de cheminées de fée trouées comme du gruyère, de cornets de glace parfaitement léchés, certains atteignant 40 m de hauteur, qui s'étagent en tous sens jusqu'à l'horizon. Cette fois, vous y êtes, la Cappadoce est à vos pieds.

Prenez le temps de vous balader dans le vieux bourg. Jetez un coup d'œil sur les façades des maisons ornées de sculptures. Dans les vallées monastiques, amusez-vous à jouer au jeu de piste avec les numéros d'églises.

Où dormir ?

■ *Méditerranée Pansiyon :* au centre du village, sur la place. ☎ 12-10. Ouvert toute l'année. Tout récent et très confortable. Vue sur la vallée. Les deux frères qui la dirigent, Izzet et Mustafa, parlent le français et sont d'une extrême gentillesse. 18 chambres impeccables avec sanitaires individuels. 9 chambres ont vue sur la vallée des Pigeons. Au petit déjeuner, un buffet inoubliable, inspiré de ceux du Club Méditerranée, qui satisfera les appétits les plus voraces. Prix très raisonnables. Si vous réservez, on viendra vous chercher en voiture. Le jeune Yavuz pourra vous accompagner dans vos balades. Le soir, sur commande, vous pourrez goûter aux spécialités locales et Izzet accompagnera votre dîner de musique. Une excellente adresse ; il est préférable, en saison, de réserver.
■ *La Maison du Rêve :* dans le centre. ☎ 11-99. Des terrasses, vue absolument exceptionnelle sur les cheminées de fée. Au total 22 chambres avec vue (14 avec douche et w.-c., les autres avec sanitaires communs). Certaines ont même une terrasse. Restaurant et bar panoramiques. Metin, le patron, parle le français et offre le thé à nos lecteurs. Là aussi, une bonne adresse à des prix très raisonnables.
■ *Pansiyon Basaran :* à 200 m du village, à l'entrée de la vallée dite des Pigeons. ☎ 12-22. Le patron, qui parle bien le français, vous réservera le meilleur accueil. Plusieurs chambres viennent d'être refaites. Coin cuisine à la disposition de tous. Vue superbe, au bord de la falaise. Encore une autre bonne adresse où l'on peut dîner le soir. Prix très raisonnables.
■ *Anatolia Pansiyon :* en arrivant à Uçhisar, en venant de Nevşehir, prendre à gauche, en direction de Göreme, puis la première rue à droite. C'est fléché. ☎ 13-39. Ici pas de vue panoramique mais comme le patron, Ahmet Acar, qui parle bien le français, a travaillé au Club Méditerranée, il a pensé à tous ces petits détails : dessus-de-lit, serviettes de bain, eau chaude en permanence, prises de courant, etc. La gentillesse de ceux qui le secondent est vraiment bien agréable. Au petit déjeuner, excellent buffet. Et le tout à des prix très doux.
■ *Erciyes Pansiyon :* sur la route d'Ürgüp, après la poste. ☎ 10-90. Une belle maison entourée d'un jardin ombragé. 15 chambres très propres avec douche, pour un prix très intéressant. Bon petit déjeuner et possibilité, le soir, de goûter aux excellentes et copieuses spécialités de la maîtresse de maison. La gentillesse des propriétaires est à signaler car elle est vraiment naturelle. On ne parle que le turc, mais ici le sourire remplace les mots.
■ *Villa Motel Pansiyon :* ☎ 10-89. A côté de Erciyes Pansiyon, sur la route d'Ürgüp. Ouvert récemment. 9 chambres très propres avec sanitaires. Terrasse sur le toit où vous fera goûter du vin. On parle le français.
■ *Kaya Pansiyon :* c'est fléché. ☎ 14-41. Maison troglodytique bien entretenue, ayant beaucoup de charme. Terrasse avec vue sur la vallée. Petit déjeuner copieux et varié. Repas préparé par la patronne. Très peu cher, et accueil

exceptionnel. Le patron parle le français. Douches dans les chambres et les serviettes sont fournies. Chauffage hors saison.

■ *Han Pansiyon :* petite pension familiale d'une dizaine de chambres de 2 à 4 lits taillées dans la roche. Tout confort. Bien tenues. Eau chaude abondante toute la journée. Accueil chaleureux. Vue splendide sur la vallée. Resto.

■ *Hisar Pansiyon* (chez Fazil Ertürk) : dans le centre du village. ☎ 10-85. Atmosphère familiale. 10 chambres dont 6 avec douche et w.-c. Propre et calme. Cuisine turque sur commande. Jardin intérieur. Prix modérés.

■ *Turistik Hotel Kale :* Göreme Caddesi. ☎ 37. A la sortie de la ville vers Göreme. Tenue par un couple âgé sympa. Décor un peu vieillot mais c'est très propre. A peine plus cher que le précédent. Petit déjeuner turc. Possibilité d'excursions avec le patron dans sa voiture. Intéressant à plusieurs.

■ *Derebağ Pansiyon :* prendre la direction de la Maison du Rêve et obliquer à gauche 50 m avant. C'est fléché ! ☎ 11-43. 17 chambres spacieuses avec douche et w.-c. individuels très propres, et salle de restaurant troglodytique. Belle vue sur les cheminées de fée d'Uçhisar. Bonne cuisine confectionnée par la maîtresse de maison, notamment le *saç tava*. Encore une bonne adresse à prix doux.

Plus chic

■ *Le Jardin des 1 001 Nuits :* ☎ 12-93. Ouvert récemment dans cinq cheminées de fée. Un complexe assez étonnant de 10 chambres dont les prix varient en fonction de leur superficie et de leur exposition. La moins chère est très abordable et la suite n'est pas exagérée si l'on voyage en famille car elle comprend six lits répartis dans plusieurs pièces. Le patron, Ahmet Öztürk, a beaucoup de goût et la décoration de l'ensemble est particulièrement réussie. Les deux salles de restaurant, dont l'une réservée aux groupes, sont d'anciennes habitations troglodytiques. Environnement exceptionnel au pied du piton rocheux. Service excellent.

Beaucoup plus chic

■ *Kaya Hotel :* construit dans la falaise de la vallée des Pigeons. ☎ 10-07. Site génial. Vue évidemment imprenable. Géré par le Club Méditerranée (très forts, leurs architectes). Chambres splendides et, bien sûr, très chères. Piscine. Petit déjeuner Club. Si l'on n'est pas client, il est cependant possible de profiter de la piscine en consommant. Demander l'autorisation.

Où manger ?

● *Efes Restaurant :* sur la place principale. Excellente cuisine, en particulier le *saç tava*. Service impeccable, souriant et chaleureux.

● *Seher Restaurant :* au bout de l'avenue principale. Demander un *saç tava* (sans sauce) ou *sote* (avec sauce) : viande, poivrons, tomates, ail, piments. Le tout sauté à la poêle. Le cadre est agréable : on mange dans une cour intérieure fraîche et ombragée. Accueil à revoir.

● *La Maison du Rêve :* voir « Où dormir ? ». Pour sa vue sublime et pour sa cuisine, bonne et pas plus chère qu'ailleurs.

● *Hisar Restaurant :* sur la place principale, près du parking. Terrasse et grande salle très propre. Bon choix de *meze*. Service sympa. Prix doux.

● *Hakan Restaurant :* près de la mosquée. Bon accueil. Prix très abordables.

● *Le Jardin des 1 001 Nuits :* voir « Où dormir ? ». Pour un repas de fête dans un merveilleux décor. Les prix sont très raisonnables, pas plus élevés qu'ailleurs. Nous espérons que le patron aura conservé son menu touristique, d'un excellent rapport qualité-prix.

● *Kaya Hotel :* voir « Où dormir ? ». Excellente table (normal, c'est le Club Med). Il faut acquitter un droit d'entrée, mais on peut y rester aussi longtemps qu'on en a envie.

● *Kale Restaurant :* creusé dans la forteresse. ☎ 14-19. Service impeccable. Propre. Cuisine variée et savoureuse.

Randonnées pédestres

Dans les deux premiers cas décrits ci-après, balades très agréables car le terrain descend gentiment.

VASIL DERE-GÖREME

La vallée dite des Pigeons (*Vasil Dere*, de son vrai nom turc). On peut la voir en surplomb, en descendant par la route goudronnée vers Göreme à 1,5 km. Des parkings, envahis d'étals de marchands, vous indiquent les plus beaux points de vue qui mériteraient bien 3 étoiles dans certains guides.
Mais pour visiter la vallée, le plus simple consiste à partir soit juste après le Club Méditerranée soit de la Maison du Rêve (plus court) et de rejoindre Göreme en suivant le fond des gorges. Pas aussi simple que cela car, à certains moments, il faut remonter pour éviter les culs-de-sac. Il y a parfois quelques passages un peu sportifs mais non dangereux. Nous vous conseillons de vous faire accompagner par quelqu'un de votre pension pour éviter de vous perdre et d'avoir recours à ces petits guides malins qui attendent les touristes, lors des passages difficiles, pour les remettre dans le bon chemin. L'un se fait même appeler le « tâteur » car il préfère se faire payer en nature auprès de nos lectrices après les avoir sorties d'un mauvais pas.
A la fin de la descente, juste à l'entrée du village de Göreme, allez voir, sur la gauche, à 300 m du sentier principal, la basilique Durmuş Kadir, du VIᵉ siècle. C'est la seule église comportant une chaire au milieu de sa nef centrale. La nef de droite est en partie éboulée et celle de gauche abrite encore son baptistère d'origine qui était alimenté par une canalisation. Dans les puissants piliers pris dans la masse sont sculptées des colonnes. Pour cette promenade, compter 2 h avec la visite de la basilique. Un petit café, juste à côté, au milieu d'un verger, permet de se rafraîchir avant de regagner Uçhisar en bus.

BAĞLIDERE-ÇAVUŞIN

Une autre balade : prendre un des chemins derrière la Üçler Onyx Factory. Suivre l'oued. Ce vallon de cheminées de fée est peu fréquenté par les touristes. Compter environ 2 h pour atteindre la piste puis la route goudronnée. Ensuite, tourner à droite pour arriver à Göreme, situé à 2 km. Ou aller à Cavuşin qui est plus près.

UÇHISAR-BABAYAN-ORTAHISAR

Durée : 4 h. Assez facile mais, là aussi, il est préférable d'être accompagné. Derrière le Club Méditerranée, descendre dans la vallée dite des Pigeons (Vasil Dere). Aller vers la droite. Au fond de la vallée, prendre le sentier qui monte, puis la piste en direction de la route goudronnée (Nevşehir-Ürgüp). Traverser la route et s'engager dans le sentier, juste en face, qui monte sur la gauche après 100 m. En haut de la côte, bergerie troglodytique. Attention aux chiens du berger !
Suivre la petite piste qui mène sur le plateau dominant toute la région. Vers la fin du plateau, la piste tourne sur la droite, à angle droit. Ne continuez pas sur cette piste mais empruntez le petit sentier, mal tracé (vue panoramique sur la gauche). Descendre le sentier jusqu'à Ibrahim Paşa (Babayan), village typique, encore préservé (2 h 30).
Du bas de ce village, possibilité d'emprunter le vallon Balkan Deresi, à gauche, vers Ortahisar. Faites abstraction du début de la vallée, utilisé comme égout pour les villageois. Chemin faisant, vous verrez dans les hauteurs des pigeonniers, des églises byzantines et vous traverserez des tunnels. Une fois arrivé aux premières maisons abandonnées d'Ortahisar, tourner à gauche pour monter vers le piton rocheux (1 h 30).

GÖREME (indicatif téléphonique : 48-57)

Le site le plus connu, donc le plus fréquenté par les cars de touristes, au centre de la Cappadoce, dans le triangle formé par Nevşehir-Niğde-Kayseri, à 12 km de Nevşehir, 8 km d'Ürgüp et 8 km d'Avanos.
Les vallées de la région servirent de refuge lors des premières persécutions par les Romains, puis lors des raids arabes. Elles virent même les premières communautés villageoises, puisque l'évêque de Cappadoce, Basile de Césarée,

recommandait de se regrouper à plusieurs familles pour cultiver la terre et pratiquer la religion. D'où cette profusion de villages creusés dans le tuf donnant une réelle impression d'unité avec leurs puits, logis, greniers et chapelles.

A Göreme, l'intérêt des églises taillées dans la roche vient autant de l'originalité de leur construction que des fresques ou peintures murales. Vous remarquerez que certaines ne comportent que des dessins au trait représentant de simples croix ou arabesques : en effet la Cappadoce connut au VIIIe siècle une période iconoclaste. Contrairement à ce que l'on croit généralement, ce ne sont pas uniquement les musulmans qui détruisirent ces peintures (d'ailleurs, le Coran reconnaît le Christ comme prophète). Ce sont les chrétiens qui voulurent les imiter en leur empruntant leurs armes : la prière, et la prière seulement, adressée directement par le fidèle à son dieu, sans passer par la médiation des images. Car à l'époque, de doctes penseurs de l'Église chrétienne s'interrogeaient sur la force et la vitalité de l'islam, et en avaient conclu qu'elles venaient en partie du refus de la représentation de Dieu, relais matérialiste affaiblissant la spiritualité. L'empereur Constantin V avait ainsi interdit toute représentation des saints et de la Vierge. Résultat : ces images, devenues objets de culte en elles-mêmes, ont été effacées.

A la fin de la période iconoclaste, les peintures murales revinrent massivement. Mais la plupart des visages furent ensuite saccagés par les musulmans lorsque l'islam triompha.

Adresses utiles

– **Office du tourisme :** à côté de l'otogar. Très bien organisé. Les photos des pensions y sont affichées avec les prix. Le responsable téléphone à celle que vous avez choisie et, dans certains cas, le propriétaire vient même vous chercher. Service intéressant et gratuit.
– **Banque :** à l'Open Air Museum ; ouverte y compris les jours fériés.
– **Location de mobylettes :** adressez-vous de préférence au stand situé en face de la Peri Pansiyon. L'autre propose du matériel trop usagé.
– **Agences de voyages :** *Efor Tour* et *Rose Tour*.

Où dormir ?

En été, certaines années, problème d'eau dans la plupart des hôtels. De plus, les propriétaires changent souvent. Il est à espérer que notre sélection d'adresses n'en souffrira pas.

■ **Peri Pansiyon :** à la sortie du village en allant vers les églises rupestres. Juste derrière Paradise Pansiyon. ☎ 11-36. 16 chambres au total, dont 7 ont été creusées dans des cheminées de fée. Il y fait frais. Assez rustique mais agréable. A l'intérieur, un petit verger qui offre son ombrage quand le soleil cogne trop fort. Bar agréable. Metin, le patron, parle le français. Il organise des excursions d'une journée en minibus. Exemple : les villes souterraines de Kaymakli et Derinkuyu, la vallée de Soğanli... Prix modiques. Une bonne adresse. Possibilité d'utiliser la piscine du *Dilek Camping*, juste en face, moyennant une faible participation.
■ **Elysée Motel Pansiyon :** ☎ 12-44. Dans une bâtisse pour partie de construction traditionnelle, et pour partie creusée dans la roche. Tenue par une Française, Anne, très sympa. Calme, avec vue sur le château. Une dizaine de chambres très propres avec douche et w.-c. privés. Une excellente adresse, où vous pourrez de plus goûter une cuisine typique. Un délice !
■ **Paradise Pansiyon :** sur la route de l'Open Air Museum ; proche de l'arrêt des minibus. ☎ 12-48. Très correct et agréable. 15 chambres dont 8 avec sanitaires individuels. Belle terrasse. Le cuisinier du resto parle le français. Il a travaillé à Strasbourg.
■ **Köşk Hôtel Pansiyon :** près de la gare des dolmuş dans la rue où se trouvent les taxis. ☎ 12-33 ou 12-47. Chambres à 2, 3 ou 4 lits. Sanitaires et douches rénovés. Possibilité de dormir sur la terrasse. Petits déjeuners anglais ou turc. Bon marché. Accueil un peu froid.

■ *Rock Valley Pansiyon :* après l'otogar, à droite, à 300 m. Une nouvelle adresse. Chambres voûtées. Beau jardin. Eau chaude. Bon accueil. Il y a aussi un camping.

■ *Pension Nest :* à deux pas de la poste et à 200 m de l'office du tourisme, à gauche sur la route d'Avanos. C'est fléché. ☎ 13-82. Petite pension propre, tenue par deux frères professeurs qui font aussi de la bonne cuisine, servie sur commande le soir, dans le jardin. Un des employés parle le français. Un endroit calme et bien tenu, aux prix doux.

■ *Göreme Pansiyon :* Yaşar Cingitaş. La première de ce nom à Göreme. Chambres spacieuses. Plusieurs petites terrasses. Eau chaude en permanence. On déconseille la chambre pour 3, située à gauche sur la première terrasse : elle est au-dessus de la discothèque. On peut aimer, bien sûr.

■ *Tipic Pansiyon :* Bayram Maden. ☎ 10-28. Dans un grand jardin fleuri qui tranche sur ce paysage de calcaire. Chambres creusées dans la pierre (cheminée de fée). La propreté laisse toutefois à désirer et on nous a signalé que les w.-c. se déversent dans les douches ! Eau chaude en permanence grâce à l'énergie solaire et au gaz. Le patron organise des visites de la région en minibus (une journée). Mêmes prix chez ses concurrents. Fait également resto.

■ *Isthar Pansiyon :* à 200 m de la station de bus, suivre le canal en direction d'Uçhisar. Très propre, calme pour ces chambres avec douches et eau chaude. Bon marché.

■ *Keleş Cave Pansiyon :* à environ 500 m en montant à partir de la mosquée. ☎ 11-52. Demander la chambre avec la terrasse qui offre une vue superbe. Sanitaires collectifs. Bon marché.

Campings

■ *Kaya Camping :* à 500 m du vallon (mais à 2,5 km de Göreme), sur la route qui monte vers Ürgüp. ☎ (48-69) 11-00. Ouvert toute l'année. Eau chaude gratuite. Piscine. Mini-market, resto, sanitaires propres. Vue merveilleuse sur les cheminées de fée. Très bon accueil, chaleureux et sincère. Un peu cher mais c'est normal : le luxe se paie.

■ *Camping Göreme Panorama Teras :* à 400 m du centre, vers Uçhisar, après le resto Orient. Terrain bien aménagé, face à la vallée. Superbe panorama, surtout le soir. Patron sympa. Sanitaires propres avec eau chaude. Prix peu élevés. Une excellente adresse.

– Le *Motel Camping* est déconseillé : sale, bruyant et cher.

Où manger ?

● *Orient Restaurant :* sur la route d'Uçhisar, un peu avant le précédent. Cuisine variée et prix très raisonnables. Refayi, le patron, parle le français. Agréable, surtout le soir. Petite terrasse devant mais qui donne sur la route.

● *Restaurant Atlas :* en face de la Peri Pansiyon. Bonne cuisine turque traditionnelle à déguster sous la tonnelle pour un prix amical. Certains soirs, musique et danse. Offrez alors un verre au musicien et le contact sera établi.

● *Rose Restaurant :* sur la rue principale (reliant Avanos à Nevşehir). A l'arrière, terrasse. Bon et pas très cher.

Plus chic

● *Hacinin Yeri :* à la sortie de Göreme, en allant vers Uçhisar. Très beau cadre de salles troglodytiques fraîches et bien aménagées. Possibilité aussi de manger dehors dans le jardin où une paysanne fait la *yufka,* une délicieuse galette de pain chaud. Bonne cuisine traditionnelle. L'endroit est assez touristique mais il est possible de s'isoler.

● *Ataman Restaurant :* derrière le village en remontant le canal à sec. C'est fléché. ☎ 13-10. Partiellement dans la roche. Accueil charmeur. Carte et cadre extraordinaires.

● *Mehmet Paşa Restaurant :* Konak Türk Evi. L'un des cadres les plus magnifiques : dans une vieille maison ottomane qui a appartenu à Mehmet Paşa lui-même, et qui a entièrement été aménagée avec goût. A lui seul le cadre vaut le déplacement. La cuisine n'a cependant rien à lui envier. Un petit musée du costume local permet de faire votre trou normand de manière culturelle.

A voir

Tout d'abord, on trouve honteux que les autorités locales soient si peu vigilantes pour préserver cet endroit unique au monde. C'est un véritable scandale de détruire un tel patrimoine. On aperçoit désormais des restaurants en béton au milieu des sites et même un motel de 170 lits qui dénature le paysage. La municipalité n'hésite pas non plus à aller déposer ses ordures derrière le village de Çavuşin, à proximité de la vallée de Güllüdere.

Bon, les églises rupestres les plus célèbres de Cappadoce se trouvent à 2 km du village de Göreme. Le site est clôturé. Flash interdit à l'intérieur des églises. Entrée payante. La visite n'est pas supportable quand il y a trop de monde et qu'on piétine pour entrer dans les églises. Allez-y de bonne heure ou à partir de 17 h, quand les cars sont repartis. Luminosité extraordinaire. Parking à l'entrée du site. N'oubliez pas votre lampe de poche.

Heureusement, pas de grands hôtels à Göreme. Le village retrouve donc sa tranquillité le soir.

▶ **L'église à la Pomme** *(Elmalı Kilise)* : construite au sommet d'une falaise avec un pommier devant l'entrée. Quelques peintures murales intéressantes représentant saints et prophètes, dont l'archange Gabriel tenant un globe dans sa main.

▶ **L'église Sombre** *(Karanlık Kilise)* : seulement éclairée par une toute petite fenêtre, d'où son nom. Peintures murales de la vie du Christ très bien conservées grâce à la faible pénétration de la lumière. En restauration depuis longtemps.

▶ **L'église de Sainte-Barbara** : quelques dessins très simples en rouge témoignant de la tradition iconoclaste.

▶ **L'église au Serpent** *(Yılanlı Kilise)* : en fait, un dragon terrassé par saint Georges.

▶ **L'église aux Sandales** *(Çarıklı Kilise)* : une empreinte de pas, censée représenter celle du Christ, est à l'origine de son nom.

▶ **L'église de la Boucle** *(Tokalı Kilise)* : de l'autre côté du site, en contrebas de la route à droite. La plus intéressante des églises de Göreme et la plus grande. Son nom vient d'une boucle fixée au plafond. Elle contient les fresques les mieux conservées et présente un plan original avec transept, absides, voûtes, etc. En sortant de l'église, montez sur la colline au-dessus, par les petits sentiers. Vue magnifique.

▶ D'autres églises dans les environs immédiats : *Meryem Ana Kilise* (fermée, car risque d'éboulement) ; *Kılıçlar Kilise, Saklı Kilise*, etc. Plus compliqué à atteindre. Prenez un guide ou achetez une brochure locale pour vous repérer. Beaucoup moins de monde sur les chemins.

▶ Si vous en avez assez de la foule, arrêtez-vous au panneau *Saklı Kilise* (église cachée), situé à quelques centaines de mètres avant d'arriver aux églises les plus fréquentées. Suivre le petit chemin sur environ 1 km. L'église porte bien son nom car seules des marches à droite du chemin permettent de la repérer. Ensuite, reprendre le même chemin sur 500 m et descendre dans le vallon. Avec un peu de chance, vous apercevrez une cheminée de fée avec une importante cavité ouverte sur l'extérieur. Il s'agit de l'étonnante *église El Nazar* qui contient des peintures, notamment des portraits des saints et du Christ, du XIe siècle. Très endommagés malgré les efforts de l'Unesco.

De plus, un café et un stand de souvenirs commencent à envahir le site pourtant admirable.

Quitter Göreme

– *Pour Istanbul* : bus directs en fin d'après-midi.
– *Pour Kayseri* (où l'on peut prendre le train) : 1 h 30 de trajet pour 90 km.
– *Pour Konya* : plusieurs bus quotidiens par les compagnies *Göreme* et *Nevtur*. Liaisons assurées sur Ankara, Marmaris, Bodrum...

Randonnées pédestres

GÖREME-ÇAVUŞIN

Durée : 1 h 30. Sur la route d'Uçhisar, prendre soit la piste qui monte en face du restaurant Hacının Yeri, soit celle qui un peu plus loin qui monte derrière le camping Panorama, et suivre la piste en direction d'Avanos. À droite, vue panoramique sur Göreme et les vallons de Güllüdere et Kizilçukur. Vers la fin de la piste, belle vallée (Bağlidere) sur la gauche, inaccessible par ce versant (voir balade de Bağlidere au départ d'Üçler Onyx). La piste se termine, rétrécissant pour former un étroit sentier. Le continuer et emprunter ensuite un chemin qui descend sur la droite vers Çavuşin.

GÖREME-OPEN AIR MUSEUM

Durée : 1 h 30. Se faire accompagner. Depuis Göreme, engagez-vous sur la route du musée en Plein Air, juste pour traverser le petit pont au-dessus de l'oued. Prendre tout de suite la piste sur votre gauche, dans la direction d'Avanos, le long de l'oued. Après 250 m environ, la piste tourne à droite. A la bifurcation, rester sur la gauche. Sur votre droite, vous verrez le cimetière. 50 m après l'avoir dépassé, tourner à droite. Suivre la piste tortueuse et traverser le lit d'un oued. Continuer tout droit. Avant d'arriver au premier tunnel, on aperçoit sur la droite l'église Kiliçlar. Le chemin se rétrécit et conduit dans un canyon profond et étroit. Là vous devrez escalader, deux fois de suite, des parois verticales de 2,50 m environ, ce qui est possible grâce aux prises creusées dans la roche. Un dernier effort est nécessaire pour grimper sur une grande roche ronde. Ensuite, empruntez le canyon et, au milieu de ce dernier, vous traverserez une série de tunnels. Après, le chemin tourne sur la gauche. Ne l'empruntez pas mais revenez légèrement sur vos pas dans le tunnel jusqu'au point où la lumière se voit. Quittez le tunnel ici pour atteindre un petit jardin. Traversez-le et empruntez un petit sentier qui monte sur la gauche. A 30 m, vous arriverez sur le parking du musée en Plein Air.

ÇAVUŞIN (indicatif téléphonique : 48-61)

Village criblé de maisons troglodytiques, situé entre Göreme et Avanos. On peut y visiter, en compagnie d'enfants qui proposent leurs services, la basilique Saint-Jean-Baptiste, incrustée dans la belle falaise en forme d'amphithéâtre (entrée payante). L'empereur byzantin Nicéphore Phocas a donné son nom à l'église ornée de belles fresques datant du Xe siècle et qui se trouve à la sortie du village dans la direction d'Avanos. Le village attire tellement de monde qu'un péage a été installé pour les touristes, pour la visite de l'église seulement...

Où dormir ? Où manger ?

■ *In Pansiyon :* tenue par Ahmet Kilinç. ☎ 70-70. Bien située, patron accueillant qui parle le français. Ambiance agréable, excellente cuisine familiale. Une adresse que l'on vous recommande particulièrement. 13 chambres dont 11 autour d'une cour centrale. 3 sont voûtées. Beau salon oriental pour les soirées. Organisation d'excursions et de randonnées. Notre meilleure adresse à Çavuşin.
■ *Türbel Pansiyon Restaurant « la Vallée Magique » :* aménagée dans une ancienne ferme. 8 chambres dans le rocher ou à l'étage. Grand calme et vue magnifique sur la Cappadoce. Le patron, très sympa, a travaillé à Strasbourg et parle très bien le français, ainsi que son fils. N'a pas cependant l'ambiance de l'adresse précédente. Bon marché pour les chambres.

Un peu plus chic

■ *Green Motel :* ☎ 70-50. Grande maison de 20 chambres très propres avec sanitaires individuels. Camping avec douches. Restaurant troglodytique. Jardin. Eau chaude toute la journée.

■ *Çavuşin Motel :* en arrivant sur la droite. ☎ 71-08. Récent. 13 chambres simples mais propres avec sanitaires individuels mais pas de placard ni de siège. Motel bien entretenu mais qui devra faire ses preuves après quelque temps.
● Deux restaurants, très corrects, permettent de se restaurer sur place : l'un est situé en face de In Pansiyon, l'autre, un peu plus loin, toujours sur la droite, se distingue par une façade peinte en rose.

Randonnées pédestres

Çavuşin est un point de départ d'excursions très intéressantes.

ÇAVUŞIN-GÖREME

Durée : 1 h. Quitter Çavuşin en direction du sud, c'est-à-dire de Göreme. Suivre le chemin qui traverse le cimetière. Après le cimetière, prendre le second chemin sur la gauche. 200 m plus loin, emprunter un petit sentier qui monte, en longeant un rocher sombre. C'est là que des scènes de *Médée* de Pasolini ont été tournées. A gauche, le sentier musarde entre des vignes et des cheminées de fée. Traverser les cheminées de fée mais ne pas emprunter la vallée de gauche. Une petite montés (50 m) mène à un ensemble d'anciennes habitations. De là, on débouche directement sur le musée en Plein Air de Göreme.
Cette randonnée peut, bien entendu, s'effectuer dans le sens inverse, au départ de Göreme.

ÇAVUŞIN-BOZDAĞ-ZELVE

Durée : 1 h 30. A faire, de préférence, au lever ou au coucher du soleil. A l'entrée de Çavuşin quand on vient d'Avanos, juste à côté de l'église Nicéphore Phocas, suivre jusqu'au sommet un sentier qui passe à 100 m à droite du réservoir d'eau. Après avoir vu le lever ou le coucher du soleil et en redescendant vers le nord-est, on débouche juste sur le musée en Plein Air de Zelve. Suivre le bord de la montagne pour revenir au point de départ, ou bien revenir par la route goudronnée.

ÇAVUŞIN-GÜLLÜDERE-KIZILÇUKUR

Durée : 3 h. Se faire accompagner de préférence. La randonnée la plus intéressante de la région. A ne pas manquer.
Monter vers le haut du village, traverser le cimetière en suivant un chemin de charrette. Après 200 m, prendre le chemin sur la gauche. 400 m plus loin, emprunter le deuxième chemin, toujours sur la gauche. Après 200 m, on voit une église rupestre dite « Aux Croix », du VIe siècle (des croix latines et de Malte sont sculptées au plafond). Redescendre dans la vallée. Suivre un petit chemin qui traverse un verger jusqu'à un tunnel. Juste avant ce tunnel, sur la gauche, remonter le chemin qui conduit à l'église Saint-Jean de Güllüdere.
Pour continuer vers la vallée Rouge ou Kizilçukur, reprendre le chemin qui traverse le verger et, tout de suite à gauche, celui qui traverse une vigne. Passer sous un pigeonnier. Continuer le sentier vers l'est jusqu'à un grand vignoble ; le traverser et, sur la droite, vous déboucherez sur la vallée Rouge. Descendre une centaine de mètres et vous verrez l'église Ayvali, d'un intérêt limité.
Redescendre une dizaine de mètres pour rejoindre un sentier qui longe la vallée jusqu'à un piton rocheux. Là, continuer jusqu'à une source puis passer sous le rocher. Plus loin se trouve un tunnel qu'il ne faut pas emprunter. Mais s'engager dans le sentier sur la gauche. Descendre encore quelques mètres puis tourner à droite et vous trouverez l'église « Joachim et Anne ». Revenir sur vos pas et poursuivre le chemin en passant, cette fois-ci, sous un tunnel qui débouche sur une large vallée. Là, prendre sur la droite et la suivre jusqu'à la piste pour revenir à Çavuşin qui se trouve sur la droite.
Bien entendu, cette randonnée peut s'effectuer au départ de Göreme. Dans ce cas, il faut d'abord se rendre à Bozdağ en empruntant la route des églises rupestres. Dépasser le musée en Plein Air et prendre la route à gauche après le

Kaya Camping (Nevşehir-Ürgüp). Puis à 300 m, au carrefour, tourner à gauche, en face de la route d'Ortahisar. Il faut compter 2 km jusqu'à Bozdağ.

ORTAHISAR (indicatif téléphonique : 48-69)

Du vallon de Göreme, remontez la côte pour rejoindre la route d'Ürgüp. Points de vue superbes sur la région depuis le piton rocheux d'Ortahisar, visible de plusieurs kilomètres à la ronde. La population s'y réfugiait lors des raids. Possibilité de l'escalader. Escalier métallique. Entrée payante. Parfois, on trouve des gamins qui vous y emmènent par la voie la plus facile. Ne pas hésiter, non plus, à s'engager dans les ruelles en pente (scènes typiques assurées). Suivre l'indication « Pau Carlik Valley and Church ». Nombreuses églises et sources.

Voyez la fresque de l'Annonciation de la *Sarıca Kilise* ; difficile à trouver, s'y faire conduire par un gamin.

Où dormir ?

■ *Sari Baba Pansiyon and Church :* ☎ 12-67. Accès pédestre uniquement. Suivre la pancarte à partir de la place centrale. La pension est dans un monastère creusé dans la colline. Confort sommaire (douches). Calme.
■ *Selçuk Hotel :* dans le centre du village. Pas cher, pas terrible.
■ *Hôtel Tezcan :* ☎ 18-50. Plus cher que le précédent. Une vingtaine de chambres.
■ Pour les *campings :* voir à Göreme.

Randonnées pédestres

— Une balade courte et facile d'environ 1 h 30. Le plus simple est de partir d'Ibrahimpaça (Babayan) afin de descendre le vallon qui rejoint Ortahisar. Quelques églises byzantines en cours de route, pas toujours faciles à trouver. Malheureusement, au début du parcours, il faut traverser une canalisation. Cette randonnée peut être faite aussi au départ d'Uçhisar.
— Possibilité d'effectuer la randonnée de Güllüdere (voir plus haut). Après le Lapis Inn, prendre la direction d'Avanos. Attention, rester près du torrent car crêtes glissantes.

ÜRGÜP (indicatif téléphonique : 48-68)

Capitale du tapis (pour la vente), d'où un afflux de touristes un peu trop envahissants. Les bâtisses modernes commencent à enlaidir le centre ville. Dépêchez-vous !

– *Office du tourisme :* Kayseri Caddesi 37. ☎ 10-59. Les prix des hôtels y sont affichés. Le directeur parle le français. Si vous voulez faire une excursion, demandez-leur de vous conseiller une agence sérieuse.
— En septembre, la mairie organise une *fête des Vendanges.*
– *Location de V.T.T. :* tour Bike. Istiklal Caddesi 10. ☎ 13-48.

Où dormir ?

■ *Konak Hotel :* Musaefendi Mahallesi Zafer Okulu Yani. ☎ 13-25 et 16-67. Situé à la sortie d'Ürgüp (vers Göreme). Venant de Nevşehir, suivre les pancartes. Vieilles maisons traditionnelles restaurées et joliment décorées. Jardin intérieur fleuri avec barbecue pour griller ses brochettes. Eau chaude 24 h sur 24. Derrière une énorme falaise troglodytique. Possibilité de promenades organisées et réduction pour les clients munis du G.D.R.

■ *Hôtel Özler :* Avanos Caddesi 6-8. ☎ 11-37 ou 35-78. A 250 m du centre. Maison particulière transformée en hôtel. Propre. Douches chaudes 24 h sur 24. Petit déjeuner dans le jardin en contrebas. Service irréprochable. Prix modérés.

■ *Born Hotel :* Nevşehir Yolu Çıkışı. ☎ 17-56. Un peu en contrebas du Konak. Ancienne demeure ayant autrefois appartenu à un pacha de la région. Façade superbe. Chambres assez simples, blanchies à la chaux. Construction prévue d'un hammam. Du balcon-terrasse, belle vue sur Ürgüp.

■ *Hôtel Fatih :* Mehmet Akif Bulvari Mustafapaş Yolu. ☎ 24-55. Chambres de 2 à 4 lits avec douche chaude, w.-c. à la française. Propre et calme. Bon accueil. Le patron aime bien notre pays. (Attention toutefois aux délires de Müla de l'agence Kayer qui se fait passer pour le propriétaire et annonce des prix fantaisistes.) Possibilité de laver le linge et de l'étendre. Petit déjeuner copieux sur la terrasse. Prix très corrects, mais les faire préciser dès l'arrivée. Propose une visite guidée (en français), en taxi, de la Cappadoce en une journée pour un prix intéressant.

■ *Divan Hotel :* Sivritaş Mahallesi Elgin Sokak 4. ☎ 17-05. Dans le bas de la ville. Grande maison individuelle. Le patron parle le français et l'anglais. Organise des randonnées équestres de 1 à 3 jours et des circuits d'une journée en dolmuş Terrasse. Ambiance agréable. Jardin. Pas bon marché, toutefois.

■ *Sefa Otel :* Dumlupinar Caddesi 3. ☎ 11-82. Petit hôtel propre. Chambres de 1 à 5 lits. Douche chaude gratuite. On y mange bien, pour pas cher.

■ *Tanis* Hotel : Kale Mahallesi 5. Dans le centre, vieille maison pittoresque. Petites chambres très propres autour d'un patio ombragé. Accueil très chaleureux. Une salle de repos a été creusée dans le roc.

■ *Kemer Otel :* Yeni Cami Mahallesi Hamam Sokak. ☎ 21-68. Chambres confortables. Terrasse pour le petit déjeuner (nul) et pour sécher le linge. Racole principalement ses clients dans les bureaux de Cappadocia Tours.

■ *Hôtel Villa :* Sivritaş Mahallesi Elgin Sokak. Un peu plus bas que l'hôtel Eyfel. Dans une maison particulière, chambres avec douche. Sympa et pas cher.

■ *Camel Hotel :* à la sortie d'Ürgüp, sur le chemin de Mustafapaş. Petit jardin. Très propre, calme, accueil souriant. Et les prix sont raisonnables. Huit chambres (douche et toilettes pour 2 chambres).

■ *Hôtel Emre :* Avanos Caddesi 4. ☎ 10-25. Hôtel propre. Chambres avec toilettes et eau chaude. Petit jardin.

■ *Haci Pansiyon :* Kavak Önü Mahallesi 17. ☎ 32-06. Chambres propres et avec eau chaude. Possibilité d'utiliser la cuisine. Bonne adresse calme et bien entretenue par ses propriétaires parlant l'allemand et un peu l'anglais. Hacı propose des excursions différentes de celles vendues par les agences. 5 personnes minimum.

■ *Cappadocia Hotel :* à côté du hammam et de la mosquée, à 100 m du centre et de l'otogar. Dans une vieille maison. Chambres avec bains, très propres. Chauffage central. Patron parlant l'anglais.

■ *Sun Pansiyon :* ☎ 14-93. Près du hammam. Chambres dans le roc. Lits aussi... Propre. Douche 24 h sur 24. Chauffage en hiver.

■ *Hôtel Ova :* Ali Baran Numanoğlu Bulvari, Avanos Caddesi 36. ☎ 15-65. Très jolie pension en allant vers Avanos. 10 chambres, 20 petits lits tout propres, tout beaux...

■ *Hôtel Park :* PTT Karşisi, Avanos Caddesi 20. ☎ 18-83. Propre. Bon accueil. Chauffage (appréciable hors saison). Petit déjeuner copieux.

Plus chic

■ *Surban Hotel :* Yunak Mahallesi. ☎ 17-61 et 13-25. Fax : 20-25. Sur la route de Nevşehir. Bâtiment récent mais dans le style de la région. Chambres voûtées avec douche et toilettes.

■ *Hanedan Hotel :* Yunak Mahallesi 34. ☎ 15-62. En haut de la ville, sur la route de Nevşehir. Superbe maison ayant appartenu à une riche famille grecque. Les chambres ont été aménagées avec goût, tout en conservant leur côté traditionnel. Douches privées. Vue sur la falaise troglodytique. Terrasse pour le petit déjeuner. Service irréprochable.

Camping

■ *Camping de l'hôtel Pinar :* central. Piscine. Belles installations.

Où manger ?

● **Cappadocia Restaurant :** sur la place principale. Propre et choix correct. Fréquenté par les Turcs, ils ont raison : la cuisine est excellente. En revanche, toilettes à éviter.
● **Sofa Restaurant :** ☎ 23-00. Construit dans un ancien caravansérail. Prix raisonnables et bonne cuisine.
● **Göreme Restaurant :** Yeni Hal Mevkii. ☎ 33-35. Derrière l'otogar. Bon, patron sympa et prix raisonnables. Excellente adresse.
● **Kent Restaurant :** Dumlupinar Caddesi. ☎ 13-29. Situé dans la rue du marché, ce resto est un des préférés des Turcs, le jour du marché. Le patron, Ismail Tanriverdi, est un homme charmant et accueillant. Bons pide.
● **Sömine Cafeteria-Restaurant :** Cumhuriyet Meydani. ☎ 84-42. Beau décor. On peut manger à l'extérieur. Bon service et prix raisonnables. Une bonne adresse.
– Le Çirağan Restaurant est à fuir absolument. La publicité que nous lui avons faite dans le passé lui serait-elle montée à la tête ? Toujours est-il qu'il est devenu le roi de l'arnaque.

A voir. A faire

▶ **Hammam :** dans le centre, derrière la statue d'Atatürk. Vieille bâtisse de style traditionnel. Chauffage au bois. Ouvert aux touristes en couple. Une innovation que l'on doit au directeur de l'office du tourisme. Bon massage « à la turque » très revigorant après un trek mais, pour ceux qui ont des problèmes de dos, s'abstenir. Faire attention aux « faux » masseurs masculins pour les femmes.

▶ Grand *marché* paysan le samedi.

▶ **Kaya Kapi :** quartier sur la colline au-dessus d'Ürgüp avec beaucoup de maisons anciennes parfois abandonnées. Nombreuses habitations troglodytiques dans la falaise dominant le bourg. Belle vue sur les environs.

▶ **Cave coopérative :** à l'entrée de la ville, sur la gauche en venant de Nevşehir. On peut y acheter du bon vin.

▶ Petit *musée* présentant quelques vêtements régionaux. Pas terrible.

– Enfin, on décerne le prix du mauvais goût à la municipalité, qui a dressé de fausses cheminées de fée sur la grand-place. Laid à hurler.

Excursions en Cappadoce

– **Cappadocia Tours :** otogar n° 28. ☎ 17-16. Balades en minibus. Et ce n'est pas la visite des marchands de tapis ou d'onyx. Devia, le patron, parle le français et fait, paraît-il, 15 % de réduction aux clients munis du Guide du Routard. Malheureusement, ses prix sont supérieurs à ceux de la concurrence. Éviter de le confondre par ailleurs avec l'office du tourisme.

– **Alan Turizm :** renseignements à l'hôtel Konak. Randonnées à pied, cheval, vélo, etc. Fourniture de minibus. Agence sérieuse, faisant une ristourne pour nos lecteurs.

– **Agence Kayer :** Cumhuriyet Meydani 14. Derrière l'otogar. Propose un tour en Cappadoce à un prix correct. Accueil sympa. Vous aurez sûrement affaire à Müla, incontournable, qui parle bien le français. C'est un personnage qui fait beaucoup de jaloux à Ürgüp. Indispensable de se faire préciser les prix pour les éventuelles prestations supplémentaires.

Achats

– **Sultan Mehmet :** El Sanatlari Carşişi 4. Dans le bazar des métiers manuels, à côté de l'office du tourisme. Tenu par une Française mariée à un Turc. Tapis, onyx, cuivre, pipes en écume de mer, faïences, narghilés, etc., à des prix fixes, en hausse...

Quitter Ürgüp par bus

— *Pour Ankara :* environ toutes les heures.
— *Pour Istanbul :* tous les jours à 18 h et 19 h.
— *Pour Izmir :* un départ en fin d'après-midi.
— *Pour Konya :* plusieurs bus quotidiens.
— *Pour Avanos :* pas de bus. Prendre un taxi.
— *Pour Kayseri :* par dolmuş.
— *Pour l'embranchement de la route de Göreme :* par dolmuş. Retour non assuré.
— *Pour Avanos :* pas de bus direct, il faut revenir à Nevşehir.

MUSTAFAPAŞA (indicatif téléphonique : 48-68)

Gros village à 5 km d'Ürgüp. Possède beaucoup de charme. L'endroit idéal pour passer la nuit. Il s'appelait Sinasos et était habité par les Grecs jusqu'en 1924 (jusqu'aux échanges de populations après la guerre gréco-turque). Bus réguliers plusieurs fois par jour depuis Ürgüp.

Où dormir ?

■ *Monastery Pansiyon :* Cumhuriyet Meydani. Dans la rue principale. ☎ 50-05. Ancien monastère, creusé dans la roche. Propre et pas cher. 5 chambres avec salle de bains et 5 avec sanitaires communs. Cour très agréable, ombragée par un treillis de vigne. Bonne atmosphère. Eau chaude gratuite. Bon resto.
■ *Hôtel Pacha :* sur la place en face de l'hôtel Sinasos. ☎ 53-31. 9 chambres avec douche individuelle dans une ancienne demeure grecque récemment restaurée. Très bien tenu. Ismaïl, le patron, parle le français. Un endroit de rêve. Terrasse panoramique et repas sur commande (cuisine familiale excellente).
■ *Camping Pacha :* à 1 km du village, en face de Aghios Vasilios. ☎ 50-18. Installations récentes. Tenu par une Française mariée à un Turc qui parle bien notre langue. Piscine, discothèque, café-restaurant. Repas turc, français sur commande. Méchoui. Le patron, Karagöz Yakup, possède aussi des chambres de secours, en cas de mauvais temps.

Plus chic

■ *Hôtel Cavit :* à 200 m du centre, à gauche en venant d'Ürgüp, sur la route du barrage. ☎ 51-68. Ce nouvel établissement est décoré de tapis. Chambres équipées de sanitaires impeccables. Terrasse pour la vue et pour l'ombre. Jardin pour le petit déjeuner et possibilité de repas sur place.
■ *Sinasos :* à l'entrée de la ville, superbe demeure bourgeoise, très cossue, ayant appartenu à des Grecs. Splendide architecture intérieure. Aux dernières nouvelles, le propriétaire achevait derrière la construction d'un hôtel de 100 chambres. La maison ancienne servira probablement de restaurant, comme par le passé.

Où manger ?

● *Hasirli Restaurant :* en plein centre ville, face à l'église Saint-Constantin-et-Hélène. Terrasse agréable et très fréquentée. Cuisine simple mais bonne, à prix doux.
● *Ömer Baba Restaurant :* face à l'office du tourisme, en haut des escaliers. Petite salle agréable et fraîche, avec une terrasse pour boire un verre.
● Petite *épicerie* sur la place principale.

A voir

▶ Dans le centre, quelques maisons présentent de belles façades sculptées. La plus belle, juste après Saint-Constantin-et-Hélène, doit faire l'objet d'une restauration. Elle menaçait ruine.

▶ *Église Saint-Constantin-et-Hélène :* sur la place principale, avec sur le fronton de jolies grappes de vigne polychromes. L'église vient de faire l'objet d'une restauration particulièrement réussie.

▶ Superbe *medersa* du XIVᵉ siècle à l'entrée du village, malheureusement occupée par une florissante boutique de tapis. 7 000 tapis en stock ! On visite, mais prix élevés. Le porche sculpté est splendide.

▶ *Église Haghios Vasilios :* cette église, du VIIIᵉ siècle, à 1 km du village, s'étage sur trois niveaux. Peintures byzantines. Demander la clé au *Tourist Information* à l'entrée du village. Le guide vous accompagne. Cette église se trouve juste en face du camping Pacha. Visite de 9 h à 17 h ou 18 h en été. Entrée payante.

▶ *Ismail :* bonne boutique d'objets en onyx en descendant vers la place principale, tenue par deux frères dont la mère est française. Bon accueil. Chaque objet est étiqueté et les prix sont très raisonnables.

Dans les environs

▶ Nombreuses églises du VIIIᵉ siècle, à la sortie du village. *Hagios Stefanos*, creusé dans la roche, et *Hagios Nikola*, un ancien monastère, sont à 600 m du centre. Des gamins se feront une joie de vous y conduire. Assez difficile à trouver seul.

▶ *Cemil :* au sud de Mustafapaşa. Petit village peu fréquenté construit sur un canyon. Assez original.

▶ *Le monastère des Archanges* (ou *Keşlik*) : continuer 1,5 km au sud de Cemil. Prendre sur la droite puis chemin pentu situé dans un virage à gauche. Bien indiqué. A 100 m, un très bel ensemble de rochers. Dans l'un d'eux, le monastère des Archanges. La visite (payante) très intéressante se fait sous la conduite d'un guide qui parle quelques mots de français.

▶ *Taşkinpaşa* (ou *Damsa*) : à 7 km au sud de Cemil. Le long de la route, une jolie medersa aujourd'hui ruinée. Tout au bout du village, une vieille mosquée avec un minaret archaïque et deux chapelles où reposent des personnages saints.

AVANOS (indicatif téléphonique : 48-61)

Anciennement *Venasa*, elle fut la deuxième ville importante du royaume de Cappadoce après Kayseri, la capitale. Aujourd'hui, ce village coincé entre une colline et une grosse rivière est un de nos endroits préférés. Capitale de la poterie en Cappadoce, c'est aussi un grand centre de tissage (les lieux les plus connus du tissage de tapis en Cappadoce sont les villages de Yahyali, Taspinar, et Avanos). Les artisans n'hésiteront pas à montrer leur agilité en utilisant un tour qu'ils manœuvrent avec les pieds. Une technique inchangée depuis des siècles. Parfois, ils vous feront essayer. Toujours, vous pourrez acheter.
Évitez les ateliers où sont stationnés les autocars. Mieux vaut s'arrêter devant les petits ateliers à l'écart de la grande rue.

Adresses utiles

– *Office du tourisme :* sur la place principale. ☎ 13-60. Ouvert tous les jours de 8 h à 15 h, sauf samedi et dimanche. Accueil exceptionnel. Un des offices les plus aimables et les plus compétents de toute la Turquie. Le responsable, Kemal Uslu, parle très bien le français et distribue une carte de la région. Ses conseils sont très précieux.

– *Poste :* dans la rue principale. Ouverte de 7 h à 23 h. Pratique le change, sauf à l'heure du déjeuner.

– *Journaux :* chez Nuri Çekinir, sur la rue principale en face de Tafana Restaurant.

– *Moyens de transports :* des bus municipaux partent toutes les 30 mn de la place centrale, devant la statue d'Atatürk, et desservent l'embranchement de Zelve, Çavuşin, Göreme, Uçhisar, Nevşehir (terminus). Ils repartent de Nevşehir, en face de l'hôpital, toutes les 30 mn (toutes les heures le week-end). Fonctionnent de 7 h 30 à 18 h 30. Du même parking de Nevşehir partent aussi des minibus desservant les villes souterraines de Kaymakli et Derinkuyu.

– *Location de mobylettes :* bien s'assurer de leur bon état avant de partir. Pannes fréquentes. Pas d'assurance.

– *Gare des bus :* derrière la poste. Deux compagnies, *Göreme* et *Nevtur*, desservent les villes principales.

Agences de voyages

Deux agences de voyages, se trouvant pratiquement au même endroit, à côté de la statue des potiers sur la place principale, proposent les mêmes services à des prix identiques. Il s'agit de : *Kirkit Voyages* (☎ 32-59) et *Point de Rencontre* (dommage que cette dernière, pourtant sympathique, crée une certaine confusion avec l'association Avanos dont le siège est à Paris). Dans ces deux agences, bien entendu, on parle le français. A notre avis, il n'est pas nécessaire de passer par une agence pour aller à Zelve, Göreme, Ürgüp, Çavuşin, etc., puisqu'il existe des dolmuş ou des bus municipaux pour s'y rendre. En revanche, pour les circuits plus éloignés (Soganlı et vallée d'Ihlara), ces agences sont conseillées.

Où dormir ?

Ce ne sont pas les adresses qui manquent : elles se comptent par dizaines. Devant l'afflux touristique, toutes les maisons d'Avanos voudraient se transformer en pension. Résultat : le meilleur côtoie le pire. Nous avons donc sélectionné les meilleures. C'est notre métier. Il arrive souvent qu'elles soient complètes en juillet et août. Dans ce cas, demandez à celles que nous vous conseillons de vous adresser à un collègue.

Bon marché

■ *Kirkit Pension :* après le pont en venant de Göreme, à 200 m en suivant le quai. Dans une toute petite ruelle à gauche. Face à un parking. C'est bien signalé. ☎ 31-48. Fax : 21-35. Un ensemble de vieilles maisons retapées par Ahmet et sa compagne Tovi, des copains à nous qui parlent un français impeccable. 13 chambres décorées de kilims. Douches chaudes. Cuisine à disposition. Bon repas copieux et pas chers, le soir seulement, mais il faut les commander dans l'après-midi. Ali sera aux petits soins pour vous, tandis qu'Ahmet organise des randonnées avec les chevaux de la pension. Elles durent une demi-journée au pas. Dans son magasin, avec Yasin, ils vous expliqueront tout sur les tapis, sans que vous sentiez obligé d'acheter.

■ *Alaattin Motel :* en direction de Gülşehir-Özkonak et tourner à droite au carrefour. ☎ 18-96. 11 chambres avec salle de bains à l'intérieur dans une maison classée, vieille de plus d'un siècle. Ce motel est tenu par deux frères, Halis et Hakan, vraiment très sympathiques. Prix raisonnables. On peut prendre le petit déjeuner sur la terrasse. Accueil chaleureux et discret. Une pension où l'on se sent vraiment chez soi.

■ *Nomade Pansiyon :* ☎ 18-30 et 18-32. 4 chambres simples dans une bâtisse moderne. Eau chaude. Vous pourrez aussi y découvrir la richesse de la musique traditionnelle dont Erhan Kurt, le patron, est amateur.

■ *Hitit Pansiyon :* Üvez Sokak 16. ☎ 19-84. Dans une demeure traditionnelle rénovée, une pension tenue par deux frères : l'un vous apprendra la poterie, l'autre parlera avec amour de l'art culinaire. Chambres équipées d'un mobilier confortable. Le soir, si vous le souhaitez, les deux frères peuvent jouer de la musique turque au salon.

■ *Tihraz Motel :* Alaattin Mahallesi. ☎ 11-74. Un ensemble de maisons anciennes restaurées avec beaucoup de goût. Les chambres sont très confortables et d'une propreté exemplaire. L'ensemble a beaucoup de charme et constitue une adresse exceptionnelle pour un prix raisonnable. Au rez-de-chaussée, un potier a installé son magasin dans l'entrée d'une ville souterraine.

■ **Nazar Pansiyon** : à gauche après le pont. ☎ 18-01. Tenue par des jeunes. Douche chaude. Construites dans une vieille maison traditionnelle, semi-enterrée, les chambres sont fraîches. Très simple.

■ **Kavuncu Pansiyon** : à la sortie de la ville, sur le côté droit. Dans une maison ancienne. ☎ 12-44. 8 chambres de 2 à 5 lits, avec salle de bains individuelle. Eau chaude. Petit jardin. Le patron, Bahtiyar, ne parle pas le français, mais il est très serviable.

■ **Dere Pansiyon** : sur la route de Kayseri et à gauche. ☎ 19-83. Douze chambres très propres avec sanitaires individuels. Terrasse ombragée au-dessus d'un beau salon oriental. Repas sur commande. Pas cher et agréable.

■ **La Maison d'Avanos** : dans la rue principale, à proximité de Tafana. Le pro-priétaire est marié à une Française. La pension est installée dans des habitations traditionnelles. Propre. Un peu bruyant en raison de sa situation. Copieux petit déjeuner.

Prix moyens

■ **Duru Motel** : il domine la ville. Construction blanche avec une grande pelouse en guise de jardin. Pour s'y rendre, partir de la fontaine du centre ville et monter pendant 5 mn. ☎ 10-05. 16 chambres avec sanitaires impeccables. Tout est propre. Le patron parle le français. Excellent rapport qualité-prix. Bons petits déjeuners. Cette adresse à peine plus chère que la plupart des précédentes fait l'unanimité auprès de nos lecteurs pour son rapport qualité-prix exceptionnel.

■ **Sofa Motel** : juste dans le prolongement du pont. ☎ 14-89. 32 chambres. Succession de petites maisons en pierre, aménagées avec goût. Le patron est un artiste dessinateur de grand talent. Chambres avec salle de bains privée. Les plus hautes disposent d'une terrasse avec vue. Restaurant dans une grande salle voûtée. Petit jardin très agréable.

Campings

■ **Ada Camping** : au bord du fleuve en allant vers la vallée de Dereyamanlı, à 1 km du centre. ☎ 24-29. Tout récent. Belle piscine. Café et restaurant. Ombragé par 70 arbres. Le meilleur camping de la région.

■ **Ezgi Motel et Camping** : à 300 m de la place principale, sur la route de Kay-seri. Grande terrasse fleurie et beau panorama. Douches chaudes.

Où manger ?

● **Tuvanna** : dans la rue principale. Peut-être un peu plus cher que les autres mais cela est largement justifié. On vous présente les *meze* sur une table roulante. Spécialités de steak... au fromage (un régal). Les *baklavas* viennent de chez Aytemur, le Lenôtre local. Beaucoup de groupes mais la salle est séparée en deux et les individuels restent au calme.

● **Töre** : on y accède en montant sur la gauche dans la rue principale. En plein air, la terrasse domine tout le paysage. Viandes excellentes. Service irrégulier, souvent trop long en saison. Prix acceptables, compte tenu de l'emplacement, même si l'on a pu enregistrer des hausses.

● **Sanço Panço** : sur la place centrale dans le haut à droite, près du barbier. Agréable terrasse. Accueil très sympa et excellente cuisine. Spécialité de *Güveç*. Vin blanc ou rouge servi au verre.

● **Ocakbaşı Restaurant** : Sinema Caddesi 22. A 50 m après la mairie (Bele-diye) sur la droite. Bon et pas cher.

● **Damla Restaurant** : à 100 m après le pont, sur la route du hammam. On montre des photos des plats pour faciliter votre choix. Fréquenté par les autochtones. Spécialités locales toutes cuites au feu de bois. On a le choix entre *pide, kiremitte şiş* (viande cuite au four dans un poêlon) et grillades. Sympa et très bon marché.

● **Tafana Pide Salonu** : entre le pont et la place principale. Sert essentielle-ment des *pide* excellentes et bon marché.

● *Sofra :* sur la gauche, tout de suite après la place centrale. Cadre typiquement turc. Nourriture bon marché composée surtout de plats en sauce, de grillades et de *döner kebap.*

● *Restaurant Beyaz* (ou blanc) : tourner sur le côté droit de la mairie (Belediye). Quelques tables au bord du fleuve. Agréable.

Où manger une pâtisserie ?

● *Aytemur Pasta Salonu :* dans la rue principale, à côté de Tafana Restaurant. Le meilleur spécialiste de *baklava* à Avanos.

Spécialités locales

— Le jus de cerise *(vişne suyu)* est une spécialité d'Avanos qui nous change de tous nos jus trafiqués et soi-disant naturels. Ici, pas de problème, le produit chimique coûterait plus cher que le produit naturel. Fameux. Goûter aussi au jus de pêche.
— Achetez également de la confiture de roses.
— Les alcoolos seront comblés, le vin de Cappadoce est intéressant à goûter. On en trouve dans presque toutes les boutiques. Essayez le nouveau vin Venasa, récemment commercialisé.
— Achetez dans les épiceries, ou au marché du vendredi, du *pastirma :* filet de veau séché recouvert d'épices. Un régal. Très longue conservation (idéal pour les treks).

A voir. A faire

▶ *Le vieux village :* de la place principale, grimpez vers la colline. Certaines maisons sont superbes et beau panorama sur Avanos ainsi que sur le volcan Erciyes, toujours enneigé. Normal, avec ses 3 916 m.

▶ *Le marché du vendredi :* dans le nouveau quartier après le pont, à gauche en allant vers Göreme. Pour observer les autochtones.

▶ Messieurs, allez vous faire raser chez *Ömer le barbier,* dit *Kubali* (l'homme aux pigeons), sur la place principale en montant vers le vieux village, ou mieux, parce que moins touristique, chez *Ismail Üvez,* également sur la place principale ; porte discrète face à la statue d'Atatürk. Le salon se trouve au premier étage ; il y a une terrasse pour prendre le thé en attendant son tour. Ne pas oublier pour terminer de vous faire masser le visage *(yüz masaji).* Super.

▶ *Ateliers de poterie :* le village compte près de 300 artisans... On les voit travailler. On a même le droit d'acheter.

▶ *Alaadin Turkish Bath :* bains turcs avec sauna, modernes et mixtes. Ce qui est rare... donc tendancieux ? Ouverts jusqu'à 2 h. Y aller de préférence dans la journée. Le soir, les touristes arrivent par cars entiers. Assez cher.

Dans les environs

▶ *Balade à cheval :* de 2 h à 3 jours ou même une semaine. En parcourant des pistes peu fréquentées, vous découvrirez des sites méconnus, des paysages féeriques, des églises rupestres et des villes souterraines. Renseignez-vous à la boutique de tapis *Kirkit Hali,* sur la rue principale, à 200 m du pont. ☎ 15-42. Ahmet Diler et Yasin parlent un français impeccable. De plus, ils vendent les plus beaux kilims et tapis anciens à des prix fort raisonnables.

▶ *Caravansérail de Sarihan :* à 6 km d'Avanos (entrée payante). Prendre la direction d'Ürgüp mais tourner à gauche. Construit au XIIIe siècle. Les Turcs ont toujours accordé au commerce une place prépondérante. Ils ont bâti en Anatolie de nombreux caravansérails, faisant office tout à la fois d'auberges, d'entrepôts et de lieux d'échanges pour les marchandises. En cas de nécessité, ces bâtiments servaient également d'arsenal et de camps militaires.
Porche absolument superbe avec au-dessus une minuscule mosquée. Dans la grande cour, des alvéoles régulières abritaient chameaux et chevaux, tandis que

les hommes dormaient dans la grande salle du fond. La restauration avec des pierres de couleurs si différentes choquera certains. En fait, les architectes ont retrouvé la carrière d'où furent extraits les blocs d'origine. Toutefois, il faudra « quelques » années avant que les teintes se confondent.

▶ **Özkonak :** à 10 km au nord-ouest d'Avanos, sur la route de Gülşehir, route peu fréquentée. Stop impossible. Prendre un dolmuş à plusieurs ou bien les minibus qui partent de l'otogar derrière la poste. Une ville souterraine découverte il y a peu de temps, donc faiblement fréquentée, comparée à Kaymakli et Derinkuyu. A la sortie du village, prendre la piste presque en face de la station d'essence Petrol Ofisi. L'entrée du site est bien indiquée et payante. Demandez où se trouve la *Yeralti Şehri* (ville souterraine).
Elle fut habitée par les premiers chrétiens lors de leurs persécutions. L'endroit pouvait contenir plusieurs milliers de personnes. Seulement 350 m et 4 étages sont dégagés. Des galeries en pente mènent à des pièces d'habitation où rien n'est laissé au hasard : creux pour les étagères, anneaux creusés dans la roche pour y attacher les animaux, pressoirs à raisin munis d'une rigole pour recueillir le jus, cheminées d'aération permettant le renouvellement de l'air. Une grosse pierre ronde dans une encoche semble encore prête à rouler pour barrer le passage aux ennemis.

▶ **Bayramhaci :** pour se rendre à ce hammam, difficile d'y aller par ses propres moyens. Attention, bien suivre nos indications. A 14 km à l'est d'Avanos sur la route de Kayseri, tourner à droite après le petit pont (rivière Göynük) et continuer sur 9 km par un chemin de terre. 2 km après le village, un long bâtiment abrite les sources thermales *(kaplica)* les plus réputées de la Cappadoce. Il s'agit de petits bassins. Il y a aussi une grande piscine en marbre. L'eau sort à 35 °C dans la piscine et à 38 °C dans les bassins. *Attention :* ne pas se savonner dans les piscines mais à l'extérieur. Génial pour se délasser après un trek. Et beaucoup moins cher que la thalasso. On vous conseille, pour vous y rendre, d'affréter un minibus en vous groupant à plusieurs. Ouvert de 5 h à 23 h. Les bains sont mixtes.

▶ **Gülşehir et Hacibektaş :** à 20 et 45 km sur la route de Kirşehir. A Gülşehir, à 5 km du centre, on peut aller voir au lieu dit Acik Saray, ou palais à ciel ouvert, un ensemble monastique d'un grand intérêt créé par des religieux, adeptes de saint Basile le Grand de Césarée. Dans les différentes églises rupestres, on trouve des traces de chaque siècle (du VIe au XIIe). A la fin de la visite, on aperçoit le fameux champignon dû à l'érosion que l'on voit fleurir sur toutes les cartes postales.
Hacibektaş est la ville natale de Bektaş Veli, le fondateur d'un ordre de derviches et un lieu célèbre de pèlerinage. Festival annuel du 16 au 18 août avec les plus célèbres joueurs de *saz* de la Turquie (poésie turque chantée). On peut visiter le Tekke, le couvent qui abrite un mausolée et un musée. Ouvert tous les jours de 8 h à 12 h et de 13 h à 17 h, sauf le lundi. Entrée payante. Réduction étudiants. Les Bektaşi sont des adeptes d'Ali, le gendre de Mahomet. Ils sont très tolérants. Les derviches fumaient du haschisch et buvaient du vin. Des gens plutôt sympathiques. Cette secte minoritaire se porte garante de la laïcité en Turquie, ce qui explique la visite d'Atatürk, en 1919. Les fidèles ne pratiquent pas le ramadan et fréquentent très peu les mosquées. Dans la cour, mûrier sacré, avec de petits morceaux d'étoffe représentant des prières ou des vœux, comme dans les pays bouddhiques (tradition apportée d'Asie centrale par les nomades). En face du couvent, nombreux magasins d'onyx. Les objets, réservés aux locaux, sont beaucoup moins chers qu'ailleurs mais aussi moins beaux.

Randonnées pédestres au départ d'Avanos

BELHA-ÖZKONAK

Durée : 3 h 30. Prendre la route en direction de Gülşehir, derrière l'hôtel Venessa. Prendre ensuite à droite de la mosquée Alaadin. Monter jusqu'à la seconde fontaine. Longer le cimetière. Tourner aussitôt après, à droite. On arrive à une troisième fontaine. Il faut tourner à gauche avant d'arriver à un pont. Le chemin monte au milieu des vergers jusqu'au réservoir Su Havuzu (1 h). Continuer à monter jusqu'au point culminant de la montagne Ziyaret (vue sur toute la Cappadoce) et descendre ensuite par l'autre versant de la montagne pour atteindre le monastère Belha, à l'entrée du village d'Özkonak. Prendre le dolmuş pour rentrer, après avoir visité la ville souterraine.

DEREYAMANLI-CAYAĞIL

Durée : 2 h jusqu'à la route de Nevşehir, puis 1 h 30 jusqu'à Çavuşin. Prendre la route de Nevşehir. Après le petit pont qui enjambe l'oued, suivre la piste, en face, entre les deux routes goudronnées. Après les maisons, engagez-vous dans la vallée de Dereyamanlı, vers les cheminées de fée (possibilité de visiter l'église Yamanlı, du VIe siècle, dans le vallon de gauche). Puis prendre la piste qui surplombe la vallée. Continuer tout droit jusqu'au canyon de Çayağıl. Suivez ce dernier. Après 500 m environ, à la fourche formée par l'oued, prenez à droite en direction du piton rocheux d'Uçhisar. A environ 1 km de là, vous tomberez sur une source d'eau minérale gazeuse très appréciée des habitants de la région pour ses vertus curatives des maladies intestinales. Poursuivez le canyon. Passez sous le pont (route Avanos-Nevşehir). Après ces 2 h de marche, vous pouvez soit rentrer par la route, soit continuer après le pont en prenant la piste en direction de Çavuşin.

AVANOS-SARIHAN-DEVRENT

Durée : 2 h jusqu'au caravansérail plus 1 h 30 jusqu'à la route d'Ürgüp-Avanos, puis 1 h pour le retour jusqu'à Avanos. Depuis la place centrale, traversez la rivière par le pont suspendu. Tournez à gauche, puis longez le fleuve par la piste, au milieu des vergers. Bientôt, on aperçoit des habitations troglodytiques sur la droite. Poursuivez (avec précaution) ce sentier qui monte, vous surplomberez le fleuve pendant un moment. Ce sentier débouche sur une piste qu'il faut suivre tout en longeant le fleuve. Ne tournez pas à droite à la bifurcation mais continuez tout droit. On traverse les fondations d'un site antique où fut découvert un sarcophage gréco-romain (il a été malheureusement volé). Ne perdez jamais de vue le fleuve. Une fois arrivé à l'oued Damsa, tournez à droite. Remontez jusqu'au caravansérail de Sarıhan. Après la visite, soit revenir à Avanos par la route, soit continuer à remonter l'oued jusqu'au moment où vous remarquerez sur votre droite d'anciennes carrières de pierre de tuf. Engagez-vous dans le sentier vers les carrières. Il aboutit à une petite piste qui mène jusqu'à la route Ürgüp-Avanos. Vous pouvez revenir par la route à Avanos ou bien tourner à droite et, après environ 300 m, poursuivre votre randonnée dans la vallée de Devrent vers Yeni Zelve, en direction d'Avanos. Possibilité d'éviter la route goudronnée en restant sur le côté droit de la vallée.

DEREYAMANLI-NICÉPHORE PHOCAS-ZELVE

Durée : 4 h. Il est préférable d'être accompagné. Depuis le village, prendre la direction de Nevşehir. Après le petit pont, tourner tout de suite à droite. Passer devant Ada Camping puis engagez-vous dans la piste sur votre gauche. On aperçoit bientôt la vallée de Dereyamanlı, formée de deux vallons. Dans celui de gauche, quelques habitations troglodytiques dont l'une est une église ornée de sculptures protobyzantines. Dans celui de droite, de belles cheminées de fée à profusion. Au-dessus de la vallée, prendre une petite piste. A la bifurcation, près d'une cabane de pierre, rester toujours sur celle de gauche. Traversez la route goudronnée et longez-la pendant 150 m pour redescendre vers Çavuşin. Sur votre gauche, vous verrez une vallée de cheminées des fées et sur votre droite des formations étonnantes dues à l'érosion. Continuer la piste jusqu'à l'église Nicéphore Phocas. A gauche de l'église et après avoir traversé la route goudronnée, prendre le sentier qui monte vers la montagne. Ne pas se diriger vers le réservoir d'eau, mais suivre le sentier à gauche où vous remarquerez les traces des troupeaux de moutons qui ont suivi ce chemin pendant des siècles. Ce sentier, balisé de manière discrète, vous mène d'abord au-dessus du lieu-dit Pasabağ où vous aurez la possibilité de descendre pour voir de plus près les cheminées des fées les plus spectaculaires de la région, avec des cônes couronnés d'une double ou triple coiffe. Vous pourrez aussi continuer en suivant toujours le sentier de droite, balisé jusqu'au musée en Plein Air de Zelve. A la fin, on traverse vignes et vergers jusqu'au premier restaurant qui se trouve sur la droite, à l'entrée du musée.

Quitter Avanos en bus

– *Pour Istanbul :* 4 départs, en 13 h.
– *Pour Ankara :* 12 départs, en 5 h.

- *Pour Izmir :* 2 départs, en 13 h.
- *Pour Antalya :* 2 départs, en 12 h.
- *Pour Alanya :* 2 départs, en 12 h.
- *Pour Konya :* 6 départs, en 4 h.
- *Pour Denizli-Pamukkale :* 3 départs, en 11 h.
- *Pour Marmaris :* 2 départs, en 12 h.
- *Pour Isparta-Eğridir :* 4 départs, en 8 h.
- *Pour Adana :* 2 départs, en 6 h.
- *Pour Mersin :* 2 départs, en 6 h.
- *Pour Kayseri :* 13 départs, en 1 h 30.

ZELVE

Entre Göreme et Avanos, à 7 km de ce dernier. Par le bus Nevşehir-Avanos, descendre à l'embranchement pour Zelve, puis 2 km. Un site exceptionnel, véritable ville rupestre cachée dans trois vallons et qui fut habitée jusqu'en 1950. Les habitants en furent délogés à cause des risques d'éboulement. Superbe au coucher du soleil.

Le site a été transformé en musée en Plein Air, ouvert de 8 h 30 à 19 h. Entrée payante, réduction étudiants. Près du parking : bureau de change, bureau de poste et les inévitables marchands de souvenirs et de cartes postales. Plusieurs restaurants ou cafés permettent de se restaurer ou de se désaltérer après la visite : *Tapa* et *Zelve*, sous les arbres ; en montant un petit peu sur la droite, le restaurant *Peri* est installé dans des cavités. Les grottes forment des salles fraîches et agréables avec des tapis et des coussins. On y mange très bien pour un prix raisonnable.

Un plan détaillé est affiché à l'entrée du site pour repérer les églises protobyzantines liées à l'histoire de la ville sainte de Venasa, le moulin, le monastère, la mosquée. Partout, des trous avec, à l'intérieur, des cavités et des dédales. Remarquez les dessins polychromes à l'entrée des pigeonniers. Les paysans de la Cappadoce pensent que les pigeons sont les seuls oiseaux qui discernent les couleurs. Ces motifs ont pour but de les attirer. Les pigeonniers sont très importants pour l'agriculture car la fiente que l'on ramasse constitue un excellent engrais.

Des escaliers en fer, des passerelles à claire-voie, des marches usées par des générations de pèlerins mènent à la verticale jusqu'à des sanctuaires vertigineux. Plutôt que jouer les acrobates pour dénicher des fresques inexistantes, poursuivez jusqu'au fond de la vallée, perdez-vous dans les sentiers qui serpentent entre les morceaux de falaise écroulée, laissez-vous envahir par la grandeur tragique de cette forteresse naturelle qu'aucun conquérant n'a su réduire. C'est ici que Claude Lelouch a tourné *Toute une vie*.

Un tunnel permet de passer d'une vallée à l'autre directement. Passage réservé aux contorsionnistes munis de chaussures antidérapantes. On recommande plutôt le chemin qui monte près de la falaise de 15 m de haut, à côté de la mosquée. A signaler que de nombreuses églises sont condamnées car la pierre s'effrite. Ne pas enfreindre les barrages.

KAYMAKLI, DERINKUYU et MAZI

Sous tous les villages de Cappadoce, il existe une ville souterraine. La plupart n'ont pas encore été explorées. Celles qui sont ouvertes au public ont été déblayées par les habitants de la région (bus de Nevşehir).

Ces villes souterraines sont si vastes qu'il ne serait pas possible d'en parcourir tous les couloirs en une journée. Certains sont si étroits qu'on ne peut les emprunter qu'en marchant à quatre pattes. La ville souterraine de Derinkuyu comporte huit étages...

On y trouve des silos, des chapelles, des celliers, des tombes. Ces villes furent creusées pour se protéger contre les razzias des Perses et surtout des Arabes. Remarquez le système ingénieux de fermeture des issues principales. Pensez à prendre un pull pour la visite ainsi qu'un flash si vous êtes photomaniaque. Et n'oubliez pas de bonnes chaussures antidérapantes (merci le GDR, ma seconde maman).

Les villes souterraines de *Kaymakli* et de *Derinkuyu* étant saturées de visiteurs en saison, on vous conseille la visite de *Mazı*. Située entre Kaymaklı et Güzelöz, Mazı vient d'être ouverte au public. C'est, incontestablement, la plus intéressante. Actuellement, 4 étages sont dégagés. Nombreux sanctuaires anciens avec tombeaux rupestres très intéressants.

LA ROUTE NEVŞEHIR-ANKARA

C'est d'abord la route pour Konya jusqu'à Aksaray. Quelques ruines de caravansérails en chemin. 13 km avant Aksaray, sur votre gauche, s'élève l'*Ağzikarahan,* l'un des plus remarquables caravansérails de Turquie. Il date de 1242. Notez, au fond de la cour, le magnifique portail sculpté.

LA VALLÉE DE SOĞANLI

A environ 25 km de Derinkuyu, et à une quarantaine de kilomètres au sud d'Ürgüp. Le long de cette dernière route, plusieurs monastères décorés de fresques. Sauvage et verte vallée, semée d'églises (une soixantaine dont certaines ont un clocher taillé et sculpté dans le haut du piton) et de cheminées, aboutissant à un village traditionnel peuplé d'ânes et de moutons. Deux petits restos, si l'on veut y déjeuner.

Artisanat local : poupées et gants en laine.

LA VALLÉE D'IHLARA (OU DE PÉRISTREMA)

Prêts pour une expédition sauvage des plus exaltantes dans une gorge à la végétation luxuriante, d'où émergent çà et là de splendides petites églises peintes ?

Bien sûr, car on commence à avoir marre de Göreme et de ses cars auxquels s'agrippent par grappes les touristes ! Ici, cette profusion de lieux de cultes médiévaux n'est pas encore souillée par le démon de l'exploitation touristique. Le site, ouvert de 8 h 30 à 17 h 30, servit de retraite aux moines byzantins : on les comprend.

Les églises aux décorations les plus intéressantes sont surtout disposées vers le sud (à l'opposé de la direction par laquelle on arrive d'Aksaray), de telle sorte que le plaisir semble monter graduellement, à mesure que l'on approche d'Ihlara.

Dans la mesure où le site se trouve à 45 km d'Aksaray, l'idéal est de prendre un dolmuş et de séjourner à l'entrée de la vallée ; pour vous réveiller, prenez le bus de 7 h et allez prier à Selime (cathédrale et tombeau de Selime).

Vous pouvez aussi faire l'aller et retour dans la journée (de fait, il y a peu de pensions pour passer la nuit sur place) ; mais prenez un dolmuş : ne vous laissez pas embarquer par un taxi, c'est très cher et très contraignant au point de vue horaires.

En voiture, roulez jusqu'à Yaprakhisar (vous passerez par Selime), bourgade encadrée de gros rochers. Continuez à pieds pour parcourir les 14 km (à la rigueur, rendez-vous à mi-chemin, à Belisirma). L'essentiel est de terminer la promenade au pont d'Ihlara. Avant 11 h, on s'y retrouve seul...

Vous pouvez compléter votre périple par la visite de *Güzelyurt*, le village près duquel naquit Grégoire de Nazianze (IVe siècle), dit le Théologien ; une église *(Kilise camii),* transformée en mosquée, vaut le détour.

En fait, un bon moyen consiste à explorer à pied la vallée plutôt depuis Selime, sur une dizaine de kilomètres. D'Ihlara, bus à 7 h pour Selime et retour au village d'Ihlara par le canyon (3-4 h de marche environ, super).

Où dormir ? Où manger ?

■ *Vadi Otel :* à Ihlara. Grand bâtiment jaune au fond de la place. Très bon marché.

■ *Vadibaşi Pansiyon :* à 1 km à droite avant le canyon. ☎ 13-777. Accueil agréable. Chambres impeccables. Bains. Prix corrects.
● *Salaberina Restaurant :* à Selime, au bord de la rivière. Joli cadre, décoré avec goût (le patron est un architecte d'Ankara). Prix très raisonnables.

AKSARAY (indicatif téléphonique : 481)

Étape au carrefour des routes pour Konya et Ankara. La ville ne présente pas d'intérêt particulier. Elle est néanmoins la base de départ pour Ihlara.

▶ Quelques anciennes mosquées : *Ulu Camii* (1402), au portail ouvragé, et *Eğri Minare* (1226), au superbe minaret penché en brique : la tour de Pise locale... Petit *musée* dans une medersa. Une anecdote : après la conquête de Constantinople en 1453, des habitants d'Aksaray partirent s'y installer et se regroupèrent dans un quartier auquel ils donnèrent le nom de leur ville.

Où dormir ?

■ *Les hôtels Çardak* (☎ 11-246) et *Toprak* (☎ 11-308), dans le centre ville, près du bazar, sont bon marché mais assez rustiques.
■ *Inhara Pansiyon :* en sortant de l'otogar, tournez à gauche puis une nouvelle fois à gauche. Nouvelle pension propre et à prix doux. Ambiance agréable.
■ *Vadi Otel :* Ankara Caddesi 17. ☎ 43-26. Très confortable et central. Plus cher.
■ *Motel Camping Ağaçli :* en dehors de la ville, sur la route d'Ankara. ☎ 49-10: Superbe complexe touristique, comprenant motel, cafétéria (à éviter, car infecte), resto chic, camping, piscine, etc., dans une végétation abondante.

Quitter Aksaray

– Départs pour Ankara assez fréquents, durée : 4 h 30.
– Départs fréquents pour Konya, durée : 2 h 30.
– Bus et quelques dolmuş pour Nevşehir, durée : 1 h 30.

– LA TURQUIE CONTINENTALE –

ANKARA (indicatif téléphonique : 4)

On vous dira qu'elle est moderne et sans intérêt. C'est en partie faux. Après le capharnaüm hystérique d'Istanbul, Ankara est une ville reposante. Sur le velours usé de la steppe, des urbanistes européens ont tracé de larges avenues à angle droit, des parcs, des lacs. Devenu en 1923 capitale d'un pays nouveau, le vieux bourg anatolien blotti contre sa citadelle s'est changé en métropole de plus de deux millions d'habitants.

Adresses utiles

- *Bureau du tourisme :* Gazi Mustafa Kemal Bulvari 33, à Kizilay (plan C3). ☎ 231-73-80. Un autre sur Istiklâl Caddesi (plan B-C1). Un dernier au 121 Gazi Mustafa Bulvari. Numéro vert : 900-44-70-90. Autres numéros payants : 311-22-47 et 311-66-39.
- *Ambassade de France :* Paris Caddesi 70, Kavaklidere. ☎ 468-11-54.
- *Consulat de France :* même adresse. ☎ 426-14-80.
- *Ambassade de Belgique :* Nenehatun Caddesi 109, Gaziosmanpasa. ☎ 426-16-53.
- *Ambassade de Suisse :* Atatürk Bulvari 247, Kavaklidere. ☎ 467-55-55.

– *Centre culturel français :* Ziya Gökalp Caddesi 15, Kizilay. ☎ 431-33-80.
Nombreux journaux récents.
– *Air France :* Atatürk Bulvari 231/7, Kavaklidere. ☎ 467-44-00.
– *Sabena :* Tunali Hilmi Caddesi 112/1, Kavaklidere. ☎ 468-11-44.
– *Swissair :* Cinnah Caddesi 1/2 A, Kavaklidere. ☎ 431-18-07.
– *Turkish Airlines :* Hipodrum Caddesi Gar Yani. Ulus (plan B1). ☎ 312-62-00
et 312-49-10.
– *L'aéroport* est à 30 km au nord-est de la ville. Le bus *Turkish Airlines* y
conduit à partir du terminal d'Ankara, qui se situe sur la place de la gare ferro-
viaire.
– *Les banques* se trouvent sur tous les grands boulevards et particulièrement
sur Atatürk Bulvari et Çankiri Caddesi. La *Akbank* sur Atatürk Bulvari change
avec la carte VISA, sans frais.
– *Gare ferroviaire (Istasyon) :* Talat Paşa Bulvari Yenişehir. Informations :
☎ 311-06-20. Billets : ☎ 224-12-20. Réservations : ☎ 310-35-20. Possibilité
de réserver des billets dans certains bureaux des PTT.
– *Gare routière (Otogar) :* Hipodrom Caddesi, près de la gare ferroviaire, soit à
environ 3 km de Kizilay et à 1 km d'Ulus.

Où dormir ?

Bon marché

Les petits hôtels se groupent dans le quartier d'Ulus (plan B-C1), non loin
d'Opera Meydani et du parc Gençlik. De la gare ferroviaire, bus 64. Descendre à
Opera Meydani. Les marcheurs peuvent s'y rendre en 20 mn depuis la gare routière. Prendre à droite Hipodrum Caddesi, puis, en face de la gare ferroviaire,
Cumhuriyet Caddesi. Le *parking* le long d'Atatürk Bulvari n'est pas loin.

■ *Devran Otel :* Opera Meydani. ☎ 311-04-85. Chambres avec douche, plom-
berie enrouée et meubles en ersatz Lévitan. L'ensemble a son petit charme.
Petit déjeuner assez cher.
■ *Otel Fuar :* Opera Meydani. ☎ 312-32-88. Bains dans le couloir mais téléphone. L'accueil est plutôt rugueux et les cloisons manquent d'épaisseur.
Acceptable mais douches en supplément.
■ *Otel Sipahi :* Opera Meydani. ☎ 324-02-35. Une pièce sombre où luit un
vrai aquarium. Très turc et très sympa. Les chambres sont assez grandes,
propres, avec des lits en fer.
■ *Köşk Otel :* Denizciler Caddesi 56. ☎ 324-52-28. Style formica et vestiaire
de stade. Mais pour le prix, on ne se plaint pas trop, d'autant que la douche,
rustique, est en état de marche.

Prix moyens

■ *Hôtel Zümrüt Palas :* Posta Caddesi 16. ☎ 310-32-10. Situé dans le quartier d'Ulus. Ce grand hôtel, assez impersonnel mais pas très cher pour la capi-
tale, dispose de chambres avec ou sans salle de bains. Propre, sans plus.
Accueil souvent glacial de la réception qui insiste pour conserver vos passe-
ports jusqu'à votre départ, pratique qu'il ne faut évidemment pas accepter.
Mieux vaut payer à l'arrivée.
■ *Otel Oba :* Posta Caddesi 9. ☎ 312-41-28. Par la rue en face de la gare, près
de la poste. Ce petit hôtel a pas mal de charme avec sa façade en marbre.
Chambres assez grandes, confortables, avec douche, mais assez bruyantes.
Bus 44 et 49 pour le trajet Otogar-hôtel.
■ *Turist Otel :* Cankiri Caddesi 37, à Ulus. Dans le prolongement d'Atatürk
Bulvari. ☎ 310-39-80. Vieille bâtisse qui n'exclut pas de se mettre au diapason
des prix des hôtels plus chic.

Plus chic

■ *Otel Akman :* Opera Meydani Tavus Sokak (plan C1). ☎ 40-39-98. Les nostalgiques des « Fifties » vont flasher sur le décor. Fauteuils profonds, musique
douce, plantes, service « classe », T.V. Sony. Ce petit hôtel rêve d'être un Sofi-
tel. Lits durs, mais certaines chambres sont grandes et d'autres (401, 402) ont
même un coin-terrasse. Chambres doubles avec bains pas si chères. Carte
VISA acceptée.
■ *As Otel :* Rüzgarli Sokak, derrière Opera Meydani (plan B-C1). ☎ 310-39-98.
Les salles de bains ont été mises aux normes occidentales, ça se paie. Les

chambres sont proprettes, mais pas très grandes et un peu tristes. Dans le hall, tentative de décor rustique.
■ *Ersan Oteli :* Mesrutiyet Caddesi 13. ☎ 418-98-75. Le moins cher des hôtels de classe, à deux pas d'Atatürk Bulvari. Très pratique. Toutes commodités.

Campings

■ *BP Mocamp* (Susuzköy) : à 22 km d'Ankara, sur la route d'Istanbul. Vert et agréable mais sanitaires insuffisants. Prévoir de la nourriture car pas de resto ni d'épicerie.
■ *Camping Kayas Bayindir Dam :* à 12 km d'Ankara, sur la route de Samsun. Ombragé. Sanitaires corrects. Bus n° 36 pour Ulus-Kayaş. ☎ 372-27-31. Camping étatisé, pour les curieux.

Où manger ?

● De nombreux restos sur *Cankiri Caddesi*.
● *Kebap Salonu :* Sanayi Caddesi, Ulus Işhani, C Block 6/A (plan B-C 1). ☎ 10-80-80. Non loin de l'hôtel Oba. Excellent resto, très turc, bonne nourriture copieuse à des prix modestes pour la capitale. Excellent *pide*. Goûtez à l'*iskender kebap*.
● *Urfali Haci Mehmet :* Sanayi Caddesi 7 (Ulus, plan B-C1). Bonne cuisine servie dans un décor agréable. Très fréquenté. Prix raisonnables. Patron sympa.
● *Körfez Lokantasi :* Bayindir Sokak 24. ☎ 431-14-59. Dans le quartier de Yenişehir (plan C3). C'est là que l'on trouve une grande concentration de restos bons et pas chers. Celui-ci, très populaire dans la ville, propose une grande variété de poisson (assez cher) et de viandes. Décoration simple, mais service impeccable. Une salle en étage.
● *Piknik :* Inkilap Sokak 7 (Yenişehir ; plan C3). Salle immense où se pressent tous les gens attirés par des plats bon marché et consistants. Ouvert tous les jours jusqu'à minuit.
● *Uludağ :* Denizciler Caddesi 51 (plan C1-2). Dans le quartier d'Ulus. Très populaire parmi les autochtones et les touristes. Bons *iskender* et *körfes* variés. Grande salle animée au 1er étage.
● *Restaurant Akman Boza :* près du grand bâtiment de la poste (plan C1). Bien pour prendre le petit déjeuner dans le patio fleuri. Propre. Beaucoup de choix. Personnel aimable. Cher.
● En face de la gare, ne pas manquer le *Gençlik Parki* (parc de la jeunesse), l'endroit le plus ringard d'Ankara. Y aller le dimanche pour voir militaires en goguette et intégristes voilées dans les manèges à sensations... On y déjeune de *gözleme* (crêpes au fromage) au bord de l'eau.
● *Boulangerie-pâtisserie Gazi Osman Paşa :* quand on remonte Atatürk Bulvari, prendre la première rue après Hürriyet Meydani, à droite. C'est là, sur la gauche, à côté de marchands de fruits et légumes. Excellents *simits* frais (gâteaux ronds saupoudrés de grains de sésame).
● *Hacil Arif Bey :* Gruniz Sokak 48, Kavaklidere. Goûtez au *kilima pide* (pizza très fine à la viande hachée) et aux *icli köfte* (boulettes de viande dans un carcan croustillant). Pas d'alcool.
● *Cihan Kebap :* Selamik Caddesi 3/B. Près de Kizilay. Chandeliers et terrasse. L'un des nombreux restos de ce quartier qui rappelle notre rue des Canettes. A côté : pizzerias, lokantas...

Plus chic

● *Mangal :* Farabi Sokak n° 34, Çankaya. ☎ 468-34-21. Clientèle cosmopolite aisée. Toujours très fréquenté. Excellents meze, kebap préparés devant vous.
● *Kale Restaurant :* Berrak Sokak n° 9. ☎ 311-19-45. Juste au-dessus du musée des Civilisations anatoliennes (plan C1). Repérer la petite guirlande de drapeaux. Le patron, Attila, a racheté la maison de ses ancêtres pour en faire un musée-restaurant où l'on circule à l'aise et d'où l'on jouit d'une des plus belles vues sur Ankara. Goûter surtout les *manti* (raviolis turcs).
● *Ülker Restaurant :* Yunus Nadi Sokak 21, Hoşdere Caddesi. ☎ 438-32-97. Dans le quartier Çankaya (hors plan C3). Restaurant au décor kitsch à souhait et néanmoins raffiné. Cuisine typiquement turque, mitonnée « comme à la maison ». On va choisir ses plats en cuisine.

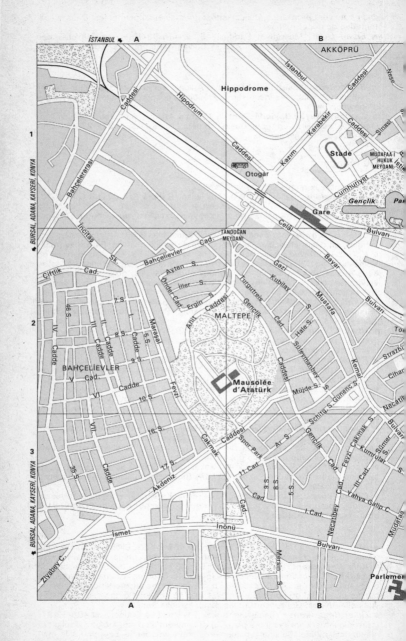

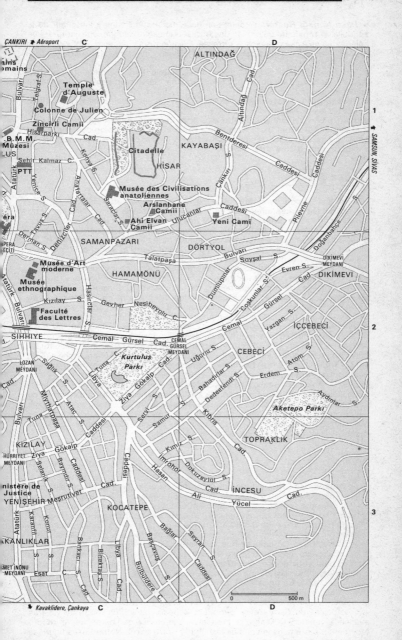

ČANKIRI ✈ Aéroport

ALTINDAĞ

Temple d'Auguste

Colonne de Julien

Zincirli Camii

.B.M.M. Müzesi

PTT

Citadelle

KAYABAŞI

HISAR

Musée des Civilisations anatoliennes

Arslanhane Camii

Ahi Elvan Camii

Yeni Cami

SAMANPAZARI

DÖRTYOL

Talatpaşa

Musée d'Art moderne

HAMAMÖNÜ

Musée ethnographique

Faculté des Lettres

DIKIMEVI MEYDANI

DIKIMEVI

İÇCEBECİ

SIHHIYE

Cemal Gürsel Cad.

CEMAL GÜRSEL MEYDANI

Kurtuluş Parkı

CEBECİ

LOZAN MEYDANI

Aketepo Parkı

KIZILAY

TOPRAKLIK

HÜRRIYET MEYDANI

nistère de Justice

YENİŞEHİR

İNCESU

KOCATEPE

KANLIKLAR

SMET INÖNÜ MEYDANI

0   500 m

✈ Kavaklidere, Çankaya

ANKARA

● *Paşa Konaği Restoran :* dans une belle maison ancienne à l'intérieur de la citadelle. A proximité du musée des Civilisations anatoliennes. Joli cadre et vue splendide sur Ankara depuis la terrasse. Cuisine turque exquise et prix, somme toute, bien raisonnables quoique plus élevés que dans les adresses précédentes. Réservez.

● *Yakamoz :* Tunali Hilmi Caddesi 114, Kuğulu Park, Kavaklidere. ☎ 426-37-52. Restaurant de poisson. Cadre agréable. Service un peu lent. Excellente salade de poulpe.

● *Washington Restaurant :* ☎ 431-22-18. L'une des meilleures tables. Regardez les prix avant d'entrer.

● Juste à côté, la fantastique *Akman, boza ve pasta salonu :* Kizilay, Selamik Caddesi 441 A. Ou à Ulus : Ulus Işhani GBlok. Derrière la poste centrale. Pâtisserie : crème choco fourrée pistache, gâteaux divins… Marbre et service impeccable. Bourrée d'étudiants.

Un peu d'histoire

Malgré les apparences, Ankara n'est pas une ville artificielle, le Brasília d'Atatürk ! On la mentionne déjà en 500 av. J.-C. sous le nom d'Ankyra. Cette riche région est un temps occupée par des tribus gauloises (au IVe siècle avant J.-C.), les Galates, qui fusionnent avec des peuplements grecs. Les Romains s'entendent bien avec les Galates et n'annexent le pays qu'en 25 après J.-C. La ville se couvre alors de monuments. En 50, saint Pierre et saint Paul *(Épître aux Galates)* y séjournent et la ville devient un des premiers antres du christianisme oriental. Après quoi, l'Anatolie est en première ligne des invasions. Du VIIe au XIIe siècle, Ankara connaît les mêmes pensionnaires que ses voisines, dans le même cortège de têtes coupées : Perses, Arabes, Byzantins, Pauliciens (ancêtres des Cathares), Turcs Seldjoukides, Mongols et enfin Ottomans, en 1414. Sans oublier les croisés, qui lui donnent le nom d'Angora.
C'est d'ici, en effet, que venait le mohair si populaire aujourd'hui, et moteur du développement économique de la cité ottomane. « Les Francs ont eu beau acheter ces chèvres des montagnes, ils ne sont jamais parvenus à produire l'angora », note, en 1611, le voyageur turc Euliya Çelebi. Tombée en désuétude, cette industrie occupe alors tous les hommes et femmes d'Ankara, riche cité de « 6 000 maisons et 2 000 boutiques, rafraîchie par 170 fontaines, où travaillent beaucoup d'Arméniens et de juifs ».
En 1920, Ankara n'est plus qu'un gros bourg, comptant à peine 30 000 habitants. Elle devient pourtant le centre de la résistance contre l'éclatement de l'empire : le 23 avril 1920, la « première Assemblée nationale » s'y tient. Après l'écrasement des Grecs, Istanbul étant trop compromise avec le sultan et les puissances étrangères, c'est autant pour des raisons stratégiques que sentimentales qu'Atatürk transfère la capitale à Ankara.

A voir

▶ *Le musée des Civilisations anatoliennes :* situé au pied de la citadelle (plan C1). Le plus vertigineux musée de Turquie. En quelques pièces très bien choisies, il présente toutes les civilisations et cultures de Turquie, du paléolithique jusqu'à l'époque romaine, en passant bien sûr par la prolifique et prodigieuse période hittite. Ouvert de 8 h 30 à 12 h 30 et de 13 h 30 à 17 h. Fermé le lundi sauf en été. Réduction étudiants. Visite guidée, en français, de 1 h 30 environ. Très cher (100 F) On peut se passer aisément des services de ce guide. Il ne s'en offusquera guère et vous accompagnera cependant devant certaines vitrines pour vous donner des détails. Vitrines étiquetées en turc et en anglais, plus panneaux explicatifs sur les murs. Installé dans un ancien bazar restauré datant de 1464. Ce fut Atatürk qui proposa la création d'un grand musée des civilisations qui façonnèrent le pays. Les collections s'étalent dans le temps, les plus anciennes commençant sur votre droite, en entrant.
— Les fouilles de *Çatal Höyük* permirent la découverte d'un mode de vie très avancé, vieux de 9 000 ans. Le premier village civilisé de l'humanité, un record récemment battu dans le delta du Danube (11 000 ans l). Nombreuses figurines de femmes en argile parfois peinte de la période néolithique ; leur opulence, large poitrine et corps très épanoui, symbolise le culte de la déesse mère.

— Poteries à figures géométriques de la période du chalcolithique (de 5 000 à 3 000 ans av. J.-C.).

— De la période du bronze ancien (3 000 à 2 000 ans avant J.-C.) ; section Alisar III, nombreuses très belles figurines de femmes, disques solaires, rennes, taureaux en bronze ou en electrum (alliage d'or et d'argent). Des bijoux, véritables œuvres d'art provenant toujours de tombes.

— Lors du IIe millénaire av. J.-C., les marchands assyriens qui commerçaient en Anatolie influencèrent largement les arts anatoliens par l'apport de métaux et alliages nouveaux, d'étoffes, bijoux, etc. Nombreux vases au style élaboré dont certains en forme d'animaux.

— De la période de l'Empire hittite (de 1750 à 1200 avant J.-C.), nous trouvons de superbes vases rhyton (vases à libations) en forme de tête de taureau. Dans la vitrine 71, une poterie assez unique. Elle présente toutes les scènes d'une cérémonie de mariage : préparation de la nourriture, sacrifice de taureaux, joueurs de lyre, amis apportant les cadeaux, etc. Nous laissons à votre don d'observation le soin de découvrir... la scène finale !

— La période phrygienne (de 1250 à 690 avant J.-C.) est richement représentée. Entre autres, à la vitrine 89, de remarquables figurines en bronze, notamment un taureau combattant un lion. Vitrine 94, magnifique table en marqueterie de bois incrusté.

— De l'époque ourartéenne (civilisation qui s'opposa aux Hittites et aux Assyriens et disparut au VIIe siècle av. J.-C.), il nous reste un travail superbe de la métallurgie : vitrine 113, un chaudron à pied et, vitrine 109, de belles ceintures ouvragées.

— Période lydienne : avant la conquête perse ; vestiges de Crésus et de son or. Les débuts de la monnaie, vers 620 avant J.-C.

— Nombreux bas-reliefs de divinités et d'animaux fantastiques dans le hall de la sculpture hittite.

▶ **La citadelle** (plan C1) : vous la rejoindrez aisément à pied depuis le musée des Civilisations anatoliennes. Les remparts furent édifiés pendant la période byzantine. L'*Hisar Kapisi*, porte de l'enceinte inférieure, est surmontée d'une tour d'horloge. Une autre grosse porte, la *Parmak Kapisi*, commande la deuxième enceinte. Serrée entre les remparts sur 1 km de long, la petite ville close a conservé le charme d'un village turc. Poussez jusqu'au fortin pour le vaste panorama. La *mosquée Alaeddîn* possède un minbar (chaire) du XIIe siècle. Entre les murs pastel, les femmes lavent le trottoir à grande eau. Tout au long de la Kale Kapisi Sokaği, vous longerez de vénérables maisons à encorbellement et dans tous les tons de bleu. Ce vieux quartier a bien du charme. Malheureusement, les spéculateurs de tout poil commencent à s'y intéresser : vieilles maisons rachetées et mal restaurées, restaurants à touristes...

▶ Devant la citadelle s'étend un quartier populaire très animé. Artisans de toutes sortes le long des ruelles en pente. Ne ratez pas la plus ancienne mosquée d'Ankara, *Arslanhane Cami* (plan C1), du XIIIe siècle. Pas de coupole mais un superbe plafond de cèdre supporté par des colonnes à chapiteau corinthien. Magnifique minbar sculpté de la période seldjoukide et mihrab en mosaïque de céramique. Pas loin, *Ahi Elvan Cami* vaut également pour le coup d'œil pour son minbar du XVe siècle et pour ses couleurs que vous découvrirez ; allez admirer la *Cenâbi Ahmet Paşa Camii*, construite par Sinan (Ulucanhar Caddesi).

▶ **Le musée ethnographique :** à l'intersection d'Atatürk Bulvari et de Talât-paşa (plan C2). Ouvert de 8 h 30 à 12 h 30 et de 13 h 30 à 17 h 30 ; en hiver, de 9 h à 12 h et de 12 h 30 à 17 h. Payant. Fermé le lundi. Beau bâtiment d'architecture islamique. Riches sections de costumes folkloriques, kilims, broderies, foulards brodés traditionnels, nappes, etc. Vaisselle en bronze d'Urfa des XIe et XIIIe siècles. Reconstitution d'un salon du XVIIe siècle avec plafond magnifique. Belles collections d'armes (armures et cottes de mailles, véritables bijoux), vieux corans, portes de mosquées sculptées, et les reliques du saint local. A côté, le *musée d'art moderne* (vérifier si les rénovations sont achevées). Horaires identiques. Entrée couplée pour les deux musées. On constate que la plupart des artistes contemporains turcs ont étudié en France.

▶ **Le temple d'Auguste :** dans le vieux quartier d'Ulus, Ulus Meydani (plan C1). En restauration. Vestiges du « temple-testament » de l'empereur Auguste (29 av. J.-C.). Les murs étaient recouverts de textes en grec et latin de l'empereur qui définissaient les grands moments de son règne. Sans grand intérêt. A côté, la petite mosquée du XIIe siècle, construite en partie avec des matériaux du temple, abrite le tombeau d'un saint vénérable. Belle vue sur les collines d'Ankara depuis le site. Tout autour, un charmant bazar sans la frénésie d'Istanbul.

▶ *Les thermes romains :* du IIIe siècle après J.-C., ouverts de 8 h 30 à 17 h 30. Payants aussi. Çankiri Caddesi (plan C1). A 500 m environ du temple d'Auguste. Ruines pas très spectaculaires. Quelques vestiges des canalisations, du dallage de marbre. Vous noterez les petites colonnettes de brique qui supportaient le dallage et permettaient la circulation de l'air chaud.

▶ *Le mausolée d'Atatürk* (ou Anit Kabir) : sur la colline de Maltepe (plan A-B2). Ouvert de 9 h à 15 h 30. Construit à partir de 1944 et achevé en 1953. Jusqu'en 1953, la dépouille était exposée dans l'enceinte du musée ethnographique. Colossale réalisation à la mesure de l'amour du peuple turc pour celui qui lui a rendu sa dignité. Le mausolée se présente sous la forme d'un temple entouré de portiques taillés dans une magnifique pierre de couleur ambrée. Devant, un escalier monumental et un vaste parvis. Sur la droite, une allée triomphale décorée de lions. Après avoir garé votre voiture, c'est probablement par là que vous arriverez. Nombreux objets personnels. Prendre le bus 63. Direction Etlik.

▶ *Gençlik Parki :* entre Ulus et la gare (plan B1). Très populaire, pédalos et barques à louer, petits restos au bord de l'eau. Salons de thé avec samovars et narghilés. Fête foraine. On y passe un après-midi agréable.

▶ *La ville moderne :* quartiers de Çankaya et Kizilay (plan B-C3), très animés. Commerces chic dans Tunali Hilmi Caddesi et au centre commercial d'Atakule.

Quitter Ankara

— En train

La gare se trouve entre le stade et Gençlik Parki, sur Hipodrum Caddesi, à l'angle du Cumhuriyet Bulvari (plan B1). Nombreux trains de luxe, rapides donc. Éviter d'emprunter *yolcu* ou *postra treu,* les tortillards du coin.
• *Pour Istanbul :* 2 trains le matin, 4 trains de nuit (environ 10 h de trajet) dont l'Ankara Express et le Yeni Yatakli avec couchettes.
• *Pour Izmir :* 1 train de nuit, l'Izmir Express, pour lequel il est préférable de réserver, et un train bleu.

— En bus

Le terminal des bus se trouve sur Hipodrum Caddesi (B1).
• *Pour Adana* (8 h de trajet) : plusieurs bus par jour.
• *Pour Antalya* (10 h) : plusieurs bus par jour.
• *Pour Bodrum* (13 h) : une douzaine de bus par jour.
• *Pour Bursa* (7 h) : bus toutes les heures.
• *Pour Erzurum* (15 h) : plusieurs bus par jour.
• *Pour Izmir* (9 h) : bus toutes les heures.
• *Pour Kayseri* (5 h) : bus très fréquents.
• *Pour Konya* (3 h 30) : bus très fréquents.
• *Pour Nevşehir et les autres villages de Cappadoce* (4 h 30) : bus très fréquents.
• *Pour Sivas* (8 h) : nombreux bus.
• *Pour Trabzon* (12 h) : quelques bus seulement.
• *Pour Istanbul* (7 h) : très nombreux bus. Un tuyau : à Istanbul, n'allez pas jusqu'au terminus (otogar de Topkapi), mais descendez à Harem, sur la rive asiatique du Bosphore, et prenez le ferry pour traverser (gratuit dans le sens rive d'Asie-rive d'Europe). Vous gagnerez du temps, profiterez d'une traversée agréable et arriverez directement à proximité immédiate des quartiers de Sirkeci et de Sultanahmet, où se trouvent les hôtels abordables.

BOĞAZKALE

A 170 km à l'est d'Ankara. Capitale des Hittites (peuple de guerriers ayant vécu entre 2000 et 1000 av. J.-C.). Grand site (divisé en deux parties) d'environ

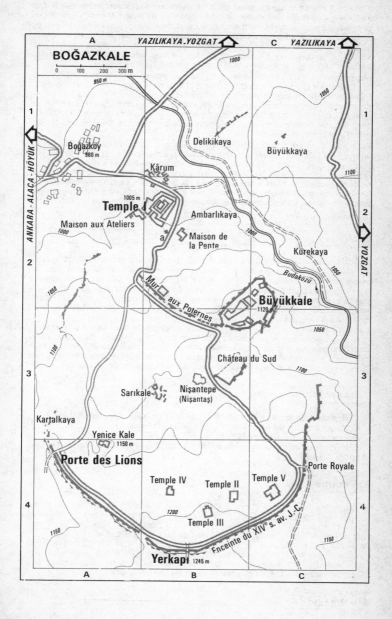

BOĞAZKALE

0   100   200   300 m

950 m

YAZILIKAYA.YOZGAT

C   YAZILIKAYA

1000

1050

ANKARA - ALACA - HÖYÜK

Boğazköy
960 m

Delikikaya

Büyükkaya

1100

Kârum

1005 m

Temple I

Ambarlıkaya

Maison aux Ateliers
1000

a

Maison de
la Pente

1000

Kürekaya

1050

Budaközü

YOZGAT

1050

Mur aux Poternes

Büyükkale
1120 m

1050

1100

Château du Sud

1100

Sarıkale

Nişantepe
(Nişantaş)

Kartalkaya

Yenice Kale
1150 m

Porte des Lions

Porte Royale

Temple IV

Temple II

Temple V

1200

Temple III

Enceinte du XIV° s. av. J.-C.

1150

Yerkapı   1245 m

1150

2 km de long, situé sur un piton rocheux dominant le plateau anatolien. Si l'on n'a pas de véhicule personnel, venir le matin et se munir d'eau. Vestiges de temples qui sont actuellement encore à l'état de fouilles. Mais il est difficile de reconnaître entre elles les différentes époques car tout est imbriqué. Quelques portes et murailles qui délimitent la ville cernent le superbe château (dont le plan a pu être reconstitué). On peut se rendre compte des travaux considérables (terrassements gigantesques...) effectués par les Hittites.

Les parties les plus intéressantes sont : la *porte des Lions* ; le *Yerkapi*, un couloir souterrain qui permettait d'accéder à la ville mais aussi d'en sortir discrètement en temps de guerre pour surprendre l'ennemi ; et à 2 km, à Vazilikaya, un *sanctuaire rupestre* avec de magnifiques reliefs. Le site contenait des milliers de tablettes cunéiformes et des amphores dont l'une pouvait contenir 3 000 l ! Un petit *musée* abrite quelques pièces, mais les plus intéressantes ont pris le chemin d'Ankara et d'Istanbul.

Pour vous y rendre : route Ankara-Samsun jusqu'à *Sungurlu* (où il y a des hôtels abordables tels que l'*hôtel Gündoğan Turistik,* Belediye Sarayi Yani, ☎ 36-36), puis *Boğazkale* (navette de minibus environ toutes les heures à partir de 9 h ; on la prend derrière Hattousha Otel ; en taxi, c'est beaucoup plus cher). Pour repartir de Boğazkale, le dernier bus est à 17 h. A Boğazkale, on peut loger chez l'habitant ou camper. Il existe deux campings à l'entrée de la ville. Ombragés mais très sommaires. Le *Panorama Restaurant et Camping* est le plus agréable.

SIVAS

Important carrefour et centre commercial dès l'Empire romain, Sivas – alors appelée Sebaste – a connu une histoire mouvementée. Persécutée pour sa conversion précoce au christianisme (les 40 martyrs de Sébaste), envahie par les Perses qui s'y installèrent au VIe siècle, pillée par les Arabes au VIIIe, la ville passa ensuite successivement aux mains des Arméniens dont elle est la capitale, des Seldjoukides, des Mongols. Tamerlan conquit la ville en 1400 et en fit détruire les remparts, précipitant ainsi son déclin.

La ville conserve aujourd'hui de l'époque seldjoukide quelques beaux monuments qui séduiront les amateurs d'architecture musulmane, mais vous serez aussi frappés par la grouillante animation qui règne dans Atatürk Bulvari – la rue principale – et dans les rues avoisinantes et qui donne l'impression, après un séjour prolongé dans l'est de la Turquie, de renouer avec la civilisation...

Adresses utiles

- *Office du tourisme :* sur la place située tout en haut d'Atatürk Bulvarı.
- *Otogar :* à 2 km du centre. Arrêt de bus à l'extérieur.
- *Poste :* en haut d'Atatürk Bulvarı.
- *Distributeur automatique de billets* (carte VISA) : Yapi ve Kredi Bankası, Atatürk Bulvarı.

Où dormir ?

■ Quelques hôtels pas chers à l'intersection d'Atatürk Bulvarı et de la rue venant de l'otogar *(Otel Evin, Otel Yuvam, Çiçek Oteli)*. Les autres hôtels se trouvent en haut d'Atatürk Bulvarı, autour de la poste. Parmi ceux-ci, vous pouvez essayer l'*hôtel Sultan*, l'*hôtel Mademak* ou l'*hôtel Belediye*.
■ *Hôtel Köşk :* Atatürk Bulvarı, 11. ☎ 111-50 et 104-63. Chambres très propres, spacieuses, confortables et bien meublées. Petit déjeuner inclus (formule buffet). Ils annoncent des prix exorbitants, mais ne vous laissez pas impressionner. Visitez les chambres et annoncez votre prix.

Où manger ?

● *Lokanta Hacı Kasim Oğulları :* Atatürk Bulvarı, à côté de la poste. On peut y déguster des *baklava* au dessert. Personnel accueillant.

A voir

▶ *Çifte Minare Medresesi :* à côté de la Mehmet Paşa Cami (1580), près de la place principale. Medersa construite en 1271 dont seul subsiste le portail magnifiquement décoré et encadré par deux minarets (d'où son nom).

▶ *Şifahiye Medresesi* (1217) : juste en face. Était à l'origine, début XIIIe, une « maison de guérison » où l'on soignait les maladies de peau, les maladies des yeux et les troubles mentaux. Elle fut plus tard transformée en medersa (école de théologie).

▶ *Muzaffer Buruciye Medresesi* (construite en 1271) : à proximité.

▶ *Gök Medrese* (ou medersa bleue, ainsi appelée en raison de la couleur de la faïence qui orne ses deux minarets). Tournez à gauche après la Çifte Minare Medresesi ; passez devant le vieux hammam, et laissez-vous guider par le sommet des deux minarets. Le monument le plus remarquable. On peut d'ailleurs s'étonner qu'il soit laissé à l'abandon, et éprouver quelque amertume de voir le peu de cas que font les Turcs de leur patrimoine historique !

▶ *Ulu Cami :* le plus ancien monument de la ville (1197). La salle de prière est particulièrement impressionnante avec ses 50 piliers déterminant 11 travées. Le minaret est de construction plus récente (XIIIe siècle).

▶ *Marché aux fruits et légumes :* très coloré, situé en bas d'Atatürk Bulvarı, derrière la Paşa Cami.

Dans les environs

Il existe à 90 km au sud de Sivas, à Kangal, un établissement de cure très particulier. Il s'agit d'une source d'eau chaude dans laquelle vit une race de poisson unique en son genre. Ces poissons sucent l'épiderme des curistes, soignant ainsi certaines maladies de peau réputées pourtant incurables.

Quitter Sivas

— De la gare routière (située à environ 2 km du centre ville), bus pour toutes les directions. De nombreuses compagnies ont une ou plusieurs agences dans le centre ville et un service de navettes centre ville — otogar. Compter 7 h pour Ankara et 6 h 30 pour Erzurum.

— Trains pour Samsun, Malatya, Ankara, Erzurum (gare à 1,5 km du centre).

— *LA TURQUIE ORIENTALE* —

Dans la série « le GDR vous en donne plus », voici quelques destinations intéressantes qui ne sont pas directement sur l'itinéraire proposé, mais qui valent néanmoins le déplacement.
Attention : en raison du problème des réfugiés kurdes irakiens dans la région de Yüksekova, il est conseillé de ne pas s'y égarer (contrôles nombreux, fouilles, liaisons difficiles, etc.).
D'autre part, afin d'éviter des situations embarrassantes, mieux vaut porter des vêtements discrets et couvrant bien le corps.

ANTAKYA (indicatif téléphonique : 891)

Sur la route de Syrie : ancienne Antioche. Ville de rêve : images de la débauche séleucide, mais aussi de sainteté, puisque l'on parle ici pour la première fois de « chrétiens ».

Fondée en 300 avant J.-C., centre de l'hellénisme au point d'égaler Alexandrie, capitale d'un empire allant de la Grèce à l'Hindu Kush, la vieille cité séleucide est le point de rendez-vous de tous les guerriers. Les Séleucides, écrasés par leurs propres éléphants à la bataille de Magnésie, contre l'envahisseur romain, l'abandonnèrent.

Même nos ancêtres les Gaulois y ont été faire leur razzia !

Faites un effort pour imaginer l'ensemble imposant que constituait cette ville. Aujourd'hui, les traces de la gloire de la cité déchue ne présentent plus guère d'intérêt. La remise en valeur des quartiers anciens et la restauration des vieilles maisons ont été entreprises depuis peu par un prêtre italien. La municipalité s'y intéresse, enfin commence...

Adresse utile

- *Office du tourisme :* au bout de Atatürk Caddesi. ☎ 126-36.

Où dormir ?

■ *Divan Otel :* près de l'otogar. ☎ 117-35 ou 117-78. Sympathique et bon marché. Notre meilleure adresse.
■ *Hôtel Şeker Palace :* Istiklâl Caddesi 79. ☎ 116-03. Correct.
■ *Hôtel Istanbul :* même rue que le précédent. ☎ 111-22. Pas plus cher et beaucoup plus coquet.
■ *Atahan Oteli :* Hurriyet Caddesi 28. ☎ 114-07. Pour un excellent rapport qualité-prix, très confortable. A choisir si vous envisagez de rester dans la région. Pour rayonner autour de la ville.

Où manger ?

Se restaurer ne vous ruinera pas, dans l'antique Antioche. Et vous pourrez déjà goûter une cuisine arabe... peut-être avant la Syrie.
● *Saray Restaurant :* à côté de l'Atahan Oteli. ☎ 177-14. Délicieux et si typique...

A voir

La vieille ville est sur la rive est de l'antique Oronte.
▶ *Hatay Muzesi :* ouvert de 9 h à 12 h 30 et de 13 h 30 à 18 h, en été sauf le lundi. Fermé à 17 h en hiver. Fantastique ! Génial ! Le plus beau musée qu'on connaisse pour les mosaïques romaines. La plupart de ces mosaïques proviennent de l'ancienne Daphné, aujourd'hui Harbiye, à 10 km au sud, lieu de promenades favori des habitants d'Antakya, mais sans intérêt.
▶ *Grotte de Saint Pierre :* là où les premiers chrétiens faisaient leurs premières « party ». L'église atteste la présence franque (principauté des croisés de 1098 à 1268).
▶ Voir les mélanges d'architecture dans la *vieille ville.* Faire un tour aux souks : génial parce que vous ne rencontrerez que des Turcs. Aqueducs et vieux pont sur l'Oronte donnent à la ville un certain cachet.

Aux environs

Voir, outre Daphné pour son âme enchanteresse (le lieu de débauche de l'Antiquité), la *forteresse d'Antioche* (prendre la route d'Alep sur 15 km, puis à droite), et *Séleucie de Piérie,* le port d'Antioche (soit 5 km après Samandag ; prévoir de bonnes chaussures pour l'exploration du tunnel).
Pour la Syrie, être en possession d'un visa... et de quelques devises.

LE NEMRUT DAĞI

Un des « must » du voyage en Turquie. Une excursion à ne manquer à aucun prix, même si elle demande quelques efforts pour atteindre cette montagne où, sous un tumulus artificiel inviolé, le roi Antiochos Ier (souverain d'un petit État tampon, la Commagène, entre les empires séleucide et perse). se fit ensevelir, il y a deux millénaires, pour reposer plus près des dieux, à 2 150 m d'altitude. Le site est grandiose avec la chaîne des premiers sommets de la haute Mésopotamie et, comme fond de décor, l'anti-Taurus qui semble surgir de la nuit des temps. Il faut assister au coucher et au lever du soleil, deux moments exceptionnels qui feront oublier la fatigue des heures de piste et le froid.

Comment y aller ?

Deux accès sont possibles : par Malatya ou par Adiyaman et Kâhta. Nous donnons les avantages et les inconvénients de ces deux itinéraires.

— Par Malatya

Accès par le nord du Nemrut Daği. Assez facile. L'excursion, organisée par l'office du tourisme, demande moins de 24 h. Prix raisonnable. Malheureusement, on ne voit pas grand-chose car on arrive sur le site juste pour le coucher du soleil, on passe la nuit dans un motel très mal entretenu et on repart le lendemain matin, 10 mn après le lever du soleil. Impossible de profiter du site et d'y prendre des photos. Devant les nombreuses plaintes de routards frustrés, le directeur de l'office du tourisme de Malatya nous a promis d'améliorer son excursion en veillant à une meilleure gestion du motel et en retardant le départ du site, le matin, pour profiter pleinement de la lumière. Dites-nous s'il a tenu ses promesses !

— Par Adiyaman et Kâhta

Cette solution offre l'avantage considérable de vous conduire plus près du site. Adiyaman est à 35 km de Kâhta et cette dernière est à 70 km du sommet, soit 1 h 30 seulement. Partir de Kâhta permet aussi de faire l'excursion complète des environs du Nemrut Daği : Eski Kale, Yenikale et Karakus.
Mais il est difficile de trouver un hôtel correct et un minibus honnête, pratiquant des tarifs acceptables. Il semble même que tout le tourisme de Kâhta soit dans les mains d'une véritable mafia. On nous assure que les chauffeurs de minibus affrétés depuis la Cappadoce, par exemple, se font rançonner pour monter au site par leurs collègues de Kâhta qui n'hésitent pas non plus à arracher les panneaux indicateurs pour empêcher toute excursion individuelle. La population est peu accueillante et les offices du tourisme non officiels se multiplient. Ils dirigent leurs pigeons vers leurs pensions et vendent leur excursion à des prix très élevés. Nombreuses sont les plaintes de touristes adressées au ministère du Tourisme d'Ankara... sans grand résultat pour l'instant.
— Deux autres possibilités : une depuis la Cappadoce, une autre d'Urfa (départ à 22 h : on arrive pour le lever du soleil).

A voir

A environ 2 200 m, mausolée de style grec tardif aux réminiscences de l'art anatolien (ça, on l'a lu dans un guide). Tumulus conique de 50 m de haut, 150 m de diamètre à la base et formé de pierres concassées. L'accès à la chambre funéraire demeure aujourd'hui mystérieusement introuvable. Sur la terrasse ouest, les statues colossales des cinq divinités relevant à la fois des panthéons macédonien et iranien (Apollon, la Commagène sous les traits de Tyché, déesse de la Fortune, Zeus, Héraclès et Antiochos forment un curieux mélange de styles). On retrouve le rôle de pont entre deux civilisations du royaume. Les têtes gisent sur le sol à la suite d'un tremblement de terre. Les statues d'un aigle et d'un lion gardaient l'accès de la voie processionnelle que constituait la terrasse nord. La terrasse est, sorte de pendant à la terrasse ouest, comportait en outre un autel à incinération.

Du sommet du tumulus, on peut admirer le paysage somptueux sur la vallée de l'Euphrate.

Entrée du site payante. Réduction étudiants sur demande. Les tours organisés ne comprennent jamais le droit d'accès dans leur prix. Pas bêtes ! Le ticket du coucher de soleil est valable pour le lever du lendemain pour ceux qui passent par Malatya.

L'excursion, si vous rencontrez un guide sympathique, sera un de vos plus beaux souvenirs. En effet, bien souvent il vous invite dans sa maison avant l'expédition et l'accueil est tellement chaleureux qu'il vous fait fondre le cœur.

« Il y a des gens dont la seule présence ferait s'évaporer le mystère le plus dense. » Giraudoux n'aurait pas aimé visiter le Nemrut Daği avec cette foule de touristes en short, frigorifiés, des familles entières enveloppées dans des tapis, guettant le lever du soleil. Bien décevant. Faire une belle photo ?... De toute façon, elle sera ratée à cause des grappes humaines qui s'accrochent aux statues. Un véritable sacrilège de voir une centaine de personnes grimper partout et prendre des poses ridicules devant les statues des dieux.

La terrasse ouest étant la plus belle, nous conseillons plutôt d'y aller pour le coucher du soleil ou d'arriver vers 7 h quand celui-ci vient de se lever et que tout le monde part. Vous verrez l'astre du jour passer de l'autre côté du tumulus et éclairer progressivement tous les visages de la terrasse ouest comme un projecteur qui, depuis 2 000 ans, recrée quotidiennement la même magie, et vous risquez alors d'être l'un des rares spectateurs de cet étonnant spectacle.

MALATYA (indicatif téléphonique : 821)

A environ 7 h de bus de Kayseri, 10 h de bus depuis Van. C'est la ville natale d'Inönui, le compagnon d'Atatürk, deuxième président de la Turquie. Beaux paysages. C'est la capitale de l'abricot dont c'est la fête fin juillet (20 au 22). Ils sèchent partout sur les toits. Ne pas manquer les rues des marchands de cuivre. On voit fabriquer les casseroles et chaudrons et on peut les acheter pour un prix très correct. Agglomération pas très calme. Si sommeil hypersensible, s'abstenir.

– *Office du tourisme :* dans la rue principale, à 200 m environ de la place en allant vers l'otogar, sur la gauche. ☎ 177-33. Le directeur parle très bien le français. Ferme à l'heure du déjeuner. Il y a aussi une annexe à l'otogar, où l'on parle l'anglais.

– *Otogar :* à 20 mn à pied du centre ville. Service de dolmuş. Infos sur la région.

Où dormir ?

De nombreuses recrues de l'armée sont hébergées dans les hôtels les plus simples.

■ *Hôtel Çinar :* Atatürk Caddesi. ☎ 119-97. Chambres économiques, près du marché. Agréable hammam à 100 m.

■ *Hôtel Azya :* Inönü Caddesi. ☎ 147-17. Patron parlant le français. Chambres avec douches très propres. Pas cher du tout.

■ *Site Otel :* Milli Egemenlik Caddesi 6. ☎ 112-57. A 150 m de la poste. Bon marché. Correct. Chambres sur rue bruyantes.

■ *Otel Park :* à côté de la place centrale. ☎ 116-91. Acceptable, sans plus, et chambres sur une rue un peu bruyante. Mais l'accueil est bien.

■ *Otel Kantar :* Atatürk Caddesi 81. ☎ 111-50. Récent mais à peine propre. Chambres simples ou doubles. Douches à l'étage.

Plus chic

■ *Hôtel Sinan :* Atatürk Caddesi 16. ☎ 129-07. Près du restaurant Melita. Chambres simples avec douche. Ensemble propre et confortable. Eviter cependant le premier étage, bruyant. Prix corrects.

■ *Hôtel Kent :* Atatürk Caddesi 151. ☎ 121-75. Les prix de cet établissement luxueux peuvent se discuter. Chambres spacieuses avec minibar, air conditionné, salle de bains et téléphone. Service irréprochable. On parle le français. Le restaurant est réputé. On peut y prendre ses repas sans être résident.

Où manger ?

● *Aksaray Lokantasi :* PTT Caddesi 20, à côté de la poste. Accueil sympa. Simple. Goûtez le kebap au yaourt.
● *Turistik Melita Restaurant :* Atatürk Caddesi. Turfanda Is Hani Kat I (au 1er étage). Une excellente adresse. Terrasse sur le toit pour le dîner. Nombreuses spécialités. Bon service.

A voir

Pour l'excursion du *Nemrut Daği*, le rendez-vous a lieu à l'office du tourisme à 11 h 30. Départ en minibus vers 12 h. Compter près de 4 h de montée pour les 110 km à travers des paysages magnifiques. Installation au Güneş Motel vers 16 h. On est à 10 mn en voiture du sommet ou à 45 mn à pied. Départ du motel vers 17 h 30 pour le coucher du soleil. Redescente immédiate vers le motel. Dîner à 19 h précises d'une soupe et d'un plat de légumes. Pas de viande, ni fromage, ni dessert ! Grand choix de boissons... payantes. Nuit dans des chambres dont les sanitaires sont devenus inutilisables. Surbooking fréquent. On peut se retrouver à plusieurs dans une même chambre. Réveil le matin à 5 h et départ à 5 h 30 pour le site (30 mn plus tôt en juillet et août). On quitte le site 10 mn après le lever du soleil. Retour au motel pour un petit déjeuner succinct. Départ à 6 h 30 pour Malatya où l'on arrive vers 10 h environ.
Il est très possible de faire la même excursion avec son propre véhicule (4x4 ou R12). Conduire prudemment, principalement à partir de Büyüköz. La piste est très praticable. Compter 4 h. Cette formule permet d'avoir son autonomie, de s'arrêter en cours de route et surtout de rester sur le site tout le temps nécessaire. Mais il faut obtenir une place au motel Güneş.

A voir aux environs

▶ *Le vieux village de Malatya :* à une quinzaine de kilomètres. Prendre le bus pour *Eski Malatya*. Il vous déposera sur une place adorable où, avec un peu de chance, on vous offrira du thé. Un peu à l'écart, voir l'ancienne mosquée qui date du XIIIe siècle mais qui fut remaniée dans les siècles qui suivirent. Ruines d'un caravansérail, construit en 1632, pendant la période ottomane, par Mustafa Paşa. Possibilité de se baigner dans un lac à 5 km. S'y rendre en taxi.

Quitter Malatya

— *Pour le lac de Van*, compter 9 h de bus.
— *Pour Trabzon :* départ en fin d'après-midi et arrivée le lendemain matin. Deux compagnies de bus : Turay par Erzincan et Fray par Erzurum (pas direct).
— *Pour Adana :* plusieurs bus quotidiens, durée : 8 h.
— *Pour Ankara :* bus fréquents. Comptez 10 h.
— *Pour Sivas :* plusieur bus quotidiens. Comptez 5 h.

ADIYAMAN (indicatif téléphonique : 87-81)

La ville, qui compte 40 000 habitants, constituait auparavant le seul point de départ de l'excursion du Nemrut Daği. Située à 725 m et dotée d'un important bazar, elle n'offre pas d'intérêt majeur, sinon d'être située à 35 km de Kâhta, devenu le point de départ classique pour le sommet.

- *Office du tourisme :* Atatürk Bulvari 41, dans la rue principale, près de la poste. ☎ 10-08.

Où dormir ?

Les hôtels sont moins fréquentés et on a plus de chance d'avoir de la place qu'à Kâhta.
Plusieurs hôtels assez chers : *hôtel Yolaç,* ☎ 13-01 ; *Konak Oteli,* ☎ 23-92 ; *Uyanik,* ☎ 11-79.

■ *Bozboğan Hotel :* tout nouveau, offre des chambres à un prix plutôt élevé.
■ *Motel Beyaz Saray :* Atatürk Bulvari 136. A des chambres avec douche. Restaurant. Piscine. Correct.
■ *Arsemia Moteli :* Bahcelievler Mahallesi, Nemrut Yolu Özer 146. ☎ 21-12. A ne pas confondre avec le précédent. Correct également. Tout se paie : le fait d'être près du départ des dolmuş pour le Nemrut Daği, par exemple.
■ *Motel Asameia :* Atatürk Bulvari 148. Chambres avec douche. Prix moyens.
– Fuir absolument le motel Sultan sur la route de Kâhta : saleté, vols...

Attention aussi à une grosse arnaque au départ de Kayseri : une compagnie de bus, *Unaltur,* vend des billets directement pour Kâhta. En fait, à 23 h, après 6 h de bus, on s'arrête à Adyana. Un soi-disant représentant de l'office du tourisme informe les passagers que le bus ne va pas plus loin, il vous indique un « super hôtel » et les compagnies qui organisent les tours au Nemrut Daği. Cela se reproduit, paraît-il, chaque soir. Tenir bon et refuser de descendre du bus.

KÂHTA (indicatif téléphonique : 87-93)

La ville la plus proche du Nemrut Daği, à 2 h 30 quand même, et qui mérite bien sa mauvaise réputation. Tout est basé ici sur l'exploitation du touriste. Les plaintes de lecteurs concernant cette cité sont légion et comme un lecteur averti en vaut deux, nous n'hésitons pas à vous mettre en garde contre les agissements des hôteliers, de certains conducteurs de minibus et des soi-disant offices du tourisme, dont le dynamisme commercial ressemble fort à du harcèlement, jusqu'aux gamins qui attendent que l'on arrive à leur niveau pour tendre une corde en travers de la route.

Où dormir ? Où manger ?

Les petites pensions poussent comme des champignons. Elles ont un point commun : prix élevé pour des prestations nulles. La seule chose qui intéresse les propriétaires, c'est de vous vendre l'excursion au Nemrut Daği.

■ *Morik Mocamp :* sur la route 360, à 500 m du centre en venant d'Adiya-man, face à une station-service. ☎ 29-36. Huit douches avec eau chaude. Emplacements pour caravanes. Six bungalows récents à prix intéressants.
■ *Selçuk Otel :* à l'ouest de la ville. ☎ 18-38. Chambres avec douche. Resto. Terrasse, piscine. Le meilleur mais aussi le plus cher de Kâhta. Pas d'alcool au restaurant.
■ *Hôtel Nemrut Tur :* à la sortie de la ville. Préférer les chambres du rez-de-chaussée, qui sont plus calmes et moins chaudes.
■ *Anatolia Pansiyon :* Firat Mahallesi Ecren Caddesi Örgü Sokak 3, près de la route principale. Bien tenu et assez bon marché. Le propriétaire propose des excursions sympa.
■ *Fortuna Pansiyon :* en face de la station Shell, juste avant l'otogar. Seulement 3 petites chambres simples mais propres.
■ *Antiochos Pansiyon :* Ismet Paşa Caddesi 138. Prendre la route de Diyarba-kir jusqu'à l'hôpital. Là, tourner à droite. Continuer vers la pension située à gauche. Genre auberge de jeunesse. Réduction étudiant. Très simple.
■ *Kommagène Hotel :* à la sortie de Kâhta. ☎ 10-92. C'est l'endroit dans lequel on vous débarque, à la descente de nombreux bus. S'est endormi sur la publicité que nous lui avons faite au point d'oublier les règles élémentaires d'hygiène. Beaucoup trop cher compte tenu de l'absence de service, de l'état désastreux du matériel et de la saleté des sanitaires. Prix de l'excursion prohibi-tif, pour laquelle le patron (contact superficiel et sourire artificiel) vous inscrit... d'office.

■ *Nymphaios Motel-Camping :* ☎ 24-28. Propreté correcte. Piscine où il fait bon se rafraîchir. Cuisine familiale.

● Essayez l'un des nombreux restos typiques, dans le centre, comme le *Kent Restaurant.*

A voir

De Kâhta, deux types d'excursions pour le *Nemrut Daği :*

– La courte, qui conduit au sommet en 1 h 30 et revient généralement après vous avoir laissé 1 h sur le site.

– La plus complète, qui permet de voir aussi Eski Kâhta, la colline de l'Oiseau Noir (voir plus loin) et le pont romain. Essayer de se grouper à plusieurs et de trouver un chauffeur de minibus sympathique et honnête.

Pour les routards aisés, une solution est de partir de Kâhta en minibus à partir du Zeus Camping. La nuit se passe au Zeus Hotel, situé à 7 km seulement du sommet. Retour le lendemain matin pour Kâhta. Cette formule est très agréable (1 minibus pour 4 personnes seulement). Seul défaut, si le prix du minibus est correct, le prix de l'hôtel est tout à fait excessif (30 à 40 % plus cher que ce qu'il devrait coûter, idem pour le resto une fois qu'on est coincé là-haut). Petits budgets, s'abstenir donc.

– En voiture particulière

Si vous avez une voiture assez résistante, utilisez-la ; la route s'est beaucoup améliorée. Ne croyez pas ceux qui, pour vous obliger à prendre un tour organisé, vous affirment qu'il est impossible d'y aller en voiture particulière. Il est impératif de faire le plein avant le départ et de se munir d'eau. Les derniers kilomètres sont constitués de gros pavés plus ou moins joints qui obligent à rouler en première une partie du temps. Il faut s'arrêter souvent pour éviter que le moteur ne chauffe trop. Attention aux amortisseurs et à l'embrayage. Surtout ne pas rouler de nuit pour des raisons de sécurité. Certains commandos du parti communiste kurde « PPK » ont pris pour habitude de tendre des embuscades armées dans cette zone, la nuit... Enfin, l'aventure.

Aux environs

Il faut profiter de l'excursion du Nemrut pour visiter les vallées des environs. Bien que cela rajoute 20 km, la route la plus belle est celle d'Eski Kâhta. Toute une région montagneuse avec des gorges et des vallées superbes. Donc partir de jour. Prendre un dolmuş de Kâhta : direction Gerger. Après le village de Cendere, on aperçoit de la route la colline de l'Oiseau Noir, tumulus de pierre « de Karakus » qui recouvre les tombeaux des dames du royaume de Commagène. Ils semblent gardés par des colonnes surmontées par des représentations d'animaux. Plus loin, la route passe sur un vieux pont romain. Ce sera l'occasion de vous rafraîchir : boire un coup et faire trempette dans l'Euphrate.

Arrivé à Eski Kâhta, la capitale d'été des rois de Commagène, aujourd'hui un petit village kurde, visitez absolument les ruines du *Yeni Kale*, forteresse médiévale construite durant la période mamelouk (XIVᵉ siècle) qui domine toute la vallée. Prenez des clés.

En continuant votre route, vous découvrirez un pont romain d'un seul tenant enjambant l'ancien Nymphaios, et quelques beaux villages aux maisons en pierre couleur de terre.

Ne pas faire cette excursion au printemps (Pâques), car c'est très difficile d'accès en raison de la neige. Et la plupart des sculptures sont enfouies sous la neige.

URFA (ou Şanliurfa) [indicatif téléphonique : 87-11]

En arrivant ici, on côtoie la Bible. Une des plus anciennes cités de l'histoire. Les prophètes Abraham, Job, Jethro et même saint Georges y seraient passés.

Puis l'antique Edesse est tour à tour utilisée comme base par les Séleucides, Byzantins, Perses, Turcs, Arabes, et autres voyageurs comme les croisés. Il y a peu de vestiges conservés. C'est aussi une des villes les plus chaudes de Turquie, mais on s'y fait car c'est un endroit très attachant. Urfa devrait connaître un développement économique grâce au récent barrage inauguré en grande pompe par le gouvernement.

– *Bureau de tourisme :* Asfalt Caddesi 3, face à l'hôtel Kapakli. ☎ 24-67. Compétent. On y parle le français. Demandez un plan de la ville.
– Attention aux taxis depuis l'otogar. Celui-ci n'est qu'à 1 km du centre ville et les chauffeurs arnaquent tout le monde.

Où dormir ?

Bien sûr, vous pouvez suivre l'exemple d'Abraham né ici dans sa crèche. Il existe quand même quelques hôtels.

■ Trois hôtels seulement ont l'air climatisé. Ils se suivent le long de la rue principale. Les deux premiers sont chic et chers (pour l'est de la Turquie). Téléphonez pour réserver car ils sont pris d'assaut par les groupes : le *Harran*, ☎ 49-18, et le *Turban*, ☎ 35-20.
■ *Kapakli Otel :* ☎ 20-16. Possède quelques chambres avec air climatisé. Moins cher, il fait couleur locale. Sanitaires propres. Une bonne adresse qui a l'avantage d'être en plein centre ville, à deux pas de l'office du tourisme. Il est possible de négocier une réduction de tarif.
■ *Ipek Palas :* juste derrière le Turban Otel. ☎ 15-46. Propre et bon marché. Douche et w.-c. dans la chambre ou à l'extérieur.
■ *Istiklâl Otel :* ancienne maison dans une petite ruelle avec une cour agrémentée d'une fontaine. Le patron aime les fleurs mais néglige le ménage. Dommage que les sanitaires soient dans un état déplorable et que l'ensemble laisse à désirer.
■ *Safak Oteli :* Göl Caddesi 4. ☎ 11-57. Le meilleur de sa catégorie. Pour routards près de leurs sous. Pas de salles de bains individuelles.

Où manger ?

Vu la chaleur en été, les risques d'infections intestinales sont nombreux dans cette région. Donc évitez la viande et les glaces. Votre soif sera étanchée facilement. On vend de l'eau minérale fraîche tous les 50 m. Goûtez à la spécialité, le *patlican kebap*, aubergine roulée dans une galette fine. Nombreux restos sur Köprübasi Carsiici. Les meilleurs sont les restos des hôtels, comme ceux du *Harran* ou du *Turban*.

● *Cancilar Salonu :* Sarayönü Caddesi. Dans la même rue que les hôtels, pour prendre votre petit déjeuner.

A voir

▶ *Ulu cami :* en descendant la Sarayönu Caddesi. Belle mosquée du XIIᵉ siècle. Les petits enfants y attendent l'heure de la prière. De chaque côté de cette rue, enfoncez-vous dans les venelles de la vieille ville. Maisons à encorbellement. Les pèlerins de La Mecque rivalisent d'imagination pour décorer leurs portes.

▶ *Le bazar :* toute la région vient y faire ses emplettes. Encombré par les carrioles de chevaux, il offre plein de détours avec des ruelles et des petites places. Classiquement organisé en rues spécialisées par profession, le passage dans la rue des artisans du fer-blanc et du cuivre marque les esprits (et les oreilles). De même la petite place avec la trentaine de Turcs travaillant à la machine à coudre. Nous recommandons chaudement ce bazar même aux plus blasés.
Il commence par un marché de bric-à-brac et se prolonge par un marché aux tissus. En prenant à droite, on tombe sur les épices et les parfums. Un peu plus loin, faites une pause au *Gümrük han*. Sous les ombrages, des chevaux et des motos, des Kurdes, des Turcs et des Arabes parlent du soleil et de la chaleur...

ou jouent au backgammon. On pénètre ensuite dans le marché des foulards en soie et des robes à la mode syrienne. Le *Sipahi Pazar,* marché aux tapis, est à côté. Un bon endroit pour acheter des kilims pas chers.

▶ Après le bazar, une élégante *mosquée* toute neuve qui vient d'être construite pour les nombreux pèlerins qui passent dans cette ville sainte. Deux bassins entourent un jardin où l'on peut déjeuner et prendre le thé. C'est une bonne halte pour attendre que le soleil se calme. On peut entreprendre alors l'escalade de la *citadelle des croisés* qui domine toute la ville.
Recueillement en pensant au brave Abraham, le routard infatigable, buvant l'eau de la fontaine de Callinhoé, en chemin pour le pays de Canaan.

A faire

Pour vous occuper pendant les heures chaudes, pourquoi ne pas aller au hammam ? Pour le prix de deux tasses de thé, vous pouvez vivre l'expérience. C'est moins prestigieux qu'à Istanbul mais plus authentique ! Deux adresses : le *Vezir Hamami*, près des hôtels indiqués, ou le *Velibey Hamami* dans le Karançi Pazari (dans le bazar).

Aux environs

▶ *Harran :* voyez avant toute chose cet instituteur qui organise des tours en minibus à partir de la rue où se trouve l'Ipelx Palas. Le plus compétitif.
Ce curieux village est aussi l'une des plus anciennes cités mésopotamiennes. Les maisons y ont été édifiées en forme de termitières. La ville fut citée dans la Genèse sous le nom de Charen, et Abraham y aurait également vécu quelques années.
Il reste quelques vestiges de l'ancienne enceinte dont plusieurs portes encore bien conservées (porte d'Alep). Voyez la citadelle près du village et, revenant à la porte d'Alep, les ruines de la Grande Mosquée fondée au VIIIe siècle.
Les habitants des « termitières » sont accueillants et portent souvent un costume typique.
Pour vous rendre à Harran depuis Urfa, le mieux est de chartériser un taxi à plusieurs, en marchandant, bien sûr. Le chauffeur attend lors des différentes étapes de la visite. On peut y aller aussi en minibus. Départ à 9 h 30 d'Urfa et retour à 13 h.
Harran est devenu le rendez-vous des circuits touristiques. C'est le vrai défilé au mois d'août. Dommage. De plus, c'est un des rares endroits du pays où les gosses viennent mendier avec insistance. Y aller tôt le matin quand il n'y a personne. Entrée du village payante.

▶ *Eski Sumatar :* sanctuaire païen du IIe siècle après J.-C., à 80 km en direction d'Akcakale. Piste difficile à partir de Sumatar : prendre un guide local. Le mont sacré sur lequel se dressent temples et bâtisses sur plusieurs kilomètres vaut bien un sacrifice.

Quitter Urfa

— Gare à 50 km à Akçakale.
— Nombreux bus pour Diyarbakir (3 h), Gaziantep (2 h 30), ou Mardin (3 h). Départs pour le Nemrut Daği, par Malatya ou Kâhta, peu nombreux ; trajet long mais ô combien excitant.
Prendre la direction d'Adiyaman où vous changerez de bus : 14 h en tout. Pour le lac de Van : plusieurs bus quotidiens ; durée : 10 h.
— Les amateurs de paysages désertiques ne manqueront à aucun prix la route pour Diyarbakir. Plaine de cailloux basaltiques entre lesquels pousse une herbe dorée. Çà et là, la yourte (tente) brune des nomades accompagnés de leurs chameaux. La Mésopotamie, comme dans les livres !

DIYARBAKIR (indicatif téléphonique : 831)

A 254 km de Malatya, la ville s'étend sur un plateau sur la rive droite du Tigre (l'Euphrate n'est pas loin, que de bons vieux souvenirs !). Ville populeuse, pleine d'animation où les Kurdes apportent leurs belles couleurs. Le contexte est susceptible de changer. Les porteurs d'eau arborent de superbes costumes. Il faut flâner dans les petites rues où de nombreux artisans travaillent le fer, le bois, le cuivre. Des enfants vous y guideront.
Au-delà des remparts de basalte noir, qui ne l'ont pas toujours protégée des invasions de partout (porte de Harput), s'étend la nouvelle ville avec ses rues larges, ses immeubles de standing. Les classes aisées et les entreprises s'y sont installées.
- *Office du tourisme :* Lise Caddesi 24 A. ☎ 121-73.

Où dormir ?

■ *Hôtel Malkoç :* Sütçü Sokak. ☎ 129-75. Ruelle qui donne dans l'Inönü Caddesi. Le meilleur rapport qualité-prix des hôtels pas chers (par cette chaleur, il faut être à l'aise). Chambres avec salle de bains et eau chaude. Attention : plus on monte dans les étages, plus les chambres sont chaudes. Réception très serviable.
■ *Temiz Otel :* Izzetpasa Caddesi 8. ☎ 123-15. Confortable. Cher, mais la terrasse, sur laquelle on dîne, vaut le détour.
■ *Hôtel Kaplan :* Sütçü Sokak 14. ☎ 133-58 et 166-17. Juste en face de l'hôtel Malkoç. Là encore, hôtel propre et confortable à prix très raisonnables.
■ *Mehmet Oğlu :* là où s'arrêtent les minibus venant de la gare routière. Hôtel super, moquette, salle de bains...
■ *Hôtel Akdag :* Izzetpasa Caddesi 23. ☎ 107-59 et 135-45. Récent. Très bon marché. Les étudiants sont vraiment les rois : prix encore plus doux pour nos fortes têtes.
Bref, si vous ne trouvez rien sur Inönü Caddesi, c'est que vous êtes épuisé : pas besoin d'hôtels, les nuits sont chaudes à Diyarbakir.

Où manger ? Où boire ?

● *Tip Lolcali* (signifie « cantine des médecins ») : Özel Idare Binasi. En haut d'un immeuble de plusieurs étages. C'est le restaurant d'un club de médecins. Ils acceptent les touristes qui ne sont pas débraillés. La nourriture est bonne, le service est stylé. Un bon petit vent frais impossible à trouver ailleurs (le soir, bien sûr !).
● *Restaurant Sehrin Kebapçisi :* kebap excellents, copieux et... propre.
● *Restaurant Kivirciğin Sofrasi :* Kibris Caddesi 11, près de l'hôtel Aslan. Même commentaire que pour le précédent. Les couples ou femmes seules mangent à l'étage !
- Prendre le thé dans les *çay bahcesi* (maisons de thé) de l'Ali Emiri Caddesi, le long des remparts.
- Dans le quartier de *Cami Kebir Mahallesi :* Pireçi Sokak 22 (près d'Ulu Camii). Pour boire un verre, jouer aux dominos et fumer le narghilé. Accueil très sympa.

A voir

▶ *Les remparts :* ils mesurent environ 5,5 km. Percés de nombreuses portes dont certaines sont très belles : porte de Harput, très ancienne, porte d'Urfa, porte de Mardin et la Nouvelle Porte, appelée aussi *Yeni Kapı.* Avec ses 16 donjons, c'est en fait l'un des plus beaux spécimens d'architecture militaire au monde. Toutes les époques y sont représentées : faites-en le tour. Du haut des remparts, vaste panorama sur la plaine et le Tigre.
▶ *Keçi Burcu :* près de la porte Mardin. Intéressant pour les inscriptions en arabe et la belle vue sur les murailles côté est et la plaine du Tigre.
▶ *Hasan Pasa Han :* ancien caravansérail où sont installés des marchands de kilims et de bijoux anciens ou neufs. Juste en face de la mosquée.

► *Sipahi Pazar* est un marché hétéroclite. Près de l'Ulu Camii.

► *Vahap Ağa Hamami :* Gazi Caddesi. Le meilleur hammam.

► *La citadelle :* dans le nord-est de la ville, près de la porte de Harput. Elle date du IVᵉ siècle après J.-C.

► *La vieille ville :* elle s'étend tout au long de la Gazi Caddesi qui relie la porte de Harput à la porte de Mardin.

► Il existe de petites *églises chrétiennes et arméniennes* perdues dans des ruelles, et quasiment introuvables. Si l'on vous aborde dans la rue pour vous proposer la visite, n'hésitez pas. Les habitants sont contents de voir que l'on s'intéresse à leur patrimoine.

► **La Grande Mosquée** (Ulu Camii) : très belle, elle s'apparente de loin à la mosquée des Omeyyades de Damas. La présence des chapiteaux corinthiens est géniale. A côté, on peut visiter la *medersa Masudiye*, puis, plus loin, la *Zincirli Medrese*, une medersa construite au XIIᵉ siècle et qui fait office aujourd'hui de petit musée archéologique.

► *Marché aux fruits et légumes :* porte d'Urfa.

Quitter Diyarbakir

— Départs de bus pour Mardin à la porte de Mardin. Nombreux bus pour toutes les directions.
— Avion pour Ankara et Istanbul.
— Éviter le train.

MARDIN (indicatif téléphonique : 841)

A une centaine de kilomètres au sud de Diyarbakir (2 h de bus). Située sur un piton rocheux (à 1 325 m), au milieu de la plaine mésopotamienne, Mardin est un carrefour des civilisations turque, arabe et kurde. Plusieurs églises de rite jacobite (orthodoxe syrien) témoignent également de la présence d'une communauté dans la région (environ 1 500 familles).
Nombreuses médersas (ne pas rater le portail de la *Sultan Isa Medresesi* construite en 1385), et grande mosquée du XIᵉ siècle. Pour vous dégourdir les jambes, grimpez à la citadelle.

■ Dormir à l'*hôtel Bayraktar*. ☎ 16-45. Typique et le meilleur de la ville, sur l'artère principale, la Biriuci à Caddesi. Son resto est excellent. L'*hôtel Kent*, 200 m plus loin, en montant, récemment rénové, propose des chambres avec douche et w.-c., pas chères du tout.

► Dans les environs, à une dizaine de kilomètres, le *monastère Der Zafaren*, de rite jacobite, est encore habité par deux prêtres. Très ancienne église du VIIIᵉ siècle et cloître du XIXᵉ siècle. Solution taxi : à partir du centre de la ville. Prendre la route de Savrur ; à droite sur 2 km puis à gauche.

— Pour rejoindre Urfa (à 1 h 45) : bus au garage Beledive. Départ toutes les heures.

LE LAC DE VAN (indicatif téléphonique de Van : 061)

Étape vers l'Iran, au cœur des montagnes de l'ancienne Arménie peuplées de Kurdes, à 1 720 m d'altitude. Groupez-vous et louez une barque pour visiter l'île d'Ahtamar à 20 mn de là sur laquelle est bâtie une église connue pour ses sculptures.
Une particularité propre à la région : les chats sont dotés d'yeux vairons, c'est-à-dire de couleurs différentes.

A l'*office du tourisme* de Van, accueil froid : Cumhuriyet Caddesi 127. ☎ 20-18. On vous remet tout juste un plan.

Attention, pour ceux qui arrivent de Tatvan par bateau, le centre ville est à 10 km de l'embarcadère.

Où dormir ? Où manger ?

Difficile, à Van, de trouver des hôtels bon marché qui soient d'une propreté acceptable. Néanmoins l'*hôtel Tahran* : PTT Caddesi 44 (☎ 128-46), dans une rue parallèle à la Cumhuriyet Caddesi, derrière la poste (Iş Bankasi Arkasi), est tout à fait convenable.
Dans les hôtels à prix moyens, on peut citer l'*hôtel Bayram*, Cumhuriyet Caddesi (☎ 111-36), grand hôtel avec ascenseur, chambres propres, et l'*hôtel Nuh*, Cumhuriyet Caddesi 116 (☎ 110-45), propre et pas cher.

■ *Hôtel Söles Lokantasi* : Kemal Caglar. ☎ 128-55. A recommander car typique. Vous jugerez. Surtout le resto, l'un des meilleurs.
● Aller au marché aux moutons. Le long de ce marché, des marchands de pain, *ekmek*, confectionnent des *pide* à la viande. On peut s'asseoir et se faire servir pour trois fois rien un repas pantagruélique.

Plus chic

■ *Hôtel Tekin* : derrière la poste. ☎ 113-66. Assez cher et pas très propre. Le fils du patron est prêt à se mettre en quatre pour vous aider.
■ *Hôtel Paris* : Hükümet Konaği Yani 20. ☎ 178-96. A côté de la préfecture de région *(vilâyet)*. Grand hôtel avec un salon immense et de vastes paliers autour desquels s'ordonnent des chambres confortables, très bien meublées, avec salle de bains, eau chaude. Même gamme de prix que le précédent.
● *Restaurant Serhat Lokantasi* : P.T.T. Caddesi (derrière la poste). Grand choix, vraiment pas cher et excellent. Service sympa.
● *Altinsiş Firini* : 100 m à gauche après la poste. Grande variété de kebap, copieux et bon marché.
● *Tuğba Pasta Salonu* : en face de la poste. Petit déjeuner à la carte. Bien et pas cher.

Camping

■ *Akdamar Camping-Restaurant* : Ve Sosyal Tesisleri. Accueil chaleureux en français. Nourriture excellente et pas chère.

Aux environs

— *Edremit*, à une douzaine de kilomètres de Van, possède quelques terrains de *camping* aménagés. Celui de *Güzensouth* a une douche chaude et un peu de gazon pour planter sa tente. C'est à Edremit que se trouvent les plages les plus proches de Van. Minibus pour Edremit : Kazim Karakebir Caddesi, un peu plus bas que l'hôtel Akamar.

A voir

▶ *Le musée* : ouvert de 9 h à 12 h et de 13 h à 18 h 30 sauf lundi. A côté du Bayram Oteli. Comporte des sections d'archéologie, d'art musulman et d'ethnographie, ainsi qu'une surprenante section de propagande antiarménienne intitulée « Génocide section ».

▶ *La vieille ville* : à 3,5 km de la ville moderne. Les restes de remparts s'écroulent définitivement. Au-dessus, un éperon rocheux couronné par les impressionnantes murailles de la citadelle, datant pour la plupart du Moyen Age. 1 000 marches et, de là-haut, jolie vue sur le lac. Les maisons sont faites de briques d'argile non cuite. D'ailleurs l'érosion due à la pluie est importante.

▶ Balade dans les *rochers de Van*... Évitez le soleil à son zénith. Prendre un dolmuş de Bes Yol. Inscriptions cunéiformes et vieilles pierres. Pour la splendeur des paysages.

— De Van, possibilité de rejoindre *Tatvan* en bateau. Pas cher. Deux départs par jour. Réduction étudiants. Environ 4 h de trajet. Attention : les horaires sont changeants et les ferries ont toujours du retard. La traversée peut durer 8 h...

Se renseigner à l'office du tourisme ou au café de l'embarcadère. Du débarcadère de Tatvan, bus n° 2 pour aller en ville. Ou bus confortable faisant le trajet en 2 h. C'est vous qui voyez.

Tatvan est le point de départ pour Ahlat (gens très hospitaliers rescapés au milieu des tombes de Seldjoukides). Ahlat est à 42 km de Van. Tout près de Tatvan, le petit *Nemrut Daği*, montagne volcanique avec un lac d'eau chaude dans le cratère (baignades). Prévoir de bonnes chaussures (serpents) et un maillot de bain. Deux ou trois personnes organisent l'excursion. Elles vous contactent dans la rue ou les hôtels. Possibilité pour ceux qui campent de dormir là-haut. Enfin, discuter le prix du circuit. Départ vers 8 h-9 h, retour vers 17 h.

■ A Tatvan, les hôtels sont chers et peu nombreux et l'armée (on redoute toujours les invasions) est omniprésente. Une adresse : *Tatvan Denizcilik*, à l'entrée de l'agglomération en venant de Bitlis, tourner à droite comme pour rejoindre les ruelles bordant le lac. Prendre une chambre avec douche, car la différence avec les autres est minime. Calme, très frais, ombragé. Prix modérés. Ou essayez le *Vangölü Denizcilik Kuruma Oteli*. ☎ 17-77. Le temps semble s'être arrêté à l'époque ottomane. Génial. Il est souvent complet.

● Petits déjeuners excellents, dans une pâtisserie, derrière l'*hôtel Turistik*.

– *Liaison en minibus pour Doğubayazit*. Assez cher, mais les paysages sont fabuleux, notamment l'arrivée sur le mont Ararat (Agri Daği en turc). Compter 3 h.

– Aller enfin à *Çavuştepe*, non pour le site réservé aux spécialistes, mais pour la vue superbe sur toutes les vallées. A 23 km au sud-ouest de Van (voir plus loin).

– Ne pas hésiter à faire 20 km vers l'est (de préférence avec un guide) pour rejoindre le *monastère de Yedi Kilise* (7 églises...).

Quitter Van

– Les minibus conduisant à l'embarcadère *(iskele)* se prennent à l'extrémité nord de Cumhuriyet Caddesi. L'otogar est loin du centre, mais la plupart des grandes compagnies ont un ou plusieurs bureaux dans le centre et un service gratuit de navettes entre le centre ville et l'otogar.

– Pour Istanbul, nous vous conseillons l'avion mais les vols sont complets parfois une semaine à l'avance. Cette remarque est valable pour toutes les villes de l'Est.

– Trains pour Erzurum ou Diyarbakir. Pas de possibilité de joindre l'Iran actuellement.

L'ILE D'AHTAMAR

A 45 km de Van, célèbre pour son église arménienne du Xe siècle, à la façade superbement sculptée : reliefs sur toute la façade, représentant Jésus, David et Goliath, Jonas et la baleine, etc. Entrée payante.

– *En bus*, liaisons toutes les heures depuis Van avec la compagnie Van Gölu, par exemple.

– On peut aussi prendre un dolmuş au bout de Cumhuriyet Caddesi (Iskele Caddesi) jusqu'à Gevas . Le chauffeur pousse quelquefois jusqu'à l'embarcadère sans supplément de prix. Traversées fréquentes et bon marché.

Où dormir ?

Entre Van et Ahtamar, plusieurs campings bien aménagés avec sanitaires.
Le *Ahtamara Turistik Tesisleri*, à 2 km de l'embarcadère, sur la route de Tatvan, est situé au bord du lac. Bien ombragé. Sympa. Resto.

A voir. A faire

L'hôtel, face à l'embarcadère, sur l'île, organise des pique-niques. Des serveurs vous prépareront des brochettes délicieuses. Un peu plus tard, vous irez piquer une tête dans le lac et nagerez autour de l'île en essayant de repérer dans les rochers des bébés oiseaux. Pensez à prendre votre maillot de bain.

ÇAVUŞTEPE

A 25 km de Van, par la route d'Hakkari, et 4 km après avoir laissé à droite la route vers Gurpinar. Prendre le bus pour Hakkari ou faire l'excursion organisée par l'office du tourisme de Van : une journée à Güzelsu - Çavuştepe - île d'Ahtamar. On vous laisse assez de temps pour voir ces sites isolés. Pierres gravées en écriture cunéiforme. Site ourartéen, où l'on peut voir les vestiges d'une cité fortifiée et d'un palais. La vue depuis ce *tepe* (colline) sur les deux vallées qu'il domine est superbe.

HOŞAP (ou Güzelsu)

A 57 km de Van par la route d'Hakkari (bus pour Hakkari). Route splendide qui traverse une superbe région montagneuse. Dans un vallon rocailleux, d'aspect lunaire, allez voir la forteresse kurde du XVIIᵉ siècle et le typique village qu'elle protège. La forteresse est terminée par une enceinte crénelée assez étrange. On arrive à ce nid d'aigle par l'arrière, en traversant le village. Entrée payante. Le village a été rebaptisé Güzelsu, qui signifie « bonne eau ». Attention, l'eau n'est pas toujours très propre. Pas d'hôtel.

ERZURUM (indicatif téléphonique : 011)

Si vous passez par Ağri, important carrefour sur la route de l'Iran, pour vous rendre à Erzurum, évitez d'y faire étape. En effet, Ağri est une ville peu attrayante, aux possibilités d'hébergement très limitées (*Otel Can,* ou encore *Otel Salman*).
Quant à Erzurum, c'est une ville froide même en été (1 853 m d'altitude). Prévoir donc des vêtements chauds. La plupart des banques refusent de changer les chèques de voyage. Essayer la *Türk Ticaret Bankasi,* ou encore la *Merkez Bankasi,* sur Istasyon Caddesi. C'est là qu'Atatürk réunit ses potes en congrès le 22 juillet 1919 pour proclamer l'unité de la Turquie nouvelle.

– *Office du Tourisme :* Kemal Gürsel Caddesi 9. ☎ 156-97.

Où dormir ? Où manger ?

■ *Hôtel Hittit :* ☎ 112-04. Dans le centre. Acceptable. Chambres spacieuses et bien meublées.
■ *Hôtel Örnek :* Kazim Karabekir Caddesi. ☎ 112-06. Également dans le centre, très récent, propre et pas cher.
■ *Hôtel Sefer :* Istasyon Caddesi. ☎ 136-15. Un peu cher mais pas mal.
■ *Hôtel Ipek :* à deux pas de l'otogar, et de la mosquée. Très bien, car sans prétention mais propre.
● *Otel Oral :* Terminal Caddesi 3. ☎ 19-740-5. Très bon service... qui se paie bien sûr.
■ *Camping :* à 10 km sur la route de Kars. Derrière une Petrol Ofisi. Calme mais rudimentaire.
● Mangez en face de l'hôtel Sefer au *resto Yeni Sehir* (1ᵉʳ étage). Excellents plats. Goûtez aux succulentes crèmes de riz. Le *resto de l'hôtel Isfahan* est bien,

et ce n'est pas trop cher. Ou encore le *Beton Restaurant,* qui remplace l'ancien restaurant Gowutoğlu. Qualité et prix... très doux. Air conditionné.

A voir

Toutes ces visites peuvent se faire à pied, les monuments étant situés à peu de distance les uns des autres.

▶ *Yakutiye Medresesi :* medersa (école coranique) datant du début du XIVᵉ siècle. Le minaret tronqué et le portail sont superbes.

▶ Tout près se trouve la *Lalapaşa* Cami, mosquée de style musulman typique, à grand dôme central, construite en 1563.

▶ *Ulu Cami :* plus loin dans la rue principale (Cumhuriyet Caddesi). La plus ancienne mosquée de la ville (XIIᵉ siècle). Vous serez impressionné par sa taille et le nombre de voûtes de la salle de prière.

▶ *Çifte Minare Medresesi :* plus loin encore. Ouvert de 9 h à 17 h. Medersa à deux minarets qu'on peut visiter, ainsi que le *türbe* (mausolée) attenant, Hatuniye Türbesi.

▶ *La Citadelle :* du haut des remparts, belle vue sur la ville et les environs.

▶ *Musée :* Pasalar Caddesi. ☎ 114-06. Ouvert de 8 h à 12 h et de 13 h 30 à 17 h 30. Fermé le lundi. Us et coutumes du coin.

Quitter Erzurum

La station de bus est loin de la ville (environ 3 km). Éviter la compagnie de bus *Aksu* pour aller à Kars ou ailleurs. Ils vendent plus de billets qu'il n'y a de places et on essaie de faire descendre les touristes en priorité. De plus, horaires fantaisistes.
Départs de bus :
— *Pour Ankara :* plusieurs liaisons quotidiennes (15 h).
— *Pour Kars :* idem (4 h).
— *Pour Sivas :* nombreux bus (9 h).
— *Pour Trabzon :* plusieurs trajets quotidiens (8 h).
— *Pour Doğubayazit :* 4 h en bus.

Avion pour Ankara.
Trains pour Kars ou Istanbul. (Pour info : Erzurum-Ankara : 28 h de trajet... sans retard.)

DOĞUBAYAZIT (indicatif téléphonique : 02-78)

C'était la route des Indes pour les routards véhiculés : beaucoup se plaignaient de la chaussée défoncée quand on passait par Ağri. Mais, depuis peu, la route Erzurum-Ağri-Doğubayazit est entièrement asphaltée. Comptez 4 h entre Erzurum et Doğubayazit (280 km). Nombreux bus au départ de Van.
A Doğubayazit, vieille citadelle en ruine dominant la ville, à 1 600 m d'altitude, sur les pentes du mont Ararat, mais l'intérêt de votre présence ici c'est Ishak-paşa Sarayi... vous verrez de nombreux touristes iraniens qui font ici une première étape en Turquie. Ils viennent faire la nouba. La ville elle-même est peu sympathique.
Pour arriver à Doğubayazit à partir du lac de Van, liaisons en minibus. Comptez 3 h de voyage superbe. On aperçoit des nomades. Beaux paysages, la route passe entre la frontière iranienne et les coulées de lave du volcan Tendürek Yanardaği. Un dolmuş relie Van à Doğubayazit 2 fois par jour dans les deux sens. 20 km avant Doğubayazit, mauvaise piste qui descend en traversant de superbes villages vraiment typiques avec une magnifique vue sur le mont Ararat. Inoubliable.
L'office du tourisme organise une belle excursion avec aller-retour dans la journée, mais laisse peu de temps pour visiter Ishakpaşa Sarayi. De plus, c'est assez cher.

Pour trekker sur le mont Ararat, s'adresser à Orhan Gürer, de l'agence *Trek Turizm*. Sympa. C'est en face de l'hôtel Isfahan.
Pour ceux qui partent de Doğubayazıt sur Kars, bus directs ou bien bus jusqu'à Iğdir (attention, changement d'otogar), puis minibus.

Où dormir ?

Les hôtels sont très nombreux et vous n'aurez aucun mal à vous loger ; aussi, faites jouer la concurrence et n'hésitez pas à marchander. L'office du tourisme, compétent et serviable, vous indiquera vers quels hôtels vous diriger en fonction du budget dont vous disposez.

■ Le *motel*, situé à la sortie de la ville sur la route de l'Iran, permet que l'on plante sa tente dans les pelouses ou que l'on branche son camping-car.
L'amabilité n'est plus de mise mais une salle de bains est à la disposition des campeurs. L'eau y est chaude.
Le restaurant est moyen. Présentez-vous avant les groupes logés au motel.
■ *Hôtel Erzurum :* pas cher mais pas très sûr. Le matin, on peut admirer le lever du soleil sur le mont Ararat depuis la terrasse.
■ *Hôtel Ishakpaşa :* chambres très propres avec salle de bains et eau chaude. Les prix affichés sont à considérer comme les tarifs maximum. Discutez.
■ *Hôtel Urartu :* Çarşı Caddesi (rue principale). Un des moins chers.
■ *Hôtel Nur :* Emniyet Caddesi 39. ☎ 20-51. Malgré une entrée peu engageante, chambres assez spacieuses, relativement propres, eau chaude. Service correct. Essayez de marchander, vu la surenchère entre les hôtels.
■ *Hôtel Isfahan* (ou *Ararat*) : Emniyet Caddesi 26. ☎ 11-39. Le luxe ! Chambres avec salle de bains. Impeccable.
■ *Hôtel Tahran :* à côté. ☎ 22-23. Beaucoup moins onéreux et toujours aussi correct.
■ *Hôtel Eztar :* sur la route d'Agri. Cher mais possibilité de marchander.

Où manger ?

● Nombreuses *lokanta* dans la rue principale. Citons entre autres : *Derya Lokantasi*, une bonne adresse, et *Dumlupinar Lokantasi*. Plats variés et bon marché.

Aux environs

▶ *Le mont Ararat :* 4 jours pour atteindre ses 5 150 m. Neiges éternelles, mais déluge de feu parfois (proximité des frontières russe et iranienne). Se renseigner donc. A propos, après le Déluge, c'est ici que Noé a échoué avec son Arche...
Pour l'autorisation :
– Agence de voyages *Aydede*, Caddesi 10, 800090 Taksim, Istanbul. ☎ 155-16-42. Fax : 143-36-25 ; à Doğubayazit : agence *Amta*.

Quitter Doğubayazıt

Prendre les tickets à l'office du tourisme. Sinon, c'est l'arnaque. Il ne faut pas être pressé pour relier Van. Compter 4 h de pistes superbes le long de la frontière iranienne. Très dépaysant. On croise des tentes nomades. Liaisons avec Ağri, Kars, Erzurum.

ISHAKPAŞA SARAYI

Palais des Mille et Une Nuits, construit aux XVIIe et XVIIIe siècles par le gouverneur de province du même nom. Ouvert de 8 h à 18 h sauf le lundi. Entrée payante. Chef-d'œuvre architectural, mélange de styles baroque et ottoman. Portail splendide à couper le souffle. Des innombrables cellules du harem (où l'on peut déambuler librement), on peut jouir d'une vue superbe. Cuisine avec immense cheminée, bains, et mosquée. Peu fréquenté. A 30 km de la frontière avec l'Iran, dans la montagne. A contempler du haut du minaret. Vue sur les restes d'une forteresse seldjoukide.

Pour vous y rendre : route Erzurum (ou Van)-Ağri-Doğubayazıt, petite ville où l'on peut passer la nuit et gagner le palais le lendemain (7 km). A pied, balade superbe.

Pas de bus pour gagner la frontière. Le taxi n'est pas cher. Marchandez.

KARS et ANI (indicatif téléphonique : 02-11)

Le fin fond de la Turquie, qui vaut surtout par la présence à côté (44 km) d'un site remarquable : *Ani*, ancienne capitale arménienne à partir de 961, conquise par Byzantins, Turcs ou Mongols au XIIIe s, est aujourd'hui abandonnée et en ruine. De ses 100 000 habitants, il ne restait en 1905 qu'un moine et une famille ! Demandez une autorisation de visite à Kars. Plusieurs formalités nécessaires : l'une au bureau de tourisme, et l'autre à la police. Les tickets d'entrée doivent être achetés au *musée* de Kars qui vaut d'ailleurs bien la peine d'être visité au passage. Le plus simple pour aller à Ani est de s'inscrire à l'une des excursions organisées chaque jour par l'office du tourisme qui s'occupe de toutes les formalités ! (Départ à 8 h, retour à 13 h). Sinon, bus à 6 h 30 et à 14 h 30 (réserver à l'avance) ou dolmuş (discuter le prix) : on le remplit puis on va au bureau de tourisme et à la police.

Le site d'Ani est vraiment grandiose. Il témoigne de la splendeur de cette civilisation commerciale médiévale : très nombreuses églises dont la cathédrale, chef-d'œuvre d'architecture arménienne. Le soir, bus à 16 h 30 d'Ani à Kars. On peut désormais photographier le site mais il est toutefois déconseillé de se tourner vers la Géorgie pour prendre sa photo.

Kars est une ville poussiéreuse, sale, déprimante, surtout lorsqu'on y arrive le soir : les rues mal éclairées n'incitent guère aux balades nocturnes. Cependant la vieille ville renferme un singulier mélange architectural : un pont romain qui enjambe la rivière, quelques vieux bains turcs dont deux toujours ouverts au public, l'église arménienne des Saints-Apôtres et les édifices-souvenirs de l'occupation russe au XIXe siècle.

La *citadelle,* au nord, est un chef-d'œuvre d'architecture militaire... Ne se « visite » que les jeudi, samedi et dimanche de 9 h 30 à 17 h.

Adresses utiles

- **Office du tourisme :** Ordu Caddesi, dans un grand bâtiment qui sert aujourd'hui de maison de la culture. Très compétent pour la visite d'Ani ou de Kars.
- **Otogar :** Karadag Caddesi (à l'opposé du Park Atatürk).
- **Services de sécurité :** Karadag Caddesi. Pour l'autorisation de visite du site d'Ani.

Où dormir ? Où manger ?

■ **Hôtel Yilmaz :** Karadağ Caddesi. Juste derrière la gare des bus. Refait. Chambres immenses. Sanitaires corrects.
■ **Asya Oteli :** à côté. ☎ 122-99. Identique au précédent.
■ **Hôtel Temel :** Kâzim Paşa Caddesi, à 10 mn à pied de l'otogar. Convenable.
● **Özfirat Restaurant :** tout près de la gare routière. Bonne cuisine. Un peu cher.
● **Imren Lokantasi :** Kâzim Paşa Caddesi. Au carrefour de Karadağ Caddesi. Prix corrects. Cuisine inégale.

Quitter Kars

Prendre avec précaution la compagnie de bus Dogu Kars. *Tendance* à pratiquer l'inflation des prix à tour de bras.

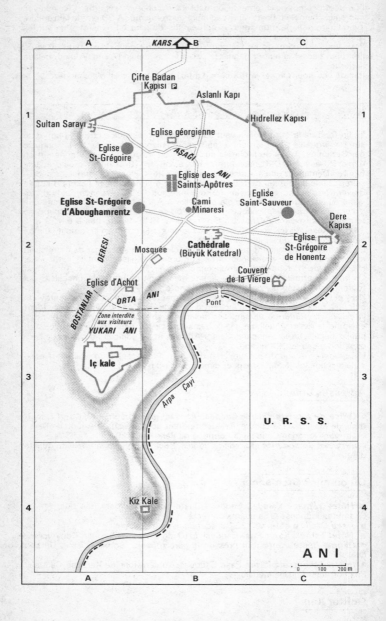

KARS

A   B   C

1

Çifte Badan
Kapısı

Aslanlı Kapı

Hıdrellez Kapısı

Sultan Sarayı

Eglise géorgienne

Eglise
St-Grégoire

AŞAĞI

Eglise des
Saints-Apôtres

ANI

Eglise
Saint-Sauveur

2

**Eglise St-Grégoire
d'Aboughamrentz**

Cami
Minaresi

Dere
Kapısı

DERESI

Mosquée

Cathédrale
(Büyük Katedral)

Eglise
St-Grégoire
de Honentz

Eglise d'Achot

BOSTANLAR

ORTA   ANI

Couvent
de la Vierge

Pont

Zone interdite
aux visiteurs

YUKARI ANI

Iç kale

3

Arpa   Çayı

U. R. S. S.

4

Kız Kale

ANI

0   100   200 m

A   B   C

Pour ceux qui se dirigent sur Trabzon, un bus par jour (à 8 h) via Artvin et Hopa (sur le bord de la mer Noire). Route superbe, passant des hauts plateaux aux gorges du Çoruh dominées par le site d'Artvin, puis des plantations de thé au bord de mer que l'on rejoint à Hopa, après une impressionnante descente par une route en lacet.
— Si vous vous arrêtez à *Artvin,* vous serez surpris par son charme. Pas les charmes de l'armée qui campe sur ses hauteurs, quoique... mais celui du château que les militaires occupent (magnifique point de vue). Plein de balades parmi une végétation luxuriante.

Pour Doğubayazıt, la route la plus courte est celle qui passe par Diğor, Tuzluca et Iğdir (avec un changement de bus dans cette dernière ville). Belle route, surtout lorsque, une vingtaine de kilomètres avant Tuzluca, on quitte le plateau pour descendre dans la vallée de l'Araxe, ainsi qu'à partir d'Iğdir où, après une lente remontée sur le plateau, on passe au pied du mont Ararat. Compter 3 h 30 de trajet de Kars à Doğubayazıt.
D'une manière générale, il y a des bus directs pour toutes les grandes villes de Turquie.

— LA CÔTE DE LA MER NOIRE —

Cette bande côtière de 1 695 km presque rectiligne, animée (et ô combien) par des peuples qui ont su garder leurs traditions et leurs coutumes, constitue un monde à part. Le climat est doux, du fait de la proximité de la mer Noire, et près de ces rivages, séparés du plateau anatolien par la chaîne Pontique, sécheresse et chaleur torride de l'intérieur disparaissent.
La diversité est extrême : forêts luxuriantes, tabac (à Bafra par exemple), thé, bocages... La végétation, presque tropicale par endroits du fait de la pluie très fréquente lorsque l'on va vers l'est, dispense des effluves à damner le plus saint d'entre vous... Une précision : la mer Noire, que vous avez en face de vous, ne l'est que parce que c'est la couleur du bonheur... là-bas.
Parcourir la côte est très facile et peu cher en bus ou dolmuş, et ce, même au-delà de Sinop en longeant la côte : se dépêcher de goûter aux 300 km de côte vers l'ouest de cette cité, car une excellente route n'y a vu le jour que depuis très peu de temps ; en clair : pas de touristes et plein de petits joyaux d'architecture laissés par Gênes. A l'est, deux endroits particulièrement intéressants : Trabzon et le monastère de Sumela.

Trois directions rayonnant à partir de Sinop sont intéressantes :
— De Sinop à Trabzon, et la frontière de l'exotisme géorgien, à l'est.
— En flânant le long de la rivière Verte, vers le sud, de Sinop à Amasya.
— De Sinop vers l'ouest, désert côtier encore endormi dans son écrin de verdure. Un itinéraire hyper agréable pour gagner Istanbul.

SINOP (indicatif téléphonique : 37-61)

Ville natale de Diogène le Cynique (l'histoire du tonneau n'est bonne que pour les alcoolos), Sinop est un charmant petit port offrant quelques plages agréables qui en font un lieu de villégiature très prisé des familles turques.
Détruite au milieu du XIXe siècle, par les Russes (pour info: ceci marque le début de la guerre de Crimée, de 1854 à 1856), la ville a cependant conservé de son passé les murailles antiques et les ruines de la citadelle remaniée par les Génois au XIVe siècle. Sur les hauteurs, quelques *yali* et une mosquée en bois. Dans Garaj Caddesi, la vieille citadelle est une prison où sont enfermés plusieurs centaines de prisonniers. Côte de rochers et radars américains sur les collines. Hammam pour « couples »...
Si vous n'êtes là que pour quelques heures, vous pouvez déjeuner au *Akbulut Restaurant*, Terşane Çarşisi.

Où dormir ? Où manger ?

■ *Hôtel 117* (en turc : *Yüzonyedi*) : donne sur le petit port de pêche. ☎ 15-79. Calme et typique. Personnel disponible pour conseiller sur les endroits à voir. Prix moyens. Les chambres sur la mer sont plus chères que celles donnant sur l'arrière.
■ *Hôtel Karakum :* Tatil Köyü. ☎ 55-27. En longeant une corniche couverte de genêts comme en Bretagne, vous découvrez ce complexe hôtelier installé dans une baie sauvage. Un camping, un grand hôtel construit au flanc de la colline, avec restaurant et discothèque. Assez cher. 6 petits bungalows (avec 3 ou 5 lits et salle de bains) sont plus intéressants. Petite plage de sable. Tonnelle pour se rassasier à l'ombre.
■ Deux campings sur les plages d'Akliman. Pour les atteindre, en voiture, on traverse deux petites rivières, un hameau de familles kurdes. Le premier, *Motel CD Camping*, est tenu par deux frères jumeaux, Çetin et Dogan (C et D) qui travaillent en Allemagne hors saison. Motel de 10 chambres et camping avec douches en bord de mer. Tarifs raisonnables.
Le deuxième camping, le *Denirkollar,* est gratuit. Il faut descendre sur la plage. Le restaurant se rattrape sur les prix. Sous des tonnelles, un mobilier fruste et charmant. En continuant dans la direction du phare et au-delà, vous atteindrez des falaises et une côte sauvage.

GERZE

Petite ville à 26 km de Sinop. Promenade agréable le long du bord de mer. Plages de cailloux. Tous les hôtels et les restaurants sont le long d'Iskele Caddesi. Dans ce site protégé, la mer a la tranquillité d'un lac. Beau panorama. Embarcadère où l'on peut louer des petits bateaux.

Où dormir ?

■ *Hôtel Erm :* ☎ 15-40. Le plus confortable, même si son modernisme date un peu.
■ *Hôtel 56 :* dans le centre du village. Propre. Eau très chaude. Pas cher du tout.
■ *Köşk Turistik Tesisleri :* ☎ 19-77. Fait motel et restaurant. 22 bungalows avec terrasse donnant sur la mer. Salle de bains indépendante mais médiocre. Restaurant en terrasse. Plus cher que les précédents.

Où manger ? Où boire ?

— Le soir, les habitants descendent la *Köşk Caddesi* pour prendre l'air et venir s'enivrer au raki dans le jardin du restaurant. Musique au synthétiseur ou orchestre quand il y a un mariage.
● En contrebas, un restaurant est installé dans un hammam.
– *Bülbül :* une *çay bahçesi* (maison de thé), pour savourer le temps perdu en dégustant une glace.
● *Sahil Yali :* un restaurant avec toit en terrasse, pour boire un verre au milieu de la mer.

Avant de poursuivre comme des fous sur la nouvelle route, marquez donc une pause à *Bafra :* voir la Büyük Cami du XVIIIᵉ siècle, bâtie par une femme. Prenez les eaux (avec toutes les précautions énoncées dans les généralités), puisque le thermalisme est bien développé.

SAMSUN   (indicatif téléphonique : 361)

– *Office du tourisme :* 19 Mayis Bulvari 2, Kat 1. ☎ 100-14.
– *Agences de bus* situées sur la place Cumhuriyet Meydani, d'où un minibus amène à l'otogar.

D'Istanbul vous pouvez y venir en bateau (26 h) ou en bus (18 h). S'arrêter à la *Büyük Cami* car la gare routière est assez loin du centre.

Grande ville moderne mais agréable avec des petits marchés et plusieurs rues commerçantes. Peu de vestiges d'une histoire pourtant riche. Mais vous rencontrerez une foule cosmopolite au marché.

Les plages sont à 8 km mais de très nombreux bus assurent la liaison avec le centre ville pour une somme modique. Ils y vont depuis la *Saathane Meydani*. Cette gentille petite place est entourée de plusieurs mosquées dont la *Bazar Cami* qui date du XIVe siècle. On y trouve plusieurs locanta pas chères. Pour ceux qui aiment le shopping, la *Gazi Caddesi* propose de bonnes affaires.

En remontant, vous trouverez la maison où Atatürk vécut puisque c'est de Samsun qu'il donna le signal pour bâtir sa Turquie nouvelle le 19 mai 1919. Il est intéressant de la comparer avec celle de Trabzon.

Le soir, l'animation qui règne dans *Ciftlik Caddesi* est unique en Turquie. Cette rue large est très commerçante. Les boutiques restent ouvertes et toute la ville s'y promène comme aux Champs-Élysées. L'*Atatürk Parki* est un autre but de promenade populaire. On y trouve l'office du tourisme et les marchands de glaces.

Ne pas manquer le solennel *musée Atatürk,* grand bâtiment pompeux en face du parc, si vous voulez comprendre le culte voué au personnage. Ses chapeaux et ses boutons de manchettes ont été gardés religieusement (militaire ou dandy, il n'est pas souriant mais toujours bel homme).

Il y a toutefois beaucoup plus de monde à la « fuar » à côté, mélange de foire-exposition et de grande fête foraine (juillet).

Où dormir ?

Les hôtels les plus confortables sont tous regroupés dans *Bankalar Caddesi,* une rue pourtant bruyante, laide et sans intérêt : banques et PTT.

■ *Hôtel Gökçe :* un peu en retrait, mais très bruyant. French bed et belles salles de bains. Plutôt chic.

■ *Hôtel Sandikçi :* Meserret Sokak, près de Gaziler Meydani. Dans un quartier plus sympa. Les patrons, charmants, parlent l'allemand. Chambres avec salle de bains. Correct et pas cher.

■ *Güçlü Otel :* en face de la Yali Cami, rudimentaire mais parfait pour les fauchés. Les patrons sont jeunes.

■ Petites pensions dans le Bazar.

■ *Camping :* à l'entrée de la ville en venant de Sinop, sur la gauche. En bord de mer. Resto. Bar. 2 douches.

Très chic

■ *Turban Büyük Samsun Oteli :* Sahil Caddesi. ☎ 107-50. Piscine. Jardins. Disco... et tout ce qui vous intéresse. Le prix ? Devinez... Faites donc peut-être un tour avant. Le restaurant est génial.

Où manger ?

● *Cumhuriyet Restaurant :* Seyh Hamza Caddesi. Près de Saathane Meydani, qui existe depuis 1933. Excellente réputation.

● *Vivana Lokantasi :* Saathane Meydani, à côté du Cumhuriyet Restaurant. *Pide* et *iskender.* Bon rapport qualité-prix.

● *Toptepe Aile Gazinosu :* à 2 km sur les hauteurs de la ville (Toptepe). Entouré d'arbres. Petits salons rétro (le décor n'a pas bougé depuis 30 ans) et véranda avec vue sur la mer. Les patrons sont des vieux garçons adorables qui se chamaillent parfois. Extra !

Quitter Samsun

– Nombreux bus locaux (3 h pour Sinop; le double pour Trabzon) et quotidiens pour toutes les grandes villes : 12 h pour Istanbul, 7 h pour Ankara, 2 h 30 pour Amasya, 9 h pour Kayseri.

ÜNYE

A 89 km de Samsun. Petite ville très cotée sur la mer Noire. Un peu préten-
tieuse pour ce qu'elle est. Bien sûr elle est l'un des centres du royaume de la
noisette... Résultat : si vous arrivez le soir, tous les hôtels sont complets. Une
corniche promenade avec un bon éclairage le soir.

Où dormir ? Où manger ?

■ *Otel Kiliç :* dans le centre, propose de grandes chambres avec bains et
balcon. Propre et bon marché.
■ *Hôtel Ürer :* Atatürk Bulvari. Où descendent les hommes d'affaires et les
touristes. ☎ 17-29. Vue sur la mer, confortable. Assez bruyant et cher.
■ *Çamlik Motel :* à 2 km. ☎ 10-85. Propose des petits pavillons qui donnent
sur la mer. 2 ou 3 lits et salle de bains. Le meilleur endroit.
■ *Campings :* 1 km avant Ünye en venant de Samsun. Toilettes rudimentaires.
Plage privée. D'autres campings s'établissent mais un peu plus loin (5 km vers
Samsun). Dormir au deuxième camping situé à la sortie de la ville, il est mieux
équipé que le premier (ce sont deux frères qui tiennent les deux campings).
Douche chaude pour les campeurs, située dans une cabine sur la plage.
■ *Kalayaoğlu Otel :* adresse de secours, à 4 km en direction de Samsun.
6 chambres, 15 lits. Tout blanc, tout neuf, tout propre mais bruyant. Fait aussi
restaurant et camping.
● *Kuzu Pirzola :* sur la piste de la forteresse avant le hameau. Restaurant de
côtelettes d'agneau grillées. Bon accueil.

A faire

Une promenade agréable consiste à se rendre à *Ünye Kalesi.* Vestiges d'un fort
au sommet d'un impressionnant rocher. Prendre la route de Niksar (agréable,
peu fréquentée, bordée de champs de noisetiers). Comptez une bonne heure de
marche pour arriver au pied du rocher, que l'on gravit ensuite jusqu'au sommet
pour jouir d'un superbe panorama sur les environs. On peut aussi s'y rendre en
dolmuş. Départ de Niksar Caddesi. Les plages sont à quelques kilomètres de la
ville en direction de Samsun. La plus belle est celle de Çamlik.

ORDU (indicatif téléphonique : 371)

A 75 km d'Ünye. Capitale de la noisette. Des blocs de béton à perte de vue.
Toute la mer Noire vient y passer ses vacances... en appartement ! Il y a loin du
théâtre de l'épopée des Dix Mille de Xénophon...
Pour Trabzon : 3 h de bus.

Où dormir ? Où manger ?

■ *Turist Otel :* Atatürk Bulvari 134. ☎ 742-73. Dans le centre. Propre mais
assez impersonnel. Chambres avec salle de bains. Restaurant.
■ *Hotel Gülistan :* à 3 km du centre. ☎ 11-314. Plus intime : charme XIXᵉ, une
douzaine de chambres en face du couloir. La terrasse du restaurant surplombe
la mer. Le soir, un pianiste donne un récital de musique turque, bien sûr !
■ Plusieurs *campings,* 8 km plus loin. Le long des plages, près d'un petit village. Sable noir et vaches broutant l'herbe.
● Ordu est la ville des *pâtisseries à la noisette.* Pour les petites faims...
● *Pide Yeriyal Salonu :* Osman Paşa Caddesi. Propre, sympa.
● *Asyon Lokanta :* à 1 km vers Samsun. Une bonne adresse pour déjeuner ou
prendre le thé sous les pins. Piste de danse en plein air.

GIRESUN (indicatif téléphonique : 051)

A 52 km d'Ordu et à 150 de Trabzon. Ville escale des croisières en bateau. C'est le port de la cerise (ramenée par les Romains de l'antique Cérasos) et des Amazones : jetez un coup d'œil à leur temple sur l'île. Le centre n'est pas folichon. Gazi Caddesi est une rue commerçante qui monte dur.

Où dormir ?

■ *Hôtel Tepe :* tout en haut de Gazi Caddesi, peu après la poste. Propre. Chambres spacieuses et bien meublées avec salle de bains. Pas cher.
■ L'*hôtel Bozbağ*, situé en plein centre ville, est meilleur marché que le *Giresun*.

A voir

Allez plutôt vers la gauche, sur les hauteurs d'un ancien quartier arménien. De nombreuses églises y ont été transformées ou désaffectées.
▶ En grimpant le long de la Fevzipaşa Caddesi, vous découvrirez des joueurs de cartes, des coiffeurs, des cordonniers, des luthiers...
▶ Civarlar Cami est une église transformée en bibliothèque pour enfants.
▶ Plus loin, dans la Ticaret Lisesi Karşişi, un beau lycée du XVIIIe siècle. En face, vous pourriez faire une halte dans une petite lokanta spécialisée dans les *pide*.
▶ Ne pas manquer de monter au fort *(Kale)* pour la vue sur la ville et les montagnes environnantes. Le site est vraiment enchanteur.
▶ Les *plages* sont à quelques kilomètres à l'ouest de la ville. La plus proche est celle du Mocamp, en face de l'otogar.
En route pour Trabzon, vous ne pouvez pas ne pas vous arrêter pour admirer le château de *Tirebulu* ou celui, byzantin, de *Akcaabat*.

TRABZON (indicatif téléphonique : 031)

L'ancienne *Trébizonde* de l'Empire byzantin a gardé sa vocation commerciale mais la ville est assez laide. Rien de l'antique Trapézas. Juste quelques témoignages du fastueux « Empire grec » des Comnènes, installés en 1204, et qui ont repoussé toutes les invasions. Signe des temps, de plus en plus d'ex-Soviétiques franchissent la frontière et viennent se livrer à des activités de troc dans les villes frontalières.
Sur la place principale, l'office du tourisme (Vilayet Binasi ; ☎ 358-53 ; compétent), des restaurants et même un hammam. La plupart des touristes ignorent le reste de cette ville pourtant pittoresque : le bazar et les remparts de la citadelle byzantine.
La ville est célèbre pour son thé, ses pistaches et sa pâte de noisettes.
L'arrière-pays, surtout, est immanquable.

Comment y aller ?

De Kars à Trabzon, avec la compagnie *Artvin Express* ; la route est très belle, surtout à partir d'Olur (vallée très encaissée), mais très fatigante. Kars-Hopa : 9 h de trajet.

Où dormir ?

Les hôtels sont presque tous autour de la place Taksim. Beaucoup de touristes l'été, aussi les meilleurs hôtels sont-ils souvent pleins. Prix plus élevés qu'ailleurs.

Bon marché

■ **Hôtel Erzurum :** Güzel Hisar Caddesi 6. ☎ 113-62. Vieil hôtel un peu romantique avec petit jardin pour jouer aux cartes et prendre le thé. Quelques chambres ont une vue sur le port (industriel !) et une salle de bains. Très correct.

■ **Hôtel Konak :** balcons avec vue sur le port.

■ **Hôtel Benli Palas :** derrière la mosquée Belediye Yaninda et près de l'hôtel de ville. ☎ 110-22. A plus de charme. Les chambres du dernier étage ont une terrasse qui domine la ville et le port. Eau froide.

■ **Petit camping :** à la sortie de Trabzon, en direction de Rize, à gauche. Sanitaires acceptables. Resto. Ombragé. Pas cher.

Plus chic

■ **Hôtel Usta :** Telgtahine Sokak 3. ☎ 128-43. Rénové, très cher mais impeccable. Si vous êtes seul, ils peuvent baisser les prix.

■ **Hôtel Anil :** Güzel Hizar Caddesi. ☎ 226-17. Chambres avec salle de bains, propres et confortables.

■ **Hôtel Kalepark :** juste à côté du précédent. Très bien.

■ **Hôtel Evim :** Iskele Caddesi 15. ☎ 153-13. Correct. Bien tenu et confortable. Les chambres avec salle de bains sont spacieuses. Eau chaude.

Où manger ?

Autour de la place, restaurants sur les toits où l'on mange du poisson.

● **Kugu :** sur la place principale, pour prendre un petit déjeuner.

● **Derya Restaurant :** Iskele Caddesi. A côté du précédent. Propose de très bons kebap et desserts. Prix corrects.

● **Yeni Imren :** dans le bazar. Bien pour déjeuner rapidement. Bruyant, il est à l'image du quartier. Excellents *döner* et *sütlaç*. Pas cher.

● **Sisman Restaurant :** Maraş Caddesi 5. Cher et très touristique.

● **Restaurant Güloğlu :** Usur Sokak (rue qui part au bout de la place Taksim, juste à côté de la THY, à environ 150 m de la place). Excellent *döner kebap*, et délicieux yaourts et baklavas. Service et propreté impeccables. Prix dérisoires. Beaucoup de jeunes.

● **Le Murat :** sur la place principale. Très bon poisson frais cuit à la braise. Pas cher du tout.

● Le soir, allez en taxi sur les collines de Boztepe. Le **Selahattin Yanik Gazinosu** propose des petits cabanons où l'on peut dîner agréablement tout en contemplant les mille et une lumières de la ville.

A voir

De la place principale, une promenade agréable pour se rendre au bazar par des rues piétonnes : commencer par la *Kunduracilar Sokaği* où l'on trouve une curieuse concentration de pharmacies et de « doktor ». Ensuite viennent les tissus et les vêtements, les robes de mariées et les galeries de bijoux.

La Semerciler et la Kemeralti Caddesi aboutissent à une petite place, la *Piyansa Meydani*. Tout près, un marché aux légumes installé sous une grande halle est l'occasion de rencontrer des villageois. En chemin, des martèlements vous feront découvrir le *Sabir Han*, un caravansérail transformé en ateliers de cordonnerie où travaillent de jeunes garçons.

En remontant du bazar, rejoignez la Maraş Caddesi pour découvrir la plus ancienne église du IXe siècle : *Sainte-Anne*.

En empruntant Tabakhane Caddesi, vous franchirez deux ravins par des ponts qui surplombent la vieille ville. Par Iskale Caddesi, on atteint la citadelle, où la *Fatih Camü* (ou *Orthahisar Camü*), basilique byzantine, devenue église au XIIIe s., brille par sa coupole d'or. Par Bilaoğlu Sokak, avant d'emprunter le pont, on pénètre dans le quartier pauvre qui longe le rempart. C'est un véritable village dans la ville avec des jardins et des maisonnettes, des enfants qui vous suivent comme dans l'est. Tout au bout, des escaliers pentus vous permettent d'atteindre les collines de Boztepe.

▶ **Le hammam :** Pazarkapi 8. Soi-disant le meilleur de la Turquie. Seulement le jeudi pour les femmes.

▸ *L'église Sainte-Sophie* (Aya Sophia du début XIIIe siècle) est à 3 km du centre. Sur la place, des taxis vous y mènent pour le prix du bus. Les fresques byzantines sont assez dégradées, mais du jardin qui l'entoure on peut contempler la mer à l'infini. De la *villa d'Atatürk* également. C'est une belle demeure luxueuse dans la verdure à 7 km du centre.

▸ Le 3e vendredi de juillet a lieu le *festival de Kadirga.* Les villageois des montagnes des environs se réunissent pour faire la fête. Ça commence par des danses et par des chants et ça tourne très vite à la foire. Une des rares occasions de voir des costumes traditionnels. N'oubliez pas votre appareil photo, un pull et des bonnes chaussures. S'armer de patience : longue file de voitures sur une route cailouteuse et étroite. Les pannes sont de nombreuses occasions de se dégourdir les jambes. L'office du tourisme propose d'y emmener les touristes.

Dans les environs

▸ *Le monastère de Sumela :* à 47 km par la route d'Erzurum, à gauche à Meryemana. Deux minibus quotidiens assurent la liaison. Départ dans la matinée près du port. Retour dans l'après-midi. Les agences *Kaçkar Tour* et *Karden Tour* organisent aussi l'excursion pour un prix raisonnable. Sinon, possibilité de prendre un taxi. Un peu plus cher. Double plage à l'entrée. Réduction pour étudiants.
L'intérêt du monastère de Suméla est très surestimé, étant donné les actes de vandalisme qui l'ont détérioré puisque il a été déserté en 1923 (toujours ce conflit), les Grecs ayant abandonné tout espoir de constituer un nouvel État grec indépandant. La restauration commence à peine. Le seul attrait réside dans les promenades à pied que l'on peut faire autour du monastère. Site extraordinaire, inaccessible actuellement en raison de pluies torrentielles qui ont emporté une partie de la route qui y mène.
À éviter le vendredi lorsque le ferry d'Istanbul déverse ses hordes de touristes. Ouvert de 9 h à 18 h. Entrée payante.

Pour partir (ou aller) de (à) Trabzon

L'otogar est à 3 km du centre, sur la route de Rize. Attention à l'arnaque des taxis. Consignes, salle pour bébés routards, endroits pour se restaurer.
• Départs fréquents pour Ankara ; durée : 12 h.
• Départs pour Erzurum également fréquents; durée : 8 h.
• Bus directs pour Van assez nombreux; comptez 18 h.

— De Trabzon à Istanbul (et vice versa)

De Trabzon, le bateau pour Istanbul part le mercredi soir à 19 h et arrive à Istanbul le vendredi à 11 h, mais ça peut changer selon la saison, vérifier. Il y a quatre classes différentes. Bon marché. 10 % de réduction pour les étudiants. Pour vous rendre à Trabzon à partir d'Istanbul : l'autocar, 19 h de trajet. C'est cependant plus rapide et moins cher que le bateau. En voiture : le plus simple, passez par Ankara, puis Samsun ; certaines pistes sont vraiment pénibles.
Pour quitter Trabzon, prendre un bus de la compagnie *Ulusoy.* Il faut s'y prendre assez tôt pour avoir une place. Toutes les autres compagnies racolent le long de la route et mettent deux fois plus de temps.

— De Trabzon à Rize

Des plages de rocher très polluées le long de la route. Les villages ne sont pas vraiment beaux.

— Vers la frontière russe

Pour ceux qui désireraient se rendre en Géorgie, le point frontière de *Sarpi*, à 190 km de Trabzon, est maintenant ouvert depuis 1988. Merci Glasnost.

RIZE (indicatif téléphonique : 054)

Ville pluvieuse : 2 500 mm par an. Mieux vaut y être pour la *fête du thé*, dont Rize est la capitale. Les villageois descendent des montagnes pour l'élection d'une miss. Informations touristiques dans le centre ville.
Flâner entre les maisons bourgeoises. Au-delà, en direction des barbelés, il paraîtrait que la bourgeoisie n'existerait plus...
Dernière mosquée occidentale (datant du XVI⁰ s.) avant la Géorgie.

Où dormir ? Où manger ?

Les hôtels sont autour de la place cernée par les mosquées. Le long de la Cumhuriyet Caddesi, l'*hôtel Milano* est confortable. Son restaurant est le meilleur de la ville. Si vous êtes fauché, allez au *Saga hôtel*. Les restaurants ont une lumière glauque le soir. Le *Yeşilsaray Kebap Salonu* (Belediye Sarayi 6) est la seule adresse sympa pour manger dehors à la bonne franquette. Spécialité de poisson.

A voir

▶ Visiter une usine de conditionnement du thé. C'est assez facile si on se fait accompagner par un Turc.

▶ Monter au *Cay Enstitüsü,* sur une colline qui domine la ville. Beau jardin ombragé et fleuri. Vue magnifique sur les plantations de thé, sur la ville et le golfe.

Dans les environs

Depuis Rize, possibilité d'aller dans la *vallée de Çamlihemşin* et *Ayder* (quelques hôtels dans ces deux villages). Magnifique vallée rappelant un peu la Norvège, avec des cascades et des maisons en bois. Balades à pied de un ou plusieurs jours. Se renseigner à Ayder. Alpinisme possible dans le Kaçkar.

■ *Otel Cayeli :* entre Hopa et Trabzon : Hopa Caddesi 60, à Cayeli. ☎ 05-62-44-59. Peu de touristes. Excellent rapport qualité-prix. Bien sûr, nous savons que nos routards n'y seront pas uniquement attirés par les possibilités de troc avec les touristes de l'ex-Union soviétique...

HOPA

Le bout du monde, la dernière ville avant la frontière géorgienne située à une quinzaine de kilomètres, Hopa, petit port sans grand intérêt, réserve néanmoins aux amoureux de la nature de belles balades dans un cadre verdoyant. Possibilité de visiter une usine de thé. A proximité de la ville, dont on fait très vite le tour, petite plage de galets.

Où dormir ? Où manger ?

■ Plusieurs hôtels pas chers sur la place, tout près de la poste ; on peut essayer l'*hôtel Devran* ou l'*hôtel Kafkas*.
■ *Hôtel Cihan :* Ortahopa Caddesi 7. Le plus confortable de la ville. Chambres doubles avec salle de bains et balcon donnant sur la mer. Très propre. Prix abordables.
● Quelques lokanta typiques dans la rue principale. Peu de touristes, mais l'accueil n'en est que plus chaleureux.
● *Lâle Pastahanesi :* Ortahopa Caddesi, tout près de l'hôtel Cihan. Accueil sympathique de Yusuf, le patron, qui parle l'anglais.

Quitter Hopa

Pour *Kars*, deux trajets sont possibles :
– Par Artvin, Yusufeli et les gorges du Çoruh, Göle. Route superbe, très pittoresque. Durée du trajet : 7 h.
– Par Artvin, puis l'impressionnante route en corniche qui passe par un col situé à 2 650 m avant d'arriver à Ardahan. Plus long. Il y a des morceaux de pistes pas trop mauvais avant Ardahan. Là, en plein centre, cherchez le restaurant populaire, on y mange comme des rois, et on y est très bien accueilli.

AMASYA (indicatif téléphonique : 37-81)

Située à 127 km au sud de Samsun, en suivant la rivière Verte *(Yesilirnak)*. A 5 h d'Ankara (2 h 30 en bus). Pour ceux qui aiment les vieilles villes vivant un peu en dehors du temps. Située dans une étroite vallée, la rivière serpentant entre les lourdes demeures du XIXᵉ siècle, au pied d'un énorme piton rocheux couronné d'une citadelle en ruine qui, avec ses 5 tombes royales, atteste la vigueur de cet étrange royaume du Pont (300 avant J.-C.) dont elle était la capitale. L'une des villes ayant le mieux conservé ses maisons en bois. Nombreux beaux monuments : mausolées, mosquées, caravansérail, etc. Dans le rocher dominant la ville, quelques tombeaux creusés dans le roc. En bref, cette cité romantique, agréable et tranquille parmi les saules pleureurs et les châtaigniers, vaut le détour. Et il y a encore peu de touristes.

– *Office du tourisme :* sur la rive gauche de la rivière. Plan détaillé de la ville, consultable sur place. S'il est fermé, adressez-vous au *musée archéologique.*

Où dormir ? Où manger ?

■ *Hôtel Palas Confort :* rive droite de la rivière, après le caravansérail. Vue sur la citadelle. Très bien situé. Chambres simples. Vraiment pas cher. Sanitaires propres.
■ *Otel Örnek :* juste en face de l'hôtel Palas Confort. Simple et propre. Bon marché.
■ *Yuvam Pansiyon :* Atatürk Caddesi. 24/5 Yeni Eczane. Chambres très propres. Sanitaires communs.

Plus chic

■ *Ilk Pansiyon :* Gümüşlu Mahallesi Hitit Sokak 1. ☎ 16-89. Près de l'office du tourisme. Maison traditionnelle de plus de 200 ans, restaurée avec tout le confort pour accueillir des hôtes de passage. 5 chambres avec douche et mobilier ancien d'Anatolie. Petit déjeuner dans une superbe cour intérieure. Le vin est gardé au frais dans un puits spécialement creusé dans la cave. Réserver.
■ *Hôtel Turban* (eh oui !) : au bord de la rivière. ☎ 40-54/55/56. Petit déjeuner où tout est à volonté : thé, fromage, olives, pastèques, confiture... Le restaurant est bien aussi et les prix ne sont pas excessifs. Un des hôtels les moins chers de la chaîne Turban (avec ceux de Çorum, Elmadağ, près d'Ankara, Kiziltepe, près d'Antalya, et Urfa). En saison, conseillé de réserver.
● *Lokanta Çiçek :* Yavuz Selim Meydani 61-4 (2ᵉ rue au-dessus de la rivière, à droite de la place avec la statue d'Atatürk à cheval). Peu fréquenté, et la qualité s'en ressent.
– *Gazioglu :* l'équivalent turc de Berthillon. Glaces exquises. A côté de la mosquée Yörgüe Paşa Camii.

A voir

▶ La mosquée du sultan Beyazıt II et la *medersa*, dans de jolis jardins au bord de l'eau, de conception classique, bâtie au XVᵉ siècle.
▶ Le grand *Ağa medrese*, très bien conservé. Plan octogonal.

▶ Un petit sentier à gauche de la mosquée Samlar (dont vous pouvez escalader le minaret : génial) grimpe à la *citadelle :* 1 h de marche. Vue sur toute la vallée; ou empruntez la route (2 km) qui part du centre.

▶ Ne pas oublier de visiter *la maison ottomane typique* transformée en musée. Gratuit pour les étudiants munis de la carte internationale. Pour y aller, panneaux indicateurs *(mūzesi).* Elle est située dans un renfoncement dans la vieille ville de l'autre côté du fleuve par rapport au centre animé. Fermée de 12 h à 14 h.

▶ Enfin la *Gök Medrese,* construite en 1276, à l'entrée de la ville, accompagnée de mausolées seljoukides, et de deux mosquées : la Burmali Minare Camii du XIIIᵉ s., et la Sultan Beyazit Camii, du XVᵉ s.

Quitter Amasya

— Départs pour le Nemrut Daği : un seul (11 h) par Kahta, et 5 (9 h) par Malatya.
— Départs très nombreux pour Ankara (5 h) et pour Istanbul (11 h).
— Cinq départs quotidiens pour Sivas (4 h).

LA CÔTE DE LA MER NOIRE OCCIDENTALE : DE SINOP A ISTANBUL

Superbe route longeant la côte en corniche, entre des ports très bien protégés et tranquilles ; ils semblent avoir échappé au modernisme à tout va, auquel on a soumis la côte orientale de la mer Noire. Multiples points de vue, notamment entre Amasra et Sinop, sur de mignons petits ports comme Abana, Kurukasile...
La route est étroite, tortueuse, souvent rétrécie par les éboulements mais très pittoresque justement si on prend son temps.
Nombreux bus ou dolmuş qui sillonnent la côte.

CIDE

Petit port très agréable avec de petites pensions. Au pied d'une tour génoise.

■ *Mokamp Yali :* Aile Cay Bahçesi, sur la route du port à gauche en quittant la ville direction Samsun. Sanitaires et douche rudimentaires mais propres. Pas cher.
■ *Catalzeytin Oteli* (le seul) : face à la mer sur la place, en face de la statue d'Atatürk. Douche chaude, chambre de communauté... pour routards bien sûr. Propreté limité.

AMASRA

Ça sent bon les vacances. Plages de sable fin : l'une des plus belles du nord de la Turquie.

■ *Pension Nur Aile :* Camlik Caddesi. Pourquoi pas ?
■ Notre truc : logez chez l'habitant.
Flâner vers le petit *musée,* et au pied de la citadelle byzantine, intacte (peut-être trop, vu les réfections...) malgré invasions, glissements ou début de bétonnage...
De Bartin, la côte que l'on aperçoit vous transporte ailleurs...

AKÇAOVA

Vieille cité génoise remise à la sauce touristique du siècle dernier. Charme désuet et discret.

– *Office du tourisme :* Cumhuriyet Meydani, Santral Sokak 2. ☎ 15-54. Peu de pensions... pour l'instant. Mais là encore essayez le logement chez l'habitant.

SILE

Suivre une petite route traversant le bocage surprenant qui nous rappelle la maison.

Petit port perché sur des falaises qui n'excluent pas la présence de très belles plages.

■ *Hôtel Degirmen :* en direction de la plage justement. Très confortable. Propre.

Pour Istanbul, prendre la direction de Zonguldak, puis vous retrouvez la route d'Izmit, le Bosphore et ses plaisirs...

L'ATLAS DU ROUTARD

Une création originale du Routard : l'univers sur papier glacé. **L'Atlas du Routard** est né du mariage de notre équipe et d'un grand cartographe suédois, Esselte Map Service, dont les cartes sont célèbres dans le monde entier.

Des cartes en couleurs, précises, détaillées, fournissant le maximum d'informations. En plus des cartes géographiques, l'**Atlas du Routard** propose des cartes thématiques sur la faune, les fuseaux horaires, les langues, les religions, la géopolitique et les « records » des cinq continents : les plus grandes altitudes, les plus grands lacs, les plus grandes îles...

Et aussi 40 pages de notices, véritables fiches d'identité offrant pour chaque pays des données statistiques (superficie, population...) ainsi que des commentaires sur le « vrai » régime politique, les langues. Elles donnent des renseignements pratiques indispensables à la préparation du voyage (monnaie, décalage horaire et les périodes favorables au tourisme).

Pour compléter ces informations, l'**Atlas du Routard** dresse un bref portrait du pays. Des symboles tenant compte de l'intérêt touristique, des conditions de voyage et, bien sûr, des indications sur le coût de la vie, figurent en regard de chaque notice.

En fin d'ouvrage, un index de plus de 15 000 noms.

Un petit format, une grande maniabilité, une cartographie exceptionnelle et un prix défiant toute concurrence. Comme d'habitude !

LE GUIDE DU ROUTARD « ALPES » (hiver, été)

SAVEZ-VOUS...

... où dormir dans un superbe chalet pour 40 F la nuit ?
... que, dans le plus haut village d'Europe, des gens vivent encore à l'ancienne, avec leurs bêtes dans la maison ?
... que l'air de Longefoy est très recherché pour la conservation et le séchage des jambons ?
... où l'on parle encore lo terrachu, le patois des contrebandiers ?
... que le glacier de Bellecôte était une propriété privée ?

Les vacances de ski sont certainement les plus coûteuses qui soient ; pas étonnant que depuis des années des centaines de lecteurs nous réclament un tel ouvrage !
Voici donc nos 40 meilleures stations : les plus célèbres côtoient des villages oubliés mais toutes ont été sélectionnées selon des critères très rigoureux : ambiance, prix, type de ski (alpin, fond, été...), vie nocturne, activités d'après-ski, activités sportives, randonnées, etc.
Mais les citadins qui en ont assez d'avoir leur voisin de palier comme voisin de serviette sur des plages bondées où dégouline l'huile à bronzer aimeront aussi ce guide : on y trouve les adresses pour des vacances d'été à la montagne et des itinéraires originaux qui sentent bon le soleil et les alpages fleuris.
Le Guide du Routard des Alpes hiver-été : des coups de cœur et des coups de gueule... En tout cas, le résultat passionnant d'une enquête de six mois, menée par des spécialistes amoureux de la montagne.

le **Guide** *du* **Routard**

Chili - Argentine

Ne cherchez plus la casquette de Pinochet sur la tête du Chili, ni les bottes de la Junte aux pieds de l'Argentine.

Partez à la découverte d'une Amérique latine fort méconnue et incroyablement diverse. Du désert d'Atacama, un des plus arides au monde, aux fjords de la Patagonie, en passant par les cimes enneigées de la Cordillère des Andes, des espaces hauts en couleur vous attendent. Vous y rencontrerez aussi une population agréable et accueillante.

Savez-vous...

Qu' Ushuaia est la ville la plus au sud du globe ?

Que le film Mission avec de Niro a été tourné aux chutes d'Iguazu ?

Que le tango se dansait à l'origine, entre hommes, dans les bordels ?

Qu'à Tulcara, les poutres des maisons sont en bois de cactus ?

Où voir des éléphants de mer, des loups de mer, et des baleines en toute liberté ?

Que Magellan mit cinq semaines pour passer le détroit qui porte aujourd'hui son nom ?

Où trouver de véritables gauchos ?

INDEX GÉNÉRAL

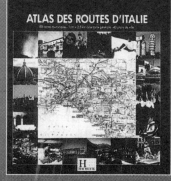

les **Dates** du **Routard**

Un calendrier est toujours utile, surtout en voyage

1992

	JANVIER		FEVRIER		MARS		AVRIL
D	5 12 19 26	D	2 9 16 23	D 1	8 15 22 29	D	5 12 19 26
L	6 13 20 27	L	3 10 17 24	L 2	9 16 23 30	L	6 13 20 27
M	7 14 21 28	M	4 11 18 25	M 3	10 17 24 31	M	7 14 21 28
M 1	8 15 22 29	M	5 12 19 26	M 4	11 18 25	M 1	8 15 22 29
J 2	9 16 23 30	J	6 13 20 27	J 5	12 19 26	J 2	9 16 23 30
V 3	10 17 24 31	V	7 14 21 28	V 6	13 20 27	V 3	10 17 24
S 4	11 18 25	S 1	8 15 22 29	S 7	14 21 28	S	4 11 18 25

	MAI		JUIN		JUILLET		AOÛT
D	3 10 17 24 31	D	7 14 21 28	D	5 12 19 26	D	2 9 16 23 30
L	4 11 18 25	L 1	8 15 22 29	L	6 13 20 27	L	3 10 17 24 31
M	5 12 19 26	M 2	9 16 23 30	M	7 14 21 28	M	4 11 18 25
M	6 13 20 27	M 3	10 17 24	M 1	8 15 22 29	M	5 12 19 26
J	7 14 21 28	J 4	11 18 25	J 2	9 16 23 30	J	6 13 20 27
V 1	8 15 22 29	V 5	12 19 26	V 3	10 17 24 31	V	7 14 21 28
S 2	9 16 23 30	S 6	13 20 27	S 4	11 18 25	S 1	8 15 22 29

	SEPTEMBRE		OCTOBRE		NOVEMBRE		DECEMBRE
D	6 13 20 27	D	4 11 18 25	D 1	8 15 22 29	D	6 13 20 27
L	7 14 21 28	L	5 12 19 26	L 2	9 16 23 30	L	7 14 21 28
M 1	8 15 22 29	M	6 13 20 27	M 3	10 17 24	M 1	8 15 22 29
M 2	9 16 23 30	M	7 14 21 28	M 4	11 18 25	M 2	9 16 23 30
J 3	10 17 24	J 1	8 15 22 29	J 5	12 19 26	J 3	10 17 24 31
V 4	11 18 25	V 2	9 16 23 30	V 6	13 20 27	V 4	11 18 25
S 5	12 19 26	S 3	10 17 24 31	S 7	14 21 28	S 5	12 19 26

1993

	JANVIER		FEVRIER		MARS		AVRIL
D	3 10 17 24 31	D	7 14 21 28	D	7 14 21 28	D	4 11 18 25
L	4 11 18 25	L 1	8 15 22	L 1	8 13 22 29	L	5 12 19 26
M	5 12 19 26	M 2	9 16 23	M 2	9 16 23 30	M	6 13 20 27
M	6 13 20 27	M 3	10 17 24	M 3	10 17 24 31	M	7 14 21 28
J	7 14 21 28	J 4	11 18 25	J 4	11 18 25	J 1	8 15 22 29
V 1	8 15 22 29	V 5	12 19 26	V 5	12 19 26	V 2	9 16 23 30
S 2	9 16 23 30	S 6	13 20 27	S 6	13 20 27	S 3	10 17 24

	MAI		JUIN		JUILLET		AOÛT
D	2 9 16 23 30	D	6 13 20 27	D	4 11 18 25	D 1	8 15 22 29
L	3 10 17 24 31	L	7 14 21 28	L	5 12 19 26	L 2	9 16 23 30
M	4 11 18 25	M 1	8 15 22 29	M	6 13 20 27	M 3	10 17 24 31
M	5 12 19 26	M 2	9 16 23 30	M	7 14 21 28	M 4	11 18 25
J	6 13 20 27	J 3	10 17 24	J 1	8 15 22 29	J 5	12 19 26
V	7 14 21 28	V 4	11 18 25	V 2	9 16 23 30	V 6	13 20 27
S 1	8 15 22 29	S 5	12 19 26	S 3	10 17 24 31	S 7	14 21 28

	SEPTEMBRE		OCTOBRE		NOVEMBRE		DECEMBRE
D	5 12 19 26	D	3 10 17 24 31	D	7 14 21 28	D	5 12 19 26
L	6 13 20 27	L	4 11 18 25	L 1	8 15 22 29	L	6 13 20 27
M	7 14 21 28	M	5 12 19 26	M 2	9 16 23 30	M	7 14 21 28
M 1	8 15 22 29	M	6 13 20 27	M 3	10 17 24	M 1	8 15 22 29
J 2	9 16 23 30	J	7 14 21 28	J 4	11 18 25	J 2	9 16 23 30
V 3	10 17 24	V 1	8 15 22 29	V 5	12 19 26	V 3	10 17 24 31
S 4	11 18 25	S 2	9 16 23 30	S 6	13 20 27	S 4	11 18 25

les **Routards** *parlent aux* **Routards**

Faites-nous part de vos expériences, de vos découvertes, de vos tuyaux pour que d'autres routards ne tombent pas dans les mêmes erreurs.

Indiquez-nous les renseignements périmés. Aidez-nous à remettre l'ouvrage à jour.

Faites profiter les autres de vos adresses nouvelles, combines géniales... On envoie un exemplaire gratuit de la prochaine édition à ceux dont on retient les suggestions.

Quelques conseils cependant :

- N'oubliez pas de préciser sur votre lettre l'ouvrage que vous désirez recevoir. On n'est pas Madame Soleil !

- Vérifiez que vos remarques concernent l'édition en cours et notez les pages du guide concernées par vos observations.

- Quand vous indiquez des hôtels ou des restaurants, pensez à signaler leur adresse précise et, pour les grandes villes, les moyens de transport pour y aller. Si vous le pouvez, joindre la carte de visite de l'hôtel ou du resto décrit.

- Bien sûr, on s'arrache moins les yeux sur les lettres dactylographiées ou correctement écrites !

Le Guide du Routard : 5, rue de l'Arrivée. 92190 Meudon

la **Lettre** *du* **Routard**

Bon nombre de renseignements sont trop fragiles ou éphémères pour être mentionnés dans nos guides, dont la périodicité est annuelle.

Comment découvrir des tarifs imbattables ? Quels sont les renseignements que seuls connaissent les journalistes et les professionnels du voyage ? Quelles sont les agences qui offrent à nos adhérents des réductions spéciales sur des vols, des séjours ou des locations ?

Tout ceci compose «La Lettre du Routard» qui paraît désormais tous les 2 mois. Cotisation : 90 F par an, payable par chèque à l'ordre de CLAD Conseil - 5, rue de l'Arrivée - 92190 Meudon.

(Bulletin d'inscription à l'intérieur de ce guide. Pas de mandat postal)

36 15 *code* **Routard**

Les routards ont enfin leur banque de données sur minitel : 36-15 (code Routard). Vols superdiscount, réduction, nouveautés, fêtes dans le monde entier, dates de parution des G.D.R., rencards insolites et... petites annonces.

Et une nouveauté : le QUIZ du routard ! 30 questions rigolotes pour, éventuellement, tester vos connaissances et, surtout, gagner des cadeaux sympas : des billets d'avion et les indispensables G.D.R. Alors, faites mousser vos petites cellules grises.

Routard assistance

Après des mois d'études et de discussions serrées avec les meilleures compagnies, voici «Routard Assistance», un contrat d'assurance tous risques voyages sans aucune franchise ! Spécialement conçu pour nos lecteurs, les voyageurs indépendants. Assistance complète avec rapatriement médical illimité - Dépenses de santé, frais d'hôpital, pris en charge directement sans franchise jusqu'à 500 000 F. + caution pénale + défense juridique + responsabilité civile + tous risques bagages et photos + assurance personnelle accidents (300 000 F.) Très complet ! Et une grande première : vous ne payez que le prix correspondant à la durée réelle de votre voyage. Tableau des garanties et bulletin d'inscription à l'intérieur de ce guide.

Imprimé en France par Hérissey (n° 58788)
Dépôt légal n° 90-07-1992
Collection n° 13 — Édition n° 02

24/1838/2
I.S.B.N. 2.01.018672.9
I.S.S.N. 0768.2034